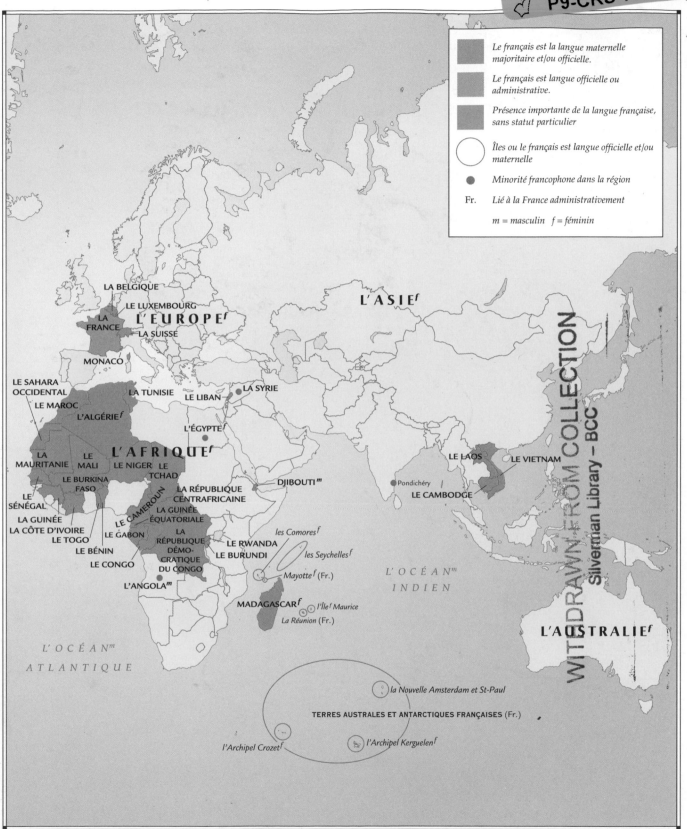

Le français est la langue maternelle majoritaire et/ou officielle.

Le français est langue officielle ou administrative.

Présence importante de la langue française, sans statut particulier

Îles ou le français est langue officielle et/ou maternelle

Minorité francophone dans la région

Fr.   Lié à la France administrativement

m = masculin   f = féminin

LA BELGIQUE
LE LUXEMBOURG
L'EUROPE*f*
LA FRANCE
LA SUISSE
MONACO

L'ASIE*f*

LE SAHARA OCCIDENTAL
LE MAROC
L'ALGÉRIE*f*
LA TUNISIE
LE LIBAN
LA SYRIE
L'ÉGYPTE*f*

L'AFRIQUE*f*

LA MAURITANIE
LE MALI
LE NIGER
LE TCHAD
LE BURKINA FASO
LE SÉNÉGAL
LA GUINÉE
LA CÔTE D'IVOIRE
LE TOGO
LE BÉNIN
LE CONGO
LE CAMEROUN
LA GUINÉE ÉQUATORIALE
LA RÉPUBLIQUE DÉMO-CRATIQUE DU CONGO
L'ANGOLA*m*

LA RÉPUBLIQUE CENTRAFRICAINE
DJIBOUTI*m*

LE RWANDA
LE BURUNDI

les Comores*f*
les Seychelles*f*
Mayotte*f* (Fr.)

L'OCÉAN*m* INDIEN

LE LAOS
LE VIETNAM
Pondichéry
LE CAMBODGE

MADAGASCAR*f*
l'Île*f* Maurice
La Réunion (Fr.)

L'AUSTRALIE*f*

L'OCÉAN*m* ATLANTIQUE

la Nouvelle Amsterdam et St-Paul

TERRES AUSTRALES ET ANTARCTIQUES FRANÇAISES (Fr.)

l'Archipel Crozet*f*
l'Archipel Kerguelen*f*

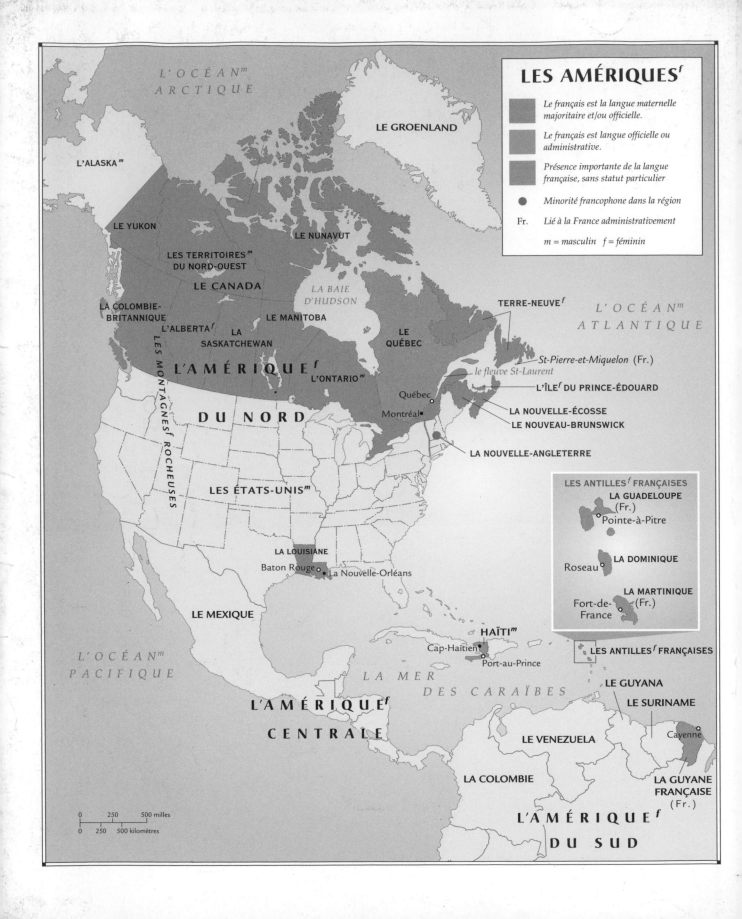

LES AMÉRIQUES^f

- Le français est la langue maternelle majoritaire et/ou officielle.
- Le français est langue officielle ou administrative.
- Présence importante de la langue française, sans statut particulier
- Minorité francophone dans la région
- Fr. Lié à la France administrativement

m = masculin f = féminin

L'OCÉAN^m ARCTIQUE

LE GROENLAND

L'ALASKA^m

LE YUKON

LE NUNAVUT

LES TERRITOIRES^m DU NORD-OUEST

LE CANADA

LA BAIE D'HUDSON

LA COLOMBIE-BRITANNIQUE

L'ALBERTA^f

LA SASKATCHEWAN

LE MANITOBA

LE QUÉBEC

TERRE-NEUVE^f

L'OCÉAN^m ATLANTIQUE

LES MONTAGNES^f ROCHEUSES

L'AMÉRIQUE^f DU NORD

L'ONTARIO^m

St-Pierre-et-Miquelon (Fr.)

le fleuve St-Laurent

L'ÎLE^f DU PRINCE-ÉDOUARD

Québec

Montréal

LA NOUVELLE-ÉCOSSE

LE NOUVEAU-BRUNSWICK

LA NOUVELLE-ANGLETERRE

LES ÉTATS-UNIS^m

LA LOUISIANE

Baton Rouge

La Nouvelle-Orléans

LE MEXIQUE

L'OCÉAN^m PACIFIQUE

HAÏTI^m

Cap-Haïtien

Port-au-Prince

LES ANTILLES^f FRANÇAISES

L'AMÉRIQUE^f CENTRALE

LA MER DES CARAÏBES

LE GUYANA

LE SURINAME

Cayenne

LE VENEZUELA

LA COLOMBIE

LA GUYANE FRANÇAISE (Fr.)

L'AMÉRIQUE^f DU SUD

LES ANTILLES^f FRANÇAISES

LA GUADELOUPE (Fr.)

Pointe-à-Pitre

Roseau

LA DOMINIQUE

LA MARTINIQUE (Fr.)

Fort-de-France

0 250 500 milles

0 250 500 kilomètres

SIXTH EDITION

DEUX MONDES

A Communicative Approach

Tracy D. Terrell
Late, University of California, San Diego

Mary B. Rogers

Betsy J. Kerr
University of Minnesota, Minneapolis

Guy Spielmann
Georgetown University

Consultant: Françoise Santore
University of California, San Diego

 **McGraw-Hill
Higher Education**

Boston   Burr Ridge, IL   Dubuque, IA   New York   San Francisco   St. Louis
Bangkok   Bogotá   Caracas   Kuala Lumpur   Lisbon   London   Madrid   Mexico City
Milan   Montreal   New Delhi   Santiago   Seoul   Singapore   Sydney   Taipei   Toronto

McGraw-Hill
Higher Education

Published by McGraw-Hill, an imprint of The McGraw-Hill Companies, Inc., 1221 Avenue of the Americas, New York, NY 10020. Copyright © 2009, 2005, 2002, 1997, 1993, 1988 by The McGraw-Hill Companies, Inc. All rights reserved. No part of this publication may be reproduced or distributed in any form or by any means, or stored in a database or retrieval system, without the prior written consent of The McGraw-Hill Companies, Inc., including, but not limited to, in any network or other electronic storage or transmission, or broadcast for distance learning.

This book is printed on acid-free paper.

Printed in China

3 4 5 6 7 8 9 0 CTP/CTP 0 9

ISBN: 978-0-07-353544-9 (Student's edition)
MHID: 0-07-353544-3
ISBN: 978-0-07-332689-4 (Instructor's edition)
MHID: 0-07-332689-5

Editor-in-chief: *Michael Ryan*
Publisher: *William R. Glass*
Executive editor: *Christa Harris*
Sponsoring editor: *Katherine Crouch*
Director of development: *Susan Blatty*
Development editor: *Connie Anderson*
Marketing manager: *Jorge Arbujas*
Managing editor: *Christina Gimlin*
Production editor: *Anne Fuzellier*
Art director: *Jeanne M. Schreiber*
Art manager: *Robin Mouat*

Design manager: *Violeta Díaz*
Interior designer: *Linda Robertson*
Cover designer: *Laurie Entringer*
Photo research coordinator: *Nora Agbayani*
Photo researcher: *PhotoSearch, Inc.*
Media project manager: *Ron Nelms*
Production supervisor: *Tandra Jorgensen*
Production service: *The Left Coast Group, Inc.*
Composition: *10/12 ITC Legacy Serif Book by Aptara, Inc.*
Printing: *45# Pub Matte Plus by CTPS*
Cover image: Coronelli globes, FACELLY/SIPA Press

Library of Congress Cataloging-in-Publication Data

Deux mondes : a communicative approach / Tracy D. Terrell.—6th ed.
   p. cm.
  "Instructor's edition."
  Includes index.
  ISBN-13: 978-0-07-332689-4 (instructor's edition : alk. paper)
  ISBN-10: 0-07-332689-5 (alk. paper)
  ISBN-13: 978-0-07-353544-9 (student edition : alk. paper)
  ISBN-10: 0-07-353544-3 (alk. paper)
1. French language—Textbooks for foreign speakers—English. I. Terrell, Tracy D.
PC2129.E5D48 2008
448.2'421—dc22

                2007046241

The Internet addresses listed in the text were accurate at the time of publication. The inclusion of a Web site does not indicate an endorsement by the authors or McGraw-Hill, and McGraw-Hill does not guarantee the accuracy of the information presented at these sites.

Contents

PREMIÈRE **ÉTAPE**
Premières rencontres   1

DEUXIÈME ÉTAPE
Le monde étudiant   21

CHAPITRE 1
Ma famille et moi 45

CHAPITRE 2
La vie quotidienne et les loisirs 73

CHAPITRE 3

En ville 99

CHAPITRE 4

La maison et le quartier 131

ESCALES FRANCOPHONES

La France 165

CHAPITRE 5
Dans le passé 167

CHAPITRE 6
L'enfance et la jeunesse 197

CHAPITRE 7

À table! 231

CHAPITRE 8

Parlons de la Terre! 261

ESCALES FRANCOPHONES

Le Sénégal 287

CHAPITRE 9

L'enseignement, les carrières et l'avenir 289

CHAPITRE 10

Les voyages 317

ESCALES FRANCOPHONES

La Belgique 347

CHAPITRE 11

Les moyens de communication 349

CHAPITRE 12

La santé et les urgences 375

ESCALES FRANCOPHONES
Les Antilles 399

CHAPITRE 13
La famille et les valeurs en société 401

CHAPITRE 14
Les enjeux du présent et de l'avenir 427

To the Instructor

Welcome to the Sixth Edition of *Deux mondes*! We are excited about our new edition, which continues to provide opportunities for communicative language development. Informed by research on second language teaching and learning, this edition responds to the useful feedback provided by many loyal users. We hope you are as excited as we are about the Sixth Edition.

Keeping Pace with the Profession: From Proficiency to the National Standards

Built on the foundation of five highly successful editions, the Sixth Edition of *Deux mondes* offers a truly communicative approach that supports functional proficiency in all language skills. We believe that competent speakers must have an appropriate background knowledge of the communicative and cultural contexts in which language occurs. The authors of *Deux mondes* consider cultural competence to be an integral part of language learning. *Deux mondes* helps students to develop communicative competence by providing natural contexts and offering many perspectives on Francophone culture through readings and authentic materials.

Moreover, *Deux mondes* supports the National Standards, as outlined in *Standards for Foreign Language Learning: Preparing for the 21st Century* (1996; National Standards in Foreign Language Education Project, a collaboration of the ACTFL, AATG, AATF, and AATSP). As presented in the Standards, the five "Cs" of Communication, Cultures, Connections, Comparisons, and Communities describe what students should know and be able to do as a result of their language study. *Deux mondes* provides a solid foundation for their implementation.

Communication: Deux mondes emphasizes communication in the target language in meaningful and personalized contexts. Throughout the program, students listen to and read comprehensible French and have ample opportunities to use French in guided and free conversation, interviews, information gap activities, role-plays, writing, and other kinds of activities that are theme-based, not grammar-driven.

Cultures: The cultural feature, *Escales francophones,* which appears after Chapters 4, 6, 8, 10, and 12, integrates cultural video footage shot in five Francophone cities throughout the world. Moreover, readings on these pages develop such themes as French and Francophone geography, history, society, and art. The *Info* and *Les francophones sur le vif* sections also present various perspectives on the cultures of the French-speaking world. *Dans le monde francophone* activities offer communicative practice based on authentic materials. Throughout the book, students listen to, read, and respond to interviews with native speakers. Finally, the integration of the McGraw-Hill film *Le Chemin du retour* into the Sixth Edition program introduces a rich new source of cultural topics that are easily incorporated into class activities. Current social issues, daily life in France, and the effects of recent history and events are presented via an intriguing plot that holds students' interest and draws them into discussion. A wealth of new activities in the *Cahier d'exercices* help instructors use the film effectively to develop its topics and themes. The *Deux mondes* Instructor's Manual also gives suggestions for teaching with the film.

Connections: Chapter themes and activities encourage and enable students to link their study of French with their personal lives and other subjects they are studying.

Comparisons: Recurring features such as *La langue en mouvement, Info, Les francophones sur le vif,* and *Rendez-vous cinéma,* as well as the *Dans le monde francophone* activitiés, lead students to make comparisons between their world and that of French-speaking people.

Communities: The open-ended *Cliquez là!* and the *Deux mondes* web site activities encourage students to use the Internet to make direct contact with the French-speaking world at home and abroad. The *Activités* in the student text and in the Instructor's Resource Kit (IRK) encourage students to work with classmates in situations requiring interpersonal and group dynamics.

Changes That Make a Difference

Throughout the review process, we received valuable input from instructors and students alike. As a result, we have made a number of changes in the Sixth Edition without altering the basic concept and approach of *Deux mondes.*

- Numerous *Activités* have been updated to reflect changes in the cultures of the French-speaking world.
- Based on useful feedback from reviewers, Chapter 8, *Parlons de la Terre!,* has been

revised to include more places in the French/ Francophone world and to expand students' ability to describe nature and weather. It retains the topic of ecology and our daily interactions with the environment.

- The reading in Chapter 6 has been revised to highlight current social and cultural changes in France.

- The McGraw-Hill feature-length movie *Le Chemin du retour* has replaced chapter-themed video segments in the Sixth Edition of *Deux mondes*. The film offers an intriguing, serialized story that holds student interest from beginning to end. It is accompanied by brand-new activities in the *Cahier d'exercices,* which were created by Françoise Santore especially for use with first-year students at various levels of development. These materials will permit instructors to integrate the film into their classroom activities seamlessly. The film's wide range of cultural, social, and historical issues adds an exciting new dimension to the program's cultural content and to class discussion.

- The cultural feature, *Escales francophones,* appears after Chapters 4, 6, 8, 10, and 12. These readings provide information on many French-speaking areas, introducing students to social, historical, geographic, and cultural topics of interest in Paris, France; Quebec City, Canada; Dakar, Senegal; Brussels, Belgium, and Fort-de-France, Martinique. Video footage with new comprehension questions on these Francophone regions can now be viewed in the new online ActivityPak at the textbook web site (**www.mhhe.com/ deuxmondes6**).

- New to the Sixth Edition, the ActivityPak includes Flash™-based activities that provide interactive review and practice for *Deux mondes* in an online format. These fun yet practical activities take the place of the last edition's CD-ROM and provide a unified language experience for students online, thus eliminating the need for multiple components. Diverse activity types and interactive games (many based on art or video footage) engage students as they review vocabulary, grammar, and culture. Starting with Chapter 1, each

chapter in the ActivityPak includes a new video vignette followed by a cultural segment shot in France, Martinique, Canada, or Morocco. These videos bring to life a cultural theme of each chapter and allow students to hear chapter vocabulary used in an authentic context. Comprehension questions accompany each video within the ActivityPak. Students who would like to have access to the ActivityPak from the Online Learning Center web site may purchase a registration code for a nominal fee. This code is unique to each individual user.

If you are an instructor, you do not need a special registration code for the ActivityPak; instructors have full access to all levels of content via the Instructor Edition link on the Online Learning Center. Please contact your local McGraw-Hill sales representative for your passcode to the Instructor Edition.

- The text-specific Online Learning Center available at **www.mhhe.com/deuxmondes6** offers a variety of resources for both instructors and students. These include self-correcting grammar quizzes as well as task-based web activities related to the cultural themes introduced in each chapter. The Audio Program, including the Listening Comprehension Program, is also available at this web site. In addition, new to the Sixth Edition, the ActivityPak can be accessed (with a registration code) at the textbook web site. Another new feature is the iTunes™ playlist of French and Francophone songs, located under Coursewide Content.

- The fundamental scope of the grammar syllabus has been retained.

- The Online Workbook/Laboratory Manual, powered by Quia™, includes a grade-reporting feature, an online audio program, and interactive activities. In the Sixth Edition of the Online Workbook/Laboratory Manual, students can view episodes of the film *Le Chemin du retour* as they do the film activities. To gain access to the online workbook, students purchase a unique Quia™ Student Book Key (passcode). Instructors should contact their local McGraw-Hill representative, for their Quia™ Instructor Book Key.

A Guided Tour of *Deux mondes,* Sixth Edition

Deux mondes includes both oral and written activities that can be used as a starting point for communication. The student text consists of two preliminary *Étapes* and fourteen regular chapters. Each chapter explores a specific theme, introducing related language functions, vocabulary, and cultural information essential to communication at the beginning level. Functional language is supported by the *Grammaire* explanations and self-correcting exercises. Every regular chapter is divided into the following three parts:

- *Activités et lectures*
- *Vocabulaire*
- *Grammaire et exercices*

Our guided tour presents an overview of the chapter structure and features of *Deux mondes.*

Activités et lectures

The *Activités* are designed for oral communication and listening comprehension in the classroom. They are done by partners, in small groups, or by the whole class. The readings provide cultural information and add context for learning authentic language. A small number are adapted from accessible literary texts. Each *Lecture* is followed by comprehension questions, *Avez-vous compris?*, and extension activities for partners or groups.

Vocabulaire

Chapter vocabulary is mostly organized by its lexical or thematic group as related to the chapter theme. The *Vocabulaire* presents words intended primarily for recognition. They are meant for student review and reference; students are not expected to learn all of the words for active use.

Grammaire et exercices

The *Grammaire* section can be used for at-home study, or, if instructors so desire, it can be used in class. Its numbered sections provide explanations in English and are referenced in the *Activités et lectures* sections. Starred marginal notes refer students back to earlier, related grammar explanations. Marginal notes preceded by an arrow call out and summarize important grammar points. Answer keys are provided in Appendix D to allow students to correct their own work.

Other Exciting Features

INFO: Société

Zinédine Zidane, «dieu du football»

Aujourd'hui, le football est de toute évidence le sport préféré dans le monde. L'équipe[1] nationale française («les bleus») est devenue championne du monde en 1998, sous la direction d'un capitaine exceptionnel, Zinédine Zidane. D'origine algérienne mais né à Marseille, «Zizou» joue d'abord[2] professionnellement à Cannes, puis à Bordeaux, avant de partir en Italie (Milan) et en Espagne (Madrid). La France perd[3] la finale de la coupe du monde en juillet 2006, et Zidane est expulsé avant la fin du match pour acte de violence sur un joueur adverse. Malgré tout,[4] il est officiellement désigné comme «Meilleur joueur» pour sa technique brillante et son extraordinaire sens du jeu. Il est respecté aussi pour sa modestie, sa disponibilité[5] et sa générosité. C'est une des personnalités françaises les plus populaires: des centaines d'articles, des livres et même un film lui sont consacrés.

[1] groupe de joueurs
[2] en premier
[3] ≠ gagne
[4] Malgré... *Despite everything*
[5] être accessible

• Zinédine Zidane, ancien capitaine de l'équipe nationale française et footballeur extraordinaire

Info: Société, Histoire, Arts et lettres, Vie quotidienne

These illustrated boxes offer up-to-date information about everyday life and broader social issues throughout the Francophone world.

La langue en mouvement

Hôtel de ville

«Hôtel de ville» vous semble peut-être une désignation étrange pour une mairie. En fait, dans une de ses significations, le mot *hôtel* désigne un grand édifice destiné à un établissement public. Au Moyen Âge, *hôtel* signifiait simplement *maison*.

La langue en mouvement

Starting in Chapter 3, these brief sections give insight into how the French language is changing, as well as into how it has developed historically. The sections discuss the origins of words and expressions, variations in language within the Francophone world, and other linguistic phenomena.

Ça fait penser

Starting in Chapter 7, these marginal boxes offer interesting facts that supplement a few *Activités* or readings in each chapter. They always open the door to further discussion of a particular topic.

Ça fait penser

• En 600 avant J.-C., les Grecs se sont installés à Marseille. Ils ont planté les premiers pieds de vigne.

Les francophones sur le vif

Marie-Claire Schmitt, 37 ans, institutrice[1] à Obernai (Bas Rhin)

Quelle est votre définition de la famille?

«C'est un mode de vie, pas une institution. Je suis divorcée, avec une petite fille, et remariée avec un homme qui a un fils. Nous avons aussi adopté un troisième enfant. Nous formons donc une «famille recomposée», avec ses joies et ses problèmes. Les enfants passent une partie de leur temps avec leur père et mère biologiques, mais je pense que nous avons une vie de famille normale et équilibrée. Nous avons décidé de vivre ensemble[2] et nos relations sont renforcées par ce choix.[3]»

[1]enseignante dans une école primaire
[2]vivre... former une famille
[3]décision

Les francophones sur le vif

In this feature, native speakers from France and the Francophone world give their personal views about a variety of issues and everyday events.

Cliquez là!

This Internet feature, which is integrated throughout the text as an optional activity, is intended to help students be successful as they explore the Internet on their own while using French-language web sites. *Cliquez là!* offers basic guidance for using the Internet to delve deeper into issues or topics raised in the text activities. More information and resources related to this activity can be found on the *Deux mondes* web site at **www.mhhe. com/deuxmondes6.**

Cliquez là!

Visitez le site pour les Guides du Routard. Quels types de renseignements pour voyageurs peut-on y trouver? À quel type de voyageur sont-ils destinés?

www.mhhe.com/deuxmondes6

Allons plus loin! Maintenant, comparez vos réponses avec les réponses de votre partenaire et expliquez quand vous dites **non**.

MODÈLE: Quand j'ai des problèmes, je parle avec ma tante. Elle est très discrète et elle écoute attentivement.

Allons plus loin!

These activities encourage students to offer their own views on the topics raised in the *Activités* and *Lectures* and to approach the topic from other perspectives.

À vous la parole!

À vous la parole! Vous désirez rencontrer une personne intéressante. Préparez une petite annonce pour l'agence matrimoniale «Espoir familial». Pour commencer, quel âge avez-vous? Et comment êtes-vous? Qu'est-ce que vous aimez faire?

These activities are optional extensions of certain *Activités;* they encourage students to practice speaking French by doing engaging projects such as role-plays and interviews.

Rendez-vous cinéma

Starting in Chapter 1, this section introduces students to each of the seven episodes of the film *Le Chemin du retour*, a new feature of the *Deux mondes* program. Located after *Activités et lectures* in Chapters 1, 3, 5, 7, 9, 11, and 13, the

Rendez-vous cinéma feature consists of a film still and a brief preview of the episode to come. After viewing the film segment, students may do film activities created for the Sixth Edition in the *Cahier d'exercices*. These activities explore key vocabulary, main plot developments, and important cultural issues from each episode.

Rendez-vous cinéma

Le Chemin du retour

Épisode 4: «La disparition d'Antoine»

Le grand-père de Camille, Antoine, a-t-il été un traître pendant la guerre? En 1943, pendant l'occupation de la France par les Nazis, il a quitté Paris pour un petit village, Saint-Jean-de-Causse. Louise est morte, et Camille décide de mener une enquête.

Escales francophones

These readings accompany cultural video footage that introduces students to the French and Francophone regions presented in *Deux mondes*. Appearing after Chapters 4, 6, 8, 10, and 12, this feature provides three brief texts that encourage students to learn more about the French-speaking world through such engaging topics as art, society, history, and geography. Students can view the *Escales francophones* video footage in the new online ActivityPak, accessible with a registration code at the *Deux mondes* web site, **www. mhhe.com/deuxmondes6.**

Program Components

As a full-service publisher of quality educational products, McGraw-Hill does much more than just sell textbooks to your students; we create and publish an extensive array of print, video, and digital supplements to support instruction on your campus. Orders of new (versus used) textbooks help us to defray the cost of developing such supplements, which is substantial. Please consult your local McGraw-Hill representative to learn about the availability of the supplements that accompany *Deux mondes: A Communicative Approach.*

Available to Adopters and to Students

- **Student Edition.** Full-color textbook with activities, grammar explanations and exercises, and helpful appendixes.
- **Listening Comprehension Program.** This audio program contains selections of readings from the *Info* boxes, *Les francophones sur le vif,* and *Lectures* sections. It is available on the *Deux mondes* web site (**www.mhhe.com/deuxmondes6**) and as a separate audio CD packaged with the Audio Program.
- *Cahier d'exercices.* This combined Workbook/Laboratory Manual contains both acquisition activities and learning exercises for use outside the classroom. The Sixth Edition also contains numerous activities on the film, *Le Chemin du retour.* The Answer Key in Appendix D at the end of the *Cahier* allows students to correct many of the exercises on their own.
- **Revised Online Workbook/Laboratory Manual.** Developed in collaboration with Quia™, The Online Workbook/Laboratory Manual is the enhanced, interactive version of the printed product that includes instant feedback, the complete audio program, automatic grading and scoring, and a grade report feature that can be viewed online or printed. New to the Sixth Edition, the film episodes of *Le Chemin du retour* can also be viewed in the online workbook.
- **Audio Program.** Available on a set of audio CDs and on the *Deux mondes* web site in the Online Learning Center, this program contains pronunciation practice and listening comprehension texts, recorded dialogues, narratives, and, starting in Chapter 1, the *Rencontres* serial program. The Audio Program corresponds to written *Cahier* activities. In addition, this program offers a complete introduction to basic phonetics and pronunciation, with accompanying practice exercises and *dictées.* Packaged with the Audio Program is a separate audio CD, which contains the Listening Comprehension Program that accompanies the textbook (see above).
- *Le Chemin du retour.* This McGraw-Hill film, newly integrated into the *Deux miondes* program, is available on DVD to students and instructors. The seven film episodes can also be viewed within the Quia™ Online Workbook/Laboratory Manual.
- **Revised *Deux mondes* web site.** The Online Learning Center has self-correcting grammar quizzes, task-based Internet research activities, and learning resources for students. It also provides free access to the complete Audio Program and the Listening Comprehension Program. New to the Sixth Edition, students and instructors can consult an iTunes® playlist of French and Francophone songs under Coursewide Content.

- **ActivityPak.** New to the Sixth Edition, the ActivityPak includes Flash™-based activities that provide interactive review and practice for *Deux mondes* in an online format. These fun yet practical activities take the place of the last edition's CD-ROM and provide a unified language experience for students online, thus eliminating the need for multiple components. Diverse activity types and interactive games (many based on art or video footage) engage students as they review vocabulary, grammar, and culture. The *Escales francophones* video footage is now available in the ActivityPak and includes multiple-choice comprehension questions. Students who would like to have access to the ActivityPak from the Online Learning Center may purchase a registration code for a nominal fee. This code is unique to each individual user.

  If you are an instructor, you do not need a special registration code for the ActivityPak; instructors have full access to all levels of content via the Instructor Edition link on the Online Learning Center. Please contact your local McGraw-Hill sales representative for your passcode to the Instructor Edition.

- *C'est la vie!* **A French Reader.** This reader is a collection of four original short stories that brings the Francophone world to life through the experiences of students and young professionals in France, Guadeloupe, Belgium, and Canada. The stories are written specifically for high-beginner and intermediate learners of French. In each story, the characters are portrayed in authentic, everyday situations and cultural settings that will pique student interest and offer a glimpse of daily life in various French-speaking countries. These engaging stories provide a format that encourages students to read for pleasure in French and thereby further develop their language skills. Activities for students and suggestions for instructors offer pedagogical tools that facilitate use of this reader in class.

Available to Adopters Only

- **Instructor's Edition.** The main text contains marginal notes with suggestions for using and expanding most of the *Activités* in the text. It also offers additional cultural information, teaching hints for using readings, photos, and realia, and tips on teaching selected grammar points.

Online Instructor Resources

The following resources are all available at the Instructor Edition of the Online Learning Center, located at **www.mhhe.com/deuxmondes6.**

- **Instructor's Manual.** This guide offers more detailed teaching suggestions and theoretical background on the Natural Approach, including a fully illustrated guided tour of the *Première étape* and *Chapitre 1* that provides detailed comments on the function and organization of the materials. The Instructor's Manual includes the Videoscripts to accompany the cultural footage in the ActivityPak and the Filmscript for *Le Chemin du retour.*

- **Instructor's Resource Kit.** This kit provides supplementary activities, photocopy masters, games, and other resources that correspond to the themes in the student text. For the Sixth Edition, many communicative activities have been added to the kit.

- **Testing Program with Audio CD.** This program offers a variety of test components emphasizing listening, speaking, reading, writing, vocabulary, and grammar. Available online as a Word document, this program provides the flexibility of electronically modifying or adapting the tests to suit the particular needs of your class. The listening comprehension passages are only available on the accompanying audio CD.

- **Audioscript.** A transcript of all the material recorded in the Audio Program is available in the Instructor Edition of the Online Learning Center.
- **Overhead Transparencies.** A set of 50 pages for presentation of vocabulary, review, and class activities is available in the Instructor Edition of the Online Learning Center.
- **Filmscript.** The Filmscript to accompany the film *Le Chemin du retour* is available in the Instructor Edition of the Online Learning Center.

The Natural Approach

Deux mondes is based on Tracy D. Terrell's Natural Approach, which drew on aspects of Stephen D. Krashen's "Monitor Model" and its five hypotheses on instructed second-language acquisition. These five hypotheses are discussed in detail in the Instructor's Manual that accompanies *Deux mondes*. The following are among the most important aspects of the Natural Approach as applied in this program:

1. **Meaningful and comprehensible input is essential to language acquisition.** *Deux mondes* is designed to help the instructor provide this input and create a classroom atmosphere that is positive, stimulating, and nonthreatening.

2. **Comprehension precedes production.** Students must have repeated opportunities to hear and read new vocabulary and structures in meaningful contexts before they can produce them on their own. The Instructor's Edition of *Deux mondes* provides pre-text oral activities (*Mise en train*) for every chapter. There are also numerous opportunities to enhance teacher input through art, realia, and illustrated presentations and readings within each chapter.

3. **Speech production emerges gradually.** *Deux mondes* is based on the principle that students move progressively from comprehending French to being able to express ideas on their own. The two introductory *Étapes* are devoted primarily to comprehension activities. Thereafter, each thematic presentation is designed so that students move gradually from comprehending input, to manipulating statements from the *Activités,* and finally, to expressing themselves on their own.

4. **Students acquire language only in a low-anxiety environment.** A low-anxiety atmosphere is easily created when the instructor provides students with interesting, culturally authentic, comprehensible input, along with communicative activities, and does not place an excessive emphasis on form. *Deux mondes* helps create a positive atmosphere by encouraging student involvement in activities relating to their own lives and to the French-speaking world.

5. **Some errors in grammar are to be expected in student speech, as a natural part of the acquisition process.** Students are unlikely to use particular linguistic elements accurately even by the end of the chapter in which they are introduced. Lasting acquisition depends primarily on reinforcement and opportunities to practice and experiment in an encouraging environment. During oral activities, we recommend that instructors respond naturally to students' communication, help students to clarify their meaning when it is unclear, and engage learners in negotiation of meaning. Direct correction of grammatical errors is best confined to written work or other contexts where the focus is on attaining accurate form.

6. **Group work fosters communication and creates community.** It engenders an atmosphere of familiarity and trust that, in turn, is conducive to self-expression

and risk-taking, two essential elements in language learning. Group work gives students more opportunity to interact in French during class time. Most of the oral activities in *Deux mondes* are meant to be conducted by a group of two or more students. They are open-ended, because true communication is divergent and relies on negotiation of meaning. Students generally retain a measure of personal choice when engaging in any activity.

7. **Grammar study is a useful part of classroom language acquisition but is not the primary goal of the course.** Improvement in speech takes place primarily as the result of an increased ability to comprehend input. However, the study of grammar improves comprehension by focusing attention on specific linguistic markers, and it provides forms and rules useful for self-monitoring. *Deux mondes* offers a complete grammar syllabus, arranged to coordinate functionally with the *Activités et lectures*. Many grammar points are spiralled, that is, reentered and developed after the initial presentation. It is our belief that most grammar lessons do not need to be explicitly presented in class, but that grammar should be clarified as necessary to facilitate comprehension and communication. However, the grammar treatment of *Deux mondes* is entirely flexible, so that you, the instructor, can choose the best way to deal with grammar in your own classroom.

8. **Acquisition involves an integration.** The traditional division of "four skills," though convenient, does not accurately reflect the reality of communication because speaking, listening, reading, and writing are *all* communication activities and often work together in a complementary fashion. The Natural Approach and *Deux mondes* seek primarily to create an atmosphere where students will *want* to communicate by offering them the opportunity to do so in relation to stimulating subject matter. By focusing on meaning rather than on form, the Natural Approach strives to minimize obstacles to self-expression and to accommodate the complex nature of communication.

Acknowledgments

The authors would like to express their gratitude to the following members of the language-teaching profession whose valuable suggestions contributed to the preparation of this revised edition. The appearance of these names does not necessarily constitute an endorsement of *Deux mondes* or its methodology:

Daisy Aaronian
Lesley University

Lorie Beckum
MidAmerica Nazarene University

LeeAnne Berger Godfrey
University of Minnesota, Twin Cities

Perry Bennett
Moorpark College

Allison Kelly Clifton
University of Houston, Downtown

Donna Clopton
Cameron University

Dr. Kwaku A. Gyasi
University of Alabama, Huntsville

Dr. Lewis Kirk Hagen
University of Houston, Downtown

Natalie Hipschman
Bellevue Community College/
Seattle Pacific University

Carol Hofmann
University of Southern California

Anna Emily Hudson
Dickinson College

Janet Lumley
Del Mar College

Mary Teresa Morrison
Wesley College

Susan Fitch Spillman, Ph.D.
Xavier University of Louisiana

Deborah Notarianni-Girard
Community College of Rhode Island

Tara N. Vieira
Union County College

Robert D. Peckham
University of Tennessee, Martin

Robert M. Viti
Gettysburg College

Rosemarie Sarkis
Riverside Community College

Trina Whitaker
University of Minnesota, Minneapolis

Virginia Soultz
Indiana Wesleyan University

Ronald Wirtz
McLennan Community College

Many people contributed their time and talents to the preparation of this edition. In particular, we want to thank our development editor Connie Anderson for for her close attention throughout the work and production process for the Sixth Edition of *Deux mondes*. We have greatly benefited from her comments and suggestions and appreciate them very much. We also want to thank Susan Blatty, our director of development, and Katie Crouch, our sponsoring editor, for their encouragement and efforts to facilitate our revision work.

We have benefitted greatly from the tremendous dedication and professionalism of the editing, production, and design team at McGraw-Hill: Anne Fuzellier, Nora Agbayani, Violeta Díaz, and Tandra Jorgensen. We also wish to acknowledge Julie Melvin for her work on the *Lexique*, Veronica Oliva, our permissions editor, and Melissa Gruzs for careful copyediting. Many thanks are owed to our publisher, William R. Glass, who followed the book through its writing and production phases and provided us with much needed encouragement and assistance, as well as our editor-in-chief, Michael Ryan, his support of and enthusiasm for *Deux mondes*.

On a more personal note, we want to recognize Françoise Santore, who has read and commented on every edition of *Deux mondes,* as well as being a coauthor of the *Cahier d'exercices*. Her encouragement and her loyalty to the Natural Approach have always been an inspiration. We also continue to acknowledge our debt to Tracy Terrell. Tracy loved French and *Deux mondes*. He was very much involved in its creation and very eager to make the Natural Approach interesting and accessible for French instructors. We believe that he would be delighted to know how many French students enjoy using *Deux mondes* today and would be very pleased with our new edition.

We are especially grateful to Thalia Dorwick, who retired a few years ago as editor, publisher, and director of the World Languages group of the McGraw-Hill Companies. Thalia has left a major imprint on our profession, in no small part due to her willingness to publish materials that represented new ideas and methods. She has been a good friend to *Deux mondes,* to us, and to many other authors as well.

Finally, we want to tell our families how grateful we are for their encouragement and even their sacrifices to our work. To our partners Ben Rogers and Robbie Steele, we say "Thank you: your confidence and support have been much appreciated throughout this project."

To the Student

The course you are about to begin is based on a method called the Natural Approach, which is designed to help you learn to speak, read, write, and understand French. You will be learning not only about the French language but also about French-speaking people and cultures all over the world: in Europe, North and West Africa, Quebec, the Caribbean, and elsewhere.

As you work with *Deux mondes,* keep in mind that you will be learning French in two very different but complementary ways. The first is experiential and mostly unconscious. It is the "feel" for the language that comes from hearing, reading, and speaking French in meaningful, everyday contexts. The second is a more deliberate and formal kind of learning, which comes from studying the rules of the French language, especially those of grammar, and from doing written activities.

Both types of learning are necessary to become proficient in French. You need to hear and read authentic French in order to understand native speakers. You also need to think and express your ideas in French as much as possible. Exploring how the French language works by studying grammar can allow you to progress more rapidly. However, keep in mind that all learners inevitably make mistakes when they speak and write a new language. Your instructors and classmates will not expect you to speak "perfectly," and native speakers will appreciate your attempts to speak their language even if you do make some mistakes. Initially, then, you should concentrate on *what* you are saying rather than on *how* you are saying it. The experience of learning French should be enriching, stimulating, and fun.

During class, avoid translating the French you hear into your native language. You will acquire lasting proficiency by learning to understand French "from the inside," on its own terms. If you listen and watch carefully, you will discover that it is almost always possible to understand what is being conveyed without resorting to English.

In this course, most class time will be devoted to oral activities. Your instructor may request that you study grammar and vocabulary primarily on your own, at home. The grammar sections of *Deux mondes* (the blue pages) are designed to be self-explanatory. As you complete the exercises, you can confirm your understanding by using the Answer Key in Appendix D.

The *Cahier d'exercices* (workbook/laboratory manual), the Audio Program, the cultural video footage (available in the ActivityPak), and the film (*Le Chemin du retour*) give you more opportunities to listen to French outside of class and to write about topics that you have discussed in class. The workbook also contains explanations and exercises on the pronunciation and spelling of French, as well as additional readings that will help you improve your skills and learn more about France and the Francophone world.

Tips for Effective Learning

Activités

The oral activities form the core of the *Deux mondes* program and your learning experience. They are designed to be done in class with your instructor and fellow students and always offer topics that relate to the chapter's theme. These activities will help you to comprehend and think in French and to express your opinions in French from the beginning of the course. To enable you to make the most of your class time each day, we make the following suggestions:

- Remember to **relax** and to **"go with the flow."** You will enjoy an activity and gain the most from it when you focus on communicating, rather than on using specific words or forms.
- Working through an activity in class mechanically is both uninspiring and of little value; try to **give it a personal twist** and encourage your speaking partners to do the same.
- Don't worry when you do not understand every word your instructor says. Just focus on **getting the main idea,** and be on the alert for **visual and aural clues** (gestures, intonation, illustrations).
- Always **listen to your instructor's feedback,** and use it as a model. You will learn best by hearing and reading correct forms on a regular basis.
- **Copy new vocabulary** you encounter during class time into a vocabulary notebook. Review it often as you think in French at home.
- Before coming to class, **review the previous day's oral activities** and the corresponding sections of **vocabulary** in the chapter *Vocabulaire.*
- Many students find it beneficial to **look over activities before class** to get **a quick "preview" of new words** to be used when they participate in the day's activities.
- Finally, **speak French** and avoid English at all costs. If you don't know a certain expression, **make an effort to paraphrase** or find another way of explaining yourself. It is always better for you to express yourself in French in a roundabout fashion than to resort to using English.

Lectures

As you approach the readings in *Deux mondes,* remember that written language is more than just a transcription of speech. Most of the time, writing follows formal rules that are considerably more constraining than those governing speech. Most *Activités* in *Deux mondes* use fairly short sentences, whereas the *Lectures* and *Info* boxes give you the opportunity to work with more complex—though still comprehensible—French.

Keep in mind that reading means grasping the logic and meaning of the entire text, rather than figuring out individual words and sentences. Reading is a process of discovery: a text composed only of words and ideas with which you are already familiar, put together in an entirely predictable way, would not offer much interest.

You already have strategies for reading a text in English that you can apply immediately when you read French. In fact, you will find that you are able to read a level of French that is significantly more complex than the French you use when speaking and writing. Here are some suggestions that will help you with the readings in *Deux mondes.*

- **Look first for what you can understand,** then make educated guesses about unfamiliar content.
- **Use the title and illustrations** to deduce what a given reading is about.
- **Skim the text** to identify the main ideas. Read quickly through the introductory paragraph, the first sentences in the other paragraphs, and the concluding paragraph to get a general outline of the main ideas.
- **Look for cognates** (words that are similar in two languages). About a third of English words are drawn from French.
- In class, listen to the questions your instructor asks and **scan for particular information.** You often do not have to know every word to find the information you need.
- When you encounter words or phrases that you do not understand, try to **infer meaning from the context,** using your own common sense. Quite

often, it is possible to ignore unfamiliar words and still arrive at a very accurate understanding, because language involves a great deal of redundancy.

- Unlike listening, which gives you only one or two chances to hear what the other person is saying, reading allows you to **go over a text many times.** Plan on reading the texts in *Deux mondes* several times. You will find that your understanding increases with each new reading.
- **Think in French.** If you look at a French text and think in English, you are translating, not reading. This is an extremely inefficient way of approaching a text, and it will *not* help you to become a proficient reader in French.

Vocabulaire

Each chapter contains a vocabulary list organized by topic or function. This list is primarily for reference and review. You should *recognize* the meaning of these words when you hear or read them in context; however, it is unlikely that you will be able to *produce* all of these words yourself until you have seen and heard them many times. Work with the *Vocabulaire* lists as your instructor suggests, and remember that the best way to learn French words is to **hear and read them as often as possible in a meaningful context.**

Grammaire et exercices

The final section of each chapter (the blue pages) is a reference manual, allowing you to study the rules of French grammar and to verify your understanding by doing the exercises.

- The beginning of each *Activités et lectures* section in the white pages has a reference to the appropriate section(s) in the grammar. As you begin each new topical section, **read the grammar section or sections indicated by the red star followed by** *Attention!*
- Be sure to **make use of the marginal notes** in the blue pages, which give you useful summaries, hints, and suggestions for reviewing.
- You will benefit the most from the blue pages by **completing the exercises in writing,** then confirming your answers using the Answer Key in the back of the text.

Getting to Know the Characters

You will get to know a number of characters in the *Deux mondes* text and *Cahier* and in other components of the program. They include people in North America and in France.

First you'll meet a group of young people from the University of Louisiana at New Orleans. They are fellow students in Professor Anne Martin's 8:00 A.M. beginning French class: Albert Boucher, Barbara Denny, Daniel Moninger, Denise Allman, Jacqueline Roberts, and Louis Thibaudet. Louis is very proud of his Acadian ancestry. (The Acadians were French-speaking colonists who came to Louisiana from Acadie, now Nova Scotia.) Professor Martin was born in Montreal and is completely bilingual in French and English.

Albert Barbara Daniel Denise Jacqueline Louis Madame Martin

You will also meet two international students from French-speaking countries who are studying at the University of Louisiana. Raoul Durand, a doctoral student in mechanical engineering, is a Quebecois from Montreal. Caroline Njanga comes from Yaounde in the Cameroon and is working on a Master's degree in American Studies. Both Raoul and Caroline were pleased to meet Professor Martin, and they have visited her class and gotten to know her students.

The Lasalle-Colin family has three branches. The grandparents, Francis and Marie Lasalle, have always lived in Lyon, where they are now retired.

Claudine Colin is the daughter of Francis and Marie Lasalle. She teaches at a *lycée* (high school). She and her husband, Victor Colin, live in Clermont-Ferrand with their five children. Marise and Clarisse (19) are twins; Marise is studying French literature at the Université Blaise-Pascal in Clermont-Ferrand, and Clarisse is taking courses in hotel management at the École Victor Hugo. Charles (17) and Emmanuel (14) are both *lycée* students, and their brother, Joël (8), is in primary school.

Bernard Lasalle is the son of Francis and Marie. He and his wife, Christine, live near Bernard's parents in Lyon. Bernard is an engineer, and Christine works in a hospital as a nurse. They have three daughters, Camille (11), Marie-Christine (8), and Nathalie (6).

Édouard and Florence Vincent are old friends of Francis and Marie Lasalle and live nearby in Lyon. They are an interesting couple, though somewhat old-fashioned in some of their views.

Édouard
Vincent

Florence
Vincent

Another character you will meet is Julien Leroux, a native of Brussels who has lived in Paris for several years and who works in news broadcasting at *Télévision Française 1* (TF1). He has been friends with Bernard Lasalle since they were at the university together several years ago.

Julien

Also in Paris are Sarah Thomas, an American exchange student, Agnès Rouet, and Jean-Yves Lescart, friends at the *Université de Paris.*

Sarah   Agnès   Jean-Yves

Adrienne Petit lives in Marseille. She works as a secretary in an import-export firm and loves to travel. She is an active person and has a lively social life.

Adrienne

Getting Started with the Étapes

Listening Skills

Your instructor will probably choose to address the class entirely in French from day one. Don't panic! It is possible to understand what someone is saying without knowing every word. Here are some general techniques that will help you as you are doing the two preliminary chapters, or *Étapes.*

- **Make educated guesses.** Always pay attention to context. If someone you don't know says, **Bonjour, je m'appelle Robert,** you can infer from the context and from the key word "Robert" that he is introducing himself. If it is eight in the evening and someone greets you with **Bonsoir,** you can figure out that this probably means "Good evening" and not "Good morning" or "Good afternoon."

- **Pay attention to gestures and "body language."** If your instructor is pointing to the board, you can deduce that **Regardez le tableau** means "Look at the board," even if you are not already familiar with the words.
- **Pay attention to intonation and key words.** If your instructor is holding up a photo of a man and says in French, "Does this man have brown hair?," you will know from his or her tone of voice that a question is being asked. If you already know the words "brown" and "hair" and you look carefully at the photo, you can figure out what the question means even if you have never heard the other words.
- In terms of your ability to understand, it is most important for you to **know key vocabulary words.** You do not need to know specific grammatical forms to grasp the gist of what is being conveyed.

Vocabulary

Because your ability to understand depends on your recognizing key words in context, the two *Étapes* will help you become familiar with many new words in French. You need not be concerned about pronouncing these perfectly from the start; your pronunciation will become more accurate as you *hear* more and more spoken French. Here are some tips to help you learn vocabulary.

- **Keep a vocabulary notebook.** Your instructor will write key vocabulary words on the board; jot them down for future reference and study.
- **Go over vocabulary frequently,** and make an effort to **visualize** the person (for words such as "child" or "woman"), thing ("chair" or "pencil"), characteristics ("young" or "long"), activity ("stand up"), or situation ("is wearing") conveyed by each word.
- **Follow your instructor's suggestions** for working with these words. Concentrate on recognizing their meaning when you hear and see them, and when your instructor uses them in class.

Classroom Activities

Here are the main types of activities you will be doing in the *Étapes*. Some may be new to you; all will help get you off to a running start in French.

- **TPR.** "Total Physical Response" is a technique developed by Professor James Asher at San Jose State University. In TPR activities, the instructor gives a command, which you then act out. Though TPR may seem somewhat "childish" at first, by relaxing and allowing your mind and your body to work together, you will be able to absorb a large amount of French very quickly. In TPR, "cheating" is allowed! If you're not sure what a command means, figure it out by "sneaking" a look at your classmates.
- **Description of classmates.** You will be asked to get to know your classmates: to learn their names and to identify the person your instructor is describing. This is a fun and effective way for you to learn the names of colors, articles of clothing, and descriptive words such as "long," "pretty," "new," and so on.
- **Description of pictures.** Your instructor will bring a number of pictures to class and describe the people in them. Your goal will be to identify the picture being described.
- **Using basic greetings and expressions of courtesy.** You will have the opportunity to learn how to say "Hello," "Good-bye," "How are you?," and so on, in short dialogues with classmates. You do not need to memorize the dialogues; just have fun with them. Remember that your pronunciation will improve as your *listening skills* improve.

And now... **Au boulot!** (Let's get to work!) Enjoy learning French and working with *Deux mondes*.

Premières rencontres

Des étudiantes à
l'université de Paris

Objectifs

In the *Première Étape,* you will learn to understand a good deal of spoken French and get to know your classmates. The listening skills you develop will enhance your ability to understand and speak French.

ACTIVITÉS

La communication en classe
Qui est-ce? Les camarades de classe
Comment sont-ils? La description
  des personnes
Les vêtements et les couleurs
Les nombres (0–34)
Rencontres

GRAMMAIRE

A.1 Giving instructions: Commands
    with **vous**
A.2 Identifying people: **C'est...** ,
    je m'appelle...
A.3 Gender and articles
A.4 Describing people: **Être,**
    subject pronouns, and **ne... pas**
A.5 Plural nouns and articles
A.6 Addressing others: **Tu** and **vous**

La communication en classe

★ **Attention! Étudier Grammaire A.1**

Activité 1 Associations: Les ordres

a. Tournez la page!
b. Ouvrez le livre!
c. Fermez le livre!

d. Regardez le tableau!
e. Écrivez votre nom!

f. Levez la main!
g. Prenez un stylo!

Qui est-ce? Les camarades de classe

 Attention! Étudier Grammaire A.2

Activité 2 Dialogues: Les amis

—Comment s'appelle l'ami de_____?
—Il s'appelle_____.

—Comment s'appelle l'amie de_____?
—Elle s'appelle_____.

—Qui est-ce?
—C'est_____.

—Qui est-ce?
—C'est_____.

Comment sont-ils? La description des personnes

✳ **Attention! Étudier Grammaire A.3 et A.4**

Activité 3 Discussion: Comment sont les camarades de classe?

1. Dans la classe de français, qui est _____?
   a. grand et blond (grande et blonde)
   b. jeune et brun (jeune et brune)

2. Dans la classe de français, qui n'est pas _____?
   a. petit et brun (petite et brune)
   b. vieux (vieille)

Activité 4 Associations: Images stéréotypées

Voici des personnages célèbres. Comment sont-ils?

MODÈLE: Halle Berry est belle. Elle n'est pas forte.

1. Céline Dion
2. Cléopâtre
3. Johnny Depp
4. Vanessa Paradis
5. Queen Latifah
6. Gérard Depardieu
7. Tiger Woods
8. Dustin Hoffman

a. laid/laide ≠ beau/belle
b. vieux/vieille ≠ jeune
c. fort/forte ≠ mince
d. grand/grande ≠ petit/petite
e. ?

Les vêtements et les couleurs

✴ **Attention! Étudier Grammaire A.5**

Victor Colin   Joël Colin   Clarisse Colin   Claudine Colin

Activité 5 Associations: Les couleurs

De quelle couleur est... ?

1. un pingouin
2. un éléphant
3. un tigre
4. une plante
5. une tragédie
6. un jean
7. une banane
8. une tomate
9. une carotte
10. le chocolat

a. vert/verte
b. noir/noire
c. gris/grise
d. brun/brune
e. orange
f. blanc/blanche
g. rouge
h. jaune
i. bleu/bleue

Gingerbread Gallery

Galerie d'art haïtien

Activité 6 Dans le monde francophone: Couleurs et vêtements

Dites **oui** ou **non**. Sur ce tableau, il y a...

1. un homme qui porte un pantalon bleu.
2. une femme qui porte une jupe rouge.
3. un homme qui porte un chapeau noir.
4. une femme qui porte une robe verte.
5. un homme qui porte une chemise orange.
6. un homme qui porte une veste grise.
7. une femme qui porte une robe rouge.
8. une femme qui porte un chapeau blanc.

Activité 7 Discussion: Mes camarades de classe

Regardez vos camarades de classe. Donnez le nom de l'étudiant(e), d'un vêtement et de la couleur du vêtement.

LE NOM		LE VÊTEMENT	LA COULEUR
1. *Caroline*	porte	*une jupe*	*blanche* .
2. _____	porte	_____	_____ .
3. _____	porte	_____	_____ .
4. _____	porte	_____	_____ .
5. _____	porte	_____	_____ .

Les nombres (0–34)

0 zéro	**10** dix	**20** vingt
1 un	**11** onze	**21** vingt et un
2 deux	**12** douze	**22** vingt-deux
3 trois	**13** treize	**23** vingt-trois
4 quatre	**14** quatorze	**24** vingt-quatre...
5 cinq	**15** quinze	**30** trente
6 six	**16** seize	**31** trente et un
7 sept	**17** dix-sept	**32** trente-deux
8 huit	**18** dix-huit	**33** trente-trois
9 neuf	**19** dix-neuf	**34** trente-quatre...

Activité 8 Discussion: Il y en a combien?

Comptez le nombre de vos camarades qui...

PORTENT...

un pantalon. _____
une jupe. _____
des chaussures noires. _____
un short. _____
une chemise. _____
?

ONT...

une barbe. _____
un chapeau/une casquette. _____
une moustache. _____
un livre de maths. _____
un stylo. _____
?

Rencontres

★ **Attention! Étudier Grammaire A.6**

MULTIMÉDIA

Online Workbook /
Lab Manual

Online Learning Center
and Audio Program

ActivityPak

www.mhhe.com/deuxmondes6

Activité 9 Dialogue: Les salutations

1. Victor Colin parle au directeur du bureau.
   —Bonjour, monsieur. Comment allez-vous?
   —Très bien, merci. Et vous?
   —Bien, merci.
2. Après le match de foot, Charles Colin parle avec sa cousine Camille.
   —Salut, Camille. Ça va?
   —Je suis très fatiguée! Et toi?
   —Moi, ça va.
3. Louis présente Barbara à Raoul Durand, un étudiant canadien.
   —Raoul, je te présente une camarade de classe, Barbara.
   —Enchanté, mademoiselle.
   —Enchantée.
4. Claudine Colin parle au téléphone avec son père, Francis Lasalle.
   —Bonsoir, papa. Tu vas bien?
   —Comme ci, comme ça. Un peu fatigué.
   —Et maman? Elle va bien?
   —Elle va très bien.
5. Vous parlez avec un/une camarade de classe.
   É1*: Bonjour. Je m'appelle _____.
   É2: Enchanté(e). Je _____ _____ .
   É1: Salut, _____. Ça va bien?
   É2: _____, et toi?
   É1: _____, merci.

---

*É1 et É2 = Étudiant(e) 1 et Étudiant(e) 2

Vocabulaire

See the *Lexique* for a key to the abbreviations used in *Vocabulaire* lists.

Dans la classe de français

In French class

un/une camarade de classe	a classmate
un étudiant / une étudiante	a student
un livre	a book
un stylo	a (ballpoint) pen
un tableau (noir)	a (black)board

Mots apparentés: **une activité, une conversation, la grammaire, une page, un professeur,* une table, le vocabulaire**

Asseyez-vous.	Sit down.
Écoutez!	Listen!
Écrivez votre nom.	Write your name.
Fais attention!	Pay attention!
Fermez le livre.	Close the book.
Levez la main.	Raise your hand.
Levez-vous.	Stand up. (Get up.)
Lisez.	Read.
Ouvrez le livre.	Open the book.
Prenez un stylo.	Get a pen.
Regardez le tableau.	Look at the (black)board.
Tournez la page.	Turn the page.

Les personnes

People

un ami / une amie	a friend
une femme	a woman
un homme	a man

Comment s'appelle...?	What is ...'s name?
Il/Elle s'appelle...	His/Her name is ...
Comment t'appelles-tu?	What's your name? (*fam.*)
Comment vous appelez-vous?	What's your name? (*form. or pl.*)
Je m'appelle...	My name is ...

Où est...?	Where's ...?
Qui est-ce?	Who's that? (Who is it?)
C'est...	It's ...

La description des personnes

Describing people

Comment est-il/elle?	What's he/she/it like?
Comment sont-ils/elles?	What are they like?
Qui est...?	Who is ...?
Qui n'est pas...?	Who isn't ...?
beau/belle	handsome/beautiful
blond/blonde	blond
brun/brune	dark-haired
fort/forte	heavy, plump
grand/grande	tall
jeune	young
laid/laide	ugly
mince	thin, slender
petit/petite	small, little, short
vieux/vieille	old, elderly
Qui a...?	Who has ...?
une barbe	a beard
une moustache	a moustache
Qui n'a pas...?	Who doesn't have ...?
les cheveux courts/longs	short/long hair
les yeux bleus	blue eyes

Les couleurs

Colors

blanc/blanche	white
bleu/bleue	blue
gris/grise	gray
jaune	yellow
marron (*inv.*)	brown
noir/noire	black
rose	pink
rouge	red
vert/verte	green

Mots apparentés: **orange** (*inv.*), **violet/violette**

For the purpose of this edition,* **un professeur *is presented as an invariable masculine noun. See p. 22 for more information.*

Les vêtements

Clothing

Qui dans la classe porte... ?	Who in class is wearing . . . ?
Il/Elle porte...	He's/She's wearing . . .
Ils/Elles portent...	They're wearing . . .
un blouson	a jacket, windbreaker
des bottes (*f.*)	boots
un chapeau	a hat
des chaussures (*f.*)	shoes
une chemise	a man's shirt
un chemisier	a woman's blouse
un costume	a man's suit
une cravate	a necktie
une jupe	a skirt
un manteau	a coat
un pantalon	a pair of pants
une robe	a dress
une veste	a sportcoat, suitcoat
un vêtement	a piece of clothing

Mots apparentés: **un jean, un pull-over, des tennis** (*f.*)

Mots et expressions utiles

Useful words and expressions

l'ami/l'amie de Daniel	Daniel's friend
bien	well
dans	in
mais	but
moi aussi	me too
ne... pas	not
non	no
oui	yes
tout le monde	everybody
tu	you (*fam.*)
vous	you (*form. or pl.*)

Les ordres

Commands

Chantez.	Sing.
Courez.	Run.
Dites *bonjour.*	Say *hello.* (Say *good morning.*)
Marchez.	Walk.
Sautez.	Jump.
Tournez à droite (à gauche).	Turn right (left).

Salutations et formules de politesse

Greetings and polite expressions

À bientôt.	See you soon.
aujourd'hui	today
Au revoir.	Good-bye.
Bonjour.	Hello; Good morning/ afternoon/day.
Bonsoir.	Good evening; Good-bye (*in the evening*).
Ça va?	How's it going?
Moi, ça va. Et toi?	Fine. How about you?
Comment allez-vous?	How are you? (*form.*)
Très bien, merci. Et vous?	Fine, thanks. And you?
Pas mal, merci.	Not bad, thanks
Je suis un peu fatigué/fatiguée.	I'm a little tired.
Comment vas-tu?	How are you? (*fam.*)
Bien. Et toi?	Fine. And you? (*fam.*)
Je vous (te) présente...	I want you to meet . . .
Enchanté/ Enchantée.	Delighted.
madame	madam, ma'am; Mrs.
mademoiselle	miss
monsieur	sir; Mr.
Salut!	Hi!; Good-bye. (*fam.*)

Questions

Questions

Combien de... ?	How many . . . ?
Comment va... ?	How is . . . ?
Il/Elle va bien/mal.	He's/She's fine / not well.
De quelle couleur est... ?	What color is . . . ?
Est-ce que c'est un/ une... ?	Is this a . . . ?
Oui, c'est un/une...	Yes, it's a . . .
Non, ce n'est pas un/une...	No, it's not a . . .
n'est-ce pas?	isn't it?, right?
Y a-t-il... ? / Il y a...	Is/Are there . . . ? / There is/are . . .

Mots apparentés

Cognates

une banane, une carotte, le chocolat, un éléphant, un général, une image, un pingouin, une plante, un tigre, une tomate, une tragédie

Grammaire et exercices

Introduction

The **Grammaire et exercices** section of each chapter presents grammar points used in the preceding **Activités** section.

The **Attention!** notes that begin each new topic in the **Activités** section tell you which grammar point(s) you should study at that time. Study the grammar point(s) carefully, reading the examples out loud. Then do the exercises, both orally and in writing, and check your answers in the Appendix. Your instructor may choose not to discuss grammar in class because it is explained in nontechnical language in the book and because answers to the exercises are provided.

Keep in mind that successful completion of a grammar exercise indicates that you have understood the explanation. However, you are not immediately expected to use that grammar without error. As you listen to your instructor, your fellow students, and the audio program, and as you talk with others, you will gradually assimilate that grammar point into your own speech and writing.

If you have trouble with an exercise or with a particular point, ask your instructor for assistance. In difficult cases, your instructor may go over the material in class to be sure that everyone understands. However, class time is best used for real experience in communicating in French.

A.1 Giving instructions: Commands with vous

A. Commands are verb forms used without a subject pronoun to tell or ask someone to do something.

> Raise your hand.   Open your book, please.

B. The commands in the **Première étape** are all verb forms that end in **-ez**. This ending is associated with the pronoun **vous** and can refer to a single person or to a group of people.

> Louis, **ouvrez** la fenêtre, s'il vous plaît.
>
> *Louis, open the window, please.*
>
> Barbara et Denise, **regardez** le tableau.
>
> *Barbara and Denise, look at the board.*

C. Notice that some commands have the word **vous** attached to the verb, whereas others do not.

> **Asseyez-vous,** s'il vous plaît!   *Sit down, please!*

Verbs of this sort are called *reflexive verbs* and are presented in **Chapitre 2.** At this point, you need only understand the meaning of these commands.

Definition: A verb conveys an action or a state: *sit, raise, be.*

Definitions: A subject performs the action or exists in the state conveyed by the verb. A noun represents a person or thing. A subject pronoun substitutes for a subject noun: *Joël sits. He sits.*

✷ *You will learn more about the pronoun **vous** in* **Grammaire A.6.**

✷ *You will learn more about verb endings in* **Grammaire A.4** *and in following chapters.*

Pronunciation Hint

Most final consonants are not pronounced in French. For example: **ouvre*z*, français, asseye*z*, vou*s*, e*t*, écoute*z*.** In these hints, a slash through a letter indicates when a letter is not pronounced.

Exercice 1 Écoutez!

Are these commands given in a logical order? Answer **oui** or **non**.

1. Ouvrez le livre! → Lisez!
2. Asseyez-vous! → Courez!
3. Écrivez! → Prenez un stylo!
4. Tournez la page! → Regardez!
5. Levez-vous! → Marchez!
6. Regardez le tableau! → Écoutez!
7. Levez-vous! → Asseyez-vous!
8. Fermez le livre! → Regardez la page!

A.2 Identifying people: C'est... , je m'appelle...

A. To ask who someone is, use the interrogative (question) expression **Qui est-ce?** The usual reply is **C'est** and the name of a person, or simply the name of a person.

—**Qui est-ce?**	*Who's that?*
—**C'est** Denise.	*It's Denise.*

B. If you are not sure of someone's identity, you can use the expression **Est-ce que c'est... ?** with the name of a person. The reply is **oui** or **non**.

—**Est-ce que c'est** Jacqueline?	*Is that Jacqueline?*
—**Non,** c'est Barbara.	*No, it's Barbara.*

> **tu** = used for family and friends

> **vous** = used for groups and non-intimates

> ✹ *You will learn more about **tu** and **vous** in **Grammaire A.6.***

C. When you ask someone's name or give your own, use these patterns:

—Comment t'appelles-tu?	*What's your name?*
—Je m'appelle Barbara.	*My name is Barbara.*
—Comment vous appelez-vous?	*What's your name?*
—Je m'appelle Raoul Durand.	*My name is Raoul Durand.*
—Comment s'appelle-t-il?	*What's his name?*
—Il s'appelle Daniel.	*His name is Daniel.*
—Comment s'appelle-t-elle?	*What's her name?*
—Elle s'appelle Denise.	*Her name is Denise.*

Pronunciation Hint

Qui e ** ** ** ** ** ** ** ** ** **   **Qui e** **‿** **-c** **? C'e** ** ** ** **... Commen** ** ** vous ** ** ** ** appele** **-vou** **? Je m'appell** **...**

In this text, the symbol (‿) indicates liaison (pronunciation and linking of a final consonant to a following vowel).

Exercice 2 Identités

Match the answers with the questions.

QUESTIONS

1. Qui est-ce?
2. Est-ce que c'est Denise?
3. Comment vous appelez-vous?
4. Comment s'appelle le professeur?

ANSWERS

a. Non, c'est Jacqueline.
b. Je m'appelle Daniel Moninger.
c. C'est Louis.
d. Elle s'appelle Mme Martin.

A.3 Gender and articles

A. All French nouns are classified as either masculine or feminine. However, the terms "masculine" and "feminine" are grammatical classifications only: French speakers do not perceive things such as shirts or windows as being inherently "male" or "female." On the other hand, nouns that refer to males are usually of the masculine gender, and nouns that refer to females are usually feminine. For example, **ami** refers to a male friend, whereas **amie** is used for a female friend.

> Raoul est l'**ami** de Daniel et Barbara est son **amie** aussi.
>
> *Raoul is Daniel's friend, and Barbara is also his friend.*

B. French adjectives change their endings to agree with the gender of the noun they modify. In many cases, this simply means adding **-e** to the adjective to agree with a feminine noun; in other cases, the adjective has two entirely different forms.

> Joël est **petit** et Marise est **petite** aussi.
>
> *Joël is short, and Marise is also short.*
>
> Francis Lasalle est **vieux** et Marie Lasalle est **vieille** aussi.
>
> *Francis Lasalle is old, and Marie Lasalle is also old.*

Definition: An adjective describes (modifies) a noun or pronoun: *Claudine is **tall**, but Joël is **short**.*

★ *You will learn more about adjective agreement in* **Grammaire A.5, B.6, and B.7.**

C. Articles in French also change form according to the gender of the nouns they accompany. Here are the definite and indefinite articles for singular nouns.

Definition: An article is a word such as *a* or *the* that introduces a noun.

	DEFINITE (*the*)	INDEFINITE (*a, an*)
Masculine	**le** livre	**un** livre
Feminine	**la** page	**une** page

D. The definite articles **le** and **la** become **l'** before a word that starts with a vowel (**a, e, i, o, u**) or a mute **h**; this includes most words that begin with the letter **h**. You will learn more about mute **h** in the **Cahier d'exercices** (**Prononciation et orthographe**).

l'étudiant(e)	*the student*
l'homme	*the man*
l'autre classe	*the other class*

Exercice 3 Descriptions

Complete these sentences with the correct adjective.

1. Louis est _____ et Jacqueline est _____ aussi. (petit/petite)
2. Barbara est _____ et Albert est _____ aussi. (grand/grande)
3. Mme Martin n'est pas _____ . Elle est jeune. (vieux/vieille)
4. Mon acteur favori est très _____ . (beau/belle)
5. Albert est _____ . (noir/noire)
6. Claudine n'est pas blonde. Elle est _____ . (brun/brune)

Exercice 4 Les photos de Mme Martin

Today, Madame Martin's class is identifying people and things. Complete the sentences with **un, le,** or **l'**.

1. Regardez la photo. C'est _____ tigre. _____ tigre est beau, non?
2. Et voilà la photo d'_____ autre tigre. _____ autre tigre est très grand!
3. Regardez bien! Est-ce _____ livre ou _____ stylo? Oui, c'est _____ livre. C'est _____ livre de Daniel.

> **le livre de Daniel** = *Daniel's book*

> ✶ *You will learn more about expressing possession in* **Grammaire 1.1** *and* **1.6.**

Complete the following sentences with **une, la,** or **l'**.

4. Est-ce _____ moustache ou _____ barbe? Bravo, c'est _____ barbe!
5. Est-ce que c'est _____ table? Oui, c'est _____ table de Mme Martin.
6. C'est _____ cathédrale. C'est _____ cathédrale Notre-Dame de Paris. Elle est très belle et très vieille, n'est-ce pas?

A.4 Describing people: **Être, subject pronouns, and ne... pas**

A. To describe yourself and others, use the verb **être**.

être (to be)		
je	**suis**	*I am*
tu	**es**	*you are* (familiar, singular only)
il/elle/on	**est**	*he/she/it/one is*
nous	**sommes**	*we are*
vous	**êtes**	*you are* (formal or plural)
ils/elles	**sont**	*they are* (people or things)

> The terms below are sometimes used for forms of verbs and pronouns:

- first-person singular (**je**)
- second-person singular (**tu**)
- third-person singular (**il/elle/on**)
- first-person plural (**nous**)
- second-person plural (**vous**)
- third-person plural (**ils/elles**)

Marie Lasalle **est** petite.   *Marie Lasalle is short.*
Moi, je **suis** grand et brun.   *I'm tall and brown-haired.*

★ *You will learn more about the pronoun* **on** *in* **Grammaire 2.4.**

Pronunciation Hint

Final consonants are not pronounced: **je suis, tu es, il est, nous sommes, vous ᶻ êtes, ils sont.** At the end of a word, the letter **e** with no accent is also silent: **nous sommes, vous êtes.** In these hints, the symbol ~ indicates a nasalized vowel.

B. Use **ne... pas** to make a sentence negative. **Ne** precedes the verb and **pas** follows it. **Ne** becomes **n'** if the verb begins with a vowel.

> Negation: **ne... pas**

—Est-ce que tu es étudiant?   *Are you a student?*
—Non, je **ne** suis **pas** étudiant.   *No, I'm not (a student).*

—Est-ce que votre ami est français?   *Is your friend French?*
—Non, il **n'**est **pas** français.   *No, he's not French.*

Pronunciation Hint

Il n'est pas frãçais, je ne suis pasᶻétudiãt.

C. There are two French words for expressing the English word *it* and two French words for *they*. This is because French classifies nouns as either masculine or feminine, as you have already seen.

> **il est** = he is, it is
> **elle est** = she is, it is

> **ils sont** = they are (masc.)
> **elles sont** = they are (fem.)

—Comment est la chemise de Raoul?   *What is Raoul's shirt like?*
—**Elle** est verte.   *It's green.*
—Et le jean de Daniel?   *And Daniel's jeans?*
—**Il** est bleu.   *They're (It's) blue.*
—Comment sont les chaussures de Jacqueline?   *What are Jacqueline's shoes like?*
—**Elles** sont blanches.   *They're white.*

To refer to a mixed-gender group, use the pronoun **ils.**

—Comment sont Barbara et Albert?   *What do Barbara and Albert look like?*
—**Ils** sont grands.   *They're tall.*

ore

D. French has two words to express the English word *you*. **Tu** always refers to only one person, but **vous** can be singular or plural. The choice of **tu** or **vous** for the singular depends on your relationship with the person to whom you are speaking.

Exercice 5 La classe de français

➤ Use as clues the form of **être** and the form of the following adjective (*masc./fem.*).

Daniel is telling you about his French teacher and classmates. Complete his sentences with **je, tu, il, elle, nous, vous, ils,** or **elles.**

1. _____ m'appelle Daniel et _____ suis américain.
2. Et Louis? _____ est américain aussi.
3. Le professeur s'appelle Mme Martin. _____ est canadienne. Beaucoup de* Canadiens parlent† anglais et français. _____ sont bilingues.
4. Denise et moi, _____ sommes dans le même‡ cours de maths.
5. Barbara et Jacqueline? _____ sont absentes aujourd'hui.
6. Et toi? _____ es aussi étudiant(e)?

Exercice 6 La famille Colin

Marise Colin is describing her family in a letter to Barbara, her new American correspondent. Choose the correct form of the verb **être: suis, es, est, sommes, êtes,** or **sont** to complete each sentence.

1. Moi, je _____ petite et brune.
2. Clarisse _____ petite et brune.
3. Clarisse et moi, nous _____ étudiantes à l'université.
4. Charles et Emmanuel _____ grands.
5. Et toi? Est-ce que tu _____ grande ou petite, brune ou blonde?
6. Combien _____-vous dans la famille?

Exercice 7 Discussions dans la classe de français

Complete the following statements made by students in Madame Martin's French class while they were practicing descriptions. Use **ne... pas** and the verb **être.**

MODÈLE: Les roses sont rouges. Elles _____ orange! →
Les roses sont rouges. Elles *ne sont pas* orange!

1. Les amis de Daniel sont jeunes. Ils _____ vieux!
2. Non, Jacqueline! Tu _____ grande. Tu es petite.
3. Ah non, Madame Martin! Vous _____ vieille! Vous êtes jeune!
4. Mme Martin: Non, je _____ américaine. Je suis canadienne.
5. Non, nous _____ une classe d'italien! Nous sommes une classe de français.
6. Albert est très grand! Il _____ petit.

_____

*Beaucoup... *Many*
†*speak*
‡*same*

A.5 Plural nouns and articles

A. French and English nouns may be singular **(chemise)** or plural **(chemises).** Most plural nouns in French end in **-s.** Articles that accompany French plural nouns must also be plural. Here are the plural articles.

SINGULAR		PLURAL	
un costume vert	*a green suit*	**des** costumes verts	*green suits*
une robe rouge	*a red dress*	**des** robes rouges	*red dresses*
la jupe blanche	*the white skirt*	**les** jupes blanches	*the white skirts*
le chapeau noir	*the black hat*	**les** chapeaux noirs	*the black hats*
l'autre chemise	*the other shirt*	**les** autres chemises	*the other shirts*

➤ Gender: A noun may be masculine or feminine.

➤ Agreement: Articles and adjectives take different forms according to the gender and number of the noun they accompany.

B. Notice in the preceding examples that adjectives are also plural when the nouns they modify are plural.

Pronunciation Hint

Note that final **-s** on plural nouns is not pronounced. The **-s** of **des** and **les** is pronounced only if followed by a vowel or mute **h: de\$ robe\$, le\$ botte\$,** but **des͜ étudiã\$\$\$, les͜ ami\$, des͜ homm\$\$\$.**

✷ *You will learn about irregular plurals like* **chapeaux** *in* **Grammaire B.7.**

Exercice 8 Comment est votre université?

Fill in the blanks with **le, la, l',** or **les,** and complete each sentence in a way that describes your university and your French class.

> MODÈLE: _____ campus est grand/petit. → Le campus est grand.
> (Le campus est petit.)

1. _____ université est grande/petite.
2. _____ professeurs sont compétents/incompétents.
3. _____ étudiants sont jeunes/vieux.
4. _____ classe de français est grande/petite.
5. _____ professeur de français s'appelle...

Exercice 9 Test de mémoire

Louis has been blindfolded and must try to remember what his classmates are wearing. Fill in the blanks with **un, une,** or **des.**

1. —Est-ce que Barbara porte _____ jupe noire?
   —Non, elle porte _____ robe jaune.
2. —Est-ce qu'Albert porte _____ chemise blanche et _____ pantalon noir?
   —Non, il porte _____ pull-over bleu et _____ pantalon gris.
3. —Est-ce que Denise porte _____ bottes noires?
   —Oui, elle porte _____ bottes noires.
4. —Est-ce que Daniel porte _____ blouson vert et _____ chaussures noires?
   —Non, il porte _____ blouson violet et _____ chaussures blanches.
5. —Est-ce que Mme Martin porte _____ robe rose et _____ manteau violet?
   —Oui, elle porte _____ robe rose et _____ manteau violet.

A.6 Addressing others: Tu and vous

A. In French, there are two pronouns that correspond to English *you:* **tu** and **vous.** In general, **tu** is used among peers, that is, with friends and other students and, in most cases, with family members. **Vous** is used with those older than you and with people you don't know well or with whom you wish to keep a certain distance. In general, **vous** is used in public with clerks, taxi drivers, waiters, and so on.

➤ **tu** = always singular; always with intimates, peers, or children

➤ **vous** = singular for non-intimates; plural for either intimates or non-intimates

—Albert, **tu** vas bien?   *Albert, are you doing well?*
—Oui, très bien, merci.   *Yes, great, thanks.*

—Bonjour, madame. Comment   *Good morning (ma'am). How are*
 allez-**vous**?   *you?*
—Très bien. Et vous?   *Fine. And you?*

Note that in French, the usual and polite practice is to follow **Bonjour** with one of the terms of address: **madame, monsieur,** or **mademoiselle.**

B. **Vous** is also used for speaking to more than one person regardless of the nature of the relationship between the speakers.

Joël et Emmanuel, êtes-**vous**   *Joël and Emmanuel, are you*
 fatigués?   *tired?*

C. The use of **tu** and **vous** varies somewhat from country to country and even within a country. It is best to use **vous** with people you do not know personally or who are older than you. With other students or friends your own age, it is customary to use **tu.**

Exercice 10 Tu ou vous?

Choose the correct form, **tu** or **vous.**

Un étudiant français parle...

1. à un ami.
   a. Tu es fatigué aujourd'hui?
   b. Vous êtes fatigué aujourd'hui?
2. à un autre étudiant.
   a. Est-ce que tu portes un manteau aujourd'hui?
   b. Est-ce que vous portez un manteau aujourd'hui?
3. au professeur.
   a. Comment vas-tu aujourd'hui?
   b. Comment allez-vous aujourd'hui?
4. à un petit garçon de 9 ans.*
   a. Tu portes un beau chapeau de cow-boy.
   b. Vous portez un beau chapeau de cow-boy.
5. à une dame de 34 ans.
   a. Comment t'appelles-tu?
   b. Comment vous appelez-vous?

---

*years

Le monde étudiant

Le jardin du Luxembourg, près de la Sorbonne, à Paris

Objectifs

In the *Deuxième Étape,* you will continue to develop your listening and speaking skills in French. You will learn more vocabulary to talk about your classes and friends, the calendar, and the clock. You will also learn more about your classmates.

ACTIVITÉS

Qu'est-ce qu'il y a dans la salle de classe?
La date et l'alphabet
Les nombres de 40 à 100 et l'heure
Les cours
La description des autres

GRAMMAIRE

B.1 Expressing existence: **Il y a**
B.2 Asking questions
B.3 Spelling in French: The French alphabet
B.4 Telling time: **Quelle heure est-il?**
B.5 Expressing possession: The verb **avoir**
B.6 Describing with adjectives: More on gender
B.7 Irregular plurals

Qu'est-ce qu'il y a dans la salle de classe?

★ **Attention!** Étudier Grammaire B.1 et B.2

---

*Although **le professeur** remains the official standard, most French speakers use **la prof** informally. **La professeur** or **la professeure** are officially sanctioned and widely used in Quebec, Switzerland, and Belgium.

Activité 1 Discussion: Les objets

Qu'est-ce qu'il y a sur la table?

MODÈLE: Il y a une montre.
Il n'y a pas de vase.

1. un cahier
2. une lampe
3. un livre
4. une plante
5. un chapeau
6. une montre
7. une brosse
8. une cravate
9. un stylo
10. un crayon

Activité 2 Discussion: Qu'est-ce qu'il y a dans la classe?

Dites **oui** ou **non.** Dans la classe de français, il y a...

1. des pupitres?
2. des chaises confortables?
3. une grande table?
4. une horloge digitale?
5. un grand bureau?
6. des tableaux bleus?
7. une petite fenêtre?
8. des crayons rouges?
9. une porte ouverte?
10. ?

Activité 3 Discussion: Qu'est-ce que c'est?

MODÈLE: une fenêtre ou une porte →
—Est-ce que c'est une fenêtre
ou une porte?
—C'est une porte.

Est-ce que c'est... ?

1. un stylo ou un crayon
2. une chaise ou un pupitre
3. un pupitre ou un bureau
4. un livre ou un cahier
5. une horloge digitale ou une montre
6. une table ou un tableau

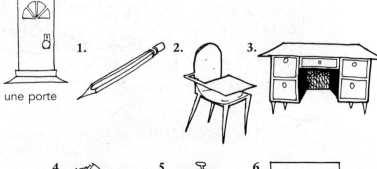

une porte

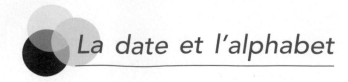

La date et l'alphabet

✳ **Attention! Étudier Grammaire B.3**

SEPTEMBRE						
lundi	mardi	mercredi	jeudi	vendredi	samedi	dimanche
		1	2	3	4	5
6	7	8	9	10	11	12
13	14	15	16	17	18	19
20	21	22	23	24	25	26
27	28	29	30			

Activité 4 Interro: Les anniversaires

Regardez le dessin qui précède et posez des questions.

MODÈLE: É1: Quelle est la date de l'anniversaire de Joël?
É2: C'est le premier mai.
É1: Et cette année, c'est quel jour?
É2: C'est un mardi.

Activité 5 Associations: Le calendrier

Qu'est-ce que vous associez avec les mois suivants?

1. septembre
2. juillet
3. décembre
4. mai/juin
5. février
6. avril
7. novembre
8. janvier

a. les résolutions du nouvel an
b. les examens finals
c. un manteau et des bottes
d. les vacances
e. les élections américaines
f. des sandales et un short

g. les tulipes
h. l'amour
i. les cours
j. Noël

Activité 6 Dialogue: Sarah Thomas arrive à Paris VII

Au bureau d'inscription à l'université.

L'EMPLOYÉE: Votre nom, s'il vous plaît.
SARAH: Sarah Thomas.
L'EMPLOYÉE: Sarah, c'est s-a-r-a?
SARAH: Ah non, c'est Sarah avec un h. S-a-r-a-h.
L'EMPLOYÉE: Merci, mademoiselle.

Les nombres de 40 à 100 et l'heure

★ **Attention! Étudier Grammaire B.4**

40 quarante	**65** soixante-cinq...	**81** quatre-vingt-un...
41 quarante et un...	**70** soixante-dix	**90** quatre-vingt-dix...
50 cinquante	**71** soixante et onze...	**91** quatre-vingt-onze...
51 cinquante et un...	**77** soixante-dix-sept...	**93** quatre-vingt-treize...
60 soixante	**80** quatre-vingts	**100** cent
61 soixante et un...		

Quelle heure est-il?

Le matin

Il est neuf heures.

Il est neuf heures
et demie.

Il est dix heures
vingt-cinq.

L'après-midi

Il est midi

Il est midi et demi.

Il est une heure.

Il est une heure et quart.

Le soir

Il est huit heures
moins le quart.

Il est onze heures
moins vingt.

Il est minuit.

Il est minuit et demi.

Activité 7 Dialogue: Après le cours

Quelle heure est-il?

MME MARTIN: Quelle heure est-il, s'il vous plaît?
    ALBERT: Il est huit heures moins le quart.
MME MARTIN: Merci bien.
    ALBERT: De rien, madame. Au revoir.
MME MARTIN: Au revoir. À demain.

Activité 8 Interro: Quelle heure est-il?

MODÈLE: É1: Quelle heure est-il?
           É2: Il est _____.

1.

2.

3.

4.

5.

6.

7.

8.

Activité 9 Interro: Il y en a combien?

Il y a...

1. combien de minutes dans une heure?
2. combien de secondes dans une minute?
3. combien d'heures dans un jour?
4. combien de mois dans une année?

5. combien de lettres dans l'alphabet?
6. combien de crayons dans une douzaine?
7. combien de roses dans une demi-douzaine?
8. combien de jours dans une semaine?

Les cours

Quels cours avez-vous ce semestre?

★ **Attention!**
Étudier
Grammaire B.5

le dessin

la littérature

la gymnastique

la chimie

la géographie

l'économie

le commerce

la physique

la biologie

la sociologie

les mathématiques

l'histoire

le théâtre

l'informatique

la musique

la psychologie

le génie civil

Activité 10 Discussion: La semaine de cours

Certains étudiants de Mme Martin ont cours le même jour et à la même heure. Regardez le tableau et dites si les phrases sont vraies ou fausses.

QUAND	LOUIS	JACQUELINE	ALBERT
8 h, lundi	gestion	philosophie orientale	géologie
9 h 30, mardi	comptabilité	informatique	histoire de l'art
13 h, vendredi	économie	chimie	dessin

1. Jacqueline a un cours d'informatique et un cours de philo.
2. Albert a un cours d'histoire africaine à 8 h.
3. Louis n'a pas de cours de gestion.
4. Le cours de chimie de Jacqueline est à 13 h.
5. Albert et Louis ont un cours d'économie.
6. Le cours de géologie d'Albert est à 9 h 30.
7. Jacqueline a un cours de dessin.
8. Louis a un cours de comptabilité le mardi.

Activité 11 Enquête: Points de vue

Quelle est votre opinion sur les cours suivants?
Est-ce que...

1. le français est difficile ou facile?
2. la chimie est pratique ou abstraite?
3. l'histoire est utile ou inutile?
4. la sociologie est importante ou superflue?
5. les maths sont compliquées ou faciles?
6. la littérature est passionnante ou ennuyeuse?
7. le marketing est intéressant ou ennuyeux?
8. la gymnastique est superflue ou importante?
9. le commerce est abstrait ou pratique?
10. la géographie est utile ou inutile?

Activité 12 Dialogue: Mon emploi du temps

1. É1: Tu as quels cours ce semestre?
   É2: J'ai un cours de _____, un cours de _____,... Et toi?
   É1: Moi, j'ai _____.
   É2: Est-ce que tu as cours tous les jours?
   É1: Oui, j'ai cours tous les jours.
       (Non, je n'ai pas cours le _____.)

2. É2: Quel est ton cours préféré? Il est à quelle heure?

É1: C'est mon cours de _____. Il est à _____. Et toi?

É2: _____. _____.

É1: Tu as un cours difficile?

É2: Mon cours de _____ est très difficile. Et toi?
(Je n'ai pas de cours difficile ce semestre.)

É1: _____.

La description des autres

★ **Attention!**
**Étudier Grammaire
B.6 et B.7**

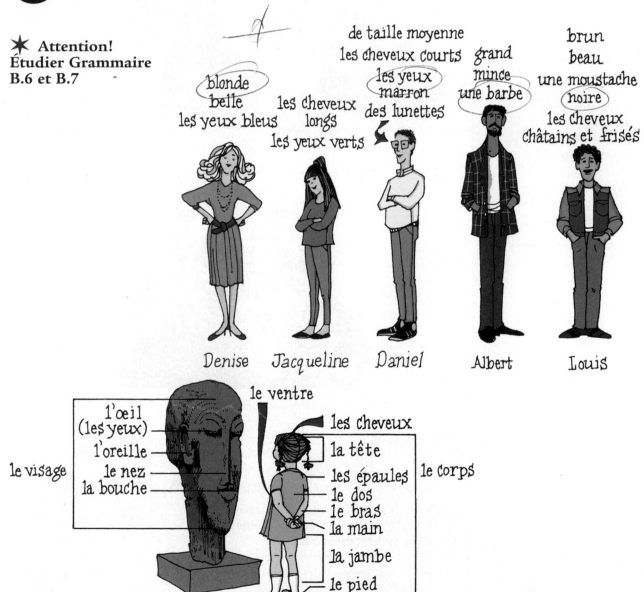

de taille moyenne
les cheveux courts

blonde
belle
les yeux bleus

les cheveux
longs
les yeux verts

les yeux
marron
des lunettes

grand
mince
une barbe

brun
beau
une moustache
noire
les cheveux
châtains et frisés

Denise   Jacqueline   Daniel   Albert   Louis

le ventre

le visage

l'œil
(les yeux)
l'oreille
le nez
la bouche

les cheveux
la tête
les épaules
le dos
le bras
la main
la jambe
le pied

le corps

Activité 13 Dans le monde francophone: Qui est-ce?

Regardez les personnages suivants de la bande dessinée *Astérix*. Ce sont des dessins d'Uderzo. Écoutez leur description et donnez leur nom.

Obélix est l'ami inséparable d'Astérix.

Idéfix est l'ami inséparable d'Obélix.

Assurancetourix, c'est le poète.

Le druide Panoramix prépare la potion magique.

Cliquez là!

Consultez un site sur Astérix pour découvrir les autres personnages de la bande dessinée. Choisissez un homme et une femme. Donnez le nom et faites la description de ces deux personnages pour vos camarades de classe.

www.mhhe.com/deuxmondes6

Activité 14 Associations: Les camarades de classe

Décrivez vos camarades de classe. Comment sont-ils?

1. Qui a les cheveux blonds? (roux? châtains?)
2. Qui a les cheveux longs? (courts? mi-longs?)
3. Qui a une barbe? (une moustache?)
4. Qui a les yeux bleus? (marron? verts? gris? noirs?)
5. Qui porte des lunettes? (des verres de contact?)

Activité 15 Associations: Stéréotypes

Comment sont les étudiants suivants?

> MODÈLE: les étudiants en Beaux-Arts →
> Les étudiants en Beaux-Arts sont dynamiques.

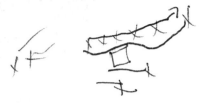

1. les étudiants en maths
2. les étudiants en philosophie
3. les étudiants en art dramatique
4. les étudiants en physique
5. les étudiants en français
6. les étudiants en journalisme
7. les étudiants en informatique

a. dynamiques
b. enthousiastes
c. idéalistes
d. sociables
e. sympathiques
f. sérieux
g. intelligents
h. raisonnables

Activité 16 Dialogue: Une actrice ou un acteur

É1: Comment s'appelle ton actrice préférée (acteur préféré)?
É2: Elle/Il s'appelle _____.
É1: Comment est-elle/il physiquement?
É2: Elle/Il a les cheveux _____ et les yeux _____. Elle/Il est _____.
É1: C'est quel type de personne?
É2: Elle/Il est _____, _____ et _____. Elle/Il n'est pas _____.

MULTIMÉDIA

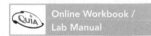

www.mhhe.com/deuxmondes6

Vocabulaire

La salle de classe

The classroom

Qu'est-ce qu'il y a dans... ?   What's in . . . ?
  Il y a un/une...   There's a/an . . .
  Il n'y a pas de...   There isn't a/an/ any . . .
Qu'est-ce que c'est?   What's that/this?
  C'est un/une...   It's a/an . . .
  Ce n'est pas un/une...   It's not a/an . . .
Est-ce que c'est... ?   Is this . . . ?
  une brosse   a blackboard eraser
  un bureau   a (teacher's) desk

un cahier	a notebook
une chaise	a chair
une craie	a piece of chalk
un crayon	a pencil
un étudiant / une étudiante	a student
un examen	an exam
une fenêtre	a window
une horloge	a clock
une interrogation	a quiz
une lumière	a light
une montre	a watch
un mur	a wall
un nom	a name

un nombre	a number
le plafond	the ceiling
le plancher	the floor
une porte	a door
un pupitre	a classroom desk
un tableau (noir)	a (black)board

Le calendrier

The calendar

Quelle est la date aujourd'hui?	What's the date today?
les jours (*m.*) **de la semaine**	the days of the week
lundi, mardi, mercredi, jeudi, vendredi, samedi, dimanche	Monday, Tuesday, Wednesday, Thursday, Friday, Saturday, Sunday
aujourd'hui	today
demain	tomorrow
tous les jours	every day
les mois (*m.*) **de l'année**	the months of the year
janvier, février, mars, avril, mai, juin, juillet, août, septembre, octobre, novembre, décembre	January, February, March, April, May, June, July, August, September, October, November, December
une année	a year

L'heure

Telling time

À quelle heure... ?	At what time . . . ?
Quelle heure est-il?	What time is it?
Il est... heure(s).	It's . . . o'clock.
...et demi(e).	. . . thirty. (half past)
...et quart.	. . . fifteen. (a quarter past)
...moins le quart.	. . . a quarter to. (fifteen to/before/until)
...du matin.	. . . A.M., in the morning.
...de l'après-midi.	. . . P.M., in the afternoon.
...du soir.	. . . P.M., in the evening.
Il est midi/minuit.	It's noon/midnight.

À quelle heure commence... ?	What time does . . . begin?
Il/Elle commence à...	It begins at . . .
une minute	a minute
une seconde	a second

Les cours

Courses/Classes

l'art (*m.*) **dramatique**	theater, drama
la chimie	chemistry
le commerce	business
la comptabilité	accounting
le dessin	graphic arts
le français	French
le génie civil	civil engineering
la gestion	management
l'informatique (*f.*)	computer science
la publicité	advertising

Mots apparentés: **la biologie, l'économie** (*f.*)**, la géographie, la géologie, la gymnastique, l'histoire** (*f.*)**, le journalisme, la littérature, le marketing, les mathématiques** (*f.*)**, la musique, la philosophie, la physique, la psychologie, les sciences** (*f.*)**, le théâtre**

Est-ce que tu as un cours de... ?	Do you have a . . . class/course?
Oui, j'ai un cours de...	Yes, I have a . . . class/course.
Non, je n'ai pas de cours de...	No, I don't have a . . . class/course.
Comment est ton cours de... ?	What's your . . . course like?
Il est/Il n'est pas...	It's/It's not . . .
ennuyeux	boring
facile	easy
inutile	useless
passionnant	exciting
utile	useful

Mots apparentés: **abstrait/abstraite, compliqué/compliquée, difficile, important/importante, intéressant/intéressante, pratique, le semestre, superflu/superflue**

La description des personnes

Describing people

Comment est-il/elle?	What is he/she like?
(...sont-ils/elles?)	(... are they like?)
Il/Elle est...	He/She is...
beau/belle	beautiful
de taille moyenne	of medium height
raisonnable	sensible
sympathique	nice
Il/Elle a les cheveux	He/She has... hair.
blonds	blond
bruns	brown
châtains	dark brown
courts	short
frisés	curly
mi-longs	medium-length
roux	red
Il/Elle a les yeux	He/She has brown
marron.	eyes.
Il/Elle porte...	He/She wears, is wearing...
des lunettes (*f.*)	glasses
des verres de contact	contact lenses

Mots apparentés: **amusant/amusante, dynamique, enthousiaste, idéaliste, intelligent/intelligente, optimiste, pessimiste, sérieux/sérieuse, sociable, timide**

Les parties du corps

Parts of the body

la bouche	mouth
le bras	arm
les cheveux (*m.*)	hair
le corps	body
le dos	back
les épaules (*f.*)	shoulders
la jambe	leg
la main	hand
le nez	nose
l'œil (*m.; pl.* **les yeux**)	eye
l'oreille (*f.*)	ear
le pied	foot
la tête	head
le ventre	stomach
le visage	face

La description

Describing

dernier/dernière	last
fermé/fermée	closed
ouvert/ouverte	open
préféré/préférée	favorite
premier/première	first

Mots apparentés: **confortable, digital/digitale, moderne, nécessaire, oriental/orientale, profond/profonde, superficiel/superficielle**

Substantifs

Nouns

un acteur / une actrice	an actor/actress
un anniversaire	a birthday
un objet	an object

Mots apparentés: **une description, un dialogue, une lettre de l'alphabet, une opinion, un/une poète, un semestre**

Mots et expressions utiles

Useful words and expressions

À demain.	See you tomorrow.
Combien de... ?	How many... ?
Merci.	Thank you.
De rien.	You're welcome.
Moi, je...	I... (*emphatic*)
Quelle est votre opinion sur... ?	What's your opinion of... ?
Quel cours?	Which (What) course?
S'il vous plaît.	Please. (*polite, pl.*)
S'il te plaît.	Please. (*fam.*)
sur	on

Grammaire et exercices

B.1 Expressing existence: Il y a

➤ Questions:
Est-ce qu'il y a... ?
Y a-t-il... ?

➤ Answers:
Il y a...
Il n'y a pas de...

★ *You will learn more about the pronoun **en** in Grammaire 7.3.*

A. Use the expression **il y a** (*there is/there are*) to talk about the presence or existence of people or things. Use **Est-ce qu'il y a... ?** or **Y a-t-il... ?** to ask a question.

—**Est-ce qu'il y a** une horloge dans la salle de classe?	*Is there a clock in the classroom?*
—Oui, **il y a** une horloge.	*Yes, there's a clock.*
—**Y a-t-il** des tableaux noirs?	*Are there any blackboards?*
—Oui, et **il y a** des grandes fenêtres.	*Yes, and there are large windows.*

B. If the answer is negative, use **il n'y a pas de.**

—Est-ce qu'il y a des fenêtres ouvertes?	*Are there any windows open?*
—Non, **il n'y a pas de** fenêtres ouvertes.	*No, there aren't any windows open.*

C. You may substitute the expression **il y en a** or its negation, **il n'y en a pas,** in answers where you wish to avoid repeating the noun.

—Est-ce qu'il y a des étudiants canadiens dans la classe?	*Are there any Canadian students in the class?*
—Oui, il y **en** a.	*Yes, there are (some).*
—Il y a aussi des étudiants suisses?	*Are there some Swiss students, too?*
—Non, il n'y **en** a pas.	*No, there aren't any.*

Exercice 1 La salle de classe

Complete the paragraph with **un, une, des,** or **de.**

Dans la salle de classe, il y a _____¹ étudiants intelligents et _____² professeur brillant. Il y a aussi _____³ chaises, _____⁴ grand bureau et _____⁵ tableaux noirs. Il n'y a pas _____⁶ télévision et il n'y a pas _____⁷ chaises confortables.

Exercice 2 Qu'est-ce qu'il y a dans votre chambre?

Say whether you have these objects in your bedroom.

MODÈLE: Est-ce qu'il y a une télévision? →
Oui, il y a une télévision. (Non, il n'y a pas de télévision.)

Est-ce qu'il y a...

1. une bicyclette?
2. une grande fenêtre?
3. une horloge?
4. une plante?
5. un bureau?
6. une lampe?
7. un téléphone?
8. un tableau noir?

B.2 Asking questions

A. There are three simple ways to ask questions in French.

In everyday conversation, the most common way is to use a rising intonation.

—Salut Daniel! Ça va?   *Hi, Daniel! Everything all right?*
—Oui, ça va très bien, merci.   *Yes, everything's going fine, thanks.*

> **Definition:** *Intonation* is the musical pitch of the voice.

Another common question form is the expression **est-ce que** (**est-ce qu'** before a vowel or mute **h**) followed by a statement.

—**Est-ce que** tu es dans la classe   *Are you in Madame Martin's class?*
   de Mme Martin?
—Oui, je suis dans sa classe.   *Yes, I'm in her class.*
—**Est-ce qu'**il y a des Français   *Are there any French people*
   dans la classe?   *in the class?*
—Non, il n'y a pas de Français   *No, there aren't any French people*
   dans la classe.   *in the class.*

You can also add **n'est-ce pas?** to a sentence when you are asking for confirmation of the statement.

—Barbara et Denise sont amies,   *Barbara and Denise are friends,*
   n'est-ce pas?   *aren't they?*
—Oui, elles sont amies.   *Yes, they're friends.*

B. Both English and French use inversion to form questions in which the verb comes before the subject (*Is he at home?*). In French, inversion questions are more commonly used in writing than in speaking. However, some common short questions are often expressed with inversion.

Est-ce un crayon?   *Is that a pencil?*
Comment **allez-vous?**   *How are you?*
Où **est la craie?**   *Where is the chalk?*
Comment **s'appelle ton ami?**   *What's your friend's name?*
Êtes-vous américain(e)?   *Are you American?*

> ➤ You can ask a question by using:
>
> • **Est-ce que…?**
>   **Est-ce que c'est Daniel?**
> • **…n'est-ce pas?**
>   **C'est Daniel, n'est-ce pas?**
> • Inversion of the subject and verb:
>   **Est-ce Daniel?**

Notice that when the subject is a pronoun, it is joined to its verb by a hyphen. Also, when inversion of the subject and the verb causes two vowels to come together, the letter **-t-** is added between them.

Y a-**t**-il un autre stylo?   *Is there another pen?*

Except for common short questions such as in the preceding examples, you do not need to use inversion questions at this time because you can always use **est-ce que** instead. However, you should be able to understand inversion questions when you read or hear them.

C. The question **Qui est-ce?** is used to ask about people; the question **Qu'est-ce que c'est?** is used to ask about things.

—**Qui est-ce?**   *Who's that?*
—C'est Jacqueline.   *It's Jacqueline.*

—**Qu'est-ce que c'est?**   *What's that (this)?*
—C'est un stylo.   *It's a pen.*

> ➤ **Qui est-ce?** = *Who is that?*
>
> ➤ **Qu'est-ce que c'est?** = *What is that/this?*

★ You will learn more about **c'est** and **ce sont** in **Grammaire 9.3.**

D. Ce (C') is a subject pronoun used to identify people and things. It refers to nouns, either masculine or feminine, singular or plural.

C'est le tableau.   *This is/That's the blackboard.*
Ce sont des crayons.   *These/Those are pencils.*

Exercice 3 Personne ou chose?

What's the correct question? Use **Qui est-ce?** or **Qu'est-ce que c'est?**

MODÈLES: _____? C'est Daniel. → Qui est-ce?

_____? C'est une lampe. → Qu'est-ce que c'est?

1. _____? C'est le professeur.   4. _____? C'est Mme Martin.
2. _____? C'est un examen.   5. _____? C'est une horloge.
3. _____? Ce sont des amis.   6. _____? Ce sont des stylos.

Exercice 4 Qui est-ce?

Madame Martin is talking with a colleague in the university cafeteria. Find the logical answer to her colleague's questions.

1. Cette étudiante aux cheveux noirs, est-ce Barbara Denny?
2. Elle est dans votre classe, n'est-ce pas?
3. C'est une bonne étudiante?
4. Et l'autre étudiant, comment s'appelle-t-il?
5. Est-ce qu'il est en cours de français?

a. Oui, elle est intelligente et très dynamique.
b. Il s'appelle Raoul Durand.
c. Non, c'est Jacqueline Roberts.
d. Non, il n'est pas en cours de français. Il est québécois.
e. Oui, elle est dans ma classe de première année.

B.3 Spelling in French: The French alphabet

★ See **La prononciation et l'orthographe, Chapitre 1** in the **Cahier d'exercices,** for more information on the alphabet. You can hear the letters pronounced on the audio program.

A. French uses the same 26-letter alphabet as English. Here, the French pronunciation of the letters is given in French spelling.

a	a	Arthur	**n**	enne	Nicolas
b	bé	Berthe	**o**	o	Olivier
c	cé	Cécile	**p**	pé	Pierre
d	dé	David	**q**	ku	Quentin
e	e	Eugène	**r**	erre	Raoul
f	effe	Françoise	**s**	esse	Suzanne
g	gé	Gérard	**t**	té	Thérèse
h	ache	Henri	**u**	u	Ursule
i	i	Isabelle	**v**	vé	Victor
j	ji	Joseph	**w**	double vé	William
k	ka	Karim	**x**	iks	Xavier
l	elle	Louis	**y**	i grec	Yassia
m	emme	Martine	**z**	zède	Zoé

B. French uses several accents or diacritical marks.

accent aigu (´)	fatigué, économie
accent grave (`)	très, à
accent circonflexe (^)	âge, être, île, dôme, août
tréma (¨)	Noël
cédille (,/ç)	français

When spelling aloud, the accent is named *after* the letter: **café = c – a – f – e accent aigu.**

➤ Pronunciation of **C:**
c before **i, e** = /s/
c before **a, o, u** = /k/
except **ç:**
c in **cahier** = /k/, but **ç** in **français** = /s/

C. Here is other useful information for talking about spelling or writing in French.

b **minuscule (b)** = *lowercase* b	**la voyelle (a, e, i, o, u)** = *vowel*
b **majuscule (B)** = *capital* b	**la consonne** = *consonant*
le point (.) = *period*	
la virgule (,) = *comma*	
les deux-points (:) = *colon*	
le point-virgule (;) = *semicolon*	

B.4 Telling time: Quelle heure est-il?

A. To ask what time it is, use **Quelle heure est-il?** The answer is **Il est… heure(s).**

—Quelle heure est-il?	*What time is it?*
—Il est dix heures. (Il est une heure.)	*It's ten o'clock. (It's one o'clock.)*

B. For *twelve o'clock noon,* use **midi;** for *twelve o'clock midnight,* use **minuit.**

—Quelle heure est-il, s'il vous plaît?	*What's the time, please?*
—Il est **midi.** (Il est **minuit.**)	*It's twelve (noon). (It's midnight.)*

C. Fractions of the hour are expressed in the following ways:

- Minutes after the hour (up to 30) are simply indicated following the hour.

Il est dix heures vingt.	*It's 10:20.*

- The half hour is expressed by **et demi(e).**

Il est neuf heures et demie.	*It's 9:30.*
Il est midi et demi.	*It's 12:30.*

➤ **Demi** (not **demie**) is used with **midi** and **minuit.**

- Minutes before the hour are expressed with **moins.**

Il est cinq heures moins dix.	*It's ten to five (4:50).*

- The quarter hour is expressed with **quart.**

Il est deux heures et quart.	*It's (a) quarter after two (2:15).*
Il est onze heures moins le quart.	*It's (a) quarter to eleven (10:45).*

D. For A.M. and P.M., use **du matin, de l'après-midi,** and **du soir.**

Il est une heure du matin.	*It's 1:00 A.M. (one in the morning).*
Il est trois heures de l'après-midi.	*It's 3:00 P.M. (three in the afternoon).*
Il est neuf heures du soir.	*It's 9:00 P.M. (nine in the evening).*

E. In official announcements, such as TV, radio, train, or plane schedules, and curtain times at the theater, the 24-hour system is used. The numbers one through twelve are used for the morning hours, thirteen through twenty-four for the afternoon and the evening.

Il est **sept heures (du matin).**	= Il est **7 h.**
Il est **midi.**	= Il est **12 h.**
Il est **trois heures et demie (de l'après-midi).**	= Il est **15 h 30.**
Il est **onze heures moins le quart (du soir).**	= Il est **22 h 45.**
Il est **minuit.**	= Il est **24 h.**

Exercice 5 Quelle heure est-il?

MODÈLE: 2 h 20 → Il est deux heures vingt.

1. 4 h 20		**6.** 5 h 30	
2. 6 h 15		**7.** 9 h 53	
3. 8 h 13		**8.** 3 h 40	
4. 1 h 10		**9.** 12 h	
5. 7 h 07		**10.** 10 h 45	

Exercice 6 L'heure officielle

First, read the time given, then convert it to the usual 12-hour system, indicating the time of day with the appropriate expression **(du matin, de l'après-midi, du soir, midi, minuit).**

MODÈLES: 14 h → Il est quatorze heures.
                  Il est deux heures de l'après-midi.

                  12 h 30 → Il est douze heures trente.
                  Il est midi et demi.

1. 15 h		**6.** 10 h 45	
2. 7 h 15		**7.** 18 h 20	
3. 13 h 30		**8.** 19 h	
4. 20 h		**9.** 16 h 45	
5. 22 h 30		**10.** 11 h 50	

B.5 Expressing possession: The verb avoir

A. Use the verb **avoir** to say what someone has.

avoir (to have)				
j'**ai**	*I have*	nous	**avons**	*we have*
tu **as**	*you have* (fam.)	vous	**avez**	*you have* (formal or plural)
il/elle/on **a**	*he/she/it/one has*	ils/elles	**ont**	*they have*

Hélène **a** des stylos et des crayons.   *Hélène has some pens and pencils.*

—Louis, **as**-tu un cours de français?   *Louis, do you have a French class?*
—Oui, et j'**ai** aussi un cours d'anglais.   *Yes, and I also have an English class.*

Note that **je** contracts to **j'** before a word that begins with a vowel or a mute **h.**

> ➤ je → j' before a vowel:
> **je suis, je m'appelle**, but **j'ai**

Pronunciation Hint

A consonant at the end of the verb form is silent, but at the end of the subject pronoun, it is pronounced because of liaison: **tu a$, õn_a, nous ᶻ avõɲ$, vous ᶻ avez, ils ᶻ õɲɫ, elles ᶻ õɲɫ.**

B. When a sentence with **avoir** is negative, the preposition **de** replaces **un, une,** or **des.**

> ➤ Reminder: To make a sentence negative, put **ne** (or **n'**) and **pas** around the verb.
>
> **J'ai *un* crayon.** →
> **Je n'ai *pas* de stylo.**

—Tu as une bicyclette?   *Do you have a bicycle?*
—Non, je n'ai pas **de** bicyclette.   *No, I don't have a bicycle.*

C. Note the insertion of **-t-** in inversion questions with **a.** It is inserted when the inverted pronoun begins with a vowel.

Y a-**t**-il une craie?   *Is there a piece of chalk?*

Exercice 7 Dans mon université

Complete Barbara's letter to her French correspondent, Marise Colin, by using the correct forms of the verb **avoir.**

Dans mon université, nous _____[1] cours cinq jours par semaine, mais nous _____[2] le week-end de libre. Moi, ce semestre, je n'_____[3] pas de cours le lundi, mais ma camarade de chambre _____[4] trois cours et un labo de biologie. Tous les étudiants _____[5] beaucoup d'examens chaque semestre. Tes amis et toi, dans votre université, est-ce que vous _____[6] cours le samedi? Combien de cours _____[7]-vous pendant une journée typique? Et toi, personnellement, tu _____[8] des cours difficiles ce semestre? Est-ce que tu _____[9] des professeurs intéressants?

Exercice 8 Un étudiant désorganisé

Complete these sentences describing a rather disorganized student by using **un, une, des, d'**, or **de**.

1. J'ai _____ stylos (*m.*), mais je n'ai pas _____ papier.
2. J'ai _____ examen (*m.*) demain, mais je n'ai pas _____ livre.
3. J'ai _____ vidéocassette (*f.*), mais je n'ai pas _____ magnétoscope.*
4. J'ai _____ baladeur (*m.*),† mais je n'ai pas _____ CD.
5. J'ai _____ cahier (*m.*), mais je n'ai pas _____ crayon.
6. J'ai _____ cours (*m.*) à 8 h, mais je n'ai pas _____ énergie.

Exercice 9 Qu'est-ce que tu as?

Say whether you have the following things by using **Oui, j'ai un/une...** or **Non, je n'ai pas de (d')...**

MODÈLE: Est-ce que tu as une voiture de sport‡? →
Oui, j'ai une voiture de sport. (Non, je n'ai pas de voiture de sport.)

Est-ce que tu as...

1. un dictionnaire français?
2. un appartement?
3. une télévision dans ta chambre?
4. une bicyclette?
5. un cours de maths?
6. une guitare?

B.6 Describing with adjectives: More on gender

A. As you know, French nouns that refer to a male are usually masculine and those that refer to a female are usually feminine. Nouns referring to things also have grammatical gender and are either masculine or feminine. The endings in the following table generally indicate masculine or feminine nouns.

➤ By learning these few general rules, you will almost always know the gender of other nouns with the same endings.

USUALLY MASCULINE		USUALLY FEMININE	
-eau	**un** bur**eau**	-ette	**une** tromp**ette**
-eur	**un** serv**eur**	-ie	**la** biolog**ie**
-ier	**un** cah**ier**	-ion	**une** composit**ion**
-ment	**un** apparte**ment**	-ure	**la** littérat**ure**
		-é	**la** beaut**é**

---

*VCR
†*Walkman*
‡voiture... *sports car*

We recommend that you learn new nouns in combination with the appropriate indefinite article **un** or **une** because **le** and **la** become **l'** before a vowel or mute **h.**

B. Adjectives must agree in gender with the nouns they describe. They fall into several categories:

- Adjectives that end in **-e** (with no accent) agree with both masculine and feminine nouns, with no change in their spelling.

  un homme mince   une femme mince
  un pantalon rouge et jaune   une chemise rouge et jaune

➤ A few adjectives that do not end in **-e** also do not change: **un pull-over marron, une jupe marron; un sac chic, une robe chic.**

- Adjectives that do not end in **-e** in the masculine form usually add an **-e** to agree with a feminine noun.

  un chapeau noir   une jupe noire
  un étudiant intelligent   une étudiante intelligente

Pronunciation Hint

If the masculine form ends in a pronounced consonant or **-é**, the masculine and feminine forms are pronounced the same: **noir, noir~~e~~; fatigué, fatigué~~e~~.** If the masculine form ends in a silent consonant, this consonant is pronounced in the feminine form: **peti~~t~~, petit~~e~~; grã~~nd~~, grã~~nd~~~~e~~.**

- Some adjective types follow slightly irregular patterns. Adjectives ending in **-eux** change to **-euse,** and those ending in **-if** change to **-ive** in the feminine.

  un homme **sérieux**   une femme **sérieuse**
  un garçon **sportif**   une fille **sportive**

- Some adjectives have very different masculine and feminine forms. Here are the most common of this type.

un **bon** livre	une **bonne** classe	(*good*)
un sac **blanc**	une robe **blanche**	(*white*)
un **vieux** monsieur	une **vieille** dame	(*old, elderly*)
un **beau** garçon	une **belle** fille	(*handsome, beautiful*)
un **nouveau** chapeau	une **nouvelle** chemise	(*new*)

  Vieux, beau, and **nouveau** have a third form that is used before a masculine noun beginning with a vowel or mute **h: un** *vieil* **homme, un** *nouvel* **appartement, un** *bel* **enfant.** (These forms are pronounced like the feminine forms.)

✶ *You will learn more about these special forms and the placement of adjectives in* **Grammaire 4.1.**

C. You may have noticed that some adjectives come before the noun and others after it. In general, French adjectives come after nouns, but there are several exceptions. This is discussed further in **Chapitre 4.**

Exercice 10 Masculin ou féminin?

Give the correct indefinite article (**un** or **une**) for each noun.

1. _____ télévision
2. _____ acteur
3. _____ majorité
4. _____ chapeau
5. _____ clarinette
6. _____ département
7. _____ nation
8. _____ pharmacie
9. _____ fracture
10. _____ quartier

Exercice 11 Les camarades de classe

Which adjectives can be used to describe the following people?

> MODÈLE: Barbara: enthousiaste, blond, optimiste, petit →
> Barbara est enthousiaste et optimiste.

1. Daniel: nerveuse, sympathique, intelligent, vieille
2. Barbara: sportive, beau, généreuse, grand
3. Louis: beau, raisonnable, sérieuse, sportive
4. Albert: grand, petite, mince, brune
5. Denise: blonde, petit, intelligent, belle
6. Jacqueline: brun, petite, intelligente, studieux

Exercice 12 Quelle est votre opinion?

Make a sentence for each noun, using the correct form of the adjective.

> MODÈLE: intéressant/intéressante: le livre de français, la vie →
> Le livre de français est (n'est pas) intéressant.
> La vie est (n'est pas) intéressante.

1. beau/belle: Juliette Binoche, un tigre, une vieille Ford, une peinture de Matisse
2. bon/bonne: le chocolat, la programmation à la radio publique, la télévision, le fast-food
3. dangereux/dangereuse: une motocyclette, une bombe, le tennis, la politique
4. amusant/amusante: un livre de science-fiction, la politique, un examen de physique, une comédie
5. vieux/vieille: l'astronomie, le Louvre, le président américain, l'université où je suis

B.7 Irregular plurals

A. As you know, the plural of the written form of most nouns and adjectives is formed by adding **-s:**

> un examen facile → des examen**s** facile**s**
> le professeur américain → les professeur**s** américain**s**

B. There are several exceptions, however. Nouns and adjectives ending in **-s, -x,** or **-z** do not change in the plural. Some other nouns and adjectives also have irregular plural endings. Here are some examples.

ENDINGS	SINGULAR	PLURAL
-s, -x, -z (no change)	un mauvais cours un enfant curieux un nez rouge	les mauvais cours les enfants curieux des nez rouges
-eau, -eu (add -x)	un beau chapeau un jeu amusant	les beaux chapeaux des jeux amusants
-al, -ail (→ -aux)	un journal radical un travail municipal	des journaux radicaux des travaux municipaux

➤ An adjective agrees in gender *and* number with the noun it modifies.

Caroline est très sérieuse.

Les enfants sont énergiques.

✸ *Review* **Grammaire A.5** *and* **B.6** *on singular and plural forms of articles and adjectives.*

Pronunciation Hint

Remember that this final -s or -x is usually not pronounced: **les bons restaurants**. The -s of **des** or **les** is pronounced in liaison, that is, when the next word begins with a vowel or a mute **h: des étudiants américains.**

C. Remember that adjectives must agree in both gender and number with the nouns they modify. For this reason, an adjective may have as many as four forms.

MASCULINE SINGULAR	MASCULINE PLURAL	FEMININE SINGULAR	FEMININE PLURAL
un pantalon noir	des pantalons noirs	une robe noire	des robes noires
un petit chapeau	des petits chapeaux	une petite moustache	des petites moustaches

Exercice 13 Descriptions

Choose the appropriate adjective and the correct form.

1. Comment sont les étudiants de votre université?
   sérieux/sérieuses   intelligents/intelligentes
   nerveux/nerveuses   amusants/amusantes
2. Comment est le professeur idéal?
   patient/patiente   raisonnable
   intéressant/intéressante   amusant/amusante
3. Comment est un examen difficile?
   long/longue   amusant/amusante
   compliqué/compliquée   intéressant/intéressante
4. Comment sont les hommes qui portent la barbe?
   beaux/belles   sportifs/sportives
   amusants/amusantes   individualistes
5. Comment est la langue française?
   beau/belle   facile
   compliqué/compliquée   mystérieux/mystérieuse

Ma famille et moi

Vacances en famille sur
la côte Atlantique

Objectifs

In *Chapitre 1*, you will discuss your family and favorite activities. You will learn how to give your address and phone number, and more ways to describe people.

ACTIVITÉS

La famille
Goûts personnels
Origines et renseignements
  personnels
La vie de famille

LECTURES

Info: Société   Portrait de
famille
Info: Société   Qui sont
les Français?
**Les francophones sur le
  vif**   Marie-Claire Schmitt
Lecture   Familles
  d'aujourd'hui

GRAMMAIRE

1.1 Expressing relationships:
  Possessive adjectives
1.2 Expressing likes and dislikes:
  Aimer + infinitive
1.3 Talking about dates and personal
  data: Numbers beyond 100
1.4 Stating origin: The verb **venir**
1.5 Talking about actions: Present
  tense of **-er** verbs
1.6 Expressing relationships and
  possession: Contractions of **de**

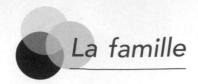

La famille

✳ **Attention! Étudier Grammaire 1.1**

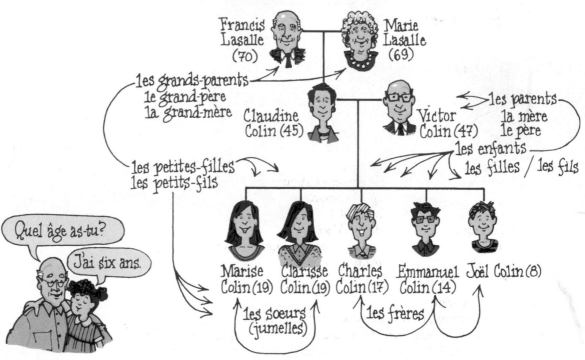

La famille de Claudine Colin

Quel âge as-tu?

J'ai six ans.

Activité 1 Interro: La famille de Claudine Colin

MODÈLE: É1: Comment s'appelle la mère de Claudine?
         É2: Elle s'appelle Marie Lasalle.
         É2: Quel âge a Charles?
         É1: Charles a dix-sept ans.
         É1: Qui est Joël?
         É2: C'est le fils de Victor et Claudine et...
         É2: ?

Activité 2 Dialogue: Ma famille

Vocabulaire utile

mon beau-père (beau-frère)	mon demi-frère
ma belle-mère (belle-sœur)	ma demi-sœur

É1: Combien de personnes y a-t-il dans ta famille?

É2: Il y a _____ personnes dans ma famille.

É1: Comment s'appellent les membres de ta famille?

É2: Mes _____ s'appellent _____ et _____, mon/ma _____ s'appelle _____ et...

É1: Quel âge ont-ils?

É2: Mon/ma _____ a _____, mes _____ ont _____ et _____.

É1: Comment est ta famille?

É2: Nous sommes _____ et _____. Nous ne sommes pas _____.

É1: Est-ce que ta famille a une maison ou un appartement?

É2: Nous avons _____. Il/Elle est _____.

Activité 3 Échanges: Ma famille et mes amis

Quelles sont les qualités importantes des personnes sur la liste?

Vocabulaire utile

énergique	flexible
raisonnable	généreux/généreuse
poli(e)	sportif/sportive
intéressant(e)	réservé(e)
sympathique	décisif/décisive
strict(e)	compréhensif/compréhensive
patient(e)	réaliste
sérieux/sérieuse	?

MODÈLE: le petit frère

É1: Pour toi, comment est le petit frère idéal?

É2: Pour moi, le petit frère idéal est affectueux et amusant. En général, il est calme et pas trop difficile. (Je ne sais pas. Je n'ai pas de petit frère.)

1. la sœur
2. le frère aîné
3. la mère
4. l'ami(e)
5. le fiancé / la fiancée
6. le professeur
7. le père
8. ?

Info: Société

Portrait de famille

Les statistiques indiquent que la famille française a entre un et deux enfants. C'est une situation normale en Europe du nord. De plus, un tiers (1/3) des Français reste célibataire.[1] À Paris et dans les grandes villes, la proportion est beaucoup plus grande. Un couple sur six vit en «union libre»,[2] mais la proportion double chez les 18–25 ans.

● Grands-parents et leurs petits-enfants dans un jardin public

   La famille reste une valeur solide. Neuf Français sur dix dînent en famille et sept sur dix déjeunent à la maison tous les jours. Les aspects positifs de la famille selon les Français? Les fêtes,[3] les enfants, la joie d'être ensemble[4] et la solidarité.

[1] ≠ marié
[2] vit… habite ensemble, mais n'est pas marié
[3] célébrations
[4] en groupe

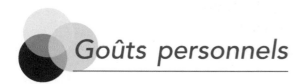

Goûts personnels

✳ **Attention! Étudier Grammaire 1.2**

Moi, j'aime beaucoup jouer au tennis! Et toi?

Clarisse   Marise

Je n'aime pas étudier le vendredi soir.

Albert

Claudine aime faire les courses.

Joël et ses amis aiment jouer au football.

Raoul

Charles aime lire un bon livre.

Emmanuel aime nager à la piscine municipale.

Marie La Salle.

Activité 4 Discussion: Portrait familial

Choisissez une réponse pour chaque liste ou donnez une réponse personnelle.

1. Dans ma famille, nous sommes...
   - petits, de taille moyenne, grands.
   - blonds, bruns, roux.
   - ambitieux, sportifs, très organisés.

2. Nous avons...
   - une maison moderne, un appartement.
   - un chat, un chien, un poisson rouge.
   - une voiture par personne, une voiture pour la famille.

3. Moi, j'ai...
   - un frère (un demi-frère), une sœur (une demi-sœur).
   - un appartement, une chambre chez mes parents.
   - une bicyclette, une motocyclette, une voiture.

4. Nous adorons...
   - parler ensemble, inviter nos amis.
   - aller au cinéma, jouer à des jeux vidéo.
   - regarder un match de sport, faire du camping.

Activité 5 Discussion: Les activités favorites

Dites **oui** ou **non.**

1. Pendant les vacances, j'aime...
   - **a.** voyager.
   - **b.** dormir tard.
   - **c.** aller à la plage.
   - **d.** lire un bon livre.

2. Je n'aime pas...
   - **a.** nager à la piscine.
   - **b.** faire du ski à la montagne.
   - **c.** jouer aux cartes.
   - **d.** faire les courses.

3. Le week-end, mes parents (mes amis) aiment...
   - **a.** regarder la télé.
   - **b.** dîner au restaurant.
   - **c.** sortir avec leurs amis.
   - **d.** jouer au golf.

4. Le vendredi, mes amis et moi, nous aimons...
   - **a.** rester à la maison.
   - **b.** faire la fête.
   - **c.** regarder un DVD.
   - **d.** écouter la radio.

Exprime-toi!

Moi aussi!	C'est vrai?
Moi non!	Pas possible!
Moi non plus!	Tiens! C'est intéressant!
Moi si!	

MODÈLE: É1: Pendant les vacances, j'aime voyager.
         É2: Moi aussi! J'aime beaucoup voyager. (Moi non! Je n'aime pas voyager.)

Activité 6 Interro: Le week-end

MODÈLE: É1: Qu'est-ce que Julien Leroux aime faire le samedi?
         É2: Il aime aller au cinéma.
         É1: Et toi, tu aimes aussi aller au cinéma?
         É2: Oui, j'adore aller au cinéma.

NOM	LE SAMEDI	LE DIMANCHE
Julien Leroux, 32 ans journaliste belge	aller au cinéma	lire le journal
Adrienne Petit, 28 ans secrétaire	cuisiner	nager dans la mer
Raoul Durand, 21 ans étudiant québécois	faire la fête	étudier
Charles Colin, 17 ans lycéen français	sortir avec ses copains	dormir tard
Agnès Rouet, 25 ans étudiante à Paris	faire les courses	inviter des amis

Activité 7 Échanges: Qu'est-ce que tu aimes faire?

MODÈLE: É1: Est-ce que tu aimes étudier avec quelqu'un d'autre?
É2: Non, je n'aime pas étudier avec quelqu'un d'autre. J'aime mieux étudier seul(e). Et toi?

1. jouer au billard
2. bloguer sur Internet
3. faire la fête
4. cuisiner
5. faire du camping
7. danser
6. dormir tard
8. voyager

Exprime-toi!

Je déteste...
J'adore...
J'ai horreur de...
Je préfère...
Je ne sais pas...

Activité 8 Dans le monde francophone: Les leçons de ski

Regardez la publicité et dites si c'est **vrai** ou **faux.**

À l'école de ski français...

1. il y a des leçons particulières pour groupes de 3 à 5 personnes.
2. il y a des leçons de danse.
3. il n'y a pas de leçons pour enfants.
4. il y a des leçons de monoski.

Et encore...

1. Est-ce que vous aimez faire du ski? Comment s'appelle votre station de ski préférée?
2. Quel est votre sport favori? Quel sport est-ce que vous n'aimez pas faire?

École de Ski Français

La Joue-du-Loup
Tél. saison 04.92.58.82.70 - Hors saison 04.92.58.84.63
Ski alpin - Fond - Monoski - Randonnées - Organisation courses

	Tarifs
Leçons particulières (l'heure) :	
1-2 personnes	60€
3-5 personnes	70€
Stages enfants et adultes	
du lundi au samedi inclus :	
6 x 1 heure 30	95€
6 x 3 heures	120€
Stages des neiges : de 3 à 5 ans	
Demi-journée (3 heures)	45€
Journée (6 heures)	85€
Du lundi au samedi inclus :	
6 x 1/2 journée	110€
6 journées	150€

Tarifs E.F.S.   *Document non contractuel*

Origines et renseignements personnels

⭐ **Attention! Étudier Grammaire 1.3 et 1.4**

101	cent un	10.000	dix mille
102	cent deux	100.000	cent mille
200	deux cents	150.000	cent cinquante mille
201	deux cent un	1.000.000	un million
300	trois cents	2.000.000	deux millions
1.000	mille	1.000.000.000	un milliard
		2.000.000.000	deux milliards

Julien

Jean-Yves   Sarah

Activité 9 Interro: Carnet d'adresses

É1: Quel est le numéro de téléphone d'Agnès?
É2: C'est le 01.48.74.94.23.
É1: Où habite Adrienne?
É2: À Marseille.
É1: Quelle est l'adresse de Raoul?
É2: 246, Boulevard Maisonneuve-Ouest.

NOMS et ADRESSES

Raoul Durand (tél. (514) 281-5024)
246 Boulevard Maisonneuve-Ouest
Montréal, Québec, Canada H3A-3T2

Laurent Njanga (tél. 237. 222. 94. 87)
Quartier Bastos- Rue 1983
B. P. 1605 Yaoundé, Cameroun

Agnès Rouet (01.48.74.94.23)
86 rue de la Convention
75006 Paris, France

André Leroux (32.6.44.67.64)
432 avenue des Cerisiers
1200 Bruxelles, Belgique

Adrienne Petit (04.91.78.94.61)
22 rue de Provence
13001 Marseille, France

Activité 10 Dialogue: Renseignements personnels

É1: De quelle ville viens-tu?
É2: Je viens de _____. Et toi?
É1: Moi, je viens de _____.
É2: Quelle est ton adresse?
É1: J'habite au _____ rue/avenue _____. Et toi?
É2: Moi, je _____.
É1: Quel est ton numéro de téléphone?
É2: C'est le _____.
É1: Quand et où est-ce que tu es né(e)?
É2: Je suis né(e) le _____, 19 _____, à _____.

Activité 11 Interro: Les origines et les nationalités

PAYS	NATIONALITÉ	LANGUE(S) PRINCIPALES
l'Algérie	algérien, algérienne	l'arabe, le français, le berbère
l'Allemagne	allemand, allemande	l'allemand
la Belgique	belge	le français, le flamand
le Canada	canadien, canadienne	le français, l'anglais
la Chine	chinois, chinoise	le chinois
l'Espagne	espagnol, espagnole	l'espagnol, le catalan, le basque
les États-Unis	américain, américaine	l'anglais, l'espagnol
la France	français, française	le français
le Japon	japonais, japonaise	le japonais
le Sénégal	sénégalais, sénégalaise	le français, le wolof

la France

l'Allemagne

les États-Unis

la Chine

MODÈLE: É1: De quelle nationalité est Yasmina Diouf?
 É2: Elle est sénégalaise.
 É1: Quelle(s) langue(s) est-ce qu'elle parle?
 É2: Elle parle wolof et français.

1. Mario Desjardins, Chicoutimi, Québec (Canada)
2. Willy Maertens, Anvers (Belgique)
3. Francis Lasalle, Lyon (France)
4. Abdelkader El Akari, Blida (Algérie)
5. Coumba Gwalo, Dakar (Sénégal)
6. Wang Yu, Shanghai (Chine)
7. Ulrike Schneider, Francfort (Allemagne)
8. Sarah Thomas, Eau Claire, Wisconsin (États-Unis)
9. Yuko Watanabe, Osaka (Japon)
10. Marianna Vasco, Bilbao (Espagne)

le Japon

le Canada

le Sénégal

la Belgique

INFO: Société

Qui sont les Français?

Jason Wang est un étudiant américain d'origine asiatique. Il passe une année en France, à l'université Louis
Lumière de Lyon. Il pose des questions à son professeur
d'histoire, M. Gondrand, sur la question de l'identité
des Français.

• Des enfants de la banlieue parisienne

Jason: On dit que le «Français typique» est un descen-
dant des Gaulois.[1] C'est vrai?

M. Gondrand: Pas exactement… En réalité, la population de la France est très diverse: les Bretons sont
celtiques, les Alsaciens, germaniques, les gens du Midi,[2] méditerranéens comme les Italiens et les Grecs. Et,
naturellement, les Français des DOM-TOM[3] représentent une grande variété de races et de cultures.

Jason: Et les immigrés?

M. Gondrand: Sur une population totale d'un peu plus de 60 millions, il y a, en France, à peu près[4] 4,5 millions
d'immigrés, en majorité du Maghreb: l'Algérie, le Maroc et la Tunisie, anciennes[5] colonies françaises.

Jason: Et tous ces gens-là sont des «Français typiques»!

[1]groupe de 90 peuples celtiques installés sur le territoire actuel de la France
[2]sud de la France
[3]<u>D</u>épartements et <u>T</u>erritoires d'<u>O</u>utre-<u>M</u>er: territoires administrativement français, mais situés à
 l'extérieur de l'Europe
[4]à… approximativement
[5]du passé

La vie de famille

★ **Attention! Étudier Grammaire 1.5 et 1.6**

La famille de Bernard Lasalle

Voilà Bernard Lasalle avec
sa femme Christine. Elle est
infirmière dans un hôpital
à Lyon.

Les enfants de Bernard et Christine s'appellent Camille (11 ans), Marie-Christine (8 ans) et Nathalie (6 ans).

Voilà la sœur de Bernard, Claudine Colin, avec sa famille. Son mari Victor travaille dans un bureau.

Toute la famille passe le mois d'août ensemble dans une maison au bord de la mer.

Christine parle beaucoup avec sa belle-sœur Claudine et sa belle-mère Marie Lasalle.

Les petites Lasalle adorent faire une promenade avec leur oncle Victor et leur tante Claudine.

Quelquefois, Victor Colin joue à la pétanque avec son beau-frère, son beau-père et ses neveux.

Activité 12 Définitions: La famille

Donnez la bonne définition.

> MODÈLE: É1: Cette personne est la mère de la mère ou du père.
> É2: C'est la grand-mère.

1. la mère du mari ou de la femme
2. le père du père ou de la mère ✓
3. le fils du frère ou de la sœur
4. l'époux de la femme
5. le mari de la sœur
6. la femme du frère
7. le fils de l'oncle ou de la tante
8. l'épouse du mari
9. la sœur de la mère ou du père
10. ?

a. le mari
b. la femme
c. le beau-frère
d. la belle-sœur
e. le neveu
f. le grand-père
g. le cousin
h. la belle-mère
i. la tante
j. ?

Les francophones sur le vif

Marie-Claire Schmitt, 37 ans, institutrice[1] à Obernai (Bas Rhin)

Quelle est votre définition de la famille?

«C'est un mode de vie, pas une institution. Je suis divorcée, avec une petite fille, et remariée avec un homme qui a un fils. Nous avons aussi adopté un troisième enfant. Nous formons donc une «famille recomposée», avec ses joies et ses problèmes. Les enfants passent une partie de leur temps avec leur père et mère biologiques, mais je pense que nous avons une vie de famille normale et équilibrée. Nous avons décidé de vivre ensemble[2] et nos relations sont renforcées par ce choix.[3]»

[1] enseignante dans une école primaire
[2] vivre... former une famille
[3] décision

Activité 13 Enquête: Les activités de ma famille

Dans votre famille, qui fait les activités suivantes?

MODÈLE: _____ aime/aiment faire des achats sur Internet. →
Ma mère aime faire ses achats sur Internet. Elle déteste aller au centre commercial.

1. _____ travaille/travaillent dans un bureau.
2. _____ achète/achètent beaucoup de vêtements neufs.
3. _____ aime/aiment conduire vite.
4. _____ écoute/écoutent de la musique classique.
5. _____ reste/restent à la maison le samedi soir.
6. _____ rentre/rentrent tard très souvent.
7. _____ chante/chantent sous la douche.
8. _____ parle/parlent beaucoup au téléphone dans la voiture.

À vous la parole! Posez les mêmes questions à un(e) partenaire.

MODÈLE: É1: Est-ce que tu travailles dans un bureau?
É2: Non, mais je travaille dans un restaurant. Et toi?

Activité 14 Enquête: La famille et les amis

Dites **oui** ou **non.** Si vous dites **non,** corrigez la phrase.

Suggestions

mon copain/ma copine
mon/ma camarade de chambre
mon petit ami / ma petite amie

Je ne... avec personne
seul(e)

1. Je parle avec ma cousine quand j'ai des problèmes.
2. Je téléphone souvent à mes grands-parents.
3. Je passe le samedi soir avec mes copains.
4. Je regarde la télé avec mes camarades de chambre.
5. Je rigole avec mes frères.
6. J'étudie avec mes camarades de classe.
7. J'achète des vêtements avec ma mère.
8. J'écoute toujours les conseils de mon père.

Allons plus loin! Maintenant, comparez vos réponses avec les réponses de votre partenaire et expliquez quand vous dites **non.**

MODÈLE: Quand j'ai des problèmes, je parle avec ma tante. Elle est très discrète et elle écoute attentivement.

Cliquez là!

Visitez le site d'une famille française ou francophone. Qui sont les membres de la famille? Quel âge ont-ils? Comment sont-ils et qu'est-ce qu'ils aiment faire? Présentez «votre» famille à la classe.

www.mhhe.com/deuxmondes6

Activité 15 Entretien: Ma famille

Répondez aux questions. Ensuite, posez les questions à votre partenaire.

1. Est-ce que tu viens d'une famille nombreuse? Combien de personnes (approximativement) y a-t-il dans ta famille?
2. Est-ce que tes grands-parents sont vivants ou morts? Où habitent-ils? Quel âge ont-ils?
3. Qui est la personne que tu préfères dans ta famille? Comment est cette personne? Pourquoi est-ce que tu préfères cette personne?
4. Est-ce que tu discutes de tes problèmes importants avec tes parents? Pourquoi ou pourquoi pas? Sinon, avec qui préfères-tu en parler?
5. À qui est-ce que tu ressembles physiquement? Et du point de vue personnalité?

Activité 16 Dans le monde francophone: L'agence matrimoniale «Espoir familial»

1. Est-ce que la personne de 31 ans est un homme ou une femme?
2. Est-ce que la personne qui aime faire de la planche à voile est veuve ou célibataire?
3. Quel âge a le «grand-père» dynamique?
4. Qui joue au tennis?
5. Qui vient d'un milieu médical?

À *vous la parole!* Vous désirez rencontrer une personne intéressante. Préparez une petite annonce pour l'agence matrimoniale «Espoir familial». Pour commencer, quel âge avez-vous? Et comment êtes-vous? Qu'est-ce que vous aimez faire?

AGENCE MATRIMONIALE «ESPOIR FAMILIAL»
20, rue Paul Gourdon

RENCONTRES

31 ans, célibataire, tendre, raisonnable, jolie et intelligente en plus! Milieu médical, elle désire faire des projets d'avenir avec jeune homme affectueux et protecteur.

58 ans, veuve, douce, un peu timide, elle aime la campagne, cuisiner; désire rencontrer compagnon simple mais gentil et affectueux.

36 ans, célibataire, dynamique, charmant, brun, 1,78m, sportif (squash, tennis, randonnée, planche à voile...); désire fonder un foyer, avoir des enfants.

Grand-père, veuf, 75 ans, aisé, dynamique, aimant nature, voyages et sorties; désire rencontrer une dame 65/70 ans, mêmes intérêts.

LECTURE

Familles d'aujourd'hui

On dit que la famille est en crise, mais elle reste[1] importante pour les Français. Cependant, sa définition change selon la classe sociale, la région, les origines.

Jean-Claude Dutourd, 26 ans, chômeur,[2] habite avec ses parents. Évidemment,[3] c'est difficile, mais il n'a pas de travail, alors c'est une solution acceptable pour le moment. Ses parents sont patients: ils comprennent que ce n'est pas sa faute. Naturellement, il y a parfois des frictions, mais, pour Jean-Claude maintenant, la famille est un refuge.

---

[1]*remains* [2]*personne qui n'a pas de travail* [3]< *évident*

• Un repas en famille, c'est souvent une occasion joyeuse!

Pour **Élise Martinelli,** 55 ans, cadre[4] dans une grande entreprise, la famille est une valeur centrale. Elle a quatre enfants et sept petits-enfants; ils viennent la voir très souvent,[5] en général le dimanche. Ils discutent, ils chantent, ils jouent ensemble. Elle adore aller au zoo ou au parc avec ses petits-enfants. Son travail la passionne et elle est très occupée, mais la famille reste essentielle à son équilibre.

Amidou Traore, 17 ans, lycéen,[6] est originaire de Côte-d'Ivoire. Pour lui, la famille, ce n'est pas juste un père, une mère et des frères; c'est aussi des cousins, des oncles, des tantes… Chez lui, on a des relations très fortes, on forme un groupe uni. Dans sa cité,[7] il y a beaucoup d'Africains, alors c'est presque[8] comme un village. Si une personne a des problèmes, les autres sont solidaires.[9]

---

[4]Un cadre a un poste de responsabilité dans une entreprise. [5]fréquemment [6]étudiant dans un lycée, une école secondaire [7]une unité d'habitation dans une ville [8]approximativement (≠ exactement) [9]qui assistent les autres

Avez-vous compris?   Déterminez qui parle.

MODÈLE: «Je n'ai pas de travail.»
C'est Jean-Claude Dutourd: il est chômeur.

1. «J'ai beaucoup d'intérêt pour mon travail.»
2. «Je ne suis pas d'origine française.»
3. «J'apprécie la patience de mes parents.»
4. «Où j'habite, il y a beaucoup d'Africains.»
5. «J'ai une famille nombreuse.»
6. «Je considère la famille comme une ressource nécessaire.»

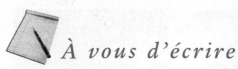

À vous d'écrire

Vous écrivez une lettre à l'agence Accueil France Famille parce que vous désirez passer deux mois dans une famille française. Dans votre lettre, décrivez comment vous êtes, les choses que vous aimez faire et le type de famille que vous préférez trouver.

ACCUEIL FRANCE FAMILLE

Séjours individuels en famille, toute l'année, sur toute la France.

A PARIS :
Chambre et Petit Déjeuner ou Demi-Pension

EN PROVINCE :
Pension complète

5, rue François Coppée
75015 PARIS FRANCE

UN ACCUEIL QUI TIENT SES PROMESSES

MODÈLE :

Accueil France Famille
5, rue François Coppée
75015 Paris

Madame, Monsieur,

Je désire passer deux mois dans une famille française. Je m'appelle… , j'ai… ans et je suis étudiant(e) en… à l'université de… Je suis une personne plutôt… J'aime beaucoup… Si possible, je préfère loger dans une famille…

En attendant votre réponse, je vous prie d'agréer l'expression de mes sentiments distingués.

(signature)

MULTIMÉDIA

 Le Chemin du retour on DVD

Online Workbook / Lab Manual

 Online Learning Center and Audio Program

ActivityPak

www.mhhe.com/deuxmondes6

 # Rendez-vous cinéma

Le Chemin du retour

Le Chemin du retour est une énigme familiale et historique. Paris, les Cévennes, Marseille (dans le sud de la France) et Casablanca (au Maroc) constituent les décors de multiples aventures autour de la mort d'un homme dans des circonstances mystérieuses en 1943, pendant l'occupation nazie.

Épisode 1: «Nouveaux départs»

Rachid, jeune journaliste, va travailler à la chaîne de télévision Canal 7, à Paris. Sa petite fille, Yasmine, change d'école. Apparemment, Rachid a des problèmes personnels...

Vocabulaire

La famille
Family

le beau-frère	brother-in-law
le beau-père	father-in-law; stepfather
la belle-mère	mother-in-law; stepmother
la belle-sœur	sister-in-law
le cousin / la cousine	cousin
le demi-frère	half brother
la demi-sœur	half sister
l'enfant (*m., f.*)	child
l'époux / l'épouse	spouse
la femme	wife
la fille	daughter
le fils	son
le frère	brother
la grand-mère	grandmother
le grand-père	grandfather
les grands-parents (*m.*)	grandparents
le mari	husband
la mère	mother
le neveu	nephew
la nièce	niece
l'oncle (*m.*)	uncle
le père	father
la petite-fille	granddaughter
le petit-fils	grandson
les petits-enfants (*m.*)	grandchildren
la sœur	sister
la tante	aunt

Mots descriptifs
Descriptive words

bon/bonne	good
célibataire	single, unmarried
compréhensif/ compréhensive	understanding
de taille moyenne	of medium height
mort(e)	deceased, dead
nombreux/nombreuse	numerous
poli(e)	polite
roux/rousse	red-haired
seul(e)	alone
tout(e)	all
trop	too
vite	quickly
vivant(e)	living, alive

Mots apparentés: **affectueux/affectueuse, ambitieux/ambitieuse, attentivement, calme, décisif/décisive, discret/discrète, favori/favorite, flexible, généreux/généreuse, moderne, organisé(e), patient(e), physiquement, réaliste, réservé(e), sportif/sportive, strict(e)**

Activités favorites et distractions
Favorite activities and entertainment

Qu'est-ce que tu aimes faire?	What do you like to do?
J'adore...	I love ...
J'ai horreur de...	I hate ...
J'aime...	I like ...
J'aime mieux...	I prefer ...
aller au cinéma (à la plage, à la montagne)	to go to the movies (the beach, the mountains)
bloguer sur Internet	to blog on the Internet
chanter sous la douche	to sing in the shower
conduire une voiture	to drive a car
cuisiner	to cook
danser	to dance
dîner au restaurant	to eat at a restaurant
dormir tard	to sleep late
écouter la radio	to listen to the radio
faire les courses	to go grocery shopping
du camping	to go camping
la fête	to party
une promenade	to take a walk
du ski	to go skiing
inviter des amis	invite friends over
jouer aux cartes (au billard, au football, au tennis, aux jeux vidéo)	to play cards (pool, soccer, tennis, video games)
lire (le journal)	to read (the newspaper)
nager à la piscine	to swim in the pool
parler au téléphone	to talk on the phone
passer la soirée ensemble	to spend the evening together
regarder la télévision	to watch television
rester à la maison	to stay home
rigoler	to laugh, have fun
sortir avec des ami(e)s	to go out with friends
travailler dans le jardin	to work in the yard
voyager	to travel

Les endroits

Places

au bord de la mer	at the seashore
un bureau	office
une maison	house

Mots apparentés: **un appartement, un centre commercial, une discothèque, un hôpital**

Quand

Saying when

maintenant	now
quelquefois	sometimes
souvent	often

Substantifs

Nouns

un/une camarade de chambre	a roommate
un chat / une chatte	a cat
un chien / une chienne	a dog
un copain / une copine	a close friend, pal
un infirmier / une infirmière	a nurse
un petit ami / une petite amie	a boyfriend, girlfriend
un poisson rouge	a goldfish
un renseignement	a piece of information
une réponse	an answer
une ville	a city
les vacances (*f.*)	vacation

Mots apparentés: **une adresse, une aventure, un DVD, un film, un match, la musique, la nationalité, un numéro de téléphone, la radio, un sport**

Verbes

Verbs

acheter	to buy
déjeuner	to eat lunch
discuter (de)	to discuss
étudier	to study
faire des achats	to make purchases
habiter	to live (inhabit)
passer (un mois)	to spend (a month)
rentrer	to return home
ressembler (à)	to resemble, to look like
travailler	to work
venir (de)	to come (from)

Mots apparentés: **adorer, détester, préférer, téléphoner**

Mots et expressions utiles

Useful words and expressions

à	to, at
après	after
avec	with
beaucoup	a lot, many
C'est vrai?	Is that right (correct)?
chez moi (mes parents)	at my home (my parents' house)
D'où venez-vous? (**...viens-tu?**)	Where are you from?
Je viens de...	I come from . . .
ensemble	together
Je suis né(e)...	I was born . . .
Moi aussi!	Me too!
Moi non!	Not me!
Moi non plus!	Me neither!
Moi si!	Yes (*I* do)!
mon/ma meilleur(e) ami(e)	my best friend
où	where
Pas possible!	Not possible!
pour	for
pourquoi	why
Quel âge avez-vous? (**...as-tu?**)	How old are you?
J'ai... 19 ans.	I'm . . . 19 (years old).
Tiens!	Well!
voilà	there is/are

Les pays et les nationalités

Countries and nationalities

l'Allemagne (*f.*)**/allemand(e)**	Germany/German
la Belgique/belge	Belgium/Belgian
la Chine/chinois(e)	China/Chinese
l'Espagne (*f.*)**/espagnol(e)**	Spain/Spanish
les États-Unis (*m.*)**/ américain(e)**	the United States/ American
la France/français(e)	France/French
le Québec/québécois(e)	Quebec/Quebecois
la Suisse/suisse	Switzerland/Swiss

Mots apparentés: **l'Algérie** (*f.*)**, algérien(ne); le Canada, canadien(ne); le Japon, japonais(e); le Sénégal, sénégalais(e)**

Grammaire et exercices

1.1 Expressing relationships: Possessive adjectives

A. Here are the forms of the possessive adjectives in French.

Definition: Possessive adjectives modify nouns by indicating ownership or relationship: *my book, your sister.*

ENGLISH	BEFORE SINGULAR NOUNS	BEFORE PLURAL NOUNS
my	**mon, ma**	**mes**
your (**tu**)	**ton, ta**	**tes**
his, her, its	**son, sa**	**ses**
our	**notre**	**nos**
your (**vous**)	**votre**	**vos**
their	**leur**	**leurs**

Voici une photo de **mon** frère
 avec **sa** femme et **leurs** enfants.
Et voilà **ma** sœur avec **son** mari
 et **leur** bébé.

*Here's a photo of my brother
 with his wife and their children.
And there's my sister with her
 husband and their baby.*

Pronunciation Hint

Final **-s** and **-n** are pronounced when the following word begins with a vowel:
mes ͟ enfants but **mes filles; mõn͟_ami** but **mõn fils.**

B. French possessive adjectives agree in gender and number with the nouns they modify. *Exception:* the possessive form ending in **-n (mon, ton, son)** is always used before a singular noun or adjective starting with a vowel or mute **h,** even if the noun is feminine.

mon cousin Charles	**ma** cousine Clarisse	*but* **mon** autre cousine Marise
son amie Agnès	**ton** horloge	**mon** étudiante

C. Keep in mind that the number and gender of the possessive adjective are determined by *what is possessed,* not by the possessor. This is why **son, sa,** and **ses** can all mean *his, her,* or *its,* depending on the context.

Voilà Victor Lasalle avec **sa** femme
 Claudine et **son** fils Charles.
Mme Martin regarde **son** livre.

*There's Victor Lasalle with his wife
 Claudine and his son Charles.
Madame Martin is looking at her
 book.*

★ Review **Grammaire A.3** and **A.5** on gender and number agreement.

➤ "Number" refers to whether a word is singular or plural.

Exercice 1 En famille

Denise et Jacqueline parlent de leur famille. Remplacez les tirets par un des adjectifs possessifs: **mon, ma, mes; ton, ta, tes; son, sa, ses.**

1. —Jacqueline, comment est _____ famille? Est-ce que _____ frères et sœurs sont jeunes?
 —Non, pas trop. _____ frère a 19 ans et _____ sœurs ont 12 et 14 ans.

63

2. —Est-ce que _____ grands-parents habitent dans la même ville que toi?

　　—_____ grand-mère habite chez nous, mais _____ grand-père est mort.

3. —Est-ce que _____ mère est une personne active?

　　—Oui. Avec _____ job (*m.*) et _____ enfants, elle est très occupée.

4. —_____ frère habite encore chez toi?

　　—Non, il a _____ propre* appartement (*m.*).

Exercice 2 Votre classe de français

Répondez aux questions avec **notre** ou **nos**.

> MODÈLE:　Combien d'étudiants y a-t-il dans votre classe? →
> 　　　　　Il y a vingt étudiants dans notre classe.

1. Combien d'hommes y a-t-il dans votre classe?
2. Est-ce que vos camarades de classe sont timides ou extravertis?
3. Comment s'appelle votre professeur?
4. À quelle heure est votre cours?
5. Est-ce que vos devoirs sont difficiles ou faciles?

Exercice 3 Une nouvelle amie

Vous avez une nouvelle correspondante, Evelyne Casteret. Dans un message électronique, elle décrit sa famille. Qu'est-ce qu'elle dit? Changez les adjectifs possessifs.

> MODÈLE:　*Ma* grand-mère s'appelle Marie.→
> 　　　　　*Sa* grand-mère s'appelle Marie.

1. *Mes* parents sont jeunes et énergiques.
2. *Ma* sœur Madeleine est très amusante.
3. *Mon* père travaille avec *mon* oncle.
4. *Notre* maison est très vieille et très grande.
5. En général, *mes* amis sont très sympathiques. *Mon* amie Sabrine est très intelligente aussi.

1.2 Expressing likes and dislikes: **Aimer** + infinitive

A. The verb **aimer** is used to say that you like or love something or someone.

J'**aime** mon cours de français.	*I like my French class.*
Nous **aimons** beaucoup le professeur.	*We really like the teacher.*
Est-ce que tu **aimes** ton cours d'informatique?	*Do you like your computer science class?*

---

*own

B. Like **être** and **avoir, aimer** has different forms depending on the subject (noun or pronoun) used with the verb. The word **aimer** itself is the infinitive form. Most French infinitives end in **-er**, like **aimer;** they are called regular **-er** verbs. Their present-tense forms are created by dropping **-er** and adding the endings shown in the following chart.

Definition: The infinitive form corresponds to the English "to" form: *to do, to sing,* etc. In French dictionaries, verbs are listed in the infinitive form.

aimer *(to like; to love)*	
j'aim**e**	nous aim**ons**
tu aim**es**	vous aim**ez**
il/elle/on aim**e**	ils/elles aim**ent**

Notice that all the forms in the yellow L-shaped area are pronounced the same.

Pronunciation Hint

aimer: j'aime, tu aimes, il aime, nous ᶻ aimõns, vous ᶻ aimez, ils/elles ᶻ aiment

C. Use **aimer** + infinitive to say what someone likes to do. Use **aimer** with **ne... pas** to indicate what someone doesn't like to do.

J'**aime dîner** au restaurant.	*I like to eat dinner in a restaurant.*
Joël **n'aime pas danser.**	*Joël doesn't like to dance.*
Mes amis **aiment jouer** au football.	*My friends like to play soccer.*

D. Other groups of regular French verbs have infinitives that end in **-ir** (**finir,** *to finish*) and **-re** (**répondre,** *to answer*). Still others have irregular infinitives, such as **être** and **avoir.** You will learn more about these verbs in later chapters.

E. **Détester** and **adorer** are conjugated like **aimer** and may also be used with a following infinitive to express feelings.

✸ *You will learn more about **-er** verbs in* **Grammaire 1.5.**

| Je **déteste étudier** le samedi soir. | *I hate to study on Saturday nights.* |
| J'**adore dormir** tard le dimanche matin. | *I love to sleep late on Sunday mornings.* |

Exercice 4 Le dimanche d'Albert

Remplacez les tirets par une forme du verbe **aimer.**

1. Ma sœur _____ dormir jusqu'à* midi.
2. Mes parents _____ jouer aux cartes.
3. Daniel et moi, nous _____ jouer au tennis.
4. Moi, j'_____ lire le journal.
5. Tes amis et toi, qu'est-ce que vous _____ faire?
6. Et toi, tu _____ faire les mêmes choses?

*until

Exercice 5 Passe-temps préférés

Répondez et puis indiquez un autre passe-temps préféré.

Suggestions

aller au cinéma	jouer aux cartes
danser	lire des livres / le journal
dormir tard	regarder la télé
écouter de la musique classique	surfer sur Internet

MODÈLE: Est-ce que vos amis aiment cuisiner? →
Mes amis aiment cuisiner, mais ils aiment aussi dîner au restaurant. (Mes amis n'aiment pas cuisiner, mais ils aiment dîner au restaurant.)

1. Est-ce que vos amis aiment surfer sur Internet?
2. Est-ce que votre mère aime jouer du piano?
3. Est-ce que votre père aime écouter du rock?
4. Est-ce que votre petit ami / petite amie aime faire une promenade?
5. Est-ce que votre professeur de français aime aller au cinéma?
6. Est-ce que vous aimez jouer au tennis le week-end?

1.3 Talking about dates and personal data: Numbers beyond 100

► The day always comes before the month: 25.12.04 = **le 25 décembre 2004.**

► Use **le premier** to express the first of the month.

► **avoir**

j'ai	nous avons
tu as	vous avez
il a	ils ont

A. To talk about the date, use one of these expressions.

Quelle est la date aujourd'hui?	*What's today's date?*
Aujourd'hui **c'est le vingt (le huit, etc.) avril.**	*Today is April 20th (8th, etc.).*
Aujourd'hui **nous sommes le premier** janvier.	*Today is January 1st (first).*

B. To express age, use **avoir** (*to have*) + number + **ans.**

—Joël, quel âge **as**-tu?	*Joël, how old are you?*
—J'**ai** huit **ans.**	*I'm eight.*
—Et ton frère Emmanuel?	*How about your brother Emmanuel?*
—Il **a** quatorze **ans.**	*He's fourteen.*

C. Here is how to tell your birthday and birthdate.

Mon anniversaire est le vingt et un septembre.	*My birthday is September 21st.*
Je suis né(e) en 1989.	*I was born in 1989.*

D. Years before 2000 can be expressed in two ways in French. For 2000 and after, there is just one way.

> 1998 = dix-neuf cent quatre-vingt-dix-huit
> mille neuf cent quatre-vingt-dix-huit
> 2000 = deux mille
> 2005 = deux mille cinq

E. Here are the numbers from 101 to two billion.

101 cent un	400 quatre cents	1.000	mille
102 cent deux	500 cinq cents	10.000	dix mille
200 deux cents	600 six cents	100.000	cent mille
201 deux cent un	700 sept cents	1.000.000	un million (de)
202 deux cent deux	800 huit cents	2.000.000	deux millions (de)
300 trois cents	900 neuf cents	1.000.000.000	un milliard (de)
		2.000.000.000	deux milliards (de)

➤ The **-s** of **cents** is dropped if it is followed by another number: **deux cents, deux cent un. Mille** never takes an **-s: deux mille.**

➤ In French, a period (not a comma) is used in higher numbers.

Exercice 6 La famille Colin

Dites l'âge de chaque membre de la famille.

MODÈLE: Joël / 8 →
Quel âge a Joël? Il a huit ans.

1. Francis Lasalle / 70
2. Claudine Colin / 45
3. Victor Colin / 47
4. Marise et Clarisse / 19
5. Charles / 17
6. Emmanuel / 14

Exercice 7 Au téléphone

[handwritten: cuatra vingt 7]

Lisez à haute voix ces numéros de téléphone français.

MODÈLE: 01.42.68.13.03 →
zéro un, quarante-deux, soixante-huit, treize, zéro trois

1. 02.65.10.80.30
2. 03.87.53.40.16
3. 05.20.55.70.81
4. 01.98.75.21.60
5. 02.77.38.82.97
6. 05.91.18.39.78
7. 04.45.62.86.43
8. 03.83.76.64.90
9. 02.53.67.07.11

Exercice 8 Codes postaux

Lisez les codes postaux de certaines villes françaises à haute voix.

MODÈLE: 29200 Brest → vingt-neuf mille deux cents

1. 44000 Nantes
2. 67000 Strasbourg
3. 69009 Lyon
4. 13002 Marseille
5. 59000 Lille
6. 64200 Biarritz
7. 75015 Paris
8. 33000 Bordeaux

Exercice 9 Anniversaires

Posez la question et répondez avec les renseignements donnés entre parenthèses.

MODÈLE: Francis Cabrel (23.11.53) → Quelle est la date de naissance de
Francis Cabrel?
C'est le 23 novembre 1953 (le vingt-trois novembre mille neuf cent
cinquante-trois).

1. Elvis Presley (8.1.35)
2. Serena Williams (26.9.81)
3. Frédéric Chopin (1.3.1810)
4. Paul McCartney (18.6.42)
5. Sigmund Freud (6.5.1856)
6. Mickey Mouse (18.11.28)
7. Magic Johnson (14.8.59)
8. Yves Saint-Laurent (1.8.36)
9. MC Solaar (5.3.69)
10. B.B. King (16.9.25)

1.4 Stating origin: The verb **venir**

A. Here are the forms of **venir**.

> Note that most French verbs have the same plural endings: **-ons, -ez, -ent.**
> With a few exceptions, verbs other than **-er** verbs have the same singular endings: **-s, -s, -t.**

venir (*to come*)	
je **viens**	nous **venons**
tu **viens**	vous **venez**
il/elle/on **vient**	ils/elles **viennent**

Use the verb **venir** and the preposition **de** to ask or say where someone is from.

—**D'**où **vient** Mme Martin?   *Where's Madame Martin from?*
—Elle **vient de** Montréal.   *She's from Montreal.*
—Et **d'**où **viens**-tu?   *And where are you from?*
—Moi, je **viens de** Kansas City.   *I'm from Kansas City.*

Other verbs conjugated like **venir: devenir** (*to become*), **revenir** (*to come back, return*).

Pronunciation Hint

All singular forms of **venir** are pronounced alike: **viẽn̸s̸.** The pronunciations of the plural forms are **venõn̸s̸, venez̸, vienn̸en̸t̸.**

B. To ask for a specific country or city of origin, use **De quel pays... ?** or **De quelle ville... ?**

—**De quel pays** vient Julien Leroux?	*What country does Julien Leroux come from?*
—Il vient de Belgique.	*He comes from Belgium.*
—**De quelle ville** viennent les Lasalle?	*What city do the Lasalles come from?*
—Ils viennent de Lyon.	*They come from Lyon.*

C. In some cases, **de** is replaced by **du** or **des** when speaking of countries.

- Use **du** when the name of a country is masculine.

—De quel pays viennent ces étudiants?	*What country are these students from?*
—Ils viennent **du** Japon (**du** Brésil, **du** Portugal).	*They're from Japan (Brazil, Portugal).*

- Use **des** if the name of a country is plural.

—D'où venez-vous?	*Where are you from?*
—Je viens **des** États-Unis.	*I'm from the United States.*

> ➤ —**Tu viens *de* France?**
> —**Oui, je viens *de* Paris.**
>
> —**Raoul vient *des* États-Unis?**
> —**Non, il vient *du* Canada.**

> ✴ *You will learn more about country names in* **Grammaire 8.2.**

Exercice 10 À la maison internationale

Utilisez les formes du verbe **venir.**

1. Voici mon ami Jean-Michel. Il _____ du Canada et il parle français.
2. Voilà Julie et Mark. Ils _____ des États-Unis.
3. Voilà Mohammed. Il _____ d'Algérie et sa femme Natacha _____ de Russie.
4. Voilà Carmen et José. Ils _____ de Madrid, en Espagne.
5. Et vous, d'où _____-vous? —Nous _____ de Côte-d'Ivoire. Moi, je m'appelle Madi et mon amie s'appelle Ramatou.
6. Christiane, tu _____ de Suisse, n'est-ce pas? —Oui, je _____ de Genève.

1.5 Talking about actions: Present tense of -er verbs

A. Infinitives ending in **-er** are conjugated like **aimer.** (The only exception is **aller,** *to go.*) To conjugate these verbs, drop **-er** from the infinitive and add the endings **-e, -es, -e, -ons, -ez, -ent.**

> ✴ *You will learn about* **aller** *in* **Grammaire 2.3.**

travailler (*to work*)	
je travaille	nous travaillons
tu travailles	vous travaillez
il/elle/on travaille	ils/elles travaillent

habiter (*to live*)	
j' habit**e**	nous habit**ons**
tu habit**es**	vous habit**ez**
il/elle/on habit**e**	ils/elles habit**ent**

Remember that the forms of **-er** verbs in the yellow L-shaped area are pronounced the same because their endings are silent.

Pronunciation Hint

In **travailler,** the letters **aill** sound like English "eye." Also note that because the initial **h** in **habiter** is silent, **je** contracts to **j',** and you must make the liaison with all the plural forms: **j'habite, nous͜ habitons, vous͜ habitez, ils͜ habitent, elles͜ habitent.** This applies to all verbs beginning with vowels: **étudier** (*to study*): **j'étudie, nous͜ étudions,** etc.

➤ **j'étudie** = I study, I am studying, or I do study

B. Notice that the French present tense is equivalent to three meanings in English.

Daniel travaille à la bibliothèque ce soir.	Daniel **is working** *at the library tonight.*
Denise travaille à la bibliothèque tous les samedis.	Denise **works** *at the library every Saturday.*
Oui, Denise travaille quelquefois le dimanche après-midi.	Yes, Denise **does work** *on Sunday afternoons sometimes.*

C. Here are some **-er** verbs you can use to talk about activities and actions.

chanter *to sing*	**dîner** *to eat dinner*	**parler** *to talk, speak*
chercher *to look for, go get*	**donner** *to give*	**regarder** *to look at*
cuisiner *to cook*	**écouter** *to listen to*	**rencontrer** *to meet*
danser *to dance*	**inviter** *to invite*	**rentrer** *to return, come back (home)*
déjeuner *to eat lunch*	**jouer** *to play*	**rester** *to stay*
dessiner *to draw*	**manger** *to eat*	**voyager** *to travel*
	nager *to swim*	

D. Some **-er** verbs like **préférer, acheter,** and **appeler** have a spelling change in their present-tense forms before the silent endings (**-e, -es, -ent**). Verbs like **manger** and **commencer** have a spelling change in the **nous** form. See the charts in **Appendices A** and **C.3** for more information about spelling changes in **-er** verbs.

Exercice 11 La vie de Joël

Joël décrit les activités de sa famille et de ses amis. Complétez ses phrases avec la forme appropriée du verbe.

1. Moi, je _____ à la piscine le samedi. (nager)
2. Ma sœur Clarisse _____ beaucoup au téléphone. (parler)
3. Et toi aussi, Marise, tu _____ souvent au téléphone, non? (parler)
4. Nous _____ à huit heures, d'habitude. (dîner)
5. Ma tante Christine _____ dans un hôpital. (travailler)
6. Mes grands-parents _____ dans la même ville que nous. (habiter)
7. Mes amis et moi, nous _____ souvent. (chanter)
8. Mon copain Malik _____ beaucoup avec sa famille. (voyager)
9. Mes copines Sophie et Lourdes _____ au football. (jouer)
10. Et mes parents _____ beaucoup d'amis pendant le week-end. (inviter)

Exercice 12 Ma vie

Complétez par la forme correcte et dites si la phrase correspond à votre situation.

MODÈLE: Tu *travailles* beaucoup. →
          Oui, je travaille beaucoup. (Non, je ne travaille pas beaucoup.)

1. C'est l'opinion de mes parents:
   a. «Tu _____ excessivement!» (travailler)
   b. «Tu _____ trop au téléphone.» (parler)
2. Dans ma famille,
   a. nous _____ beaucoup la télé. (regarder)
   b. nous _____ ensemble. (dîner)
3. Mes amis sont intéressants.
   a. Ils _____ toutes sortes de musique. (écouter)
   b. Ils _____ aux jeux vidéo. (jouer)
4. C'est l'opinion de notre professeur:
   a. «Vous _____ beaucoup!» (étudier)
   b. «Vous _____ vos devoirs tous les jours.» (préparer)
5. Moi,
   a. j'_____ dans une résidence universitaire. (habiter)
   b. je _____ normalement à l'université. (déjeuner)
6. C'est mon opinion:
   a. Mes professeurs _____ trop de devoirs. (donner)
   b. Mon professeur de français _____ vite! (parler)

1.6 Expressing relationships and possession: Contractions of de

A. You have already learned how to express relationships using possessive adjectives such as **mon** and **votre**. To express a relationship to someone using that person's name, use **de** + name. This is the equivalent of *-'s* in English.

★ Review **Grammaire 1.1** *on possessive adjectives.*

—Est-ce que c'est la sœur **de Denise**?   *Is that Denise's sister?*
—Oui, c'est sa sœur.   *Yes, that's her sister.*

B. To express a relationship to a person who is not named directly, use **de** + definite article + noun.

✶ Review the use of **l'** in **Grammaire A.3.D.**

➤ Contractions of **de:**
de + le = du
de + les = des

➤ **Des** has two meanings:
1. indefinite article
un ami algérien →
des amis algériens
2. contraction of **de + les**
Voilà le père des enfants.

C'est le chat de la sœur de Paul.   *It's Paul's sister's cat.*
La femme de l'oncle Victor a 43 ans.   *Uncle Victor's wife is 43 years old.*

If **de** is followed by **le** or **les,** the two words combine: **de + le** is replaced by **du,** and **de + les** becomes **des.** Note that **de + l'** do not contract.

Voici les livres **du** professeur.   *Here are the instructor's books.*
C'est la voiture **des** amis de Patrick.   *It's Patrick's friends' car.*
Voici la sœur **de l'**amie de Sarah.   *Here is Sarah's friend's sister.*

Exercice 13 L'album de Raoul

Raoul Durand montre son album de photos à Barbara. Terminez les phrases par **de, du, des,** etc., et les informations entre parenthèses.

MODÈLE: (les enfants) Voici la nouvelle bicyclette _____. →
Voici la nouvelle bicyclette *des enfants.*

1. (Paul) Voici la voiture _____. Elle est rapide.
2. (les petites filles) La femme blonde est notre amie Marie. C'est la mère _____.
3. (la femme blonde) Ça, c'est le mari _____ Il s'appelle Albert.
4. (Mme Haddad) Voilà la belle maison _____. Quel beau jardin!
5. (le cousin de mon père) Voici la fille _____. Elle s'appelle Claire.
6. (Claire) Voici l'ami _____. Il est beau, n'est-ce pas?

Exercice 14 Relations familiales

Répondez à ces questions sur les relations familiales.

MODÈLE: Le grand-père, c'est le mari de qui? →
Le grand-père, c'est le mari de la grand-mère.

1. La grand-mère, c'est la femme de qui?
2. La tante, c'est la femme de qui?
3. Le cousin, c'est le fils de qui?
4. La belle-sœur, c'est la femme de qui?
5. Le grand-père, c'est le père de qui?
6. L'oncle, c'est le père de qui?

La vie quotidienne et les loisirs

Une cycliste se balade le long de la Seine, à Paris.

Objectifs

In *Chapitre 2,* you will talk about the weather, your recreational activities, and your routine. You will also learn to describe your abilities and to express plans and wishes.

Le temps, les saisons et les loisirs

✴ **Attention! Étudier Grammaire 2.1**

En hiver, il fait froid. Jean-Yves fait du ski dans les Alpes, à Chamonix.

Au printemps, il fait du vent et il fait frais.

Le ciel est couvert.

Il pleut.

Francis Lasalle pêche dans un lac.

le soleil

41°C 106°F

En été, il fait chaud.

un nuage

Quand il fait beau, Adrienne fait de la planche à voile.

la boue

En automne, Emmanuel et ses amis font des promenades à la campagne.

Activité 1 Interro: L'hiver en France

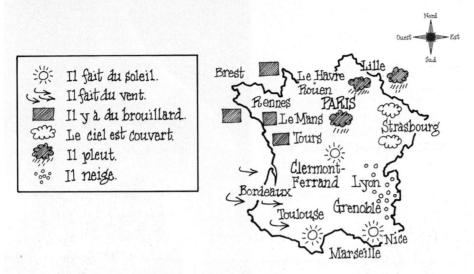

Il fait du soleil.
Il fait du vent.
Il y a du brouillard.
Le ciel est couvert.
Il pleut.
Il neige.

Regardez la carte et répondez.

MODÈLE: É1: Quel temps fait-il à Lille?
É2: Il pleut et il fait frais.

Activité 2 Discussion: Les quatre saisons

Quels sont vos passe-temps préférés? Écoutez votre professeur et dites **oui** ou **non**.

MODÈLE: É1: Moi, je fais du camping avec ma famille.
É2: Pas moi! J'ai horreur de ça.

1. En été, quand il fait très chaud, je...
   a. fais du camping avec des copains.
   b. nage à la piscine.
   c. fais de la planche à voile.
   d. reste à la maison.
2. Au printemps, s'il fait beau, mes amis et moi, nous...
   a. pique-niquons à la campagne.
   b. étudions sous les arbres.
   c. jouons souvent au frisbee.
   d. faisons des promenades.
3. En automne, très souvent, je...
   a. regarde des matchs à la télé.
   b. fais du vélo.
   c. fais des longues promenades en voiture.
   d. joue au basket au gymnase.
4. Quand il neige, en hiver, ma famille et moi, nous...
   a. faisons du ski.
   b. passons nos vacances à la plage.
   c. allumons un grand feu dans la cheminée.
   d. invitons des amis chez nous.

Exprime-toi!

C'est vrai?
Moi aussi!
Moi, jamais!
J'aime ça.
Je n'aime pas ça.
C'est barbant!
C'est génial!
C'est super!
C'est nul!

INFO: Société

Zinédine Zidane, «dieu du football»

Aujourd'hui, le football est de toute évidence le sport préféré dans le monde. L'équipe[1] nationale française («les bleus») est devenue championne du monde en 1998, sous la direction d'un capitaine exceptionnel, Zinédine Zidane. D'origine algérienne mais né à Marseille, «Zizou» joue d'abord[2] professionnellement à Cannes, puis à Bordeaux, avant de partir en Italie (Milan) et en Espagne (Madrid). La France perd[3] la finale de la coupe du monde en juillet 2006, et Zidane est expulsé avant la fin du match pour acte de violence sur un joueur adverse. Malgré tout,[4] il est officiellement désigné comme «Meilleur joueur» pour sa technique brillante et son extraordinaire sens du jeu. Il est respecté aussi pour sa modestie, sa disponibilité[5] et sa générosité. C'est une des personnalités françaises les plus populaires: des centaines d'articles, des livres et même un film lui sont consacrés.

[1] groupe de joueurs
[2] en premier
[3] ≠ gagne
[4] Malgré... *Despite everything*
[5] être accessible

● Zinédine Zidane, ancien capitaine de l'équipe nationale française et footballeur extraordinaire

Cliquez là!

Cherchez un site sur la Fédération de tennis ou sur le Tour de France. Qui sont les derniers champions et de quelle(s) nationalité(s) sont-ils? Est-ce qu'il y a des participants qui viennent de votre pays? Quels sont leurs noms?

www.mhhe.com/deuxmondes6

Activité 3 Échanges: Mes activités préférées

MODÈLE: É1: Tu aimes mieux danser ou faire une promenade?
É2: Moi, j'aime mieux... Et toi?

1. aller à la plage ou aller à la montagne?
2. surfer sur Internet ou faire du sport?
3. lire un bon livre ou regarder la télé?
4. pêcher ou pique-niquer?
5. faire du vélo ou faire une promenade?
6. dîner au restaurant ou dîner à la maison?
7. danser ou bavarder avec des amis?
8. écouter ton iPod ou aller au cinéma?
9. faire des courses ou sortir avec tes amis?

Activité 4 Associations: Les endroits et les activités

Cherchez les endroits logiques.

MODÈLE: Nous y voyons des films. →
Nous voyons des films au cinéma.

LES ACTIVITÉS

1. On y fait du ski en hiver.
2. Nous y faisons les courses.
3. On y fait des longues promenades.
4. On y pêche très souvent.
5. Nous y pique-niquons parfois.
6. Beaucoup d'étudiants y font la fête.
7. On y allume un feu quand il fait froid.
8. Nous y étudions et regardons la télé.
9. On aime y aller pour voir des films.
10. Beaucoup de gens y font de la gym.

LES ENDROITS

a. à la maison
b. dans la cheminée
c. au gymnase
d. au cinéma
e. au centre commercial
f. à la campagne
g. dans une rivière
h. à la discothèque
i. sous un arbre
j. à la montagne

Les activités quotidiennes

✳ **Attention! Étudier Grammaire 2.2**

Une journée typique chez la famille Lasalle (à Lyon)

Christine se lève tous les jours de bonne heure. Elle se réveille très lentement.

Bernard se douche toujours le matin. Ensuite, il se rase devant le miroir.

Camille se dépêche le matin. Elle s'habille toujours très vite parce qu'elle n'aime pas être en retard pour l'école.

Bernard s'entraîne au gymnase trois fois par semaine.

Marie-Christine se brosse les dents avant d'aller au lit.

Marie-Christine et Nathalie se couchent tôt les jours de classe.

Activité 5 Ordre logique: La toilette et les habitudes

Mettez ces activités dans le bon ordre.

Vocabulaire utile   d'abord, ensuite, puis

> MODÈLE: je m'habille / je me douche / je me lève →
> D'abord je me lève, ensuite je me douche et puis je m'habille.

1. je m'habille / je me sèche / je me douche
2. je me couche / je me douche / je me déshabille
3. je me rase / je me réveille / je me lave le visage
4. je me douche / je me brosse les cheveux / je me lave les cheveux
5. je me brosse les dents / je me maquille / je me lève
6. je me dépêche / je me lève / je m'habille
7. je dîne / je me couche / j'étudie
8. je me douche / je fais de la gym / je me lave les cheveux

Activité 6 Échanges: La vie chez moi

Suggestions

mes parents	mon/ma camarade de chambre
mon frère / ma sœur	tout le monde

> MODÈLE: É1: Chez toi, qui se douche le matin?
> É2: Tout le monde se douche le matin.

Chez toi, qui...

1. se couche tard? (tôt? À quelle heure?)
2. chante sous la douche? (Il/Elle chante bien?)
3. s'entraîne au gymnase? (Combien de fois par semaine?)

4. se lave les cheveux tous les jours?
5. cuisine? (tous les jours? C'est bon?)
6. se lève le premier / la première? (À quelle heure?)
7. se dépêche tous les matins?
8. s'habille vite et laisse ses affaires par terre?
9. se couche de bonne heure? (À quelle heure? Pourquoi?)
10. ?

Activité 7 Enquête: Une semaine typique

Est-ce que les déclarations suivantes s'appliquent à vos habitudes?

Vocabulaire utile toujours (T), souvent (S), quelquefois (Q), rarement (R), jamais (J)

_____ **1.** Les jours de classe, je me lève de bonne heure.
_____ **2.** Je prends un petit déjeuner nourrissant.
_____ **3.** Je m'habille avant de prendre le petit déjeuner.
_____ **4.** Le matin, je suis en retard et je me dépêche.
_____ **5.** Je fais mon lit et je laisse ma chambre en ordre le matin.
_____ **6.** Je préfère me doucher et me laver les cheveux le soir.
_____ **7.** Le soir, je prépare mes vêtements pour le lendemain.
_____ **8.** Avant de m'endormir, j'aime lire un peu.
_____ **9.** J'aime aller à l'université en voiture.
_____ **10.** J'ai un emploi et je travaille après les cours.

Activité 8 Entretien: Questions personnelles

1. À quelle heure est-ce que tu te couches d'habitude? Tu aimes lire avant de te coucher?
2. À quelle heure est-ce que tu te lèves? (les jours de semaine? le week-end?) Tu aimes dormir avec la fenêtre ouverte?
3. Est-ce que tu prends un bain ou est-ce que tu te douches? Tu utilises du savon ou du gel douche?
4. Tu te laves les cheveux tous les jours? Quel est ton shampooing préféré?
5. Est-ce que tu te rases tous les jours? Avec un rasoir mécanique ou électrique?
6. Est-ce que tu te maquilles tous les jours ou seulement pour les grandes occasions?
7. Combien de fois par jour est-ce que tu te brosses les dents? Tu achètes souvent une nouvelle brosse à dents?

Les habitudes et les projets

✳ **Attention! Étudier Grammaire 2.3**

Christine va au parc après le dîner. Elle aime se promener.

M. et Mme Martin vont à leur restaurant favori le vendredi soir.

La semaine prochaine, Jean-Yves va faire de la voile.

Ce week-end, Camille va lire un bon roman.

Demain, Bernard et Christine vont dîner chez des amis.

Ce soir, Nathalie va prendre un bain avant d'aller au lit.

Activité 9 Discussion: Les projets

Dites **oui** ou **non**.

1. Ce soir, je vais...
   a. faire les courses.
   b. travailler.
   c. faire mes devoirs.
   d. ?

2. Ce week-end, je vais...
   a. faire la sieste.
   b. inviter des amis chez moi.
   c. aller au centre commercial.
   d. ?

3. À la fin du semestre, mes amis et moi, nous allons…
  a. partir en voyage.
  b. chercher un travail.
  c. faire la fête.
  d. ?

4. Le semestre prochain, je ne vais pas…
  a. étudier le week-end.
  b. sortir pendant la semaine.
  c. regarder la télé.
  d. ?

MODÈLE: É1: Ce soir, je vais travailler et faire mes devoirs.
É2: Quelle coïncidence! Moi aussi!

> **Exprime-toi!**
>
> Quelle chance!
> Bonne idée!
> Quel dommage!
> Ah! Le/La pauvre!
> Moi non plus!
> Quelle coïncidence!
> Tu parles!
> Tiens! C'est rigolo!

Activité 10 Dialogue: Le Salon de l'auto

Julien Leroux parle avec un ami.

JULIEN: On va au Salon de l'auto ce soir?
L'AMI: Je ne sais pas. Je suis fauché.
JULIEN: Pas de problème, j'ai deux billets de promotion.
L'AMI: Tu as des billets gratuits? Ah, ça, c'est formidable!
JULIEN: Alors, je passe chez toi vers 7 h 30. Ça te va?
L'AMI: Parfait. Ciao! À ce soir!

Activité 11 Récit: Les projets de Clarisse

Qu'est-ce que Clarisse Colin va faire vendredi prochain?

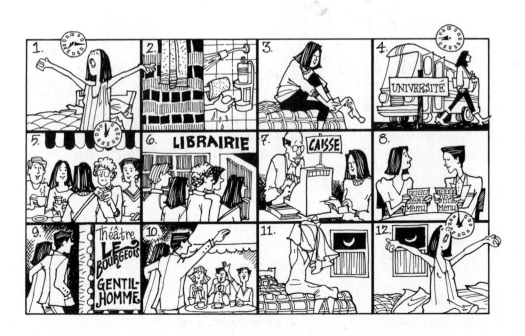

Vocabulaire utile prendre l'autobus, à la librairie, au théâtre, payer

Activité 12 Entretien: Les habitudes

1. Où vas-tu d'habitude pour fêter ton anniversaire? Pourquoi est-ce que tu aimes y aller?
2. Où est-ce que tu vas pour acheter des vêtements? Tu préfères y aller seul(e) ou avec quelqu'un d'autre? Pourquoi?
3. Tu vas souvent au cinéma? Avec qui? À quel cinéma? Tu achètes toujours du pop-corn et un coca?
4. Est-ce que tu aimes explorer ta ville? Où vas-tu pour changer ta routine?
5. Où vas-tu le week-end pour te détendre? Qu'est-ce que tu fais d'habitude? Avec qui?

Aptitudes et rêves

✳ **Attention! Étudier Grammaire 2.4 et 2.5**

La réalité

Barbara et Denise savent faire du canoë.

Jacqueline sait faire de l'escalade.

Daniel ne peut pas courir parce qu'il a la jambe cassée.

Les Martin ne peuvent pas dîner dans leur restaurant favori.

Le rêve

Charles veut apprendre à conduire cette année.

Agnès et Sarah veulent partir dans un pays tropical.

Joël rêve de devenir champion d'escrime.

Activité 13 Échanges: Qu'est-ce que tu sais faire?

Suggestions

très bien	plus ou moins	mal
un peu	très peu	pas du tout

MODÈLE: É1: Est-ce que tu sais faire de la planche à voile?

É2: Non, pas du tout, mais je sais nager. Et toi?

1. faire du canoë
2. faire de l'escalade
3. cuisiner
4. créer une page Web
5. conduire une voiture de sport
6. réparer ton ordinateur
7. jouer au bridge
8. jouer d'un instrument
9. faire de l'escrime
10. chanter

«L'Escargot alpiniste»

L'ecargot à l'escalade
Sac au dos s'est mis en campagne
L'escargot à l'escalade
Va digérer la montagne

Paul Claudel

"L'Escargot alpiniste" in *Poèmes retrouvés, Œuvres poètiques* by Paul Claudel. © Éditions Gallimard

Les francophones sur le vif

Kévin Vanderelst a 17 ans. Il est élève en seconde au Lycée Dachsbeck, à Bruxelles.

Pour vous, qu'est-ce que ça signifie, les vacances?

« Les vacances, c'est pour s'éclater[1]! Il me faut[2] de l'action et des sensations fortes. Je pratique des tas de[3] sports: du VTT,[4] du kayak, de la planche à voile en été, et en hiver, du surf des neiges. Toujours des sports d'extérieur: j'adore la nature et je ne veux pas rester enfermé!» Naturellement, s'il ne fait pas beau, c'est plus difficile, mais je ne reste jamais toute la journée à l'intérieur. Regarder la télé ou lire, ça m'ennuie.[5] Je préfère aller me promener et prendre l'air, même quand il pleut ou quand il fait froid.

[1]avoir du plaisir
[2]Il... Pour moi, il est nécessaire d'avoir
[3]des... beaucoup de
[4]vélo tout-terrain
[5] ça... ≠ ça m'intéresse

Activité 14 Échanges: Qu'est-ce qu'on peut faire?

Avec votre partenaire, suggérez des choses qu'on peut faire dans ces situations.

> MODÈLE: La télé est cassée jusqu'à la semaine prochaine. →
> On peut jouer aux cartes, on peut lire, on peut...

1. C'est le week-end et on est fauché.
2. Il fait beau, mais on est très fatigué.
3. Pas de cours aujourd'hui! Il y a trop de neige.
4. On veut pique-niquer, mais il pleut.
5. Aujourd'hui, des amis arrivent en visite et veulent voir la ville.
6. On fait du camping dans des conditions très primitives.
7. On est obligé de rester au lit pendant deux jours.

Cliquez là!

Visitez le site du Parc national des Pyrénées. Quels animaux habitent dans ce parc? Quelles sont les activités possibles? Quels moyens de transport peut-on utiliser pour y aller?

www.mhhe.com/deuxmondes6

Activité 15 Récit: Les vacances de rêve de Julien

Julien va aller à la Martinique cette année. Qu'est-ce qu'il veut faire pendant sa visite?

> MODÈLE: Julien veut dormir tard tous les matins.

Vocabulaire utile des fruits, un marché, des poissons, faire de la plongée sous-marine

Activité 16 Dans le monde francophone:
Les Français en vacances

Voici quelques activités préférées des Français, classées en trois catégories.

VACANCES SPORTIVES	VACANCES CULTURELLES	VACANCES DÉTENTES
faire du VTT (vélo tout-terrain)	visiter un musée	bronzer à la plage
apprendre à jouer au golf	visiter un monument historique	faire des mots croisés
faire un stage intensif de tennis	s'initier à la poterie	partir en croisière
faire des randonnées	lire des romans	faire la sieste tous les jours
pratiquer des sports «extrêmes»	assister à un festival de théâtre	dîner dans des restaurants
(le deltaplane, le parachutisme)	visiter des caves à vins	

Qu'est-ce que vous recommandez à ces vacanciers?

MODÈLE: Jean-Paul Dubrac est sédentaire et n'a pas beaucoup d'argent. →
Il peut bronzer à la plage, faire des mots croisés et lire des romans.

1. Karine Halimi est une jeune femme plutôt intellectuelle.
2. M. et Mme Delaunay sont extrêmement actifs et ont la passion de l'aventure.
3. Anne-Marie Bonno n'a pas beaucoup d'argent, mais elle est très cultivée.
4. Frédéric Lopez adore le risque.

Allons plus loin! Vous allez partir en vacances avec votre camarade de classe. Choisissez des activités amusantes que vous allez faire ensemble. (*Nous pouvons…*)

LECTURE

À chacun ses loisirs

Mme Lescure et M. Durbec sont voisins et amis. Comme beaucoup de Français, ils ne sacrifient pas leur vie au culte[1] du travail: pour eux, les loisirs sont sacrés.

Leur conception du temps libre est très différente. Mme Lescure veut toujours être active: elle fait de la gym tous les après-midi et joue au tennis le samedi matin. Quand le temps est clément, elle va faire de longues promenades à bicyclette sur de petites routes de campagne.

«Quelle énergie!» pense M. Durbec. Lui, c'est un intellectuel: son «sport» préféré? Lire un bon classique (Proust, Molière, Rimbaud) ou regarder un documentaire politique ou artistique sur Arte, la chaîne culturelle franco-allemande. Le weekend, il aime aller en ville pour voir une exposition de peinture ou flâner[2] dans les librairies. Son rêve, c'est de visiter tous les monuments de l'Hexagone[3]: châteaux de la Renaissance, églises romanes,[4] cathédrales, ruines romaines.

• Vacances sportives et culturelles: cyclistes dans le Val de Loire (Chambord)

Ils parlent souvent d'aller passer des vacances ensemble, mais leurs goûts[5] ne sont pas vraiment compatibles. Mme Lescure trouve une solution: ils vont aller ensemble visiter les châteaux de la Loire... à vélo!

---

[1]passion
[2]se promener tranquillement
[3]= la France
[4]dans le style architectural des Xe–XIIe (dixième au douzième) siècles
[5]préférences

Avez-vous compris?

A. Vrai ou faux? Si c'est faux, faites la correction.

1. Mme Lescure et M. Durbec habitent ensemble.
2. Ils aiment tous les deux le temps libre.
3. Mme Lescure n'aime pas faire du vélo quand il ne fait pas beau.
4. M. Durbec a généralement beaucoup d'énergie.
5. M. Durbec préfère la lecture au sport.
6. Mme Lescure veut aller en vacances avec M. Durbec.

B. Et ça veut dire... ?

1. sacrifier sa vie au culte (du travail)
2. les loisirs
3. une librairie
4. flâner
5. l'Hexagone

a. le contraire de «se dépêcher»
b. avoir une obsession
c. magasin où on peut acheter des livres
d. la France
e. le temps libre

À *vous la parole!*

Mme Lescure et M. Durbec veulent passer un week-end ensemble, mais leurs opinions divergent sur le genre d'activité à faire. Imaginez la suite de leur dialogue.

MME LESCURE: Si vous voulez, on peut aller faire une promenade à la campagne.

M. DURBEC: Quoi? Nous sommes en janvier, il fait trop froid! J'ai une autre idée: nous pouvons aller à Paris en train pour voir l'expo Van Gogh au Grand Palais.

MME LESCURE: Encore une exposition! C'est monotone...

À *vous d'écrire*

Écrivez une lettre à un étudiant français / une étudiante française qui se prépare à passer un an dans votre université. Il/Elle demande des renseignements avant de choisir ses vêtements pour le séjour. Parlez-lui du climat, des saisons et de quelques activités typiques des étudiants.

MODÈLE: *Cher/Chère... ,*

Tu te prépares déjà pour ton année ici à... ? Bon, je vais répondre à tes questions. Ici à... , nous avons un climat... En été, il fait... En général, les étudiants (font du sport)... Ils portent...

Bonne chance avec tes préparatifs. À bientôt et amitiés,

Vocabulaire

Le temps et les saisons

Weather expressions and seasons

Quel temps fait-il?	What's the weather like?
Il fait beau.	It's nice.
Il fait chaud.	It's warm.
Il fait du soleil.	It's sunny.
Il fait du vent.	It's windy.
Il fait frais.	It's cool.
Il fait froid.	It's cold.
Il neige.	It's snowing.
Il pleut.	It's raining.
Il y a du brouillard.	It's foggy.
Le ciel est couvert.	It's cloudy.
la boue	mud
le ciel	the sky
le climat	the climate
la neige	snow
un nuage	a cloud
le soleil	the sun
en été (*m.*)	in summer
en automne (*m.*)	in autumn
en hiver (*m.*)	in winter
au printemps (*m.*)	in spring

Les endroits

Places

à la maison	at home
dans la cheminée	in the fireplace
la campagne	the country
une école	a school
une librairie	a bookstore
un marché	market
sous un arbre	under a tree

Mots apparentés: **un café, un gymnase, un lac, un parc, une rivière, une université**

Sports et loisirs

Sports and leisure

apprendre à (nager)	to learn to (swim)
bavarder avec des amis	to chat with friends
courir	to run
créer une page Web	to create a web page
se détendre	to relax
s'entraîner	to work out, train

faire du canoë	to go canoeing
des courses	to do errands
de l'escalade	to do rock climbing
de l'escrime	to fence (to do fencing)
de la gymnastique	to do exercises
de la planche à voile	to windsurf
de la plongée sous-marine	to scuba-dive
une promenade en voiture	to go for a (car) ride
la sieste	to take a nap
du ski	to ski
du sport	to do sports
du vélo	to bicycle
de la voile	to sail
fêter un anniversaire	to celebrate a birthday
jouer du piano	to play the piano
au frisbee	to play frisbee
pêcher	to fish
prendre l'autobus	to take the city bus
se promener	to take a walk
rêver de (voyager)	to dream of (traveling)

Mots apparentés: **changer de routine, explorer, pique-niquer, surfer sur Internet**

La routine et les soins corporels

Routine activities and personal care

une brosse à dents	a toothbrush
un miroir	a mirror
un rasoir (mécanique)	a razor
le shampooing	shampoo
se brosser les dents	to brush one's teeth
se coucher	to go to bed
se dépêcher	to hurry
se déshabiller	to undress
se doucher	to take a shower
s'endormir	to fall asleep
s'habiller	to dress
se laver le visage	to wash one's face
se lever	to get up
se maquiller	to put on makeup
prendre un bain	to take a bath
se raser	to shave
se réveiller	to wake up
se sécher	to dry oneself

La description

Describing people, things, actions

cassé(e)	broken
cher/chère	expensive; dear
fauché(e)	broke, out of money
gratuit(e)	free (*no cost*)
lentement	slowly
mal	badly
nourrissant	nourishing
parfait(e)	perfect
pas du tout	not at all
très peu	very little
un peu	a little

Mots apparentés: **électrique, obligé(e), primitif/ primitive, tropical(e), typique**

Substantifs

Nouns   l'argent (m)   *money*

un billet	a ticket
une chambre	a bedroom
un emploi	a job
une habitude	a habit
un iPod	an iPod player
un lit	a bed
un ordinateur	a computer
le petit déjeuner	breakfast
un rêve	a dream
un roman	a novel
le savon	soap
un travail	a job

Mots apparentés: **un aquarium, champion(ne), un fruit, une occasion, un projet**

Verbes

Verbs

allumer un feu	to light a fire
chercher	to search, look for
coûter	to cost
laisser (par terre)	to leave (on the floor)
partir	to leave
passer (un an)	to spend (a year)
chez toi	to come by your place
pouvoir	to be able (to)
prendre	to take (eat, drink)

savoir	to know
voir	to see
vouloir	to want, wish

Mots apparentés: **arriver, changer, commencer à, préférer, réparer, signifier, visiter**

Quand et à quelle fréquence

Saying when and how often

avant (de)	before
ce (matin, soir)	this (morning, evening)
d'abord	first
de bonne heure	early
d'habitude	usually
en retard	late
ensuite	next
une fois (par jour)	once (a day)
jusqu'à	until
le lendemain	the next day
le (vendredi soir)	on (Friday evenings)
parfois	sometimes
pendant la semaine	during the week
puis	then, next
la semaine prochaine	next week
tard/tôt	late/early
toujours/jamais	always/never

Mots et expressions utiles

Useful words and expressions

Bonne idée!	Good idea!
Ça te va?	Does that suit you?
—Parfaitement.	—Perfectly.
C'est barbant!	It's really boring!
C'est génial! Super!	Cool! Awesome!
C'est nul!	It's awful!
C'est rigolo!	That's funny! (amusing)
chez des amis	at a friends' place
Ciao! À ce soir.	So long! See you tonight.
Je ne sais pas.	I don't know.
Le/La pauvre!	Poor guy/woman!
personne... ne	nobody
Quel dommage!	What a shame!
Quelle chance!	What (good) luck!
seulement	only
Tu aimes mieux...	You prefer ...
Tu parles!	You don't say!

Grammaire et exercices

2.1 Talking about activities and weather: The verb faire

A. **Faire** is one of the most frequently used verbs in French. In addition to its basic meanings, it is used in many idiomatic expressions. Here are the present-tense forms.

faire (*to do; to make*)	
je **fais**	nous **faisons**
tu **fais**	vous **faites**
il/elle/on **fait**	ils/elles **font**

Pronunciation Hint
fais, fait, faisons, faites, font

B. Use the verb **faire** to ask what someone is doing or what work people do.

—Qu'est-ce que tu **fais** ce soir?   *What are you doing tonight?*
—J'écoute un nouveau CD.   *I'm listening to a new CD.*

—Que **fait** ton frère?   *What does your brother do?*
—Il travaille dans un restaurant.   *He works in a restaurant.*

C. Another important use of **faire** is to talk about the weather.

—Quel temps **fait**-il?   *What's the weather like?*
—Il **fait** mauvais.   *The weather is bad.*

D. **Faire** is used in many expressions that name specific activities (**faire une promenade, faire du camping**).

Au lac, nous **faisons de la voile.**   *At the lake, we go sailing.*
Je **fais de l'anglais** pour être professeur d'anglais.   *I'm studying English in order to be an English teacher.*

★ Review vocabulary for weather in the **Vocabulaire, Chapitre 2.**

★ Review expressions with **faire** in the **Vocabulaire, Chapitres 1** and **2.**

Exercice 1 Les activités

Complétez les questions par la forme correcte de **faire** et puis répondez.

1. Est-ce que tes copains aussi <u>font</u> du français? Ou est-ce qu'ils <u>font</u> de l'espagnol?
2. Qu'est-ce que tu <u>fais</u> comme études? Tu <u>fais</u> de la chimie, de l'économie, de la littérature?
3. Que <u>fait</u> ta mère? Elle travaille dans un bureau?
4. Que <u>fait</u> ton père? Où est-ce qu'il travaille?

5. Tes copains et toi, qu'est-ce que vous ~~faites~~ ensemble le week-end? Vous ~~faites~~ du camping? Vous jouez aux cartes?

6. Ta famille et toi, est-ce que vous ~~faites~~ des voyages ensemble?

2.2 Talking about everyday activities: Reflexive verbs

A. Reflexive pronouns are used whenever the object of the verb is the same as the subject.

> He cut **himself** while shaving.   She taught **herself** to play the violin.

Definition: The object of a verb is the person or thing affected by the action expressed by the verb: *He cut his finger.*

B. Many verbs that require reflexive pronouns in French do not require them in English.

> —Comment **s'appelle** cet étudiant?   *What is that student's name?*
> —Il **s'appelle** Daniel.   *His name is Daniel.*

> Je **me lève** toujours à sept heures du matin.   *I always get up at seven o'clock in the morning.*

Here are the reflexive pronouns and examples of their use with two reflexive verbs. Note that the **e** of **me, te,** and **se** is dropped before a verb beginning with a vowel or a mute **h.**

	se promener (*to take a walk*)		**s'amuser** (*to have fun*)	
me/m'	je **me**	promène	je **m'**	amuse
te/t'	tu **te**	promènes	tu **t'**	amuses
se/s'	il/elle/on **se**	promène	il/elle/on **s'**	amuse
nous	nous **nous**	promenons	nous **nous**	amusons
vous	vous **vous**	promenez	vous **vous**	amusez
se/s'	ils/elles **se**	promènent	ils/elles **s'**	amusent

➤ je *m'*appelle
tu *t'*appelles
il/elle *s'*appelle

✱ See **Appendices A** and **C** for spelling changes in **s'appeler, se lever,** and **se promener.**

> Raoul et moi, **nous nous amusons** avec nos amis français.   *Raoul and I have a good time with our French friends.*

Pronunciation Hint

nou̸s nou̸s prom̸enõ̸s, vou̸s vou̸s prom̸ene̸z, but nou̸s nous ᶻamusõ̸s, vou̸s vous ᶻamuse̸z

C. Here are some common reflexive verbs:

s'amuser *to have a good time, enjoy oneself*	**se laver** *to wash oneself, bathe*
se baigner *to take a bath; to swim; to bathe*	**se lever** *to get up*
	se promener *to take a walk*
se coucher *to go to bed; to lie down*	**se reposer** *to rest*
s'habiller *to get dressed*	**se réveiller** *to wake up*
	se sécher *to dry oneself*

✱ See **Appendices A** and **C** for spelling changes in **sécher** (like **préférer**).

D. In negative sentences, **ne** always precedes the reflexive pronoun.

► Albert *ne se couche pas* avant minuit.

Il aime *se coucher* tard.

M. Vincent **se réveille** de bonne heure, mais il **ne se lève pas** tout de suite.	*Mr. Vincent wakes up early, but he doesn't get up immediately.*

E. If an infinitive with a reflexive pronoun follows another verb (such as **aimer, préférer**), the reflexive pronoun comes before the infinitive. The reflexive pronoun must agree with the subject.

—Est-ce que vous aimez **vous** promener en ville?	*Do you like to take walks in the city?*
—Non, je préfère **me** promener à la campagne. Adrienne aime rester chez elle et **se** reposer.	*No, I prefer to take walks in the country. Adrienne likes to stay at home and rest.*

Exercice 2 Les habitudes et les préférences

Posez des questions et répondez en suivant l'exemple.

MODÈLE: se lever à 8 h →
—Est-ce que tu te lèves à 8 h?
—Oui, je me lève à 8 h. (Non, je me lève à 7 h.)

1. se lever tôt
2. se maquiller tous les jours
3. se laver les cheveux tous les jours
4. se brosser les dents trois fois par jour

MODÈLE: aimer se coucher tôt →
—Tu aimes te coucher tôt?
—Oui, j'aime me coucher tôt. (Non, je n'aime pas me coucher tôt.)

5. aimer se coucher tard
6. préférer se doucher le soir
7. aimer se détendre après les cours
8. préférer se lever tard le week-end

Exercice 3 Êtes-vous des étudiants typiques?

D'abord, dites si vous êtes d'accord, puis indiquez si c'est vrai pour vous et vos copains.

MODÈLE: Les étudiants se couchent tard. →
Oui, en général, les étudiants se couchent tard.
Mes copains et moi, nous nous couchons tard (nous ne nous couchons pas tard).

1. Les étudiants s'amusent beaucoup le vendredi soir.
2. Les étudiants s'habillent toujours en jean.
3. Les étudiants ne se reposent pas assez.*
4. Les étudiants se couchent après minuit.
5. Les étudiants se lèvent tard le week-end.

---

*enough

2.3 Going places and future actions: The verb **aller**, contractions of **à**

A. To talk about going places, use the irregular verb **aller**.

aller (to go)	
je **vais**	nous **allons**
tu **vas**	vous **allez**
il/elle/on **va**	ils/elles **vont**

—Qu'est-ce que vous faites ce soir? *What are you doing tonight?*
—Nous **allons** chez Raoul. *We're going to Raoul's.*

Mes parents **vont** à l'église tous les dimanches. *My parents go to church every Sunday.*

Pronunciation Hint

je vai$, tu va$, nous ᶻallõn$$, vous ᶻallez, il$ võn̸t

B. When talking about going *to* a place, the most frequently used preposition is **à** (*to*). Like **de**, **à** contracts with some of the definite articles: **à + le = au**; **à + les = aux**.

➤ à + le = au
➤ à + les = aux

—Où va Clarisse après le cours? *Where is Clarisse going after class?*
—Elle va **au** café avec ses amis. *She's going to the café with her friends.*

Sarah aime aller **aux** Halles. *Sarah likes to go to Les Halles (the underground mall in Paris).*

C. The pronoun **y** can replace the preposition **à** + a noun referring to a place and phrases with **dans** or **chez**. **Y** is placed just before the verb.

➤ **Vas-y! Allez-y!** = *Go ahead!*
  Allons-y! = *Let's go!*

—Est-ce que Fatima va **à la bibliothèque** aujourd'hui? *Is Fatima going to the library today?*

—Oui, elle **y** va après ses cours. *Yes, she's going (there) after her classes.*

—Tu vas **chez Denise** ce soir? *Are you going to Denise's this evening?*

—Oui, j'**y** vais. *Yes, I'm going (there).*

D. Use **aller** followed directly by an infinitive to express future actions. This construction is called the **futur proche**.

—Où est-ce que vous **allez dîner** ce soir? *Where are you going to have dinner tonight?*
—Je **vais dîner** chez Michèle. *I'm going to have dinner at Michèle's.*

E. Here are some expressions for talking about the future:

demain	*tomorrow*
demain matin/soir	*tomorrow morning/evening*
samedi prochain	*next Saturday*
la semaine / l'année prochaine	*next week/year*
dans un mois	*in a month*

Exercice 4 Dans la classe de Mme Martin

Complétez chaque phrase avec la forme correcte du verbe **aller.**

1. Moi, je _vais_ à la plage avec mes copains ce week-end.
2. Ce soir, nous _allons_ tous chez Daniel écouter de la musique.
3. Mme Martin, vous _allez_ au nouveau restaurant italien ce soir, n'est-ce pas?
4. Louis et Albert _vont_ au café maintenant, comme d'habitude.
5. Daniel, tu _vas_ au cinéma demain avec une nouvelle amie, n'est-ce pas?
6. Et Raoul _va_ à Montréal ce week-end. Il a de la chance!

Exercice 5 Où vas-tu?

Faites des questions et répondez avec **y.**

MODÈLE: *le restaurant →
—Tu vas au restaurant?
—Oui, j'y vais souvent/quelquefois. (Non, je n'y vais pas.)

1. la piscine
2. le théâtre
3. le bar
4. l'hôpital
5. le gymnase
6. la banque
7. le café
8. l'église

Exercice 6 Les projets

Répondez en employant le futur proche.

MODÈLE: Ce soir, est-ce que vous allez...
a. faire la cuisine?   b. dîner au restaurant? →
Ce soir, je vais dîner au restaurant. (Ce soir, je ne vais pas manger. Je n'ai pas faim.)

1. Ce soir, est-ce que vous allez...
   a. faire vos devoirs?   b. sortir avec des amis?
2. Demain matin, allez-vous...
   a. vous lever à 7 h?   b. dormir jusqu'à 9 h?

3. Demain soir, est-ce que vous allez...
   a. regarder votre émission* favorite
      à la télé?
   b. vous coucher de bonne heure?

4. Ce week-end, est-ce que vos amis vont...
   a. faire du ski?
   b. regarder un DVD ensemble?

5. Samedi soir, est-ce que votre camarade de chambre (mari, femme) va...
   a. rester à la maison et jouer aux
      cartes?
   b. aller à un concert?

2.4 Making general statements: The subject pronoun on

A. The subject pronoun **on** is similar in meaning to the nonspecific uses of *you, people, they.* Because the form **on** is grammatically singular, it is always used with the same verb form as **il** and **elle.**

En France, **on fait** les courses tous les jours.	*In France, people (they) do their shopping every day.*
En France, **on ne trouve pas** de médicaments au supermarché.	*In France, you don't find medicine at the supermarket.*

> ➤ Nonspecific **on:**
>
> **Est-ce qu'on parle anglais ici?** = *Does anyone speak English here?*
> **Comment dit-on water?** = *How do you say water?*

B. In everyday conversation, French speakers often use **on** in place of the subject pronoun **nous.**

—Vous rentrez à quelle heure, Monique et toi?	*What time are you and Monique coming home?*
—**On** rentre tard, après le film.	*We'll be home late, after the movie.*
Albert et moi, **on** aime le cinéma.	*Albert and I like the movies.*

> ➤ **On** used in place of **nous:**
>
> **On y va?** = *Shall we go?*
> **On y va!** = *Let's go!*

Pronunciation Hint

The **-n** of õⱡ is a liaison consonant: õⱡ faiⱡ, but õn_achètⱡ.

Exercice 7 Aux États-Unis

Un Français curieux vous pose des questions sur les habitudes des Américains. Répondez par **oui** ou **non.**

MODÈLE: Aux États-Unis, est-ce qu'on va à l'école le samedi? →
       Non, on ne va pas à l'école le samedi.

1. Aux États-Unis, est-ce qu'on regarde beaucoup la télévision?
2. Est-ce qu'on mange toujours des hamburgers?
3. Est-ce qu'on va au restaurant tous les jours?
4. Est-ce qu'on dîne à huit heures du soir?
5. Est-ce qu'on aime les films français?
6. Est-ce qu'on fait des promenades en famille le dimanche après-midi?
7. Est-ce qu'on aime parler de la politique?
8. Est-ce qu'on étudie beaucoup la géographie?

*program

2.5 Abilities and desires: The verbs pouvoir, vouloir, and savoir

A. To talk about what you can do or have permission to do, use **pouvoir. Vouloir** is used to indicate wishes or desires. These two irregular verbs are very similar in their conjugation patterns. Like **aimer,** they are often followed by an infinitive.

➤ **vouloir** = *to want to*
Je veux manger.

➤ **pouvoir** = *can, be able to*
Tu peux sortir ce soir?

pouvoir (*to be able, can*)		**vouloir** (*to want*)	
je p**eux**	nous p**ou**vons	je v**eux**	nous v**ou**lons
tu p**eux**	vous p**ou**vez	tu v**eux**	vous v**ou**lez
il/elle/on p**eut**	ils/elles p**eu**vent	il/elle/on v**eut**	ils/elles v**eu**lent

➤ Negation:
Je ne veux pas sortir.
Je ne peux pas dormir.

—Tu **veux** aller au cinéma ce soir? *Do you want to go to the movies tonight?*

—Je ne **peux** pas. Je suis fauché(e). *I can't. I'm broke.*

Pronunciation Hint

peu~~x~~, peu~~t~~, pouvõ~~ns~~, pouve~~z~~, peuv~~ent~~; veu~~x~~, veu~~t~~, voulõ~~ns~~, voule~~z~~, veul~~ent~~

B. **Savoir** is used to talk about knowing facts.

➤ **savoir** = *to know*
(a fact)
Je sais la réponse.

savoir (*to know*)	
je **sais**	nous **savons**
tu **sais**	vous **savez**
il/elle/on **sait**	ils/elles **savent**

—Tu **sais** la date d'aujourd'hui? *Do you know the date today?*
—Non, je ne la **sais** pas. *No, I don't know it.*

Pronunciation Hint

sai~~s~~, sai~~t~~, savõ~~ns~~, save~~z~~, save~~nt~~

➤ **savoir** + infinitive = *to know how to (do something)* **Je sais nager.**
Je ne sais pas danser.

C. When **savoir** is used with an infinitive, it conveys the notion of knowing how to do something.

Je ne **sais** pas nager. *I don't know how to swim.*
Tu **sais** cuisiner, n'est-ce pas? *You know how to cook, don't you?*

➤ **je voudrais, j'aimerais** = *I would like (to)*
Je voudrais dormir maintenant!

D. Use **je voudrais** or **j'aimerais** instead of **je veux** to express a wish more politely. Other useful forms: **tu voudrais; il/elle/on voudrait.** (These are forms of the present conditional. For now, you need only recognize and use these forms in conversation.)

—Où est-ce que tu **aimerais voyager**? *Where would you like to travel?*

—Je **voudrais aller** en France. *I'd like to go to France.*

★ You will learn more about the conditional in **Grammaire 11.1.**

Pronunciation Hint

voudrai̷s, voudrai̷t

Exercice 8 Désirs et possibilités

Dites d'abord si la personne *veut* faire l'activité, puis dites si elle *peut* la faire.

MODÈLE: moi / sortir tous les soirs →
Oui, je veux sortir tous les soirs. (Non, je ne veux pas...)
Oui, je peux sortir tous les soirs. (Non, je ne peux pas...)

1. moi / aller en Europe l'été prochain
2. mes parents / passer l'hiver en Floride
3. le professeur / se lever tard en semaine
4. nous / comprendre un film en français
5. mon ami(e) _____ / m'aider avec mes devoirs de français

Exercice 9 Qu'est-ce que tu aimerais vraiment faire?

Voudrais-tu faire ces activités?

MODÈLE: faire du ski →
Oui, je voudrais faire du ski. (Non, je ne voudrais pas...)

1. dîner dans un bon restaurant français
2. manger des escargots
3. habiter à Paris
4. faire de la plongée sous-marine
5. visiter une autre planète
6. être président(e) des États-Unis

Exercice 10 Savoir-faire

Complétez la question par une forme du verbe **savoir** et répondez à la question.

MODÈLE: Est-ce que votre professeur de français _____ danser le tango? →
Est-ce que votre professeur de français *sait* danser le tango?
Oui, il/elle sait danser le tango. (Non, il/elle ne sait pas danser le tango.)

1. Est-ce que vous _____ faire de l'escalade?
2. Est-ce que votre père _____ faire la cuisine?
3. Est-ce que votre sœur _____ réparer une voiture?
4. Est-ce que vos amis et vous, vous _____ jouer au billard?
5. Est-ce que vos grands-parents _____ utiliser un ordinateur?
6. _____-vous allumer un feu?

En ville

Des visiteurs et des Parisiens convergent sur les Champs-Élysées.

Objectifs

In *Chapitre 3*, you will talk about things to do in the city. You will learn names of places, how to ask for and give directions, and expressions useful for shopping. You will also learn how to say what you have to do.

 **ACTIVITÉS**

S'orienter en ville
La ville et les transports
Les achats
Les distractions

 **LECTURES**

Info: Société   Le centre-ville
La langue en mouvement
   Hôtel de ville
**Les francophones sur le
   vif**   Marc-André Hébert
Lecture   Week-end à
   Montréal

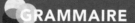 **GRAMMAIRE**

3.1 Saying where things are: Prepositions of location
3.2 Asking questions: Interrogative words
3.3 Verbs like **prendre**
3.4 Expressing necessity: **Il faut** and the verb **devoir**
3.5 Pointing things out: Demonstrative adjectives
3.6 Expressing quantities: Partitive articles
3.7 The verbs **courir, sortir,** and **dormir**

Activité 3 Associations: Qu'est-ce qu'on peut y faire?

Qu'est-ce qu'on peut faire dans les endroits suivants?

> MODÈLE: É1: Qu'est-ce qu'on peut faire au musée?
> É2: On peut y voir des tableaux et des sculptures.

1. à la banque
2. à la bibliothèque
3. au bureau de poste
4. au théâtre
5. au restaurant
6. à la gare
7. à la piscine
8. à la mairie (en France)
9. au centre commercial
10. à l'église, au temple ou à la mosquée

acheter des timbres
nager
voir une pièce
chanter et prier
déposer de l'argent
emprunter des livres
faire des achats
lire un journal
manger avec des amis
prendre le train
se marier
?

Activité 4 Interro: Le plan de Paris

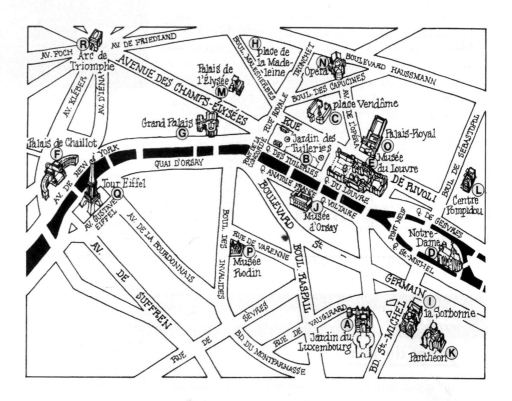

Utilisez le plan de Paris pour indiquer le chemin à votre partenaire.

Vocabulaire utile

Tu vas tout droit.
Tu prends (la rue Royale).
Le musée est (sur ta droite).

MODÈLE: É1: Qu'est-ce que je fais pour aller de la cathédrale Notre-Dame
jusqu'à mon hôtel derrière la Sorbonne (D → I)?

É2: Tu traverses la Seine et tu tournes à gauche au quai St.-Michel.
Puis, tu tournes à droite au boulevard St.-Michel et tu tournes
à gauche au boulevard St.-Germain.

1. de l'Opéra jusqu'au Musée national d'Art moderne au Centre Pompidou (N → L)
2. du jardin des Tuileries jusqu'à l'Arc de triomphe (B → R)
3. du musée Rodin jusqu'au jardin du Luxembourg (P → A)
4. du Palais-Royal jusqu'au musée du Louvre (O → E)
5. de la cathédrale de Notre-Dame jusqu'à la tour Eiffel (D → Q)
6. ?

La ville et les transports

✶ **Attention! Étudier Grammaire 3.3 et 3.4**

Les transports en commun

Adrienne prend l'autobus
au coin de la rue. Pour
elle, c'est commode.

Sarah et Agnès prennent
le métro pour aller à la
fac. C'est très rapide.

La sécurité et les précautions

Il ne faut pas prendre le train aux heures de pointe.

Pour rouler en scooter, il faut porter un casque.

On doit avoir de la patience dans un embouteillage.

Parfois, certains gens oublient d'obéir aux règles!

Activité 5 Définitions: Qu'est-ce que c'est?

MODÈLE: É1: Qu'est-ce que c'est qu'un autobus?
É2: C'est un grand véhicule automobile de transport en commun.

1. un scooter
2. une foule de gens
3. le métro
4. une voiture
5. les heures de pointe
6. un feu de signalisation
7. un arrêt d'autobus
8. un coin
9. un embouteillage
10. un casque

a. l'endroit à l'intersection de deux rues
b. un véhicule routier à moteur
c. l'endroit où on prend l'autobus
d. un blocage de la circulation
e. une protection pour la tête
f. un grand nombre de personnes
g. une bicyclette motorisée
h. un train souterrain
i. le moment où la circulation est très intense
j. un signal lumineux

Activité 6 Sondage: Comment se débrouiller en ville

Dites **oui** ou **non** à ces propositions. Ensuite, comparez vos réponses aux réponses de votre partenaire.

> MODÈLE: En ville, est-ce une bonne idée de... prendre l'autobus? →
> Oui, parce qu'il y a trop de voitures dans les villes.

En ville, est-ce une bonne idée de/d'...

_____ lire quand on est dans un embouteillage?
_____ prendre le métro aux heures de pointe?
_____ se promener seul(e) dans un jardin public à minuit?
_____ porter un casque si on roule en scooter?
_____ utiliser les transports en commun?
_____ rouler en voiture tout le temps?
_____ ne pas respecter les feux de signalisation?
_____ regarder dans les deux sens avant de traverser la rue?
_____ stationner dans une zone interdite?
_____ téléphoner pendant qu'on conduit?

Exprime-toi!

Je suis d'accord. C'est (dangereux).
Pourquoi pas? Tout le monde le fait.
Pas du tout! C'est trop (risqué).
C'est fou! On risque d'avoir (un accident).

Les francophones sur le vif

Marc-André Hébert, 42 ans, habite à Paris dans le 14ᵉ arrondissement (à Montparnasse). Il prend les transports en commun tous les jours.

Que nous conseillez-vous pour circuler facilement à Paris?

«Mon conseil: laissez votre voiture au garage! Déplacez-vous[1] en bus ou en métro, c'est rapide, économique et pratique. Si vous restez une semaine, la Carte[2] Orange est la solution idéale. Demandez la carte dans une station de métro, au guichet[3] où on vend les tickets. Écrivez votre nom et votre adresse et mettez une photo d'identité. Ensuite, achetez un «coupon», un ticket spécial, valable[4] pour une semaine ou un mois. Voilà! Vous pouvez circuler librement[5] dans tout Paris. Regardez la carte[6] du réseau[7]: il y a 16 lignes et 297 stations. Le métro n'est jamais loin. Le système vous semble compliqué? Pas de problème, il y a des cartes dans toutes les stations et vous pouvez toujours demander votre chemin[8] à un autre passager!»

[1]Circulez, allez d'un point à un autre
[2]*card*
[3]petite fenêtre où on vend des billets de cinéma, de train, des tickers de métro...
[4]valide
[5]sans restriction
[6]*map*
[7]système
[8]votre... des directions, un itinéraire

Cliquez là!

Découvrez des idées d'activités à faire quand on visite Paris. Ensuite, indiquez celles qui vous intéressent. En classe, comparez vos préférences avec celles de vos camarades de classe.

www.mhhe.com/deuxmondes6

Activité 7 Discussion: Situations et choix

En visite à Paris, on peut se trouver devant les situations suivantes. À votre avis, qu'est-ce qu'il faut faire? Choisissez une des suggestions ou proposez-en une autre.

1. Le feu de signalisation passe au rouge juste au moment où vous désirez traverser la rue.
   a. Il faut courir très vite pour traverser la rue.
   b. Vous devez vous arrêter et attendre.
2. Votre taxi est coincé dans un embouteillage.
   a. Vous devez rester calme.
   b. Il faut descendre du taxi et prendre le métro.
3. Vous êtes horrifié(e)! Votre chauffeur de taxi conduit comme un fou.
   a. Il faut penser: «Bon! Voilà une expérience typiquement parisienne!»
   b. Il faut descendre du taxi.
4. Vous bousculez une autre personne au moment où vous montez dans un autobus.
   a. Vous devez demander pardon à l'autre personne.
   b. Vous ne vous excusez pas parce que c'est normal dans une grande ville.
5. Le chauffeur de la voiture à côté de vous vous insulte parce qu'il n'aime pas votre façon de conduire.
   a. Il faut ignorer ses remarques.
   b. Vous devez aussi l'insulter.

"Équipage à navette: télétransportez-moi ailleurs, il n'y a pas de trace de vie intelligente ici."

Activité 8 Entretien: Ma ville préférée

1. Quelle est ta ville préférée? Tu y vas souvent? Quand?
2. Pourquoi aimes-tu cette ville? (L'ambiance? Le shopping? Les distractions? La vie culturelle?)
3. Comment t'y déplaces-tu d'habitude? (En bus? En métro? En taxi? À pied?)
4. Tu aimes te balader dans les rues? À quel moment de la journée? Tu fais souvent les vitrines?
5. Qu'est-ce que tu aimes faire quand tu sors le soir? Tu aimes dîner dans un certain restaurant? Tu aimes aller au théâtre ou à un spectacle?

Attention! Étudier Grammaire 3.5 et 3.6

Les commerces

le kiosque

le café — des cigarettes

le bureau de poste

le grand magasin

l'épicerie

la papeterie — de l'eau minérale

de la bière du vin

la pharmacie

des timbres

librairie

JOURNAUX

La Poste

Dans une boutique

—Vous désirez, mademoiselle?
—Je voudrais voir cette robe que vous avez en vitrine.
—Laquelle, mademoiselle?
—La bleue, s'il vous plaît.

—Nous avons ces deux modèles.
—Ils sont dans ma taille, madame?
—Oui, madame.
—Bon, je prends les deux: le bleu et le jaune.

Activité 9 Associations: Les magasins et les produits

Dans quel magasin ou établissement est-ce qu'on peut trouver ces articles?

MODÈLE: du shampooing →
    É1: Où est-ce qu'on peut trouver du shampooing?
    É2: On peut trouver du shampooing dans une pharmacie.

1. du jus d'orange et des biscuits
2. un roman policier
3. le journal *Le Monde*
4. un café ou une bière
5. du dentifrice et une brosse à dents
6. des timbres
7. du papier à lettres
8. des médicaments
9. des cartes postales
10. un cahier et des crayons

une épicerie
un bureau de poste
une pharmacie
une papeterie
une librairie
un café-tabac
un grand magasin
un kiosque à journaux

Activité 10 Dans le monde francophone: Cadeaux sur Internet

Sur Internet, vous pouvez trouver des cadeaux intéressants. Décidez à qui vous pouvez offrir chaque objet et pourquoi.

1. une amie intellectuelle, un peu forte, qui fait du jogging
2. votre grand-mère, qui habite seule et souffre de rhumatismes
3. votre cousin, qui adore lire
4. votre oncle, qui invite ses amis à des dîners gastronomiques
5. votre ami, qui adore voyager
6. ?

Les cadeaux

Casque Bluetooth: Connexion sans fil à vos appels et votre musique. 110,00 €

Ideal'cav: Pour la conservation et le vieillissement de vos vins. 544,90 €

Portier éléctronique: Vous permet d'identifier les personnes qui sonnent à votre porte, même la nuit. 240,50 €

Mini-fax: Rend de précieux services chez vous ou dans votre entreprise. 119,95 €

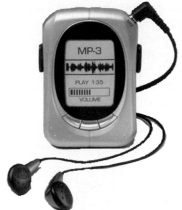

Baladeur MP3: Très pratique pour enregistrer vos pensées ou vos messages. 42,15 €

Caméra numérique: Cette caméra portable s'emporte partout, pendant les voyages et dans la vie quotidienne. 381,00 €

Calorie pédomètre: Pour le jogging ou la marche. Affiche la distance parcourue, le nombre de pas, la vitesse et les calories dépensées. 107,80 €

Le dernier roman d'Albert Camus, écrivain français, né en Algérie, qui a reçu le prix Nobel. 21,00 €

Albert Camus *Le premier homme*. Collection Folio, Éditions Gallimard. Photo: Private collection.

Activité 11 Échanges: Pour faire des économies

Vous allez en ville pour faire des achats. Dans chaque magasin, on voudrait vous vendre des produits chers, vous avez très peu d'argent et vous inventez des excuses pour acheter les produits les moins chers.

> MODÈLE: VENDEUR: Vous désirez, monsieur (madame/mademoiselle)?
> VOUS: Du papier à lettres, s'il vous plaît.
> VENDEUR: J'ai ce papier à 2,50 € et j'ai cet autre papier à 15 €. Le papier à 15 € est de très bonne qualité.
> VOUS: C'est vrai, mais je préfère le papier à 2,50 €. J'adore le papier orange!

1. du shampooing (un shampooing à 2,61 € ou un gel-shampooing démêlant à 5,25 €)
2. du parfum (un parfum à 17 € ou un parfum de bonne marque à 60 €)
3. des fleurs (des marguerites en solde à 1,05 € ou des roses à 20 €)
4. une chemise pour un copain (un modèle à 25 € ou un autre en coton égyptien à 82 €)
5. un dictionnaire espagnol (un mini à 7,50 € ou un grand format à 32 €)
6. un portable (un modèle à 109 € ou un autre avec toutes les options à 169 €)

Exprime-toi!

La bouteille (boîte) est si chic!
L'odeur est (exquise).
Le modèle est trop (compliqué).
Les produits importés sont si (exotiques).

Les distractions

★ **Attention! Étudier Grammaire 3.7**

Le samedi matin, Marise et
Clarisse courent dans le parc.

Elles font souvent les
vitrines au centre-ville.

Les Colin vont au théâtre quand
ils partent en week-end.

Parfois Julien danse toute la
nuit et s'endort au petit matin.

Francis sait faire de l'exercice
et s'amuser en même temps.

De temps en temps, Sarah
part à la montagne avec ses
copains.

Activité 12 Associations: Clichés du monde étudiant

En groupes, organisez les phrases pour créer des profils stéréotypés: (1) la bonne vivante et (2) l'intellectuelle.

- Elle sort tous les soirs.
- Elle part souvent en week-end.
- Le soir, elle reste à la maison.
- Elle déteste faire les magasins.
- Elle préfère les films sérieux.
- Elle étudie souvent en écoutant du rock.

- Elle n'a pas de portable.
- Elle s'habille à la mode.
- Elle surfe sur Internet.
- Elle va très souvent au musée.
- Elle dort à la bibliothèque.
- Elle étudie les maths avancées.

Allons plus loin! Créez d'autres clichés. **Idées:** les non-conformistes, les sportifs, les casse-pieds

Activité 13 Récit: Un week-end à Paris

Bernard et Christine Lasalle vont passer un week-end à Paris. Maintenant, ils font leurs projets. Racontez ce qu'ils vont faire.

Vocabulaire utile
un appareil photo, prendre des photos, chercher un cadeau

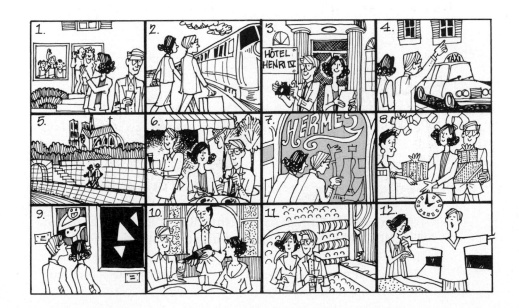

Cliquez là!

Qu'est-ce qui se passe à Paris cette semaine? Qu'est-ce qu'on peut voir au cinéma? au théâtre? Qu'est-ce qu'il y a comme manifestations sportives? Y a-t-il une exposition intéressante? Où voudriez-vous dîner?

www.mhhe.com/deuxmondes6

Activité 14 Dans le monde francophone: Les Français et le week-end

À la question «Pour vous, qu'est-ce qui symbolise le plus le week-end?», les Français répondent:

> - le déjeuner en famille
> - les moments passés avec les enfants et les petits-enfants
> - la promenade à la campagne
> - les travaux ménagers, le bricolage et le jardinage
> - la grasse matinée
> - la sortie du samedi soir
> - les câlins à deux
> - les courses du samedi
> - la messe
> - le jogging du matin

Trouvez l'équivalent de ces activités parmi les activités préférées des Français.

1. dormir tard
2. assister à un service religieux
3. aller au cinéma, au théâtre, au restau, etc.
4. faire du shopping
5. travailler à la maison
6. manger tous ensemble
7. faire l'amour
8. être simplement en famille
9. courir
10. marcher dans la nature

Allons plus loin! Qu'est-ce que vous aimez faire le week-end? Est-ce que vous avez les mêmes priorités que les Français?

LECTURE

Week-end à Montréal

Mélanie est étudiante à Ottawa, la capitale du Canada. Cette année, elle a l'occasion d'aller passer quelques jours à Montréal. Justement, trois de ses camarades de classe—Sylvia, Isabelle et Marie-Ange—sont Montréalaises; Mélanie leur demande quelques conseils.

MÉLANIE: Alors, qu'est-ce que je peux faire à Montréal en trois jours?

SYLVIA: Trois jours seulement? C'est difficile à dire... il y a énormément à faire en ville. Commence par le Vieux-Montréal, le cœur historique de la ville. Par exemple, la place Jacques-Cartier, avec ses bâtiments du XVIIIᵉ siècle, l'hôtel de ville, le château Ramezay et son musée. L'architecture est splendide. Et, bien sûr, une visite de la basilique Notre-Dame est indispensable.

● La place Jacques-Cartier au coucher du soleil (Montréal)

ISABELLE: Mais si tu n'aimes pas trop les monuments historiques, ce n'est pas un obstacle. À Montréal, il y en a pour tous les goûts[1]!Surtout qu'il y a deux villes: en surface, la plus grande concentration de commerces du pays. Et en sous-sol,[2] un vaste espace de magasins et de boutiques. Promène-toi d'abord dans la rue Sherbrooke, avec ses stylistes, ses magasins d'antiquités ou les galeries d'art d'avant-garde du Quartier du Musée... Après, tu descends dans «la ville souterraine[3]»: 30 kilomètres de corridors, de places centrales et de carrefours, plus de mille boutiques!

MARIE-ANGE: Elle va se ruiner avec toutes ces boutiques! Moi, je pense qu'il est préférable de faire seulement du lèche-vitrines, c'est plus économique. Dans ton budget, pense aussi au théâtre, au cinéma—et naturellement aux restaurants. On mange bien, à Montréal, dans les grands restaurants français gastronomiques, et d'autres plus petits mais délicieux. Dans la rue Crescent, par exemple, tu as des dizaines de possibilités. Et pour bien finir ta soirée, je te suggère d'aller dans une des fabuleuses discothèques de la ville, comme le Club Safou, Le Loft, Stéréo ou Aria. Tu vas danser jusqu'au matin!

MÉLANIE: Quel week-end! Je vais être crevée[4]...

SYLVIA: Montréal, ça mérite un petit effort!

---

[1]préférences [2]sous la surface [3]sous le sol [4]très fatiguée

Avez-vous compris?

Utilisez les informations contenues dans le texte pour déterminer où on peut faire les activités suivantes à Montréal.

1. admirer des meubles anciens
2. visiter un bâtiment de l'époque coloniale
3. faire du shopping s'il fait froid
4. écouter de la musique techno
5. manger dans un petit restaurant

À vous la parole!

Imaginez que vous aussi vous allez à Montréal pour le week-end avec un ou deux camarades de classe. Donnez des raisons pour aller (ou ne pas aller) dans les endroits suivants.

1. le Casino
2. le parc d'attraction du Vieux-Port avec son cinéma géant IMAX
3. le Quartier latin près de l'université (UQAM) avec ses librairies et ses cafés
4. les boutiques de luxe de la rue Sherbrooke
5. une grande discothèque comme Stéréo
6. le parc botanique et la Biosphère
7. la cathédrale Sainte-Marie
8. le musée d'archéologie et d'histoire de Montréal
9. le musée des beaux-arts de Montréal
10. les magasins souterrains en sous-sol de la rue Sainte-Catherine

> MODÈLE: É1: J'ai envie d'aller dans les boutiques de luxe de la rue Sherbrooke.
>
> É2: Pas question! Ce n'est pas dans mon budget. Je dois faire des économies.

À vous d'écrire

Écrivez une réclame pour la firme *Alpha Taxis*. Utilisez votre imagination, mais n'oubliez pas de donner certains renseignements: les avantages de prendre le taxi, la compétence des chauffeurs, les tarifs, les heures et, bien sûr, pourquoi les taxis *Alpha* sont supérieurs aux autres taxis.

Suggestions

Vous allez trouver (admirer, arriver, rencontrer)...
Vous n'allez pas payer...
Nos taxis sont propres (très confortables)
Les chauffeurs sont/savent...

MULTIMÉDIA

 Le Chemin du retour on DVD

 Online Workbook / Lab Manual

 Online Learning Center and Audio Program

ActivityPak

www.mhhe.com/deuxmondes6

JOUR ET NUIT
01.45.85.85.85
ALPHA TAXIS
DES CHAUFFEURS A VOTRE SERVICE
RESERVATION – ABONNEMENT
PARIS – BANLIEUE
AEROPORT – PROVINCE
Renseignements Administratifs : Tél. : 01.45.85.60.45

Rendez-vous cinéma

Le Chemin du retour

Épisode 2: «L'album photo»

Les collègues de Rachid à Canal 7, Camille et Bruno, sont énergiques, amusants et très sympathiques. Invité chez la mère de Camille, Mado, Rachid est fasciné par un livre sur une région du sud de la France (les Cévennes), mais aussi par les photographies des membres de la famille de Camille. Mado est très surprise de cet intérêt soudain… .

Vocabulaire

Les endroits dans une ville

Places in a city

une bibliothèque	a library
un bureau de poste	a post office
un commerce	a shop, business
le commissariat de police	the police station
une école primaire	a primary school
une église	a church
une épicerie	a grocery store
la faculté (la fac)	the university
une gare	a station (*train, bus*)
un grand magasin	a department store
un jardin public	a park
un kiosque	a newsstand

une librairie	a bookstore
un lycée	a high school
un magasin	a store
la mairie	city hall
une mosquée	a mosque
une papeterie	a stationery store
une place	a public square

Mots apparentés: **une avenue, une banque, un boulevard, une cathédrale, le centre-ville, un hôtel, un musée, une pharmacie, un temple, une terrasse**

Les courses et les distractions

Errands and entertainment

s'amuser	to have fun
assister à un spectacle	to attend a show
déposer de l'argent	to deposit money
emprunter un livre	to borrow a book
envoyer une lettre	to send a letter
faire les magasins	to shop
faire les vitrines	to window-shop
manger avec des amis	to eat with friends
oublier	to forget
prendre des photos	to take pictures
sortir	to go out
voir une pièce de théâtre	to see a play
un tableau	to see a painting

Pour indiquer le chemin

Giving directions

à côté de	beside
le coin de la rue	the street corner
coincé(e)	stuck, squeezed (into)
dans	in, inside
derrière	behind
devant	in front of
en face de	opposite
entre	between
près de ≠ loin de	near (to) ≠ far (from)
sous	under
sur	on, upon
aller tout droit	to go straight ahead
tourner à droite (à gauche)	to turn right (left)
traverser (un pont)	to cross (a bridge)

Pour se déplacer en ville: Les transports

Getting around in a city: Transportation

un arrêt d'autobus	a bus stop
la circulation intense	heavy traffic
un embouteillage	a traffic jam
un feu de signalisation	a traffic signal
une foule (de gens)	a crowd (of people)
les heures (*f.*) de pointe	rush hour
le métro	the subway
un quai	a (station) platform
les transports (*m.*) en commun	public transportation
un wagon	a (train) car

Mots apparentés: **un chauffeur de taxi, un moteur, motorisé(e), un scooter, un véhicule routier**

descendre d'un taxi	to get out of a taxi
monter dans un autobus	to get on a bus
obéir aux règles	to obey the rules
porter un casque	to wear a helmet
prendre un train	to take a train
rouler en voiture	to travel by car
stationner dans une zone interdite	to park in a no-parking zone
utiliser un plan	to use a (city) map

Se promener en ville

Walking in the city

aller à pied	to walk, go on foot
s'arrêter	to stop (oneself)
avoir de la patience	to be patient
se balader	to stroll
se débrouiller	to manage, get along
se déplacer	to go someplace
obéir au signal lumineux	to obey a flashing sign
s'orienter	to get oriented
penser à	to think about
regarder dans les deux sens	to look both ways
risquer	to risk

Pour faire des achats

Shopping

J'en prends (deux).	I'll take (two).
Laquelle? Lequel?	Which one?
plein(e) d'options	(with) lots of options
acheter (un cadeau)	to buy (a gift)
coûter	to cost
demander	to ask (for)
faire des économies	to save money
vendre	to sell
une boîte	a box
une bouteille	a bottle
une carte postale	a postcard
un choix	a choice
le dentifrice	toothpaste
l'eau (*f.*) minérale	mineral water
l'euro (*m.*)	the euro (*European currency unit*)
une fleur	a flower
une marguerite	a daisy
une marque	a brand
un médicament	a medication
un modèle	a style
un portable	a cell phone
le prix	the price
un produit étranger	a foreign product
un roman policier	a detective novel
une serviette	a briefcase
un timbre	a stamp
un vendeur / une vendeuse	a salesman/woman
le vin	wine

Mots apparentés: **une bière, un biscuit, chic** (*inv.*)**, une cigarette, compliqué(e), le coton, désirer, exotique, importé(e), le jus d'orange, le papier à lettres, le parfum, la qualité**

La description des personnes

Describing people

bon(ne) vivant(e), bonne	pleasure-loving
un(e) casse-pieds	a bore
fou/folle	crazy, nuts

Mots apparentés: **intellectuel(le), non-conformiste, normal(e)**

Quand

Saying when

à chaque fois	each time
au moment de	at the time of
au petit matin	in the early morning
de temps en temps	from time to time
pendant que	while
tout le temps	all the time

Mots et expressions utiles

Useful words and expressions

C'est commode.	It's convenient.
D'accord.	Okay. Agreed.
à la mode	in style
un dîner gastronomique	a gourmet dinner
il faut (obéir)	it is necessary (to obey)
Stationnement interdit	No parking
tous ensemble	all/everyone together

Grammaire et exercices

3.1 Saying where things are: Prepositions of location

Definition: Prepositions are used before nouns and can express spatial or temporal relationships: **near** the bank; **after** midnight.

A. Here are the most common prepositions of location in French.

dans	*in, inside*	**entre**	*between*
à côté de	*beside, next to*	**en face de**	*opposite*
sur	*on, on top of*	**sous**	*under*
devant	*in front of*	**derrière**	*behind*
près de	*near (to)*	**loin de**	*far from*
à gauche de	*to the left of*	**à droite de**	*to the right of*

—Où est le gymnase?
—**Entre** le restaurant universitaire et le stade.

Where's the gym?
Between the student restaurant and the stadium.

★ *Review **Grammaire 1.6** on contraction of **de** + articles.*

➤ près de + le = près du

➤ en face de + les = en face des

B. Notice that some prepositions end with **de.** When they are followed by **le** or **les,** you need to use the appropriate contraction (**du** or **des**).

—Où est la bibliothèque?
—**À côté du** bureau de poste.
—Est-ce que la faculté des sciences naturelles est **en face des** laboratoires?
—Non, elle est **à côté des** laboratoires.

Where's the library?
Next to the post office.
Is the Natural Sciences Department across from the labs?
No, it's next to the labs.

Exercice 1 Dans la salle de classe

Denise décrit sa salle de classe. Choisissez la préposition correcte et employez des contractions si nécessaire.

MODÈLE: Le pupitre de Barbara est (dans / à côté de) la fenêtre. →
Le pupitre de Barbara est à côté de la fenêtre.

1. Le bureau de Mme Martin est (devant / derrière) le tableau noir.
2. Les livres de Mme Martin sont (sous / sur) son bureau.
3. Mme Martin écrit* au tableau, puis elle regarde les étudiants. Elle est (devant / sous) la classe.
4. Jacqueline écrit au tableau. Elle est (près de / loin de) le tableau.
5. Albert travaille avec Daniel. Les papiers de Daniel sont (sur / à côté de) les papiers d'Albert.
6. Louis regarde par la fenêtre. Il regarde un match de football dans le parc (en face de / loin de) la salle de classe.

---

*writes

7. Barbara est trop (loin de / près de) le tableau; elle ne peut pas lire les mots au tableau.
8. La salle 300A se trouve (devant / entre) les salles 300 et 301.

3.2 Asking questions: Interrogative words

A. The following words can be used to ask questions.

combien (de)?	*how many?*
comment?	*how?*
où?	*where?*
pourquoi?	*why?*
quand?	*when?*

—Tu veux aller à Paris? **Quand?**   *You want to go to Paris. When?*
—L'année prochaine.   *Next year.*

—Tu ne viens pas demain. **Pourquoi?**   *You aren't coming tomorrow. Why?*

—Parce que j'ai rendez-vous chez le médecin.   *Because I have a doctor's appointment.*

B. Often, an interrogative word is combined with **est-ce que** to ask a question.

Quand est-ce que tu vas à la fac?   *When are you going to campus?*
Combien d'argent est-ce que nous avons?   *How much money do we have?*

★ Review **Grammaire B.2** on asking questions.

C. In short, simple questions, reversing the order of the subject and verb can be used instead of **est-ce que.** This is called an inversion question.

Comment va Claudine?   *How is Claudine?*
Où habite ton ami?   *Where does your friend live?*
Que fait Adrienne ce soir?   *What's Adrienne doing tonight?*
Comment est Sylvie?   *What is Sylvie like? (What does Sylvie look like?)*

D. You have already seen the interrogative forms **qui** (*who, whom*) and **que (qu')** (*what*). These can both be combined with **est-ce que** to ask *what* (**Qu'est-ce que**) or *who/whom* (**Qui est-ce que**). Note that **qui** is never contracted. **Qui** may also be followed directly by the verb.

Qu'est-ce que tu veux?   *What do you want?*
Qui est-ce que tu retrouves en ville?   *Who (Whom) are you meeting in town?*

Qui sait la date?   *Who knows the date?*

➤ Qui (est-ce que)... ?
= Who (Whom) . . . ?

➤ Qu'est-ce que... ?
= What . . . ?

E. To ask *which* or *what*, use the appropriate form of **quel (quelle, quels, quelles)** in front of the noun. Use **quel(le) + être** to ask for a name, a date, etc.

Le bureau de poste se trouve dans **quelle rue**?	*What street is the post office on?*
Quelles lignes d'autobus est-ce qu'il faut prendre?	*Which bus lines do we (you) have to take?*
Quelle est la bonne **réponse**?	*What's the right answer?*

Pronunciation Hint

All forms of **quel** are pronounced the same except when there is a liaison: **quel, quelle, quels, quelles,** but **quels ͜ étudiants, quelles ͜ étudiantes.**

Exercice 2 Au bureau de tourisme

Agnès Rouet fait du tourisme. Trouvez la bonne question pour chaque réponse du réceptionniste.

1. Comment est-ce que je peux aller d'ici au musée?
2. Combien coûte un ticket de bus?
3. Où est le musée municipal?
4. Quand ferme le musée?
5. Qu'est-ce qu'il y a à voir au musée?
6. Quel est le numéro du bus pour y aller?
7. Où est-ce qu'on achète des tickets de bus?
8. Pourquoi ne pas y aller à pied?

a. _____ Il est dans la rue du 11 novembre.
b. _____ Il y a des tableaux et des sculptures modernes.
c. _____ Vous pouvez prendre le bus.
d. _____ Parce que c'est loin d'ici.
e. _____ Ça coûte 1€.
f. _____ On peut acheter un ticket dans le bus.
g. _____ C'est le numéro 19.
h. _____ Il ferme à 17 heures.

Exercice 3 Les dernières nouvelles

Agnès téléphone à sa sœur Mireille. Regardez bien ses questions et les réponses de sa sœur, puis complétez ses questions avec le mot interrogatif approprié.

Vocabulaire utile   Comment? Où? Pourquoi? Quand? Que? Qui?

1. _____ va Maman? —Elle va *bien*.
2. _____ fait Charles? —Il *ne* fait *rien,** comme d'habitude.
3. _____ est Papa? —Il est *à Genève*.
4. _____ fait Jean-Claude? —Jean-Claude? Il *joue au foot avec Michel*.
5. _____ est Michel? —Michel, c'est *mon nouveau petit ami*.
6. _____ est-il? —Il est *très sympa et très beau*!
7. _____ s'appelle le nouveau bébé des voisins? —Il s'appelle *Olivier*.
8. _____ va la mère d'Olivier? —Elle va *très bien*.
9. _____ commencent tes vacances? —*Dans quinze jours*.
10. _____ est-ce que tu ne viens pas à Paris? —*Parce que* je dois rester ici pour aider Maman.

---

*nothing

Exercice 4 Visite à Paris

Des amis de Sarah Thomas viennent visiter Paris. Posez la question qui correspond à chaque réponse.

> MODÈLE: Ils restent *huit jours* à Paris. →
> Combien de temps est-ce qu'ils restent à Paris? (Combien de temps restent-ils à Paris?)

Utilisez **comment, où, pourquoi**, **quand, que** ou **qu'est-ce que**.

1. Ils logent *dans un hôtel du Quartier latin.*
2. Ils se déplacent *en autobus.*
3. Ils sont contents *parce qu'il fait beau.*
4. Ils quittent Paris *lundi prochain.*
5. Ils veulent *visiter tous les monuments.*
6. Ils achètent *des souvenirs* pour leurs amis.

Utilisez une forme de **quel (quelle, quels, quelles)**.

7. Ils visitent le musée *d'Orsay.*
8. Ils préfèrent les restaurants *grecs et tunisiens.*
9. *Le numéro de l'hôtel* est le 01.43.83.51.07.

3.3 Verbs like prendre

A. The irregular verb **prendre** is very useful for talking about transportation.

prendre (*to take*)	
je **prends**	nous **prenons**
tu **prends**	vous **prenez**
il/elle/on **prend**	ils/elles **prennent**

—Comment viens-tu à la faculté?   *How do you come to campus?*
—Je **prends** toujours le bus.   *I always take the bus.*

Pronunciation Hint

All the singular forms are pronounced with a nasal vowel (nasal *a*) and sound the same: prẽnds, prẽnd. In the plural forms, the stem vowel is nonnasal: prenõns, prenez, prennent.

B. Use **prendre** to express *to have (something) to eat or drink.*

—Que **prenez**-vous quand il fait froid?

What do you drink when ı. cold?

—J'aime **prendre** un chocolat chaud.

I like to have a hot chocolate.

Raoul ne **prend** jamais de déjeuner.

Raoul never has lunch.

C. **Apprendre** (*to learn*) and **comprendre** (*to understand*) are conjugated like **prendre.**

Nous **apprenons** tous le français, mais Albert **apprend** aussi le japonais.

We're all learning French, but Albert is also learning Japanese.

Les étudiants ne **comprennent** pas toujours le professeur.

The students don't always understand the instructor.

Exercice 5 En faveur des transports en commun

Daniel parle du choix de moyens de transport. Utilisez le verbe logique à l'infinitif ou à la forme correcte.

Verbes à utiliser: prendre, apprendre, comprendre

Moi, je_____[1] toujours l'autobus pour aller à la fac. En général, mes camarades _____[2] toujours leur voiture parce qu'ils n'aiment pas prendre le bus. Moi, je ne sais pas conduire. J'_____[3] à conduire maintenant. Mais j'aime prendre le bus. Je ne_____[4] pas pourquoi mes amis ne veulent pas _____[5] le bus. Quand on vient à la fac en voiture, il faut payer le parking, si on arrive à trouver une place! Et puis, les gens ne_____[6] pas que trop utiliser son automobile risque d'avoir des conséquences très graves pour la planète. Nous _____[7] maintenant toutes les conséquences de cette dépendance. Et vous? _____[8]-vous toujours la voiture pour aller à la fac, ou bien, comme moi, pensez-vous à l'environnement?

Exercice 6 Questions et réponses

Répondez aux questions et dites si vous faites les mêmes actions et quand.

MODÈLE: Qui prend l'autobus? →
Barbara prend l'autobus. Moi, je prends l'autobus tous les jours.
(Moi, je ne prends jamais l'autobus.)

Barbara · Julien et son amie · Joël · Denise

Barbara · Nathalie · Raoul et ses camarades

1. Qui prend du vin?
2. Qui voudrait apprendre à faire du ski?
3. Qui prend trop de risques?

4. Qui ne comprend pas la leçon?
5. Qui prend un café?
6. Qui prend un bain?

3.4 Expressing necessity: **Il faut** and the verb **devoir**

A. One way to express necessity is with the impersonal expression **il faut** (*it is necessary*) + infinitive. In this case, the obligation applies to people in general, or the context indicates the particular people concerned.

Quand on prend le métro, **il faut acheter** un ticket à l'entrée.
Charles, tu vas au cinéma ce soir? **Il ne faut pas rentrer** tard.

When you take the metro, you must buy a ticket at the entrance.
Charles, are you going to the movies tonight? You musn't come home late.

Definition: In an impersonal expression, the subject pronoun (*it* or **il**) does not refer to a specific person or thing: *To learn a language, **it** is necessary to practice.*

B. To express an obligation with respect to a particular person, you can also use the verb **devoir** + infinitive.

devoir (*to have to*)	
je **dois**	nous **devons**
tu **dois**	vous **devez**
il/elle/on **doit**	ils/elles **doivent**

Nous **devons prendre** le train à 10 h.
Tu **ne dois pas être** en retard.

We have to take the train at 10:00.
You must not be late.

Pronunciation Hint

The letters **oi** are pronounced /wa/: **dois** (/dwa/), **doit** (/dwa/), **doivent** (/dwav/).

C. Note that **devoir** can also express probability or supposition.

Charlotte n'est pas au travail; elle **doit** être malade!

Charlotte isn't at work; she must be sick!

D. Other impersonal expressions can also be used to express necessity: **il est nécessaire (essentiel, important, obligatoire) de** + infinitive.

Avant de prendre le métro, **il est nécessaire d'**étudier le plan du métro.

Il **n'est pas nécessaire d'**appeler le taxi avant 8 h.

Before taking the metro, it is necessary to study the metro map.

You don't have to call the taxi before 8:00.

> To say *must not:*
>
> **Tu *ne dois pas* rouler trop vite.**
> (*You must not drive too fast.*)
>   or
> **Il *ne faut pas* avoir un accident.**
> (*You must not have an accident.*)

Exercice 7 Problèmes de transport

Quelle est la solution à chacun de ces problèmes? Qu'est-ce qu'on doit faire? Utilisez la forme correcte du verbe **devoir**.

Suggestions

aller au travail à pied
appeler un taxi
prendre le bus

se déplacer à bicyclette
arriver plus tôt*
étudier le plan du métro de la ville

MODÈLE: Je ne peux pas aller au travail à pied. C'est trop loin. →
Tu dois prendre le bus.

1. Je n'ai pas de voiture.
   Alors, tu...
2. Nous devons être à l'aéroport dans une demi-heure et nous avons beaucoup de bagages.
   Vous...
3. Je ne sais pas prendre le métro.
   Bon, vous...
4. À la fac, il n'y a jamais assez de place aux parkings et les étudiants arrivent souvent en retard.
   On...
5. Mes parents encouragent mon frère à faire plus d'exercice.
   Il...

3.5 Pointing things out: Demonstrative adjectives

Definition: Demonstrative adjectives point out a certain object or person: *this bus, that girl.*

Demonstrative adjectives agree in number and gender with the noun modified. These forms can mean either *this* or *that*, *these* or *those*; this difference is usually clear from the context. Note the special form **cet** for masculine nouns beginning with a vowel or mute **h**.

---

*plus... *earlier*

	SINGULIER	PLURIEL
MASCULIN	**ce** livre (*this/that*) **cet** ami (*this/that*)	**ces** livres (*these/those*) **ces** amis (*these/those*)
FÉMININ	**cette** table (*this/that*) **cette** amie (*this/that*)	**ces** tables (*these/those*) **ces** amies (*these/those*)

➤ **ce** garçon but **cet** homme, **cet** étudiant

—Combien coûtent **ces** biscuits?   *How much do these cookies cost?*
—Un euro dix le paquet.   *One euro ten a package.*

—Tu aimes **cette** carte postale?   *Do you like this postcard?*
—Oui, beaucoup.   *Yes, very much.*

Pronunciation Hint

cet‿ami (*m.*), cet̸t̸e̸‿ami̸e̸ (*f.*), ces‿z amis̸, ces̸ livres̸

Exercice 8 Sarah fait les vitrines

Remplacez les tirets par **ce, cet, cette** ou **ces.**

1. *Ce* magasin est très beau. Oh, *ces* chaussures sont superbes!
2. *Ces* livres sont très intéressants, mais *ces* prix sont ridicules!
3. *Cette* montre est jolie, n'est-ce pas?
4. *Ces* vêtements sont trop chers! *Cette* jolie robe coûte 97€ et *cet* blouson bleu coûte 115€!
5. *Ces* chemises sont si belles et *cette* cravate aussi est très belle!
6. *Cette* autre chemise verte est très pratique.
7. *Ce* chapeau est joli mais *cet* autre chapeau est vraiment bizarre!

3.6 Expressing quantities: Partitive articles

✶ *Review **Grammaire** A.3, A.5 on articles, and 1.6B on **de** + definite article.*

A. You are already familiar with the definite articles (**le, la, l', les**) and indefinite articles (**un, une, des**) in French. There is a third type of article, called the partitive article. Its forms are identical to the combination of **de** + the singular definite article: **du, de la, de l'.**

On peut acheter **du** dentifrice   *You can buy toothpaste at the*
  au supermarché.   *supermarket.*
Nous préparons **de la** soupe.   *We are making soup.*
Je prends **de l'**eau minérale.   *I'm having mineral water.*

➤ Partitive articles:

  du papier (m.)
  de la bière (f.)
  de l'eau (f.)
  de l'argent (m.)

B. The partitive article indicates an unspecified quantity of a *mass noun*. It is roughly equivalent to *some* in English.

  du café   *(some) coffee*
  de la confiture   *(some) jelly*
  de l'huile   *(some) oil*

Definitions: A mass noun cannot be counted: *sand, sugar.* A count noun can be counted: *tables, lamps, children.*

C. Note that the partitive article is always required in French, though *some* is often omitted in English.

—Qu'est-ce que tu dois acheter à la pharmacie?

—**Du** dentifrice et **de l**'aspirine.

What do you have to buy at the pharmacy?

(Some) toothpaste and (some) aspirin.

D. In negative sentences, partitive articles and indefinite articles **(un, une, des)** become **de** or **d'**.

J'ai des cartes postales, mais je n'ai **pas de** papier à lettres ou **d'**enveloppes.

I have some postcards, but I don't have any stationery or any envelopes.

➤ J'ai *des* biscuits.

J'ai *beaucoup de* biscuits.

Je *n'ai pas de* biscuits.

E. Expressions of quantity are also followed by **de**.

un peu **de**	*a little*		beaucoup **de**	*a lot, many*
assez **de**	*enough*		trop **de**	*too much,*
une tasse **de**	*a cup of*			*too many*
combien **de**	*how much, how many*		un verre **de**	*a glass of*

Combien de coca faut-il acheter?

Veux-tu **un peu de lait** avec ton thé?

How much soda do we need to buy?

Do you want a little milk with your tea?

Exercice 9 Petits achats

Vous faites des courses en ville. Utilisez l'article partitif **(du, de la, de l')**, l'article indéfini **(un, une, des)** ou **de**.

1. Je vais d'abord à la papeterie pour chercher du papier (*m.*) à lettres et des cartes postales.
2. Ensuite, je vais à la poste pour envoyer mes lettres et acheter des timbres.
3. À l'épicerie, j'achète de l' eau minérale, du café (*m.*), du sucre (*m.*) et de la confiture (*f.*).
4. Je n'achète pas de viande, puisque je suis végétarien(ne).
5. À la pharmacie, je prends du shampooing (*m.*) et de l' aspirine.
6. Il faut aussi déposer de l' argent (*m.*); je passe donc à la banque.

Exercice 10 Qu'est-ce que vous prenez comme boisson?

Répondez en employant l'article partitif approprié **(du, de la, de l')** ou **de (d')**.

MODÈLE: Qu'est-ce que vous prenez d'habitude avec le déjeuner?
—D'habitude je prends...
a. eau **b.** lait* (*m.*) **c.** café (*m.*) **d.** coca (*m.*) **e.** ? →
D'habitude je prends *de l'eau.*

*milk

1. Que prenez-vous quand vous ne pouvez pas dormir? —Je prends...
   a. lait **b.** café **c.** vin (*m.*) **d.** eau minérale **e.** ?
2. Que prenez-vous le matin d'habitude? —Je prends une tasse...
   a. thé (*m.*) **b.** café **c.** chocolat chaud **d.** eau chaude **e.** ?
3. Qu'est-ce que vous ne prenez jamais? —Je ne prends jamais...
   a. whisky (*m.*) **b.** champagne (*m.*) **c.** coca **d.** café **e.** ?
4. Qu'est-ce que vous aimez commander quand vous sortez avec des amis?
   —J'aime commander...
   a. bière (*f.*) **b.** vin **c.** coca **d.** jus de fruits (*m.*) **e.** ?
5. Qu'est-ce que vous aimez prendre en été quand il fait chaud? —J'aime prendre un verre...
   a. thé glacé **b.** coca **c.** eau froide **d.** jus de fruits **e.** ?
6. Qu'est-ce que vous prenez quand vous êtes malade? —Je prends...
   a. eau **b.** jus de fruits **c.** thé **d.** coca **e.** ?

3.7 The verbs **courir**, **sortir**, and **dormir**

A. The irregular verb **courir** has a single stem for all forms. The singular endings are those you have seen for most verbs other than **-er** verbs: **-s, -s, -t.** Remember that these endings are not pronounced.

courir (*to run*)	
je cours	nous courons
tu cours	vous courez
il/elle/on court	ils/elles courent

B. Though verbs like **sortir** and **dormir** are not considered regular verbs, there is a common pattern to their forms. Note that the singular forms have the **-s, -s, -t** pattern of endings. Note also that the stem derived from the infinitive (**sort-** and **dorm-**) loses its final consonant in the singular forms (**sor-** and **dor-**).

sortir (*to go out*)		dormir (*to sleep*)	
je sor**s**	nous sor**t**ons	je dor**s**	nous dor**m**ons
tu sor**s**	vous sor**t**ez	tu dor**s**	vous dor**m**ez
il/elle/on sor**t**	ils/elles sor**t**ent	il/elle/on dor**t**	ils/elles dor**m**ent

Je **sors** avec ma camarade de chambre ce soir.

I'm going out with my roommate tonight.

Est-ce que vous **dormez** plus de huit heures?

Do you sleep more than eight hours?

Pronunciation Hint

sor~~s~~, sor~~t~~, sortõ~~ns~~, sorte~~z~~, sort~~ent~~. Note that only the singular forms are pronounced the same. The third-person plural form (**ils/elles**) differs from the singular in that the final consonant of the stem is pronounced.

C. Other verbs like **sortir** and **dormir:**

s'endormir	*to fall asleep*
mentir	*to lie*
partir	*to leave, go away*
sentir	*to smell; to feel*
servir	*to serve*

Moi, je **m'endors** toujours très vite.   *I always go to sleep very quickly.*

Ici, on **sert** des plats tunisiens.   *They serve Tunisian dishes here.*

Notice the differences in meaning:

sortir

Sortez de la maison.   *Leave the house.*

Nous sortons au cinéma   *We're going out to*
   ce soir.   *the movies tonight.*

partir

Je dois partir à 9 h.   *I have to leave at 9:00.*

Nous partons en   *We're leaving on vacation*
   vacances demain.   *tomorrow.*

Exercice 11 Sondage sur la course

Répondez par des phrases complètes, avec autant de détails que possible.

1. Courez-vous régulièrement?
   a. Si oui, quand courez-vous? Courez-vous en toute saison? À quel moment de la journée? Combien de fois par semaine? Où?
   b. Sinon, expliquez pourquoi vous ne courez pas.
2. Est-ce qu'il y a des membres de votre famille qui courent régulièrement? Lesquels? (Répondez aux questions 1a et 1b dans vos descriptions des habitudes de votre famille.)
3. Vos amis courent-ils? Courez-vous ensemble quelquefois?
4. Selon vous, pour quelles raisons court-on? Pour rester en forme? Pour vivre plus longtemps? Pour réduire son stress? Pour quelles autres raisons?

Exercice 12 Qu'est-ce que tu fais?

Posez des questions et donnez les réponses.

MODÈLE: sortir souvent avec des amis →
Tu sors souvent avec des amis?
Oui, je sors souvent avec des amis. (Non, je ne sors pas souvent
avec des amis.)

1. partir en vacances en été
2. sortir du cinéma si un film est mauvais
3. courir dans des marathons
4. servir du vin chez toi
5. mentir quand tu ne veux pas révéler un secret
6. sentir les fruits au supermarché
7. sortir souvent le samedi soir
8. dormir pendant la journée quelquefois

Maintenant, imaginez que vous interviewez le président et sa femme (ou la présidente et son mari). Posez les questions et donnez leurs réponses probables.

MODÈLE: VOUS: Vous sortez souvent?
EUX: Non, nous ne sortons pas souvent... Nous sommes très
occupés.

Exercice 13 Généralisations

Une Française vous pose des questions sur les habitudes des Américains. Répondez d'abord avec une généralisation sur les Américains, puis expliquez vos propres habitudes (ou les habitudes de vos amis, de votre famille, etc.).

MODÈLE: Les jeunes Américains ne sortent jamais en groupe, n'est-ce pas? →
Si, ils sortent souvent en groupe.
Moi, je sors tout le temps avec mes amis.

1. Les habitants des grandes villes américaines ne sortent pas seuls la nuit parce que c'est dangereux, n'est-ce pas?
2. Au printemps, la grande majorité des étudiants américains partent en vacances en Floride, n'est-ce pas?
3. La plupart des Américains partent en Europe en été, n'est-ce pas?
4. Les étudiants américains sortent tous les soirs, n'est-ce pas?
5. C'est vrai que tous les petits Américains s'endorment vers minuit?
6. C'est vrai que les Américains ne servent jamais de vin au dîner?
7. Beaucoup' d'Américains courent pour être en forme, n'est-ce pas?

La maison et le quartier

La cuisine et la salle de séjour d'une maison française

Objectifs

In *Chapitre 4*, you will learn to describe your home and neighborhood and to talk about what you do there.

Les pièces et les meubles

✶ **Attention! Étudier Grammaire 4.1 et 4.2**

la chambre à coucher — la table de nuit — la salle de bains
le miroir — la lampe — le lavabo — la douche
les rideaux — le lit — les W.C. — la baignoire
la commode

la salle à manger — le lave-vaisselle — la cuisine
les chaises — la table — la cuisinière — les placards
le réfrigérateur — l'évier
le buffet

le tableau
la table basse — le canapé
la salle de séjour
le fauteuil
le tapis

Activité 1 Discussion: Qu'est-ce qu'il y a chez vous?

Écoutez le professeur et dites **oui** ou **non**.

1. Chez moi, il y a...
   - **a.** trois chambres.
   - **b.** une terrasse.
   - **c.** un garage pour deux voitures.
   - **d.** une baignoire avec une douche.
   - **e.** ?
2. Dans la chambre où je dors, il y a...
   - **a.** un grand lit.
   - **b.** une commode.
   - **c.** un lavabo.
   - **d.** un radio-réveil.
   - **e.** ?
3. Dans la cuisine, il y a...
   - **a.** une cuisinière à gaz.
   - **b.** une table et des chaises.
   - **c.** deux éviers.
   - **d.** un four à micro-ondes.
   - **e.** ?
4. Dans la salle de séjour, il y a...
   - **a.** un grand canapé.
   - **b.** un tapis persan.
   - **c.** des fauteuils confortables.
   - **d.** des beaux rideaux.
   - **e.** ?

Maintenant, c'est à vous!

Tu as de la chance!
Tiens! C'est original!
Ça, c'est super!
Ça, c'est (pratique)!
J'aime ça. / Je n'aime pas ça.

MODÈLE: É1: Je n'ai pas de lavabo dans ma chambre, mais j'ai une salle de bains pour moi.
   É2: Tu as de la chance! Moi, je dois partager avec mes sœurs.

Activité 2 Associations: À quoi ça sert?

Dites à quoi servent les meubles et les appareils suivants.

MODÈLE: (une lampe) On se sert d'une lampe pour lire.

LES OBJETS	LES USAGES
une bouilloire électrique	nettoyer un tapis
un aspirateur	conserver la nourriture
un réfrigérateur	se reposer ou dormir
une baignoire	repasser les vêtements
un fer à repasser	ranger les vêtements
un grille-pain	cuisiner
un lit	faire la vaisselle
un lave-vaisselle	faire bouillir de l'eau
un four à micro-ondes	faire des toasts
une commode	prendre un bain

Activité 3 Échanges: Décisions

un four à micro-ondes
265€

un grille-pain
85€

un coussin
39€

un ventilateur
45€

un balai
17€

une bouilloire électrique
62€

un fer à repasser
49€

une cafetière
57€

un radio-réveil
35€

un aspirateur
227€

Cliquez là!

Allez sur le site d'un magasin français ou francophone qui vend des meubles en ligne. Quelles sont les spécialités de ce magasin? On y trouve des meubles pour quelles pièces? Qu'est-ce qu'on ne peut pas acheter pour sa maison dans ce magasin? Écrivez vos réponses, le nom du magasin et son adresse web. Ensuite, décrivez votre magasin à la classe.

www.mhhe.com/deuxmondes6

Vous allez partager un deux-pièces meublé avec votre camarade de classe. Ensemble, vous avez un budget de 460 euros. Vous devez décider ce que vous allez acheter et expliquer pourquoi.

MODÈLE: É1: Je voudrais une cafetière expresso parce que j'adore le café fort.
É2: Moi, je préfère le thé, achetons une bouilloire. Mais la bouilloire est plus chère que la cafetière expresso.
É1: Si nous achetons un four à micro-ondes...

Activité 4 Entretien: Chez toi

1. Est-ce que tu aimes l'endroit où tu habites? Pourquoi?
2. Dans quelle pièce est-ce que tu étudies d'habitude? Où regardes-tu la télé?
3. Comment est ta chambre? Est-ce qu'elle est grande? propre? Y a-t-il un placard, des étagères pour tes livres, des plantes vertes? Ton lit est confortable?
4. Est-ce que ta cuisine est bien équipée? Qu'est-ce qu'il y a comme équipement?
5. As-tu ta propre salle de bains? Sinon, avec qui la partages-tu? Y a-t-il parfois des conflits? Quand et pourquoi?
6. À ton avis, quelle est la pièce la plus importante d'une maison? Pourquoi?
7. Comment est la maison que tu voudrais avoir plus tard?

Le logement

★ **Attention! Étudier Grammaire 4.3**

Ces architectes finissent les plans d'un immeuble dans un nouveau parc résidentiel.

On démolit une vieille maison.

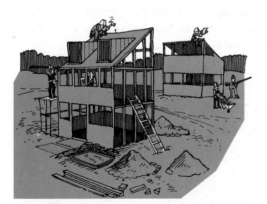

Les constructeurs bâtissent des nouveaux édifices.

Les futurs locataires choisissent leurs appartements.

Activité 5 Dans le monde francophone: Demeures de rêve

GEMENOS 439M57
Splendide villa luxe, 180m² + salle de jeux 30m², déco et prest. soignées, très gd séjour, cuis. éq., 5 chbres, 3 bains, sur très beau jardin paysager 1200m², piscine, à voir absolument. **897.000 €**

CASSIS 307M54
Rare emplacement et demeure d'exception, maison de maître, charme et caractère, 300m², grande réception, séj. et SàM, 5 chbres, 3 SdB, maison de gardien, terrain plat 3000m². **635.000 €**

EOURES/CAMOINS 440M57
Cadre de camp. superbe villa provençale, proche comm., 180m² + 30m² studio indép., gd séj. chem., SàM, cuis. éq., 5 chbres, 3 bains, sur terrain plat, vue dégagée, piscine et nbrses dép. **385.000 €**

Regardez ces propriétés à vendre près d'Aubagne, pas loin de Marseille. Dites si les phrases sont vraies ou fausses.

1. La villa à Cassis a trois salles de bains.
2. La maison à Eoures/Camoins a un studio indépendant.
3. La villa à Gémenos a une piscine impressionnante.
4. La maison à Cassis a deux réceptions.
5. Les trois maisons ont une piscine.
6. La villa à Eoures/Camoins a un terrain plat.
7. La villa à Gémenos a un jardin.
8. La maison à Cassis a une maison de gardien.
9. Deux de ces maisons ont une salle à manger.
10. La villa à Gémenos coûte le plus cher.

Activité 6 Associations: Qui est-ce?

Les Duclos louent un studio au 10e étage d'un grand immeuble. Les Martin vivent dans leur maison. Quelle famille associez-vous avec chacune des phrases suivantes?

- Ils dînent à la salle à manger.
- Ils finissent vite le ménage.
- Leurs enfants jouent dans le jardin.
- Ils ont seulement une salle de bains.
- Ils prennent l'ascenseur tous les jours.
- Leurs invités dorment dans la chambre d'amis.
- Ils mangent et dorment dans la même pièce.
- Ils adorent la belle vue sur la ville.
- Ils paient le loyer tous les mois.
- Ils allument un feu dans la cheminée en hiver.

Cliquez là!

Cherchez un appartement d'étudiants pas très cher, un trois-pièces, dans les environs de Grenoble. Décrivez l'appartement, en disant où il se trouve et indiquez le prix du loyer. Ensuite, comparez votre appartement avec celui que va proposer votre partenaire et faites votre sélection.

www.mhhe.com/deuxmondes6

Allons plus loin! Comment est le logement de votre professeur? Posez-lui des questions pour découvrir tous les détails.

MODÈLE: Vous avez une cheminée chez vous, madame/monsieur?

Activité 7 Ordre logique: Pour louer un appartement

Quelles sont les démarches à faire pour louer un appartement? Mettez les étapes en ordre.

_____ On prend une décision.
_____ On demande le prix du loyer.
_____ On signe un contrat.
_____ On prend rendez-vous pour voir des appartements.
_____ On visite les appartements intéressants.
_____ On cherche des appartements à louer.
_____ On réfléchit aux avantages et aux inconvénients de chaque appartement.
__1__ On décide dans quel quartier on voudrait vivre.
_____ On paie le loyer.
_____ On reçoit la clé de l'appartement de l'agent immobilier.
_____ ?

«*L'Escargot*»

Tout au fond de
  l'escargot vide,
se trouve un palais
  splendide,
orné d'un miroir si
  petit
que, pour voir comme
  on est mis,
il faut être une fourmi.

Paul Claudel

Les francophones sur le vif

Élodie Montaygnac est française. Elle a 23 ans et elle vient de terminer un Master Gestion à l'université Montesquieu (Bordeaux IV).

Où habitez-vous et pourquoi?

En ce moment, je travaille à la FNAC de Bordeaux et les loyers du centre-ville sont vraiment très chers pour moi, parce que je ne gagne pas beaucoup d'argent. Pour l'instant, je loue une chambre dans un grand appartement sur le cours Victor Hugo avec d'autres personnes de mon âge. Il n'y a qu'une seule[1] cuisine, mais j'ai ma propre salle de bains. Ce n'est pas idéal parce que je n'aime pas beaucoup vivre[2] en communauté! Mais pour le moment, c'est une solution acceptable.

Je préfère rester au centre-ville. Comme ça, je n'ai pas besoin de voiture et j'ai tout à proximité: les commerces, les théâtres et les cinémas, des cafés et des restaus sympa.[3] Et puis, j'aime habiter dans un vieil immeuble qui a du caractère.

[1]*unique* [2]*exister, habiter* [3]*plaisants, agréables*

(suite)

La banlieue, c'est vraiment trop sinistre: bonjour la déprime![4] Acheter un pavillon[5] avec un jardin dans une banlieue résidentielle, c'est une autre vie. Pour le moment, j'aime trop ma liberté et le rythme de la ville; bien sûr, je risque de changer d'avis[6]... Dans dix ou vingt ans, si je me marie, si j'ai des enfants, un chien, pourquoi pas? Mais pour l'instant, pas question!

[4]bonjour... c'est vraiment triste!   [5]villa, maison indépendante   [6]opinion

Activité 8 Échanges: La nouvelle maison

La famille Colin doit choisir entre ces deux villas. Laquelle est la plus pratique pour eux et pourquoi? Dans cette famille, il y a sept personnes: les parents, Marise et Clarisse (jumelles, 19 ans), Charles (17 ans), Emmanuel (14 ans) et Joël (8 ans).

LES ORMES
5 chambres à coucher
1 salle de séjour
1 salle à manger
1 bureau
2 salles de bains

LES MYRTILLES
4 chambres à coucher
1 salon-salle à manger
3 salles de bains
1 bureau
sous-sol

Activité 9 Dans le monde francophone: Les petites annonces

En groupes, choisissez un appartement pour les personnes qui cherchent à louer. Ensuite, expliquez vos choix à la classe.

À vous la parole!   Imaginez que vous allez partager un appartement avec des camarades de classe l'année prochaine. Ensemble, écrivez l'annonce que vous allez envoyer au journal. Ensuite, lisez-la à la classe.

TRANSACTIONS IMMOBILIÈRES

Locations vides (demandes)

Cherche grand studio, 40 m2, ou 2 pièces, ascenseur, calme. Tél. 04.93.62.11.10.

Personne sérieuse cherche 2 pièces avec jardin, Nice/ouest, loyer, maxi 450 €. Tél. 04.45.65.20.71.

Couple italien recherche 3-4 pièces pour se loger Nice Est. CERUTI, 04.63.09.77.20.

Locations vides (offres)

Mini. studio kitchen, WC. Douche 400 € mensuel. Tél. 04.93.58.72.23 (répondeur)

Exceptionnel, Nice centre: vaste studio, terrasse, Sud, cuisine indépendante, 525 €, NISSIMO PAGANINI 04.93.08.85.23.

Centre Nice: 2 pièces, balcon, ascenseur, calme, urgent, 475 € CABINE-TORY. 04.93.80.19.00.

Nice Est, superbe 3 pièces, duplex, petite résidence, frais réduits, 980 € charges comprises. SUD CONTACT 04.93.20.25.10.

Nice Ouest: magnifique, cuisine équipée, terrasse, parking, piscine, 1150 € + charges. MAISON DE L'IMMOBILIER 04.93.96.34.15.

Les tâches et les loisirs

✴ **Attention! Étudier Grammaire 4.4 et 4.5**

Le week-end chez les Lasalle

Samedi matin, avant le déjeuner

Bernard tond le gazon.

Camille passe
l'aspirateur.

Après le déjeuner

Camille fait la vaisselle.

Marie-Christine essuie
les assiettes, puis elle les
met dans le placard.

Nathalie sort les ordures.

Bernard aime
bricoler.

Christine répond
à la lettre d'une
amie.

Activité 10 Échanges: Les tâches domestiques

Qui fait ces activités le plus souvent chez vous? Et vous, aimez-vous les faire? Pourquoi ou pourquoi pas?

> MODÈLE: nettoyer la salle de bains →
> Ma sœur nettoie la salle de bains. Moi, je déteste faire ça.

1. faire le ménage
2. aller au supermarché
3. bricoler
4. tondre le gazon
5. cuisiner
6. faire la lessive

7. s'occuper des animaux
8. faire réparer la voiture
9. passer l'aspirateur
10. sortir les ordures
11. repasser les vêtements
12. ?

Exprime-toi!

Personne ne fait ça.
C'est dégoûtant!
Je n'aime pas le faire.
Je refuse de faire ça.
J'adore le faire.

Activité 11 Récit: Un samedi chargé

Racontez la journée d'Adrienne.

Vocabulaire utile arroser les plantes, entendre, faire la lessive (la vaisselle), repasser, répondre au téléphone

Activité 12 Casse-tête: Qu'est-ce que c'est?

Vocabulaire utile l'aspirateur, la bouilloire, le four à micro-ondes, le gazon, le grille-pain, la lessive, le lit, le ménage, les ordures, la vaisselle

1. On la fait après les repas si on n'a pas de lave-vaisselle.
2. On le tond et quelquefois, on l'arrose. Généralement, on ne le tond pas en hiver.
3. On la fait quand on a trop de vêtements sales.
4. On le passe pour nettoyer les tapis et la moquette.
5. On peut le faire toutes les semaines ou très rarement. Normalement, on le fait avant d'inviter des amis à la maison.
6. On les sort après les repas. Ce n'est pas une tâche très agréable.
7. On le fait chaque matin si on n'est pas trop pressé(e).
8. On l'utilise pour faire bouillir de l'eau pour le thé.
9. On le trouve indispensable pour faire du pain grillé le matin.
10. On l'utilise pour préparer un dîner rapidement.

Activité 13 Dans le monde francophone: Perceptions

Voici les résultats (en %) d'une enquête sur le niveau de participation de l'époux au travail ménager. Lisez le tableau et les conclusions suivantes, puis dites si vous êtes d'accord ou pas et pourquoi.

EST-CE QUE L'ÉPOUX «FAIT QUELQUE CHOSE»?		
tâches	**réponse de l'époux**	**réponse de l'épouse**
Marché/achats	54	48
Vaisselle	48	44
Véhiculer les enfants	49	49
Habiller les enfants	38	31
Cuisine	37	27
Ménage	35	24
(Francoscopie 1999)		

Conclusions. Êtes-vous d'accord?

1. Presque 50 % des hommes aident à conduire les enfants.
2. Il semble que les hommes aiment mieux faire les achats que cuisiner.
3. Seulement un tiers (1/3) des hommes aident à faire le ménage.
4. On ne précise pas si l'épouse ou l'époux travaille hors de la maison.
5. Les femmes pensent que leurs époux ne font pas beaucoup le ménage.
6. Les femmes sont injustes envers leurs époux.
7. Dans cette enquête, les hommes exagèrent dans tous les domaines.

La vie de quartier

✳ **Attention! Étudier Grammaire 4.6 et 4.7**

Dans le quartier de Jean-Yves Lescart

Jean-Yves va au lavomatic parce qu'il a besoin de faire la lessive.

Il va au café parce qu'il a soif et qu'il a envie de voir ses copains.

Quand il a faim et qu'il est pressé, il mange au self-service.

Il connaît beaucoup de gens dans le quartier.

Tous les voisins le connaissent aussi.

Activité 14 Associations: Les courses et les commerces

Où est-ce qu'on peut faire les courses ou les activités suivantes?

LES COURSES

1. envoyer une lettre
2. faire réparer des chaussures
3. faire la lessive
4. faire nettoyer un vêtement délicat
5. se faire couper les cheveux
6. faire réparer une montre cassée
7. acheter du détergent
8. acheter une carte Michelin d'Italie
9. acheter un DVD
10. prendre un pot avec des copains

LES ENDROITS

a. chez le cordonnier
b. au lavomatic
c. chez le coiffeur / la coiffeuse
d. dans une brasserie
e. au pressing
f. au bureau de poste
g. à la bijouterie
h. dans un magasin d'électronique
i. dans une librairie
j. dans une grande surface

INFO: Société
Villes, quartiers, villages

Une ville européenne est subdivisée en «quartiers». Chacun a sa personnalité, son ambiance particulière (chic, bohème, populaire, branché[1]), et il existe encore des fêtes et des traditions culinaires qui changent d'un quartier à l'autre; c'est comme un village à l'intérieur de la ville. Un quartier est souvent nommé après un saint (Sainte Marthe, Saint Marcel, Saint Antoine) parce qu'autrefois,[2] l'église était le centre de la vie collective; mais le nom d'un quartier évoque parfois un monument (la Bastille) ou une activité (Les Halles, le Quartier latin), ou peut encore refléter sa

• Petits commerces dans le Marais, quartier parisien

topographie (le Marais, Montmartre). À Paris, il y a aussi un quartier chinois (13e arrondissement), un quartier juif (le Sentier) et plusieurs quartiers à dominance maghrébine,[3] comme Barbès.

[1]à la mode
[2]dans le passé
[3]maghrébin(e): originaire d'Afrique du Nord

Activité 15 Enquête: Connaissez-vous votre quartier?

Dites **oui** ou **non**. Ensuite, comparez vos réponses avec celles de votre partenaire.

1. Je connais mes voisins.
2. Je fais mes achats dans les magasins de mon quartier.
3. Beaucoup de mes voisins me connaissent et me saluent.
4. Je sais le nom des agents de police qui travaillent dans le quartier.
5. Je reconnais les gens qui passent devant chez moi.
6. Je me promène dans le quartier de temps en temps.
7. Je peux laisser la clé de mon appartement chez des voisins.
8. Je sais où prendre l'autobus dans mon quartier.
9. Je connais certains des enfants du quartier.
10. Je sais où se trouve le bureau de poste le plus proche.

> MODÈLE: É1: Moi, je sais le nom du facteur. Et toi?
> É2: Aucune idée! Je suis en cours quand le facteur arrive chez nous.

Exprime-toi!

Bien sûr!
Aucune idée!
Pas du tout!
Sans blague?

Activité 16 Enquête: Pour choisir un appartement

Si vous décidez de partager un «appart» avec des copains, quelle importance ont les considérations suivantes pour vous?

(1) très important   (2) important   (3) indifférent   (4) sans importance

_____ le calme
_____ un logement qui me plaît
_____ des parcs à proximité
_____ des voisins d'origines variées
_____ des transports en commun à proximité
_____ pas de crime
_____ des restaurants près de chez moi

_____ des distractions à proximité
_____ des gens de mon âge
_____ des commerces dans le coin
_____ un loyer raisonnable
_____ le prestige du quartier
_____ la proximité de mon travail
_____ le décor du logement

 # LECTURE

Culture des banlieues?

Aton-Râ (de son vrai nom Jean-Claude Kouamé) est un chanteur de rap originaire de la Seine-Saint-Denis, en banlieue parisienne. Il est interviewé sur M6 à l'émission de télévision «Planète Jeunes» par l'animateur Cédric LeGoff.

CÉDRIC LEGOFF: Tout le monde aujourd'hui parle d'une «culture de banlieue», mais est-ce que tu ne penses pas que c'est une légende, un truc[1] publicitaire pour vendre des disques?

ATON-RÂ: Ah, non! Ce n'est pas une légende, mais ce n'est pas non plus ce que montrent les films ou la télé: les gens des banlieues ne sont

_____

[1](*fam.*) une stratégie, une idée

● Une cité près de Paris: «d'immenses immeubles complètement impersonnels, de véritables cages à lapins»

pas tous chômeurs[2] et délinquants! En fait, on y trouve aussi des gens honnêtes qui travaillent dur.

CÉDRIC LEGOFF: Quelques-uns, mais pas beaucoup...

ATON-RÂ: Bien sûr, la banlieue c'est le ghetto des exclus, de tous ceux que la «bonne société» française ne veut pas voir, c'est clair. Regarde comment on a construit les cités: d'immenses immeubles complètement impersonnels. Il n'y a plus de commerces à proximité, pas d'espace pour jouer, pour se promener, pas de centres culturels, pas de cinémas. Pas étonnant que les jeunes se tournent vers le trafic et la délinquance, avec un cadre de vie pareil.[3] Pas de travail, pas d'espaces verts, pas d'espoir.[4] C'est la galère[5] totale!

CÉDRIC LEGOFF: Bon, c'est certain que les conditions de vie dans les cités ne sont pas roses; mais est-ce que cela crée[6] une culture propre?

ATON-RÂ: Oui, parce que les gens sont unis par une expérience commune de l'exclusion au quotidien, tu vois. Ils partagent le même langage et une musique qui exprime[7] leur révolte... Le rap n'est pas toujours violent, mais il reflète[8] toujours des conditions de vie difficiles, la marginalisation. Il exprime une frustration et les jeunes des cités s'identifient très profondément à ce discours.

CÉDRIC LEGOFF: Oui, mais est-ce que vous, les rappeurs, vous n'êtes pas tentés de renier[9] votre banlieue quand vous devenez riches et célèbres?

ATON-RÂ: À mon avis non; si on fait ça, on va aliéner notre public immédiatement. Il est indispensable de ne pas oublier son quartier d'origine, même si on gagne des millions. On est enfant de la banlieue et on le reste.

---

[2]personnes qui n'ont pas de travail   [3]cadre... environnement de ce genre
[4]< espérer: penser que la situation va s'améliorer   [5](*fam.*) situation difficile
[6]< la création   [7]parle de   [8]< la réflexion   [9]désavouer, refuser

Avez-vous compris?

A. Expliquez les mots ou expressions suivants:

1. des espaces verts
2. les conditions de vie ne sont pas roses
3. au quotidien
4. des commerces à proximité

B. Dans une autre interview, l'animateur suggère les idées suivantes. Dites si à votre avis Aton-Râ va être d'accord ou non avec ces phrases.

1. «Les jeunes habitants des banlieues sont tous des délinquants.»
2. «La culture des banlieues n'est pas une invention des médias.»
3. «Le rap est nécessairement une musique violente.»
4. «L'environnement des banlieues provoque des frustrations chez leurs habitants.»
5. «Si on a assez d'argent, il est préférable d'oublier la banlieue.»

À vous la parole!

Avec un groupe de deux ou trois camarades, déterminez les avantages et les inconvénients d'habiter (1) en ville, (2) dans une cité de banlieue, (3) dans une banlieue résidentielle et (4) à la campagne.

La langue en mouvement

Le verlan

Les jeunes qui habitent les cités parlent un français qui possède beaucoup de mots qui n'existent pas en français standard. Une des particularités de leur vocabulaire, c'est le «verlan». Les mots du verlan sont formés par l'inversion des syllabes d'un mot de français standard. Par exemple, *femme*, *rap* et *noir* deviennent en verlan *meuf*, *peura* et *renoi*, respectivement. Pouvez-vous deviner l'équivalent standard de *tromé* et *céfran*?

À vous d'écrire

Vous allez passer quelques mois à l'université de Toulouse et vous désirez partager un appartement avec des étudiants français. Écrivez une petite annonce qui décrit ce que vous recherchez: le type de logement, le nombre et le type de colocataires (camarades de chambre) que vous cherchez, le loyer maximum que vous pouvez payer et d'autres renseignements qui vous semblent importants. N'oubliez pas de dire comment on peut vous contacter.

MODÈLE: *Étudiant(e) américain(e) cherche... pour... mois.*

Vocabulaire

Les pièces et les autres parties de la maison

Rooms and other places in the house

la chambre à coucher	the bedroom
la cheminée	the fireplace
la cuisine	the kitchen
l'escalier (*m.*)	the stairs, staircase
le jardin	the yard, garden
la salle à manger	the dining room
la salle de bains	the bathroom
la salle de séjour	the living room
le sous-sol	the basement
le toit	the roof
un volet	a shutter

Mots apparentés: **le salon**

Les meubles et l'équipement ménager

Household furnishings

un appareil	an appliance
une baignoire	a bathtub
un balai	a broom
une bouilloire	a teakettle
une cafetière	a coffee pot
un canapé	a sofa
une commode	a dresser
un coussin	a cushion
une cuisinière (à gaz)	a kitchen range, (gas) stove
une douche	a shower
une étagère	a bookcase
un évier	a kitchen sink
un fauteuil	an armchair
un fer à repasser	an iron
un four à micro-ondes	a microwave oven
un frigo	a refrigerator
un grille-pain	a toaster
un lavabo	a lavatory, sink
un lave-vaisselle	a dishwasher
un lit	a bed
une machine à laver	a washing machine
un placard	a closet, cupboard

un radio-réveil	a clock radio
des rideaux (*m.*)	curtains
un tableau	a painting, picture
une table basse	a coffee table
une table de nuit	a bedside table
un tapis persan	a Persian rug
les W.C. (*m.*)	the toilet

Mots apparentés: **un buffet, un détergent, une lampe, un miroir, une radio, un réfrigérateur, une table, un ventilateur**

Chercher un logement

Looking for housing

un agent immobilier	a real estate agent
un ascenseur	an elevator
un avantage≠un inconvénient	an advantage≠a disadvantage
uné clé	a key
un deux-pièces meublé	a furnished one-bedroom apartment
un immeuble	an apartment building, highrise
un(e) locataire	a tenant
le (douzième) étage	the (thirteenth) floor
le premier étage	the second floor
le rez-de-chaussée	the ground floor

choisir	to choose
louer an appartement	to rent an apartment
partager un 'appart'	to share an apartment
payer le loyer	to pay the rent
prendre une décision rendez-vous	to make a decision to make an appointment
recevoir les clés (*f.*)	to get (receive) the keys
réfléchir à	to think about
signer un contrat	to sign a contract
vivre	to live

Mots apparentés: **un balcon, un court de tennis, un édifice, un parc résidentiel, une résidence, un studio, une villa, une vue**

Le quartier

The neighborhood

un agent de police	a police officer
une bijouterie	a jewelry store
une brasserie	a tavern, pub
un(e) commerçant(e)	a shopkeeper
un coiffeur / une coiffeuse	a hairdresser
un cordonnier / une cordonnière	a shoemaker, repairer
un endroit	a place
un facteur / une factrice	a mail carrier
une grande surface	a supermarket
un lavomatic	a laundromat
un marchand de vins	a wine seller
un pressing	a dry-cleaners
un(e) voisin(e)	a neighbor
connaître (les voisins)	to know (the neighbors)
prendre un pot	to have a drink
saluer (le facteur)	to greet (the mail carrier)

Mots apparentés: un(e) employé(e), un garage, un self-service

Les tâches ménagères

Household tasks

arroser	to water (*plants*)
bouillir	to boil
bricoler	to putter, tinker
essuyer les assiettes	to dry the dishes
faire des achats	to go shopping
faire la lessive	to do laundry
faire la vaisselle	to wash dishes
faire le ménage	to do housework
jardiner	to garden
nettoyer	to clean
s'occuper de	to take care of
passer l'aspirateur	to vacuum
ranger (une chambre)	to put (a room) in order
repasser (des vêtements)	to iron (clothes)
sortir les ordures	to take out the garbage
tondre le gazon	to mow the lawn

Les conditions mentales et physiques

Physical and mental states

avoir besoin (de)	to need
chaud	to feel warm, hot
envie (de)	to want
faim	to be hungry
froid	to be cold
honte (de)	to be ashamed (of)
peur (de)	to be afraid (of)
raison (de)	to be right
soif	to be thirsty
sommeil	to be sleepy
tort (de)	to be wrong
être content(e)	to be happy
de mauvaise humeur	to be in a bad mood
fâché(e)	to be angry
triste	to be sad

La description

Description

cassé(e)	broken
chaque	each
dur(e)	hard, difficult
original(e)	unusual, special
pressé(e)	in a hurry
proche	near, nearby
propre	own (my own ...); clean
sale	soiled, dirty

Mots apparentés: confortable, criminel(le), délicat(e), électronique, équipé(e), pratique, rarement, varié(e)

Verbes

Verbs

acheter une carte	to buy a map (card)
apporter	to bring
bâtir	to build
bavarder	to chat
choisir	to choose

couper (les cheveux)	to cut (hair)
entendre	to hear
répondre	to answer
se reposer	to rest
vendre	to sell

Mots apparentés: **aider, comparer, conserver, considérer, démolir, finir, payer, refuser**

Mots et expressions utiles

Useful words and expressions

à proximité	close by
Aucune idée!	I've no idea!
C'est dégoûtant!	That's disgusting!
en plus	also, furthermore
pas du tout	not at all
Sans blague!	No kidding!
toutes les semaines	every week
Tu as de la chance!	You're lucky!

Grammaire et exercices

4.1 Describing: Placement of adjectives

✷ Review **Grammaire B.6** and **B.7** on agreement of adjectives for gender and number.

A. Most French adjectives follow the noun they modify.

Nos voisins ont une maison **énorme.**	*Our neighbors have a huge house.*

B. A few adjectives, however, generally precede the noun they modify. Here are the most common of these.

➤ Most of these adjectives can be arranged in pairs of opposites: **bon ≠ mauvais.** Look for the other pairs.

PRE-NOUN ADJECTIVES			
autre	*other*	**mauvais(e)**	*bad*
beau/belle	*beautiful*	**même**	*same*
bon(ne)	*good*	**nouveau/nouvelle**	*new*
grand(e)	*big; tall*	**petit(e)**	*small, short*
jeune	*young*	**vieux/vieille**	*old*
joli(e)	*pretty*		

Il y a un **beau** tapis dans la salle de séjour.	*There's a beautiful rug in the living room.*
Mes grands-parents habitent dans une **jolie** maison blanche.	*My grandparents live in a pretty white house.*

C. **Beau, nouveau,** and **vieux** have irregular forms used with masculine nouns beginning with a vowel or a mute **h.** They are pronounced the same as the corresponding feminine form.

MASCULINE (*s./pl.*)	FEMININE (*s./pl.*)	*before a masculine singular noun beginning with a vowel or a mute **h***
beau/beaux	belle/belles	bel
nouveau/nouveaux	nouvelle/nouvelles	nouvel
vieux/vieux	vieille/vieilles	vieil

Leur **nouvel** appartement est dans un **bel** immeuble.	*Their new apartment is in a lovely building.*
Édouard Vincent est un **vieil** homme sympathique.	*Édouard Vincent is a nice old man.*

Pronunciation Hint

The plural endings **-s** and **-x** are always pronounced before a vowel or a mute **h: vieux͜ amis, belles͜ étagères, nouveaux͜ hôtels.**

Exercice 1 La nouvelle maison de Julien Leroux

Julien Leroux parle avec un ami. Terminez ses réponses avec le nom suggéré et le même adjectif. Faites attention à l'accord de l'adjectif.

MODÈLE: Tu as une *grande* chambre, n'est-ce pas? (lit, *m.*) →
Oui, et j'ai aussi un grand lit.

1. C'est un *vieux* quartier, n'est-ce pas? (maison, *f.*)
Oui, mais ce n'est pas _____.
2. Tu as un *beau* buffet, n'est-ce pas? (cheminée, *f.*)
Oui, et j'ai aussi _____.
3. Tu as une *petite* cuisine, n'est-ce pas? (réfrigérateur, *m.*)
Oui, et c'est pourquoi j'ai _____.
4. Il y a un *bon* four, n'est-ce pas? (cuisinière, *f.*)
Oui, et il y a aussi _____.
5. Tu as une *grande* baignoire, n'est-ce pas? (sauna, *m.*)
Oui, et j'ai aussi _____.
6. Tu as une *nouvelle* adresse, n'est-ce pas? (numéro de téléphone, *m.*)
Oui, bien sûr. Et j'ai aussi _____.

Exercice 2 Au contraire!

Faites des questions et répondez en utilisant l'adjectif contraire. Attention aux formes des adjectifs.

MODÈLE: une petite cuisine →
Tu as une petite cuisine, n'est-ce pas?
Mais non, j'ai une grande cuisine.

1. une petite chambre
2. un nouvel appartement
3. un vieux jean
4. des nouvelles chaussures
5. une grande étagère
6. un bon dictionnaire de français
7. un jeune professeur de français
8. des nouveaux amis

4.2 Making comparisons

A. To make comparisons of qualities with adjectives or adverbs, use the following phrases.

COMPARING QUALITIES	
aussi... que	*as . . . as*
plus... que	*more . . . than*
moins... que	*less . . . than*

➤ In comparisons, as always, the adjective agrees with the noun it modifies: *Barbara* **est plus** *grande* **que Louis.**

➤ Comparative expressions are one type of quantity expressions. These usually take **de** before the noun: **beaucoup de livres.**

✴ See **Grammaire 3.6.E** and **7.1.D** on expressions of quantity + **de.**

Un réfrigérateur est **aussi utile qu'**un lave-vaisselle.
A refrigerator is as useful as a dishwasher.

Une baignoire est **plus pratique qu'**un sauna.
A bathtub is more practical than a sauna.

Bernard dort **moins bien que** Christine.
Bernard sleeps less soundly than Christine.

B. To compare quantities (of nouns), use these phrases.

COMPARING QUANTITIES	
autant de... que	*as much, as many as*
plus de... que	*more than*
moins de... que	*less, fewer than*

Il y a **plus de chaises** dans la salle à manger **que** dans la salle de séjour.
There are more chairs in the dining room than in the living room.

Ton appartement a **autant de pièces que** notre maison.
Your apartment has as many rooms as our house.

J'ai **moins d'argent que** toi.
I have less money than you (do).

Pronunciation Hint

In general, the **s** in **plus** is not pronounced before a consonant: **J'ai plus de livres que vous.** It is pronounced **z** before a vowel: **Il est plus organisé que moi.** The **s** *is* pronounced (as an **s**) at the end of a phrase or sentence: **Mangez plus!**

C. **Bon** and **mauvais** are adjectives (they modify nouns and pronouns): **un** *bon* **livre, un** *mauvais* **exemple. Bien** and **mal** are adverbs (they modify verbs): **elle parle** *bien* **l'anglais, il chante** *mal.* Here are their comparative forms. Notice that some of their comparative forms are irregular.

Definition: An adjective describes (modifies) a noun or pronoun: *Claudine is* **tall** *but Joël is* **short.**

ADJECTIVES			
bon(ne) (*good*)	moins bon(ne)	aussi bon(ne)	**meilleur(e)**
mauvais(e) (*bad*)	moins mauvais(e)	aussi mauvais(e)	plus mauvais(e) / **pire**

Definition: An adverb modifies a verb, i.e., it tells *how* something is done: *Barbara talks* **fast,** *and I write* **slowly.**

ADVERBS			
bien (*well*)	moins bien	aussi bien	**mieux**
mal (*badly, poorly*)	moins mal	aussi mal	plus mal

Cette table est de **meilleure** qualité que l'autre.
This table is of better quality than the other one.

Ces rideaux vont **mieux** avec les couleurs de ma chambre.
These curtains go better with the colors in my room.

Exercice 3 À votre avis

Comparez les objets, selon le modèle.

Suggestions

cher/chère	pratique	utile	charmant(e)
important(e)	agréable	confortable	intéressant(e)
amusant(e)	économique	beau/belle	?

MODÈLE: une voiture et une bicyclette →
Une voiture est plus confortable qu'une bicyclette, mais une
bicyclette est moins chère.

1. un lave-vaisselle et un réfrigérateur
2. un appartement et une maison
3. un aspirateur et un four à micro-ondes
4. un immeuble moderne et un vieil immeuble
5. un téléphone portable et un téléphone fixe
6. un répondeur téléphonique et un lecteur DVD*

Exercice 4 Maisons bien équipées

Comparez l'équipement électronique chez Daniel, Albert et Louis. Employez **plus
de, moins de** ou **autant de**.

	RADIOS-RÉVEILS	TÉLÉVISIONS	JEUX VIDÉO	ORDINATEURS
Chez Daniel	2	1	20	1
Chez Albert	3	2	15	2
Chez Louis	2	0	12	2

MODÈLE: Daniel a _____ radios-réveils que Louis. →
Daniel a autant de radios-réveils que Louis.

1. Daniel a _____ jeux vidéo que Louis.
2. Albert a _____ ordinateurs que Louis.
3. Daniel a _____ ordinateurs qu'Albert et Louis.
4. Albert a _____ radios-réveils que de télévisions.
5. Louis a _____ ordinateurs que de radios-réveils.
6. Louis a _____ jeux vidéo que de télévisions.

*lecteur... *DVD player*

Exercice 5 Ambiance universitaire

Complétez les phrases suivantes avec un adjectif (**bon** ou **mauvais**) ou un adverbe (**bien** ou **mal**), selon votre propre expérience.

1. Le quartier de l'université est un _____ quartier pour trouver un logement.
2. En général, les logements loués aux étudiants sont en _____ condition.
3. Les résidences universitaires offrent une _____ ambiance pour un nouvel étudiant.
4. Dans les restaurants universitaires, on mange très _____.
5. Les étudiants sont souvent en _____ santé parce qu'ils ne dorment pas assez.
6. Je dors _____ la nuit, si je bois du café le soir.
7. Je travaille _____, allongé(e) sur le canapé.

Exercice 6 Opinions

Êtes-vous d'accord? Sinon, changez la phrase.

MODÈLE: Je me sens mieux quand je bois du café. →
           Oui, je me sens mieux quand je bois du café. (Non, je me sens
           moins bien quand je bois du café.)

1. Les étudiants d'aujourd'hui sont moins bons que les étudiants d'il y a vingt ans.*
2. Les diplômés d'aujourd'hui sont moins bien préparés pour le monde du travail que leurs parents.
3. Mes notes en maths sont meilleures que mes notes en français.
4. En général, les petites universités sont moins bonnes que les grandes.
5. Je travaille mieux à la bibliothèque que chez moi.
6. Les jeunes professeurs sont meilleurs que les professeurs plus âgés.

4.3   Regular -ir verbs

A. The second group of regular verbs in French has infinitives ending in **-ir.** These verbs add **-iss-** between the stem and the endings in the plural forms.

finir (*to finish*)	
je fin**is**	nous fin**iss**ons
tu fin**is**	vous fin**iss**ez
il/elle/on fin**it**	ils/elles fin**iss**ent

Albert **finit** toujours ses devoirs.   *Albert always finishes his homework.*

*il... *20 years ago*

Pronunciation Hint

finis, finit, finissent

B. Other verbs conjugated like **finir: bâtir** (*to build*), **choisir** (*to choose*), **démolir** (*to demolish*), **obéir (à)** (*to obey*), **punir** (*to punish*), **réfléchir (à)** (*to think* [*about*]), **réussir (à)** (*to succeed* [*at*]).

Raoul? Il **choisit** un vin.	*Raoul? He's choosing a wine.*
Les jeunes ne **réfléchissent** pas toujours avant d'agir.	*Young people don't always think before acting.*

C. **Obéir, réfléchir,** and **réussir** generally require **à** before their objects.

Elle **réfléchit à** la question.	*She's thinking about the question.*
Je **réussis** toujours **aux** examens.	*I always pass exams.*

D. **Finir** and **choisir** require **de** only when followed by an infinitive.

Nous **finissons** souvent **de travailler** à 8 h.	*We often finish working at 8:00.*
On peut **choisir de rester** à la maison.	*One can choose to stay at home.*

✳ See **Appendix B** for more on verbs and prepositions.

E. Though their infinitives end in **-ir, offrir,** and **ouvrir** are conjugated like **parler.**

✳ Review **Grammaire 1.5** on the present tense of **-er** verbs.

offrir (*to offer, give*)	
j'offr**e**	nous offr**ons**
tu offr**es**	vous offr**ez**
il/elle/on offr**e**	ils/elles offr**ent**

Other verbs like **offrir** and **ouvrir** (*to open*): **couvrir** (*to cover*), **découvrir** (*to discover*), **souffrir** (*to suffer*).

Pronunciation Hint

offres, on_offre, nous ᶻ offrons, vous ᶻ offrez, ils ᶻ offrent

Exercice 7 La classe de Mme Martin

Complétez les phrases suivantes et dites si vous faites la même chose.

MODÈLE: Albert _____ ses cours à 14 h. (finir) →
Albert finit ses cours à 14 h. Moi, je finis à midi.

1. Daniel est sérieux. Il _____ avant de parler. (réfléchir)
2. Louis ne _____ pas toujours ses devoirs. (finir)
3. Barbara _____ toujours à sa conscience. (obéir)

Complétez les phrases suivantes et dites si votre classe de français fait comme la classe de Mme Martin.

MODÈLE: Dans les activités TPR, les étudiants _____ aux ordres. (obéir) →
Les étudiants obéissent aux ordres. Dans notre classe, nous
obéissons aux ordres.

4. Les étudiants _____ leurs partenaires pour travailler en groupes. (choisir)
5. En général, les étudiants _____ à leurs examens. (réussir)
6. Ils vont au café quand ils _____ leurs cours. (finir)

4.4　Regular -re verbs and mettre

A. The third and final group of regular verbs in French has infinitives ending in
-re. Note that the **-d** at the end of the stem **(attend-)** is pronounced only in
the plural forms. Thus, the three singular forms sound the same.

attendre (*to wait [for], expect*)	
j'attend**s**	nous attend**ons**
tu attend**s**	vous attend**ez**
il/elle/on attend	ils/elles attend**ent**

—Qui **attendez**-vous? 　　　　　*Who are you waiting for?*
—J'**attends** Salam. 　　　　　*I'm waiting for Salam.*

Pronunciation Hint

attẽn̄d̸s̸, attẽn̄d̸; attẽn̄d̄õn̄s̸, attẽn̄d̸ez̸, attẽn̄d̸en̄t̸

B. Other verbs like **attendre: descendre** (*to go down, to get out of a vehicle*),
entendre (*to hear*), **perdre** (*to lose; to waste*), **rendre** (*to give back*), **répondre (à)**
(*to answer*), **tondre** (*to mow*), **vendre** (*to sell*).

J'**entends** un chien. 　　　　　*I hear a dog.*
Rendez-moi mes livres! 　　　　*Give me back my books!*

★ *Review* **Grammaire**
3.3 on the irregular verb
prendre.

C. Notice the difference between the regular **-re** verbs like **attendre** and the
irregular **-re** verbs like **prendre:** the singular forms are the same, but the
plural forms are different.

REGULAR	IRREGULAR
nous enten**d**ons	nous prenons
vous enten**d**ez	vous prenez
ils enten**d**ent	ils prennent

D. **Mettre** is an irregular **-re** verb that is similar in conjugation to **attendre.**
Notice, however, that there is only one **t** in the stem of the singular forms.

mettre (*to put* [*on*])	
je mets	nous me**tt**ons
tu mets	vous me**tt**ez
il/elle/on met	ils/elles me**tt**ent

En classe, nous **mettons** nos affaires par terre.	*In class, we put our things on the floor.*
Je **mets** un jean pour aller en cours.	*I put jeans on to go to class.*

Other verbs conjugated like **mettre: permettre** (*to permit*), **promettre** (*to promise*), **remettre** (*to put back, hand in*).

Pronunciation Hint

The final **t** in the stem is pronounced in the plural forms only: **mets̶, met̶, mettõn̶s̶, mette̶z̶, mette̶nt̶.**

Exercice 8 Chez toi

MODÈLE: entendre les voisins →
Chez toi, est-ce que tu entends les voisins?
Oui, j'entends les voisins. (Non, je n'entends pas les voisins.)

1. mettre la table pour dîner
2. prendre le petit déjeuner dans la cuisine
3. tondre le gazon en été
4. permettre au chien de dormir sur ton lit
5. apprendre à jouer au Sudoku
6. mettre ta chambre en ordre tous les jours
7. répondre toujours au téléphone
8. perdre souvent tes clés

Maintenant, posez les mêmes questions au professeur.

MODÈLE: Chez vous, est-ce que vous entendez les voisins?

Exercice 9 Comparaisons: Ici et ailleurs

Complétez les descriptions d'une université nord-américaine typique. Ensuite, dites si c'est vrai pour votre université et pour votre classe de français.

1. Les étudiants _____ leurs livres à la fin du semestre. (vendre)
   a. Dans cette université, on...
   b. Dans notre cours de français, nous...
2. Les étudiants _____ si le professeur arrive en retard. (attendre)
   a. Dans cette université, on...
   b. Dans notre cours de français, nous...
3. Les étudiants ne _____ pas toujours les devoirs. (remettre)
   a. Dans cette université, on...
   b. Dans notre cours de français, nous...

(Continued)

4. Certains étudiants _____ beaucoup de temps avec les jeux vidéo. (perdre)
   a. Dans cette université, on...
   b. Mes copains et moi, nous...
5. Les professeurs ne _____ pas aux étudiants de dormir en classe. (permettre)
   a. Dans cette université, on...
   b. Mon professeur de français...
6. Les professeurs ne _____ pas toujours les examens corrigés le lendemain. (rendre)
   a. Dans cette université, on...
   b. Mon professeur de français...

4.5 Direct object pronouns

Definition: A direct object follows the verb without a preposition before it: **Je fais *mon lit.***

A. Direct object pronouns are used in place of direct object nouns. The following forms can refer to people or things. Like reflexive pronouns, they are placed before the verb.

le (*him, it*)	replaces masculine singular nouns
la (*her, it*)	replaces feminine singular nouns
l' (*him, her, it*)	replaces masculine or feminine singular nouns before verbs beginning with a vowel or a mute **h**
les (*them*)	replaces masculine and feminine plural nouns

—Tu arroses souvent les plantes?   *Do you water the plants often?*
—Oui, je **les** arrose souvent.   *Yes, I water them often.*

— Tu entends ton père qui t'appelle?   *Do you hear your father calling you?*
— Oui, je **l'**entends.   *Yes, I hear him.*

Pronunciation Hint
je les ᶻarrosé, nous les ᶻarrosõ/ɲ/, etc.

B. Here are the other direct object pronouns. Note that **me** and **te** become **m'** and **t'** before a vowel or a mute **h**.

me (**m'**) (*me*)	**nous** (*us*)
te (**t'**) (*you,* informal sing.)	**vous** (*you,* formal/pl.)

Bernard, tes parents **nous** invitent au concert.   *Bernard, your parents are inviting us to the concert.*

— Allô, maman. Tu **m'**entends bien?   *Hello, Mom. Can you hear me okay?*
— Oui, je **t'**entends parfaitement.   *Yes, I can hear you perfectly.*

C. In negative sentences, **ne** precedes object pronouns.
J'aime lire le journal, mais je **ne l'**achète pas souvent.   *I like to read the paper, but I don't buy it often.*

D. If a verb is followed by an infinitive, the direct object pronoun usually precedes the infinitive of which it is the object.

> —Est-ce que tu voudrais **m'accompagner** à la banque?
> —Oui, je passe **te chercher** à 3 h.

> *Would you like to go with me to the bank?*
> *Yes, I'll come by to get you at 3:00.*

E. Direct object pronouns are often used with **voici** and **voilà**.

> —Bernard? Bernard? Où es-tu?
> —**Me voici!** J'arrive tout de suite.

> *Bernard? Bernard? Where are you?*
> *Here I am! I'm coming right away.*

> J'attends mes parents. Ah, **les voilà**!

> *I'm waiting for my parents. Oh, there they are!*

F. Some common verbs take direct objects in French whereas the equivalent English verb takes a preposition: **chercher** (*to look for*), **demander** (*to ask for*), **écouter** (*to listen to*), **payer** (*to pay for*), **regarder** (*to look at, watch*), **attendre** (*to wait for*).

> —**Regardez**-vous **les informations** à la télé?
> —Non, je **les écoute** à la radio.

> *Do you watch the news on TV?*
> *No, I listen to it on the radio.*

> Tu **m'attends** un instant? Je **cherche mon sac.**

> *Would you wait for me a moment? I'm looking for my purse.*

> ➤ Placement of D.O. pronouns:
>
> —**Tu *me* comprends?**
> —**Je ne *te* comprends pas.**
>
> —**Tu veux *nous* attendre?**
> —**Je ne peux pas *vous* attendre.**

Exercice 10 Un matin difficile

C'est lundi matin et Bernard Lasalle est distrait, comme tous les matins. Christine doit l'aider à trouver toutes ses affaires.

> MODÈLE: BERNARD: Où est ma chemise jaune? →
> CHRISTINE: La voilà!

1. Où est ma cravate verte?
2. Où sont mes lunettes?
3. Où est ma montre?
4. Où est le journal?
5. Où sont mes tickets d'autobus?
6. Où est ma brosse à dents?

Exercice 11 Le travail ménager

Un(e) camarade vous demande si vous faites les tâches suivantes chez vous. Répondez selon le modèle.

> MODÈLE: Tu tonds le gazon? →
> Oui, je le tonds quelquefois (souvent, une fois par semaine).
> (Non, moi, je ne le tonds jamais, mais ma sœur le tond.)

1. Tu arroses les plantes dans le jardin?
2. Tu fais la cuisine?
3. Tu fais ton lit?
4. Tu repasses tes vêtements?
5. Tu fais le ménage?
6. Tu nettoies la salle de bains?
7. Tu fais les courses?
8. Tu passes l'aspirateur?

Exercice 12 Une mère très curieuse

Votre mère vous téléphone un samedi matin et vous pose beaucoup de questions. Répondez en employant un pronom objet direct.

> MODÈLE: Tu vas nettoyer ta chambre aujourd'hui? →
> Oui, je vais la nettoyer cet après-midi. (Non, je ne vais pas la nettoyer. Ce n'est pas nécessaire.)

1. Tu vas ranger ta chambre ce matin?
2. Tu vas faire la lessive aujourd'hui?
3. Tu vas repasser tes vêtements?
4. Tu vas faire tes devoirs ce soir?
5. Tu aimes les repas du restaurant universitaire?
6. Tu prends tes vitamines tous les jours?
7. Tu vas venir nous voir demain?
8. Quand vas-tu inviter ton nouveau petit ami / ta nouvelle petite amie à la maison?

Exercice 13 Nathalie pose des questions

Complétez ses questions et donnez les réponses de ses parents, Bernard et Christine.

> MODÈLE: Tu _____ aimes beaucoup, papa? →
> Tu m'aimes beaucoup, papa?
> Oui, je t'aime beaucoup!

1. Tu _____ trouves belle, maman?
2. Tu _____écoutes quand je parle, papa?
3. Tu _____ trouves intelligente, papa?
4. Tu veux _____aider à faire mes devoirs, maman?
5. Tu _____ préfères à toutes les autres petites filles du monde, papa?
6. Tu ne _____ trouves pas difficile, maman?
7. Tu vas toujours _____aimer, maman?

4.6 Talking about knowing: The verb connaître

✳ Review **Grammaire 2.5B** and **C** on the uses of **savoir**.

A. You already know how to use **savoir** (*to know*) to say you know a piece of information or how to do something.

Je **sais** son adresse.   *I know his/her address.*
Je **sais** qu'il est tard, mais je ne veux pas rentrer.   *I know it's late, but I don't want to go home.*
Ma camarade de chambre ne **sait** pas **faire** la cuisine.   *My roommate doesn't know how to cook.*

B. Connaître means *to know* in the sense of being acquainted with someone or something.

connaître *(to know, be familiar with)*	
je connais	nous connaissons
tu connais	vous connaissez
il/elle/on connaît	ils/elles connaissent

Je ne **connais** pas encore mes voisins.
Connaissez-vous le restaurant «Chez Alfred» dans la vieille ville?

I don't know (haven't met) my neighbors yet.
Do you know (Are you familiar with) the restaurant "Chez Alfred" in the old part of town?

> **savoir:** knowing a fact or how to do something

  Je sais son nom.

  Je sais qu'il est marié.

  Il ne sait pas nager.

> **connaître:** being familiar with a person or place

  Je ne connais pas son frère.

  Tu connais Lyon?

Pronunciation Hint

connai$, connaî$, connais$ent

Exercice 14 Une soirée chez Julien

Julien Leroux parle avec ses invités. Utilisez la forme correcte du verbe **connaître.**

1. Charles et Martine, _____-vous Mᵐᵉ Michaud? —Oui, nous la _____ très bien.
2. Jacques, _____-tu Sylvie? —Bien sûr, je la _____. C'est ma cousine!
3. Est-ce que Bintou _____ Jacques et Odette Dupont? —Oui, elle les _____ bien.
4. Mᵐᵉ Cartier, _____-vous le fiancé de Fatima? —Non, je ne le _____ pas encore.
5. Est-ce que les Michaud _____ les Haddad? —Oui, ils les _____ très bien. Ils sont voisins.

Exercice 15 La classe de Mᵐᵉ Martin

Complétez chaque phrase avec la forme correcte de **savoir** ou de **connaître.**
Ensuite, formulez une réponse d'après le modèle.

MODÈLE: Mᵐᵉ Martin _____ tous ses voisins. Et toi? →
  Mᵐᵉ Martin *connaît* tous ses voisins.
  Moi, je ne connais pas tous mes voisins. (Moi aussi, je connais...)

1. Barbara _____ faire du canoë. Et toi?
2. Albert _____ la date de l'anniversaire de sa mère. Et toi?
3. Jacqueline _____ faire de l'escalade. Et toi?
4. Mme Martin _____ bien La Nouvelle-Orléans. Et toi?
5. Louis _____ l'histoire de sa famille. Et toi?
6. Denise _____ bien les poèmes de Jacques Prévert. Et toi?

4.7 Describing states of being: Expressions with avoir

★ *Review Grammaire B.5 on avoir.*

A. As in English, most descriptions are expressed in French with an adjective and the verb **être.**

Karim **est** très **content** de son nouvel ordinateur.

Karim is very happy with his new computer.

B. In French, however, many states are expressed with the verb **avoir** followed by a *noun.*

J'ai froid. Le chauffage ne marche pas dans ma chambre.

I'm cold. The heat isn't working in my room.

Here are some other useful combinations of **avoir** + noun.

avoir chaud	*to be hot, warm*		**avoir froid**	*to be cold*
avoir faim	*to be hungry*		**avoir soif**	*to be thirsty*
avoir raison	*to be right*		**avoir tort**	*to be wrong*
avoir sommeil	*to be sleepy*		**avoir honte**	*to be ashamed*
avoir de la chance	*to be lucky*			

En été, quand j'**ai chaud,** je vais à la piscine.

In summer, when I'm hot, I go to the pool.

Jean-Paul pense qu'il **a raison.**

Jean-Paul thinks he's right.

C. Several expressions with **avoir** require **de** before an object or an infinitive.

avoir besoin de (papier/dormir)	*to need (paper/to sleep)*
avoir envie de (chocolat/sortir)	*to want (chocolate) / to feel like (going out)*
avoir honte de (sa note / perdre)	*to be ashamed of (one's grade / losing)*
avoir peur de (l'eau/nager)	*to be afraid of (water/swimming)*
avoir raison de (refuser)	*to be right (to refuse)*
avoir tort de (fumer)	*to be wrong (to smoke)*

Nous **avons besoin d'**une nouvelle voiture.

We need a new car.

Raoul, tu **as envie de** faire du jogging demain matin?

Raoul, do you feel like jogging tomorrow morning?

Est-ce que tu **as peur du** chien?

Are you afraid of the dog?

Il **a tort de** se mettre en colère.

He's wrong to get angry.

D. The expression **avoir l'air** (*to seem*) is followed by an adjective.

Albert, tu **as l'air fatigué** ce matin.

Albert, you look tired this morning.

Ce pauvre chien **a l'air triste.**

That poor dog looks sad.

Exercice 16 Un étudiant québécois

Complétez le portrait de Raoul Durand avec **peur, tort, besoin, l'air, envie** ou **honte**.

1. Raoul n'est pas brillant. Il a _____ d'étudier.
2. Quelquefois, il pense au Québec et il a _____ de voir sa famille.
3. Il est toujours très calme. Il n'a jamais _____ nerveux.
4. Il est très ponctuel. Il a _____ s'il arrive en retard.
5. En général, il est courageux, mais il a _____ quelquefois.
6. Il est réaliste. Il admet qu'il a _____ quelquefois.

Exercice 17 Interruptions

Jean-Yves essaie de travailler chez lui, mais il trouve beaucoup d'autres choses à faire. Utilisez une expression avec **avoir**.

1. Quand… , Jean-Yves se fait un sandwich.

2. Quand… , il prend un verre d'eau.

3. Quand… , il fait la sieste.

4. Quand… , il ouvre la fenêtre.

(Continued)

5.

Quand… , il prend une tasse de thé très chaud.

6.

Quand… de parler avec quelqu'un, il appelle un copain.

7.

Quand… de vêtements propres, il va au lavomatic.

8.

Il travaille plus dur quand… d'avoir une mauvaise note.

la France

Découvrez la France!

La France est un pays très diversifié par sa géographie et par sa population. On l'appelle «l'Hexagone» car[1] le territoire a une forme régulière avec trois côtés[2] terrestres et trois maritimes, avec des limites naturelles, mer, océan, rivière ou montagne: la Manche et la mer du Nord (nord-ouest); le Rhin (nord-est), la Méditerranée (sud); l'Atlantique (ouest), les Pyrénées (sud-ouest) et les Alpes (sud-est). On y trouve une grande variété de climats (atlantique, continental et méditerranéen), de grandes plaines et de très hautes montagnes (le mont Blanc est le plus haut sommet d'Europe). Certaines zones sont très peuplées[3] comme la région de l'Île-de-France autour de Paris, où habite près d'un cinquième (1/5) des Français, et d'autres sont presque désertes, comme les départements de l'Ariège ou de la Lozère dans le sud. Les «Français moyens» peuvent être grands et blonds aux yeux bleus dans le nord, petits et bruns au sud, mais aussi d'origine asiatique ou africaine; et s'ils parlent la même langue, c'est dans des dizaines[4] de dialectes et avec des dizaines d'accents différents.

---

[1]parce que [2]un triangle a trois côtés [3]avec une grande population [4]une dizaine = dix

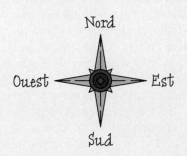

● Mougins, un village près de Cannes en France

L'Histoire de *La Joconde*

Vite! Nommez un objet d'art dans la vaste collection du Louvre… Votre réponse est sans doute[1]: *La Joconde*. Les attractions principales de ce musée, le plus grand du monde, ne sont pas d'origine française, comme la fameuse *Vénus de Milo* ou les antiquités égyptiennes. *La Joconde*, elle, vient d'Italie.

En fait, ce tableau représente une femme qui a vraiment existé. Elle se nommait Mona Lisa Gherardini, l'épouse du Florentin Francesco Del Giocondo, d'où vient

---

[1]sans… probablement

le nom d'origine du portrait, *La Gioconda*. Ce tableau est l'œuvre[2] de Léonard de Vinci (vers 1506), artiste, inventeur et mathématicien génial. *La Joconde* est à Paris parce qu'en 1516, de Vinci a été[3] invité en France par le roi[4] François 1er, un grand amateur d'art[5] de cette époque. *La Joconde,* tableau symbolique de la Renaissance, a un étrange sourire[6] et un regard mystérieux. Ce tableau a aussi une histoire agitée: en 1911, un Italien l'a volé[7] au Louvre par nationalisme! Retrouvée à Florence en 1913, *La Joconde* est maintenant dans une salle spéciale du musée, très bien gardée. Cette salle a été financée par des donateurs japonais: le Louvre est décidément une institution de dimension internationale!

[2]Une sculpture et une peinture sont des œuvres d'art.   [3]a... *was*
[4]souverain   [5]amateur... personne qui aime, cultive l'art   [6]étrange...
odd smile   [7]l'a... *stole it*

● Léonard de Vinci, *La Joconde*, vers 1506

Le musée d'Orsay

Aménagé[1] en 1986 dans une ancienne gare (construite en 1900), le musée d'Orsay contient[2] les collections d'art français de la deuxième moitié du XIX[e3] siècle (1850–1900). Naturellement, beaucoup d'œuvres de cette époque ne sont plus en France mais aux États-Unis ou au Japon, mais il reste quand même des tableaux célèbres comme *Le Déjeuner sur l'herbe* ou l'*Olympia* (1863) d'Édouard Manet, ainsi que[4] des sculptures de Rodin comme *Balzac* (1897). Ces œuvres, aujourd'hui considérées comme des icônes de l'art occidental, ont été jugées choquantes et indécentes à l'époque. De nombreux artistes de cette période mènent[5] une forme de rébellion artistique et sociale: Claude Monet, Henri de Toulouse-Lautrec, Paul Gauguin sont parmi les marginaux devenus[6] des classiques. Le musée d'Orsay est très fréquenté: il a plus de deux millions de visiteurs par an.

● La voûte du musée d'Orsay à Paris

[1]Installé   [2]a   [3]dix-neuvième   [4]ainsi... et
[5]led   [6]who have become

Dans le passé

Auguste Renoir
(1841–1919), *Le Bal du
moulin de la galette*, 1876.

Objectifs

In *Chapitre 5*, you will hear and talk about things that happened in the past, both your own experiences and those of other people.

Activités et lectures

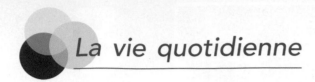

La vie quotidienne

✳ **Attention! Étudier Grammaire 5.1**

Hier soir, chez les Colin

La famille Colin a dîné ensemble.

Charles a rendu son devoir de physique.

Marise a assisté à une conférence à la fac.

Claudine a déjeuné à la cantine de son lycée.

Clarisse a attendu l'autobus pendant une demi-heure.

Joël a fini ses devoirs vers 9 heures.

Emmanuel a choisi des nouvelles tennis.

Claudine et Charles ont joué aux échecs.

Activité 1 Enquête: La vie d'étudiant

Dites si vous avez fait les actions suivantes la semaine dernière.

La semaine dernière,...

1. j'ai déjeuné au restaurant. (Où? Qu'est-ce que vous avez mangé?)
2. j'ai étudié le français. (Quand?)
3. j'ai passé un examen difficile. (Avez-vous réussi à l'examen?)
4. j'ai perdu les clés de ma voiture. (Où?)
5. j'ai fini un devoir important. (Pour quel cours? Quand avez-vous rendu le devoir?)
6. j'ai travaillé. (Où? Pendant combien d'heures?)
7. j'ai discuté de politique. (Où? Avec qui?)
8. j'ai attendu un professeur. (Qui? Où?)
9. j'ai assisté à une conférence fascinante. (Laquelle?)
10. j'ai oublié mon manteau. (Où?)

Maintenant, c'est à vous!

Comparez vos réponses à celles de votre partenaire.

MODÈLE: J'ai séché un cours. (Quel cours?) →
É1: Moi, j'ai séché mon cours de maths mardi dernier. (Moi, je n'ai pas séché de cours la semaine dernière.) Et toi?
É2: Moi,...

Activité 2 Interro: L'été dernier

Décrivez les activités des quatre personnes suivantes.

MODÈLE: É1: Qu'est-ce que Sarah et Agnès ont fait en juillet?
É2: Elles sont allées à Bordeaux.
É1: Qu'est-ce qu'elles ont fait pendant leur visite?
É2: Elles ont visité des caves à vins.

	AU MOIS DE JUIN	AU MOIS DE JUILLET	AU MOIS D'AOÛT
JULIEN	a acheté un appart au 14ème étage d'un nouvel immeuble	a beaucoup voyagé pour monter une émission spéciale	a passé ses vacances à La Réunion
ADRIENNE	a rendu visite à ses parents en Auvergne	a suivi un stage intensif de tennis à Marseille	a assisté au mariage d'une amie d'enfance
SARAH ET AGNÈS	ont fait un voyage organisé en Égypte	ont visité des caves à vins dans la région de Bordeaux	ont dormi tard aussi souvent que possible

Activité 3 Entretien: Ma journée d'hier

Hier matin,...
1. à quelle heure as-tu quitté la maison?
2. quels vêtements as-tu portés?
3. as-tu assisté à des cours à la fac? Si oui, à quels cours?

Hier après-midi,...
4. où as-tu déjeuné? Avec qui?
5. est-ce que tu as étudié? Qu'est-ce que tu as étudié?
6. tu as travaillé? Où? À quelle heure? Pendant combien d'heures?

Hier soir,...
7. tu as rencontré tes amis? Combien de temps avez-vous passé ensemble?
8. est-ce que tu as téléphoné à quelqu'un? De quoi avez-vous parlé?
9. à quelle heure as-tu fini la journée? Est-ce que tu as regardé la télé avant de te coucher?

Activité 4 Casse-tête: Le cadeau d'Adrienne Petit

Ce matin, quelqu'un a envoyé des roses à Adrienne pour son anniversaire. Mais... quel mystère! L'ami généreux a oublié de signer la carte! Il y a trois personnes possibles. Qui est-ce?

1. Bernard travaille chez un fleuriste et il a été payé.
2. Hier, Robert a parlé de l'anniversaire d'Adrienne.
3. Jean-François a noté la date de l'anniversaire dans son carnet d'adresses, mais il a perdu le carnet.
4. Robert est allergique aux fleurs. Il ne va jamais chez le fleuriste.
5. Bernard ne sait pas la date de l'anniversaire d'Adrienne.
6. Jean-François n'est pas en France. Il est en Italie cette semaine.

MODÈLE: É1: C'est peut-être Bernard. Il travaille chez un fleuriste.
          É2: D'accord, mais Robert a parlé de son anniversaire hier.

Exprime-toi!

Tu ne penses pas que... ?
Tu as raison.
D'accord, mais...
Un instant, s'il te plaît!
Je ne suis pas d'accord!
Ça ne prouve rien!

Cliquez là!

Dix millions de gens parlent une des langues créoles. Visitez un site sur les langues créoles pour apprendre davantage sur ces langues et sur les gens qui les parlent. Dans quels pays est-ce qu'on parle créole?

www.mhhe.com/deuxmondes6

INFO: Histoire
Toussaint-Louverture

Au XVII[1] siècle, les Français ont établi une colonie sur l'île d'Hispaniola dans les Antilles: Saint-Domingue. Ils y ont établi des plantations de canne à sucre très profitables, grâce au[2] travail forcé des esclaves.[3] En 1791, les esclaves, commandés par Toussaint-Louverture, se sont révoltés[4] avec succès contre les Français. Quand, à Paris, le gouvernement révolutionnaire[5] a décidé d'abolir l'esclavage en 1794, Toussaint-Louverture a arrêté le combat. Pourtant,[6] en 1802, Napoléon Bonaparte a rétabli[7] l'esclavage et a envoyé une armée à Saint-Domingue. Les Français ont capturé Toussaint-Louverture et l'ont emprisonné; il est mort en captivité l'année suivante. Son lieutenant, Dessalines, a continué la lutte[8] et, en 1804, a proclamé l'indépendance du pays, sous le nom d'Haïti. Toussaint-Louverture est considéré comme un symbole universel de libération pour tous les esclaves.

● Toussaint-Louverture (1743–1803), héros de l'indépendance haïtienne

[1]dix-septième
[2]grâce... avec le
[3]personnes captives forcées à travailler
[4]rebellés
[5]La France a eu trois révolutions: en 1789, en 1830 et en 1848
[6]Mais
[7]réinstitué
[8]combat

Les expériences

✷ **Attention! Étudier Grammaire 5.2**

On a volé la voiture de Julien pendant ses vacances en Corse. Il a dû passer au commissariat.

Pendant son séjour à Tahiti, Louis a appris à faire de la plongée sous-marine.

À 80 ans, Édouard Vincent et son frère ont découvert la maison où ils sont nés.

Nathalie a eu un accident. Elle va bien, mais elle a cassé sa poupée.

Quand Raoul a ouvert sa porte, quelle surprise! Ses amis ont crié «Bon anniversaire!»

Les parents de Joël lui ont offert un chien comme cadeau de Noël cette année.

Activité 5 Associations: Carrières et préparation

Nous citons ici des réponses enregistrées par Julien Leroux pendant des interviews qu'il a faites pour TF1. Pour chaque nom célèbre, identifiez les décisions et les actions qui ont contribué à sa réussite.

Ségolène Royal, candidate à la présidence
Philippe Perrin, astronaute français
Patricia Kaas, chanteuse française
François Delachaux, directeur d'entreprise

1. J'ai étudié le commerce et les affaires internationales.
2. Je n'ai pas eu de succès au début mais j'ai persisté à chanter.
3. J'ai appris à piloter toutes sortes d'avions.
4. J'ai suivi la politique et les élections avec passion.
5. J'ai reçu le diplôme de MBA aux États-Unis.
6. J'ai rêvé de devenir la première femme présidente de France.
7. J'ai voulu suivre une carrière militaire.
8. J'ai participé aux concours de chant pour amateurs dans ma région.
9. J'ai été élue à l'Assemblée nationale, puis présidente de ma région.
10. J'ai fait des études pour devenir ingénieur.
11. J'ai lu énormément sur l'histoire sociale.
12. J'ai suivi un entraînement physique rigoureux.

Cliquez là!

Découvrez des chanteurs français comme Patricia Kaas, Mylène Farmer et M (Mathieu Chedid). Écoutez un peu leur musique; vous allez trouver les paroles de leurs chansons sur Internet. Quels genres de musique font ces deux chanteurs?

www.mhhe.com/deuxmondes6

Activité 6 Échanges: La dernière fois

Avec votre camarade de classe, répondez aux questions suivantes en expliquant un peu votre réponse.

Vocabulaire utile

hier (soir)
la semaine dernière
(lundi) dernier
il y a (deux jours)

MODÈLE: É1: Quelle est la dernière fois que tu as passé un examen difficile?
É2: J'ai passé un examen difficile vendredi dernier en cours de grammaire russe. Et toi?

Quelle est la dernière fois que...

1. tu as mangé dans ta voiture?
2. tu as voulu manger de la pizza à minuit?
3. tu as téléchargé quelque chose sur ton iPod™?
4. tu as perdu un objet de valeur?
5. tu as reçu un cadeau?
6. tu as rendu un service à quelqu'un?
7. tu as dormi pendant un cours ennuyeux?
8. tu as rangé ta chambre?
9. tu as conduit beaucoup trop vite?
10. tu as réussi à un examen difficile?

Les francophones sur le vif

Paul Boudrault, 48 ans, menuisier, Bangor, Maine

Vous avez un nom français. Quelles sont vos origines?

Ma famille fait partie d'un groupe qu'on appelle les «Franco-Américains», ou «Francos»; nous sommes plusieurs dizaines de milliers en Nouvelle-Angleterre, mêlés à[1] la population anglophone, depuis le XVIII[e2] siècle. Nous n'avons jamais cessé[3] de parler français à la maison, mais cela devient de plus en plus difficile de maintenir notre langue et notre patrimoine[4] culturel.

J'ai parfois l'impression que nous sommes invisibles: beaucoup de gens ignorent que[5] nous existons! Peut-être est-ce parce que nous n'avons pas de grande manifestation folklorique comme le mardi gras, ni de musique ou de cuisine particulièrement médiatiques, comme les Acadiens de Louisiane. De plus, notre français est considéré comme «impur» parce que nous y incluons des mots et structures de l'anglais; en fait, c'est une langue originale et créatrice—et tant pis si l'Académie française n'est pas d'accord! Notre défi[6] à nous, les Francos, c'est de redevenir fiers de notre langue et de notre particularisme, et de résister à l'assimilation à la culture anglo-saxonne sans prétendre devenir Français; vous voyez, ce n'est pas simple…

¹mêlés... intégrés dans ²dix-huitième ³arrêté ⁴héritage ⁵ignorent... ne savent pas que ⁶difficulté

La langue en mouvement

Mots américains d'origine française

Les explorateurs et colonisateurs français qui sont venus en Amérique du Nord ont laissé des traces non seulement au Canada, mais aussi aux États-Unis, où les noms de lieu d'origine française sont encore nombreux, des noms comme Boise, Detroit, Des Moines, Lake Champlain, Baton Rouge, Joliet et Montpelier. L'influence française est évidente aussi dans certains mots de l'anglais américain qui sont venus du français, quelquefois par l'intermédiaire du français canadien, tels que *chute* (apparemment à l'origine de l'expression «to shoot the rapids»), *cache, coulee, levee, depot, lacrosse* et *portage*.

Activité 7 Dans le monde francophone: Aventures extraordinaires

Ces images nous montrent nos héros gaulois Astérix et Obélix. Identifiez le livre où l'on peut probablement trouver les aventures suivantes.

Astérix légionnaire

La grande traversée

1. Astérix et Obélix ont séjourné dans une tribu de Peaux-Rouges.
2. Pour sauver un jeune Gaulois enlevé de force par les Romains, ils ont combattu parmi les légionnaires de Jules César.
3. En traversant l'Atlantique, ils ont dû affronter des pirates.
4. Ils ont provoqué une bataille entre les troupes de César et celles du traître Scipion.
5. Ils ont participé à la chasse au bison.
6. En retraversant l'océan, ils ont été attaqués par des Vikings féroces.

7. Obélix a beaucoup plu à la fille du chef de la tribu indienne.
8. Après sa victoire, Jules César leur a offert la liberté de Tragicomix.
9. Obélix n'a pas voulu se marier. Ils sont donc rentrés en Gaule.

Activité 8 Discussion: Vous avez déjà vu ça?

Vous aimez les excentricités? Alors, écoutez, puis dites si ces personnes et ces animaux se sont conduits d'une manière normale ou extraordinaire.

MODÈLE: un chien qui a chanté à la télé →
C'est extraordinaire! Les chiens ne peuvent pas chanter.

• Un orchestre cadien à La Nouvelle-Orléans

1. un bébé qui a pris un café
2. un chat qui a bu de la crème
3. un chien qui a appris à parler
4. un adolescent qui a voulu tondre le gazon
5. des étudiants qui ont vu *Wallace et Gromit et le mystère du lapin-garou.*
6. un professeur qui a conduit trop vite et qui a reçu une contravention
7. un enfant qui a voulu ranger ses affaires
8. une grand-mère qui a fait un saut en parachute
9. un poisson rouge qui a mangé un serpent
10. une souris qui a mangé un chat
11. ?

Le week-end et les loisirs

✳ **Attention! Étudier Grammaire 5.3 et 5.4**

Le samedi d'Agnès

Samedi matin, je me suis réveillée tard.

Je me suis douchée et je me suis lavé les cheveux.

Ensuite, je suis partie faire les courses.

À 13 heures, je suis allée au café pour déjeuner avec des amis.

Samedi soir, je suis sortie avec Jean-Yves et Sarah.

Nous sommes allés voir le dernier film de Luc Besson.

Après, Jean-Yves est rentré avec nous.

Jean-Yves est resté deux heures chez nous et on a discuté.

Je me suis couchée vers deux heures et demie du matin.

⬤*Activité* 9 Discussion: Le week-end dernier

Dites si vous avez fait ces activités ou non.

1. Samedi matin,...
   a. je me suis levé(e) de bonne heure.
   b. j'ai pris mon petit déjeuner.
   c. j'ai rangé ma chambre.
   d. j'ai fait ma lessive.
2. Samedi après-midi,...
   a. j'ai étudié avec des copains.
   b. j'ai regardé des matchs à la télé.
   c. je me suis promené(e) dans le parc.
   d. je suis sorti(e) avec mes parents.
3. Samedi soir,...
   a. j'ai loué des DVD.
   b. je suis allé(e) à un concert.
   c. j'ai invité des amis chez moi.
   d. mon copain et moi, nous avons joué au *Monopoly*.
4. Dimanche,...
   a. je suis allé(e) chez mes parents.
   b. je me suis entraîné(e) au gymnase.
   c. j'ai lu le journal.
   d. je me suis couché(e) de bonne heure.

Et maintenant, c'est à vous!

Comparez votre week-end à celui de votre partenaire.

> MODÈLE: É1: Je me suis levé(e) très tard samedi matin, vers 11 h 30.
> É2: Tu as de la chance! Moi, j'ai dû me lever de bonne heure pour aller au travail.

Activité 10 Entretien: Une occasion importante

Qu'est-ce que vous avez fait la dernière fois que vous êtes allé(e) à une fête (un mariage, une réception...)? Répondez aux questions suivantes.

> MODÈLE: É1: Est-ce que tu t'es douché(e) avant d'y aller?
> É2: Oui, je me suis douché(e). (Non, je ne me suis pas douché[e].)

1. Est-ce que tu t'es lavé les cheveux?
2. Est-ce que tu t'es maquillée (rasé)?
3. Comment y es-tu allé(e), en voiture ou à pied?
4. Es-tu arrivé(e) à l'heure ou en retard?
5. Est-ce que tu t'es bien amusé(e) ou est-ce que tu t'es ennuyé(e)?
6. À quelle heure est-ce que tu es parti(e)?
7. Qu'est-ce que tu as fait après la fête (le mariage...)?
8. À quelle heure es-tu rentré(e) chez toi?
9. Est-ce que tu t'es endormi(e) tout de suite?
10. À quelle heure tu t'es réveillé(e) le lendemain matin?

Activité 11 Dans le monde francophone: Les distractions de Paris

Julien Leroux a monté une émission spéciale pour TF1 sur certaines brasseries de Paris. Lisez ses commentaires et identifiez la brasserie ou le café qu'il décrit.

1. Je me suis bien amusé à regarder la clientèle «de l'après-spectacle».
2. Je suis vite parti de cet établissement à cause du bruit!
3. On m'a servi des plats tex-mex délicieux.
4. Les premières bières d'Alsace y sont arrivées il y a plus d'un siècle.
5. J'y suis allé pour essayer un fast-food de luxe et quel plaisir! Des plats frais, mes amis!
6. Les premiers clients y sont entrés en 1864.

À vous la parole!

En groupes, imaginez un restaurant extraordinaire. Préparez une description du restaurant (le décor, la clientèle, l'ambiance, la qualité de la cuisine...) et utilisez votre description pour essayer de persuader la classe d'y aller.

les brasseries

BRASSERIE FLO
7, cour des Petites-Écuries, 75010. Dans un décor 1925, la clientèle du quartier croise celle de l'après-spectacle. Carte classique et plats copieux (environ 35).

CHEZ BOFINGER
3, rue de la Bastille, 75004. Jusqu'à 1 h du matin. Créée en 1864, cette brasserie au décor art nouveau (l'un des plus beaux de Paris) a vu arriver les premières bières d'Alsace. Une institution au-dessus des modes.

les jeunes

VIRGIN CAFÉ
56, avenue des Champs-Élysées, 75008, au-dessus du Mégastore. Jusqu'à 23 h. Un fast-food de luxe qui sait proposer des plats frais. Musique et vidéo (environ 25 €).

CACTUS CHARLY
68, rue de Ponthieu, 75008. Jusqu'à 2 h. Ranch et pub, cuisine tex-mex, ambiance estudiantine. Très bruyant, malheureusement.

Activité 12 Récit: L'invitation à dîner

Francis et Marie Lasalle ont invité des amis samedi dernier. Racontez leur journée du matin au soir.

Vocabulaire utile d'abord, ensuite, puis, finalement

Faits personnels et historiques

✴ **Attention! Étudier Grammaire 5.5**

Francis Lasalle et sa femme Marie se sont rencontrés au théâtre.

Ils sont tombés amoureux, mais Francis a dû faire son service militaire.

De retour à la vie civile, Francis a épousé Marie à Lyon.

Les Lasalle n'ont eu que deux enfants, un fils et une fille.

Claudine est née en 1965. Elle est devenue professeur de lycée.

Personne n'a fait fortune chez les Lasalle, mais c'est une famille très unie.

Francis n'a jamais fait d'études universitaires, mais son fils Bernard est devenu ingénieur.

Aujourd'hui, Francis ne travaille plus. Il a pris sa retraite.

Activité 13 Entretien: Que savez-vous sur votre famille?

MODÈLE: É1: Mon père est né en 1960.
         É2: C'est vrai? Mon père aussi est né en 1960!

1. En quelle année est-ce que tes parents se sont mariés?
2. Est-ce que quelqu'un dans ta famille a été dans l'armée?
3. Est-ce qu'un membre de ta famille est devenu célèbre?
4. Combien d'enfants est-ce que tes grands-parents ont eus?
5. Où est-ce que tes parents se sont rencontrés?
6. Qui dans ta famille est né avant 1930? Et après 1995?
7. Est-ce que quelqu'un de ta famille a pris la retraite?
8. Qui dans ta famille a fait des études universitaires?
9. D'où sont venus tes ancêtres? Tu sais pourquoi ils ont émigré?
10. ?

Exprime-toi!

Pas encore! Rien!
Personne! Tu es sûr(e)?
C'est vrai? Pas possible!
Génial! Ça, c'est rigolo!

INFO: Arts et lettres

«Déjeuner du matin»

Il a mis le café
Dans la tasse
Il a mis le lait
Dans la tasse de café
Il a mis le sucre
Dans le café au lait
Avec la petite cuiller[1]
Il a tourné
Il a bu le café au lait
Et il a reposé la tasse
Sans[2] me parler

Il a allumé
Une cigarette
Il a fait des ronds
Avec la fumée
Il a mis les cendres[3]
Dans le cendrier
Sans me parler
Sans me regarder
Il s'est levé
Il a mis
Son chapeau sur sa tête

Il a mis son manteau de pluie
Parce qu'il pleuvait[4]
Et il est parti
Sous la pluie
Sans une parole
Sans me regarder
Et moi j'ai pris
Ma tête dans ma main
Et j'ai pleuré.[5]

Jacques Prévert, *Paroles*

[1]petite... *teaspoon* [2]*Without* [3]*ashes* [4]il... *it was raining* [5]*cried*

Grammaire et exercices

5.1 Saying what you did: Passé composé with avoir

➤ passé composé = avoir + past participle (most verbs)

A. The **passé composé** is a compound past tense: it has two parts, an auxiliary (helping) verb and a past participle. Most verbs use **avoir** as the auxiliary verb. Here is the complete conjugation of **travailler** in the **passé composé**.

PASSÉ COMPOSÉ: **travailler** (*to work*)	
j'ai travaillé	nous avons travaillé
tu as travaillé	vous avez travaillé
il/elle/on a travaillé	ils/elles ont travaillé

Mme Martin **a travaillé** à la bibliothèque hier soir.
Barbara et Jacqueline sont très fatiguées; elles **ont travaillé** dur hier soir.

Madame Martin worked at the library last night.
Barbara and Jacqueline are very tired; they worked hard last night.

B. Here are the past participles for the three types of regular verbs. To form the past participle, drop the infinitive ending (**-er, -ir, -re**) and add the past participle ending: **-é, -i, -u**.

PAST PARTICIPLES OF REGULAR VERBS		
-er *verbs* → -é	**-ir *verbs* → -i**	**-re *verbs* → -u**
parler → parlé	choisir → choisi	attendre → attendu
étudier → étudié	finir → fini	perdre → perdu
habiter → habité	réussir → réussi	répondre → répondu

Sarah **a téléphoné** à sa famille aux États-Unis.
Agnès **a fini** ses devoirs à minuit.

Jean-Yves **a perdu** ses clés hier.

Sarah called her family in the United States.
Agnès finished her homework at midnight.
Jean-Yves lost his keys yesterday.

➤ Negation: **ne** + **avoir** + **pas** + past participle
Il **n'a pas** travaillé.

C. To make verbs in the **passé composé** negative, put **ne... pas** around the auxiliary verb.

Je **n'ai pas** retrouvé mes amis au café.
Cette année, mon équipe de basket-ball préférée **n'a pas** gagné une seule fois!

I didn't meet my friends at the café.
This year, my favorite basketball team hasn't won (didn't win) once!

D. The **passé composé** is used to tell about an event completed in the past. It has several possible English equivalents: **j'ai étudié** can mean *I studied, I did study, I have studied.*

J'**ai étudié** l'espagnol au lycée.	*I studied Spanish in high school.*
Tu **as nettoyé** ta chambre samedi?	*Did you clean your room on Saturday?*
Nous **avons** déjà fini ce livre.	*We've already finished this book.*

E. Use **pendant** + time expression to say how long someone did something in the past.

Hier soir, j'ai étudié le français **pendant deux heures.**	*Last night, I studied French for two hours.*
Louis a étudié l'italien **pendant trois ans** au lycée.	*Louis studied Italian for three years in high school.*

F. In conversation, past-tense questions are usually formed with **est-ce que** or intonation. You can also ask past-tense questions by inverting the helping verb and its subject pronoun.

Est-ce que Louis a déjà fini?	*Has Louis already finished?*
Tu n'as pas téléphoné ce matin?	*You didn't (Didn't you) call this morning?*
Avez-vous oublié de faire le devoir?	*Did you forget to do the assignment?*

★ *You will learn more about the **passé composé** throughout this chapter and in **Grammaire 6.8, 8.5, 12.2,** and **12.5.***

Exercice 1 Qu'avez-vous fait hier?

Posez des questions et donnez les réponses.

MODÈLE: étudier → Est-ce que tu as étudié hier?
Oui, j'ai étudié hier. (Non, je n'ai pas étudié hier.)

1. acheter le journal
2. écouter de la musique
3. parler français avec des amis
4. manger un hamburger
5. préparer le dîner
6. promener ton chien
7. téléphoner à un ami / une amie
8. regarder la télé.
9. travailler à la bibliothèque
10. nettoyer ta chambre

Exercice 2 Événements d'hier

Voici ce qu'Agnès Rouet a fait hier. Avez-vous fait les mêmes activités?

MODÈLE: Agnès a perdu son livre de grammaire. →
Moi, je n'ai pas perdu de livre. (Moi aussi, j'ai perdu un livre. J'ai perdu mon livre de maths...)

Agnès...

1. a rendu visite à une amie.
2. a fini un devoir pour son cours d'anglais.
3. a choisi un nouveau CD.
4. a répondu à son courrier électronique.
5. a perdu son carnet d'adresses.
6. a dormi pendant un cours ennuyeux.
7. a attendu le bus pendant une demi-heure.
8. a réussi à un examen.
9. a servi du thé à ses amis.

Exercice 3 Soirée d'adieux

Les étudiants de Mme Martin ont organisé une fête pour Pierre, l'assistant de français, qui va rentrer en France. Albert raconte ce que tout le monde a fait. Qu'est-ce qu'il dit?

MODÈLE: la soirée / commencer à 7 h 30 →
La soirée a commencé à 7 h 30.

1. Daniel et Louis / acheter des boissons
2. nous / manger des crêpes
3. Barbara et Jacqueline / apporter des CD français
4. tout le monde / parler français
5. même Mme Martin / danser
6. nous / regarder des photos de cette année
7. Denise / donner un album de photos à Pierre
8. quelques étudiants / pleurer*

5.2 Irregular past participles

A. Most irregular verbs have past participles that fall into four groups. Use the following charts as reference lists when you do the exercises in this chapter and in your **Cahier d'exercices.**

➤ Note the difference in meaning:

Ce poème m'a *plu*.
(*I liked that poem.*)

Il a *plu* hier soir.
(*It rained last night.*)

PAST PARTICIPLES ENDING IN -U			
boire (*to drink*)	**bu**	plaire (à) (*to please*)	**plu**
connaître (*to know*)	**connu**	pleuvoir (*to rain*)	**plu**
courir (*to run*)	**couru**	pouvoir (*to be able*)	**pu**
devoir (*must, to have to*)	**dû**	recevoir (*to receive*)	**reçu**
lire (*to read*)	**lu**	voir (*to see*)	**vu**
obtenir (*to obtain*)	**obtenu**	vouloir (*to want*)	**voulu**

---

*to cry

—Agnès, est-ce que tu **as vu** Sarah hier?

Agnès, did you see Sarah yesterday?

—Non, il **a plu** et elle n'**a** pas **pu** sortir.

No, it rained and she couldn't go out.

—Est-ce que le film vous **a plu**?

Did you like the movie? (Did the movie please you?)

—Oui, je l'ai trouvé fascinant.

Yes, I found it fascinating.

PAST PARTICIPLES ENDING IN -**it**, -**is**			
conduire (*to drive*)	**conduit**	prendre (*to take*)	**pris**
dire (*to say*)	**dit**	apprendre (*to learn*)	**appris**
écrire (*to write*)	**écrit**	comprendre (*to understand*)	**compris**
faire (*to do; to make*)	**fait**	mettre (*to put, put on*)	**mis**

—Qu'est-ce que tu **as fait** ce matin?

What did you do this morning?

—J'**ai écrit** une lettre à mes amis canadiens.

I wrote a letter to my Canadian friends.

Marise et Clarisse **ont mis** une robe pour sortir hier soir.

Marise and Clarisse put on dresses to go out last night.

PAST PARTICIPLES ENDING IN -**ert**	
découvrir (*to discover*)	**découvert**
offrir (*to offer, give*)	**offert**
ouvrir (*to open*)	**ouvert**
souffrir (*to suffer*)	**souffert**

Mme Martin **a ouvert** son livre.
Sarah **a offert** des fleurs à Mme Rouet.

Madame Martin opened her book.
Sarah gave some flowers to Madame Rouet.

Pronunciation Hint

Liaison is always made between a plural subject pronoun and the helping verb **avoir;** the final consonant of the past participle is never pronounced: **nous ͫ avõñs̸ fai̸t, vous ͫ ave̸z di̸t, elles ͫ õñt̸ cõm̸pri̸s̸.**

B. The past participles of **avoir** and **être** are irregular. Both of these verbs use **avoir** as their helping verb.

avoir (*to have*)	**eu**
être (*to be*)	**été**

J'**ai eu** un problème avec ma voiture hier soir.

I had a problem with my car last night.

J'**ai été** très content de vous revoir à cette fête.

I was very happy to see you again at that party.

➤ avoir: j'**ai eu**
être: j'**ai été**

Exercice 4 Qu'est-ce que tu as fait ce matin?

Répondez aux questions d'un(e) camarade.

MODÈLE: Est-ce que tu as bu un café ce matin? →
Oui, j'ai bu un café. (Non, je n'ai pas bu de café.)

1. Est-ce que tu as dû te lever de bonne heure?
2. Est-ce que tu as fait ton lit?
3. Est-ce que tu as pris le petit déjeuner?
4. Est-ce que tu as lu le journal?
5. Est-ce que tu as bu un coca?
6. Est-ce que tu as reçu un coup de téléphone?
7. Est-ce que tu as conduit ta voiture?
8. Est-ce que tu as eu un accident?
9. Est-ce que tu as été en retard pour un cours?
10. Est-ce que tu as mis un manteau pour sortir?

Maintenant, posez les mêmes questions à votre professeur.

MODÈLE: Est-ce que vous avez bu un café ce matin?

Exercice 5 Qu'est-ce qu'ils ont fait?

Choisissez les activités logiques des personnes suivantes.

MODÈLE: les chauffeurs de taxi →
Les chauffeurs de taxi ont conduit leur taxi.

1. les clients dans un bar	**a.** lire leurs leçons
2. les personnes devant un cinéma	**b.** découvrir une ville perdue
3. l'explorateur célèbre	**c.** offrir un cadeau à sa mère
4. les bons étudiants	**d.** mettre une nouvelle robe
5. le fils affectueux	**e.** écrire un nouveau livre
6. les acteurs	**f.** voir un film
7. l'auteur connu	**g.** prendre un cocktail
8. la femme élégante	**h.** apprendre leur rôle

Exercice 6 Le samedi de Jean-Yves

Mettez le récit de Jean-Yves Lescart au passé composé.

MODÈLE: J'ai de la difficulté à me lever. →
Samedi dernier, j'ai eu de la difficulté à me lever.

1. À 9 h, je reçois un coup de téléphone d'Agnès.
2. À 10 h, je rencontre Agnès et Sarah dans un petit café près du Louvre.
3. Sarah offre de nous acheter un café.
4. Nous avons une discussion animée au sujet du cinéma des années 50.
5. Enfin, nous prenons le métro pour aller voir le dernier film de Martin Scorsese.
6. Je leur dis au revoir et je dois courir pour prendre le métro.

7. J'ouvre ma porte et je vois tous mes livres de classe. À la vue de tout ce travail, je suis découragé.

8. Je mets mon pyjama et je fais la sieste.

5.3 Saying what you did: Passé composé with être

A. Most French verbs use **avoir** as the auxiliary in the **passé composé**. However, a few use **être** instead. The past participles of these verbs agree with the subject in gender and number.

PASSÉ COMPOSÉ: **aller** (*to go*)	
je **suis** allé(e)	nous **sommes** allé(e)s
tu **es** allé(e)	vous **êtes** allé(e)(s)
il/on **est** allé	ils **sont** allés
elle **est** allée	elles **sont** allées

> ➤ Raoul est allé...
> Agnès est allée...
> Ils sont allés...

Sylvie Legrand **est allée** en Louisiane la semaine dernière.
Son frère et sa belle-sœur **sont allés** en France.

Sylvie Legrand went to Louisiana last week.
Her brother and sister-in-law went to France.

Pronunciation Hint

Because final **-e** and **-s** are silent, the feminine and plural agreement endings on participles are not pronounced, and for most participles, all forms sound the same: **alléé = allé, restéś = resté.**

B. Many verbs conjugated with **être** in the **passé composé** denote a change in location.

PAST PARTICIPLE ENDING IN . . .	
-é	**-u**
aller (*to go*) → **allé(e)**	descendre (*to go down*) → **descendu(e)**
arriver (*to arrive*) → **arrivé(e)**	venir (*to come*) → **venu(e)**
entrer (*to enter*) → **entré(e)**	revenir (*to come back*) → **revenu(e)**
monter (*to go up*) → **monté(e)**	
rentrer (*to go home*) → **rentré(e)**	**-i**
retourner (*to return*) → **retourné(e)**	partir (*to leave*) → **parti(e)**
tomber (*to fall*) → **tombé(e)**	sortir (*to go out*) → **sorti(e)**

Les parents de Raoul **sont venus** lui rendre visite le week-end dernier. **Ils sont arrivés** vendredi soir.

Raoul's parents came to visit him last weekend. They arrived Friday night.

C. Here are a few verbs conjugated with **être** that do not denote a change in location. Note that they do denote a change in state (except **rester,** *to stay*).

rester (*to stay*)	→ **resté(e)**
devenir (*to become*)	→ **devenu(e)**
naître (*to be born*)	→ **né(e)**
mourir (*to die*)	→ **mort(e)**

Je **suis né** en 1987 et ma
grand-mère **est morte** l'année
suivante.

*I was born in 1987, and my
grandmother died the following
year.*

Exercice 7 La dernière fois

Parlez de la dernière fois que vous avez fait les choses suivantes.

MODÈLE: Quelle est la dernière fois que vous êtes monté(e) à cheval? →
Je suis monté(e) à cheval à l'âge de 7 ans. (Je ne suis jamais monté[e] à cheval.) (Je ne me souviens pas de la dernière fois que je suis...)

Quelle est la dernière fois que...

1. vous êtes sorti(e) sans prendre le petit déjeuner?
2. vous êtes allé(e) faire les courses au supermarché?
3. vous êtes monté(e) par un ascenseur? (dans quel bâtiment?)
4. vous êtes tombé(e)? (où?)
5. vous êtes parti(e) pour le week-end? (où?)
6. vous êtes arrivé(e) en classe en retard?
7. vous êtes devenu(e) furieux/furieuse contre un agent de police?
8. vous êtes entré(e) dans un bar?
9. vous êtes resté(e) au lit jusqu'à midi?
10. vous êtes rentré(e) après minuit?

Exercice 8 Un week-end de ski

Les Colin sont allés faire du ski dans les Alpes. Mettez les verbes au passé composé.

MODÈLE: nous / aller passer le week-end à Megève →
Nous sommes allés passer le week-end à Megève.

1. nous / partir à 5 h vendredi soir
2. nous / arriver à Megève vers 10 h
3. samedi matin, les enfants / aller sur les pistes* de bonne heure
4. Victor et moi, nous / rester au lit un peu plus longtemps
5. Marise et Clarisse / monter et descendre plusieurs fois
6. elles / ne pas tomber, heureusement

---

*slopes

7. samedi soir, nous / revenir au chalet pour dîner

8. dimanche matin, les enfants / retourner sur les pistes à 9 h

9. nous / rentrer à Clermont-Ferrand dimanche soir, fatigués mais très contents de notre week-end

5.4 Passé composé of reflexive verbs

A. The **passé composé** of reflexive verbs is always formed with **être**. The reflexive pronoun precedes the helping verb.

> ➤ Reflexive pronouns *precede* the helping verb: **Je *me* suis couché(e).**

—Bernard, tu as l'air fatigué. À quelle heure est-ce que tu **t'es levé** ce matin?

—Je **me suis couché** après minuit et **je me suis levé** à 7 h.

Bernard, you look tired. What time did you get up this morning?

I went to bed after midnight, and I got up at 7:00.

B. Because their past tense is formed with **être,** participles used in past reflexive constructions usually agree in gender and number with the subject.

Marie **s'est levée** à 8 h.
Nathalie et Camille **se sont levées** à 10 h.

Marie got up at 8:00.
Nathalie and Camille got up at 10:00.

Exercice 9 Préparatifs

Bernard et Christine Lasalle sont allés à une grande soirée le mois dernier. Lisez ce qu'ils ont fait avant d'y aller. Est-ce que vous avez fait les mêmes choses la dernière fois que vous êtes sorti(e)?

MODÈLE: Bernard s'est lavé les cheveux. →
Moi aussi, je me suis lavé les cheveux. (Je ne me suis pas lavé les cheveux.)

1. Christine est allée chez le coiffeur.

2. En fin d'après-midi, Bernard et Christine se sont reposés.

3. Bernard s'est douché.

4. Ils se sont brossé les dents.

5. Christine s'est maquillée et Bernard s'est rasé avec son rasoir électrique.

6. Ils se sont habillés en vitesse.

7. Ils se sont bien amusés et ils sont rentrés après minuit.

8. Ils se sont couchés et ils se sont endormis tout de suite.

Exercice 10 La fête

Caroline est sortie avec Albert. Écrivez des phrases au passé composé.

MODÈLE: (Numéro sept) Caroline et Albert sont partis à 2 h du matin.

Les activités

arriver à la fête	se déshabiller
arriver chez elle	s'endormir
se baigner	partir à 2 h du matin
se brosser les dents	se sécher
se coucher	sortir ensemble

5.5 Negative expressions

A. So far, you have most often used the expression **ne... pas** to negate sentences. Here are several other negative expressions, grouped with the corresponding affirmative expressions.

AFFIRMATIVE	NEGATIVE
quelque chose (*something*)	**ne... rien** (*nothing*)
	or
tout (*everything*)	**rien... ne** (*nothing*)
quelqu'un (*somebody*)	**ne... personne** (*nobody*)
	or
tout le monde (*everybody*)	**personne... ne** (*nobody*)
quelquefois (*sometimes*) toujours (*always*) un jour (*someday*)	**ne... jamais** (*never*)
déjà (*already*)	**ne... pas encore** (*not yet*)
encore (*still*) toujours (*still*)	**ne... plus** (*no longer*)

Note that these expressions occur in the same position as **ne... pas.** They are placed around the first verb (i.e., the helping verb in **passé composé**).

—Est-ce que ta sœur fume toujours?	*Does your sister still smoke?*
—Non, elle **ne** fume **plus.**	*No, she doesn't smoke anymore.*
Moi, je **n'**ai **jamais** fumé.	*I have never smoked (I never smoked).*
Nous **ne** sommes **pas encore** allés en Tunisie.	*We haven't been to Tunisia yet.*

Exception: The word **personne** is placed *after* the past participle in the **passé composé.**

Je **n'**ai rencontré **personne** au café.	*I didn't meet anyone at the cafe.*

B. The words **rien** and **personne** can be used as subjects as well as objects of the verb. In both cases, **ne** is used before the verb.

> *Rien ne* marche.
> (*Nothing works.*)
> *Personne n'*est parfait.
> (*Nobody's perfect.*)
> *Ça ne* fait *rien.*
> (*It doesn't matter.*)

Nous ne sommes pas prêts. **Rien n'**est terminé.	*We aren't ready. Nothing is finished.*
Personne n'est venu me voir.	*No one came to see me.*
Je **n'**ai **rien** dit à Mme Martin.	*I didn't say anything to Madame Martin.*

C. As with **ne... pas,** the indefinite and partitive articles (**un, une, des; du, de la, de l'**) usually become **de (d')** after any negative expression.

> Review **Grammaire 3.6** on the use of partitive articles.

Je **n'**ai **jamais** mangé **d'**escargots.	*I have never eaten (any) snails.*
Nous **n'**avons **plus d'**amis à Strasbourg.	*We no longer have (any) friends in Strasbourg.*

D. The expression **ne... que** is not negative, but rather is used to express the notion of restriction. It is usually synonymous with **seulement** (*only*).

EXPRESSING RESTRICTION (*ONLY*)

ne... que = seulement

Unlike the negative expressions, the position of **que** varies: it is always placed before the item that is the focus of the restriction.

Je **n'**ai **que** cinq euros.	*I have only five euros.*
Nous **n'**avons visité **que** la tour Eiffel.	*We visited only the Eiffel Tower.*

E. Unlike English, French allows more than one negative in a sentence.

Personne ne fait **jamais rien**!	*Nobody ever does anything!*

F. In informal spoken French, **ne** is omitted in many negative and restrictive sentences. As a learner of French, however, you should always use both parts of these expressions, because they are required in formal and written French.

Exercice 11 Deux villes imaginaires

Lisez la description d'une ville où *tout va bien* et écrivez la description d'une ville où *tout va mal*.

> MODÈLE: Dans la ville où tout va bien, *tout le monde* est content. →
> Dans la ville où tout va mal, *personne n*'est content.

Dans la ville où tout va bien,...

1. les enfants obéissent *toujours* à leurs parents.
2. *tout* est simple et calme.
3. *tout le monde* est dynamique.
4. on fait *souvent* la fête.
5. on a *déjà* éliminé la pollution de l'air.
6. les habitants aiment *tout le monde*.
7. on a *quelque chose* d'intéressant à faire.
8. la ville est *toujours* prospère.

Exercice 12 Fausses impressions

Un ami français vous pose des questions sur votre vie. Répondez avec **ne... que** et l'expression indiquée.

> MODÈLE: Tu as beaucoup de frères et sœurs? (un frère) →
> Non, je n'ai qu'un frère.

1. Tu as un appartement? (une chambre)
2. Tu as une voiture? (un vélo)
3. Tes parents ont une maison? (un appartement)
4. Il y a un métro dans ta ville? (des autobus)
5. Tes parents ont un mois de vacances? (quinze jours de vacances)
6. Tu as étudié d'autres langues étrangères? (le français)
7. Tu as visité la Californie? (la côte est)

L'enfance et la jeunesse

Après les cours, ces élèves du Lycée Charlemagne dans le Marais lisent un devoir que le professeur leur a rendu.

Objectifs

In *Chapitre 6,* you will learn to talk about what you used to do and how you felt in the past.

ACTIVITÉS

Les activités de l'enfance
La jeunesse
Les rapports avec les autres
Souvenirs et événements
  du passé

LECTURES

Les francophones sur le vif   Jean-Marc Dubosc
Info: Arts et lettres   Les voix de la francophonie
La langue en mouvement   Le français québécois
Lecture   Le jour où je suis devenu grand

GRAMMAIRE

6.1 Saying what you used to do: The imperfect
6.2 The verbs **dire, lire,** and **écrire**
6.3 Describing past states: More on the imperfect
6.4 Linking ideas: Relative pronouns
6.5 Indirect object pronouns
6.6 Idiomatic reflexive verbs
6.7 The verbs **voir** and **croire**
6.8 Different perspectives on the past: Summary of **passé composé** and imperfect

Activités et lectures

Les activités de l'enfance

Quand j'étais petite...

✳ **Attention! Étudier Grammaire 6.1 et 6.2**

L'enfance d'Adrienne Petit

En hiver, je faisais du ski à la montagne avec mes camarades de classe.

En été, je jouais à cache-cache dans le jardin avec mes amis.

Le dimanche, je lisais dans ma chambre.

Je courais avec mon chien.

Je bâtissais des châteaux de sable sur la plage.

Quelquefois, mes amis et moi, nous montions des spectacles.

Activité 1 Associations: L'enfance de quelques personnes célèbres

Associez chacune des actions à l'enfance d'une de ces personnes célèbres.

Jean-Michel Cousteau, navigateur et océanographe
Surya Bonaly, patineuse
Guillaume Depardieu, acteur
Claudie André-Deshays, astronaute et médecin

Qui...

1. s'entraînait sur la glace?
2. faisait souvent de la voile?
3. savait beaucoup sur le cinéma?
4. voulait étudier la médecine?
5. connaissait des vedettes de cinéma?
6. étudiait la danse?
7. s'intéressait à la physique?
8. apprenait tout sur le système solaire?

9. rêvait d'aller aux Jeux Olympiques?
10. regardait les films de son père?
11. voulait protéger les océans?
12. étudiait l'élocution?
13. rêvait de voyager dans l'espace?
14. était passionné par la vie sous-marine?
15. rêvait de tourner un film?
16. prenait des leçons de ballet?

Activité 2 Récit: Le monde des enfants

Regardez le tableau et écoutez les descriptions de votre professeur. Dites si les phrases sont vraies ou fausses.

Vocabulaire utile aller à l'église, dessiner, grimper aux arbres, jouer au base-ball, pêcher

Allons plus loin!

Posez des questions à votre partenaire en utilisant le tableau.

MODÈLE: É1: Que faisait Raoul quand il était enfant?
É2: D'habitude, il jouait avec ses petites voitures. Souvent...

Cliquez là!

Visitez le site d'un collège en France ou dans un pays francophone pour obtenir des renseignements sur la vie scolaire des jeunes adolescents dans ce pays. Qu'est-ce que les élèves étudient dans cette école? Quelles activités est-ce qu'ils peuvent faire? Est-ce que la vie dans ce collège ressemble à votre vie scolaire à l'âge de 10–11 ans?

www.mhhe.com/deuxmondes6

Les francophones sur le vif

Jean-Marc Dubosc, 30 ans, ingénieur à Lyon

Comment passiez-vous vos vacances d'été quand vous étiez jeune?

«**N**ous avions trois mois de vacances, mais comme ma famille était assez pauvre, je ne pouvais pas partir en voyage, et même les colonies[1] étaient trop chères. J'ai donc adhéré aux[2] «Éclaireurs de France», un mouvement comparable aux Scouts, mais laïque.[3] Tous les étés, pour un mois, la troupe partait faire un camp dans les Alpes. Nous voyagions en train, avec d'immenses sacs à dos, et à pied—on marchait beaucoup! Certaines années, nos camps n'avaient presque aucune installation: il fallait faire un feu de bois pour manger et dormir dans des tentes achetées à un surplus militaire. Nous nous lavions à l'eau froide, parfois dans une rivière de montagne à l'eau glaciale. Finalement, nous étions tous très heureux d'être loin de la ville et d'avoir l'impression de vivre comme des nomades pendant un mois; ces camps valaient[4] bien un club cinq étoiles[5]!»

[1]centres de vacances pour les enfants   [2]J'ai... Je suis devenu membre d'une association
[3]≠ religieux   [4]étaient équivalents à   [5]cinq... de grand luxe

Activité 3 Entretien: Quand j'étais petit(e)

1. Quelles étaient tes émissions de télé préférées? Pourquoi?
2. À quelle école allais-tu? Tu l'aimais? Pourquoi?
3. Tu jouais avec tes petits copains? À quels jeux?
4. Qu'est-ce que tu aimais manger? Tu en mangeais souvent? Où?
5. Tu avais un chien ou un chat? Comment s'appelait-il/elle? Comment était-il/elle?
6. Tu recevais de l'argent de poche? Combien? Tu l'économisais ou tu le dépensais? Sur quoi?
7. Tu faisais des tâches ménagères à la maison? Lesquelles?
8. Est-ce que tu regardais les dessins animés le samedi? Lesquels?
9. Est-ce que quelqu'un te lisait les bandes dessinées? Lesquelles?

Allons plus loin!

Pensez à des activités que vous aimiez faire et qui n'existaient pas quand vos grands-parents étaient enfants. Pourquoi est-ce que ces activités n'existaient pas?

La jeunesse

★ **Attention! Étudier Grammaire 6.3 et 6.4**

L'album de photos de Marie Lasalle

J'avais 15 ans et j'allais à l'école de filles. Moi, j'avais de la chance. J'aimais l'école et j'avais beaucoup d'amies.

Mme Kaffès était une personne stricte qui savait discipliner ses élèves.

Madeleine et Emma étaient les camarades que je préférais. C'étaient les pitres de la classe.

Florence riait tout le temps. Odile apprenait très vite et Reine avait peur de parler en classe.

Activité 4 Échanges: Les camarades de classe

Est-ce que vous connaissiez ces genres de personnes au lycée? Comment s'appelaient-elles? Expliquez vos réponses.

MODÈLE: É1: Au lycée, est-ce que tu connaissais quelqu'un qui séchait les cours?

É2: Oui, Benny Roberts séchait souvent les cours. Il allait jouer au billard avec ses copains. Et toi, tu connaissais quelqu'un comme ça?

1. quelqu'un qui était doué en musique
2. quelqu'un qui n'était jamais content
3. quelqu'un que tes parents n'aimaient pas
4. quelqu'un que tout le monde admirait
5. quelqu'un qui pouvait sortir quand il/elle voulait
6. quelqu'un qui se passionnait pour les ordinateurs
7. quelqu'un qui était toujours en retard
8. quelqu'un qui dépensait beaucoup d'argent
9. quelqu'un qui...

Activité 5 Récit: L'adolescence de Barbara

Voici certaines activités de Barbara vers l'âge de 15 ans. Posez à votre partenaire des questions basées sur le tableau et demandez-lui s'il (si elle) faisait la même chose à cet âge-là.

> MODÈLE: É1: Que faisait Barbara le week-end?
> É2: Elle montait à cheval.
> É1: Toi, tu montais à cheval à cet âge-là?
> É2: Ah non, je ne montais pas à cheval. J'avais peur des chevaux!

Vocabulaire utile une colonie de vacances, la messe de minuit, monter à cheval, ranger sa chambre, la veille de Noël

Activité 6 Entretien: La vie au lycée

1. Au lycée, est-ce que tu arrivais normalement à l'heure ou en retard le matin? Pourquoi?
2. Tu lisais beaucoup? Qu'est-ce que tu aimais lire?
3. Qu'est-ce que tu faisais le week-end? (Tu allais au cinéma? Tu te promenais au centre commercial?)
4. Tu étais membre d'une organisation? (l'orchestre? un club? une équipe?) Pourquoi?
5. Tu travaillais après les cours? (Où? Combien d'heures par semaine?)
6. Quels sont tes meilleurs souvenirs de tes années au lycée?

Info: Arts et lettres

Les voix de la francophonie

Chaque année, en été, en France (la Rochelle, depuis 1984), au Québec (Montréal, depuis 1989) et en Belgique (Spa, depuis 1994), plusieurs centaines de milliers[1] de personnes se pressent aux festivals de musique connus sous le nom de «FrancoFolies». La programmation de ces manifestations est très variée, présentant aussi bien les plus grands noms de la chanson francophone que des figures montantes.[2] Ce festival a ainsi permis à des artistes peu connus d'accéder à une notoriété internationale: c'est le cas par exemple du chanteur cadien[3] Zachary Richard.

● Zachary Richard joue de l'accordéon à Lafayette en Louisiane.

Tous les genres sont représentés, aussi bien la «chanson à texte» (Lynda Lemay, Juliette Gréco, Maxime Le Forestier, Arthur H.) que la pop (Véronique Sanson, Diane Dufresne, M), le rock (Téléphone, Stephan Eicher, les Wampas), le «raï» du Maghreb[4] (Cheb Khaled, Rachid Taha), le rap (MC Solaar, IAM) ou encore la musique «World» (Zachary Richard, Positive Black Soul, Zouk Machine). Les FrancoFolies illustrent bien la superbe vitalité de la francophonie culturelle à travers le monde, et l'immense variété des styles de musique qui se jouent en français.

[1]groupe de 1.000
[2]*rising*
[3]francophone de la Louisiane
[4]Afrique du Nord

La langue en mouvement

Le français québécois

Le français parlé dans d'autres pays du monde diffère du français de France, surtout par son vocabulaire et sa prononciation. Au Québec, par exemple, on peut entendre un accent très différent de l'accent parisien. Le trait le plus remarquable, c'est la prononciation de «t» comme «ts» et de «d» comme «dz» devant les voyelles «i» et «u»: «petsit» pour «petit», et «dzur» pour «dur».

Voici quelques expressions québécoises avec leur équivalent en français de France:

bienvenue = de rien
bonjour = bonjour ou au revoir
un breuvage = une boisson
le déjeuner = le petit déjeuner
le dîner = le déjeuner
le souper = le dîner

Les rapports avec les autres

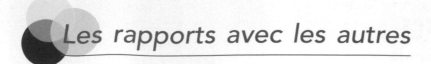

✴ **Attention! Étudier Grammaire 6.5 et 6.6**

Raoul Durand parle de sa famille.

Dans ma famille, c'était ma mère qui s'occupait des finances.

Mon père s'énervait quand nous ne voulions pas participer aux tâches ménagères.

Mon petit frère s'en allait quand il se fâchait.

Ma grand-mère m'offrait souvent un morceau de gâteau.

Je m'entendais très bien avec ma sœur. Parfois, je lui donnais de l'argent pour faire la vaisselle à ma place.

Nous avions trois chats. Celui que je préférais, c'était Tibert. Il se battait avec les autres chats du quartier.

Activité 7 Discussion: Les autres et moi

Qu'est-ce que vous faisiez dans ces situations quand vous étiez au lycée?

1. Quand quelqu'un voulait m'emprunter un vêtement,...
   a. j'hésitais et je cherchais des excuses.
   b. je m'énervais et je refusais.
   c. je lui prêtais le vêtement.
2. Si mes parents me demandaient d'aider à la maison,...
   a. je me fâchais et je leur disais que c'était injuste.
   b. je leur disais que j'avais trop de devoirs.
   c. je leur obéissais tout de suite.
3. Les jours où je ne voulais pas aller en cours,...
   a. je disais que je ne me sentais pas bien.
   b. je faisais l'école buissonnière.
   c. je faisais des courses pour ma mère.
4. Si (mon père) ne me permettait pas de sortir,...
   a. je sortais sans rien lui dire.
   b. je me disputais avec lui.
   c. je pleurais.
5. Si un(e) de mes ami(e)s se moquait de moi,...
   a. je faisais la tête et je refusais de lui parler.
   b. je me battais avec lui/elle.
   c. je ne le/la prenais pas au sérieux. Ça me faisait rire.

Maintenant, c'est à vous!

Moi aussi! Ça, c'est une bonne idée!
Moi non, je... Qu'est-ce qui se passait ensuite?
Ça, c'est rigolo! Et tu n'avais jamais d'ennuis?

MODÈLE: É1: Quand mon père ne me permettait pas de sortir, je me disputais avec lui.
É2: Et qu'est-ce qui se passait ensuite?

Activité 8 Sondage: La famille

À votre avis, est-ce qu'on observe les situations suivantes *souvent, quelquefois* ou *rarement* dans une famille moderne? Pourquoi?

MODÈLE: un père qui s'occupe du ménage →
On ne voit pas ça très souvent, mais je connais des pères qui font le ménage.

1. des parents qui s'intéressent aux amis de leurs enfants
2. des enfants qui se disputent parce qu'ils veulent tous faire la vaisselle
3. des parents qui s'inquiètent quand les enfants rentrent très tard

4. des enfants qui se fâchent parce que leurs parents leur donnent trop d'argent de poche
5. des enfants qui se battent quelquefois
6. une mère qui s'occupe de la voiture
7. un mari qui s'énerve parce que sa femme veut travailler en dehors de la maison
8. une famille où tout le monde s'entend bien et où il n'y a jamais de disputes

Activité 9 Sondage: La politesse

Que pensez-vous des suggestions suivantes? Décidez avec votre partenaire si vous êtes d'accord ou non, ou si ça dépend des circonstances.

1. On doit s'excuser quand on bouscule une autre personne.
2. Il est acceptable de crier très fort quand on s'énerve.
3. Si quelqu'un dit «merci», il est poli de lui répondre «de rien».
4. Il est normal de s'occuper des affaires de ses voisins.
5. En voiture, on peut klaxonner quand on est pressé.
6. On ne doit pas parler et mâcher du chewing-gum en même temps.
7. Il vaut mieux éviter de se disputer avec un étranger.
8. Les hommes doivent ouvrir la porte pour les femmes.
9. On peut mettre la télé si la conversation n'est pas intéressante.
10. Il est impoli d'utiliser son portable au restaurant quand on dîne seul.

Activité 10 Dans le monde francophone: Pourquoi y a-t-il des méchants?

Lisez la question d'Ève-Marie et la réponse de la revue *Astrapi* à la page suivante. Ensuite, dites si ces phrases font partie de la réponse.

1. On devient méchant parce qu'on est mal nourri.
2. Parfois, on devient méchant parce qu'on cherche à se défendre.
3. Dans certains cas, on ne sait pas pourquoi les gens sont méchants.
4. Le monde est divisé en deux groupes: les bons et les méchants.
5. L'amour joue peut-être un rôle dans la formation de notre caractère.
6. On est influencé par les cycles de la lune.

Allons plus loin!

Avec un(e) partenaire, faites une liste de situations qui peuvent influencer l'humeur et la conduite des gens. Par exemple: *On dit que les gens sont de mauvaise humeur et qu'ils conduisent mal quand il pleut.*

Pourquoi y a-t-il des méchants ?

J'ai horreur d'être gentil !

Cette question est posée par Eve-Marie (8 ans). Voici la réponse d'Astrapi.

Dans certains films à la télé, il y a les gentils,
qui sont toujours très gentils,
et les méchants, qui sont vraiment très méchants.

Mais dans la vie, est-ce qu'on peut aussi facilement
partager le monde en bons et en méchants ?

Souvent, on devient méchant
parce qu'on se sent attaqué
et qu'on cherche à se défendre.
Souvent, on devient méchant
parce qu'on n'est pas assez aimé
ou on croit qu'on n'est pas aimé.
Mais il y a aussi des cas où on ne sait pas
du tout pourquoi certains
deviennent aussi méchants que ça !

Au fond, chacun de nous a tout à la fois
du bon et du méchant en soi.

*As-tu une autre réponse ? Si tu veux, tu peux aussi nous envoyer
d'autres questions sur d'autres sujets.*

Activité 13 Entretien: Les traditions américaines

Répondez aux questions en disant quelles autres coutumes et traditions existaient dans votre famille quand vous étiez petit(e).

MODÈLE: É1: Est-ce que tu cherchais des œufs le jour de Pâques?
É2: Oui, toujours. Et avant, nous allions à la messe dans nos beaux vêtements neufs. Moi, j'avais toujours très froid.

Quand tu étais petit(e), est-ce que...

1. tu croyais au père Noël? Tu lui laissais des petits gâteaux et du lait la veille de Noël?
2. tu te déguisais pour aller chez les voisins pour Halloween?
3. tu pique-niquais et tu allais voir un feu d'artifice le jour de la fête nationale?
4. tu mangeais trop de bonbons avant le petit déjeuner le jour de Pâques?
5. tu avais un gâteau avec des bougies pour ton anniversaire?
6. tu aidais à préparer le petit déjeuner pour ta mère le jour de la fête des Mères?
7. tu aidais à allumer les bougies de la menora pendant Hanoukka?
8. ta famille mangeait de la dinde et regardait des matchs de football américain le Jour d'action de grâce?
9. tu offrais une cravate à ton père pour la fête des Pères?
10. tu échangeais des cartes et des bonbons avec tes camarades de classe à la Saint-Valentin?

# LECTURE

Le jour où je suis devenu grand

Le narrateur est le fils de parents algériens émigrés en France. Il est l'aîné des enfants, et, comme il aime beaucoup lire, on le considère comme «l'intellectuel» de la famille.

Ma mère avait fait écrire un mot magique par un homme-sorcier[1] pour faire de moi un savant docteur. Et elle était persuadée que la magie fonctionnait à merveille quand elle me regardait étudier. Quand j'étais petit, sitôt rentré de classe, mes devoirs et mes leçons absorbaient tout, mon temps, mon énergie et ma santé. Alors, pendant que je travaillais sur la table de la cuisine, elle tenait mes frères et sœurs à distance pour me permettre de me concentrer. Elle m'apportait des gâteaux au miel qu'elle avait cuisinés pour moi.

Mais un jour je suis devenu grand. Brutalement.

Je me souviens très bien de ce jour. J'étais avec ma mère à la maison. Quelqu'un a sonné à la porte et elle m'a dit: «Va ouvrir, ton père a sonné. Il a dû oublier[2] ses clés.» Et j'ai couru à la porte. J'ai ouvert, mais ce n'était pas mon père du tout. C'était un autre homme. Un travailleur comme lui. C'était son chef, celui qui lui donnait les ordres et la paye.

---

[1]magicien [2]Il a probablement oublié

—Votre mari est DCD.

—Bonjour p'tit! Ta maman est là?

—Mon père n'est pas encore rentré, j'ai répondu, parce que ma mère ne pouvait pas bien comprendre ce qu'il allait dire.

Elle ne pouvait pas non plus bien lui parler. Mais il a insisté. Son regard était bizarre. Alors je suis allé chercher ma mère. Il lui a jeté à la figure[3] le mot DCD.[4] Elle m'a regardé et m'a demandé ce qu'il avait «dicidi» le chef, et moi je ne pouvais pas encore comprendre ce que voulait dire «votre mari est DCD». Ensuite il a dit: «Monsieur Slimane est mort cet après-midi... un accident du travail.» Et ma mère qui ne comprenait qu'un minimum de français est tombée sur le carrelage.[5] Moi je suis devenu grand et vieux en même temps.

À partir de ce jour, j'ai balancé à la poubelle[6] mon rêve de devenir docteur savant. Volatilisée[7] l'envie d'apprendre le calcul, les affluents de la Seine, l'histoire des rois Louis, les récitations de Paul Verlaine.[8] Quand mon père est devenu DCD, j'ai considéré ces choses sans importance dans la vie et complètement inutiles.

Devenir riche! C'est ça que je voulais. Tout de suite. Je n'avais plus le temps de préparer mon avenir. Les savants ne sont jamais riches. Ils sont tellement passionnés par leur travail qu'ils oublient de gagner de l'argent pour le rapporter à leur famille.

Adapté des *Voleurs d'écritures* d'Azouz Begag. Illustrations de Catherine Louis. Paris, Le Seuil, coll. «Petit Point», 1990.

---

[3]visage   [4]DCD = décédé: mort   [5]sol   [6]balancé... abandonné   [7]disparue   [8]poète français (1844–1896)

Avez-vous compris?

Vrai ou faux? Si c'est faux, corrigez la phrase.

1. L'ambition du narrateur a toujours été de devenir riche.
2. Il travaillait dans la cuisine pour avoir des gâteaux.
3. Il aimait beaucoup faire ses devoirs.
4. La mère a imaginé que le père était rentré sans ses clés.
5. Quand le chef a parlé à la mère, elle n'a rien compris.
6. Après la mort de son père, le narrateur a changé d'opinion sur l'importance des études.
7. Le narrateur a changé physiquement ce jour-là.

À vous la parole!

Imaginez des suites possibles à l'histoire du narrateur. Pour gagner beaucoup d'argent...

- Il abandonne l'école et va chercher du travail...
- Il décide de faire des études de marketing...
- Il préfère exercer des activités illégales...
- ...

À vous d'écrire

Il y a un siècle, la vie était bien différente de la vie d'aujourd'hui. Comparez la vie dans votre ville il y a 100 ans et la vie d'aujourd'hui. Avant de commencer, faites une liste des choses qui étaient différentes en 19–.

MODÈLE: *Il y a 100 ans, les gens n'avaient pas de télévision. Aujourd'hui, tout le monde a la télé (et la regarde trop!).*

Vocabulaire

L'enfance

avoir peur (de)	to be afraid (of)
bâtir un château de sable	to build a sand castle
une colonie de vacances	a summer camp
dessiner	to draw
grimper aux arbres	to climb trees
jouer à cache-cache	to play hide-and-seek
au base-ball	to play baseball
monter à cheval	to ride a horse
un spectacle	to put on a play
obéir à ses parents	to obey one's parents
pleurer	to weep, cry
recevoir de l'argent de poche	to get an allowance
regarder les dessins animés	to watch cartoons
une émission de télé	to watch a television show
une bande dessinée	a comic strip
un jeu (des jeux)	a game (games)

Mots apparentés: **un album de photos, un tricycle**

L'adolescence

chercher des excuses	to make excuses
dépenser de l'argent	to spend money
économiser de l'argent	to save money
emprunter (un CD)	to borrow (a CD)
s'en aller	to go away
faire un devoir	to do homework
l'école buissonnière	to play hookey
partie d'une équipe	to be on a team
le pitre	to act silly
la tête	to sulk, pout
mâcher du chewing-gum	to chew gum
prêter (un livre)	to lend (a book)
sécher un cours	to cut a class

Les sentiments, les émotions et la conduite

avoir des ennuis	to have problems
se battre (avec qqn)	to fight (with someone)
crier fort	to scream loudly
se disputer (avec)	to argue (with)
s'énerver	to get irritated
s'entendre (avec)	to get along (with)
être impoli(e)	to be impolite
s'excuser	to apologize
se fâcher	to get angry
s'inquiéter (de)	to worry (about)
s'intéresser à	to be interested in
se moquer de	to make fun of
s'occuper de	to take care of
se passionner (pour)	to be excited (about)
prendre au sérieux	to take seriously
rire	to laugh
se sentir bien (mal)	to feel good (bad)

Les fêtes et les traditions

Holidays and traditions

la Chandeleur	Candlemas
la fête des Mères (Pères)	Mother's (Father's) Day
la fête des Rois	Epiphany (January 6)
la fête nationale	the national holiday
Hanoukka (*f.*)	Hanukkah
le jour d'Action de grâce	Thanksgiving (*U.S.*)
le jour de l'An	New Year's Day
un jour férié	a public holiday
le mardi gras	Mardi Gras
Noël (*m.*)	Christmas
le nouvel an (chinois)	(Chinese) New Year's
Pâques (*m.*)	Easter
Ramadan (*m.*)	Islamic holy period
la Saint-Valentin	Valentine's Day
la Toussaint	All Saints' Day
se déguiser	to wear a costume
manger de la dinde	to eat turkey
offrir un cadeau	to give a gift
faire sauter des crêpes	to flip crepes
les amoureux	lovers
des bonbons (*m.*)	candy
des bougies (*f.*)	candles
le Carême	Lent
une carte de vœux	a greeting card
un cœur	a heart

une coutume	a custom
un défilé	a parade
les feux (*m.*) **d'artifice**	fireworks
une fève	a bean; charm hidden in a *galette des Rois*
la galette des Rois	a special cake for Epiphany
le lait	milk
un lapin	a rabbit
un lis	a lily
une menora	a menorah
la messe de minuit	midnight mass
un morceau (de gâteau)	a piece (of cake)
le muguet	lily-of-the-valley
un œuf de Pâques	an Easter egg
le père Noël	Santa Claus
un poisson d'avril	an April Fools' joke
le réveillon de Noël	Christmas Eve dinner
les Rois mages	the Wise Men
un sapin	a fir tree
des souvenirs (*m.*)	memories
la veille (de)	the eve/day before

Mots apparentés: **un bal, célébrer, commémorer, un costume, Cupidon, une résolution**

Adjectifs

doué(e)	gifted
juif/juive	Jewish
sacré(e)	sacred

Mots apparentés: **acceptable, décoré(e), extravagant(e), injuste, islamique, passionné(e), strict(e)**

Substantifs

un(e) chat(te)	a cat
une église	a church

un(e) élève	a pupil
l'espace (*m.*)	space
un étranger / une étrangère	a stranger; a foreigner
la glace	ice
un jardin	a garden, yard
un médecin	a doctor
un patineur / une patineuse	a skater
la politesse	politeness
une vedette	a movie star
la vie sous-marine	marine life

Mots apparentés: **un club, l'élocution** (*f.*)**, les finances** (*f.*)**, un navigateur / une navigatrice, un orchestre**

Verbes

échanger	to exchange
éviter	to avoid
faire le ménage	to do housework
klaxonner	to blow a (car) horn
protéger	to protect

Mots apparentés: **discipliner, interpréter, permettre**

Mots et expressions utiles

Ça me faisait rire.	That used to make me laugh.
en dehors de la maison	outside the house
il vaut mieux	it's better (+ *inf.*)
normalement	usually, generally
Qu'est-ce qui se passe?	What's going on?

Grammaire et exercices

6.1 Saying what you used to do: The imperfect

A. The imperfect (**l'imparfait**) is a past tense used to describe actions or conditions that occurred repeatedly or habitually in the past. It is often used where English speakers use the phrases *used to* and *would*, or just a simple past-tense form.

> ➤ The imperfect often denotes "used to."

> ✱ You will learn more about the imperfect in **Grammaire 6.3, 6.8, 8.5, 11.5, 12.2,** and **12.5.**

Chaque fois que j'**allais** à Paris, j'**envoyais** beaucoup de cartes postales à mes amis aux États-Unis.

Each time I went to Paris, I used to (would) send a lot of postcards to my friends in the United States.

—Que **faisait** Adrienne le dimanche quand elle **était** petite?
—Elle **allait** toujours à la messe avec ses parents.

What did Adrienne do on Sundays when she was little?
She always went to Mass with her parents.

B. The endings used to form the imperfect are the same for all verbs. The stem is the same as that of the **nous** form of the present tense.

> ➤ Imperfect stem = present-tense **nous** stem.

> ➤ Spelling changes in the imperfect: **c** → **ç** and **g** → **ge** before **-a**: **je commençais, je mangeais**

L'IMPARFAIT		
parler **parl**ons → **parl-**	**finir** **finiss**ons → **finiss-**	**vendre** **vend**ons → **vend-**
je parl**ais**	je finiss**ais**	je vend**ais**
tu parl**ais**	tu finiss**ais**	tu vend**ais**
il/elle/on parl**ait**	il/elle/on finiss**ait**	il/elle/on vend**ait**
nous parl**ions**	nous finiss**ions**	nous vend**ions**
vous parl**iez**	vous finiss**iez**	vous vend**iez**
ils/elles parl**aient**	ils/elles finiss**aient**	ils/elles vend**aient**

Pronunciation Hint

The endings **-ais, -ait,** and **-aient** are all pronounced the same: -ai$, -ai/, -ai¢n/.

C. The verb **être** has an irregular stem in the imperfect: **ét-.**

être	
j' **étais**	nous ét**ions**
tu ét**ais**	vous ét**iez**
il/elle/on ét**ait**	ils/elles ét**aient**

Quand j'**étais** petit, je prenais toujours un chocolat chaud au petit déjeuner.

When I was little, I always used to drink hot chocolate at breakfast.

215

D. All other verbs with irregular present-tense forms follow the regular conjugation pattern for the imperfect. Here are some examples.*

aller: nous allons → **all-**	j'all**ais**	nous all**ions**
avoir: nous avons → **av-**	j'av**ais**	nous av**ions**
devoir: nous devons → **dev-**	je dev**ais**	nous dev**ions**
dire: nous disons → **dis-**	je dis**ais**	nous dis**ions**
écrire: nous écrivons → **écriv-**	j'écriv**ais**	nous écriv**ions**
faire: nous faisons → **fais-**	je fais**ais**	nous fais**ions**
lire: nous lisons → **lis-**	je lis**ais**	nous lis**ions**
prendre: nous prenons → **pren-**	je pren**ais**	nous pren**ions**
venir: nous venons → **ven-**	je ven**ais**	nous ven**ions**
vouloir: nous voulons → **voul-**	je voul**ais**	nous voul**ions**

À cette époque, mes deux grand-mères **venaient** toujours chez nous le dimanche.	*At that time, my two grandmothers always came to our house on Sundays.*

Exercice 1 Au lycée

Regardez les dessins et complétez les phrases à la page suivante pour dire ce que faisait chaque personne pendant ses années au lycée.

MODÈLE: *Julien et ses copains* jouaient au volley-ball.

Agnès

Jean-Yves

Julien

---

*Present-tense forms for **écrire, lire,** and **dire** are introduced in **Grammaire 6.2.**

1. _____ lisait le journal tous les jours.
2. _____ et ses amis dansaient très souvent.
3. _____ écoutait de la musique dans la nature.
4. Chaque soir, _____ regardait les actualités à la télévision.
5. En été, _____ participait à des courses de vélo.
6. _____ et ses amis allaient souvent à la plage.
7. Le week-end, _____ et ses copains sortaient ensemble.
8. _____ bavardait avec ses amis au café.
9. _____ étudiait beaucoup et préparait tous ses examens.

Exercice 2 Souvenirs d'enfance

Que faisait Barbara quand elle était petite? Mettez-vous à sa place et terminez ses phrases en utilisant l'imparfait.

Quand j'étais petite,...

MODÈLE: faire mes devoirs le soir → je faisais mes devoirs le soir.

1. aller à l'école à pied
2. adorer mes institutrices
3. aimer beaucoup les activités en classe
4. m'amuser avec mes camarades pendant la récréation
5. rentrer chez moi à midi pour déjeuner
6. mettre la table pour le dîner
7. attendre l'été avec impatience

Tous les dimanches, mes frères, mes sœurs et moi,...

MODÈLE: nous lever de bonne heure → nous nous levions de bonne heure.

8. aller à l'église à 9 h
9. faire un grand repas à midi
10. nous promener dans la forêt l'après-midi
11. faire la sieste après la promenade
12. finir nos devoirs pour le lendemain

Exercice 3 Les inconvénients d'une grande ville

Quand Agnès Rouet avait 10 ans, ses parents ont décidé de quitter la grande ville. Vous allez savoir pourquoi. Utilisez l'imparfait.

MODÈLE: Autrefois, les Rouet / louer un appartement en banlieue →
          Autrefois, les Rouet louaient un appartement en banlieue.

1. tous les matins, M. et Mme Rouet / se lever à 5 h
2. Mme Rouet / prendre le bus pour aller au travail
3. quelquefois, elle / devoir attendre l'autobus une demi-heure
4. M. Rouet / aller au travail en voiture, dans sa vieille Deux Chevaux
5. il / y avoir toujours beaucoup de circulation
6. M. Rouet / arriver au bureau furieux
7. il / être obligé de déjeuner en ville et ça / coûter cher
8. leurs enfants / aller à l'école en bus
9. ils / finir les cours à 16 h 30
10. ils / rentrer à la maison et / rester seuls jusqu'à 19 h

6.2 The verbs dire, lire, and écrire

These verbs have similar forms in the present tense. Note the irregular form **vous dites.**

	dire (*to say*)	**lire** (*to read*)	**écrire** (*to write*)
je/j'	dis	lis	écris
tu	dis	lis	écris
il/elle/on	dit	lit	écrit
nous	disons	lisons	écrivons
vous	dites	lisez	écrivez
ils/elles	disent	lisent	écrivent
PASSÉ COMPOSÉ	j'ai **dit**	j'ai **lu**	j'ai **écrit**
IMPARFAIT	je **disais**	je **lisais**	j'**écrivais**

➤ **Comment dit-on... ?**
= *How do you say . . . ?*

Les jeunes Français **disent** souvent «Ciao».

Young French people often say "Ciao."

Est-ce que vous **lisez** régulièrement le journal?

Do you read the newspaper regularly?

Mes parents m'**écrivent** souvent.

My parents write to me often.

Pronunciation Hint

Note that final **-s** and **-t** in the singular forms are silent: **je dis, elle écrit,** etc. As always, final **-ent** in the plural forms is silent, but the preceding consonant (**s** or **v**) is pronounced: **ils lisent.** (This **s** is pronounced **z**.) Also: **vous dites.**

Exercice 4 À l'université

Complétez les phrases et dites si vous faites ces activités dans votre classe de français.

1. Nous _____ les explications grammaticales du livre. (lire)
2. Nous _____ des rédactions. (écrire)
3. Le professeur nous _____ des poèmes en français. (lire)
4. Moi, je _____ un journal ou un magazine français. (lire)
5. Je _____ bonjour au professeur quand j'entre dans la classe. (dire)
6. Tous les étudiants _____ des choses intéressantes. (dire)
7. J'_____ quelquefois des phrases au tableau. (écrire)
8. Le professeur _____ les nouveaux mots de vocabulaire au tableau. (écrire)

6.3 Describing past states: More on the imperfect

Some verbs describe actions (*run, jump, put, eat*) and others describe states of being (*want, know, have, be, can*). You already know how to express a variety of states with **être** plus an adjective (**être fatigué**), or with **avoir** plus a noun (**avoir sommeil**). You also know the following verbs that describe states of being: **aimer, vouloir, pouvoir, connaître, savoir,** and **devoir.**

> ✳ Review **Grammaire 4.7** on expressions with **avoir.**

To describe a state of being *in the past*, French normally uses the imperfect tense. This is because the imperfect presents a situation as existing at some time in the past, without suggesting a definite beginning or end.

Je ne me **sentais** pas bien hier. Je **savais** que j'**étais** malade parce que je n'**avais** pas envie de manger.	*I didn't feel well yesterday. I knew that I was sick because I didn't feel like eating.*	✳ You will learn more about the imperfect in **Grammaire 6.8, 8.6, 11.5, 12.2,** and **12.5.**
Quand ma sœur **avait** 15 ans, elle **voulait** devenir championne de patinage.	*When my sister was 15, she wanted to become an ice-skating champion.*	

Exercice 5 Une semaine difficile

Raoul décrit sa semaine. Utilisez un des verbes indiqués à l'imparfait.

avoir, devoir, être
Le semaine dernière _____¹ une semaine très difficile. J'_____² un peu malade et je n'_____³ pas le temps de dormir suffisamment. Donc, j'_____⁴ très sommeil pendant tous mes cours. J'_____⁵ beaucoup de devoirs et en plus je _____⁶ travailler tous les jours.

avoir, être, savoir, vouloir
Un ami canadien était de passage à Bâton Rouge. Je _____⁷ sortir avec lui, mais ce n'_____⁸ pas possible. Je _____⁹ que j'_____¹⁰ besoin de me reposer, mais je ne _____¹¹ pas manquer mes cours, puisque c'_____¹² la dernière semaine du semestre. Vive les vacances!

6.4 Linking ideas: Relative pronouns

A. Relative pronouns are used to make one sentence out of two. There are four relative pronouns in English: *that, who(m), which,* and *where.*

This is a high school. I attended this high school. →
  This is *the high school that* I attended.
Mr. Langdon is a teacher. He taught me the most. →
  Mr. Langdon is *the teacher who* taught me the most.

B. In French, the relative pronoun **qui** is used for both people and inanimate objects. **Qui** is used when the preceding noun is the *subject* of the following verb.

> ➤ **Qui** is usually directly followed by a verb.

J'avais **un ami** *qui* jouait dans l'orchestre. (**Mon ami** jouait...)

I had a friend who played in the orchestra.

Je cherchais **le livre** *qui* était sur mon lit. (**Le livre** était...)

I was looking for the book that was on my bed.

➤ **Que** is usually followed by a subject + verb.

C. The relative pronoun **que (qu')** is also used for both people and things. **Que** is used when the preceding noun is the *direct object* of the following verb.

Comment s'appelait **le garçon** *que* nous rencontrions tous les jours à la bibliothèque? (Nous rencontrions **le garçon**...)

What was the name of the boy we used to meet every day in the library?

➤ A direct object is a noun that follows a verb directly, with no preposition separating them.

J'aime *cette couleur.*
J'ai rencontré *mon cousin.*

Vogue était **le magazine** *que* je lisais quand j'étais au lycée. (Je lisais **le magazine**...)

Vogue was the magazine (that) I used to read when I was in high school.

D. Use the relative pronoun **où** to refer to a place where something happens or to a point in time when something happens.

➤ **Où** can refer to a place or a time.

Maman, comment s'appelle **le magasin** *où* tu achetais tous nos vêtements?

Mom, what's the name of the shop where you used to buy all our clothes?

J'étais malade **le jour** *où* Daniel m'a téléphoné.

I was sick the day (that) Daniel called me.

E. Note that the relative pronoun may sometimes be omitted in English, but it is always present in French.

Denise, tu portes la robe **que** je voulais acheter.

Denise, you're wearing the dress (that) I wanted to buy.

Exercice 6 Définitions

Complétez les définitions avec un mot de la liste à droite, puis avec le pronom **qui** ou **que (qu')**.

MODÈLE: *Un ordinateur* est une machine *qui* obéit à des programmes.

1. _____ est un animal _____ on ne trouve que dans les mythes.
2. _____ est l'ensemble des gens _____ vivent dans un pays.
3. _____ est un âge _____ les parents trouvent difficile.
4. _____ est un véhicule _____ navigue sur les eaux.
5. _____ est une personne _____ fait le clown.
6. _____ est une tâche ménagère _____ les enfants détestent.
7. _____ est un petit cahier _____ on utilise pour écrire des adresses.
8. _____ est le terrain _____ entoure une maison.

a. Un pitre
b. Un carnet
c. La vaisselle
d. Un jardin
e. Une licorne
f. Un peuple
g. L'adolescence
h. Un bateau

Exercice 7 Journées d'hiver

Raoul raconte des souvenirs de son enfance à Montréal. Complétez les phrases par le pronom relatif **qui, que** ou **où.**

Quand j'étais petit, nous habitions une ville _____¹ était très belle en hiver. C'étaient le silence du matin et le mystère du paysage blanc _____² j'aimais surtout. Je n'aimais pas sortir les jours _____³ il faisait très froid. Je restais à la maison _____⁴ je lisais des livres _____⁵ j'empruntais à la bibliothèque. Mon frère, _____⁶ n'aimait pas non plus sortir, restait lui aussi à la maison. En général, il chantait et jouait de la guitare. Mon père, _____⁷ travaillait, nous téléphonait toujours vers quatre heures. En fin d'après-midi, je passais de très bons moments dans la cuisine, _____⁸ ma mère préparait le dîner. Les gâteaux _____⁹ elle nous faisait sentaient si bon!

Voilà les bons souvenirs _____¹⁰ je garde de ces journées d'hiver.

Exercice 8 Souvenirs d'enfance

Sarah et Agnès racontent leurs souvenirs. Combinez les deux phrases en employant un pronom relatif **(qui, que, où).**

MODÈLE: Je ne vais jamais oublier les gâteaux. Ma grand-mère faisait ces gâteaux. →
Je ne vais jamais oublier les gâteaux que ma grand-mère faisait.

1. J'avais deux cousines. Elles nous racontaient des histoires fascinantes.
2. Près de chez nous, il y avait un parc. Nous jouions souvent dans ce parc.
3. Je faisais aussi des promenades à bicyclette. J'aimais beaucoup ces promenades.
4. Il y avait une maîtresse. Elle nous apprenait les noms de toutes les plantes.
5. Je jouais avec une petite fille. Elle avait un gros chien.
6. J'adorais la colonie de vacances. J'allais dans cette colonie de vacances en été.
7. À l'école, j'avais une copine. J'aimais beaucoup cette copine.
8. Il y avait une piscine près de chez nous. Je nageais souvent dans cette piscine.

6.5 Indirect object pronouns

A. In French, an indirect object noun is always preceded by the preposition **à.**

Je posais beaucoup de questions à **Mᵐᵉ Kaffès.**
I asked Madame Kaffès a lot of questions.
Mᵐᵉ Kaffès expliquait les problèmes de maths **aux élèves.**
Madame Kaffès explained the math problems to the pupils.

Definition: An indirect object is a noun indicating to whom or for whom an action is performed.

★ *Review **Grammaire 4.5** on direct object pronouns.*

B. Indirect object pronouns are used to avoid repeating an indirect object noun. You already know most of these pronouns because they are the same as the direct object pronouns. The only forms that are different are **lui** and **leur.**

<table>
<tr><td colspan="2" align="center">INDIRECT OBJECT PRONOUNS</td></tr>
<tr>
<td>

me/m' (*to*) *me*
te/t' (*to*) *you* (*familiar*)
lui (*to*) *him*, (*to*) *her*
</td>
<td>

nous (*to*) *us*
vous (*to*) *you* (*formal, plural*)
leur (*to*) *them*
</td>
</tr>
</table>

➤ **lui** = (*to*) *him* or *her*, depending on context

J'étais à côté de Madeleine et je **lui** donnais toujours la réponse. Emma et Florence étaient de l'autre côté de la salle. Je **leur** écrivais souvent des petits mots.

I was next to Madeleine, and I always gave her the answer. Emma and Florence were on the other side of the room. I often wrote them little notes.

C. Indirect object pronouns, just like reflexive and direct object pronouns, are placed before conjugated verbs or between a conjugated verb and an infinitive.

Georges **m'a expliqué** la leçon de français.
Je ne peux pas **te donner** le livre maintenant.

Georges explained the French lesson to me.
I can't give you the book now.

✷ *Review* **Grammaire 2.2D** *and* **4.5** (*C and D*) *on placement of reflexive and direct object pronouns with negation and infinitives.*

D. In negative sentences, indirect objects precede their verb and are placed between **ne** and the verb.

Je ne **lui** parle pas souvent.
Elle ne **leur** a pas dit ça.

I don't talk to him/her often.
She didn't tell them that (say that to them).

E. Some verbs require an indirect object in French although the equivalent English verb takes a direct object:

obéir à... , répondre à... , téléphoner à...

—Tu as été poli quand tu as répondu **au professeur**?
—Mais oui, je **lui** ai répondu très poliment!

Were you polite when you answered the instructor?
Oh yes, I answered him (her) very politely!

Exercice 9 Ton adolescence

Un camarade vous pose des questions. Répondez en employant **lui** ou **leur**.

MODÈLE: Tu obéissais *à tes parents,* même si tu ne voulais pas? →
Oui, je leur obéissais toujours (en général). (Non, je ne leur obéissais pas toujours.)

1. Si tu voulais sortir, est-ce que tu devais demander la permission *à tes parents*?
2. Est-ce que tu pouvais téléphoner *à ton meilleur ami (ta meilleure amie)* tous les soirs?
3. Est-ce que tu écrivais *à ton acteur favori (ton actrice favorite)*?
4. Au lycée, est-ce que tu écrivais des mots *à tes camarades* pendant les cours?
5. Est-ce que tu posais beaucoup de questions *à tes professeurs*?
6. Est-ce que tu offrais des cadeaux *à ton professeur favori*?

7. Est-ce que tu empruntais souvent des CD *à tes camarades?*
8. Est-ce que tu demandais de l'argent *à tes copains?*
9. Est-ce que tu rendais souvent visite *à tes grands-parents?*

Exercice 10 La vie d'un enfant d'autrefois

Joël Colin pose des questions à son grand-père Francis Lasalle sur son enfance. Complétez les phrases avec **nous, vous** ou **leur.**

JOËL: Papi, est-ce que tu obéissais toujours à tes parents?

FRANCIS: Euh... oui, d'habitude je _____¹ obéissais, mais pas toujours, tu sais.

JOËL: Est-ce que tes frères et toi, vous receviez de l'argent de poche?

FRANCIS: Non, nos parents ne _____² donnaient pas d'argent régulièrement, mais ils _____³ donnaient de l'argent de poche de temps en temps.

JOËL: Et à Noël, ils _____⁴ offraient beaucoup de cadeaux, non?

FRANCIS: Oui, ils _____⁵ offraient des cadeaux, mais pas autant qu'à vous aujourd'hui.

Exercice 11 Interrogatoire

Claudine Colin pose des questions à son fils. Mettez-vous à la place de Joël et répondez au négatif.

MODÈLE: Est-ce que tu as téléphoné à ton père? →
Non, maman, je ne lui ai pas téléphoné.

1. Est-ce que tu as écrit à ton grand-père?
2. As-tu rendu les CD à Clarisse et Marise?
3. Tu m'as promis de rester à la maison cet après-midi, n'est-ce pas?
4. Tu nous as dit, à ton père et à moi, que tu avais des devoirs à faire, n'est-ce pas?
5. Je t'ai prêté mon stylo, non?
6. Est-ce que tu as donné de l'eau au chien?
7. Est-ce que tu nous as laissé un morceau de gâteau?
8. Est-ce que Marise t'a demandé un service?
9. Tu as rendu visite à Mᵐᵉ Avôké, n'est-ce pas?
10. Enfin, est-ce que tu as obéi à ton père et moi?

6.6 Idiomatic reflexive verbs

For most of the reflexive verbs you have seen so far, the subject and the object refer to the same person: the subject is acting on himself or herself. **(Il se rase. Elle s'habille.)** However, some verbs are used with reflexive pronouns even though they have no obvious reflexive meaning; that is, the subject is not acting on himself or herself. Here are some examples.

★ Review **Grammaire 2.2** *on reflexive verbs.*

s'en aller	*to leave, go away*
se battre avec quelqu'un	*to fight with someone*
se disputer avec quelqu'un	*to quarrel with someone*
s'énerver	*to be annoyed*
s'ennuyer	*to be bored*
s'entendre avec quelqu'un	*to get along with someone*
se fâcher avec quelqu'un	*to get angry with someone*
s'inquiéter de quelque chose	*to worry about something*
s'intéresser à quelque chose	*to be interested in something*
s'occuper de quelque chose	*to take care of something*
se rappeler quelque chose	*to remember something*
se sentir (bien/mal)	*to feel (good/bad)*
se souvenir de quelque chose	*to remember something*

Je **m'entendais** assez bien avec ma sœur, mais nous **nous disputions** quelquefois.

I got along pretty well with my sister, but we used to quarrel sometimes.

—Est-ce que tu **te rappelles** le prof de maths?
—Tu veux dire M. Morin, le professeur qui **se fâchait** tout le temps?

Do you remember the math teacher?

You mean Mr. Morin, the teacher who was always getting angry?

Exercice 12 Souvenirs d'adolescence

Comparez votre adolescence avec celle de Raoul Durand. Posez des questions et ensuite, répondez d'après votre expérience.

MODÈLE: Raoul ne se battait pas avec ses frères et sœurs.
—Et toi, tu te battais avec tes frères et sœurs?
—Oui, je me battais avec mes frères et sœurs. (Non, je ne me battais pas avec mes frères et sœurs.)

Les souvenirs de Raoul:

1. Il s'entendait très bien avec ses professeurs et ses camarades de classe.
2. Il s'inquiétait de ses résultats aux examens.
3. Il ne se fâchait jamais avec ses copains.
4. Il se disputait de temps en temps avec ses parents.
5. Il s'occupait de la voiture de ses parents.
6. Il s'intéressait beaucoup aux sports d'hiver.
7. Il s'ennuyait parfois en été.

Maintenant, posez les mêmes questions à votre professeur.

MODÈLE: Est-ce que vous vous battiez avec vos frères et sœurs, madame (monsieur)?

6.7 The verbs voir and croire

A. The verbs **voir** and **croire** have the same conjugation pattern. Notice that the **i** changes to **y** in the **nous** and **vous** forms.

voir (to see)		croire (to believe)	
je vois	nous voyons	je crois	nous croyons
tu vois	vous voyez	tu crois	vous croyez
il/elle/on voit	ils/elles voient	il/elle/on croit	ils/elles croient
PASSÉ COMPOSÉ: j'ai **vu**, j'ai **cru**			
IMPARFAIT: je **voyais**, je **croyais**			

B. When **croire** is used with **à**, it has the meaning *to believe in.*

> Les petits enfants **croient au** père Noël.   *Little children believe in Santa Claus.*
>
> Elle **ne croyait pas aux** licornes.   *She didn't believe in unicorns.*

➤ Exceptions: **croire en Dieu** = *to believe in God;* **croire en qqn** = avoir confiance en qqn.

C. If **croire** or **voir** is followed by a statement, the statement must be introduced by **que**.

> Je **crois qu'**elle a eu une enfance très heureuse.   *I think (that) she had a very happy childhood.*
>
> Je **vois que** j'avais bien tort.   *I see (that) I was wrong.*

D. Here are a few useful expressions with **croire** and **voir:**

> Je crois que oui (non).   *I think so. (I don't think so.)*
> Tu crois? Moi, je ne crois pas.   *Do you think so? I don't.*
> Tu vois? Je te l'avais dit!   *You see? I told you so!*

Exercice 13 Principes

Faites des phrases en employant le présent de **croire à.**

> MODÈLES: Je suis toujours très poli(e). (les bonnes manières) →
> Je crois aux bonnes manières.
>
> Mes parents sont mariés depuis trente-deux ans. (le divorce) →
> Ils ne croient pas au divorce.

1. Agnès Rouet est féministe. (l'égalité des sexes)
2. Les Lasalle ne donnent jamais de fessées à Nathalie. (la punition corporelle)
3. Toi et moi, nous votons à toutes les élections. (la démocratie)
4. Tu as beaucoup d'amis. (l'amitié)
5. J'adore toutes les fêtes de l'année. (les traditions)
6. Vous êtes fiancé(e). (le mariage)

Exercice 14 Les fêtes et les traditions

Complétez par **voir** ou **croire** au présent.

1. À Noël, on _____ des arbres de Noël et des cadeaux enveloppés de papier coloré.
2. Aux États-Unis, nous _____ des enfants en déguisements* de toutes sortes à Halloween.
3. Dans votre famille, est-ce que vous _____ que la dinde est indispensable au repas principal du jour d'Action de grâce?
4. Moi, je ne _____ pas pourquoi on associe des lapins et des œufs colorés à la fête de Pâques.
5. Les musulmans _____ qu'il faut s'abstenir de manger entre le lever et le coucher du soleil pendant le Ramadan.
6. Dans les familles juives, on _____ à la tradition de l'hospitalité à Pâque.†

6.8 Different perspectives on the past: Summary of **passé composé** and imperfect

> **imparfait** = *used to do, did, would do regularly*

A. The imperfect is used to say what one *used to do* or *did regularly* in the past. In English, this is sometimes expressed with *would.*

À Noël, **nous allions** chez mes grands-parents.

Every Christmas, we went (would go) to my grandparents' house.

> **imparfait** = description of past state

B. The imperfect is often used to describe states of being and feelings in the past.

Quand **j'avais** 10 ans, **je détestais** encore les garçons.

When I was 10, I still hated boys.

> **passé compose** = completed past event

C. The **passé composé,** in contrast to the imperfect, presents an action as a single event, completed at one time in the past. It is used to say *what happened.*

À l'âge de 6 ans, **j'ai découvert** que le père Noël n'existait pas.

At age 6, I discovered that Santa Claus did not exist.

Quand j'avais 10 ans, nous **sommes allés** à Dakar.

When I was 10, we went to Dakar.

---

*costumes
†*Passover* (≠ Pâques *Easter*)

Exercice 15 Mes activités du passé

Dites quelles activités de cette liste vous avez faites hier. Ensuite, dites si vous les faisiez quand vous étiez petit(e) et à quelle fréquence.

Vocabulaire utile   souvent, tous les jours, de temps en temps, une fois par semaine

MODÈLES: Hier, j'ai mangé des spaghettis. →
Quand j'étais petit(e), je mangeais souvent des spaghettis.

Hier, je ne suis pas allé(e) à la banque. →
Quand j'étais petit(e), je n'allais jamais à la banque.

1. Hier, je me suis levé(e) avant 8 h.
2. Hier, j'ai porté un jean et un tee-shirt.
3. Hier, je suis allé(e) à l'université.
4. Hier, j'ai parlé au téléphone avec des amis.
5. Hier, j'ai conduit une voiture.
6. Hier, j'ai regardé la télé.
7. Hier, je me suis couché(e) à minuit et demi.
8. Hier, j'ai lu les bandes dessinées dans le journal.

le Québec

La richesse du Québec

Seule province canadienne majoritairement francophone, le Québec est immense (trois fois la surface de la France) mais faiblement[1] peuplé (7 millions et demi d'habitants). Il est divisé en vingt régions touristiques, certaines gigantesques mais presque désertes, comme le Grand-Nord, territoire habité par les Amérindiens (Inuits, Cris et Naskapis) qui couvre la moitié[2] de la province. Le Québec comprend aussi plusieurs grandes métropoles urbaines dont Montréal, ville de 3 millions d'habitants.

On trouve plus d'un million de lacs et de cours d'eau[3] au Québec. Le plus important est le fleuve Saint-Laurent qui traverse le Québec sur plus de 1.000 km. On a construit d'impressionnantes installations hydroélectriques dans la Baie James pour exploiter cette ressource précieuse qu'est l'eau. Le Québec est aussi une région de montagnes (les Laurentides et les Appalaches) et de forêts qui représentent une richesse économique importante.

En plus des merveilles naturelles, les attraits du Québec sont nombreux et divers: monuments historiques, musées, manifestations culturelles[4] de dimension internationale et, bien sûr, une cuisine délicieuse!

● L'ancien et le nouveau à Québec

[1]≠ fortement   [2]1/2   [3]cours... fleuves ou rivières   [4]manifestations... comme un festival, une exposition, un concert

Québec, une ville fortifiée

Le site de la ville de Québec (le cap Diamant) forme une citadelle naturelle qui domine le fleuve Saint-Laurent. En 1608, l'explorateur français Samuel de Champlain a établi un poste de commerce des fourrures[1] au pied du cap Diamant, dans la «Basse-Ville». C'est aussi là que se sont installés les marchands et les artisans. C'est dans la «Haute-Ville» que l'on a construit plus tard des remparts. Ceux-ci font aujourd'hui de Québec un endroit unique; c'est en effet la seule ville fortifiée en Amérique du Nord. De plus, l'arrondissement historique du Vieux-Québec est inscrit au patrimoine[2] mondial de l'Unesco depuis 1985.

(Continued)

[1]commerce... *fur trading*   [2]héritage

● Le Vieux-Québec en hiver

Les fortifications n'ont pas empêché[3] la ville de Québec d'être envahie[4] par les troupes britanniques à la suite de la bataille des Plaines d'Abraham, le 13 septembre 1759. Les Anglais ont ensuite édifié une énorme Citadelle (1819–1850) qui reste encore aujourd'hui un poste militaire. Maintenant que les batailles ne sont plus qu'un lointain[5] souvenir, la ville fortifiée est une superbe attraction touristique, qui donne à Québec un charme sans équivalent sur le continent nord-américain.

[3]arrêté   [4]occupée militairement   [5]distant

Le Carnaval de Québec

En 2004, le Carnaval de Québec a fêté ses 50 ans. Cette manifestation se tient[1] chaque année pendant deux semaines en janvier–février dans la ville historique de Québec. Elle attire des milliers de gens du Canada, des États-Unis et du monde entier. Bain de neige, spectacles multimédias, jeu de football géant, pêche sur la glace, sculptures sur neige, promenades en carrioles[2] ou en traîneaux à chiens,[3] palais de glace, patinage... les activités sont nombreuses. Mais l'attraction principale, c'est le défilé nocturne, mené par le célèbre Bonhomme Carnaval, réplique vivante du Bonhomme de neige qui a enchanté l'enfance[4] de tous les Québécois. Tout le monde s'amuse beaucoup, en dépit du froid intense. Pour se réchauffer,[5] on mange des «queues de castor»,[6] des pâtisseries au sirop d'érable,[7] et on boit du «caribou», mélange[8] alcoolisé à consommer avec modération!

[1]se... *is held*   [2]véhicules tirés par des chevaux   [3]traîneaux... *dog sleds*   [4]< enfant   [5]se... < chauffer < chaud   [6]queues... *beaver tails*   [7]arbre symbole du Canada   [8]*mixture*

● Le Bonhomme de neige au Carnaval

À table!

Le fromage français: on a l'embarras du choix!

Objectifs

In *Chapitre 7*, you will learn to talk about food, purchasing ingredients, preparing meals, and eating in restaurants.

Les aliments et les boissons

✴ **Attention! Étudier Grammaire 7.1 et 7.2**

LE PETIT DÉJEUNER

du pain (une baguette) — du café au lait — du jus d'orange — du beurre — de la confiture — une tartine

LE DÉJEUNER

un sandwich au jambon — des fruits — de la soupe aux légumes — un bifteck et des pommes de terre frites — une glace — une salade

Du vin? Merci! Moi, je bois de l'eau minérale.

LE THÉ (LE GOÛTER)

une tarte aux pommes — un gâteau — un pain au chocolat — du thé — du sucre — du lait

Moi, j'aime le thé! J'en bois tous les jours.

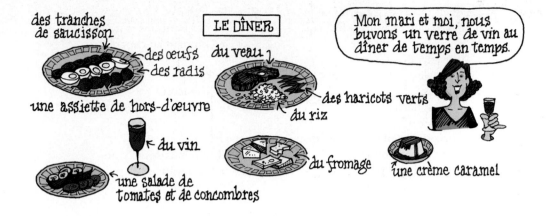

Activité 1 Discussion: Les nourritures et les boissons

Dites si on mange les aliments suivants au petit déjeuner, au déjeuner, au goûter ou
au dîner.

> MODÈLE: les crêpes avec du sirop d'érable →
> On les mange au petit déjeuner.

les toasts avec de la confiture	les concombres
le veau aux haricots verts	les sandwichs au jambon
la soupe	les yaourts
le bifteck grillé	le poisson grillé
le fromage	la tarte aux pommes
les pommes de terre frites	les œufs
la glace à la vanille	le rosbif au jus
le gâteau au chocolat	les spaghettis à l'italienne

Maintenant, c'est à vous! Avec un(e) partenaire, dites si vous aimez
ces aliments et à quelle fréquence vous les mangez **(souvent, tous les (jours), de
temps en temps, ne... jamais, ...)**.

> MODÈLE: É1: Le bifteck grillé? Je l'adore! J'en mange très souvent.
> É2: Moi aussi! Mais je préfère le poulet frit.

Activité 2 Enquête: Les aliments

Passez cette petite épreuve pour déterminer si vous êtes bien, passablement ou mal
informé(e) sur la nutrition.

1. Lesquelles de ces boissons ne sont pas sucrées?
   a. l'eau minérale **d.** le chocolat
   b. le café noir **e.** la limonade
   c. le jus d'orange
2. Lequel de ces desserts a le moins de calories?
   a. un morceau de tarte aux pommes **d.** un sorbet à l'orange
   b. des fruits frais en compote **e.** une glace à la vanille
   c. un morceau de gâteau au chocolat

3. Lesquels de ces casse-croûte donnent le plus d'énergie?
   a. des biscottes avec du fromage
   b. du yaourt sans sucre
   c. une part de pizza
   d. des bonbons et un coca
   e. un pain au chocolat

4. Lesquels de ces aliments sont riches en protéines?
   a. le bifteck
   b. les spaghettis
   c. le poisson
   d. le bacon
   e. la soupe aux légumes

5. Lesquels de ces plats ont peu de matières grasses?
   a. un blanc de poulet
   b. du rosbif au jus
   c. du gâteau à la crème
   d. une salade de fruits
   e. une tranche de porc rôti

Activité 3 Échanges: Qu'est-ce qu'on va manger aujourd'hui?

D'abord, regardez la liste d'aliments. Ensuite, préparez deux menus pour la journée (petit déjeuner, déjeuner et dîner): (1) un menu sain et nourrissant et (2) un menu composé de vos plats et boissons préférés. Enfin, comparez vos menus avec ceux d'un(e) partenaire.

PETIT DÉJEUNER	DÉJEUNER	DÎNER
• un Smoothie: mangue, orange, banane, abricot • des céréales froides • des crêpes au sirop • des œufs • des toasts • du bacon • du jambon • du fromage • du café • du thé • du lait • des pains au chocolat • des croissants • des yaourts • du pain complet	• de la soupe: au poulet, à la tomate, aux légumes • une salade verte • une salade de fruits • un sandwich: au jambon, au rosbif, au poulet • un hamburger et des frites • du jus de fruit • un coca • des spaghettis à l'italienne • du thé glacé • une glace ou un sorbet • des fruits • du gâteau au chocolat	• du rosbif au jus • du veau avec des haricots verts • de la lasagne • une salade • du poisson grillé • des pommes de terre • des hors-d'œuvre: radis, saucisson, tomates • du vin • du jus de fruit • de l'eau minérale • du poulet rôti avec des carottes et des oignons • des brocolis • une crème caramel • une tarte aux pommes

Activité 4 Entretien: Mes habitudes

Posez les questions à votre camarade de classe, en lui demandant de vous expliquer ses réponses.

MODÈLE: É1: Qu'est-ce que tu bois quand tu vas au restaurant?
É2: Normalement, je bois de l'eau. Si c'est une grande occasion, je prends parfois du vin.

Qu'est-ce que tu bois quand...

1. tu ne peux pas dormir?
2. tu retrouves tes amis au café?
3. ta famille fête une occasion importante?
4. tu as froid?
5. tu as sommeil le matin de bonne heure?

Qu'est-ce que tu manges...

6. comme petit déjeuner quand tu es pressé(e)?
7. quand tu comptes les calories ou quand tu fais un régime?
8. dans ton restaurant préféré?
9. le soir, avant de te coucher?
10. maintenant mais que tu détestais quand tu étais petit(e)?

Activité 5 Dans le monde francophone: La tartine de Normandie

Écoutez votre professeur et cherchez la bonne description du produit.

1. Il est célèbre et coûte très cher. On le sert comme hors-d'œuvre.
2. Ce sont des produits faits principalement de lait.
3. Il est produit par des insectes et il est délicieux sur les toasts.
4. C'est un jus de pomme distillé et transformé en alcool.
5. Servies comme plat principal, elles sont une espèce de saucisson.
6. Ce sont des fruits de mer qui produisent parfois des perles.
7. C'est un produit laitier. En France, il y en a approximativement 300 sortes.
8. Ce produit laitier est un des plus célèbres de la Normandie.

la tartine de Normandie
Une tranche de terroir au creux de la main

Allons plus loin!   Préparez «la tartine» de votre état ou pays et expliquez-la à vos camarades de classe.

On fait les provisions

✴ **Attention! Étudier Grammaire 7.3 et 7.4**

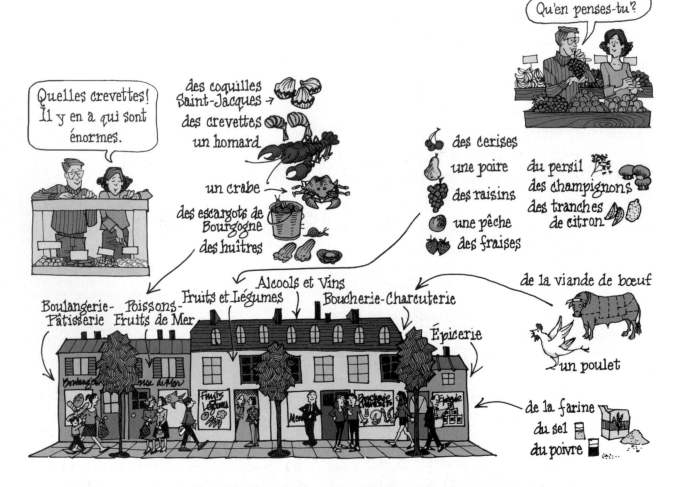

Activité 6: Échanges: Les magasins d'alimentation

Regardez les dessins et posez des questions à votre camarade de classe.

MODÈLE: É1: Où est-ce qu'on peut trouver des pommes?
            É2: Chez le marchand de fruits et légumes.
            É2: Où est-ce qu'on vend des crevettes?
            É1: On vend des crevettes à la poissonnerie.

Activité 7 Casse-tête: Les aliments

De quel aliment s'agit-il dans chacune de ces définitions?

Réponses possibles   le jus d'orange, le sel, le yaourt, une carotte, la salade, le homard, les fraises, la farine, un croissant, les œufs, les cerises, les champignons

1. C'est un légume long et orange. Nous en mangeons la racine.
2. C'est un fruit de mer. D'habitude, nous en mangeons les pinces.
3. C'est une poudre à base de céréales. On l'utilise dans le pain.
4. C'est un délice de l'été à l'arôme délicat. Nous en prenons comme dessert avec de la crème.
5. Nous mettons ce condiment blanc et poudré dans presque tous nos plats.
6. Il faut casser cet ingrédient avant de faire une omelette.
7. Pâtisserie croustillante, elle est délicieuse avec un café au lait.
8. Cette boisson, riche en vitamine C, vient d'un fruit.
9. En France, on la mange après le plat principal, souvent avec une sauce vinaigrette.
10. Ce produit laitier est riche en protéines et contient peu de calories.
11. Cet aliment ne contient pas de chlorophylle et se propage par des spores.
12. Nous mettons ces petits fruits rouges et rondes dans des tartes et des confitures.

Les francophones sur le vif

Farida Abdel, 28 ans, employée de la SNCF[1] à Bayonne (Aquitaine)

Où préférez-vous faire vos provisions?

Pour les fruits et les légumes et aussi les fromages, je préfère aller au petit marché en plein air[2] qui se tient sur la place de mon quartier le mardi et le jeudi matin. Les produits sont très frais, de bonne qualité, mais pas trop chers, et l'ambiance est sympathique parce que les marchands adorent discuter avec leurs clients. Pour les autres achats, je vais dans un hypermarché en banlieue. Bien que je n'aime pas beaucoup ça—c'est si impersonnel!—, il faut admettre que c'est pratique: on y trouve de tout, pas seulement de la nourriture: des vêtements, de l'électro-ménager,[3] du vin et des alcools, des livres ou des accessoires auto. J'aime bien fréquenter[4] les petits magasins de quartier, mais je n'ai pas toujours le temps et je ne veux pas dépenser trop pour des achats ordinaires.

[1]Société Nationale des Chemins de Fer (les trains)
[2]en... à l'extérieur
[3]appareils électriques pour la maison (grille-pain, four à micro-ondes, etc.)
[4]aller régulièrement dans

Activité 8 Entretien: Le supermarché Casino

Vous allez faire des courses à Casino. Pour chaque liste, calculez combien vous allez dépenser. Attention aux quantités! (Un kilo = 1000 grammes.)

MODÈLE: Le jambon coûte 8€ le kilo. 250g, ça fait un quart de kilo. Alors, ça fait 2€.

LISTE 1	LISTE 2	LISTE 3
250 grammes de jambon	1 bouteille de beaujolais	1 pot de moutarde
3 boîtes de petits pois	3 kilos d'oignons	500 grammes de beurre
2 avocats	250 grammes de gruyère	4 yaourts aux fruits
500 grammes de viande hachée	2 kilos de pommes	1 kilo de tomates
2 kilos de mandarines	6 boîtes de jus de tomate	500 grammes de citrons

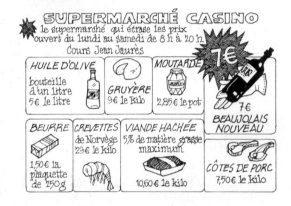

Activité 9 Entretien: Les provisions et la nourriture

1. C'est toi qui fais les provisions chez toi? Pourquoi?
2. Qui cuisine chez toi? Toi, tu aimes cuisiner? Quels plats aimes-tu préparer?
3. Tu achètes tout au supermarché? Sinon, où vas-tu? Tu achètes des repas congelés ou prêts à chauffer? Quand? Pourquoi?
4. Tu aimes les fruits et légumes? En achètes-tu souvent? Frais ou congelés?
5. Tu lis toutes les valeurs nutritives avant d'acheter un produit? Pourquoi?
6. Tu aimes grignoter entre les repas? Que prends-tu? Tu dépenses combien chaque semaine pour des chips, des cocas, etc.?
7. Est-ce que tu manges des aliments plutôt sains d'habitude? Lesquels?
8. Manges-tu trop de mal-bouffe (commes les chips, les frites, etc.). Quand? Quoi? Pourquoi?
9. Est-ce que tu connais des végétarien(ne)s? des végétalien(ne)s? Quelle est la différence entre ces deux façons de se nourrir?

L'art de la cuisine

✳ **Attention! Étudier Grammaire 7.5**

Des invités à dîner

Bernard et Christine cherchent des recettes intéressantes.

Bernard achète du pain à la boulangerie.

De retour chez eux, Christine commence à préparer les plats.

C'est Bernard qui met le couvert.

Ils vérifient que tout est prêt avant l'arrivée des invités.

Tout le monde se met à table et ils servent le dîner.

Activité 10 Définitions: Se débrouiller dans la cuisine

_____ 1. Nous y mélangeons les ingrédients d'une recette.

_____ 2. Nous nous en servons pour prendre de la soupe.

_____ 3. C'est l'ensemble des ustensiles que nous utilisons au repas.

_____ 4. On l'utilise pour manger de la salade.

_____ 5. Ce sont les instructions pour préparer un plat.

_____ 6. Normalement, nous buvons notre café dans cet objet.

_____ 7. Nous l'utilisons pour couper la viande.

_____ 8. On s'en sert pour s'essuyer la bouche pendant un repas.

_____ 9. Nous y mettons les aliments pour les manger.

_____10. C'est le récipient où nous cuisinons des plats.

a. un couteau
b. une assiette
c. un bol
d. un couvert
e. une serviette
f. une fourchette
g. une recette
h. une tasse
i. une cuillère
j. une poêle

• La bouillabaisse, spécialité de Provence

Activité 11 Échanges: Savez-vous cuisiner?

Nommez autant d'ingrédients que possible pour chaque plat.

MODÈLE: Dans une purée de pommes de terre, il y a des pommes de terre, du lait, du beurre, du sel et un peu de poivre.

Suggestions

du beurre	du sucre	de la farine	des épices
des œufs	du vin	de l'huile	du sel
de l'ail	des oignons	du lait	du poivre

1. Avec quoi est-ce qu'on fait une omelette aux champignons?
2. Qu'est-ce qui est indispensable pour faire les crêpes?
3. Que met-on dans la sauce tomate à l'italienne?
4. Avec quoi est-ce qu'on fait un gâteau au chocolat?
5. Qu'est-ce qu'on met dans le steak au poivre?
6. Quels sont les ingrédients dans une tarte aux cerises?
7. De quoi est-ce qu'on a besoin pour une sauce vinaigrette?

MENU 1

une soupe de poissons, une salade de tomates et de concombres, des spaghettis à la bolognaise avec du fromage et un gâteau au chocolat

MENU 2

une soupe iranienne à base de yaourt, une assiette de crudités, des filets de sole pochés, des haricots verts et une tarte aux pêches

MENU 3

une soupe aux tomates et au basilic, des escargots de Bourgogne, des blancs de poulet à la crème et aux champignons et une crème caramel

MENU 4

une soupe aux légumes, des coquilles Saint-Jacques, un rôti de porc avec des pommes de terre vapeur, des fraises avec de la crème Chantilly

Activité 12 Échanges: Que servir?

Considérez les invités et choisissez un menu. Précisez les modifications éventuelles à faire.

vendredi 6: Mme Dubois, doit maigrir/adore le sucre
samedi 14: Pierre et Jean, cyclistes/doivent participer à une course le 15
mercredi 18: les Delachaux, riches/aiment bien manger!
samedi 28: les Grognon, le patron!/Madame ne mange pas de viande rouge

Activité 13 Dans le monde francophone: Les œufs miroir aux tomates provençales

Mettez dans le bon ordre toutes les étapes pour préparer les œufs miroir.

_____ Faites glisser les œufs sur les tomates.

_____ Parsemez les tomates de persil et d'ail.

_____ Versez l'huile d'olive dans la poêle.

_____ Salez et poivrez les œufs.

__1__ Coupez l'ail en quatre.

_____ Laissez les tomates, le persil et l'ail mijoter dix minutes.

_____ Attendez que le blanc de l'œuf recouvre le jaune.

_____ Faites cuire les œufs cinq minutes à feu vif.

_____ Mettez du sel et du poivre sur les tomates.

_____ Mettez les rondelles de tomates dans la poêle.

Œufs miroir aux tomates provençales

Pour 4 personnes, 4 tomates, 8 œufs extra-frais, 1/2 bouquet de persil, 2 gousses d'ail, 2 c. à soupe d'huile d'olive, sel, poivre.
Épluchez les gousses d'ail. Lavez le persil. Mixez les gousses d'ail coupées en 4 avec les feuilles de persil.
Faites chauffer l'huile dans une large poêle. Mettez-y les tomates découpées en rondelles. Poivrez, salez, parsemez de persillade. Couvrez la poêle et laissez mijoter 10 mn. Cassez les œufs dans 2 bols. Faites-les glisser sur les tomates. Couvrez de nouveau la poêle et faites cuire à feu vif environ 5 mn. Le jaune de l'œuf doit être recouvert de blanc. Salez et poivrez.

Activité 14 Discussion: Quelques plats français

Que savez-vous de la cuisine française? Essayez d'identifier la description de chacun de ces plats traditionnels.

a. le coq au vin
b. la crème caramel
c. la sauce hollandaise
d. la salade niçoise
e. les coquilles Saint-Jacques
f. la bouillabaisse
g. le steak au poivre
h. la quiche lorraine

_____ **1.** C'est un bifteck bien poivré et grillé, servi avec une sauce au vin.

_____ **2.** Ce dessert léger est composé d'œufs, de sucre et de lait. Il est recouvert d'une sauce au sucre caramélisé.

_____ **3.** Cette tarte n'est pas sucrée, mais salée! Elle est faite d'œufs battus et de crème.

_____ **4.** C'est une soupe composée de poissons, de fruits de mer et d'épices.

_____ **5.** Le nom de ce plat vient de la ville de Nice. On le sert comme hors-d'œuvre ou comme déjeuner en été.

_____ **6.** On sert cette sauce très riche avec des œufs, du poisson ou des légumes.

_____ **7.** On sert ce plat avec des pommes de terre ou du riz; le poulet en est un des ingrédients principaux.

_____ **8.** C'est un plat nappé d'une sauce à la crème et servi dans des coquilles.

La langue en mouvement

Emprunts gastronomiques

Au cours des siècles, beaucoup de mots sont passés du français en anglais et vice versa. Par exemple, il est facile de reconnaître les origines françaises de mots comme *menu, cuisine, gastronomy* et *gourmet*. Il est intéressant de remarquer que *cuisine* et *kitchen* viennent du même mot latin, mais que *kitchen* est arrivé par la route des langues germaniques. Reconnaissez-vous les mots français qui sont à l'origine des mots *puree, saute* et *blanch*?

Au restaurant

✳ **Attention! Étudier Grammaire 7.6 et 7.7**

Claudine et Victor vont au restaurant.

Le maître d'hôtel les conduit à leur table.

Des crudités, des escalopes de veau à la crème et aux champignons et des pommes vapeur, s'il vous plaît.

Maintenant, ils sont en train de passer leur commande.

Moi, je voudrais la terrine de saumon et le gigot aux flageolets.

Le sommelier leur propose un vin de Bourgogne.

Cliquez là!

Les revenus de l'industrie du vin en France s'élèvent à plus de neuf milliards d'euros par an. Quelles régions produisent du vin? Choisissez une région à présenter en classe. Où se situe cette région? Quelle est sa ville principale et pourquoi est-ce un bon endroit pour cultiver la vigne? Quels types de vin y produit-on?

www.mhhe.com/deuxmondes6

Le serveur leur apporte le dîner.

Avant le dessert, Victor prend du fromage.

Maintenant, le serveur est en train de donner l'addition à Victor.

Avant de partir, ils laissent un pourboire généreux.

Ça fait penser

- En 600 avant J.-C., les Grecs se sont installés à Marseille. Ils ont planté les premiers pieds de vigne.

INFO: Société

La cuisine sénégalaise: Le thieboudienne

Le thieboudienne est un ragoût[1] servi avec du riz blanc. Facile à faire et bon marché, il se prépare avec du thiof, un poisson de l'Atlantique, des tomates, des poivrons verts,[2] des carottes, des patates douces,[3] des navets,[4] des aubergines,[5] des oignons et, naturellement, du piment.[6] Traditionnellement, on le sert dans un grand plat collectif et les convives[7] mangent avec les doigts. Que boit-on avec ça? Une boisson sénégalaise, comme le jus de bissap au goût acidulé,[8] le tamarin (ou dakhar), un jus plus sucré, le thé à la menthe et, si vous n'êtes pas musulman, du vin de palme ou une bière locale.

• Un repas traditionnel au Sénégal

[1] un plat cuisiné de viande ou de poissons et de légumes
[2] poivrons... *bell peppers*
[3] patates... des légumes tropicaux sucrés
[4] *turnips*
[5] *eggplants*
[6] un condiment très fort
[7] personnes qui participent à un repas
[8] le citron, l'orange ont une saveur acidulée

📖 LECTURE

«*Le Corbeau et le Renard*»

Maître Corbeau, sur un arbre perché,
    Tenait en son bec un fromage.
Maître Renard, par l'odeur alléché,[1]
    Lui tint à peu près ce langage[2]:
    «Hé! Bonjour, Monsieur du Corbeau,
Que vous êtes joli! que vous me semblez beau!
    Sans mentir, si votre ramage[3]
    se rapporte[4] à votre plumage,[5]
Vous êtes le phénix[6] des hôtes[7] de ces bois.[8]»
À ces mots, le Corbeau ne se sent pas de joie[9];
    Et pour montrer sa belle voix,
Il ouvre un large bec, laisse tomber sa proie.[10]
Le Renard s'en saisit[11] et dit: «Mon bon
   Monsieur,
    Apprenez que tout flatteur
    Vit aux dépens de celui qui l'écoute.[12]
Cette leçon vaut bien un fromage, sans doute.»
    Le Corbeau, honteux[13] et confus,
Jura,[14] mais un peu tard, qu'on ne l'y prendrait
   plus.[15]

Extrait des *Fables* (Livre I) de Jean de La Fontaine (1621–1695)

Le Corbeau et le Renard

---

[1]attiré   [2]tint... a parlé à peu près comme ça   [3]voix, chant   [4]se... est proportionnel   [5]les oiseaux ont des plumes, qui forment un plumage   [6]oiseau mythique   [7]habitants   [8]ces... cette forêt   [9]ne... n'est pas très content   [10]victime (le fromage)   [11]s'en... l'a pris rapidement   [12]Vit... Dépend de sa victime   [13]qui a honte   [14]A affirmé   [15]on... il avait appris sa leçon

Avez-vous compris?

1. Que veut le renard?
   - **a.** manger le corbeau
   - **b.** prendre le fromage du corbeau
   - **c.** se moquer du corbeau
   - **d.** entendre le corbeau chanter
2. Quelle est la stratégie du renard?
   - **a.** amuser le corbeau
   - **b.** distraire le corbeau
   - **c.** flatter le corbeau
   - **d.** intimider le corbeau
3. Pourquoi est-ce que le corbeau accepte de chanter?
   - **a.** Il est très sympathique.
   - **b.** Il est très heureux.
   - **c.** Il est vaniteux.
   - **d.** Il a peur.
4. Comment est le corbeau à la fin de l'histoire? Il est...
   - **a.** furieux.
   - **b.** honteux.
   - **c.** triste.
   - **d.** surpris.

5. Quelle est la morale de cette fable?
   a. Les corbeaux sont idiots.
   b. Les flatteurs ont souvent des intérêts personnels.
   c. Les renards sont manipulateurs.
   d. Les corbeaux n'aiment pas la flatterie.

À vous la parole! La suite de l'histoire: Maître Corbeau rentre chez lui sans son fromage et raconte ses mésaventures à sa femme. Imaginez leur dialogue.

MME CORBEAU: Qu'est-ce qui est arrivé? Où est ton fromage?

MAÎTRE CORBEAU: Quelle histoire! J'étais perché sur un arbre, avec mon fromage dans le bec,...

À vous d'écrire

Préparez un petit article publicitaire pour votre restaurant préféré. Dans votre article, donnez des renseignements importants aux clients potentiels, tels que les heures, le décor, le service, les spécialités et les prix. (Inventez les détails si vous n'en êtes pas certain[e].)

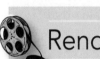

Rendez-vous cinéma

Le Chemin du retour

Épisode 4: «La disparition d'Antoine»

Le grand-père de Camille, Antoine, a-t-il été un traître pendant la guerre? En 1943, pendant l'occupation de la France par les Nazis, il a quitté Paris pour un petit village, Saint-Jean-de-Causse. Louise est morte, et Camille décide de mener une enquête.

Vocabulaire

Les légumes

Vegetables

l'ail (*m.*)	garlic
les avocats (*m.*)	avocados
le basilic	basil
les champignons (*m.*)	mushrooms
les haricots (*m.*) verts	green beans
la laitue	lettuce
les oignons (*m.*)	onions
le persil	parsley
les petits pois (*m.*)	peas
les pommes (*f.*) de terre	potatoes
les radis (*m.*)	radishes

Mots apparentés: **les asperges** (*f.*), **les brocolis** (*m.*), **les carottes** (*f.*), **un concombre**, **les tomates** (*f.*)

Les fruits et les desserts

Fruit and desserts

les cerises (*f.*)	cherries
les citrons (*m.*)	lemons
les fraises (*f.*)	strawberries
les framboises (*f.*)	raspberries
les pêches (*f.*)	peaches
les poires (*f.*)	pears
les pommes (*f.*)	apples
les raisins	grapes
la crème caramel	flan, custard with a caramel sauce
la crème Chantilly	whipped cream
un gâteau	a cake
une pâtisserie	a pastry
le sirop d'érable	maple syrup
une tarte aux pommes	an apple pie

Mots apparentés: **les abricots** (*m.*), **les bananes** (*f.*), **les crêpes** (*f.*), **les mangues** (*f.*), **les mandarines** (*f.*), **les oranges** (*f.*), **le sorbet**

Le pain, l'épicerie et les produits laitiers

Bread, grocery, and dairy products

une baguette	a long, thin loaf of bread
le beurre	butter
la confiture	jam, jelly
les épices (*f.*)	spices
la farine	flour
le fromage	cheese
la glace (à la vanille)	(vanilla) ice cream
le gruyère	gruyere (*Swiss cheese*)
l'huile d'olive (*f.*)	olive oil
le lait	milk
la moutarde	mustard
les noix (*f.*)	walnuts
les œufs (*m.*)	eggs
un pain au chocolat	a chocolate croissant
le pain complet	whole-grain bread
le poivre	pepper
le riz	rice
le sel	salt
le sucre	sugar
le yaourt	yogurt

Mots apparentés: **le brie**, **le camembert**, **des céréales** (*f.*), **les chips** (*m.*), **le chocolat, la crème, un croissant, un sandwich**

La viande, le poisson et les fruits de mer

Meat, fish, and seafood

l'agneau (*m.*)	lamb
le bifteck	steak
le bœuf (haché)	beef (ground)
les coquilles (*f.*) Saint-Jacques	scallops
les côtes (*f.*) de porc	pork chops
les crevettes (*f.*)	shrimp
les escargots (*m.*)	snails
le gigot	leg of lamb
le homard	lobster
les huîtres (*f.*)	oysters

le jambon	ham
les moules (*f.*)	mussels
le poulet	chicken
un blanc de poulet	a chicken breast
un rôti de porc	a pork roast
le saucisson	salami (hard sausage)
le saumon	salmon
le veau	veal
la volaille	poultry

Mots apparentés: **le bacon, la volaille, le crabe, un hamburger, le rosbif, la sole**

Pour parler de la nourriture

Talking about food

à point	medium (*medium well-done*)
battu(e)	beaten, whisked
beurré(e)	buttered
congelé(e)	frozen
croustillant(e)	crusty, crunchy
cru(e)	raw
cuit(e); bien cuit(e)	cooked; well-done
épicé(e)	spicy
frais/fraîche	fresh
frit(e)	fried
fumé(e)	smoked
garni(e)	garnished
haché(e)	chopped, ground
léger/légère	light, fluffy, delicate
nappé(e) de	covered with
poché(e)	poached
recouvert(e) de	covered (in)
saignant(e)	rare (*meat*)
sain(e)	healthy; healthful
salé(e)	salty, salted
sucré(e)	sweet
végétalien(ne)	vegan
les aliments (*m.*)	foods
une boîte (de)	a can (of)
un goût	a taste, flavor
le mal-bouffe	junk food
les matières (*f.*) **grasses**	fats (*in food*)
un morceau (de)	a piece (of)
une part de pizza	a slice of pizza
une poêle	a frying pan
une poudre	a powder
un produit laitier	a dairy product
une recette	a recipe
un récipient	a container

une tranche (de porc, jambon)	a slice (of pork, ham)
compter les calories	to count calories
faire un régime	to go on a diet
grignoter	to eat a snack
maigrir	to lose weight
mélanger	to mix

Mots apparentés: **un arôme, des calories** (*f.*), **caramélisé(e), composé(e) (de), en compote, la fibre, fin(e), un gramme, grillé(e), un ingrédient, un kilo, les protéines** (*f.*), **riche (en), un ustensile, végétarien(ne), les vitamines** (*f.*)

Magasins d'alimentation

Food stores

une boucherie	a butcher shop
une boulangerie	a bakery
une charcuterie	a delicatessen (pork)
une épicerie	a grocery store
un(e) marchand(e)	a merchant
une pâtisserie	a pastry shop
une poissonnerie	a fish market

Les repas, les boissons et la table

Meals and the table

une assiette	a plate
le casse-croûte	snack
un coca	a soft drink
un couteau	a knife
une cuillère	a spoon
le déjeuner	lunch
le dîner	dinner
l'eau (*f.*)	water
une fourchette	a fork
une limonade	sweet, carbonated drink (*like 7-up*)
le petit déjeuner	breakfast
une serviette	a napkin
une tasse	a cup
le thé	tea
un verre	a glass
le vin	wine
couper	to cut
faire les provisions	to buy groceries
goûter	to taste
se mettre à table	to sit down at the table
mettre le couvert	to set the table

poivrer — to pepper
saler — to salt
verser — to pour

Mots apparentés: **l'alcool** (*m.*), **le café au lait, le champagne, le cidre, le cognac, une sauce vinaigrette**

Au restaurant

In a restaurant

l'addition (*f.*)	the tab, bill
l'entrée (*f.*)	the first course
le maître d'hôtel	the host (maître d')
le plat du jour	today's special
le plat principal	the main course
le pourboire	the tip
une serveur / une serveuse	a waiter, waitress
le sommelier / la sommelière	the wine steward
boire	to drink
commander	to order
conseiller	to recommend
coûter	to cost
laisser un pourboire	to leave a tip
se mettre à (+ *inf.*)	to start
passer la commande	to place an order
retrouver des amis	meet up with friends
vexer	to offend
Encore du / de la/ de l'... ?	Would you like more . . . ?
Est-ce que le service est compris?	Is the tip included in the tab?

J'ai très bien mangé!	That was really good!
J'en ai assez / trop pris.	I've had enough / too much.
Je n'ai plus faim.	I'm no longer hungry.
Plus de (café), merci.	No more (coffee), thanks.
Rien de plus, merci.	Nothing else, thanks.

Mots apparentés: **payer, recommander, suggérer**

Le menu

Menu items

la bouillabaisse	Mediterranean fish stew
le canard à l'orange	duck in orange sauce
la choucroute	sauerkraut
le coq au vin	chicken cooked in wine
les crudités (*f.*)	raw vegetables served as an appetizer
une escalope de veau	a veal cutlet
des frites (*f.*)	French fries
un gigot aux flageolets	a leg of lamb with beans
le pâté de foie gras	meat paste of goose liver
les pommes (*f.*) vapeur	steamed potatoes
le rosbif au jus	roast beef with drippings
la salade niçoise	salad of rice, vegetables, tuna
les spaghettis (*m.*) à l'italienne	Italian spaghetti
le steak au poivre	pepper steak
une terrine de saumon	a cold salmon pâté

Mots apparentés: **les endives** (*f.*), **les hors-d'œuvre** (*m.*), **une île flottante, la lasagne, la mousse au chocolat, la purée**

Grammaire et exercices

7.1 Review of articles

A. Definite articles (**le, la, l', les**) are used as the equivalent of *the* in English.

> **Le** lait que j'ai acheté est dans le réfrigérateur.

> *The milk I bought is in the refrigerator.*

Definite articles are also used to talk about people or things in general. In such cases, English generally uses no articles at all.

> **La** mousse au chocolat est mon dessert préféré.

> *Chocolate mousse is my favorite dessert.*

> **Les** femmes boivent plus d'eau minérale que **les** hommes.

> *Women drink more mineral water than men (do).*

B. Remember that indefinite articles (**un, une, des**) are used for countable nouns (*des* **croissants**), whereas partitive articles (**du, de la, de l'**) are used for mass nouns (*de la* **confiture**).

> J'ai acheté **des** provisions pour le petit déjeuner. J'ai pris **des** croissants, **du** beurre et **de la** confiture.

> *I bought groceries for breakfast. I got (some) croissants, butter, and jam.*

C. To choose the appropriate article, look at the kind of verb used in the sentence. With verbs describing likes or dislikes, such as **aimer, adorer, détester,** and **préférer,** use the definite article because you are talking about things in a general sense.

> Nathalie **aime** beaucoup **les** carottes et **les** petits pois, mais elle **déteste les** épinards.

> *Nathalie likes carrots and peas a lot, but she detests spinach.*

> Je n'**aime** pas **le** café fort.

> *I don't like strong coffee.*

On the other hand, if the verb deals with having, obtaining, or consuming, use **du, de la, de l',** or **des,** because you are talking about some amount of a thing. Such verbs include **avoir, acheter, manger, boire, prendre,** and many others.

> Les Français **boivent du** café après le dîner.

> *The French drink coffee after dinner.*

> Nous **mangeons de la** pizza tous les vendredis soir.

> *We eat pizza every Friday night.*

D. In negative sentences, the indefinite or partitive article becomes **de.** Definite articles do not change.

> Je **n'**achète **jamais de** crème et je **n'**ai **plus de** lait. Est-ce que vous pouvez boire votre café noir?

> *I never buy cream, and I don't have any milk left. Can you drink your coffee black?*

> ★ Review *Grammaire A.3* and **A.5** on articles.
>
> ➤ Definite articles: **le, la, l', les**

> ★ Review *Grammaire 3.6* on partitive articles.
>
> ➤ Countable nouns take indefinite articles: **un, une, des.** Mass nouns take partitive articles: **du, de la, de l'.**

> ➤ Verbs of preference: definite article
>
> ➤ Verbs of "consumption": indefinite or partitive article

> ➤ Je mange *du* chocolat.
>
> ➤ Tu *ne* manges *pas de* chocolat.
>
> ➤ Je mange *trop de* chocolat!
>
> ➤ Tu *n'*aimes *pas le* chocolat.

De is also used after expressions of quantity.

QUELQUES EXPRESSIONS DE QUANTITÉ

beaucoup de *a lot of*
assez de *enough*
une livre de *a pound of*
un litre de *a liter of*
un verre de *a glass of*

un peu de *a little*
trop de *too much, too many*
un kilo(gramme) de *a kilogram of*
une douzaine de *a dozen*
une tasse de *a cup of*

Agnès a acheté **un litre de** lait et **un kilo de** gruyère.

Agnès bought a liter of milk and a kilo of gruyère cheese.

Exercice 1 Vos goûts

Répondez par **oui** ou **non** et puis indiquez un autre aliment de la même catégorie que vous préférez.

MODÈLE: Tu aimes le jus d'orange? →
Oui, j'aime le jus d'orange, mais j'aime mieux le jus de raisin. (Non, je n'aime pas le jus d'orange. J'aime mieux le jus de pomme.)

1. Tu aimes les petits pois?
2. Tu aimes les cerises?
3. Tu aimes le jambon?
4. Tu aimes la bière?
5. Tu aimes les huîtres?
6. Tu aimes le lait?
7. Tu aimes la tarte aux pommes?
8. Tu aimes le porc?
9. ?

Exercice 2 Les courses

Avec votre ami(e), vous allez préparer un dîner pour des amis français. Votre ami(e) ne sait pas faire la cuisine mais il/elle va faire les courses. Répondez à ses questions.

Le menu: des spaghettis à l'italienne, de la salade, une crème caramel

MODÈLES: J'achète des pâtes? →
Oui, achète des pâtes (pour les spaghettis).

J'achète du poisson? →
Non, n'achète pas de poisson. (Ce n'est pas nécessaire.)

1. J'achète de la sauce tomate?
2. ... du riz?
3. ... du bifteck?
4. ... du bœuf haché?
5. ... de la laitue?
6. ... des pommes de terre?
7. ... de l'huile et du vinaigre?
8. ... des oignons?
9. ... de la glace?
10. ... du lait?
11. ... des œufs?
12. ... du sucre?

Exercice 3 Combien en consommez-vous?

Utilisez l'expression de quantité appropriée.

Vocabulaire utile assez de, trop de, beaucoup de, (un) peu de, une (demi-)livre de, un kilo de, un (deux, trois,...) litre(s) de, une (demi-)douzaine de, une tasse de, un verre de, une bouteille de, une (deux, trois) portion(s) de

1. Je bois _____ café(s) par jour.
2. Je bois _____ eau chaque jour.
3. Je consomme _____ œufs par semaine.
4. Je consomme _____ beurre chaque mois.
5. Je mange _____ viande chaque semaine.
6. Je mange _____ fruits par jour.
7. Je mange _____ légumes par jour.

Exercice 4 Les préférences et les habitudes

Faites des questions et des réponses, en employant la forme appropriée de l'article.

MODÈLE: manger souvent / frites (*f.*) →
    É1: Est-ce que tu manges souvent des frites?
    É2: Oui, je... (Non, je...)

1. acheter quelquefois / bonbons au chocolat
2. aimer / escargots
3. manger souvent / dinde (*f.*)
4. consommer beaucoup / fromage (*m.*)
5. détester / poisson (*m.*)
6. adorer / glace (*f.*)

7.2 The verb **boire**

The verb **boire** is similar to **croire** and **voir**. Note, however, its irregular plural forms.

★ *Review* **Grammaire 6.7** *on* **voir** *and* **croire**.

boire (*to drink*)	
je bois	nous b**uv**ons
tu bois	vous b**uv**ez
il/elle/on boit	ils/elles boivent
PASSÉ COMPOSÉ: j'ai **bu**	
IMPARFAIT: je **buvais**	

—Monsieur, que voulez-vous **boire**?
—Du thé, s'il vous plaît.

Sir, what would you like to drink?
Tea, please.

Les Français **boivent** souvent de l'eau minérale

The French often drink mineral water.

Exercice 5 Boissons favorites

Répondez aux questions par des phrases avec **boire**.

> MODÈLE: Que boivent vos parents avec les repas? →
> Ils boivent du thé glacé (du café).

1. Que buvez-vous le matin?
2. Que boivent vos amis quand ils se retrouvent au resto-U?
3. Quand vous sortez avec des amis, que buvez-vous? (nous)
4. Qui boit plus de thé, à votre avis, les Anglais ou les Français?
5. Qu'est-ce que vous avez bu ce matin avant d'aller en cours?
6. Que buviez-vous avec vos repas quand vous étiez petit(e)?
7. Qui buvait du café chez vous quand vous étiez petit(e)?
8. Qu'est-ce qu'on a bu à la dernière fête où vous êtes allé(e)?

7.3 Expressing quantities: The pronoun **en**

✳ Review *Grammaire* **B.1.C** *on the use of* **en** *with* **il y a.**

A. You are already familiar with the use of the pronoun **en** to replace a noun preceded by a number.

—Avez-vous trois enfants?	*Do you have three children?*
—Non, j'**en** ai **quatre.**	*No, I have four (of them).*

✳ Review *Grammaire* **4.5.D** *on placement of pronouns with infinitives.*

B. **En** also replaces a noun with a partitive article (**du, de la, de l'**) or an indefinite article (**un, une, des**). The English equivalent is *some* or *any.*

—Est-ce que Raoul prend toujours du café après le dîner?	*Does Raoul always have coffee after dinner?*
—Oui, il **en** prend toujours.	*Yes, he always has some.*
—As-tu des fruits pour le dessert?	*Do you have some fruit for dessert?*
—Non, je n'**en** ai pas, mais Daniel va **en** apporter.	*No, I don't have any, but Daniel is going to bring some.*

➤ Placement before infinitive: **Je veux *en* manger.**

In this use, **en** can refer to people or things.

➤ Uses of **en**: **Tu as des œufs?**
—**J'en ai trois.**
(*I have three of them.*)
—**J'en ai.**
(*I have some.*)
—**Je n'en ai pas.**
(*I don't have any.*)
—**J'en ai beaucoup.**
(*I have a lot.*)

C. Use **en** to replace nouns preceded by other expressions of quantity such as **un peu, beaucoup, assez, trop.**

—Est-ce qu'il y a encore de la glace au chocolat?	*Is there still some chocolate ice cream?*
—Oui, il y **en** a encore **beaucoup.**	*Yes, there's still a lot (of it).*
—Je dois acheter du lait à l'épicerie?	*Should I buy some milk at the grocery store?*
—Non, j'**en** ai déjà **trop.**	*No, I already have too much.*

D. En is also used to replace the preposition **de** + the name of a thing. This often happens with expressions that require **de,** such as **avoir besoin (envie, peur) de.**

➤ **En** also replaces the preposition **de** + a thing: j'*en* ai peur.

—Tu as besoin **de poivre** pour cette recette?	*Do you need pepper for this recipe?*
—Oui, j'**en** ai besoin.	*Yes, I need it (some).*

Exercice 6 Habitudes alimentaires

Vous passez quelques jours chez une nouvelle amie. Elle vous pose beaucoup de questions pour connaître vos goûts. Répondez-lui en utilisant le pronom **en.**

> MODÈLE: Tu mets du lait dans ton café le matin? →
> Oui, j'en mets. (Non, je n'en mets pas.)

1. Est-ce que tu voudrais des croissants pour ton petit déjeuner?
2. Tu bois du café le matin?
3. Tu aimes prendre de la viande à tous les repas?
4. Tu prends du vin à tous les repas?
5. Tu manges du poisson de temps en temps?
6. Tu manges beaucoup de desserts?

Exercice 7 Combien?

Répondez aux questions en utilisant **en.**

> MODÈLE: Il y a combien d'œufs dans une douzaine? → Il y en a douze.

1. Combien de grammes y a-t-il dans un kilo?
2. Est-ce qu'on a besoin de beurre pour faire une omelette?
3. Est-ce que les enfants ont souvent envie de bonbons?
4. Est-ce qu'il y a beaucoup de caféine dans le café?
5. Y a-t-il de la caféine dans le thé?
6. Combien d'œufs est-ce qu'il y a dans une demi-douzaine?
7. Est-ce qu'il y a du fromage dans la glace?

7.4 Expressing *all* and *everything:* Using **tout**

Tout can be used as an adjective or a pronoun.

A. As an adjective, **tout** corresponds to *all* or *the whole* in English. It agrees in gender and number with the word it modifies: **tout, toute, tous, toutes.**

Tout le repas a été délicieux!	*The whole meal was delicious.*
Tous les œufs sont cassés.	*All the eggs are broken.*
Nous avons mangé **toute** la pizza.	*We ate the whole pizza.*

B. As a pronoun, **tout** corresponds to *everything* in English. It is invariable in form.

Tout est prêt pour le dîner.	*Everything is ready for dinner.*
Les enfants ont **tout** mangé.	*The children ate everything.*

Exercice 8 Généralisations: Que pensez-vous?

Complétez la phrase avec **tout, tous, toute** ou **toutes**. Ensuite, dites si c'est vrai, et justifiez votre réponse.

> MODÈLE: Les Américains mangent des hamburgers *tous* les jours. →
> Non, ce n'est pas vrai. Ils mangent des hamburgers de temps en temps, pas *tous* les jours.

1. Les Français boivent du vin à _____ les repas.
2. _____ les Françaises savent bien cuisiner.
3. En France, on boit du café pendant _____ le repas.
4. _____ les cuisines américaines sont équipées d'un four à micro-ondes.
5. _____ la viande rouge est mauvaise pour la santé.
6. Il est impoli de manger _____ un gâteau sans le partager avec ses amis.

7.5 More on asking questions: Qui, que, quoi

✷ Review **Grammaire B.2** and **3.2.**

A. You are already familiar with various kinds of questions. Here is a summary of how to form questions with **qui, que,** and **quoi.** Notice that the question form depends not only on whether you are asking about people or things but also on the function of the person or thing in the sentence: subject, direct object, or object of a preposition.

ASKING ABOUT PEOPLE

Subject: **Qui... ?**

Qui fait la vaisselle?	*Who's doing the dishes?*
Qui fait les meilleures crêpes?	*Who makes the best crepes?*

Direct object: **Qui** + **est-ce que... ?, Qui** + inversion . . . ?

Qui est-ce que tu as rencontré au restaurant?	*Who(m) did you meet at the restaurant?*
Qui as-tu rencontré au restaurant?	

Object of a preposition: Preposition + **qui** + **est-ce que... ?**
Preposition + **qui** + inversion . . . ?

Avec qui est-ce qu'il déjeune?	*With whom is he having lunch?*
Avec qui déjeune-t-il?	*(Who is he having lunch with?)*

> French has two question forms:
> • Informal: **est-ce que... ?**
> **Qu'est-ce que tu fais?**
> • Formal: subject-verb inversion: **Que fais-tu?**

ASKING ABOUT THINGS

Subject: **Qu'est-ce qui... ?**

Qu'est-ce qui brûle?	*What's burning?*
Qu'est-ce qui se passe?	*What's going on?*

Direct object: **Qu'est-ce que... ?, Que** + inversion . . . ?

Qu'est-ce que tu bois au petit déjeuner?	*What do you drink at breakfast?*
Que bois-tu au petit déjeuner?	

Object of preposition: Preposition + **quoi** + **est-ce que... ?**
Preposition + **quoi** + inversion . . . ?

Avec quoi est-ce qu'on boit du vin blanc?	*With what do you drink white wine?*
Avec quoi boit-on du vin blanc?	*(What do you drink with white wine?)*

> In French questions, the preposition must come first:
> *De* quoi/qui... ?
> *À* quoi/qui... ?
> *Avec* quoi/qui... ?
> *Pour* quoi/qui... ?

B. English questions of the form "What is (something)?" are expressed two ways in French, depending on the meaning:

1. If you are asking for a definition or explanation of an unfamiliar term, use **Qu'est-ce que c'est que... ?**

—**Qu'est-ce que c'est qu'**une aubergine?	*What's an eggplant?*
—C'est un gros légume à la peau violet foncé.	*It's a large vegetable with a dark purple skin.*

2. If you are asking someone to identify a particular item from a set of possible items, use **Quel(le) est... ?**

—**Quel est** ton dessert préféré?	*What's your favorite dessert?*
—C'est la tarte aux pêches.	*Peach pie.*

Exercice 9 «Jeopardy»

Complétez chaque question, et puis trouvez la réponse correcte.

MODÈLE: *Qu'est-ce qu'*on met dans une sauce mayonnaise? des œufs

1. _____ on prend quand on a très chaud?   **a.** le sel
2. Avec _____ est-ce qu'on fait une omelette?   **b.** les enfants
3. _____ donne plus de goût aux aliments?   **c.** un dessert
4. _____ on met dans une bouillabaisse?   **d.** des œufs
5. Avec _____ est-ce qu'on sert du vin rouge?   **e.** la dinde
6. _____ mange le plus de bonbons?   **f.** de la viande rouge
7. _____ on prend à la fin d'un bon dîner?   **g.** de la limonade
8. Sur _____ est-ce qu'on met de la confiture?   **h.** du pain
9. _____ prépare les repas dans un restaurant?   **i.** des fruits de mer
10. _____ est au four, le Jour d'action de grâce? **j.** le chef de cuisine

Exercice 10 Une soirée

Les étudiants de Mme Martin arrivent chez Jacqueline pour une soirée. Voici les réponses de Jacqueline. Formulez les questions.

> MODÈLE: *Denise* n'est pas encore là. → Qui n'est pas encore là?

1. Louis doit venir *avec Daniel.*
2. J'ai fait *une mousse au chocolat.*
3. J'ai demandé *à Denise* d'apporter des chips.
4. Nous avons besoin *de glace et de verres.*
5. *Louis* a apporté des CD de musique cadienne.
6. Je voudrais parler *du film que nous avons vu hier.*
7. *Le café* sent si bon.
8. Raoul va inviter *son camarade de chambre.*

Exercice 11 Questions gastronomiques

Vous êtes au restaurant avec des amis français et vous parlez de la nourriture. Trouvez la question appropriée pour chaque réponse.

> MODÈLES: La spécialité de l'Alsace, c'est la choucroute. →
> Quelle est la spécialité de l'Alsace?
>
> Le calvados, c'est une liqueur faite de cidre. →
> Qu'est-ce que c'est que le calvados?

1. Les carottes sont mon légume favori.
2. Le plat du jour, c'est les coquilles Saint-Jacques.
3. Une boulangerie, c'est un magasin où on ne vend que du pain.
4. La boisson que je préfère, c'est le lait.
5. Le meilleur type de café, c'est l'arabica.
6. Une mandarine, c'est une sorte de petite orange douce et parfumée.

7.6 Ongoing actions: Être en train de

> ➤ **je mange** = *I eat or I am eating*

A. As you know, the present tense in French (**je parle**) has several English equivalents, including the simple present (*I speak*) and the progressive present (*I am speaking*). Notice that where English uses the progressive present to indicate that an action is going on at the time of speaking, French generally uses just the simple present tense.

> —Mme Martin est dans son bureau?   *Is Madame Martin in her office?*
> —Oui. Elle **parle** avec Albert.   *Yes. She's speaking with Albert.*

> ➤ **je suis en train de manger** = *I am in the process of eating*
> ➤ **j'étais en train de manger** = *I was in the process of eating*

B. If you wish to emphasize that the action is going on as you are speaking, you can use the expression **être en train de** + infinitive.

> —Tu vas payer l'addition, Charles?   *Are you going to pay the bill, Charles?*
> —Oui, je **suis en train de** le **faire** maintenant.   *Yes, I'm doing it (right) now.*

Exercice 12 Qu'est-ce qu'ils sont en train de faire?

Pour chaque dessin, dites ce que Bernard et Christine sont en train de faire.

> MODÈLE: (Numéro 1.) Christine est
> en train de réserver une
> table.

Suggestions

- se baigner
- bavarder avec leurs amis
- commander leur dîner
- entrer dans le restaurant
- demander l'addition
- s'habiller
- goûter le vin
- régler l'addition
- retrouver leurs amis
- rentrer chez eux après
  avoir laissé le pourboire

7.7 Ordering events: Avant, après

A. The prepositions **avant** (*before*) and **après** (*after*) are often used with nouns to indicate the order of events.

Avant le dessert, nous avons pris du fromage.	*We had cheese before dessert.*
Nous avons pris la salade **après le plat principal.**	*We had the salad after the main course.*

B. To express *before doing something,* use **avant de** followed by an infinitive.

> ➤ **avant de** + infinitive

On casse les œufs **avant de faire** une omelette.	*One breaks the eggs before making an omelet.*

C. To express *after doing something,* use **après** followed by a past infinitive. A past infinitive = **avoir** or **être** + past participle. With **être,** the past participle agrees with the understood subject.

> ➤ **après** + past infinitive
> Past infinitive:
> **avoir parlé**
> **être sorti(e)(s)**

Après avoir dîné au restaurant chinois, nous sommes rentrés.	*After eating at the Chinese restaurant, we went home.*
Après être allés à l'épicerie, nous avons dû passer à la boulangerie.	*After going to the grocery store, we had to go to the bakery.*

Exercice 13 Du monde à dîner

Vous invitez des amis à dîner chez vous. Dans quel ordre faites-vous les actions suivantes? Répondez avec **avant de** + infinitif.

MODÈLE: téléphoner aux amis / faire une liste des invités →
Je fais une liste des invités avant de téléphoner aux amis.

1. inviter des amis / choisir un menu
2. faire les provisions / lire la recette
3. aller au supermarché / faire une liste
4. m'habiller pour la soirée / faire la cuisine
5. mettre la table / préparer le repas
6. servir le dessert / débarrasser la table (≠ mettre la table)

Exercice 14 Priorités

Que fait l'étudiant typique dans ces situations? Employez **après avoir/être** + un participe passé.

MODÈLE: passer des examens / étudier →
Un étudiant typique passe des examens après avoir étudié.

1. finir ses devoirs / regarder la télé
2. aller en cours / étudier
3. lire des articles / écrire une thèse
4. regarder son manuel de laboratoire / écouter les CD
5. écrire une rédaction / réfléchir au sujet
6. répondre / écouter les questions du prof
7. aller à la bibliothèque / aller prendre un café
8. se coucher / rentrer du cinéma

Parlons de la Terre!

L'énergie nucléaire joue un rôle très important en France.

Objectifs

In *Chapitre 8*, you will talk about geographical features of the Earth, weather, and climates, and about ecological and environmental issues. You will learn more about the Francophone world and more about how to describe past time. You will also discuss how people can affect their environment.

Activités et lectures

En France et ailleurs

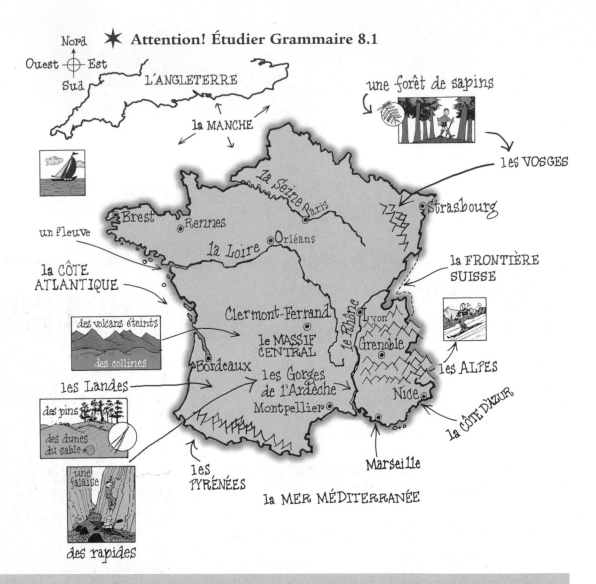

Attention! Étudier Grammaire 8.1

Nord
Ouest — Est
Sud

L'ANGLETERRE

la MANCHE

une forêt de sapins

les VOSGES

la Seine Paris

Strasbourg

un fleuve

Brest Rennes

la Loire Orléans

la CÔTE
ATLANTIQUE

la FRONTIÈRE
SUISSE

des volcans éteints
des collines

Clermont-Ferrand

le MASSIF
CENTRAL

le Rhône

Lyon

Grenoble

les ALPES

les Landes

Bordeaux

les Gorges
de l'Ardèche

Montpellier

Nice

la CÔTE D'AZUR

des pins
des dunes
du sable

une
falaise

les
PYRÉNÉES

Marseille

la MER MÉDITERRANÉE

des rapides

Ça fait penser

- La France est le pays le plus étendu de l'Europe occidentale. Elle a 2.075 km de frontières maritimes, 1.000 km de frontières montagneuses et 195 km de frontières fluviales.
- La France possède le sommet le plus élevé d'Europe occidentale et la principale forêt de l'Union européenne.

262

Activité 1 Interro: La carte de France

Regardez la carte et les dessins et répondez aux questions.

Comment s'appelle...

1. la capitale qui se situe aux bords de la Seine?
2. la ville dans les Alpes connue pour les Jeux Olympiques d'hiver?
3. la région des dunes et des forêts de pins dans le Sud-Ouest?
4. le grand fleuve qui se jette dans la Manche?
5. la ville au Nord-Est, siège du Parlement européen?
6. la côte méditerranéenne près de Nice?
7. l'endroit où on peut trouver des rapides et des falaises?
8. le fleuve qui commence dans les Alpes et descend vers la Méditerranée?
9. le large bras de mer formé par l'Atlantique entre la France et l'Angleterre?
10. les montagnes à la frontière de la France et de l'Espagne?
11. la région où on peut trouver des volcans éteints?
12. la ville située aux bords de la Loire?

Info: Société

La France dans sa diversité

Quand on parle de la France, on pense souvent à l'«Hexagone». En réalité, le territoire francais est morcelé sur l'ensemble de la planète, avec ses départements et territoires d'outre-mer (D.O.M.-T.O.M.) et une île en Méditerranée, la Corse. La France est donc présente

- dans les Antilles (Martinique et Guadeloupe),
- dans l'océan Indien (Réunion et Mayotte),
- en Amérique du Nord (Saint-Pierre-et-Miquelon, Terre-Neuve),
- en Amérique du Sud (Guyane),
- dans le Pacifique (Wallis-et-Futuna, Polynésie française, Nouvelle-Calédonie).

Naturellement, le français y est langue officielle, mais on y parle aussi de nombreuses langues locales, comme le créole, le kanak et le swahili. Dans l'Hexagone, on ne parle pas uniquement français non plus, mais aussi breton, alsacien, basque, arabe et occitan; de même, beaucoup de Corses s'expriment dans leur langue. L'unité française cache donc une grande diversité géographique, linguistique et culturelle.

● Paul Gauguin (1848–1903), *Mahana Maa*, 1892. L'île de Tahiti, en Polynésie française (Pacifique sud), est l'un des plus célèbres territoires d'outre-mer.

Activité 2 Échanges: Voyages dans le monde

Dans quel pays et dans quelle ville est-ce qu'on peut faire les activités suivantes?

MODÈLE: visiter le Kremlin →
É1: Où est-ce qu'on peut visiter le Kremlin?
É2: On peut le voir à Moscou, en Russie.

ACTIVITÉS	VILLES	PAYS
1. voir les pyramides et le Sphinx	à Montréal	au Canada
2. faire une promenade en gondole sur le Grand Canal	à Athènes	en Égypte
3. écouter du bon jazz et goûter à la cuisine cadienne	au Caire	en Belgique
4. visiter le Palais Impérial	à Bruges	aux États-Unis
5. voir le Parthénon	à Casablanca	au Maroc
6. visiter la «Venise du Nord» et voir ses musées d'art flamand	à La Nouvelle-Orléans	en Grèce
7. parler français en faisant une descente du Saint-Laurent	à Tokyo	en Italie
8. faire des achats dans un souk et visiter une casbah	à Venise	au Japon

Activité 3 Associations: Identifiez le pays

_____ **1.** Ce pays, de culture multi-ethnique et de langue portugaise, occupe la moitié de la superficie de l'Amérique du Sud.

_____ **2.** Cet état d'Asie orientale, l'ancienne Formose, est séparé de la Chine continentale par un détroit.

_____ **3.** Cette île, capitale de la Polynésie française, est située dans un archipel du Pacifique sud.

_____ **4.** Ce pays désertique, qui a un quart des réserves pétrolières du monde, se situe entre la mer Rouge et le golfe Persique.

_____ **5.** Au cœur de l'Europe, ce pays montagneux connu pour sa neutralité politique a quatre langues officielles.

_____ **6.** Cet état américain marécageux, traversé par un grand fleuve, est fier de son héritage français.

a. l'Arabie saoudite
b. Taïwan
c. la Louisiane
d. Tahiti
e. la Suisse
f. le Brésil

Activité 4 Dans le monde francophone: Une publicité

LES SEYCHELLES

« *Je ne veux pas que vous alliez aux Seychelles. Ces 92 îles de rêve, éparpillées sur plus de 400 000 km² sont vraiment trop belles. Pas question de découvrir ces splendides plages, douces et chaudes, blotties sous les cocotiers. Jamais je ne vous laisserai vous prélasser dans les eaux turquoises de cet océan, à quelques degrés de l'équateur et ne comptez pas sur moi pour vous offrir un de ces savoureux punch coco dans la lumière dorée au coucher du soleil. Je vous interdis d'assister à la ponte des grandes tortues de mer à l'Île Curieuse ou de surprendre les oiseaux rares de Frégate. Je ne vous permets pas non plus d'explorer les fonds sous-marins d'une rare richesse de Desroches. Et que je ne vous surprenne pas sur une de ces vedettes puissantes qui vous emmènent à la pêche à l'espadon ou au marlin. Le grand Catamaran luxueux qui permet le mouillage dans les baies désertes n'est pas non plus pour vous. Et si j'apprends que les spécialistes VPS ont obtenu une petite île privée uniquement pour vous je ne le supporterai pas* ».

Certains peuvent croire que le paradis leur est réservé: Bienvenue aux Seychelles.

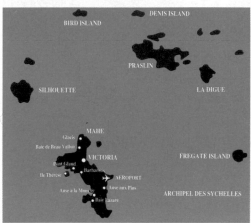

En conseillant de ne pas aller aux Seychelles, cette publicité donne justement envie d'y aller. Pourquoi? Décidez si les phrases sont vraies ou fausses.

1. Le climat de la région est doux et tropical.
2. On peut voir les grandes tortues de mer en train de pondre des œufs.
3. Il n'y a pas de plages, mais des forêts de cocotiers.
4. On peut observer des oiseaux rares.
5. Il est dangereux de faire des explorations sous-marines près des îles.
6. Le coucher du soleil est vraiment très beau.
7. Malgré la proximité de l'équateur, les eaux de l'océan sont froides.
8. On peut se baigner dans des baies désertes.

Allons plus loin! Avec d'autres étudiant(e)s, essayez la même formule. Créez une publicité «négative» pour un lieu qui vous plaît beaucoup dans votre ville, votre état ou ailleurs.

Cliquez là!

Visitez un site Web consacré aux Seychelles. Qui habitait là avant l'arrivée des Européens? Quels pays ont colonisé ces îles? Quelle(s) langue(s) est-ce qu'on y parle aujourd'hui?

www.mhhe.com/deuxmondes6

La géographie et le climat

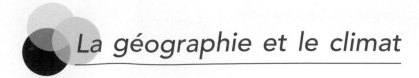

✳ Attention! Étudier Grammaire 8.2 et 8.3

Activité 5 Définitions: Termes géographiques

_____ 1. étendue de sable au bord de la mer	**a.** une péninsule
_____ 2. cours d'eau important qui se jette dans la mer	**b.** un glacier
_____ 3. pays aride où il y a peu de végétation	**c.** une plage
_____ 4. petit golfe	**d.** une île
_____ 5. étendue de terre entourée d'eau	**e.** un fleuve
_____ 6. étendue de terrain couverte d'arbres	**f.** un désert
_____ 7. grande masse verticale de pierre dure	**g.** une forêt
_____ 8. accumulation de neige transformée en glace qui se déplace lentement	**h.** une baie
	i. une falaise
_____ 9. presqu'île; bras de terre entouré d'eau de trois côtés	

Activité 6 Associations: Endroits et activités

Que voit-on dans les endroits suivants et qu'est-ce qu'on peut y faire?

Vocabulaire utile des falaises, du sable, des îles, des cascades, des collines, des dunes, des plaines, des baies, des glaciers, des gorges, des forêts, des plages, des vallées, des fleuves, des collines, des rochers

MODÈLE: dans les Gorges du Tarn →
On y voit des falaises, des rochers et des rivières. On peut faire du canoë, du kayak, du rafting, de l'escalade, ...

1. dans des montagnes comme les Alpes et les Rocheuses
2. dans un désert comme le Sahara ou le Gobi
3. sur la côte nord-ouest de l'Amérique du Nord
4. dans la jungle de l'Amazone
5. sur une île tropicale comme Tahiti
6. dans l'état où se trouve votre université
7. ?

À vous la parole! Si vous pouviez sortir de la ville, où voudriez-vous passer des vacances? Qu'est-ce que vous aimeriez faire?

Activité 7 Échanges: Quel temps fait-il?

À votre avis, quel temps fait-il dans les endroits suivants?

MODÈLE: en hiver, dans l'Alaska du nord →
É1: Quel temps fait-il en hiver dans l'Alaska du nord?
É2: Il fait très froid, il neige, il y a de la glace et le vent est très froid.

Suggestions de la pluie, un ciel couvert (gris, bleu), du soleil, du brouillard, de la neige, de l'humidité, de la glace, du vent, des orages, de la foudre, du tonnerre

au printemps, là où tu vis
pendant un ouragan sur une île du Pacifique
en novembre, sur la côte atlantique canadienne
pendant une tempête de neige dans les Alpes
l'après-midi, dans une forêt tropicale
le soir, à Londres, d'après les images stéréotypées
en été, là où tu vis
dans le désert de l'Arizona, un jour d'été

Activité 8 Entretien: La nature et moi

1. Tu vas parfois à la mer? Où aimes-tu aller? Qu'est-ce que tu fais là-bas?
2. As-tu passé des vacances à la montagne? Quand? Avec qui? Tu as fais des randonnées? de l'escalade? du kayak? de la parapente?
3. As-tu déjà visité un désert? Lequel? Tu y es resté(e) longtemps? Comment l'as-tu trouvé?
4. Tu aimes le climat d'où tu viens? Pourquoi? Tu voudrais y passer ta vie?
5. Est-ce que le temps qu'il fait affecte la conduite des gens, à ton avis? De quelle manière?
6. Tu as peur des orages? Que doit-on faire pour se protéger contre un orage dangereux?
7. Quelle est ta saison préférée? Pourquoi? Qu'est-ce que tu aimes faire en cette saison?

Activité 9 Sondage: Ô marâtre nature

Écoutez et marquez votre décision dans chaque cas. Ensuite, comparez vos réponses avec celles de vos camarades de classe.

1. Vous êtes dehors. Soudainement, il y a un coup de foudre et un coup de tonnerre.
   a. Il vaut mieux s'étendre par terre et se couvrir la tête des mains.
   b. Il faut se cacher sous un arbre et se boucher les oreilles.
2. Pendant votre randonnée en montagne, il arrive une grosse tempête de neige.
   a. On doit s'abriter sous un rocher et attendre la fin de la tempête.
   b. Il vaut mieux continuer la randonnée, mais très prudemment.
3. La météo vient d'annoncer qu'une tornade s'approche de votre quartier.
   a. Il faut ouvrir les portes et les fenêtres pour réduire la pression de l'orage.
   b. Il faut descendre au sous-sol en emportant sa radio et une torche électrique.
4. Dans le désert, on contemple le lit d'une rivière sèche pour dresser sa tente.
   a. Si le ciel est clair, il n'y a aucun danger. On peut y camper.
   b. C'est trop dangereux! Il y a risque d'inondation soudaine.

Activité 10 Dans le monde francophone: Les climats variés

Voici des descriptions extraites d'une brochure. Posez des questions à votre partenaire.

MODÈLE: É1: C'est quand, l'été indien au Québec?
         É2: C'est en automne, vers la fin septembre.

la Tunisie	le Québec	la Nouvelle-Calédonie
pays maghrébin désertique et montagneux en Afrique du Nord	**province boisée et montagneuse d'un grand pays en Amérique du Nord**	**longue île montagneuse entourée d'un récif-barrière dans le Pacifique près de l'Australie**
Froid et très froid (−10°C) la nuit en hiver dans le Sahara; pas de demi-saison; été très sec et chaud à très chaud.	Hiver rigoureux. Été tempéré dans le nord, chaud dans le sud, superbe «été indien» fin septembre.	Saisons inversées par rapport à l'hémisphère nord, hiver (juin à septembre) frais et humide, intersaisons agréables et été (décembre à mars) chaud

À vous la parole!   Persuadez la classe de visiter votre état (ou pays). **Idées:** parlez de sa géographie (lacs, montagnes, etc.), de son climat, des activités possibles, des villes et des sites à visiter, en montrant des dessins.

Questions écologiques

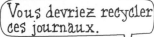

★ **Attention! Étudier Grammaire 8.4 et 8.5**

> Vous devriez recycler ces journaux.

> Ne laisse pas couler l'eau. Tu ne devrais pas la gaspiller.

On ne devrait pas cultiver son jardin dans le désert.

Il est interdit de jeter les déchets par terre.

> Ouah! Ouah! Ouah! Ouah! Ouah! Ouah!

En ville, le bruit peut déranger les autres.

Jean-Yves a vu un film sur les fleuves.

Il s'est rendu compte qu'il contribuait à la pollution des eaux.

Il a acheté un détergent sans phosphates.

Activité 11 Interro: Transformations écologiques

Qu'est-ce qui a influencé ces personnes? Que faisaient-elles jusque-là? Qu'est-ce qu'elles ont fait après?

MODÈLE: É1: Qui a lu un article sur le jardinage naturel?
É2: Francis Lasalle.
É1: Que faisait Francis jusque-là?
É2: Il se servait d'insecticides.

	LE MOMENT CLÉ	AVANT	LE RÉSULTAT
Francis Lasalle	a lu un article sur le jardinage naturel	se servait d'insecticides	a acheté des coccinelles pour son jardin
Marie Lasalle	a assisté à une conférence sur le recyclage	jetait tous ses déchets à la poubelle	a commencé à recycler les objets en verre et en plastique
Julien Leroux	a vu un film sur le réchauffement de la planète	allait partout dans son 4 × 4	a décidé d'acheter une voiture hybride
Emmanuel Colin	a appris que le bruit est une forme de pollution	écoutait sa radio avec le volume au maximum	a baissé le volume de sa radio

Activité 12 Sondage: La vie en société

Dites pourquoi ces habitudes qui affectent notre environnement sont mal vues.

MODÈLE: boire son café et se raser pendant qu'on conduit le matin →
Ça peut mettre quelqu'un en danger! Il faut être attentif au volant.

Suggestions

C'est impoli.
Ça peut mettre quelqu'un en danger.
C'est mauvais pour l'environnement.

C'est illégal.
C'est embêtant mais pas grave.
Ce n'est pas hygiénique.

1. envoyer des textos pendant qu'on conduit
2. laisser son chien faire des saletés sur le trottoir
3. refuser de recycler, malgré les règlements
4. fumer dans un endroit public
5. stationner dans un espace interdit ou privé
6. faire des graffiti sur les murs des endroits publics
7. faire du bruit qui dérange ses voisins
8. jeter des déchets par terre
9. conduire son 4 × 4 hors route
10. ignorer les émissions excessives de sa voiture

Activité 13 Récit: Faux-pas écologiques

Identifiez les erreurs que Raoul est en train de commettre et dites ce qu'il devrait faire pour ne pas contribuer à la dégradation de l'environnement.

1.

2.

3.

4.

5.

6.

MODÈLE: Il est en train de jeter une boîte en aluminium par terre. →
Il devrait recycler les objets en aluminium recyclable.

FAUX-PAS ÉCOLOGIQUES

- gaspiller de l'énergie
- laisser couler l'eau
- laisser les lampes allumées
- jeter les bouteilles en verre
- jeter une boîte en aluminium par terre
- contribuer à la pollution de l'air
- utiliser trop de détergents
- ?

HABITUDES ÉCOLOGIQUES

- déposer les ordures dans une poubelle
- utiliser moins de détergents, et sans phosphates
- utiliser les transports en commun
- faire du covoiturage
- se déplacer en vélo
- trier les déchets
- recycler les récipients en verre
- arrêter l'eau (éteindre les lumières) quand on ne s'en sert pas
- ?

Ça fait penser

En France...

- chaque habitant produit en moyenne 352 kg d'ordures ménagères par an.
- le bruit qui touche le plus les gens provient de la circulation.
- chaque habitant consomme en moyenne 282 litres d'eau potable chaque année.

Les francophones sur le vif

Yolande Madec, 45 ans, propriétaire d'un magasin d'alimentation bio et membre des Verts,[1] Plougastel (Bretagne)

Pourquoi militez-vous dans une association de défense de l'environnement?

C'est évident, non? Regardez autour de vous: marées noires[2] sur la côte atlantique, pics de pollution de plus en plus fréquents dans les grandes villes, nitrates dans l'eau potable[3]... et bien sûr nos 59 centrales nucléaires! Heureusement que les Français se rendent compte aujourd'hui que la préservation de la nature est une affaire sérieuse, depuis les succès électoraux des Verts. Nous voulons faire prendre conscience à nos concitoyens que l'écologie n'est pas une mode,[4] mais un mode de vie; il faut apprendre à recycler le verre, le plastique et le papier, à utiliser moins d'eau, à ne pas jeter d'ordures dans les parcs et sur les plages, à prendre les transports en commun ou sa bicyclette pour se déplacer. C'est beaucoup d'efforts, mais notre belle planète en vaut la peine,[5] vous ne trouvez pas?

[1]parti politique des écologistes
[2]marées... versements de pétrole dans la mer
[3]eau... l'eau qu'on boit
[4]*fad*
[5]en... mérite cet effort

Activité 14 Échanges: Au milieu du XXe siècle

Voici comment vivaient les Américains pendant les années 50. Est-ce que la vie a changé depuis? Si oui, dites ce qui a provoqué le changement. Sinon, expliquez votre avis.

MODÈLE: Pendant les années 50, on pensait très peu à conserver l'énergie. →
  É1: Aujourd'hui, tout le monde en parle mais la situation n'a pas changé. Regarde ces grosses voitures, par exemple!
  É2: Peut-être. Pourtant, nous avons fait des progrès dans certains domaines. Par exemple...

Pendant les années 50...

1. les voitures étaient grandes et consommaient beaucoup d'essence.
2. l'équipement ménager consommait beaucoup d'électricité ou de gaz.
3. le covoiturage n'était pas une priorité.
4. on rêvait de créer une source perpétuelle d'énergie à partir de l'atome.
5. les rues n'étaient pas bien éclairées, sauf au centre-ville.
6. on utilisait très peu le vélo comme moyen de transport.
7. beaucoup de gens voyageaient en train et en autocar.
8. la plupart des familles possédaient seulement une voiture.
9. l'essence coûtait plus cher proportionnellement aux salaires.

Exprime-toi!

J'en ai marre!
C'est dégoûtant!
On délire ou quoi?
Tout le monde fait pareil!
Ce n'est pas une raison!
On devrait l'interdire!
On a tort! (tort de...)
C'est pas juste!
Ça suffit!

Activité 15 Associations: Écolo ou pas?

Décidez s'il s'agit dans chaque cas de (1) «l'écolo» ou (2) d'une personne «sans-souci».

Qui...

- prend l'autobus pour aller au travail?
- n'a jamais le temps de recycler ses déchets?
- conduit une voiture puissante à grande vitesse?
- a persuadé son père de planter un jardin naturel?
- adore faire de l'équitation sur la plage?
- laisse ses ordures après avoir campé en montagne?

- organise des courses en buggy de dune avec ses copains?
- se porte volontaire pour nettoyer le parc?
- a acheté une voiture hybride l'année dernière?
- visite les forêts nationales en motoneige chaque hiver?
- emporte ses ordures quand il fait du camping?
- a remplacé ses ampoules incandescentes par des ampoules fluorescentes?

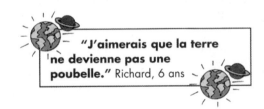

"J'aimerais que la terre ne devienne pas une poubelle." Richard, 6 ans

La langue en mouvement

Mots raccourcis

Le mot *écolo*, forme abrégée d'*écologiste*, illustre un phénomène très fréquent en français courant: l'emploi de mots qui ont perdu leur dernière syllabe (ou leurs deux ou trois dernières syllabes). Par exemple, on entend souvent *foot, télé, aprèm, météo, fac* et *appart*. Pour certains mots, la forme courte est devenue plus courante que la forme longue, comme dans *métro* (< *métropolitain*), *vélo* (< *vélocipède*) et *cinéma* (< *cinématographe*), qui devient en français courant *ciné*. De même, certaines formes courtes sont très utilisées comme préfixes ou adjectifs; beaucoup de consommateurs achètent des *produits bio* dans des *éco-emballages*.

Activité 16 Discussion: Questions écologiques

Vous vous inquiétez des problèmes écologiques? En groupes, proposez ce qu'on peut faire pour les résoudre.

MODÈLE: À mon avis, nous devrions sauver *les espèces en danger d'extinction.* Nous devrions *restaurer leur habitat.*

PROBLÈMES ÉCOLOGIQUES

1. la forêt humide en danger
2. la pollution des rivières et des fleuves
3. les antibiotiques dans la viande et la volaille
4. la croissance des centrales nucléaires
5. la quantité énorme des ordures
6. la pollution de l'air
7. la dépendance aux combustibles fossiles et au pétrole
8. les effets des changements climatiques
9. l'emploi excessif du polystyrène (du plastique)
10. ?

SOLUTIONS

a. arrêter d'employer des pesticides toxiques
b. demander des verres et des assiettes en papier plutôt qu'en plastique
c. développer d'autres sources d'énergie
d. participer aux programmes de recyclage
e. limiter les émissions industrielles
f. arrêter de déboiser les forêts
g. acheter des produits bio
h. consommer moins d'énergie
i. acheter plus de produits verts
j. développer les transports en commun
k. encourager la production de voitures hybrides
l. nettoyer les eaux polluées
m. ?

LECTURE

Mes éco-vacances au Gabon

En septembre, Amélie, une jeune Parisienne, retrouve son amie Sylvaine, qu'elle n'avait pas vue depuis plusieurs mois.

• L'écotourisme en Afrique protège l'environnement et la culture locale.

—Bonjour, Sylvaine!

—Amélie! Comment vas-tu?

—Moi, ça va. Alors, ces vacances?

—Quand je t'ai dit que je partais en Afrique, tu as peut-être pensé que j'allais au soleil, au bord de la mer, ou bien en safari?

—C'est clair!

—Eh bien, pas du tout! En fait j'étais au Gabon, en pleine forêt équatoriale.

—Ouh là! Tu me fais peur.

—Est-ce que tu savais que l'Afrique centrale possède la deuxième plus grande forêt du monde?

—Mmm, non. Ça doit être immense...

—1.840.000 de km² (kilométres carrés), plus de trois fois la superficie de la France! C'est le paradis des botanistes et des zoologistes.

—Super! Mais quel rapport avec les vacances?

—Ah, oui, tu ne savais pas? Fini pour moi les vacances où on bronze[1] sur une plage bordée de cocotiers,[2] où on achète des souvenirs idiots, où tout le monde prend les mêmes photos des mêmes monuments. Maintenant je veux voyager responsable! J'ai trouvé ce «circuit aventure» génial: huit jours au Gabon, un pays où la forêt couvre 80 % du territoire et la densité de la population n'est que de 4 personnes au km².

—Diable![3] On doit se sentir seul.

—Il n'y a presque personne, mais beaucoup d'animaux: des milliers d'éléphants, de gorilles, de chimpanzés, d'hippopotames, des centaines d'espèces d'oiseaux... Tu te rends compte?

—J'imagine qu'il est difficile d'approcher tous ces animaux, non?

—Bien sûr, pour accéder à des lieux aussi magiques, il n'y a ni avion, ni train. On peut seulement voyager en petit groupe, d'abord en voiture, et ensuite en pirogue, puis à pied. Ainsi le tourisme a moins d'impact sur l'environnement. De plus, on ne mange que des produits locaux.

—C'est admirable! Mais le confort...

—Ah, évidemment, les hôtels trois étoiles avec minibar, climatisation[4] centrale et centre de fitness, c'est rare dans la région. Mais je précise que dans le modeste «lodge» où nous étions hébergés[5] à Iguéla, dans le parc national du Loango, il y avait de l'eau chaude et des toilettes privées!

—Bon, tout de même! Et qu'est-ce que tu as vu de beau, dans ce parc?

—Tu sais combien j'adore les fleurs—j'étais servie! On trouve des orchidées dans toutes les régions du pays, en zone côtière, en montagne, en savanes, en forêt. D'après les estimations, le nombre d'espèces d'orchidées existant au Gabon approche 320. Comme de nombreux endroits n'ont pratiquement pas été explorés, il est toujours possible de découvrir une espèce inconnue; c'est incroyable, non?

—En effet. Tu en as ramené, de ces fameuses orchidées?

—Absolument pas! Il faut respecter les écosystèmes fragiles: admirer sans toucher.

—Et... tu ne t'es pas ennuyée, sans cinéma, ni bars, ni boîte de nuit[6]?

—Les huit jours sont passés très vite. En fait, il était très difficile de quitter ce paradis terrestre et de rentrer à Paris, où il y a vraiment très peu d'éléphants et d'orchidées sauvages...

—Oui, et très peu d'insectes, mais beaucoup de gens et de distractions, merci.

—L'écotourisme permet aussi d'aider le développement durable, tu sais?

—Bravo! Mais pour mes vacances, moi, je préfère me reposer, lire des romans policiers et rencontrer de beaux gars[7] sur la plage.

---

[1]*gets a tan* [2]arbres qui produisent des noix de coco [3]expression de surprise [4]*air conditioning* [5]logés [6]boîte... club, discothèque [7]hommes

Avez-vous compris? Formulez des alternatives aux pratiques suivantes pour respecter les principes de l'écotourisme.

1. Je fais des réservations «tout compris» en payant tout en avance pour ne rien avoir à dépenser sur place.
2. Je reste uniquement dans de grandes chaînes d'hôtels car ils sont plus confortables.
3. Quand j'achète quelque chose sur place, je marchande pour obtenir le meilleur prix: je ne veux pas payer trop cher!
4. J'aime bien rapporter des plantes ou des minéraux que je trouve en me promenant: c'est authentique et ça ne coûte rien.
5. J'aime aller dans des sites sauvages que personne n'a encore visités.
6. Même à l'étranger, je préfère manger comme chez moi.
7. Je fais du tourisme seulement pour m'amuser et me distraire.
8. ?

À vous d'écrire

Vous venez d'arriver à Dakar au Sénégal. Vous vous êtes promené(e) un peu et maintenant, vous écrivez à votre ami(e). Vous voudriez lui dépeindre une image très vive de ce que vous avez vu: des touristes avec leurs appareils photo, des vendeurs de fruits, des hommes d'affaires en costume traditionnel, des clients élégants dans les boutiques, une circulation intense dans les rues... Dans votre lettre, employez l'imparfait pour dire ce qui se passait autour de vous.

MODÈLE: *Cher (Chère)...*

Me voilà enfin, confortablement installé(e) dans ma chambre. Il me semble que je vais aimer Dakar. Je me suis promené(e) un peu cet après-midi. Il faisait un temps splendide. Il y avait des gens qui... Beaucoup de personnes...

Avec toutes mes amitiés,

● Un écosystème fragile en Côte-d'Ivoire

Vocabulaire

La géographie et la Terre

Geography and the Earth

au bord de	at the edge of
aux bords de	on the banks of
couvert(e) (de)	covered (with)
entouré(e) (de)	surrounded (by)
se jeter	to flow into
large	wide
marécageux/ marécageuse	swampy
montagneux/ montagneuse	mountainous
situé(e)	located
se situer	to be located
des collines (f.)	hills
la côte	the coast
un cours d'eau	a stream, river
un détroit	a strait
l'est (m.)	east
un état	a state
une étendue (de)	a stretch, expanse (of)
une falaise	a cliff
un fleuve	a river
la forêt humide	the rainforest
la frontière	the border
un golfe	a gulf
une île	an island
la Manche	the English Channel
le nord	north
l'ouest (m.)	west
la pierre	stone
un pin	a pine tree
une presqu'île	a peninsula
les réserves petrolières	oil reserves
une rivière	a stream
un rocher	a rock
le sable	sand
un sapin	a fir tree
le sud	south
la superficie	surface area
un volcan éteint	an extinct volcano

Mots apparentés: **un archipel, aride, une baie, une cascade, continental(e), un désert, désertique, une dune, un glacier, une gorge, une jungle, un océan,** une péninsule, une plaine, des rapides (*m.*), un terrain, tropical(e), une vallée, la végétation

Le temps et le climat

Weather and climate

le ciel (*f.*)	the sky
la foudre	lightning
un coup de foudre	a bolt of lightning
la glace	ice
une inondation	a flood
un nuage	a cloud
un orage	a storm
un ouragan	a hurricane
la pluie	rain
une tempête	a storm, tempest
le tonnerre	thunder
une tornade	a tornado

Préoccupations écologiques

Environmental concerns

une centrale nucléaire	a nuclear power plant
les combustibles (*m.*) fossiles	fossil fuels
la croissance (de)	the increase (in)
les déchets (*m.*)	trash
les eaux (*f.*) (de)	the waters (of)
l'essence (*f.*)	gasoline
une motoneige	a snowmobile
la quantité des ordures (*f.*)	the quantity of garbage
le pétrole	oil
le réchauffement de la planète	global warming
un 4 × 4 ("quatre-quatre")	a four-wheel drive vehicle
contribuer (à)	to contribute (to)
déboiser (les forêts)	to clear away (forests)
déranger	to disturb, bother
gaspiller l'énergie	to waste energy
jeter (une boîte)	to throw away (a can)
laisser couler l'eau	to leave water running
se servir de pesticides	to use pesticides

Mots apparentés: **les antibiotiques** (*m.*), **un buggy de dune, la dégradation, un détergent, l'électricité, les émissions** (*f.*) **industrielles, l'extinction, le gaz, les graffiti** (*m.*), **pollué(e), la pollution, toxique**

Solutions environnementales

Environmental solutions

des aliments bio	organic produce
allumé(e)	lighted
une ampoule	a lightbulb
l'autocar (*m.*)	cross-country bus
une coccinelle	a ladybug
interdit(e)	forbidden
le jardinage naturel	organic gardening
une poubelle	a trash can
un produit vert	a natural product
puissant(e)	powerful
une voiture hybride	a hybrid car
baisser (le volume)	to lower (the volume)
consommer moins (de)	to consume less (of)
déposer dans une poubelle	to put, place in a garbage can
emporter ses ordures	to carry away one's garbage
éteindre les lumières	to turn off the lights
faire du covoiturage	to carpool
des progrès	to make progress
nettoyer	to clean
se porter volontaire	to volunteer
(se) protéger	to protect (oneself)
recycler le verre	to recycle glass
remplacer	to replace
se rendre compte	to realize, recognize
résoudre	to resolve
sauver	to save
trier les déchets	to sort trash

Mots apparentés: **excessif/excessive, fluorescent(e), incandescent(e), les phosphates** (*f.*), **planter, le recyclage**

La description

attentif/attentive	attentive
Cadien(ne)	Cajun
dur(e)	hard (≠soft)
éclairé(e)	lit, lighted
fier/fière	proud
flamand(e)	Flemish
prudemment	carefully
puissant(e)	powerful
sec/sèche	dry

Mots apparentés: **dangereux/dangereuse, recyclable**

Substantifs

la casbah	the old part of an Arab city
la conduite	conduct, behavior
l' équitation (*f.*)	horseback riding
un lieu	a place, spot
la moitié (de)	half (of)
une publicité	an ad
un quart (de)	a quarter (of)
un texto	a text message
un souk	an Arab market
une torche électrique	a flashlight
le volant	the steering wheel

Mots apparentés: **l'aluminium** (*m.*), **un atome, une gondole, le jazz, la neutralité, un palais, une pyramide**

Verbes

s'abriter	to take shelter
se boucher les oreilles	to cover one's ears
se cacher	to hide
se déplacer	to move from one place to another
dresser une tente	to set up a tent
emporter	to carry with you
s'étendre	to lie down, stretch out
faire de la parapente	to hang glide
une randonnée	to go on a hike
réduire la pression	to reduce the pressure (*of air*)
se trouver	to be located
vivre (à/en/dans)	to live (in)

Mots et expressions utiles

(à) grande vitesse	(at) high speed
les années 50	the 1950's
là-bas	(over) there
pourtant	however
la santé	health
sauf	except, save
Ça suffit!	That's enough!
J'en ai marre!	I'm fed up.
On a tort (de)... !	They're wrong (to) . . .
On devrait l'interdire!	They should forbid it!
On délire ou quoi?	Are they nuts or what?
Tout le monde fait pareil.	Everybody does the same thing.

Grammaire et exercises

8.1 Expressing location, destination, and origin: Prepositions + place names

A. Cities. Use **à** (*to, at, in*) and **de** (*from*) with names of cities.

Agnès Rouet habite **à Paris.**
Julien Leroux vient **de Bruxelles.**

Agnès Rouet lives in Paris.
Julien Leroux comes from Brussels.

B. Continents, Countries, and Provinces. The preposition used depends on whether the name is masculine, feminine, or plural. In general, names of continents, countries, and provinces that end in **-e** are feminine, and all others are masculine: **la Tunisie, l'Égypte, la Côte-d'Ivoire; le Maroc, le Danemark, le Québec.** (Exception: **le Mexique.**) A few place names are plural: **les États-Unis, les Pays-Bas.**

PREPOSITIONS WITH COUNTRIES, CONTINENTS, AND PROVINCES		
	all feminines, masculines starting with a vowel	**other masculines**	**plural**
in, to *from*	**en** Suède, **en** Iran **de** France, **d'**Israël	**au** Canada **du** Sénégal	**aux** États-Unis **des** États-Unis

> Cities: Use **à** and **de.**
> Countries:
> **en/de** + fem.
> **au/du** + masc.
> Most country names ending in **-e** are feminine. To check gender, see the maps in the front of this book. *Shortcut:* If a country name starts with a vowel or ends in **-e**, use **en/de.** Otherwise, use **au/du.** *Exception:* **le Mexique**

Nous allons **en Allemagne** et **au Luxembourg.**
Leila vient **de Tunisie** et son mari vient **du Maroc.**
Julien est rentré **des États-Unis** hier.

We're going to Germany and Luxemburg.
Leila comes from Tunisia, and her husband comes from Morocco.
Julien came back from the United States yesterday.

C. U.S. States. Most states are masculine because their names do not end in **-e: le Connecticut, le Kentucky, le Maryland,** etc. (Exception: **le Maine.**) Nine states change their spelling in French and thus become feminine: **la Californie, la Caroline du Nord et du Sud, la Floride, la Géorgie, la Louisiane, la Pennsylvanie, la Virginie, la Virginie-Occidentale.**

With feminine names, use **en** and **de** as previously explained: **en Californie; de Louisiane.** Likewise, masculine names take **du (de l'),** but **dans le** is usually preferred to **au: dans le Michigan, dans l'Ohio; du Texas, de l'Iowa.**

> U.S. states:
> **en/de** + fem.
> **dans le/du** + masc.

Exercice 1 Tour de France

Vous allez visiter la France et vous décrivez votre itinéraire. Suivez le modèle.

MODÈLE: Paris (Île-de-France) → Je vais d'abord à Paris, en Île-de-France.
Reims (Champagne) → De Paris, je vais à Reims, en Champagne.

1. Strasbourg (Alsace)
2. Dijon (Bourgogne)
3. Grenoble (Savoie)
4. Arles (Provence)
5. Clermont-Ferrand (Auvergne)
6. La Rochelle (Poitou)
7. Tours (Touraine)

Exercice 2 Le tour du monde

Posez des questions à un jeune globe-trotter. Donnez aussi ses réponses.

> MODÈLE: l'Amérique du Sud / le Pérou et l'Argentine →
> —Est-ce que tu vas en Amérique du Sud?
> —Oui, je vais au Pérou et en Argentine.

1. l'Europe / le Portugal et l'Espagne
2. l'Asie / la Chine et l'Inde
3. l'Afrique / la Côte-d'Ivoire et le Sénégal
4. l'Afrique du Nord / la Tunisie et le Maroc
5. la Louisiane / Baton Rouge et La Nouvelle-Orléans
6. le Canada / Montréal et Toronto
7. l'Amérique du Sud / le Brésil et l'Argentine
8. l'Amérique du Nord / les États-Unis: la Californie et le Texas

Exercice 3 Le marché international

Savez-vous de quels pays viennent les produits et les aliments suivants?

> MODÈLES: les stylos Waterman →
> D'où viennent les stylos Waterman?
> Les stylos Waterman viennent de France.
>
> le sushi →
> D'où vient le sushi?
> Le sushi vient du Japon.

1. les Volkswagen
2. les appareils Sony
3. le jambalaya
4. les vins de Bourgogne
5. les enchiladas et les tacos
6. le cappuccino
7. les Cadillac
8. le sucre d'érable

8.2 The verb vivre

✹ *Review* **Grammaire 6.2** *on* **dire, lire,** *and* **écrire.**

The verb **vivre** is irregular but is similar to **écrire** in the present and the imperfect. Like **vivre: survivre (à)** (*to survive*).

▶ **Vivre** has two present stems:

- plural stem = **viv-**
  singular stem = **vi-**
- Singular endings in present: **-s, -s, -t**
- Irregular past participle: contrast: **j'ai écrit,** but **j'ai vécu.**

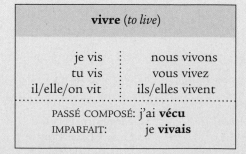

vivre (*to live*)	
je vis	nous vivons
tu vis	vous vivez
il/elle/on vit	ils/elles vivent

PASSÉ COMPOSÉ: j'ai **vécu**
IMPARFAIT: je **vivais**

Je **vis** à La Nouvelle-Orléans depuis dix ans.	*I've been living in New Orleans for ten years.*
Mes parents **vivaient** à Toronto quand je suis né.	*My parents were living in Toronto when I was born.*
L'accident était horrible, mais miraculeusement, tout le monde **a survécu.**	*The accident was horrible, but miraculously, everyone survived.*

Exercice 4 Les oiseaux et l'environnement

Employez une des formes de **vivre** ou **survivre.**

Il y a près de 9.000 espèces d'oiseaux qui _____¹ dans le monde. Chaque espèce _____² dans un milieu particulier. Par exemple, les pics,* oiseaux à becs longs, pointus et solides, _____³ dans les forêts. L'aigle royal _____⁴ en haute montagne, dans les Alpes et les Pyrénées. Le flamant rose, grand oiseau au long cou, ne peut _____⁵ qu'au bord de lacs salés peu profonds.

Toutes ces espèces _____⁶ (*passé composé*) dans une paix relative jusqu'à récemment. Mais aujourd'hui, celles qui _____⁷ (*p.c.*) sont souvent menacées par la destruction de leur habitat ou la pollution des eaux. Pourtant, certaines espèces se sont bien adaptées au milieu humain. Par exemple, la cigogne† blanche, qui autrefois _____⁸ (*imparfait*) exclusivement dans les rochers ou les arbres, aujourd'hui construit souvent ses nids énormes sur des toits de maisons, surtout en Alsace.

Puisque nous _____⁹ tous sur la même planète, nous devrions tous aider à protéger ces belles créatures à plumes.

8.3 Review of direct and indirect objects: More on object pronouns

A. Me, te, nous, and **vous** are used as both direct and indirect objects. The remaining forms, however, are different for direct and indirect objects.

★ Review **Grammaire 4.5** on direct object pronouns and **6.5** on indirect object pronouns.

DIRECT OBJECTS	INDIRECT OBJECTS
le (l')	lui
la (l')	leur
les	

*woodpeckers
†stork

B. Remember that in French, a direct object has no preposition before it, whereas an indirect object is preceded by **à**.

> ➤ A direct object has *no* preposition: verb + noun. **J'adore** *les oiseaux.*

DIRECT OBJECT

J'ai beaucoup aimé **ce film.** →	*I really liked that film.*
Je **l'**ai beaucoup aimé.	*I really liked **it.***

> ➤ An indirect object is preceded by **à**: verb + **à** + noun. **Je parle** *à mon chat.*

INDIRECT OBJECT

Christine écrit souvent **à ses parents.** →	*Christine often writes to her parents.*
Elle **leur** écrit souvent.	*She often writes to **them.***

C. The kind of object a French verb takes is not necessarily the same as that for the corresponding English verb: some French verbs require prepositions where their English counterparts do not, and vice versa.

> ➤ D.O.: **J'écoute** *les oiseaux.*

> ➤ I.O.: **Je ressemble** *à ma mère.*

DIRECT OBJECTS IN FRENCH	INDIRECT OBJECTS IN FRENCH
attendre *to wait for*	**obéir à** *to obey*
chercher *to look for*	**plaire à** *to please*
demander *to ask for*	**répondre à** *to answer*
écouter *to listen to*	**ressembler à** *to resemble*
payer *to pay for*	**téléphoner à** *to telephone*
regarder *to look at*	

D. Many verbs can be used with both a direct and an indirect object: **montrer quelque chose à quelqu'un.**

> ➤ Le/la/les come before lui/leur.

> ★ *You will learn more about the order of object pronouns in* **Grammaire 10.4.**

—Camille, montre **ton dessin à papa.**	*Camille, show your drawing to Daddy.*
—Je ne veux pas **le lui** montrer.	*I don't want to show it to him.*

apporter qqch. à qqn. *to bring*	**expliquer** qqch. à qqn. *to explain*
demander qqch. à qqn. *to ask (for)*	**offrir** qqch. à qqn. *to offer, give*
dire qqch. à qqn. *to say, tell*	**prêter** qqch. à qqn. *to lend*
donner qqch. à qqn. *to give*	**promettre** qqch. à qqn. *to promise*
emprunter qqch. à qqn. *to borrow (from)*	**rendre** qqch. à qqn. *to give back*

Exercice 5 Questions pour un(e) militant(e)

Vous interviewez un(e) militant(e) de l'environnement. D'abord, complétez la question avec la préposition **à,** si nécessaire, sans oublier de faire les contractions nécessaires. Puis jouez le rôle de l'activiste et répondez avec le pronom correct.

MODÈLE: Expliquez-vous ___à___ vos amis les causes des problèmes écologiques?
Oui, je leur explique les causes des problèmes.

1. Allez-vous écrire _____ cette compagnie qui construit un cinéma à quatorze salles en pleine campagne?
2. Écoutez-vous _____ les gens qui disent que le réchauffement de la planète est un mythe?
3. Téléphonez-vous toutes les semaines _____ vos représentants dans le gouvernement?
4. Regardez-vous _____ les documentaires sur la nature à la télévision?

5. Que voudriez-vous dire _____ une personne qui ne fait rien pour protéger l'environnement?
6. Donnez-vous de l'argent _____ les associations qui travaillent pour la protection des espèces en danger?

Exercice 6 Décisions environnementales

Vous êtes président (présidente) et aujourd'hui, vous considérez des demandes qui vont avoir un effet sur l'environnement. Quelle décision prenez-vous dans chaque cas?

> MODÈLE: Une industrie d'exploitation agricole voudrait la permission de drainer des zones humides importantes. (donner) →
> Je la lui donne. (Je ne la lui donne pas.)

1. Un entrepreneur demande la permission exceptionnelle de construire dans une zone protégée. (donner)
2. Les membres d'un club écologiste cherchent les noms de compagnies qui construisent avec des produits naturels. (envoyer)
3. Une femme voudrait votre signature sur sa pétition pour sauver les oiseaux en danger. (promettre)
4. Les élèves d'une école primaire demandent un centre de recyclage dans leur quartier. (accorder)
5. Une industrie demande un brevet* d'invention pour un plastique qui se décompose en matière organique. (donner)

8.4 Expressing *should:* More on **devoir**

A. You already know that the present tense of **devoir** is used with an infinitive to express obligation or probability.

Est-ce que nous **devons** finir le chapitre pour demain?	*Do we have to finish the chapter for tomorrow?*
Albert est absent. Il **doit** être malade aujourd'hui.	*Albert is absent. He must be sick today.*

✴ *Review **Grammaire 3.4** B and C on **devoir.***

B. One of the most frequent uses of **devoir** is to convey the notion of *should* or *ought to.* To express *should,* use **devoir** in the conditional + an infinitive.

➤ **je dois** + **inf.** = *I must* **je devrais** + **inf.** = *I should*

➤ Notice that conditional endings are the same as for **imparfait.**

CONDITIONAL OF **devoir** (*should, ought to*)	
je dev**rais**	nous dev**rions**
tu dev**rais**	vous dev**riez**
il/elle/on dev**rait**	ils/elles dev**raient**

➤ Conditional stem of **devoir** = **devr-**

On **devrait** recycler les boîtes en aluminium.	*People should recycle aluminum cans.*
Nous **ne devrions pas** gaspiller l'électricité.	*We shouldn't waste electricity.*

✴ *You will learn more about the conditional in **Grammaire 11.1.***

---

*patent

Exercice 7 Qu'est-ce que nous devrions faire?

Complétez par des formes de **devoir** au conditionnel. Ensuite, dites **oui** ou **non** et expliquez votre opinion.

> MODÈLE: Pour conserver les ressources naturelles...
> nous *devrions* recycler les journaux et les magazines.
> Oui, je suis d'accord, parce que c'est vraiment facile. (Non, je ne suis pas d'accord: il faut surtout en consommer moins.)

1. Pour aider à diminuer la pollution de l'air...
   a. nous _____ limiter les émissions toxiques.
   b. je _____ marcher ou prendre les transports en commun.
2. Pour éviter de gaspiller de l'eau...
   a. je ne _____ pas laisser couler l'eau quand je me brosse les dents.
   b. les gens ne _____ pas arroser leur jardin tous les jours.
3. Pour diminuer la contamination de la terre et des eaux...
   a. les agriculteurs ne _____ pas se servir d'insecticides.
   b. nous _____ acheter des détergents sans phosphates.
4. Pour résoudre le problème des déchets...
   a. tout le monde _____ trier les déchets et recycler.
   b. le gouvernement _____ limiter l'usage du plastique.

8.5 What was going on: More on the imperfect

✷ *Review the formation of the imperfect in* **Grammaire 6.1.**

✷ *Review* **Grammaire 6.1** *on the use of the imperfect to describe habitual past actions.*

✷ *Review* **Grammaire 6.3** *on the use of the imperfect to describe a past state.*

➤ The imperfect is used to describe a past action in progress.

The **passé composé** and the imperfect are both past tenses. The tense you use depends on how you regard the past action, for instance, as a single completed action or as an ongoing situation in the past.

A. *Habitual* or *repeated past actions* are expressed with the imperfect. Adverbs that often occur with the **imparfait: souvent, d'habitude, tous les jours, tous les ans.**

> Autrefois, les gens **jetaient** tous leurs déchets. On ne **recyclait** rien.
>
> *In the past, people used to throw away all their trash. They didn't recycle anything.*

B. A *past state* or *ongoing condition* is also described with the imperfect.

> Autrefois, nous ne **savions** pas que beaucoup de produits ordinaires **étaient** toxiques.
>
> *In the past, we didn't know that many everyday products were toxic.*

C. Another use of the imperfect is to describe an action that was *in progress* at a particular time in the past.

> Quand j'ai visité la classe de mon frère, le professeur **parlait** de l'écologie et les élèves **faisaient** des projets sur l'environnement.
>
> *When I visited my brother's class, the teacher was talking about ecology, and the pupils were doing projects on the environment.*

Pendant que (*While*) can be used to emphasize that several actions were happening simultaneously.

Pendant qu'on **utilisait** des produits pleins de phosphates, les algues **se multipliaient** dans les mers.	*While people were using products full of phosphates, algae were multiplying in the seas.*

D. The **passé composé** presents an action as *a single event,* completed at one time in the past. Adverbs that often occur with the **passé composé: puis, ensuite, soudain, tout à coup** (*all at once*).

Les scientifiques **ont trouvé** beaucoup d'indications du réchauffement de la planète.	*Scientists discovered many signs of global warming.*
Soudain, tout le monde **a commencé** à s'inquiéter.	*Suddenly, everyone began to worry.*

E. The imperfect and the **passé composé** are often used together to describe what was going on (imperfect) when something else happened **(passé composé).**

Je **lisais** un article sur l'écologie quand les lumières **se sont éteintes.**	*I was reading an article on ecology when the lights went out.*
Je **cherchais** des bougies quand les enfants **ont commencé** à pleurer.	*I was looking for some candles when the kids started crying.*

SUMMARY OF PAST-TENSE USES	IMPERFECT	PASSÉ COMPOSÉ
Habitual past action	Autrefois, on **jetait** tout à la poubelle.	
Single past action		Finalement, on **a compris** la nécessité de conserver les ressources naturelles.
Description of past state	Il y a 30 ans, il n'y **avait** pas de centres de recyclage.	
Past action in progress	Il y a 30 ans, on **commençait** tout juste* à trier les déchets pour les recycler.	
Ongoing past action + interrupting action	Je **vivais** en France...	...au moment où la centrale nucléaire de Tchernobyl **a explosé.**

*tout... *only just*

Exercice 8 Science-fiction ou possibilité?

C'est l'an 3050 et un grand-père et sa petite-fille discutent la question suivante: *Qu'est-ce que c'est qu'un arbre?* Changez les verbes à l'imparfait.

> MODÈLE: Les arbres (couvrir) la terre. →
> Les arbres couvraient la terre.

1. Beaucoup d'animaux (vivre) dans les arbres.
2. Les arbres (empêcher) l'érosion.
3. Ils (émettre) de l'oxygène.
4. Les enfants (grimper) aux arbres.
5. Les gens (pique-niquer) sous leurs branches.
6. Tout le monde les (trouver) très beaux.
7. Mais les arbres n'(être) pas appréciés.
8. Les gens ne (comprendre) pas leur importance.

Exercice 9 Panne d'électricité

Chez les Colin, chacun s'occupait à sa façon un dimanche soir, quand il y a eu une panne d'électricité. Conjuguez les verbes au temps approprié (imparfait ou passé composé).

> MODÈLE: Joël *lisait* (lire) des bandes dessinées quand la lumière *s'est éteinte* (s'éteindre).

1. Marise _____ (faire) la vaisselle quand le lave-vaisselle _____ (s'arrêter).
2. Victor _____ (envoyer) un courriel à un ami canadien quand son ordinateur _____ (s'éteindre).
3. Claudine _____ (écouter) les informations quand tout à coup elle n'_____ plus rien _____ (entendre).
4. Emmanuel _____ (parler) au téléphone quand la communication _____ (être) coupée.
5. Clarisse _____ (écouter) une symphonie de Beethoven quand le CD _____ (s'arrêter).

Escales francophones

le Sénégal

Le Sénégal, pays de grande diversité

Le Sénégal est l'un des pays les plus stables et prospères d'Afrique. Il n'est ni très vaste (1/3 de la France) ni très peuplé (10 millions d'habitants), mais il offre une grande diversité de paysages et de cultures. Les Sénégalais sont aussi fiers[1] de leurs institutions démocratiques que de leur patrimoine artistique. Il y a une vingtaine d'ethnies au Sénégal, dont les Pulaars, les Wolofs et les Sérères. Les Wolofs représentent 43 % de la population et leur langue, le wolof, est parlée par 80 % de la population. Le français est la langue officielle. Alors qu'il y a de nombreux fonctionnaires[2] dans les grandes villes comme Dakar, beaucoup de Sénégalais sont agriculteurs: ils cultivent l'arachide[3] ou le millet.

Le Sénégal a une histoire très ancienne: il a abrité plusieurs grandes civilisations avant l'arrivée des Européens: l'empire du Ghana (VIIIe–XIe siècles), de Tukrur (XIe siècle), du Mali (XIIIe siècle) et de Jolof (XVe siècle). Aujourd'hui, le climat tropical, les plages magnifiques, la flore (les fleurs vivement[4] colorées des bougainvillées et les arbres géants comme le baobab) et la faune sauvage (oiseaux, tortues, grands poissons de mer comme l'espadon[5] ou le barracuda) attirent de très nombreux touristes, en particulier dans la région de Casamance, au sud.

---

[1]*proud* [2]employés de l'État [3]*peanuts* [4]fortement [5]*swordfish*

● L'agriculture au Sénégal

L'île de Gorée, mémoire de l'esclavage

Occupée par les Portugais dès[1] 1444, l'île de Gorée est rapidement devenue le centre du commerce des esclaves. En 1536, on y construisit[2] la première esclaverie et, au XVIIe

---

[1]à partir de [2]< construire (passé simple)

● L'escalier de la «maison des esclaves», l'île de Gorée

siècle, les Français s'y installèrent[3] à la place des Hollandais. Les colonies des Antilles étaient la principale destination des Africains capturés sur place et emprisonnés à Gorée avant d'être embarqués[4] pour un dangereux voyage transatlantique de trois à six semaines. Les conditions de détention étaient lamentables et de terribles épidémies ravageaient l'île, si bien qu'une grande partie des captifs mouraient avant d'arriver en Amérique. Après l'abolition de l'esclavage en 1848, Gorée a presque été abandonnée. Aujourd'hui, la «maison des esclaves», construite vers 1780, a été transformée en musée, où on peut découvrir les vestiges[5] de cette sombre époque. C'est désormais un lieu de pèlerinage[6] qui reçoit des milliers de visiteurs, anonymes ou célèbres comme Bill Clinton, George W. Bush ou le pape Jean-Paul II.

---

[3]s'y... < s'installer (passé simple) [4]*loaded into ships* [5]souvenirs [6]un voyage à motivation religieuse ou sentimentale

• Une griotte chante à une cérémonie de mariage.

Les griots, bardes d'Afrique de l'ouest

À l'origine, les griots étaient des musiciens de cour[1] de l'empire du Mali (XIIIe–XVe siècles), qui racontaient l'histoire de leur peuple, les Malinké (ou Mandingues). Leur récit[2] le plus connu est l'épopée[3] de Sundiata Keita, le premier roi du Mali. Aujourd'hui, ils interprètent des chansons traditionnelles ou racontent des histoires lors de[4] cérémonies publiques ou privées. Pour les mariages, par exemple, ils chantent les louanges[5] des mariés et de leurs familles. Les griots chantent en s'accompagnant de la kora, une sorte de luth à 21 cordes[6] fabriqué avec une calebasse,[7] ou du balafon,[8] une sorte de xylophone. Ils apprennent leurs poèmes par transmission orale et, généralement, la tradition se perpétue à l'intérieur d'une même famille. Des musiciens pop comme le groupe Touré Kunda, Youssou N'dour (Sénégal), Ali Farka Touré ou Salif Keita (Mali), mondialement connus grâce à la popularité de la *World Music*, s'inspirent du style musical des griots.

---

[1]entourage d'un roi [2]histoire [3]histoire d'un héros [4]lors... au moment de [5]*praises* [6]*strings* [7]une sorte de gourde [8]un instrument à percussion

L'enseignement, les carrières et l'avenir

Les étudiants discutent de leurs cours devant la fac.

Objectifs

In *Chapitre 9*, you will talk about university life, jobs, and career plans. You will also learn more about how to express future time.

ACTIVITÉS

L'enseignement
et la formation
professionnelle
Le travail et les métiers
L'avenir

LECTURES

Info: Société   Passe ton
bac d'abord!
La langue en mouvement
La féminisation des noms
de métier
**Les francophones sur le
vif**   Manuel Benoit
Info: Société   Le foulard
islamique à l'école:
Interdire ou pas?
Lecture   Premier boulot

GRAMMAIRE

L'enseignement et la formation professionnelle

La formation d'Agnès Rouet

✱ **Attention! Étudier Grammaire 9.1 et 9.2**

Agnès a réussi au bac à l'âge de 18 ans. Elle a dû bûcher dur avant de le passer.

> Qu'est-ce que je devrais faire?
>
> Tu devrais essayer une autre fois.

La cousine d'Agnès n'a pas été reçue. Elle a échoué à certains examens.

INSCRIPTIONS

Agnès s'est inscrite à la faculté des Sciences Humaines et Sociales de l'université Paris VII.

Elle a assisté à des conférences. Parfois, elle a séché ses cours.

Diplôme universitaire

Au bout de trois ans, Agnès a reçu sa licence.

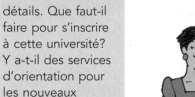

Maintenant, elle fait sa quatrième année d'études. Elle est en train de préparer un diplôme de Master recherche en sociologie.

Cliquez là!

Visitez le site d'une université dans un pays de langue française et essayez d'obtenir des détails. Que faut-il faire pour s'inscrire à cette université? Y a-t-il des services d'orientation pour les nouveaux étudiants? Lesquels? Quelle faculté propose la formation que vous suivez dans votre université?

Activité 1 Casse-tête: L'université française

1. On les paie quand on s'inscrit aux cours.
2. On y réfléchit, et puis on y répond.
3. Pour y réussir, il faut étudier.
4. On s'y inscrit au début de l'année scolaire.
5. C'est le domaine dans lequel on se spécialise.
6. En France, chaque étudiant à l'université y a réussi.
7. On le reçoit à la fin de trois ans d'études.
8. C'est l'état d'avoir réussi à un examen.
9. C'est le contraire d'être reçu(e). On doit repasser l'examen.

a. les examens
b. les cours
c. être reçu(e)
d. la spécialité
e. les frais d'inscription
f. le bac
g. échouer à une épreuve
h. la licence
i. les questions d'un examen

Activité 2 Discussion: Conseils aux futurs étudiants

Qu'est-ce que vous recommandez à ceux qui vont entrer en fac l'année prochaine? Dites **oui** ou **non.** Si vous n'aimez pas les suggestions, proposez-en une autre.

1. On se sent perdu. L'université paraît énorme.
   a. Trouvez un étudiant de deuxième année et suivez-le.
   b. Ne ratez pas les séances d'orientation.
2. On n'est pas certain d'avoir choisi les bons cours.
   a. Parlez avec les conseillers d'orientation.
   b. Téléphonez à vos parents.
3. On a peur de rater les examens.
   a. Travaillez régulièrement.
   b. Amusez-vous pendant l'année et bûchez avant les examens.
4. Au lycée, on est encadré. À la fac, on ne sait pas s'organiser.
   a. Observez vos copains, puis faites comme eux.
   b. Trouvez la manière d'étudier qui vous convient.
5. Quelqu'un propose une petite sortie à la fin de la semaine de cours.
   a. Restez à la maison. Au boulot!
   b. Il faut s'amuser! Sortez avec lui, mais n'exagérez pas.

Activité 3 Sondage: Que pensez-vous de l'université?

Donnez des mentions à votre université. Regardez les catégories et ensuite, comparez vos réponses avec celles des autres étudiant(e)s. Enfin, expliquez vos raisons.

Vocabulaire utile Très Bien, Bien, Assez Bien, Passable, Insuffisant, Nul

1. le système d'inscription
2. l'accès aux professeurs
3. la qualité des cours
4. les résidences universitaires
5. le service de stages et d'emplois
6. les salles informatiques
7. le service de santé pour étudiants
8. le service information et orientation
9. le parking
10. le resto-U

À vous la parole! Avec des camarades de classe, préparez le texte d'une brochure promotionnelle sur votre université.

Activité 4 Dans le monde francophone: Paroles de jeunes

Voici des étudiants choisis pour représenter la voix de la jeunesse à la Foire de Marseille. Écoutez votre professeur et dites le nom de la personne en question.

Muriel LAMY (ALPES-MARITIMES) :

« *J'aime la rencontre, celle avec le public, celle avec les personnages* ».

22 ans - Master en arts du spectacle à Nice.
Signe particulier : dingue de théâtre.
S'intéresse de près à la mise en scène.

Hugo ZINK (ALPES-MARITIMES) :

« *Me nourrir du quotidien pour vivre au gré de ma plume* ».

21 ans - Master en arts du spectacle à Nice.
Signe particulier : jeune homme de plume.
Aime raconter des histoires.

Jean-Matthieu RICŒUR (BOUCHES-DU-RHÔNE) :

« *L'amour de la mer m'a donné le goût de la compétition et du voyage* ».

17 ans - en terminale sport-études au lycée Marseilleveyre de Marseille.
Signe particulier : amoureux de la mer.
Champion de France de voile, série 420, 5ᵉ mondial - 6ᵉ européen.

Anne CONSTANT (VAR) :

« *Apprendre pour réaliser des belles choses et transmettre son savoir* ».

20 ans - En 1ᵉʳᵉ année de CAP-BEP menuiserie au CFA des Compagnons du devoir à Marseille.
Signe particulier : aime le bois sous toutes ses formes.
Entend assurer la relève de sa famille de menuisiers de père en fille.

1. Quel jeune homme prépare un Master en arts du spectacle?
2. Qui aime la rencontre avec le public?
3. Qui voudrait devenir écrivain?
4. Lesquelles de ces quatre personnes s'intéressent au théâtre?
5. Qui fait un bac en sport-études dans un lycée à Marseille?
6. Qui aime raconter des histoires?
7. Qui veut poursuivre le métier de son père et travailler le bois?
8. Qui s'intéresse à la production de pièces de théâtre?
9. Qui apprend pour pouvoir créer de belles choses?
10. Lequel de ces jeunes a le goût de la compétition et du voyage?

À vous la parole!   En groupes de cinq, préparez des questions d'interview pour chacun des étudiants présentés dans ce texte. Ensuite, créez un sketch dans lequel un animateur (ou une animatrice) pose des questions et les jeunes Français y répondent. Enfin, jouez votre sketch pour la classe.

Ça fait penser

Aujourd'hui, beaucoup d'étudiants choisissent de préparer un diplôme tout en recevant un salaire. Cela leur permet d'alterner des périodes de travail et de formation sous un contrat d'alternance proposé par une entreprise. On peut préparer une licence ou un Master professionnel tout en travaillant.

INFO: Société

Passe ton bac d'abord!

S'il existe un symbole du système éducatif français, c'est bien le diplôme du baccalauréat. Chaque année en juin, pendant plusieurs jours, les candidats dans toute la France passent simultanément des examens écrits et oraux[1] dans diverses matières: littérature et langue françaises, philosophie, histoire, géographie, langues vivantes, mathématiques, sciences et autres matières plus spécialisées.

Pour réussir, il faut obtenir au moins 10/20 de moyenne[2] sur l'ensemble des épreuves.[3] Seuls ceux qui réussissent (environ 70 % d'une classe d'âge) ont le droit[4] de s'inscrire à l'université. Si «le bac» reste important, il a perdu une grande partie de son prestige parce qu'il ne représente plus une garantie d'emploi: près de la moitié[5] des bacheliers[6] n'ont toujours pas trouvé de travail au bout de[7] six mois.

[1]pluriel d'**oral** [3]parties d'un examen [5]50 % [7]au... après une période de
[2]de... *average* [4]le... la possibilité [6]personnes qui ont le bac

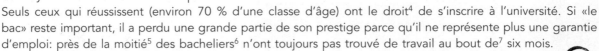

Activité 5 Dans le monde francophone: Comment préparer le bac

Le magazine *Phosphore* propose une méthode pour préparer le bac. Groupez les détails qui font partie de chaque stratégie.

Stratégies

_____ Faites un planning efficace.
__8__ Boostez votre mémoire.
_____ Trouvez le bon tempo pour vous.

_____ Musclez votre écriture.
_____ Révisez à plusieurs.
_____ Attention aux procédés mnémotechniques.

Détails

1. Soyez réaliste; faites une liste de vos priorités.
2. Reposez-vous souvent pour recharger vos batteries.
3. Profitez des moments de la journée où vous travaillez le mieux.
4. Développez des méthodes pour réactiver votre mémoire.
5. Évitez le stress; ne faites rien à la dernière minute.
6. Exprimez-vous d'une manière simple et claire.
7. Gardez dix minutes à la fin d'une épreuve pour vous relire.
8. Réexpliquez la matière à d'autres étudiants pour mieux la comprendre.
9. Préparez-vous avant de participer aux séances en groupe.
10. Inventez des exercices mentaux afin de mieux retenir la matière.

Cliquez là!

Visitez un site Web consacré aux besoins des étudiants. Quelles sortes d'articles y trouve-t-on? Est-ce que les renseignements vous semblent utiles? Y en a-t-il qui sont importants pour les étudiants américains?

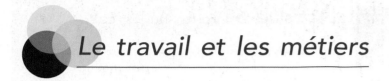

Le travail et les métiers

✳ **Attention! Étudier Grammaire 9.3 et 9.4**

Une avocate défend les accusés.

Un fonctionnaire travaille pour le gouvernement.

Une conseillère conjugale aide les mariages en difficulté.

Un instituteur enseigne aux enfants.

Cette ouvrière travaille dans le bâtiment.

Un photographe prend des photos.

Un pompier éteint des incendies.

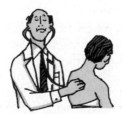

Un médecin s'occupe des malades.

Un cuisinier prépare des repas.

Un coiffeur coupe les cheveux.

● Des agents de police à Paris

Activité 6 Interro: Qui est-ce?

Regardez les dessins à la page précédente et écoutez le professeur. Ensuite, identifiez la personne dans la description. (C'est un/une... Ce sont des...)

MODÈLE: Il travaille dans un salon de beauté et il coiffe les gens. →
C'est un coiffeur.

1. Elle présente des arguments pour défendre ses clients.
2. Cette personne risque parfois sa vie pour éteindre des incendies.
3. Nous consultons cette personne si nous ne nous sentons pas bien.
4. Elle donne des conseils aux époux qui s'entendent mal.
5. Cette personne est le chef d'équipe dans la cuisine d'un bon restaurant.
6. Elle fait un métier exigeant et peut-être dangereux.
7. Cette personne travaille avec des enfants pendant l'année scolaire.
8. Les membres de cette profession sont parfois des artistes qui exposent leurs œuvres.
9. Il a peut-être suivi une formation en comptabilité ou en commerce.
10. Il travaille à la poste ou bien à la mairie.

Activité 7 Associations: Les métiers

Dites ce que font ces personnes et les qualités importantes pour leur travail.

MODÈLE: Les instituteurs et les institutrices enseignent aux enfants. Ils ont besoin d'être patients et bien informés.

Suggestions calme, courageux, en bonne forme, patient, bien informé...

1. les professeurs
2. les facteurs/factrices
3. les chauffeurs de taxi
4. les vétérinaires
5. les mécanicien(ne)s
6. les pompiers/pompières
7. les comptables
8. les chirurgien(ne)s
9. les ingénieurs informaticien(ne)s
10. les serveurs/serveuses

a. servent à table
b. éteignent les incendies
c. s'occupent des finances
d. opèrent les malades
e. s'occupent des animaux malades
f. distribuent le courrier
g. conduisent un taxi
h. enseignent à l'université ou au lycée
i. réparent les voitures
j. s'occupent des systèmes d'exploitation de l'ordinateur

Activité 8 Discussion: Les études et la formation

Avec un(e) partenaire, décidez ce que ces personnes ont dû faire pour atteindre leur niveau d'expertise.

> MODÈLE: Jean-Michel Cousteau, océanographe
> É1: Jean-Michel Cousteau a dû faire des études universitaires en sciences et mathématiques.
> É2: C'est vrai. En plus, il a dû faire des stages avec son père.

1. Paul Bocuse, chef cuisinier
2. Surya Bonaly, patineuse olympique
3. Camara Laye, romancier guinéen
4. Yves Duteil, chanteur
5. Émilie Ndogo, journaliste radio camerounaise
6. Denis Hallier, pisteur-secouriste suisse
7. Pierre Chaline, éducateur de rue (pour adolescents SDF)

- faire des études universitaires (dans quelles matières?)
- faire un stage (une période d'apprentissage) (en quoi? où?)
- suivre un programme d'entraînement physique (lequel?)
- faire des recherches (sur quel sujet?)
- prendre des leçons particulières (de quoi?)
- s'entraîner (à faire quoi?)
- ?

À vous la parole! En groupes de quatre, comparez les programmes d'études que vous devez suivre pour préparer la carrière de votre choix. Décidez quel programme est le plus compliqué et le plus long et...

La langue en mouvement

La féminisation des noms de métier

Que faire quand les femmes exercent des professions tradition-nellement masculines? Pour certaines professions, une désignation féminine a été trouvée et acceptée, comme *une avocate*, *une chirurgienne*, *une architecte*. Tout le monde dit en conversation *la prof*, et l'emploi de *madame la ministre* pour désigner une femme à la tête d'un ministère gouvernemental ne choque plus beaucoup de gens. Pourtant, l'Académie française et une grande partie de la société française ont résisté à certaines de ces innovations; par conséquent, un grand nombre de Français continuent à dire *un professeur*, *un écrivain* et *un juge*, même pour des femmes. Par contre, d'autres pays francophones, notamment la Belgique, la Suisse et le Québec, ont procédé assez rapidement à l'adoption de nouvelles formes telles qu'*une professeure*, *une écrivaine* et *une pompière*, formes qui sont employées par certains Français, mais qui mettent du temps à entrer dans les dictionnaires français de France.

Activité 9 Casse-tête: Devinez leur métier

LES PERSONNES	LES MÉTIERS	
les Hubert (Jacques et Anne)	médecin	instituteur/institutrice
les Potin (René et Cécile)	avocat(e)	secrétaire
les Bodard (Serge et Michèle)	ingénieur(e)	
	dentiste	

1. Anne travaille dans un hôpital, mais elle n'est pas médecin.
2. Serge enseigne à des enfants.
3. Jacques travaille avec des infirmiers et des infirmières.
4. La secrétaire est mariée au médecin.
5. Le mari de l'avocate est ingénieur.
6. Le mari de la dentiste travaille dans une école.

Activité 10 Enquête: Le poste idéal

Déterminez l'ordre de priorité que ces critères vont avoir pour vous quand vous chercherez un poste à la fin de vos études. Indiquez ici leur ordre d'importance.

_____ un salaire élevé
_____ des chances d'avancement
_____ la possibilité de voyager
_____ les vacances et les congés
_____ la possibilité de travailler à la maison
_____ un niveau de tension modéré
_____ l'autonomie
_____ le prestige de l'entreprise
_____ la proximité de ma famille
_____ les avantages sociaux (l'assurance maladie...)
_____ un patron sympathique et raisonnable

À vous la parole! Maintenant, comparez vos réponses à celles de votre partenaire.

MODÈLE: É1: J'ai mis le niveau de tension en premier parce que je ne veux pas travailler dans un endroit où les gens sont inquiets et stressés.

É2: Moi non plus, mais un peu de tension est normal, à mon avis. Si le salaire est bon, je peux supporter un peu de stress.

Activité 11 Discussion: Les métiers et le passage du temps

Depuis combien de temps (approximativement) existent ces métiers? Que font les gens qui les exercent?

MODÈLE: commerçant → Ce métier existe depuis le début de la civilisation. Les commerçants achètent et revendent des marchandises.

Vocabulaire utile depuis (cinquante) ans, depuis le début (du XXᵉ siècle), depuis l'époque de (Jules César)

1. créateur/créatrice de jeux vidéo
2. agriculteur
3. photographe
4. psychiatre
5. chauffeur

6. animateur/animatrice à la télé
7. couturier/couturière
8. professeur de lycée
9. chef d'orchestre
10. facteur/factrice

À vous la parole! Faites une liste de métiers qui n'existent plus et expliquez pourquoi ils ont disparu.

Les francophones sur le vif

Manuel Benoit, 23 ans, employé en Contrat à Durée Déterminée (CDD) dans une entreprise de transports, Clermont-Ferrand

Quelle est votre stratégie pour trouver un travail stable?

Oh, vous savez, j'ai essayé pas mal de stratégies, sans beaucoup de résultats. D'abord, j'ai été chômeur[1] pendant deux ans. Bien sûr, je me suis inscrit à l'ANPE,[2] qui m'a indiqué des possibilités d'emploi; mais c'était toujours la même musique, «qualifications insuffisantes, pas d'expérience». Comment accumuler de l'expérience sans avoir l'occasion de travailler? Je regrette un peu d'avoir arrêté mes études au bac, mais j'ai des amis qui ont des diplômes et qui ne sont pas mieux lotis[3] que moi.

Ensuite, j'ai fait des stages,[4] comme tout le monde: informatique, gestion, comptabilité… Finalement, je suis arrivé à décrocher[5] des petits boulots,[6] un CDD après l'autre: six mois ici, neuf mois là—impossible de se faire embaucher[7] définitivement, ça coûte trop cher au patron.[8] En ce moment, je fais de gros efforts pour montrer que ça vaut la peine[9] de me garder. Mes employeurs apprécient ma bonne volonté et mes initiatives; est-ce que ce sera suffisant? Je reste optimiste, mais sans trop d'illusions.

[1]personne qui n'a pas d'emploi
[2]l'Agence nationale pour l'emploi
[3]qui... dont la situation n'est pas meilleure
[4]formations professionnelles courtes et spécifiques
[5]obtenir (*fam.*)

[6]jobs (*fam.*)
[7]faire... faire prendre comme employé
[8]chef d'entreprise
[9]ça... l'effort est justifié

Activité 12 Échanges: Les secrets d'un CV réussi

Un curriculum vitæ peut vous ouvrir la porte à l'emploi que vous désirez. Avec un(e) partenaire, décidez si vous êtes d'accord ou non avec ces conseils. Sinon, expliquez pourquoi pas et corrigez la phrase.

1. Le CV doit paraître impeccable, imprimé au laser si possible.
2. Ne suivez pas l'ordre classique pour présenter les informations. Mélangez les détails.
3. La clarté est essentielle. Soyez précis au lieu de généraliser.
4. Précisez où vous avez étudié et les secteurs dans lesquels vous avez travaillé.
5. Utilisez le maximum de termes techniques.
6. L'honnêteté est essentielle. Vous devez être responsable du contenu du CV si l'on vous interroge.
7. Il faut que le CV soit très long pour augmenter vos chances d'être lu(e).
8. Montrez que votre formation a suivi un cours logique et que vous êtes une personne organisée.

L'avenir

⭐ **Attention! Étudier Grammaire 9.5**

L'année dernière, Raoul a pris la décision de préparer un doctorat.

Au mois de janvier, Sarah et Agnès ont décidé de voyager ensemble cet été.

Julien vient de recevoir une offre de poste. Acceptera-t-il de devenir vice-président chargé des relations publiques à TF1?

Activité 13 Récit: L'avenir de Jean-Yves

Jean-Yves, Sarah et Agnès ont consulté une voyante. D'abord, écoutez votre professeur et ensuite, mettez les prédictions dans le bon ordre d'après les dessins.

Les prédictions

a. Vous aimerez votre travail et vous serez très content d'y aller tous les jours.

b. Vous ferez un mariage de rêve et vous aurez cinq enfants. Ils seront tous très intelligents et *très* actifs.

c. Vous déciderez de chercher un travail qui vous permettra d'utiliser votre formation professionnelle.

d. Vous aurez un très beau mariage. Sarah et Agnès seront parmi vos invités.

e. Après vos études, vous chercherez l'aventure. Vous partirez pour découvrir le monde.

f. Votre femme vous adorera et vous aurez une vie idéale ensemble. Pourtant, vous ne serez pas satisfait.

g. Vous finirez vos études et vous recevrez un Master en sciences politiques.

h. Vous rencontrerez une belle femme et ce sera le coup de foudre! Plus tard, vous découvrirez qu'elle est milliardaire!

i. Vous serez riche et vous n'aurez pas besoin de travailler. Vous achèterez une maison énorme et vous aurez une vie de loisirs et de luxe.

Allons plus loin! Avec un(e) camarade de classe, racontez l'avenir prédit pour Jean-Yves. Ajoutez des détails intéressants pour embellir votre version. Ensuite, changez de partenaire et comparez votre version de l'histoire à la sienne. Utilisez le futur: **Vous aurez (serez, ferez,...).**

Activité 14 Discussion: Que faire pour s'améliorer?

Vous avez promis à vos parents et à vos amis de changer certaines de vos mauvaises habitudes. Maintenant, vous faites une liste de ce que vous changerez. Dites **oui** ou **non.**

1. Pour améliorer ma santé...
   a. j'arrêterai de fumer.
   b. je ferai plus de gymnastique.
   c. je mangerai moins d'aliments sucrés.
   d. je boirai plus d'eau et moins de coca.
2. Dans mes rapports avec les autres...
   a. je passerai plus de temps avec mes parents.
   b. je ne me disputerai avec personne.
   c. je serai plus généreux/généreuse.
   d. je chercherai à connaître plus de gens.
3. Pour améliorer ma situation financière...
   a. je ferai des économies.
   b. je chercherai un travail.
   c. j'achèterai moins de vêtements.
   d. je mangerai moins souvent au restaurant.
4. À l'université, pour améliorer mes notes...
   a. j'arriverai en cours avec mes bouquins et mes devoirs.
   b. j'étudierai chez moi, et pas devant la télé.
   c. je n'aurai pas peur de poser des questions en cours.
   d. j'achèterai le manuel pour chaque cours.

Activité 15 Sondage: Prédictions

Est-ce que nous verrons les changements suivants dans les 25 ans à venir? Écoutez le professeur et dites **oui** ou **non.** Si vous dites **non,** expliquez pourquoi.

1. Nous trouverons le moyen d'éliminer les virus informatiques.
2. Tous les pays d'Amérique du Nord auront le même gouvernement.
3. Les médecins traiteront beaucoup de maladies par la thérapie génétique.
4. Les transports en commun auront plus d'importance que la voiture.
5. Avant de louer une chambre d'hôtel, on l'inspectera sur Internet.
6. Grâce à la vogue du recyclage, il n'y aura plus de déchets.
7. Il y aura moins de divorces et plus de mariages.
8. Tous les cours se feront sur ordinateur. Il n'y aura plus de profs ni de salles de classe.
9. Le tabac sera important dans la production des médicaments.
10. On ne pourra plus rouler en voiture dans le centre des grandes villes.

À vous la parole! En groupes, préparez une liste de prédictions pour vos camarades de classe et pour votre professeur. Présentez-les à la classe.

Activité 16 Entretien: Le travail et l'avenir

1. Est-ce que tu travailles maintenant? Si oui, où et depuis combien de temps? Qu'est-ce que tu fais? Est-ce que ton travail te plaît?
2. Quel type de poste vas-tu chercher quand tu auras fini tes études? Quels facteurs seront les plus importants dans ta décision?
3. Est-ce que tu aimerais travailler à la maison? Pourquoi ou pourquoi pas?
4. Comment est-ce que ta vie va changer quand tu auras trouvé un travail stable et que tu commenceras à gagner un bon salaire?
5. Tu penses faire le même travail toute ta vie? Pourquoi ou pourquoi pas?
6. Que veut dire «réussir dans la vie» pour toi?

INFO: Société
Le foulard islamique à l'école: Interdire ou pas?

En octobre 1989, trois jeunes filles d'origine maghrébine,[1] élèves au lycée de Creil dans la banlieue parisienne, sont venues à l'école coiffées[2] d'un foulard, nommé «hidjab», porté par les femmes de religion musulmane. Les lycéennes, qui ont refusé d'enlever leur foulard à la demande du proviseur,[3] ont été expulsées. Cet incident a provoqué «l'affaire du voile[4]»: dans un système éducatif laïque[5] depuis 1905, les élèves ont-ils le droit de porter des «signes ostentatoires d'appartenance religieuse»? Un décret officiel autorisant le port[6] du voile n'a pas arrêté la polémique: que faire des autres signes religieux comme la kippa juive ou la croix des chrétiens? Certains ont argumenté que le foulard était sexiste; d'autres ont affirmé qu'il fallait accepter la culture des Maghrébins, la plus grande minorité ethnique et religieuse de France. En 2004, le gouvernement français a interdit le voile dans les écoles. Ce débat qui continue aujourd'hui n'est pas seulement religieux, mais aussi politique et social.

[1] originaire d'Afrique du Nord
[2] la tête couverte
[3] directeur d'un lycée
[4] foulard
[5] ≠religieux
[6] <porter

- Deux jeunes filles portent leur foulard à l'entrée d'un lycée français.

LECTURE

Premier boulot

Élodie Montaygnac (voir Les francophones sur le vif, p. 137) raconte comment elle a obtenu son premier emploi.

En juillet, j'ai enfin terminé mes études avec un Master de Gestion de l'université Montesquieu (Bordeaux IV). J'étais très fière, et prête à me lancer sur le marché de l'emploi. J'ai commencé à regarder les petites annonces dans les journaux et sur Internet, et j'ai pris rendez-vous au service commun universitaire d'information et d'orientation (SCUIO) de l'université, qui est chargé de l'insertion professionnelle des étudiants. Le service a un espace documentaire sur les formations[1] et les métiers où on peut s'informer soi-même, et propose des sessions sur les techniques de recherche d'emploi. J'ai également parlé à un conseiller pour avoir une orientation personnalisée, et je me suis inscrite à l'Association pour l'emploi des cadres (APEC). J'ai préparé mon CV. Bref, je m'étais bien organisée.

Seul problème: je me suis rendu compte que, dans le monde de l'entreprise, il ne se passe presque rien au mois d'août: la plupart des Français sont en vacances! En septembre, l'activité a repris[2] et j'ai répondu à plusieurs annonces en envoyant mon CV et des lettres de motivation manuscrites avec une photo. J'ai obtenu trois entretiens, assez rapidement: j'étais très optimiste, car j'ai entendu dire qu'il fallait candidater à des dizaines de postes pour avoir une chance de recevoir une réponse.

Premier entretien: une chaîne de grande distribution alimentaire.[3] Ce n'est pas mon secteur préféré, mais les hypermarchés sont en pleine expansion et recrutent beaucoup... Le bureau se trouvait dans une tour impressionnante à la Défense. Mon interlocuteur m'a posé de nombreuses questions sur mes qualifications et mes diplômes, et mon expérience:

● Au boulot! L'arche de la Défense à Paris

---

[1] préparations professionnelles
[2] recommencé
[3] chaîne... chaîne de supermarchés et hypermarchés

—Vous aurez une cinquantaine de personnes sous votre responsabilité. Vous devrez prendre des décisions importantes tous les jours. Vous verrez, c'est un travail stimulant! Nous vous donnerons une voiture de fonction, et vos frais de repas seront remboursés. Bien sûr, il y aura des possibilités d'avancement rapide, si vous êtes performante.

Ça ne m'intéressait pas particulièrement, car il était nécessaire de quitter la région bordelaise pour commencer. Dommage! C'était un boulot[4] bien payé...

Deuxième entretien: un constructeur automobile. Ça tombait bien, mon père était garagiste et je connais bien les voitures; c'est un avantage car on ne trouve pas beaucoup de femmes dans cette branche d'activité. Le DRH[5] était un monsieur assez nerveux:

—Vous le savez, notre secteur est en crise. Alors, nous cherchons quelqu'un qui pourra dynamiser la vente de nos modèles auprès d'une clientèle jeune, qui travaillera *beaucoup*. Il faudra s'investir! Vous avez des questions?
—Euh... Est-ce que j'aurai des vacances? Est-ce que je pourrai rester tranquillement chez moi le week-end?
—Éventuellement, mais autant vous dire qu'on ne pratique pas les 35 heures chez nous!

Il m'a remerciée un peu froidement d'être venue. Je n'ai pas été engagée et je ne sais pas s'il trouvera quelqu'un d'assez «motivé» pour travailler autant!

Troisième entretien: la FNAC, où l'ambiance est apparemment beaucoup plus relaxe. J'ai été reçue par une dame souriante; elle m'a demandé quel était mon projet professionnel, et ce que je faisais pendant mon temps libre—c'était plutôt bon signe! Je lui ai parlé de ma passion pour le cinéma.

—Très bien. Vous n'aurez probablement pas l'occasion d'utiliser votre connaissance du cinéma, mais nous aimons que nos cadres s'intéressent vraiment aux produits culturels que nous vendons, littérature, musique ou film.

Finalement, j'ai été engagée, et j'étais ravie parce que c'était de loin ma compagnie préférée. Je suis consciente d'avoir pas mal de chance: plusieurs de mes camarades d'université qui ont le même diplôme que moi sont encore au chômage.

---

[4] travail [5] <u>D</u>irecteur des <u>R</u>essources <u>H</u>umaines

Avez-vous compris?   Dans quel ordre est-ce qu'Élodie a fait les étapes de la préparation à la recherche d'un emploi?

_____ **a.** se présenter aux entretiens
_____ **b.** rédiger une lettre de motivation manuscrite
_____ **c.** acheter des vêtements neufs pour faire bonne impression
_____ **d.** regarder les petites annonces dans les journaux et sur Internet
_____ **e.** finir ses études pour obtenir un diplôme
_____ **f.** visiter le service d'information et d'orientation de son université
_____ **g.** s'inscrire à l'Agence nationale pour l'emploi (ANPE) ou à l'APEC
_____ **h.** préparer un CV à jour
_____ **i.** envoyer des dossiers de candidature

Allons plus loin!   Poursuivre ses études ou chercher du travail? C'est parfois une décision difficile à prendre... Avec un(e) partenaire, déterminez les avantages et les inconvénients de chaque possibilité.

> MODÈLE: Si on poursuit ses études, on n'est pas assuré de...
> Si on cherche un travail, on est plus...

     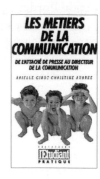

À *vous d'écrire*

Imaginez votre situation professionnelle dans dix ans, lorsque vous aurez trouvé votre emploi idéal. En employant des verbes au futur, décrivez vos activités, vos conditions de travail, votre lieu de travail, vos collègues, etc.

> MODÈLE: *Dans dix ans, je travaillerai dans un grand cabinet d'avocats à New York. J'aurai un immense bureau avec vue sur Central Park. J'arriverai chaque matin vers 10 heures...*

Rendez-vous cinéma

Le Chemin du retour

Épisode 5: «Une piste à suivre»

Parti enquêter dans les Cévennes à la demande de Camille, Rachid ne rapporte aucune information nouvelle, à l'exception du nom de quelqu'un mentionné dans une lettre qu'Antoine a envoyée à sa famille. Mais un historien, ami de Bruno, a trouvé des documents sur le grand-père Antoine, qui a peut-être collaboré avec l'ennemi. Camille, très perturbée, part immédiatement pour Saint-Jean; va-t-elle enfin découvrir la vérité en parlant aux villageois qui ont connu Antoine?

Vocabulaire

L'université et le lycée

University and high school

l'année (*f.*) scolaire	the school year
les arts (*m.*) du spectacle	theater arts
le bac (le baccalauréat)	*national exam in France at the end of lycée*
une bourse	a scholarship
un conseil	a piece of advice
un domaine	an area (of study)
une épreuve	a test
la formation	training
les frais (*m.*) d'inscription	enrollment fees
une leçon particulière	a private lesson
la licence	*diploma awarded in France upon completion of third-year university exams*
un manuel	a textbook
le Master	*diploma awarded in France for two years of study beyond the licence*
une matière	a school subject
une mention	a grade (distinction)
un resto-U	a university restaurant
une séance (d'orientation)	an (orientation) meeting
une spécialité	a major (*subject*)
améliorer	to improve
assister à une réunion	to attend a meeting
bûcher (*fam.*)	to cram, study hard
découvrir	to discover
échouer à	to flunk, fail (*an exam*)
être reçu(e) (à)	to pass (*a course, exam*)
encadré(e)	to be nurtured
faire des recherches	to do research
un stage	to do an internship
s'inscrire à (la fac)	to enroll in (college)
poursuivre un métier	to pursue a career
préparer un doctorat	to work towards a Ph.D.
rater (une conférence)	to miss (a lecture)
recevoir un diplôme	to get a degree
sécher un cours	to cut class
se spécialiser (en)	to major (in)

Mots apparentés: s'organiser, payer, poser une question

Les métiers

Professions

un animateur / une animatrice	a talk show host
un(e) avocat(e)	a lawyer
un(e) chef d'orchestre	a conductor
un(e) chirurgien(ne)	a surgeon
un(e) comptable	an accountant
un conseiller / une conseillère	a counselor
un couturier / une couturière	a fashion designer
un cuisinier / une cuisinière	a cook
un écrivain / une femme écrivain	a writer
un(e) fonctionnaire	a government employee
un(e) ingénieur informaticien(ne)	a computer engineer
un instituteur / une institutrice	a primary school teacher
un médecin / une femme médecin	a doctor
un ouvrier / une ouvrière	a worker
un(e) patron(ne)	a boss, employer
un(e) photographe	a photographer
un(e) pisteur secouriste	a ski patrol member
un pompier / une pompière	a firefighter
un romancier / une romancière	a novelist

Mots apparentés: un agriculteur / une agricultrice, un coiffeur / une coiffeuse, un(e) dentiste, un(e) journaliste, un(e) mécanicien(ne), un(e) océanographe, un(e) psychiatre, un(e) secrétaire, un(e) vétérinaire

Le travail

Work

l'assurance (*f.*) maladie	health insurance
les avantages (*m.*) sociaux	benefits (*work*)
un(e) chef d'équipe	a team leader
la comptabilité	accounting
un congé	a leave, time off

un emploi	a job
les loisirs (*m.*)	leisure
le luxe	luxury
un métier exigeant	a demanding job
le niveau de tension	stress level
la réussite	success
le système d'exploitation	the operating system

couper les cheveux	to cut hair
distribuer le courrier	to deliver the mail
enseigner (aux enfants)	to teach (children)
établir	to establish
éteindre un incendie	to extinguish a fire
être chargé(e) de	to be in charge of
exposer une œuvre	to exhibit a piece of (art)work
s'exprimer	to express oneself
gagner un salaire (élevé)	to earn a (high) salary
marchander	to bargain over
prendre une décision	to make a decision
réfléchir (à)	to think (about)
supporter (le stress)	to bear, withstand (the stress)

Mots apparentés: l'autonomie (*f.*), l'avancement (*m.*), un CV, défendre les accusés, une entreprise, inspecter, une offre, opérer, un poste, les relations (*f.*) publiques, réparer

La description

insuffisant(e)	insufficient
malade	sick
nul(le) (en chimie)	weak (in chemistry)
prédit(e)	predicted
satisfait(e)	satisfied

Mots apparentés: conjugal(e), courageux/courageuse, énorme, financier/financière, généreux/généreuse, modéré(e), passable, précis(e), scandinave, stressé(e)

Substantifs

l'avenir (*m.*)	the future
un bouquin (*fam.*)	a book

les époux (*m.*)	married couple
la génie mécanique	mechanical engineering
l'honnêteté (*f.*)	honesty
un mariage	a marriage; a wedding
un(e) milliardaire	a billionaire
une sortie	an outing
le tabac	tobacco
un virus informatique	a computer virus
une voyante	a clairvoyant

Mots apparentés: un argument, une capacité, une carrière, le gouvernement, une maladie, la marchandise, l'océanographie (*f.*), une prédiction, le prestige, la priorité, la proximité, un risque, la thérapie

Verbes

arrêter de fumer	to stop smoking
avoir lieu	to take place
se détendre	to relax
paraître	to seem
raconter des histoires	to tell stories

Mots apparentés: accepter (de), augmenter, diminuer, éliminer, traiter

Mots et expressions utiles

Au boulot!	Get to work! Let's get to work!
au bout de	at the end of
au début	in the beginning
Ça me convient.	That suits me.
Ça te plaît?	Do you like that?
le coup de foudre	love at first sight
Depuis combien de temps?	For how long? (How long?)
grâce à	thanks to
N'exagérez pas!	Don't overdo it!
On se sent perdu(e).	You feel lost. (One feels lost).
parfois	sometimes
parmi	among

Grammaire et exercices

9.1 Other uses of y: J'y pense

A. The pronoun **y** is used to replace a prepositional phrase referring to a place. In this case, **y** is equivalent to English *there*. **Y** must be used in French, although *there* is sometimes omitted in English.

> —As-tu fait des études **en France**?
> —Oui, j'**y** ai fait deux ans d'études.

> *Did you study in France?*
> *Yes, I studied there for two years.*

✶ Review **Grammaire 2.3** on the pronoun **y**.

B. **Y** can also replace any phrase made up of **à** + a noun indicating an idea or thing.

> —Est-ce qu'Albert réussit **à tous ses examens**?
> —Oui, il **y** réussit toujours.

> *Does Albert pass all his exams?*
> *Yes, he always passes them.*

> —Pensez-vous déjà **à votre future carrière**?
> —Oui, j'**y** pense beaucoup.

> *Are you already thinking about your future profession?*
> *Yes, I think about it a lot.*

➤ **Rappel: y** comes just before the conjugated verb.
je + y = j'y

C. Here are some of the verbs with which you are likely to use **y**.

assister à *to attend*	**réfléchir à** *to think about*
participer à *to participate in*	**répondre à** *to answer*
penser à *to think about*	**réussir à un examen** *to pass a test*

➤ **Y** has two uses:
y = *there* (**à Lyon, dans ma chambre**)
y = **à** + a thing (**j'y pense**)

Exercice 1 Votre vie à l'université

Répondez en employant le pronom **y**.

> MODÈLE: En général, réussissez-vous à vos examens?→
> Oui, j'y réussis. (Non, je n'y réussis pas.)

1. Habitez-vous à la cité universitaire?
2. Est-ce que vous êtes déjà allé(e) à la bibliothèque cette semaine?
3. Est-ce que vous participez beaucoup aux discussions en classe?
4. Répondez-vous souvent aux questions?
5. Assistez-vous parfois aux matchs de basket?
6. Pensez-vous souvent à votre future carrière?

9.2 Emphatic pronouns

A. The emphatic pronouns (**pronoms accentués**) are **moi, toi, lui** (*him*), **elle, nous, vous, eux** (*them, m.*), **elles.** They are often used to emphasize the subject, and after **c'est.**

> **Moi,** je m'appelle Denise.
> C'est Étienne? Oui, c'est **lui.**

> *My name is Denise.*
> *Is that Étienne? Yes, that's him.*

➤ Emphatic pronouns:

moi	nous
toi	vous
lui/elle	eux/elles

➤ Use emphatic pronouns after all prepositions except **à**: **avec eux, pour elles, sans moi.**

➤ Indirect object pronoun: verb + **à** + person (*m.* or *f.*) = **lui** (placed before the verb)
J'ai parlé à Marise. → Je lui ai parlé.

✦ *Review* **Grammaire 4.2** *on how to make comparisons.*

B. Emphatic pronouns also replace nouns after prepositions other than **à.**

—Tu sors **avec** tes copains ce soir?	*Are you going out with your friends tonight?*
—Oui, je sors **avec eux.**	*Yes, I'm going out with them.*
Tu peux faire des courses **pour moi**?	*Can you do some errands for me?*

C. Emphatic pronouns are used in comparisons, after **que.**

Mes amis sont plus sérieux **que moi.**	*My friends are more serious than I.*

D. Emphatic pronouns are used to form short questions and answers and can be combined with **aussi** and **non plus.**

—J'ai reçu une bonne note. Et **toi**? **—Moi aussi!**	*I got a good grade. Did you? Me too!*
—Je n'aime pas bûcher avant un examen. **—Moi non plus!**	*I don't like to cram for a test. Me neither!*

E. They also replace subject pronouns if there is more than one subject.

Charles et **moi,** nous sommes copains.	*Charles and I are good friends.*

Exercice 2 Comparaisons

Écrivez les réponses en utilisant des pronoms accentués. En classe, posez les questions à des camarades et comparez vos réponses.

> MODÈLE: Tu es aussi conservateur/conservatrice que tes parents? →
> Oui, je suis aussi conservateur/conservatrice qu'*eux*. (Non, je suis moins...)

1. Tu es plus intelligent(e) que ton père?
2. Tu es moins intéressant(e) que tes frères et sœurs?
3. Tu es aussi dynamique que ton meilleur ami (ta meilleure amie)?
4. Est-ce que tes camarades de classe sont aussi intelligents que toi?
5. Est-ce que tes professeurs sont aussi sympathiques que tes parents?
6. Tu es aussi équilibré(e) que ton meilleur ami (ta meilleure amie)?
7. Est-ce que tes frères et sœurs sont plus courageux que toi?

Exercice 3 À l'université: Tu as déjà...?

Répondez aux questions avec des pronoms accentués. Ensuite, posez les questions à votre partenaire.

> MODÈLE: Est-ce que tu as déjà déjeuné avec la vice-présidente? →
> Oui, j'ai déjeuné avec elle. (Non, je n'ai jamais déjeuné avec elle.)
> Et toi?

1. Est-ce que tu as déjà dîné avec le président de l'université?
2. Tu ne t'es jamais disputé(e) avec les conseillers d'orientation?
3. Tu as fait du travail supplémentaire pour ton/ta prof de français?

4. Tu as fait des courses pour tes camarades de chambre?

5. Tu t'es fâché(e) avec ton/ta professeur préféré(e)?

6. Tu as joué au tennis avec tes ami(e)s?

Exercice 4 Opinions

Résumez en une seule phrase avec des pronoms accentués.

MODÈLE: Patricia Kaas chante bien. Yves Duteil aussi chante bien. →
Elle et lui, ils chantent bien.

1. Mon copain va au cinéma ce soir. Sa petite amie va au cinéma avec lui.

2. Le professeur lit le journal tous les jours. Son mari le lit aussi.

3. Les enfants aiment *Astérix*. Nous aussi, nous aimons *Astérix*.

4. Emmanuelle Béart est vedette.* Gérard Depardieu est vedette aussi.

5. Tu paniques avant les examens. Moi aussi, je panique avant les examens.

6. L'écrivain Daniel Pennac a du talent. La femme écrivain Catherine Clément en a aussi.

7. Amélie Mauresmo est dynamique. Zinédine Zidane est dynamique aussi.

9.3 Identifying and describing: C'est vs. il/elle est

A. **C'est** and **ce sont** are used with *nouns* to identify people and things.

> —Qu'est-ce que c'est?   *What is that?*
> —**C'est un ordinateur.**   *It's a computer.*

➤ **C'est/Ce sont** + article + noun

B. **Il/elle est** and **ils/elles sont** are used with *adjectives* to describe people and things.

> —Cet ordinateur est cher?   *Is this computer expensive?*
> —Oui, **il est cher.**   *Yes, it's expensive.*

➤ **Il/Elle est, Ils/Elles sont** + adjective

C. Either of these constructions can be used to identify someone's profession. Note that with **c'est** and **ce sont,** an article is always used; with a proper name or **il/elle,** no article is used.

> Adrienne **est secrétaire.**   *Adrienne is a secretary.*
> Jean-Yves? **Il est étudiant.**   *Jean-Yves? He's a student.*
> Julien Leroux? **C'est un journaliste.**   *Julien Leroux? He's a reporter.*
> Ces gens-là? **Ce sont des ouvriers.**   *Those people? They are workers.*

➤ **C'est/Ce sont** + article + profession
➤ **Il/Elle est** + profession
Note: No article is used here.

D. If an adjective is included to describe the person or profession, **c'est/ce sont** is used instead of **il/elle est, ils/elles sont.**

> Raoul Durand? **C'est** un étudiant **très sérieux.**   *Raoul Durand? He's a very serious student.*
> Ces femmes-là? **Ce sont** des journalistes **canadiennes.**   *Those women? They are Canadian journalists.*

➤ **C'est/Ce sont** + article + profession + adjective

---

*a star

Exercice 5 Personnages célèbres

Identifiez le métier de ces gens. Utilisez **il/elle est** ou **il/elle était**.

MODÈLE: Jean-Paul Sartre → Il était philosophe.

1. Christian Dior	**a.** empereur
2. Marie Curie	**b.** écrivain/femme écrivain
3. Charlemagne	**c.** couturier/couturière
4. Simone de Beauvoir	**d.** chanteur/chanteuse
5. Yves Duteil	**e.** physicien(ne)
6. Charles de Gaulle	**f.** homme/femme d'État

Exercice 6 Qui est-ce?

Identifiez les personnages dans la liste de gauche et puis ajoutez quelques détails. (Si vous en avez besoin, consultez la liste des personnages dans «To the Student» au début du livre.)

MODÈLE: Sarah Thomas →
C'est une étudiante américaine. C'est la camarade de chambre d'Agnès Rouet.

1. Claudine Colin	**a.** petit garçon
2. Christine Lasalle	**b.** étudiant à l'université Paris VII
3. Bernard Lasalle	**c.** professeur dans un lycée
4. Clarisse Colin	**d.** infirmière
5. Joël Colin	**e.** étudiante en hôtellerie
6. Jean-Yves Lescart	**f.** ingénieur

9.4 Saying what you've been doing: Present tense + **depuis**

➤ Use *present tense* + **depuis** + *time expression* for an action that continues into the present.

A. To talk about an action or state that began in the past and is still going on, use the *present* tense + **depuis** + a length of time or a date.

Agnès **étudie** l'anglais **depuis six ans.**

Agnès has been studying English for six years.

B. To ask a question about an action or situation continuing into the present, use **depuis quand... ?** or **depuis combien de temps... ?** + the *present* tense.

—**Depuis quand étudies**-tu le génie civil?
—**Depuis** l'année dernière.

Since when have you been studying civil engineering?
Since last year.

—**Depuis combien de temps** est-ce que tu **habites** à La Nouvelle-Orléans?
—**Depuis** trois **ans.**

How long have you lived in New Orleans?

Three years.

C. Note the contrast with the **passé composé** + **pendant,** which is used for an action or situation that *ended* at some time in the past.

> J'**habite** ici **depuis** dix ans.
> Avant, j'**ai habité pendant** deux ans dans l'Ohio.

> *I have lived here for ten years.*
> *Before that, I lived for two years in Ohio.*

➤ Use **passé composé** + **pendant** + *time expression* for an action that ended in the past.

Exercice 7 L'histoire de Julien Leroux

Reformulez chaque phrase pour changer le point de vue du passé au présent. *À noter:* Julien a maintenant 32 ans.

> MODÈLE: Julien est venu habiter à Paris à l'âge de 22 ans.
> (Julien/habiter à Paris...) →
> Julien habite à Paris *depuis dix ans.*

1. Julien a acheté un appartement à la Défense à l'âge de 28 ans. (Julien/habiter à la Défense...)
2. Sa mère est venue habiter à Paris il y a cinq ans. (Sa mère/être à Paris...)
3. Julien a pris un poste à TF1 à l'âge de 25 ans. (Julien/travailler pour TF1...)
4. Il a rencontré Bernard il y a huit ans. (Il/connaître Bernard...)
5. Julien a appris à faire de la voile à l'âge de 20 ans. (Julien/faire de la voile...)

Exercice 8 À ton tour!

Répondez en employant le présent + **depuis.**

1. Depuis quand fais-tu des études dans cette université?
2. Où habites-tu? Depuis combien de temps y habites-tu?
3. Où habitent tes parents? Depuis combien de temps?
4. Depuis combien de temps est-ce que tu étudies le français?
5. Depuis quand as-tu ton permis de conduire? ta propre voiture?

9.5 Saying what you will do: The future tense

A. You have already learned to talk about plans and future actions with **aller** + infinitive.

> Je **vais sécher** mes cours demain.

> *I'm going to cut class tomorrow.*

✸ Review **Grammaire 2.3** on **aller** + infinitive for a future action.

➤ Future stems:
parler-
finir-
attendr-

✹ *See* **Appendix C**
for spelling changes in
acheter, appeler, *etc.*

➤ Future endings: **nous,**
vous = same as present-
tense endings (**-ons, -ez**);
others = same as present-
tense forms of **avoir** (**-ai,**
-as, -a, -ont)

B. Both French and English also have a future tense (*will go, will read*, etc.). To form the French future tense, add the following endings to the future stem. For most verbs, the future stem is the infinitive. Infinitives ending in **-re** drop the final **-e** before adding the future endings.

FUTURE TENSE		
parler	**finir**	**attendre**
je parler**ai**	je finir**ai**	j'attendr**ai**
tu parler**as**	tu finir**as**	tu attendr**as**
il/elle/on parler**a**	il/elle/on finir**a**	il/elle/on attendr**a**
nous parler**ons**	nous finir**ons**	nous attendr**ons**
vous parler**ez**	vous finir**ez**	vous attendr**ez**
ils/elles parler**ont**	ils/elles finir**ont**	ils/elles attendr**ont**

J'en **parlerai** à mon patron demain matin.

I'll speak to my boss about it tomorrow morning.

Nous **finirons** ce projet cette semaine.

We'll finish this project this week.

Tu **comprendras** mieux dans quelques jours.

You will understand better in a few days.

➤ All future stems, both regular and irregular, end in **-r.**

C. Some verbs form the future tense with an irregular stem.

IRREGULAR FUTURE STEMS					
aller	**ir-**	j'**ir**ai	devoir	**devr-**	je **devr**ai
être	**ser-**	je **ser**ai	recevoir	**recevr-**	je **recevr**ai
faire	**fer-**	je **fer**ai	venir	**viendr-**	je **viendr**ai
avoir	**aur-**	j'**aur**ai	vouloir	**voudr-**	je **voudr**ai
savoir	**saur-**	je **saur**ai	voir	**verr-**	je **verr**ai
pouvoir	**pourr-**	je **pourr**ai	envoyer	**enverr-**	j'**enverr**ai

Après mes études, je **ferai** un voyage en Europe.

After college, I will take a trip to Europe.

Est-ce que ton ami **pourra** t'accompagner?

Will your friend be able to go with you?

➤ **quand, lorsque** = *when*
➤ **aussitôt que, dès que** = *as soon as*
➤ If the action introduced by **quand,** etc., takes place in future time, French requires use of the future tense.

D. The future tense is generally used in the same way as the English future with *will*. However, in some cases French requires the future tense where English uses the present: in particular, after **quand** and **lorsque** (*when*) and after **aussitôt que** and **dès que** (*as soon as*).

Quand j'**aurai** plus de temps, je t'**écrirai.**

When I have more time, I'll write you.

Nous **pourrons** partir **aussitôt que** Sarah **arrivera.**

We can (will be able to) leave as soon as Sarah arrives.

E. Use **dans** with a length of time to say when something will happen in the future.

> Albert **finira** ses études **dans deux ans.**
>
> Sarah **rentrera** aux États-Unis **dans trois mois.**

> *Albert will finish his studies in two years.*
>
> *Sarah will go back home to the United States in three months.*

➤ **C'est aujourd'hui le 1er juin. Je partirai en France le 1er juillet. Je partirai dans un mois.**

Exercice 9 Intentions et impossibilités

Faites des questions et répondez-y vous-même en employant le futur. Ensuite, interrogez votre partenaire.

> MODÈLE: aller au restaurant ce soir →
> Est-ce que tu iras au restaurant ce soir?
> Oui, j'irai au restaurant ce soir. (Non, je n'irai pas...) Et toi?

1. te coucher tôt ce soir
2. dormir jusqu'à 10 h demain
3. finir tous tes devoirs avant le week-end
4. réussir à tous tes examens ce semestre
5. sortir ce week-end
6. gagner beaucoup d'argent cet été
7. acheter une voiture cette année
8. prendre des vacances la semaine prochaine

Exercice 10 Études à Montpellier

Vous assistez à une réunion pour les étudiants de votre université qui vont aller faire des études à Montpellier, dans le sud de la France, le semestre prochain. Vous posez beaucoup de questions. Employez le futur des verbes indiqués.

> MODÈLE: Est-ce que nous (aller) visiter Paris? →
> Est-ce que nous irons visiter Paris?

1. Est-ce que nous (être) tous ensemble dans les cours?
2. Est-ce que nous (faire) des activités avec des étudiants français?
3. Est-ce que nous (recevoir) d'autres renseignements avant le départ?
4. Est-ce que nous (voir) souvent la directrice du programme?
5. Est-ce que nous (avoir) le temps de voyager dans le reste de l'Europe?
6. Est-ce que nous (savoir) bientôt quels cours nous (pouvoir) suivre?

Exercice 11 Quel avenir!

Les étudiants de Mme Martin imaginent l'avenir de leurs camarades. Employez le futur des verbes logiques pour compléter les phrases à la page suivante.

DENISE ALLMAN

Denise _____[1] de la chance. Elle _____[2] la première femme candidate à être élue à la présidence américaine. Elle _____[3] facilement les élections, et son mari et elle _____[4] vivre à la Maison Blanche.

aller
avoir
être
gagner

Denise _____[5] travailler de longues heures, mais son mari et elle _____[6] visiter beaucoup de pays dans le monde. En France, elle _____[7] un discours* en français qui _____[8] tous les Français.

devoir
faire
épater†
pouvoir

LOUIS THIBAUDET

Un jour, en faisant un dîner pour des amis, Louis _____[9] ses talents culinaires. Il _____[10] en France pour travailler avec un chef, et puis il _____[11] en Louisiane. Il _____[12] un restaurant, où nous _____[13] tous dîner.

aller
découvrir
ouvrir
revenir

Au bout de quelques années, Louis _____[14] un des chefs les plus connus des États-Unis, du monde même! Il _____[15] beaucoup de livres et il _____[16] sa propre émission à la télé qui _____[17] «Thibaudet's Kitchen».

s'appeler
avoir
devenir
écrire

Exercice 12 Soyez plus optimiste!

Le pessimiste parle de son avenir, mais sans beaucoup de confiance. L'optimiste essaie de l'encourager. Donnez les réponses de l'optimiste en employant le futur.

MODÈLE: Je serai surpris si mes copains se souviennent de mon anniversaire. →
Tu seras surpris *quand* tes copains se *souviendront* de ton anniversaire.

1. Je serai heureux si je réussis à l'examen demain.
2. Je serai très surpris si je reçois un A en cours de français.
3. Je serai surpris si mes amis m'invitent à sortir ce week-end.
4. Je serai étonné si j'ai assez d'argent pour payer mes études.
5. Je serai surpris si je finis mon devoir d'histoire ce soir.

---

*speech
†to impress

Les voyages

La cérémonie du
thé au Maroc

Objectifs

In *Chapitre 10*, you will talk about travel experiences, needs, and situations that arise during trips. You will also learn a new way to express necessity.

ACTIVITÉS

Voyages à l'étranger
En voiture!
Comment se débrouiller
Les achats, les produits
et les matières

LECTURES

Les francophones sur le vif   Paul-Henri Jurieu
Info: Vie quotidienne
  Se loger en voyage
La langue en mouvement
  Comment comptez-vous?
Lecture   L'arrivée en ville

GRAMMAIRE

10.1 Expressing obligation: **Il faut que** + subjunctive
10.2 More about the subjunctive: Irregular-stem verbs
10.3 Verbs for traveling: **Conduire** and **suivre**
10.4 Double object pronouns
10.5 Expressing extremes: The superlative
10.6 Making distinctions: **Lequel** and **celui**

lectures

mie

raisonnable

e seul «turbo-prof»
pulais y rester, mais
fac, j'ai décidé de
époque où la SNCF
t Bruxelles. À partir
e et c'est donc très
Ajoutez à ça que le
écouter la radio, tra-
a l'avion, il circule par
ville. D'ailleurs, je ne
o à Paris et 34.000 km
français, je peux aller
—et à meilleur marché.
ormidable.

udier Grammaire 10.3

tation-service

Donnez-moi une voiture qui ne
consomme pas trop d'essence.

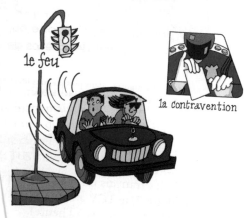

le feu

la contravention

Tu vois ce feu rouge?
Ne le brûle pas!

-brise   les essuie-glaces
le capot
le phare

la plaque d'immatriculation

Act va

1. Tu a
   en ba trô-
2. Tu as aviez
   Qui t
3. Tu as us.
   voudr
4. Si tu é etit
   voyage rsuader
   jet.

Activité 6 Associations: L'art de la conduite

Identifiez la suggestion pour chaque objet, personne ou règle.

1. les freins
2. les limitations de vitesse
3. un mécanicien
4. le feu rouge
5. le klaxon
6. l'essence
7. les clignotants
8. la ceinture de sécurité
9. le permis de conduire

a. Ne l'oubliez pas quand vous conduisez. Il vous permet de conduire légalement.
b. Racontez-lui les problèmes de votre voiture.
c. Si quelqu'un vous suit de trop près, ne les employez pas.
d. Utilisez-le en cas d'urgence, mais n'en abusez pas.
e. Arrêtez-vous quand vous le voyez. Ne le brûlez jamais.
f. Mettez-en dans le réservoir, sinon votre voiture ne marchera pas.
g. C'est la règle numéro un: attachez-la chaque fois que vous vous mettez au volant.
h. Ne les dépassez pas, sinon vous risquez de recevoir une contravention.
i. Mettez-les si vous changez de direction.

> **Cliquez là!**
>
> Votre voiture ne fonctionne pas bien? Consultez un mécanicien sur Internet. Lors du prochain cours, racontez votre problème et la solution proposée.
>
> www.mhhe.com/deuxmondes6

Activité 7 Échanges: L'entretien d'une voiture

Avec quelle fréquence devrait-on faire ces choses?

MODÈLE: É1: On devrait laver sa voiture chaque jour.
É2: Je ne suis pas d'accord. On devrait la laver seulement quand elle est sale.

1. changer l'huile dans le moteur
2. vérifier la pression des pneus
3. mettre de l'eau dans le radiateur
4. vérifier la batterie
5. faire le plein d'essence
6. changer les essuie-glaces
7. acheter des pneus
8. faire l'équilibrage des pneus
9. changer le liquide de frein

Vocabulaire utile chaque semaine, toutes les (deux) semaines, trois fois par an, tous les mois, quand il le faut, jamais, chaque année

Activité 8 Entretien: La voiture et moi

1. Quel type de voiture conduis-tu? Elle te plaît ou pas? Elle est grande? belle? pratique? économique? Elle consomme peu d'essence?
2. Tu aimes conduire? Tu conduis combien de miles chaque jour, à peu près?
3. Si tu n'as pas de voiture, comment est-ce que tu te déplaces? En vélo? En bus? À pied?
4. Pour toi, quelle est la voiture idéale?
5. Quelles voitures trouves-tu les plus belles? Pourquoi? Lesquelles n'aimes-tu pas?
6. Tu as déjà eu ou vu un accident? Ta voiture est tombée en panne? Qu'est-ce qui s'est passé?
7. Combien de contraventions as-tu reçues? Pourquoi?

ATTACHONS LA CEINTURE DE SÉCURITÉ !

Activité 9 Échanges: Pour mieux conduire

Imaginez que vous et votre partenaire devez passer un examen de conduite.
Posez-vous des questions et puis, discutez ensemble de chaque réponse.

> MODÈLE: É1: Qu'est-ce qu'on doit faire s'il commence à neiger très fort?
> É2: Eh bien, on doit conduire lentement. C'est tout?
> É1: Non, il faut aussi mettre les essuie-glaces...

SITUATIONS

1. Il y a du verglas et la voiture commence à glisser.
2. Il pleut et il y a du brouillard.
3. On décide de tourner à gauche.
4. Un enfant se précipite dans la rue pour aller chercher son ballon.
5. On roule vite et, tout d'un coup, le feu passe à l'orange.
6. Une voiture te suit de trop près.
7. ?

IDÉES

- mettre la ceinture de sécurité
- freiner aussi vite que possible
- ralentir ≠ accélérer
- brûler le feu rouge
- rouler (plus lentement)
- mettre (les essuie-glaces)
- mettre le clignotant
- arrêter la voiture
- klaxonner
- changer de vitesse
- ?

Activité 10 Récit: Julien n'a pas de chance!

Julien Leroux a reçu une invitation pour passer le week-end chez des amis à la
campagne. Il a décidé d'y aller en voiture. Est-ce qu'il s'est bien amusé pendant sa
visite? Pourquoi?

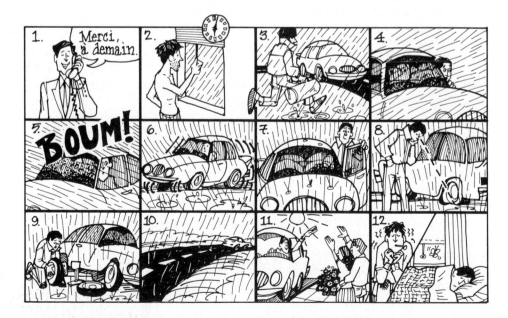

Vocabulaire utile   avoir du mal à, entendre un bruit, tomber malade

Comment se débrouiller

✳ **Attention! Étudier Grammaire 10.4**

La poste

En France, Raoul a reçu son courrier à la poste restante. L'employé le lui a donné.

Pendant qu'il était au bureau de poste, il a passé un coup de fil.

Sarah Thomas a acheté une carte téléphonique prépayée dès son arrivée à Paris. Elle s'en est souvent servie.

Jean-Yves s'est trouvé sans argent à Dakar. Ses parents lui en ont envoyé.

À l'hôtel

Je suis désolé, monsieur. Nous n'avons plus de chambres de libres.

Voici votre note, monsieur. Vous avez des suppléments à payer.

Activité 11 Échanges: Le savoir-faire

Discutez de ces situations avec un(e) camarade de classe. Donnez vos réactions et expliquez-les.

MODÈLE: É1: Un clochard s'approche de toi et te demande de l'argent. Est-ce que tu lui en donnes? →
É2: Oui, je lui en donne. Il a l'air d'avoir faim. (Non, je ne le connais pas. Je ne lui en donne pas.)

1. À la banque, la caissière demande à voir ton passeport. Tu le lui montres?
2. Des gens que tu ne connais pas bien te demandent le numéro de ta chambre d'hôtel. Est-ce que tu le leur donnes?
3. Tu remercies le chauffeur de taxi. Lui donnes-tu aussi un pourboire?
4. Un étranger te demande le chemin pour aller au musée d'Orsay. Est-ce que tu le lui dis?
5. L'employé à la réception de ton hôtel demande à garder ton passeport. Tu le lui laisses?
6. Le serveur dans un restaurant est très désagréable. Est-ce que tu lui laisses un bon pourboire?
7. Un ami excentrique demande à se servir de ton nouvel appareil photo numérique. Tu le lui prêtes?
8. Une copine qui a perdu son portefeuille demande à se servir de ta carte de crédit. Est-ce que tu la lui prêtes?

Activité 12 Récit: Vacances en Corse

Qu'est-ce qu'Adrienne a fait dès son arrivée à l'hôtel?

Info: Vie quotidienne

Se loger en voyage

Partir avec tout le monde, comme tout le monde, pour voir la même chose que tout le monde, est-ce bien raisonnable?

Lorsqu'on voyage dans un pays inconnu, l'une des principales difficultés consiste à trouver un logement adapté à ses goûts[1] et surtout à son budget. Dans presque tous les pays européens, vous trouverez au centre-ville—généralement tout près de la gare—un bureau appelé «syndicat d'initiative» ou «office du tourisme». Là, on vous aidera à trouver un hôtel selon vos désirs et, généralement, on téléphonera pour vous réserver une chambre.

Pour ceux qui aiment préparer leurs vacances en détail, il existe de nombreux guides qui vous informent sur la qualité des hôtels et—très important en France!—des restaurants. Les plus connus sont les guides *Michelin* et *Gault-Millau*, dont les évaluations gastronomiques[2] («étoiles» ou «toques»[3]) font autorité. Le *Guide du Routard* donne d'excellents trucs[4] pour se loger et manger à bon marché. Pour les plus fortunés,[5] le *Guide des Relais et Châteaux* propose ses hôtels de grand luxe dans des sites prestigieux. Même si vous n'avez pas de guide, vous pouvez toujours juger un hôtel grâce au système de catégorisation officiel, qui attribue entre une et cinq étoiles selon le niveau de confort. À partir de deux étoiles, vous disposerez d'une salle de bains/W.C. dans la chambre et, le plus souvent, d'un téléphone et d'une télévision.

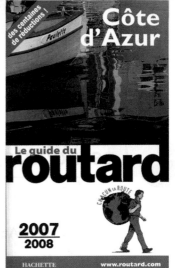

[1]préférences
[2]qui ont rapport avec la grande cuisine
[3]chapeaux portés par les cuisiniers
[4]conseils pratiques
[5]riches

Activité 13 Échanges: Débrouillez-vous!

Imaginez que vous voyagez avec votre partenaire. Décidez comment vous allez vous débrouiller dans les situations suivantes.

MODÈLE: Il n'y a plus de chambres dans une petite ville.

    É1: Nous pouvons aller au café pour demander s'il y a quelqu'un qui loue des chambres.
    É2: Oui, mais si tout est fermé...

Cliquez là!

Visitez le site pour les Guides du Routard. Quels types de renseignements pour voyageurs peut-on y trouver? À quel type de voyageur sont-ils destinés?

www.mhhe.com/deuxmondes6

Activité 15 Échanges: Décisions à prendre

Imaginez que vous allez acheter des cadeaux pour votre famille et vos amis. Faites votre choix et comparez-le avec celui de votre partenaire. Expliquez vos raisons.

MODÈLE: un portefeuille →
É1: Moi, je prends le portefeuille en cuir pour mon père. Mon père a beaucoup de goût!
É2: Et moi, je prends celui en plastique pour mon petit frère. C'est le moins cher.

Vocabulaire utile

C'est le/la plus durable (pratique, insolite...)
C'est le/la moins cher/chère (facile à nettoyer...)
C'est le meilleur (la meilleure).
Ça ne se casse pas (se lave bien).

1. le foulard en coton, celui en soie ou celui en polyester?
2. les assiettes en terre cuite, celles en porcelaine ou celles en acier?
3. la bague en or avec un diamant, celle en argent avec des turquoises ou celle faite à la main en cuivre?
4. les boucles d'oreille avec des perles, celles avec des pierres polies ou celles avec des rubis?
5. le pantalon en cuir, celui en coton ou celui en laine?
6. la montre en or, celle en argent ou celle en acier?

Activité 16 Échanges: Les achats

Quand et pourquoi est-ce que vous achetez les objets suivants? Est-ce qu'il y a d'autres achats que vous faites? Lesquels? Où est-ce que vous les faites?

MODÈLE: É1: Moi, j'achète des bottes vers la fin de l'hiver quand elles sont en solde.
É2: Tu as de la chance. Ma pointure est très difficile à trouver. Alors, je suis obligé(e) d'acheter des bottes quand je peux trouver ma pointure.

LES OBJETS	LES RAISONS POSSIBLES
1. des vêtements	Il/Elle est (Ils/Elles sont) en solde.
2. des chocolats	Quand j'ai assez d'argent.
3. des sous-vêtements	Quand on m'a offert de l'argent en cadeau.
4. des chaussettes	Quand j'en ai besoin.
5. des CD	Quand je trouve (ma taille, ma pointure).
6. du parfum	Si je dois acheter un cadeau.
7. des livres	?
8. des gants	

LECTURE

L'arrivée en ville

Amoin, une jeune fille de 14 ans, habite dans un petit village de Côte-d'Ivoire. À l'invitation de son oncle, professeur dans une école d'Abidjan, elle a l'occasion d'aller séjourner dans la grande ville. Mais son taxi-brousse[1] arrive à la gare routière très en retard.

Seulement, c'est déjà le crépuscule[2] quand le taxi-brousse atteint la ville. Déjà les lampes sont allumées dans les rues encombrées de voitures.

Amoin est éblouie[3] par ces innombrables voitures aux phares allumés, ces panneaux électriques aux couleurs vives[4] qui signalent les vitrines des magasins. [...] Cette entrée dans la ville est très agréable car, avec les embouteillages, le taxi roule très lentement et Amoin écarquille[5] les yeux pour mieux prendre contact avec cet univers merveilleux. Enfin, le taxi-brousse s'arrête à la gare. Amoin descend du véhicule, récupère sa valise et se met à chercher son oncle.

Très vite, Amoin se rend compte que cela risque de ne pas être facile de le trouver. En effet, la gare de la ville est très animée. Les gens se bousculent pour descendre des taxis ou pour y monter, pour charger ou décharger les voitures. C'est un continuel mouvement de va-et-vient de voitures, de cris [...] et de commerçants ambulants qui vendent de tout: jouets, assiettes, lampes de poche, pommades,[6] chaussettes, biscuits, etc.

Tout ce mouvement étourdit[7] un peu Amoin qui, pour éviter la bousculade, se met à l'écart[8] avec l'espoir que son oncle la verra plus facilement. Elle remarque que les autres passagers qui sont venus du village dans la même voiture qu'elle s'en vont déjà. Certains sont accueillis par leurs parents, d'autres prennent l'autobus ou les taxis de la ville, les fameux taxi-compteurs. Amoin attend et commence à se sentir seule. «Je pourrais bien partir comme eux, se dit-elle. Mais je ne connais pas chez Tonton.»

[...] Les heures passent. La nuit est complètement tombée. La gare est un peu moins animée maintenant et Amoin ne voit toujours pas son oncle. [...] Alors, Amoin s'approche de la dernière vendeuse de pain sucré. Comme la vendeuse est petite comme elle, cela encourage Amoin à lui parler:

—Est-ce que tu n'as pas vu mon oncle, M. Joseph Konan, un homme grand et mince, portant des lunettes?

—Oui, j'ai bien vu un homme comme ça ici vers deux heures. Il a attendu longtemps, mais il est parti.

—C'est lui! soupire Amoin, qu'est-ce que je vais faire maintenant?

• Une gare animée en Côte-d'Ivoire

Adapted from *Pain sucré* by Mary Lee Martin-Koné, Monde Noir Poche Jeunesse, Éditions Hatier International, 2002

---

[1]en Afrique, taxi qui va d'une ville à une autre [2]coucher du soleil [3]elle ne peut plus voir à cause de la lumière [4]brillantes [5]ouvre très grand [6]médicament sous forme de crème [7]trouble [8]à... dans un endroit plus tranquille

<table>
<tr><th colspan="2">écrire</th></tr>
</table>

écrire
Indicative
ils **écriv**ent
Subjunctive
que j'**écriv**e : que nous **écriv**ions
que tu **écriv**es : que vous **écriv**iez
qu'il/elle/on **écriv**e : qu'ils/elles **écriv**ent

Il faut qu'on **parte** avant le 1ᵉʳ juin.	*You/We have to leave before the first of June.*

★ *You will learn about other expressions that require the subjunctive in* **Grammaire 12.1, 13.3,** *and* **14.4.**

E. The subjunctive is also used after other expressions denoting obligation or necessity, such as **il est nécessaire que.**

Vous êtes fatigué. **Il est nécessaire que** vous vous **reposiez** un peu.	*You're tired. You must rest a little.*

Here are some other expressions that require the use of the subjunctive.

il est essentiel que	**il est indispensable que**
il est important que	**il vaut mieux que** (*it's better, best*)

Emmanuel est malade. **Il vaut mieux qu'**il **reste** chez lui.	*Emmanuel is ill. It's best that he stay home.*

➤ **il ne faut pas que...** = *must not . . .*

➤ **il n'est pas nécessaire que...** = *don't/ doesn't have to . . .*

F. Note that **il ne faut pas que** always means *must not*. To say that someone *doesn't have to* do something, use **il n'est pas nécessaire que** + the subjunctive.

Il ne faut pas que vous sortiez seul(e) la nuit.	*You musn't go out alone at night.*
Il n'est pas nécessaire que tu dormes dix heures par jour.	*You don't have to sleep ten hours a day.*

G. The present subjunctive is also used following expressions of necessity in a past tense.

Il a fallu que nous **dormions** dans la voiture.	*We had to sleep in the car.*
Il était nécessaire que j'**apprenne** un peu d'allemand.	*It was necessary for me to learn a little German.*

Exercice 1 Le voyage de Sarah Thomas

Sarah pense à tout ce qu'elle doit faire pour préparer son voyage au Maroc. Faites des phrases en utilisant le subjonctif, d'après le modèle.

MODÈLE: chercher plus de renseignements sur le Maroc →
Il faut que je cherche plus de renseignements sur le Maroc.

1. passer à la banque
2. écrire des instructions pour la voisine
3. visiter un site Web marocain
4. choisir une nouvelle valise
5. lire le guide touristique sur le Maroc
6. finir ma dissertation de français
7. rendre des livres à la bibliothèque
8. organiser mes affaires

Exercice 2 Le voyage de Bernard et Christine Lasalle

À l'aéroport, Bernard est nerveux avant le départ et il répète tout ce que dit Christine. Utilisez le subjonctif et suivez le modèle.

> MODÈLE: Nous devrions vérifier le numéro de notre porte d'embarquement. →
> Oui, il faut que nous vérifiions le numéro de notre porte.

1. Nous devrions demander si le vol va partir à l'heure.
2. Nous devrions acheter des magazines.
3. Nous ne devons pas oublier la valise en consigne.*
4. Nous devrions téléphoner aux enfants ce soir.
5. Nous devrions écrire une carte postale à Julien demain.
6. Nous ne devrions pas laisser nos chèques de voyage dans la valise.
7. Nous devrions relire les brochures.
8. Nous devrions nous reposer dans l'avion.

Exercice 3 Pour faire un bon voyage

Pour vous, qu'est-ce qui est important quand vous voyagez? Exprimez votre opinion en utilisant une des expressions: **il (n')est (pas) indispensable/il est essentiel/il est important/il vaut mieux/il ne faut pas que** + le subjonctif.

> MODÈLE: partir au moins pour une semaine →
> Il vaut mieux que je parte au moins pour une semaine.
> (Il n'est pas indispensable que je parte au moins pour une semaine.)

1. connaître des gens du pays
2. écrire à mes amis et à ma famille
3. bien dormir chaque nuit
4. voyager dans une voiture confortable
5. acheter des beaux souvenirs
6. rapporter beaucoup de belles photos
7. sortir tous les soirs
8. organiser des projets à l'avance
9. obéir aux règles de la route

10.2 More about the subjunctive: Irregular-stem verbs

A. The verb **faire** uses the regular subjunctive endings, but it has an irregular subjunctive stem.

---

*baggage check

faire	
Subjunctive stem: **fass-**	
que je **fass**e	que nous **fass**ions
que tu **fass**es	que vous **fass**iez
qu'il/elle/on **fass**e	qu'ils/elles **fass**ent

B. A few verbs use two stems in the subjunctive: one for the **nous** and **vous** forms and another for all the other forms. When this is the case, the **nous** and **vous** forms are the same as in the indicative imperfect.

aller	
Subjunctive stems: **aill-, all-**	
que j' **aill**e	que nous **all**ions
que tu **aill**es	que vous **all**iez
qu'il/elle/on **aill**e	qu'ils/elles **aill**ent

Pronunciation Hint

The L-forms **(aille-)** are pronounced like the second syllable of **(je)** trav*aille.*

boire	
Subjunctive stems: **boiv-, buv-**	
que je **boiv**e	que nous **buv**ions
que tu **boiv**es	que vous **buv**iez
qu'il/elle/on **boiv**e	qu'ils/elles **boiv**ent

prendre	
Subjunctive stems: **prenn-, pren-**	
que je **prenn**e	que nous **pren**ions
que tu **prenn**es	que vous **pren**iez
qu'il/elle/on **prenn**e	qu'ils/elles **prenn**ent

C. The subjunctive forms of **avoir** and **être** have irregularities in both the stem and the endings.

avoir	
que j'**aie**	que nous **ayons**
que tu **aies**	que vous **ayez**
qu'il/elle/on **ait**	qu'ils/elles **aient**

être	
que je **sois**	que nous **soyons**
que tu **sois**	que vous **soyez**
qu'il/elle/on **soit**	qu'ils/elles **soient**

Pronunciation Hint

Avoir: The L-forms and the **ay-** stem are all pronounced like (**j')ai.**
Être: The L-forms and the **soy-** stem are all pronounced /swa/.

Exercice 4 Parents et enfants

Imaginez des parents typiques et écrivez les conseils qu'ils voudraient donner à leur enfant qui va partir en Europe en voyage organisé.

> MODÈLES: manger des repas équilibrés →
> Il faut que tu manges des repas équilibrés.
>
> être impoli(e) →
> Il ne faut pas que tu sois impoli(e).

1. boire beaucoup d'alcool
2. aller dans les mauvais quartiers le soir
3. sortir seul(e)
4. t'endormir à une heure raisonnable
5. faire du bruit à l'hôtel
6. être ponctuel(le)
7. avoir ton passeport sur toi à tout moment
8. nous écrire souvent
9. prendre tes vitamines

Exercice 5 Conseils au voyageur

Posez des questions et répondez-y. Utilisez le subjonctif.

> MODÈLE: dormir ou non, pendant un long voyage en avion? →
> Est-ce qu'il vaut mieux que je dorme ou non pendant un long voyage en avion?
> Il vaut mieux que vous dormiez. Comme ça, vous n'arriverez pas trop fatigué(e). (Il vaut mieux que vous ne dormiez pas...)

Est-ce qu'il vaut mieux...

1. prendre les billets à l'aéroport ou les télécharger sur Internet?
2. mettre mon passeport dans ma petite valise ou dans ma poche?
3. être à l'aéroport trois heures avant le départ ou non?
4. boire beaucoup ou non, pendant le voyage en avion?
5. utiliser des chèques de voyage ou une carte de crédit?
6. avoir du liquide (de l'argent) pour laisser des pourboires?
7. faire mes valises deux ou trois jours avant ou à la dernière minute?
8. aller prendre des brochures à l'agence de voyages ou visiter des pages Web?

10.3 Verbs for traveling: Conduire and suivre

A. Conduire and **suivre** have similar present-tense forms, especially in the singular.

conduire *(to drive)*	
je conduis	nous conduisons
tu conduis	vous conduisez
il/elle/on conduit	ils/elles conduisent

PASSÉ COMPOSÉ: j'ai **conduit**
IMPARFAIT: je **conduisais**

suivre *(to follow)*	
je suis	nous suivons
tu suis	vous suivez
il/elle/on suit	ils/elles suivent

PASSÉ COMPOSÉ: j'ai **suivi**
IMPARFAIT: je **suivais**

Raoul **conduit** bien; il ne **suit** jamais les autres voitures de trop près.

Raoul drives well; he never follows other cars too closely.

En général, les Français **conduisent** des petites voitures économiques.

In general, the French drive small economy cars.

Pronunciation Hint

As always, final consonants are silent. The **s** of the plural forms of **conduire** is pronounced *z*.

B. Other uses: **suivre un cours; se conduire** *(to behave)*.

En France, on **suit** des cours pour apprendre à conduire.

In France, people take classes to learn to drive.

Essaie de bien **te conduire** à l'école, Nathalie.

Try to behave well at school, Nathalie.

Like **conduire: produire** *(to produce)*, **reproduire** *(to reproduce)*, **traduire** *(to translate)*.

Like **suivre: poursuivre** *(to pursue, chase)*.

Exercice 6 Façons de conduire

Dites comment conduisent les personnes suivantes.

> MODÈLE: votre frère →
> Mon frère ne conduit pas prudemment. Il respecte rarement le code de la route.

Suggestions

assez bien	ne... pas toujours
bien	prudemment
en général	toujours
lentement	trop vite
mal	comme un fou (une folle)

1. un jeune homme (une jeune fille) de 18 ans
2. les chauffeurs de taxi
3. votre meilleur ami (meilleure amie)
4. vos copains

5. les personnes âgées
6. les gens de votre ville
7. un agent de police
8. vous

10.4 Double object pronouns

A. When two object pronouns occur together, they always follow a fixed order. When the indirect object is **me, te, se, nous,** or **vous,** it always comes first, before the direct object.

Quand je demande mon courrier, l'employé **me le** donne.	*When I ask for my mail, the postal employee gives it to me.*
Vos photos, monsieur? Je peux **vous les** rendre demain.	*Your pictures, sir? I can give them to you tomorrow.*
J'ai l'adresse d'Adrienne. C'est sa maman qui **me l'**a donnée.	*I have Adrienne's address. Her mother gave it to me.*

★ Review **Grammaire 4.5** *(direct object pronouns) and* **6.5** *(indirect object pronouns).*

► Order of pronouns:

I.O	D.O
me	
te	le
se	la
nous	les
vous	

►
D.O	I.O
le	lui
la	leur
les	

B. If the indirect object is **lui** or **leur,** it comes last, after **le/la/les.**

Si un étranger demande votre nom, **le lui** donnez-vous?	*If a stranger asks for your name, do you give it to him?*
—Tu as envoyé ta lettre à tes parents, Raoul?	*Did you send the letter to your parents, Raoul?*
—Oui, je **la leur** ai envoyée.	*Yes, I sent it to them.*

C. Y and **en** always come last, after any other object pronouns. Except in the phrase **il y en a,** they do not occur together in the same sentence.

Des magazines? Bien sûr, **il y en a** beaucoup.	*Magazines? Of course, there are lots of them.*
De l'argent? Mes parents **m'en** ont envoyé cette semaine.	*Money? My parents sent me some this week.*
Mes bagages sont à la consigne. Je **les y** ai laissés hier.	*My bags are in the luggage check. I left them there yesterday.*

★ Review **Grammaire 7.3 (en),** 8.3 *(review of direct and indirect objects), and* **9.1 (y).**

Exercice 10 Pays francophones

Comparez le nombre d'habitants francophones (qui parlent français) dans ces pays en faisant des phrases au superlatif.

MODÈLE: Madagascar 865.000, le Gabon 1.120.000, le Burkina Faso 695.000 →
Le Gabon a le plus d'habitants francophones. Le Burkina Faso en a le moins.

1. Pays africains: le Cameroun 2,95 millions, la Guinée 2 millions, le Sénégal 1,17 millions
2. Pays européens: la Belgique 4,3 millions, le Luxembourg 430.000, la Suisse 1,5 millions
3. Régions nord-américaines: la Louisiane 198.784, la Nouvelle-Angleterre 264.631, le Québec 6,3 millions

10.6 Making distinctions: **Lequel** and **celui**

A. The interrogative **lequel?** (*which one?*) is used to ask about a choice among several objects or people. The form used must agree in gender and number with the noun to which it refers.

	SINGULAR	PLURAL
Masculine	**lequel**	**lesquels**
Feminine	**laquelle**	**lesquelles**

Voici plusieurs modèles de manteaux en laine. **Lesquels** voudriez-vous essayer?

Here are several styles of wool coats. Which ones would you like to try on?

—Voici tous nos ordinateurs.
—**Lequel** est le modèle le plus récent?

Here are all our computers. Which one is the latest model?

B. Demonstrative pronouns are used to point out a previously mentioned object or person. They also agree in gender and number with the noun to which they refer.

	SINGULAR	PLURAL
Masculine	**celui**	**ceux**
Feminine	**celle**	**celles**

> ➤ Demonstrative pronouns point out a previously mentioned person or object.
>
> le vol que nous avons pris → *celui* que nous avons pris
>
> la ceinture en cuir rouge → *celle* en cuir rouge

C. French demonstrative pronouns have several equivalents in English, depending on how they are used.

—Bernard, regarde ces pulls. Lequel préfères-tu?
—**Ceux en laine** sont très beaux.

Bernard, look at these sweaters. Which one do you prefer?
The wool ones are very beautiful.

Je sais que ma montre retarde, mais **celle de Christine** est toujours en avance.

I know that my watch is slow, but Christine's is always fast.

Tu vois ces garçons? **Celui qui porte l'anorak** est le cousin de Barbara.

Do you see those boys? The one wearing the windbreaker is Barbara's cousin.

D. The suffixes **-ci** (*here*) and **-là** (*there*) can be used with demonstrative pronouns to point out the location of things being talked about.

Quelle montre prenez-vous? **Celle-ci** ou **celle-là**?

Which watch do you want? This one or that one?

—Je ne sais pas quel rasoir choisir.
—**Celui-ci** est bien meilleur.

I don't know which razor to choose. This one is a lot better.

Exercice 11 Quel cadeau?

Posez des questions et répondez en utilisant les formes de **lequel** et **celui.**

MODÈLE: une robe →
Laquelle de ces robes préfères-tu?
Celle en soie parce que j'aime la couleur.

1. une montre
2. une bague
3. un portefeuille
4. un foulard
5. un vase

a. celui en cuir marron
b. celui en terre cuite
c. celle avec une turquoise
d. celle en or
e. celui en soie

Exercice 12 Préférences

Complétez les questions, puis répondez-y.

> MODÈLE: les livres: Tu préfères *ceux* qui sont sérieux ou *ceux* qui sont amusants?
> Moi, je préfère *ceux* qui sont amusants.

1. les cadeaux (*m.*): Tu préfères _____ qui coûtent cher ou _____ qui sont personnalisés?
2. les cartes (*f.*) d'anniversaire: Tu aimes _____ qui ont un message sentimental ou _____ qui sont comiques?
3. les cravates (*f.*): Tu achètes _____ aux couleurs vives ou _____ qui sont plus discrètes?
4. les portefeuilles (*m.*): Tu aimes mieux _____ en cuir ou _____ en plastique?
5. les meubles (*m.*): Tu préfères _____ qui sont confortables ou _____ qui ont beaucoup de style?

MULTIMÉDIA

ActivityPak

www.mhhe.com/deuxmondes6

la Belgique

La Belgique, ce plat[1] pays

Le saviez-vous? La Belgique est un royaume[2] (le monarque actuel est Albert II). C'est aussi l'un des plus récents états d'Europe: il n'a obtenu son indépendance qu'en 1831. L'identité belge est pourtant très ancienne, mais la nation a souvent été divisée: de nos jours encore, elle est partagée[3] en trois provinces autonomes, la Flandre néerlando-phone, la Wallonie francophone et Bruxelles, la capitale, qui est bilingue. Le chanteur belge Jacques Brel appelait son pays natal «le plat pays». Si le relief est effectivement plat dans une grande partie du pays, la Belgique fait toutefois preuve d'une grande diver-sité dans d'autres domaines. On lui doit des créations originales comme la peinture surréaliste de Magritte, les bandes dessinées comme *Tintin, Spirou* et les *Schtroumpfs,* et de magnifiques sites architecturaux comme la Grand-Place de Bruxelles et la vieille ville de Bruges, la «Venise du nord».

● La Grand-Place au crépuscule

---

[1]sans relief   [2]< roi   [3]divisée

Magritte, peintre du rêve

L'œuvre de René Magritte (1898–1967) est facilement reconnaissable. Après des études à l'Académie des Beaux-Arts de Bruxelles, le peintre s'oriente d'abord vers le cubisme alors à la mode (années 20). Établi à Paris, il rencontre le groupe des surré-alistes (écrivains comme Breton et Éluard, artistes comme Miró, Arp et Dalí) et modifie son style sous leur influence. Magritte représente avec réalisme un univers onirique,[1] des situations insolites[2] ou impos-sibles, parfois inquiétantes,[3] mais

● René Magritte (1898–1967), *Les deux mystères*, 1966

---

[1]relatif aux rêves   [2]bizarres   [3]troublantes

qui touchent notre imagination poétique. Il n'a pas son égal pour transcrire sur la toile[4] ce que tout le monde a vu en rêve. Le caractère mystérieux de ses œuvres est renforcé par des titres cryptiques, apparemment sans rapport avec le sujet représenté, et parfois provocateur, comme le très célèbre *Ceci n'est pas une pipe*. Ses tableaux, connus et appréciés dans le monde entier, conservent tout leur pouvoir de fascination.

---

[4]un tableau est généralement peint sur une toile

● Le drapeau de l'Union européenne devant la Commission européenne à Bruxelles

Bruxelles, cœur de l'Union européenne

L'Union européenne plonge ses racines[1] historiques dans la Deuxième Guerre mondiale. L'Europe recherchait alors un modèle d'intégration qui la mettrait à l'abri[2] d'une telle folie[3] destructrice. Lors de sa fondation en 1957, la «Communauté économique européenne (CEE)» se composait de six pays (l'Allemagne, la Belgique, la France, l'Italie, le Luxembourg et les Pays-Bas) signataires du traité de Rome. Les institutions actuelles et le nom d'«Union européenne» ont été fixés en 1992 par le traité de Maastricht. L'Union, qui compte vingt-sept membres depuis 2007, est administrée par cinq institutions, dont les plus connues sont le Parlement européen (établi à Strasbourg), le Conseil européen et surtout la puissante Commission européenne, le moteur de l'Union et son organe exécutif, situés à Bruxelles. Le rêve très ancien d'une Europe unifiée a commencé par des accords économiques; aujourd'hui, les citoyens[4] des États membres peuvent circuler et travailler librement dans un autre pays, et la majorité des partenaires a adopté en 2002 une monnaie unique, l'euro. Les objectifs futurs concernent la création d'une politique étrangère et de sécurité commune et la coopération policière et judiciaire.

---

[1]sources, origines   [2]mettrait... protégerait   [3]*madness*   [4]*citizens*

Les moyens de communication

Cet homme «branché» profite de l'air.

Objectifs

Chapitre 11 helps you talk about the Internet, cinema, and broadcast media. You will learn about trends in electronics and the pleasures and pitfalls of the information highway. You will also learn how to say what you would do in certain situations, using the conditional mood.

 **ACTIVITÉS**

L'univers de l'électronique
On se distrait, on s'informe
Les pièges de l'inforoute

LECTURES

La langue en mouvement
Computer ou *ordinateur*?
    La lutte contre les
    anglicismes
Info: Société   La «toile»
    francophone
**Les francophones sur le
    vif**   Simone Bernard
Lecture   Mon amie
    Juliette

GRAMMAIRE

11.1 Saying what you would do: The conditional
11.2 The relative pronoun **dont**
11.3 More on relative pronouns: **Ce qui, ce que, ce dont**
11.4 Giving orders: Commands with pronouns
11.5 Talking about hypothetical situations: More on the **imperfect**

L'univers de l'électronique

★ **Attention! Étudier Grammaire 11.1**

«...ici à Helsinki»

Ma collègue qui voyage me contacte très souvent avec son PC de poche. Sinon, il serait très difficile de coordonner nos affaires.

l'imprimante   l'écran

le clavier

L'ordinateur me permet de travailler chez moi. Autrement, je ferais deux heures d'autoroute pour aller au bureau.

Ce portable me permet l'accès à Internet, à mon courriel et au service GPS. En plus, il contient mon agenda et mon carnet d'adresses.

LES COURS

la souris

Sans Internet, je serais obligée d'aller à la fac pour m'inscrire aux cours.

Bientôt, nous pourrons naviguer sur le Web depuis notre fauteuil favori, en nous servant de la télé et de la télécommande.

Je confirme donc la date de votre safari...

Grâce à mon ordinateur portable, j'ai organisé toutes mes affaires. Maintenant je peux consulter mes fichiers n'importe où.

Activité 1 Discussion: Le monde sans l'électronique

1. Si l'ordinateur n'existait pas...
   a. l'inscription à la faculté serait plus facile.
   b. nous écririons nos documents à la main.
   c. ?
2. S'il n'y avait pas de portables...
   a. on ne pourrait pas envoyer des textos.
   b. nous verrions moins d'accidents de voiture.
   c. ?
3. Si on n'avait pas inventé le lecteur DVD...
   a. nous irions plus souvent au cinéma.
   b. les gens utiliseraient davantage leur télé.
   c. ?
4. Sans les lecteurs MP3 et les iPod™...
   a. on ne pourrait pas télécharger de la musique.
   b. je passerais plus de temps à mes études.
   c. ?
5. Si l'appareil photo numérique n'existait pas...
   a. on ne pourrait pas imprimer ses photos à la maison.
   b. les fraudeurs modifieraient moins de photos.
   c. ?

> ### Ça fait penser
>
> Les Espaces Culture Multimédia sont des lieux d'accès public qui offrent aux habitants de la France la possibilité de se servir des technologies de l'information et de la communication à très peu de frais.

Allons plus loin!   Faites une liste des trois appareils électroniques qui vous semblent les plus utiles. Puis, en discussion générale, déterminez les dix appareils les plus populaires dans votre cours et leur ordre d'importance. Enfin, demandez à votre professeur s'il (si elle) est d'accord avec vous.

Activité 2 Définitions: Se servir de l'ordinateur

1. un appareil qui lit un disque compact à lecteur laser
2. la surface où se forment les images visuelles
3. les messages écrits qu'on envoie par ordinateur
4. les touches permettant d'écrire à l'ordinateur
5. le signe mobile qui indique la position sur l'écran
6. un programme qui fait fonctionner un ordinateur
7. un instrument qui permet de «cliquer» sur l'écran
8. le logiciel qui nous permet de naviguer sur des sites Web
9. la page où l'internaute trouve le contenu d'un site Web
10. la machine qui imprime des documents ou des images
11. quelqu'un qui utilise un navigateur pour aller sur des sites Web
12. un ordinateur de taille réduite qui a les fonctions d'un ordinateur de bureau
13. un document électronique qui accompagne un courriel

a. un(e) internaute
b. le navigateur
c. l'écran
d. un fichier joint
e. un ordinateur portable
f. le lecteur CD
g. le clavier
h. la souris
i. le courriel
j. la page d'accueil
k. un logiciel
l. l'imprimante
m. le curseur

> ### Cliquez là!
>
> Visitez un Espace Culturel Multimédia dans la ville française de votre choix. Qu'est-ce qu'on peut y faire?
>
> www.mhhe.com/deuxmondes6

Activité 3 Entretien: L'ordinateur et nous

1. Tu aimes l'ordinateur? Tu t'en sers souvent? Pour faire quoi?
2. Est-ce que tes parents utilisent l'ordinateur autant que toi? Pour les mêmes raisons?
3. Vas-tu sur le Web tous les jours? Combien de temps y passes-tu, d'habitude? Quels sont tes sites préférés?

4. Que fais-tu sur Internet? Tu prépares des devoirs pour tes cours? Tu cherches les recettes des plats que tu veux cuisiner? Tu participes à des groupes de discussion? Tu rencontres des amis? Quoi d'autre?
5. Tu aimes les blogs? Tu en lis seulement ou tu participes à certaines discussions? Sur quels sujets? Est-ce que tu as une page perso? Si oui, qu'est-ce que tu y mets? Où est-elle? Sinon, pourquoi pas?
6. Est-ce que tu sais installer des logiciels? Tu sais graver des CD? Tu sais quoi faire si tu as des problèmes techniques? Sinon, qui s'occupe du maintien de ton ordinateur?

La langue en mouvement

Computer ou *ordinateur*? La lutte contre les anglicismes

Avec les nouvelles inventions technologiques, beaucoup de mots anglais ont été adoptés par les Français. Parce que certains Français s'inquiétaient des effets de cette «invasion» de l'anglais sur la langue française, des commissions officielles ont été établies, à partir des années soixante, afin de proposer de nouveaux mots français pour remplacer les mots anglais. Maintenant, on entend beaucoup plus *ordinateur* que *computer*, et *matériel* et *logiciel* ont plus ou moins remplacé *hardware* et *software*, respectivement. *Logiciel* a donné naissance à d'autres mots apparentés comme *gratuiciel*, *partagiciel*, *didacticiel* et *ludiciel*. Pouvez-vous deviner le sens de ces mots?

Activité 4 Échanges: Cadeaux de mes rêves

Choisissez des cadeaux pour votre famille, pour vos amis et (pourquoi pas?) pour vous-même. Pour chaque choix, dites les fonctions que vous désirez et pourquoi.

Le nom des personnes
(C'est à vous d'en faire la liste.)

Les cadeaux proposés

un appareil photo numérique
un téléviseur LCD multimédia
un ordinateur portable
un ensemble multimédia

un système GPS
un baladeur MP3 ou un iPod™
un PC de poche
un lecteur MP3

Les fonctions désirées

prendre des photos numériques
recevoir et transmettre des photos
écouter et partager de la musique
télécharger des vidéos
accéder à la télé
accéder au courriel
accéder à Internet
organiser son agenda
jouer aux jeux vidéo

parler directement avec quelqu'un
    sur Internet
un écran LCD couleur
un album photo
des écouteurs ergonomiques
la fonction mains libres
la compatibilité avec Blue Tooth
l'apparence légère et élégante
-?-

> ### *Cliquez là*
>
> Vous aimez les technologies électroniques? Cherchez un site ou un webzine sur vos intérêts. Exemples: *Hi-Fi, Photo et Vidéo* ou *PC de poche.* Ensuite, expliquez ce que vous avez trouvé, en donnant le nom et l'adresse du site à la classe.
>
> www.mhhe.com/deuxmondes6

Activité 5 Entretien: Les technologies électroniques

1. Tu as un (téléphone) portable? Sinon, pourquoi pas? Si oui, pourquoi? Tu t'en sers beaucoup? Pour faire quoi? Quel modèle as-tu? Il te plaît ou pas? Pourquoi?
2. Quelles fonctions a ton portable? Tu peux envoyer des textos? Tu l'utilises pour écouter de la musique? pour jouer? Tu peux recevoir et transmettre des photos? Tu peux accéder à ton courriel?
3. Tu aimes les jeux vidéo? Pourquoi ou pourquoi pas? Est-ce que tu as des copains ou des copines qui les aiment? Ils/Elles ont une console de jeux? un baladeur? des jeux électroniques? Tu joues parfois avec eux/elles?

> ## Ça fait penser
>
> - Sur une population estimée à 62 millions d'habitants, en France, seulement 50 % des foyers sont équipés d'un ordinateur.
> - À la fin de 2006 en France, près de 6 millions de blogs étaient tenus par des adolescents.

INFO: Société

La «toile» francophone

Après des débuts hésitants, la langue française a imposé sa présence sur Internet. Beaucoup plus avancés sur le plan technique que les autres pays de la francophonie, les Québécois ont joué le rôle de pionniers: ils ont créé des milliers de sites, mais surtout développé un vocabulaire approprié pour éviter d'utiliser trop de mots anglais «importés». On dit, par exemple, «courriel» (et non *e-mail*), «toile» (et non *Web*), «bogue» (et non *bug*), «didacticiel» (et non *courseware*), «babillard» (et non *chat room*). On trouve maintenant, dans tous les domaines, de très nombreuses ressources en français, comme par exemple les grands journaux (*Le Monde* et *Libération* [France], *Le Soir* [Belgique], *La Presse de Montréal*, etc.), les radios et les chaînes de télévision qui émettent en continu (France Inter, Radio France Internationale, Télé 5, France 2), les bibliothèques, les ministères ou les universités—sans oublier les services commerciaux (vente par correspondance de vêtements, de vins, de livres…) et les innombrables sites touristiques ou culturels. On peut très bien fonctionner en virtuel entièrement en français!

| 38 | SPÉCIAL CYBER | FICHIER | PRÉSENTATION | ÉDITION |

▶ Rubriques

rubrique rubrique rubrique Internet, CD-ROM, **cybermonde…** Ces mots nouveaux nous envahissent. Ils accompagnent la **révolution** culturelle et industrielle de ce début de siècle >Christophe Agnus

Voyage dans la planète Cyber

On se distrait, on s'informe

✱ **Attention! Étudier Grammaire 11.2 et 11.3**

Voilà ce que je te racontais!
On peut acheter des contes de
fées sur DVD.

Les intrigues me fascinent. C'est ce que
j'aime le mieux dans les feuilletons.

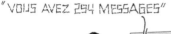

Les accros du Web exagèrent de temps
en temps. Ils s'abonnent à trop de listes.

Ah! Le voilà! Sur ce site, on peut
voir le PC de poche dont je t'ai
parlé.

Activité 6 Échanges: Que ferais-tu?

Demandez combien de temps votre partenaire voudrait consacrer aux activités suivantes si on lui donnait un jour de libre supplémentaire chaque semaine.

MODÈLE: É1: Tu regarderais plus la télé?
          É2: Oui, je la regarderais au moins une heure de plus. (Je ne pense
              pas. Je n'aime pas tellement la télé.)

Activités

1. regarder la télé
2. lire des livres
3. lire un journal ou un magazine
4. écouter de la musique ou un livre audio
5. surfer sur le Web
6. louer plus de DVD
7. aller au cinéma
8. jouer aux jeux vidéo
9. participer à des blogs

Suggestions

au moins (une heure)
moins de (deux heures)
pendant (la matinée)
un après-midi
toute la journée
quelques (minutes)
ne... jamais
?

À vous la parole!   Maintenant, posez les mêmes questions à votre
professeur pour voir si vous avez les mêmes goûts.

MODÈLE: Est-ce que vous regarderiez plus la télé, monsieur (madame)?

Cliquez là!

Trouvez un journal
ou un magazine en
français à mettre sur
la liste de vos sites
préférés. Donnez à
la classe le nom et
l'adresse du site,
ainsi que quelques
renseignements sur
le type d'articles
qu'on peut y
trouver. Quel
genre de personne
s'intéresserait à ce
site?

www.mhhe.com/deuxmondes6

Les pièges de l'inforoute

✳ **Attention! Étudier Grammaire 11.4 et 11.5**

Tiens! Des pirates informatiques ont fermé le plus grand serveur du monde hier!

Mesdames, messieurs, surveillez vos enfants! Apprenez-leur à limiter la diffusion de leur adresse électronique.

Ça me tente. Si j'allais sur leur site Web, peut-être que je rencontrerais l'homme de mes rêves.

Sois plus optimiste! Ne crois pas tout ce que tu lis dans le journal.

J'en ai marre de ces chaînes privées et de leurs interruptions pour les pubs!

Vous gagneriez plus d'argent si vous étiez diplômé de notre école.

Ça fait penser

En France, la plainte de l'UEJF (l'Union des étudiants juifs de France) contre l'hébergement d'un site Internet nazi a été rejetée au tribunal. Pourtant, la responsabilité des hébergeurs reste très discutée en France et ailleurs.

Activité 10 Sondage: La sécurité en ligne

Lisez les règles suivantes et, pour chacune, dites si vous êtes d'accord ou non. Ensuite, expliquez vos réponses à un(e) autre étudiant(e).

1. Soyez présent(e) pendant que vos enfants surfent sur Internet.
2. Ne donnez jamais vos coordonnées personnelles sur le Web.
3. Utilisez une adresse courriel gratuite pour écrire aux inconnus.
4. Faites régulièrement une sauvegarde de vos fichiers.
5. N'attachez jamais votre photo à un courriel.
6. Abonnez-vous à la newsletter de votre antivirus; elle vous tiendra au courant des dernières alertes virus.
7. Si vous pensez former une relation sérieuse sur le Web, invitez votre correspondant(e) chez vous aussitôt que possible.
8. Évitez de télécharger des programmes d'origine douteuse.
9. Contactez le serveur si vous n'aimez pas le contenu de certains sites.
10. Utilisez un pseudonyme pour tout ce que vous écrivez en ligne.
11. Les enfants sont curieux; encouragez-les à explorer le Web avec leurs copains.
12. Assurez-vous de l'objectivité d'un site quand vous faites des recherches sur Internet.

Activité 11 Discussion: Êtes-vous trop crédule?

Dites **oui** ou **non** et comparez vos réponses avec celles de vos camarades de classe.

1. Si un créancier m'informait qu'il avait reçu une demande de carte de crédit avec mon nom et adresse, mais que je n'avais jamais fait cette demande...
   a. j'accepterais la carte tout de suite.
   b. je demanderais l'avis de mes amis avant de l'accepter.
   c. je me demanderais si j'étais victime d'un vol d'identité et je contacterais la police.
2. Si quelqu'un proposait de me vendre un casque Blue Tooth pour 5 dollars...
   a. je réfléchirais avant de me décider.
   b. je serais inquiet/inquiète mais je le lui achèterais.
   c. je lui demanderais pourquoi il le vend à ce prix ridicule.
3. Si je recevais un courriel qui me demandait une réponse et qui cachait l'adresse de l'expéditeur...
   a. je ferais ce que la lettre me demande de faire.
   b. je l'enverrais au système de filtrage anti-SPAM de mon serveur.
   c. je me plaindrais à l'administrateur du serveur.
4. Si on me demandait d'investir de l'argent dans un projet où je pourrais doubler mon investissement en un mois...
   a. je le ferais si je connaissais bien la personne.
   b. je n'investirais pas, même si je connaissais la personne.
   c. je demanderais tous les détails, même si je connaissais la personne.
5. Si quelqu'un qui venait de trouver l'amour de sa vie m'encourageait à visiter le site Web d'Amour Parfait...
   a. je le ferais tout de suite.
   b. ça me tenterait, mais je ne le visiterais probablement pas.
   c. j'aurais peur et je refuserais.

Activité 12 Dans le monde francophone: Les malfaiteurs du Web

Lisez les commandements. Ensuite, identifiez ceux que les internautes suivant(e)s n'ont pas respectés, en expliquant pourquoi.

1. les pirates d'Internet qui volent de l'argent ou de la musique
2. les personnes qui copient les logiciels achetés par leurs amis
3. les saboteurs d'opérations militaires et policières
4. les gens dont l'identité n'est pas ce qu'ils disent sur Internet
5. les pornographes et les contrebandiers
6. les gens qui envoient des courriels transmettant des virus
7. les pirates informatiques qui s'attaquent aux serveurs
8. les entreprises qui implantent des cookies pour garder une trace des visites sur leur site

Cliquez là!

Approfondissez votre connaissance de la Netiquette. Choisissez un sujet qui vous intéresse—le courriel, par exemple—et dites pourquoi ce sujet mérite tant d'attention.

www.mhhe.com/deuxmondes6

LE NET: TRAITÉ DE SAVOIR-VIVRE ET NETIQUETTE

Adaptation française d'un document d'Arlene Rinaldi par Christine Vercken

LES DIX COMMANDEMENTS du Computer Ethics Institute

1) Tu n'utiliseras point l'ordinateur pour causer un préjudice à autrui.
2) Tu ne t'immisceras point dans le travail informatique d'autrui.
3) Tu ne fouineras point dans les fichiers d'autrui.
4) Tu n'utiliseras point un ordinateur pour voler.
5) Tu n'utiliseras point un ordinateur pour porter un faux témoignage.
6) Tu n'utiliseras ou ne copieras pas un logiciel que tu n'as point payé.
7) Tu n'utiliseras point les ressources d'autrui sans autorisation.
8) Tu ne voleras pas la propriété intellectuelle d'autrui.
9) Tu réfléchiras aux conséquences de ton programme pour l'humanité.
10) Tu n'utiliseras l'ordinateur qu'avec considération et respect pour autrui.

Département Informatique de l'École Nationale Supérieure des Télécommunications

Activité 13 Échanges: Le monde sans publicité

Dites si vous êtes d'accord ou non en donnant vos raisons. S'il n'y avait pas de pubs...

1. les consommateurs auraient moins de choix.
2. la télé serait moins amusante.
3. il serait plus facile d'aller sur un site Web.
4. nous pourrions regarder nos émissions préférées sans interruption.
5. les gens seraient moins matérialistes.
6. nous ne reconnaîtrions pas les noms des produits.
7. la radio et la télé ne pourraient pas fonctionner.
8. l'économie nationale en souffrirait.
9. nous aurions moins d'informations sur les produits que nous achetons.
10. il y aurait moins de gens hyperactifs.

ROSIERES, ROSIERES,
DIS-MOI CE QUE NOUS ALLONS
LUI MIJOTER CE SOIR

Activité 14 Dans le monde francophone: Un conte de fées, version commerciale

Regardez de très près cette pub et répondez aux questions suivantes.

1. Est-ce que cette femme est séduisante? Pourquoi?
2. Pour vous, est-ce qu'elle ressemble à une sorcière? Pourquoi?
3. À qui est-ce que cette pub est destinée, à votre avis? Expliquez vos raisons.
4. Diriez-vous que cette pub est plutôt féministe ou traditionaliste? Pourquoi?
5. Comment s'appelle le conte de fées dont s'inspire cette pub?

 # LECTURE

Mon amie Juliette

Mon rêve a toujours été de faire du cinéma, mais comment le réaliser lorsqu'on habite un petit village au fin fond de la France rurale, à des milliers de kilomètres de Hollywood, un village qui semble dater d'un autre siècle?

Et pourtant le miracle s'est produit il y a quelques années: Hollywood est venu à moi! En effet, notre village a été choisi comme décor pour le film *Chocolat*. C'est l'histoire d'une femme (jouée par Juliette Binoche) un peu mystérieuse, qui mène une vie nomade, allant de ville en ville avec sa petite fille. Elle bouleverse[1] l'existence tranquille des habitants en leur faisant découvrir les plaisirs du chocolat. Pour faire plus authentique, le metteur en scène a décidé d'utiliser comme figurants[2] les vrais habitants—j'allais faire du cinéma!

J'avais imaginé toutes sortes d'aventures... En réalité, le tournage[3] d'un film n'est pas si amusant que ça. Il y a beaucoup de technique et une simple prise[4] de quelques minutes peut demander des heures, ou même des jours de travail. Il faut beaucoup de précision, sans quoi on doit refaire la prise, deux fois, dix fois, vingt fois! Finalement, j'ai trouvé ça assez ennuyeux, surtout que j'espérais côtoyer[5] Juliette Binoche tous les jours, et que je l'ai à peine aperçue[6] une ou deux fois.

Au bout de deux semaines, je commençais à trouver le temps long et, pour m'occuper, je me suis mise à observer les techniciens qui préparaient les décors et les figurines en chocolat que l'on voit dans le film. J'ai remarqué qu'ils

---

[1]trouble [2]acteurs qui jouent un tout petit rôle [3]*shooting* [4]< prendre (une séquence de film)
[5]être près de [6]< apercevoir = voir brièvement

jetaient les figurines qui n'étaient pas réussies et je leur ai demandé si je pouvais les avoir. Ils ont accepté et rapidement j'ai pris l'habitude de venir me servir copieusement en chocolat.

Un jour, j'ai ainsi pris et mangé les figurines qu'on avait mises de côté, mais—catastrophe!—c'étaient celles qui étaient destinées au film. Le metteur en scène était furieux, car il a fallu interrompre le tournage pour fabriquer de nouveaux chocolats. J'étais morte de honte[7]! C'est alors que j'ai eu ma plus grande surprise: Juliette

●Juliette Binoche dans le film *Chocolat*

Binoche s'est approchée de moi et avec un sourire m'a remerciée devant tout le monde: «Vous savez, nous sommes tous très fatigués; alors, un jour de vacances est le bienvenu!»

Ma carrière cinématographique s'est arrêtée là; au fond, je crois que je n'étais pas faite pour le grand écran[8]... mais je n'oublierai jamais les délicieux chocolats et la gentillesse de «mon amie Juliette».

[7]*shame*   [8]grand... cinéma

Avez-vous compris? Répondez aux questions sur le texte.

1. Que veut dire la phrase «Hollywood est venu à moi» dans cette lecture?
2. Est-ce que le tournage d'un film est amusant, d'après la narratrice? Pourquoi?
3. Est-ce que la narratrice a souvent vu Juliette Binoche pendant le tournage?
4. Pour quelle raison est-ce que la narratrice a commencé à observer les techniciens qui préparaient les décors?
5. Pourquoi est-ce que Juliette Binoche a parlé avec la narratrice? Qu'est-ce que Juliette lui a dit?
6. Est-ce que la narratrice a poursuivi une carrière cinématographique?

Si vous alliez en France cet été, vous **pourriez** rendre visite à nos amis à Strasbourg. Moi, je **viendrais** vous rejoindre en août et on **irait** ensemble à Londres.

If you went to France this summer, you could visit our friends in Strasbourg. I would come join you in August, and we'd go together to London.

➤ The conditional is used to make polite requests.

D. The conditional is also used to make requests without appearing too direct.

Est-ce que vous **pourriez** nous recommander un bon restaurant?
Auriez-vous l'heure?

Could you (Would you be able to) recommend a good restaurant?
Would you have the time? (Could you tell me what time it is?)

Exercice 1 Un monde sans télé

Imaginez la vie sans télévision. Complétez les phrases avec le conditionnel et dites si vous êtes d'accord ou non.

MODÈLE: Moins de couples _____ (divorcer). →
Moins de couples divorceraient. Oui, c'est vrai, parce qu'il n'y aurait pas de football américain à la télé. (Non, ce n'est pas vrai...)

1. Il y _____ (avoir) moins de crimes violents.
2. Je _____ (lire) beaucoup plus.
3. Les Américains _____ (être) en meilleure santé.
4. Nous ne _____ (savoir) pas ce qui se passe dans le monde.
5. On _____ (connaître) moins bien les autres pays du monde.
6. Les candidats _____ (faire) leur campagne de façon plus intelligente.
7. Nous _____ (dormir) plus.
8. Les gens _____ (aller) plus souvent au cinéma.
9. On _____ (acheter) plus de journaux.
10. Les entreprises _____ (dépenser) moins d'argent sur la publicité.

Exercice 2 Par politesse

Sarah Thomas se trouve dans une maison de la presse à Paris, où elle veut demander beaucoup de choses. Reformulez ses phrases en employant le conditionnel pour les rendre plus polies.

MODÈLE: *Avez*-vous de la monnaie? → *Auriez*-vous de la monnaie?

1. *Pouvez*-vous m'indiquer la station de métro la plus proche?
2. Est-ce que vous *avez* l'heure?
3. Je *veux* aussi *Le Nouvel Observateur*.
4. Est-ce que vous *pouvez* me commander ce livre?
5. Quand est-ce que je *dois* revenir le chercher?
6. Est-ce que je *peux* prendre un catalogue?
7. *Savez*-vous où se trouve le Bistro de la Sorbonne?

Exercice 3 Si le monde était idéal,...

Transformez les phrases en employant le conditionnel pour décrire un monde idéal.

MODÈLE: Dans le monde réel, on a besoin de se méfier des* inconnus. →
Dans un monde idéal, on n'aurait pas besoin de se méfier des inconnus.

Dans le monde réel...

1. on ne peut pas toujours croire ce qu'on vous dit.
2. nous sommes souvent influencés par des messages subtils ou subliminaux.
3. on profite quelquefois de la crédulité des gens.
4. les gens dépensent beaucoup d'argent pour des produits inutiles.
5. le travail occupe une très grande partie de notre vie.
6. il n'y a pas assez d'emplois pour tous ceux qui veulent travailler.
7. mentir est quelquefois utile.

11.2 The relative pronoun **dont**

A. You are already familiar with the relative pronouns **qui, que,** and **où.** Like **qui** and **que,** the relative pronoun **dont** is used for both people and things. **Dont** is used to replace the preposition **de** + a noun.

✶ *Review **Grammaire 6.4*** *for the uses of the relative pronouns **qui, que,** and **où.***

WITH **DE**	WITH **DONT** (RELATIVE CLAUSE)
J'ai besoin **de** ce magazine.	Je n'ai pas acheté le magazine **dont** j'ai besoin.
I need this magazine.	*I didn't buy the magazine (that) I need.*
Ils parlaient **de** cet homme à la télé.	C'est l'homme **dont** ils parlaient à la télé.
They were talking about this man on TV.	*That's the man (whom) they were talking about on TV.*

▶ The relative pronoun **dont** replaces **de** + noun: **C'est le livre** *dont* **j'ai parlé. C'est la personne** *dont* **j'ai besoin.**

▶ **Dont** can refer to people or things.

B. When used in a possessive construction, **dont** corresponds to English *whose.*

WITH **DE**	WITH **DONT** (RELATIVE CLAUSE)
Je connais le frère **de** cette journaliste.	C'est la journaliste **dont** je connais le frère.
I know that reporter's brother.	*That's the reporter whose brother I know.*
Les émissions **de** cette chaîne sont en anglais.	C'est la seule chaîne **dont** les émissions sont en anglais.
This channel's shows are in English.	*It's the only channel whose shows are in English.*

C. **Dont** is used frequently with verbs or verbal expressions that require **de,** for example: **parler, avoir besoin, avoir envie, avoir peur, se servir, se souvenir.**

L'émission **dont** je me souviens, c'est «La Rue Sésame».
L'ordinateur **dont** il se sert est très vieux.

The program I remember is "Sesame Street."
The computer he uses is very old.

*se... to be suspicious of

Exercice 4 À la FNAC

Sarah et Agnès visitent la FNAC, un magasin spécialisé dans les médias. Reformulez leurs phrases (en italique) en employant **dont**.

MODÈLE: *J'ai entendu parler de cet auteur cette semaine.*
C'est l'auteur... →
C'est l'auteur dont j'ai entendu parler cette semaine.

1. *Je parlais de ce magazine l'autre jour.* C'est le magazine...
2. *On discutait de ce livre à la télé.* C'est le livre...
3. *Je connais d'autres films de ce metteur en scène.* C'est un metteur en scène...
4. *J'ai vu tous les films de cette vedette.* C'est une vedette...
5. *Je ne me souviens jamais de ce titre.* C'est un titre...

11.3 More on relative pronouns: Ce qui, ce que, ce dont

★ *Review* **Grammaire 6.4** *and* **11.2.**

A. **Ce qui, ce que,** and **ce dont** are called indefinite relative pronouns. They are used in the same way as **qui, que,** and **dont,** but they are used when the thing referred to is not specified. They usually correspond to English *what.*

SPECIFIC REFERENCE	UNSPECIFIED REFERENCE
noun + **qui**	**ce** + **qui**
Les films qui m'intéressent...	Ce qui m'intéresse...
noun + **que**	**ce** + **que**
Les livres que j'aime...	Ce que j'aime...
noun + **dont**	**Ce** + **dont**
L'ordinateur dont je me sers...	Ce dont je me sers...

Sais-tu **ce qui** s'est passé dans le dernier épisode? | *Do you know what happened in the last episode?*
Je ne vois pas **ce que** tu aimes dans cette émission. | *I don't see what you like about that show.*
Ces reportages sont trop techniques—je ne comprends jamais **ce dont** ils parlent. | *These reports are too technical— I never understand what they're talking about.*

B. **Ce qui, ce que,** and **ce dont** are often combined with **tout,** meaning *everything.*

—Ça t'ennuie qu'il regarde la télé? | *Does it bother you that he watches TV?*

—Non, mais c'est **tout ce qu'**il veut faire! | *No, but that's all he wants to do!*

C. Indefinite relative pronouns are also frequently used in conversation to introduce a new idea.

> **Ce qui** compte, c'est que le travail lui plaise.
>
> **Ce que** j'aime, c'est voir un vieux film dans une salle de cinéma.

> *What counts is that he likes the work.*
>
> *What I like is to see an old film in a movie theater.*

Exercice 5 Définitions

Complétez chaque définition avec **ce qui** ou **ce que (ce qu').** Ensuite, choisissez la bonne définition pour chaque type d'émission ou de film.

1. _____ fait parfois pleurer les téléspectateurs
2. _____ donne des frissons* aux adolescents
3. _____ les enfants préfèrent
4. _____ explique quel temps il va faire demain
5. _____ on regarde pour s'informer
6. _____ on cherche si on veut rire
7. _____ fait peur
8. _____ on regarde avant de faire un long voyage en voiture

a. C'est une comédie.
b. C'est un documentaire.
c. Ce sont les feuilletons.
d. Ce sont les dessins animés.
e. C'est le bulletin† météorologique.
f. C'est un film d'épouvante.

Exercice 6 «Sa meilleure amie lui a piqué‡ son mari»

Adrienne parle de l'intrigue de son feuilleton favori avec sa collègue Fatima. Complétez leur conversation en employant **ce qui, ce que (ce qu')** ou **ce dont.**

ADRIENNE: La pauvre Jacqueline! Elle ne sait pas _____¹ elle doit faire. Elle vient d'apprendre que son mari Maurice est parti en vacances avec sa meilleure amie Évelyne.

FATIMA: Et sait-elle _____² se passe au bureau avec Annick, la secrétaire?

ADRIENNE: Non, ça, elle ne le sait pas encore. _____³ l'énerve vraiment, c'est qu'ils ont pris sa voiture quand ils sont partis. Alors Jacqueline va chez sa mère pour lui demander _____⁴ elle pense de tout cela. Mais tout _____⁵ intéresse sa mère, c'est l'argent. Puisque Maurice est très riche, elle trouve qu'elle devrait rester avec lui.

FATIMA: Et c'est _____⁶ elle fait?

ADRIENNE: Pour l'instant, oui. Mais tu sais _____⁷ va se passer? Elle va apprendre qu'elle attend un bébé. Et ça, ce n'est pas du tout _____⁸ elle avait envie.

FATIMA: Quel drame! Je ne vois vraiment pas pourquoi tu regardes ces bêtises!

---

*shivers, thrills
†bulletin... *weather report*
‡a... *stole*

11.4 Giving orders: Commands with pronouns

➤ Most commands = present-tense forms without the subject

A. Commands (the imperative) are formed by dropping the subject from the verb. They exist for **vous, tu,** and **nous; nous** commands are used for making suggestions.

Commandez votre exemplaire aujourd'hui!	*Order your copy today!*
Ne **mets** pas la radio maintenant, Joël.	*Don't turn on the radio now, Joël.*
Allons au nouveau cinéma ce soir.	*Let's go to the new movie theater tonight.*

➤ All **-er** verbs: the **tu** form drops the final **-s.** Exception: **Vas-y!**

B. For regular **-er** verbs and **aller,** the imperative **tu** form drops the **-s** from the present-tense form.

Victor, n'**allume** pas la télé, s'il te plaît.	*Victor, please don't turn on the TV.*
Va allumer l'imprimante, s'il te plaît.	*Go turn on the printer, please.*

➤ **Être** and **avoir** imperatives = present subjunctive forms

C. **Être, avoir,** and **savoir** have irregular command forms.

	être	avoir	savoir
tu	sois	aie	sache
vous	soyez	ayez	sachez
nous	soyons	ayons	sachons

➤ **Rappel: aie** and **ay-** are pronounced just like **(j')ai.**

Ne **sois** pas si crédule, Claudine.	*Don't be so gullible, Claudine.*
Ayez l'intelligence de bien réfléchir avant d'acheter.	*Have enough intelligence to think carefully before buying.*
Sachez que je ne me sers pas de cartes de crédit.	*I'll have you know that I don't use credit cards.*

✳ *Review* **Grammaire 4.5** *and* **6.5.**

D. Object pronouns and reflexive pronouns are placed after the verb in affirmative commands. They are attached to the verb form with a hyphen.

➤ Affirmative commands: verb + object pronoun

Quelle belle page d'accueil! Regardez-**la**!	*What a beautiful home page! Look at it!*
Abonnez-**vous** dès aujourd'hui à ce forum!	*Subscribe to this forum today!*

➤ Affirmative commands: **me, te → moi, toi**

Me and **te** become **moi** and **toi** in affirmative commands.

Dépêche-**toi** de finir, Victor!	*Hurry up and finish, Victor!*
Écoutez-**moi**, s'il vous plaît.	*Listen to me, please.*

➤ Negative commands: **ne** + object pronoun + verb + **pas**

E. In negative commands, object pronouns and reflexive pronouns are placed *before* the verb.

Ne **me** parle pas pendant que je lis le journal.	*Don't talk to me while I'm reading the newspaper.*
Ne **te** mets pas en colère contre l'ordinateur!	*Don't get angry with the computer!*

✳ *Review* **Grammaire 7.3** *and* **9.1.**

F. **Y** and **en** follow the same placement rules as other pronouns.

Vous êtes prêt? Allons-**y**!	*Are you ready? Let's go!*
Du papier? Oui, prenons-**en**.	*Some paper? Yes, let's get some.*
Encore un virus? N'**en** parlez pas!	*Another virus? Don't talk about it!*

Pronunciation Hint

Note obligatory liaison: **Allons-ᶻy, prenons-ᶻen.**

Exercice 7 Les sept commandements du HTML

Voici quelques-uns des «dix commandements» pour construire une page Web. Mettez-les à l'impératif en suivant le modèle.

MODÈLE: Tu n'oublieras pas de tester ta page avec différents navigateurs. →
N'oublie pas de tester ta page avec différents navigateurs.

1. Tu auras quelque chose à dire sur ta page Web. (Tu informeras et intéresseras le visiteur; tu ne le décevras point!)
2. Tu ne feras pas une liste de listes.
3. Tu te rappelleras que tes visiteurs n'ont pas tous une connexion puissante. (Et tu ne fourniras pas trop d'informations sur la même page.)
4. Tu vérifieras tes liens pour éliminer les liens morts.
5. Tu permettras les commentaires par courriel sur ta page.
6. Tu amélioreras constamment tes connaissances en HTML.
7. Tu seras créatif/créative malgré toutes ces directives.

★ Review **Grammaire 11.4A** and **B** on imperative forms (*commands*).

➤ The imperative **tu** form for all verbs except **-er** verbs and **avoir** ends in **-s.**

Exercice 8 Les six commandements de la famille branchée

Voici «Les six commandements du parfait parent pour les petits utilisateurs (d'ordinateurs)». Transformez les conseils à l'impératif en suivant le modèle.

MODÈLE: Je m'assurerai que tous les membres de la famille savent qu'un ordinateur est un objet délicat et cher. →
Assurez-vous que tous les membres de la famille savent...

1. Je leur montrerai donc comment bien l'utiliser.
2. En cas d'invasion de très jeunes, je bloquerai les fentes de CD/DVD, je rangerai le clavier et je mettrai la souris en cage.
3. Je n'apporterai mon travail à la maison qu'en cas de nécessité absolue.
4. Je m'assiérai souvent avec mes enfants quand ils utiliseront l'ordinateur.
5. Si les enfants sont branchés en ligne, je saurai où ils vont et combien cela va coûter.
6. Je leur donnerai une chaise confortable. J'essaierai aussi de placer l'ordinateur dans un endroit facile d'accès.

Exercice 9 Conseils pour le consommateur en ligne

Voici des conseils sur le commerce électronique. Dites si vous êtes d'accord ou non avec chaque conseil et répétez-le (ou changez-le) avec un pronom.

MODÈLE: Méfiez-vous des pages qui demandent le numéro de votre carte de crédit dès votre arrivée. →
C'est une bonne idée. Méfiez-vous en. (Ce n'est pas nécessaire. Ne vous en méfiez pas.)

1. Posez des questions avant d'acheter.
2. Vérifiez la sécurité. (Regardez le petit icône [le cadenas] de votre navigateur, qui doit être en position fermée.)
3. Appréciez (évaluez) la qualité du service. (Les achats en ligne doivent être plus faciles et plus agréables que les achats dans les magasins.)
4. Pour les achats à l'étranger qui peuvent attendre, vérifiez le cours des changes.*
5. Groupez vos commandes. (Vous réduirez très sensiblement les frais de port.)
6. Parlez de vos expériences, en particulier des mauvaises, autour de vous et sur le Web.

11.5 Talking about hypothetical situations: More on the imperfect

We often talk about what we would do *if* something else were true. The statement "if something were true" describes an unreal or hypothetical situation; this is expressed in French by **si** (*if*) + a verb in the imperfect. **Si** + **imperfect** is often used when a result statement is in the conditional.

Si mes parents **achetaient** un ordinateur, je **pourrais** leur envoyer des courriels.	*If my parents bought a computer, I could send them e-mail.*
Monsieur Vincent, que **feriez**-vous **si** vous **aviez** un million de dollars?	*Mr. Vincent, what would you do if you had a million dollars?*

Exercice 10 Habitudes de consommateur

Un ami parle de ses habitudes quand il fait des achats. Comparez vos habitudes en expliquant ce que vous feriez et en employant des phrases au conditionnel.

MODÈLE: Quand je reçois de l'argent, je le dépense tout de suite. →
Moi aussi, si je recevais de l'argent, je le dépenserais tout de suite.
(Moi non, si je recevais de l'argent, je ne le dépenserais pas tout de suite.)

1. Quand je veux vraiment acheter quelque chose, je suis très impatient(e).
2. Quand je suis déprimé(e), j'ai envie de faire des achats.
3. Quand j'ai envie de faire des achats, je laisse mes cartes de crédit à la maison.
4. Quand je fais beaucoup d'achats, je suis encore plus déprimé(e).
5. Quand j'achète quelque chose de cher, je vais dans tous les magasins pour trouver le meilleur prix.
6. Quand je n'aime pas quelque chose, je le rends au magasin.

---

*cours... *exchange rate*

La santé et les urgences

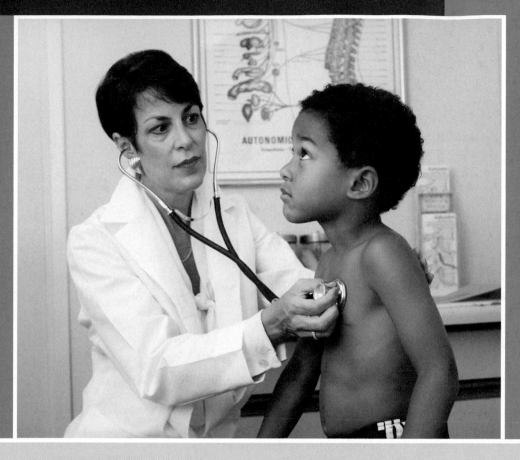

Lyon, France: Un médecin ausculte son jeune patient.

Objectifs

In *Chapitre 12,* you will talk about fitness and staying healthy. You will learn how to describe illnesses and accidents, and more ways to talk about past experiences.

La santé et le corps humain

✶ **Attention! Étudier Grammaire 12.1**

Je voudrais que vous mangiez plus de fruits et de légumes.

Mon entraîneur exige que je fasse de l'exercice tous les jours.

Les médecins recommandent que nous ne consommions pas trop d'alcool.

Je suggère que vous vous détendiez tous les jours.

Il vaut mieux que vous ne maigrissiez pas trop.

Les dentistes préfèrent que leurs clients aient un peu de courage!

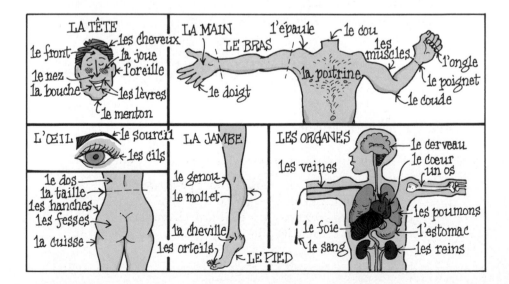

Activité 1 Interros: Les parties du corps

A. Regardez les dessins et dites quelles parties du corps on utilise pour faire les activités suivantes.

1. jouer au tennis
2. jouer aux échecs
3. dormir
4. conduire une voiture
5. faire de l'escalade
6. danser
7. aimer
8. digérer un repas
9. passer un examen
10. ?

B. Dites comment s'appellent ces parties du corps.

1. la masse nerveuse contenue dans le crâne
2. les organes de la respiration
3. les poils fins qui protègent l'œil
4. le liquide rouge qui circule dans les veines et les artères
5. l'articulation principale de la jambe
6. l'organe central du système de circulation
7. ?

La langue en mouvement

Le latin: Lien entre le français et l'anglais

Le latin constitue un lien utile entre l'anglais et le français parce que les deux langues ont beaucoup utilisé le latin comme source de mots techniques. Par exemple, l'origine commune des adjectifs *pulmonary* et *pulmonaire* est évidente; comme le nom *poumon*, ces deux adjectifs viennent du latin *pulmo = lung*. Quels sont les mots apparentés dans ces deux listes?

Mots français: (1) doigt (2) pied (3) dos (4) cerveau (5) vertige (6) os

Mots anglais: (a) cerebral (b) dorsal (c) pedicure (d) osteoporosis (e) digit (f) vertigo

Activité 2 Discussion: La santé

Quelles recommandations vous semblent les plus logiques? Pourquoi?

1. Qu'est-ce que le médecin nous dit si nous voulons perdre du poids?
   a. Je veux que vous évitiez les matières grasses.
   b. Je suggère que vous fassiez deux heures de gym chaque jour.
   c. Je propose que vous preniez des pilules.

2. Que dit un médecin à ceux qui voudraient améliorer leur mémoire?
   a. Il faut que vous suiviez un régime équilibré.
   b. Je voudrais que vous fassiez des casse-têtes.
   c. Il vaut mieux que vous ne fassiez pas beaucoup d'exercice.
3. Que recommande l'entraîneur à son équipe de tennis?
   a. J'aimerais que vous dormiez huit heures par nuit.
   b. Je voudrais que vous mangiez une nourriture riche en acides.
   c. J'exige que vous buviez un verre de vin rouge tous les jours.
4. Que propose la conseillère à l'étudiant stressé?
   a. Il vaut mieux que vous vous couchiez à la même heure tous les soirs.
   b. Je suggère que vous n'étudiiez pas trop.
   c. J'aimerais que vous appreniez des techniques pour vous détendre.

Activité 3 Discussion: C'est bon pour la santé?

Est-ce que ces activités nous aident à rester en forme ou pas? Pourquoi?

1. faire la sieste l'après-midi
2. choisir des boissons sans sucre
3. se doucher à l'eau froide le matin
4. manger de la viande
5. se bronzer au soleil
6. prendre un somnifère le soir
7. se promener tous les jours
8. éviter la mal-bouffe
9. boire du vin au dîner
10. dormir huit heures par nuit
11. soulever des poids
12. consommer des boissons énergisantes

Activité 4 Enquête: Êtes-vous facile à vivre?

Répondez aux questions suivantes, puis calculez vos points pour savoir comment les autres vous perçoivent.

• Je m'énerve quand je perds mes affaires.	**oui**	**non**	**parfois**
• Je me mets en colère quand on me contredit.	**oui**	**non**	**parfois**
• Je me fâche si le téléphone sonne pendant que je suis sous la douche.	**oui**	**non**	**parfois**
• Je m'impatiente aux feux rouges.	**oui**	**non**	**parfois**
• Ça m'irrite d'être obligé(e) d'attendre quelqu'un.	**oui**	**non**	**parfois**
• Je m'inquiète avant un examen.	**oui**	**non**	**parfois**

Valeurs: oui = 2 points, **parfois** = 1 point, **non** = 0 points

De 8 à 12 points: Il faut que vous vous détendiez. La tension est mauvaise pour la santé.

De 6 à 10 points: Vous avez un tempérament assez équilibré.

De 0 à 4 points: Vous êtes une personne très calme et équilibrée.

Activité 5 Dans le monde francophone:
Marchez, nagez, roulez…

MARCHEZ, NAGEZ, ROULEZ…

La sédentarité, le travail de bureau sont les pires ennemis de votre forme. Même si vous ne pouvez pratiquer un sport régulièrement, vous pouvez au moins marcher. Prenez l'habitude de descendre à la station précédente, ne vous garez pas juste devant chez vous, montez vos étages à pied (c'est bon pour les chevilles), accroupissez-vous pour ramasser quelque chose (c'est bon pour les cuisses), respirez plusieurs fois par jour très profondément pour oxygéner tout votre corps.
Et le week-end essayez d'aller à la piscine avec les enfants ou faites un peu de bicyclette: vous vous sentirez tellement mieux après.

LE GUIDE PRATIQUE DE VOTRE LIGNE

MAIGRIR EN FORME

Corrigez les phrases incorrectes.

L'auteur de ce guide pratique recommande que…

1. nous garions notre voiture tout près de chez nous.
2. nous nous accroupissions quand nous ramassons des objets.
3. nous prenions l'escalier au lieu de l'ascenseur.
4. nous courions si nous ne pouvons pas pratiquer un sport régulièrement.
5. nous respirions profondément plusieurs fois par jour.
6. nous menions une vie sédentaire.

Allons plus loin! Faites-vous assez d'exercice tous les jours? Est-ce que vous suivez les conseils offerts par ce guide? Quelles autres formes d'exercice faites-vous chaque semaine?

Ça fait penser

- Plus de 80 % des Français disent pratiquer au moins une activité pour rester en forme.
- Il semble y avoir un rapport entre la consommation de tabac et la tendance politique. On fume plus lorsqu'on est de gauche que de droite, et beaucoup plus si l'on se situe à l'extrême gauche ou à l'extrême droite.

Activité 6 Entretien: Pour rester en forme

1. Combien d'heures est-ce que tu dors la nuit, d'habitude? Tu fais parfois la sieste?
2. Qu'est-ce que tu fais pour combattre le stress? Quand est-ce que tu te sens le plus stressé(e)? Pendant les examens?

3. Pour toi, est-ce que manger est plus un plaisir ou une nécessité? Tu manges sainement, d'habitude? Où manges-tu? Pourquoi?
4. Tu fumes de temps en temps? Est-ce que tu fumais quand tu étais plus jeune? À ton avis, est-ce qu'on devrait interdire de fumer dans les restaurants et les bars?
5. Qu'est-ce que tu aimes faire pour te remonter le moral quand tu te sens triste ou déprimé(e)? Tu te fâches facilement? Que fais-tu pour rester calme?

● La randonnée, c'est bon pour la forme.

Les maladies et les traitements

✳ **Attention! Étudier Grammaire 12.2 et 12.3**

Il se mouche.

un rhume

Il a mal à la gorge.

la toux

la fièvre

la grippe

Il a mal au ventre.

des médicaments

du sirop

de la pommade

des comprimés

des gélules

des gouttes

Aïe! Non, merci!
Les fleurs me
rendent malade!

le nez bouché

une allergie

INFO: Société
Vivre bien, vivre bio

Après avoir pris le goût du sport, les Français du début du XXIe siècle ont celui des produits naturels. Pas les produits allégés[1] qui faisaient fureur[2] il y a 10 ans (à l'époque de l'aérobic et du jogging), mais les produits authentiques. La nourriture bio (légumes, volailles, fromages—même le vin!) envahit[3] les supermarchés et les restaurants, particulièrement depuis que les problèmes de la «vache folle» et du maïs transgénique[4] ont renforcé le sentiment que la qualité des produits de base était essentielle. Les succès politiques du parti écologiste (les Verts) et les manifestations contre la globalisation à Seattle en 1999 ont accentué cette tendance. L'ennemi désigné est maintenant «le McDo», symbole de la «mal-bouffe», à l'opposé des produits régionaux élaborés selon des méthodes traditionnelles. La mode du bio s'allie ainsi à la recherche des racines culturelles.

[1]avec moins de matières grasses
[2]faisaient... avaient beaucoup de succès
[3]< invasion
[4]génétiquement modifié

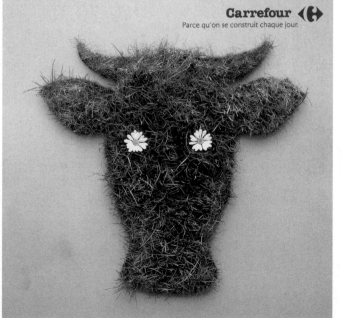

C'est important de savoir ce qu'a mangé le bœuf qu'on va manger.

LA SÉCURITÉ DES PRODUITS CARREFOUR PASSE PAR LE PRINCIPE DE TRAÇABILITÉ. Pour être certain qu'un produit est sûr, il faut pouvoir connaître son cheminement complet en remontant jusqu'à son origine première. Cette traçabilité est précisément un des principes fondateurs des "Filières Qualité" de Carrefour dont le cahier des charges identifie et décrit rigoureusement toutes les étapes d'élaboration du produit, des matières premières utilisées jusqu'à sa présentation en magasin. Ainsi, la viande bovine "Filières Qualité" de Carrefour est issue de la sélection de six races de terroir français. Les animaux sont nourris en priorité d'herbe de pâture et de fourrage en provenance de la région d'élevage.

Carrefour
Parce qu'on se construit chaque jour.

Activité 7 Discussion: Les remèdes

Identifiez le meilleur remède dans chaque situation. Si vous n'êtes pas d'accord avec les suggestions, proposez-en d'autres à leur place.

1. On peut arrêter une toux persistante...
   a. en prenant des somnifères.
   b. en prenant du sirop.
2. On peut se déboucher le nez...
   a. en prenant des comprimés.
   b. en y mettant des gouttes.
3. On guérit la grippe intestinale...
   a. en prenant des antibiotiques.
   b. en se reposant et en attendant que ça passe.
4. Les insomniaques peuvent dormir mieux...
   a. en buvant du lait chaud avant de se coucher.
   b. en regardant la télé avant d'aller au lit.
5. On peut guérir un mal de tête...
   a. en se mettant du vinaigre sur les tempes.
   b. en prenant de l'aspirine.
6. On peut soulager des muscles endoloris...
   a. en les frottant avec de l'alcool.
   b. en les massant avec une pommade chauffante.
7. On peut soigner une tendinite au poignet...
   a. en faisant des exercices pour étirer le tendon.
   b. en buvant des tisanes.
8. On guérit une foulure à la cheville...
   a. en prenant de la vitamine D.
   b. en y mettant de la glace.

Cliquez là!

Comment se soigner si on a la grippe ou un rhume? Quelles précautions doit-on prendre pour éviter ces maladies? Consultez des médecins en ligne pour obtenir des réponses à vos questions médicales.

www.mhhe.com/deuxmondes6

Activité 8 Échanges: Les maladies et les symptômes

Identifiez les symptômes de ces maladies.

MODÈLE: la rougeole →
On a des rougeurs et une température élevée. Parfois, on a mal à la gorge et on tousse.

Suggestions

le nez bouché	des rougeurs	des vertiges	éternuer
de la fièvre	des vomissements	un gonflement	avoir mal
des douleurs	une toux	des frissons	(partout)

1. un rhume
2. une grippe intestinale
3. une entorse
4. une tendinite
5. l'appendicite
6. une piqûre de guêpe

Les francophones sur le vif

Ange Simeoni, 37 ans, médecin généraliste, Bastia (Corse)

Vos patients viennent vous voir souvent?

« **D**isons que la majorité vient régulièrement, c'est-à-dire une fois par mois, parfois deux, selon la saison: en hiver, on consulte plus souvent à cause de la grippe, des bronchites. Les personnes du troisième âge[1] sont les plus fidèles, bien sûr, et certaines ne manquent jamais leur visite hebdomadaire[2]… Bien sûr, les personnes âgées ont beaucoup de petits problèmes de santé; rien de grave, mais ça les rassure de venir me parler. Je les écoute, je leur donne quelques conseils et surtout je leur fais une ordonnance.[3] Pour se sentir mieux, les Français doivent repartir de chez leur médecin avec une ordonnance, même si, le plus souvent, ils ne finiront pas les médicaments qu'on leur a prescrits. Que voulez-vous que j'y fasse?»

[1]personnes… personnes âgées (à partir de 65 ans environ)
[2]qui se répète chaque semaine
[3]formulaire indispensable pour obtenir certains médicaments

Activité 9 Sondage: Savez-vous vous soigner?

Dites **oui** ou **non**. Ensuite, discutez de vos réponses avec d'autres étudiant(e)s pour savoir si vous avez raison.

1. Si un médicament est bon pour vous, il est bon pour votre ami(e).
2. Pour avoir un bon diagnostic, il faut consulter un second médecin.
3. On se soigne en pratiquant une activité physique.
4. Il faut arrêter de prendre un antibiotique dès qu'on se sent mieux.
5. Il ne faut pas ennuyer le médecin en lui racontant tous vos symptômes.
6. On doit prendre un médicament sur un estomac vide.
7. On peut réduire la fièvre en prenant de l'aspirine.
8. La gymnastique d'entretien aide à rester en forme.
9. Les vaccins sont dangereux. Il vaut mieux prendre des pilules.
10. On peut éviter les rhumes en se lavant fréquemment les mains.

Activité 10 Échanges: Quand je ne vais pas bien

Avec un(e) partenaire, discutez de ce que vous préférez faire quand vous avez les maladies ou les problèmes suivants.

> MODÈLE: É1: Quand j'ai un rhume, je prends de la vitamine C.
> É2: Quelle superstition! Moi, je nourris les rhumes. Je mange beaucoup quand j'ai un rhume.
> É1: Tu parles de superstition! Ça, c'est...

1. Quand je tousse beaucoup, je...
2. Si j'ai mal à la tête...
3. Contre une éruption de boutons...
4. Si j'ai mal au cœur...
5. Quand j'ai mal à la gorge...
6. Quand je suis trop fatigué(e)...
7. Les nuits où j'ai de l'insomnie...
8. Quand je suis trop stressé(e)...
9. Pour la grippe, je préfère...
10. Quand j'ai les sinus bouchés...

Activité 11 Entretien: Une maladie d'enfance

Utilisez les questions suivantes comme guide pour décrire une maladie que vous avez eue quand vous étiez enfant.

1. La maladie: Quelle maladie as-tu eue? Quand? Qu'est-ce qui t'a rendu(e) malade?
2. Les symptômes: Quels symptômes avais-tu? Comment te sentais-tu?
3. Les soins médicaux: Es-tu allé(e) chez le médecin? Est-ce qu'il/elle t'a fait une ordonnance? Tu as pris le médicament? Comment était-il?
4. Les soins chez toi: Qui t'a soigné(e) pendant cette maladie? Es-tu resté(e) au lit?
5. La durée de la maladie: Tu as été malade pendant combien de temps? Qu'est-ce que tu as fait pendant cette période?

Activité 12 Situations: Chez le docteur

Vous ne vous sentez pas bien et vous allez consulter le médecin. Avec votre partenaire, jouez les rôles du médecin et du malade. Le médecin aura besoin de faire un diagnostic et de prescrire un traitement.

MÉDECIN: Comment allez-vous aujourd'hui?
VOUS: Je ne me sens pas très bien, docteur. J'ai...
MÉDECIN: Et depuis quand est-ce que vous... ?
VOUS: Depuis...
MÉDECIN: Eh bien, je pense que vous avez... Il faut que vous... et vous avez besoin de...
VOUS: Et quand est-ce que je pourrai... ?
MÉDECIN: ...

Ça fait penser

- Il y a environ 5.000 centenaires en France. Plus de la moitié de ces personnes d'âge vénérable sont en bonne santé.
- L'espérance de vie moyenne des Français augmente d'environ 100 jours chaque année.
- Les démographes prédisent que la moitié des filles qui naissent en France aujourd'hui deviendront centenaires.

Les accidents et les urgences

✴ **Attention! Étudier Grammaire 12.4 et 12.5**

Qu'est-ce qui s'est passé?

Moi, je me suis cassé le bras!

un plâtre

le bras cassé

Je viens de me blesser! Je me suis coupé au bras!

une blessure

Moi aussi! J'ai une belle cicatrice!

Ils allaient trop vite et n'ont pas pu s'arrêter à temps.

Envoyez une ambulance, s'il vous plaît! C'est une urgence!

le témoin

Au secours!

Le conducteur allait bien, mais l'enfant avait l'air blessé.

le pouls

Il s'est évanoui.

L'enfant était sans connaissance quand on lui a pris le pouls.

le blessé

la civière

L'ambulance est arrivée et on a emmené l'enfant à l'hôpital.

Activité 13 Discussion: Au service des urgences

Lesquelles de ces victimes ont probablement reçu les soins indiqués? Pourquoi?

1. Qui a été opéré d'urgence?
   a. un homme qui vient d'avoir une crise cardiaque
   b. une femme qui vient de se fouler la cheville
2. Qui a dû se faire faire une piqûre?
   a. un campeur qui vient de se couper à la main
   b. une fille qui vient d'être mordue par un chien
3. Qui est sorti de l'hôpital avec des béquilles?
   a. un petit garçon qui vient de tomber d'un arbre
   b. un homme qui vient de souffrir d'une réaction allergique
4. À qui a-t-on mis un pansement?
   a. à un coureur souffrant d'une tendinite
   b. à quelqu'un qui vient de se brûler la main
5. Qui a dû passer la nuit à l'hôpital?
   a. quelqu'un qui vient de se casser le poignet
   b. un pompier qui a respiré trop de fumée

Activité 14 Récits: Voilà ce qui s'est passé.

Voici des accidents qui sont arrivés à quelques personnages de ce livre. Expliquez tout ce qui se passait avant et au moment de leur accident, puis dites ce qui s'est probablement passé à la fin.

MODÈLE: Claudine s'est cassé le bras. Elle descendait l'escalier avec une collègue. C'était une journée normale. Elles parlaient et elles ne faisaient pas très attention. Tout à coup, Claudine a fait un faux pas et... Finalement, elle a dû téléphoner à Victor pour qu'il vienne la chercher.

1. Jean-Yves a avalé une arête. Il...
2. Joël a eu un accident de vélo. Il...
3. Charles s'est cassé la jambe. Il...
4. Agnès s'est évanouie pendant une manifestation. Elle...
5. Emmanuel s'est foulé la cheville. Il...

À vous la parole!

Demandez à votre partenaire de vous décrire un accident qu'il (qu'elle) a eu et de vous expliquer la cause de cet accident. Ensuite, changez de partenaire et décrivez-lui ce même incident.

Activité 15 Échanges: Accidents

Connaissez-vous quelqu'un (peut-être vous-même) qui a eu un accident? Qu'est-ce qui s'est passé? Décrivez les circonstances en utilisant les suggestions suivantes.

Suggestions glisser, tomber, se heurter contre, se couper, se casser le bras, laisser tomber, renverser

1. à la maison
2. à l'université
3. pendant des vacances
4. à l'école primaire
5. dans la rue
6. dans une salle de gym

Activité 16 Récit: Une mauvaise expérience

Dites quels événements ont eu lieu et ce qui se passait à chaque fois.

MODÈLE: (Numéro un.) Francis est sorti de la maison. Il faisait beau...

Vocabulaire utile une civière, être étendu(e) par terre, une échelle, être sans connaissance, des béquilles, peindre

À vous la parole! Avec un(e) partenaire, jouez le rôle d'un médecin et d'un patient (d'une patiente) qui ne se sent pas bien et qui ne mène pas une vie très saine: il/elle est sédentaire, fume, mange gras... Le médecin essaie de lui expliquer comment changer ses habitudes, mais le patient (la patiente) n'est pas très coopératif/coopérative: il/elle trouve l'exercice fatigant et ennuyeux, adore regarder la télé...

MODÈLE: MÉDECIN: Monsieur, il faut absolument que vous mangiez moins gras...

PATIENT(E): Mais docteur, je déteste la salade! J'aime mieux un bon bifteck avec des frites...

À vous d'écrire

La lettre que vous venez de recevoir de votre correspondant français contient le paragraphe suivant. Répondez à ses questions sur les Américains et la santé.

...Je viens de lire un autre article consacré aux Américains et à leur santé. Franchement, je n'arrive pas à les comprendre. Pourquoi est-ce qu'ils continuent à utiliser autant leur voiture alors qu'ils cherchent par tous les moyens à faire de l'exercice dans des clubs de gym? Pourquoi est-ce que les gens qui mangent du poisson afin de réduire leur taux de cholestérol vont aussi dans des fast-foods? Tu peux m'expliquer tout ça?

Vocabulaire

Le corps humain

The human body

les articulations (*f.*)	joints
la bouche	mouth
le bras	arm
le cerveau	brain
la cheville	ankle
les cils (*m.*)	eyelashes
le cœur	heart
le cou	neck
le coude	elbow
le crâne	skull
la cuisse	thigh

le doigt	finger
le dos	back
l'épaule (*f.*)	shoulder
les fesses (*f.*)	buttocks
le foie	liver
le front	forehead
le genou	knee
les hanches (*f.*)	hips
la jambe	leg
la joue	cheek
les lèvres (*f.*)	lips
la main	hand
le menton	chin
le mollet	calf

l'œil (*m.*; *pl.* les yeux)	eye (eyes)
l'ongle (*m.*)	fingernail, toenail
l'oreille (*f.*)	ear
l'orteil (*m.*)	toe
un os	a bone
le pied	foot
le poignet	wrist
un poil	a body hair
la poitrine	chest
les poumons (*m.*)	lungs
les reins (*m.*)	kidneys
le sang	blood
le sourcil	eyebrow
la taille	waist

Mots apparentés: **l'artère** (*f.*), **le système de circulation, les sinus** (*m.*), **les tempes** (*f.*), **un tendon, les veines** (*f.*)

Les maladies et les accidents

Illnesses and accidents

un(e) blessé(e)	an injured person
une blessure	a wound
une cicatrice	a scar
une entorse	a sprain
une foulure	a light sprain
la grippe (intestinale)	(stomach) flu
le mal au cœur	nausea, heartburn
un mal de tête	a headache (headaches)
(des maux...)	
mordu(e)	bitten
une piqûre (de guêpe)	a (wasp) sting
la rougeole	rubella (German measles)
une urgence	an emergency
attraper un rhume	to catch a cold
avaler une arête	to swallow a fish bone
avoir mal à la tête	to have a headache
se blesser	to get injured
se brûler	to get burned
se casser (le bras)	to break (an arm)
se couper	to cut oneself
être renversé	to be knocked over
se fouler la cheville	to sprain an ankle
glisser	to slip, slide
se heurter contre	to hit, bump against
laisser tomber	to drop (*something*)
rendre malade	to make (*someone*) ill
renverser	to knock over
respirer de la fumée	to inhale smoke
se sentir	to feel
tomber	to fall

Mots apparentés: **une allergie, une ambulance, l'appendicite** (*f.*), **une crise cardiaque, la tendinite**

Les symptômes et les émotions

Symptoms and emotions

avoir mal à la gorge	to have a sore throat
(au ventre)	(a stomachache)
des boutons (*m.*)	pimples, zits
une douleur	a pain
des frissons (*m.*)	chills
un gonflement	swelling
des muscles (*m.*) endoloris	aching muscles
le nez bouché	a stuffy nose
des rougeurs (*f.*)	a rash
une toux	a cough
des vertiges (*m.*)	dizziness
être sans connaissance	to be unconscious

Mots apparentés: **une éruption, de la fièvre, un(e) insomniaque, l'insomnie** (*f.*), **persistant(e), sédentaire, des vomissements** (*m.*)

éternuer	to sneeze
s'évanouir	to faint
souffrir (de)	to suffer (from)
tousser	to cough

Les remèdes, les traitements et les services médicaux

Medications, treatments, and medical services

des béquilles (*f.*)	crutches
une civière	a stretcher
un comprimé	a tablet (*pill*)
un estomac vide	an empty stomach
une gélule	a capsule
des gouttes (*f.*)	drops
la gymnastique d'entretien	fitness exercise
un médicament	a medicine
une ordonnance	a prescription
un pansement	a bandage
une pilule	a pill
une piqûre	a shot
un plâtre	a cast
la pommade (chauffante)	(heat) cream
des soins (*m.*) médicaux	medical care
un somnifère	a sleeping pill
une tisane	an herbal tea

Amérique du Sud et dans les Antilles. Au début, le sucre est considéré comme un médicament et vendu par les apothicaires. Ensuite, il est utilisé comme un aliment de luxe. La mode du thé, du chocolat et du café en Europe au XVIIIe siècle augmente encore l'importance économique du sucre et des colonies des Caraïbes contrôlées par les Français: Saint-Domingue (Haïti), la Guadeloupe et la Martinique. La découverte du sucre de betterave[2] au XIXe siècle et l'abolition définitive de l'esclavage dans les colonies françaises en 1848 réduisent considérablement l'importance de cette industrie dans les Antilles.

_____

[2]*beets*

● Des pratiquants du vaudou aux Antilles

Le vaudou

Souvent caricaturé au cinéma ou dans la littérature, le vaudou est une véritable religion. Il a ses origines en Afrique de l'ouest chez le peuple Yoruba, au royaume de Dahomey (actuellement Bénin), au Togo et au Nigeria. Importé dans les Antilles et en Amérique du Sud au XVIIe siècle par les esclaves, levaudou y a subi l'influence du catholicisme. De nos jours, on estime que 60 millions de personnes pratiquent une des variantes du vaudou. Religion proche de la nature, le vaudou considère que nous sommes entourés d'esprits: esprit de la mer (Agwe), des forêts (Erinle), des eaux (Yemanja) ou des tempêtes (le célèbre Shango). On adore aussi des hommes et des femmes exceptionnels transformés en esprits après leur mort, les loas. L'image populaire du vaudou—les rituels bizarres, les poupées maléfiques[1] et les zombies (cadavres ressuscités par un sorcier)—est dûe en grande partie aux déformations et aux exagérations créées par Hollywood.

_____

[1]poupées... *demonic dolls*

La famille et les valeurs en société

Ce garçon et son grand-père s'entendent à merveille!

Objectifs

In *Chapitre 13*, you will talk about friendship, marriage, and other relationships. You will also learn new ways to state your feelings about what people do and more ways to express past events.

L'amour, l'amitié et la famille

✶ **Attention! Étudier Grammaire 13.1 et 13.2**

L'amitié

Elles s'embrassent.

Ils se sont rencontrés.

Ils se serrent la main.

LE MARIAGE TRADITIONNEL

la maire   le prêtre   l'alliance   la mariée   ← le marié

les demoiselles d'honneur   le garçon d'honneur

LE BAPTÊME
(la mère - le père)

la marraine   les arrière-grands-parents

le filleul   la filleule   le parrain

La famille

LA FAMILLE RECOMPOSÉE

la belle-mère   le beau-père

la belle-fille   le beau-fils

la demi-sœur   le demi-frère

LA FAMILLE MONOPARENTALE

le père célibataire

Activité 1 Définitions: Les cérémonies de la vie

1. Elle présente l'enfant au baptême et s'engage à s'occuper de lui.
2. C'est la période qui précède le mariage.
3. C'est le rapport qui existe entre amis.
4. Ce sont les premiers mois d'un mariage.
5. Cet homme est le témoin du marié.
6. Cet objet symbolise une union durable.
7. C'est le mari de la belle-mère.
8. Ce sont les parents des grands-parents.
9. C'est l'unité formée par le mariage du père d'une famille monoparentale avec la mère d'une autre.
10. C'est la personne qui célèbre la messe.
11. C'est le voyage que fait un couple bientôt après leur mariage.

a. le prêtre
b. le voyage de noces
c. l'amitié
d. une famille recomposée
e. les fiançailles
f. la marraine
g. le garçon d'honneur
h. la lune de miel
i. les arrière-grands-parents
j. l'alliance
k. le beau-père

Activité 2 Enquête: L'amitié

Voici des questions extraites d'un sondage effectué par *L'Express*. Répondez-y avant d'écouter ce qu'ont dit les participants français. Ensuite, discutez de vos réponses avec des camarades de classe.

1. Quelle est l'importance de l'amitié pour votre équilibre personnel?
   a. indispensable
   b. importante
   c. peu importante
   d. inutile
2. Pour vous, l'amitié, c'est d'abord...
   a. s'entraider.
   b. se confier.
   c. sortir ensemble.
   d. s'amuser ensemble.
3. Pour conserver une amitié, que seriez-vous prêt(e) à faire?
   a. changer ma façon de penser
   b. déménager
   c. sacrifier une relation amoureuse
   d. quitter mon travail
4. Pour qu'il existe une vraie amitié entre deux personnes, il est nécessaire...
   a. d'avoir des valeurs communes.
   b. d'avoir le même niveau de vie.
   c. d'avoir le même âge.
   d. d'être du même sexe.
5. Par amitié pour votre ami(e), seriez-vous prêt(e) à...
   a. l'héberger?
   b. lui remonter le moral à 3 h du matin?
   c. l'aider financièrement?
   d. lui prêter votre voiture?
6. Parmi les choses suivantes, quelles sont celles qui peuvent affecter vos amitiés?
   a. l'éloignement géographique
   b. le manque de temps
   c. des différences d'opinion sur la façon de vivre
   d. des différences de situation familiale

Activité 3 Entretien: Meilleurs amis

Comment sont vos rapports avec votre meilleur ami (meilleure amie)?

1. Est-ce que vous vous entendez toujours? Vous disputez-vous quelquefois?
2. Vous prêtez-vous de l'argent ou des vêtements?
3. Quels intérêts partagez-vous?
4. Est-ce que vous vous confiez vos secrets sans hésiter?
5. Mentez-vous l'un(e) pour l'autre de temps en temps?
6. Est-ce que vous vous voyez fréquemment?
7. Vous comprenez-vous parfaitement?
8. Vous critiquez-vous parfois?

Activité 4 Dans le monde francophone: L'amour et le mariage

Est-ce que vous êtes d'accord ou non avec ces écrivains célèbres? Pourquoi?

Suggestions   cynique, sexiste, réaliste, surprenant, bête, équivoque

1. «En amour, celui qui guérit le premier est toujours le mieux guéri.» (le duc de la Rochefoucauld)
2. «Le Mariage permet de résoudre à deux des problèmes qu'on ne se posait pas tout seul.» (Tristan Bernard)
3. «Le bonheur exige une qualité rare d'ignorance, d'incompréhension réciproque, pour que l'image merveilleuse que chacun avait inventée de l'autre demeure intacte, comme aux premiers instants.» (Romain Gary)
4. «Il y a des hommes qui n'ont que ce qu'ils méritent; les autres sont célibataires.» (Sacha Guitry)
5. «Quand un homme et une femme se marient, ils ne deviennent plus qu'un; la première difficulté est de savoir lequel.» (George Bernard Shaw)

Cliquez là!

Saviez-vous que la Belgique est une monarchie? Renseignez-vous sur la monarchie belge. Rencontrez les membres de la famille royale et découvrez les détails de leur vie quotidienne. Comment s'appelle chaque personne? Quel est son rôle dans la famille?

www.mhhe.com/deuxmondes6

Ça fait penser

En France...

• L'âge moyen au premier mariage est 28,8 ans chez les femmes et 30,8 ans chez les hommes.
• Plus d'un couple sur six (15 %) a choisi l'union libre et n'est pas marié. Parmi les couples qui se marient, près des deux tiers ont vécu ensemble avant le mariage.
• Le nombre de divorces est passé de 20 pour 100 mariages en 1980 à 45 en 2001.
• Le nombre de familles monoparentales est passé de 3 % en 1975 à plus de 7 % en 2005.

Activité 5
Récit: L'histoire de Bernard et Christine

Racontez l'histoire d'amour de Bernard et Christine Lasalle. Tout a commencé pendant une soirée chez Julien Leroux.

Les francophones sur le vif

Yolande Madec, 45 ans, propriétaire d'un magasin d'alimentation bio et membre des Verts, Plougastel (Bretagne)

Politiquement, vous êtes à gauche ou à droite?

« Je dirais sans hésiter à gauche, puisque je suis membre des Verts... mais ce parti ne se résume[1] pas à une ligne politique. Parfois nous sommes d'accord avec les socialistes et les communistes et parfois nous avons de grandes divergences d'opinion. Vous savez, depuis le début des années 90, les distinctions politiques traditionnelles ont moins d'importance qu'avant. L'opposition idéologique entre «la gauche» et «la droite», entre marxisme et capitalisme, si vous voulez, n'est plus aussi stricte, surtout au niveau local. Les politiques savent que les électeurs refusent de suivre systématiquement un parti; chacun garde la liberté de ses opinions. Regardez les priorités actuelles, elles sont souvent apolitiques: la lutte[2] contre la fracture sociale,[3] l'écologie, le développement des pays les plus pauvres, la construction de l'Europe. La politique traditionnelle n'offre pas de réponse aux questions que nous nous posons.»

[1]se... se limite
[2]effort fait pour combattre
[3]fracture... la différence excessive entre riches et pauvres

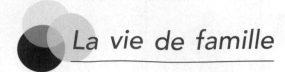

La vie de famille

✴ **Attention! Étudier Grammaire 13.3**

Je suis étonné que tu n'aies pas de devoir pour demain.

Papa, je suis surpris que tu fumes toujours. C'est mauvais pour la santé.

Mes parents ont peur que je perde mon temps.

Je suis furieux que vous rentriez si tard tous les soirs.

Ça m'énerve que mes parents soient si stricts.

C'est absurde que tu refasses le budget toutes les semaines!

Activité 6 Entretien: Valeurs et décisions

1. Tu es ami(e) avec tes parents? Est-ce qu'il y a une différence entre cette amitié et celles que tu as avec des copains de ton âge?
2. Quelles qualités est-ce que tu recherches dans la personne avec qui tu espères passer ta vie? Si tu es déjà marié(e), ou si tu es déjà dans une relation stable, quelles qualités est-ce que tu apprécies le plus chez ton mari, ta femme, ton compagnon ou ta compagne?
3. La moitié des mariages aux États-Unis se terminent en divorce. À ton avis, quels facteurs contribuent à la dissolution de tant de mariages?
4. Tu comptes avoir ou adopter des enfants un jour? Est-ce que tu les éleveras comme tes parents t'ont élevé(e)? Qu'est-ce que tu feras de différent?

Activité 7 Échanges: Point de vue parental

Des étudiants de première année à la fac ont décrit ces situations à leurs parents. Mettez-vous à la place des parents et répondez pour eux.

MODÈLE: Mon camarade de chambre me demande de lui prêter de l'argent, mais il ne me le rend pas. →
Nous ne voulons pas que tu lui prêtes de l'argent. Nous ne sommes pas riches!

1. Mon camarade de chambre invite ses amis dans notre chambre. Ça m'empêche d'étudier.
2. Nous passons des journées entières à discuter. C'est plus éducatif que d'aller en cours. Et puis, on peut toujours bûcher avant les examens.
3. J'ai rencontré des anarchistes, des athées! Ça me fait réfléchir!
4. Je ne sais pas quoi faire. Ma camarade de chambre vient de découvrir qu'elle est enceinte et elle a peur de le dire à ses parents.
5. Mes camarades de chambre ont installé des pots de marijuana dans notre appart. Ça m'inquiète un peu.
6. Ma copine garde son portable allumé, même au restaurant et au cinéma. Ça commence à me rendre fou/folle.
7. Mes copains sont épatés! Je peux identifier le goût de n'importe quelle bière au bar du quartier.
8. Ma camarade de chambre fume dans notre chambre et ça me rend malade.

> **Exprime-toi!**
>
> Nous sommes ravis (déçus, étonnés, choqués, tristes, désolés...)
> Nous avons peur que tu...

Activité 8 Échanges: Opinions divergentes

Un jeune couple va avoir son premier enfant. Ils posent des questions à deux pédiatres qui ont des opinions contraires. Avec un(e) partenaire, jouez le rôle des pédiatres et répondez à leur place.

MODÈLE: Devrions-nous laisser pleurer le bébé ou le prendre dans les bras à chaque fois qu'il pleure?
PÉDIATRE 1: C'est important que vous le preniez dans les bras. Il aura besoin de se sentir protégé.
PÉDIATRE 2: Au contraire! C'est indispensable que vous le laissiez pleurer. Il faut qu'il apprenne à être indépendant.

Devrions-nous...

1. avoir un accouchement naturel ou sous péridurale?
2. allaiter le bébé ou lui donner le biberon?
3. utiliser des couches jetables ou des couches lavables?
4. mettre l'enfant dans une crèche ou décider qu'un des parents restera à la maison avec lui?
5. sortir sans l'enfant de temps en temps, ou l'emmener partout?
6. défendre ou permettre à l'enfant de regarder la télé de temps en temps?
7. permettre ou interdire à l'enfant de jouer avec des petits pistolets?

À vous la parole!   En groupes de quatre, choisissez deux des questions adressées par ces docteurs érudits (ou d'autres questions que vous préférez) et débattez ces questions devant vos camarades de classe en donnant les arguments pour et contre.

Activité 9 Sondage: Hier et aujourd'hui

Dites (1) si on voyait ces situations il y a 50 ans et (2) si elles sont typiques aujourd'hui. Ensuite, en groupe, comparez vos réponses en donnant les raisons. Quelle est votre opinion dans chaque cas?

(1)   (2)

_____ _____   **1.** Un couple qui s'entend mal divorce.
_____ _____   **2.** Deux époux habitent dans des régions différentes pour poursuivre leurs carrières.
_____ _____   **3.** Un mari décide de rester à la maison pour s'occuper des enfants.
_____ _____   **4.** L'épouse fait toutes les tâches ménagères.
_____ _____   **5.** Un(e) célibataire adopte un enfant.
_____ _____   **6.** Un homme de 26 ans épouse une femme de 49 ans.
_____ _____   **7.** Deux personnes fondent un foyer ensemble sans se marier.
_____ _____   **8.** Le mari travaille et la femme reste à la maison.
_____ _____   **9.** Deux fiancés signent un contrat de mariage avant de se marier.
_____ _____ **10.** Deux personnes du même sexe se marient.

Suggestions   bête, surprenant, étonnant, normal, choquant, dégoûtant, immoral, raisonnable...

MODÈLE: É1:   Il y a 50 ans, on trouvait impensable qu'une femme mariée garde son nom de jeune fille, mais c'est commun aujourd'hui. Moi, je trouve ça normal.
          É2:   D'accord, c'est commun. Mais à mon avis, c'est bête...

Activité 10 Récit: Les Vincent se promènent

Les Vincent ont souvent des idées d'une autre époque. Avec votre partenaire, jouez les rôles de Florence et d'Édouard pendant ces sorties. Qu'est-ce qu'ils se disent?

—C'est incroyable que les jeunes d'aujourd'hui...
—Oui, Édouard! Je regrette qu'ils...

—Je suis ravie que...
—Moi aussi, Florence. Je voudrais que tous les jeunes...

3.

—C'est bizarre qu'on...
—Je suis d'accord, Édouard.
   Je m'étonne qu'on...

4.

—Il est déplorable que...
—Ah, Florence, je suis
   heureux que...

Cliquez là!

Saviez-vous que le Maroc est une monarchie francophone? Cherchez des renseignements sur la famille royale marocaine. Comment s'appellent les membres de cette famille et que font-ils de leur vie? Prenez des notes pour pouvoir en parler avec des camarades de classe. À votre avis, est-ce que cette famille ressemble à la famille royale belge?

www.mhhe.com/deuxmondes6

5.

—Tu sais, Édouard, je crains que
   l'influence américaine...
—Moi, j'ai peur que les enfants
   d'aujourd'hui...

6.

—Il est absurde que les jeunes mères
   modernes...
—Tu as raison, Florence. Je trouve
   qu'il est impensable que...

La langue en mouvement

Les sigles

Les sigles, ou abréviations par les initiales d'un groupe de mots, sont beaucoup utilisés en France. Tous les Français comprennent «le TGV» (Train à grande vitesse), «l'EDF» (Électricité de France), «les SDF» (sans domicile fixe) et «les HLM» (habitations à loyer modéré). Les Français adorent les BD (bandes dessinées) et les JO (Jeux olympiques). Et, depuis 1999, les couples qui ne veulent ou ne peuvent pas se marier peuvent se pacser, c'est-à-dire, conclure un PACS. Le Pacte Civil de Solidarité est un contrat conclu entre deux personnes, de sexe différent ou de même sexe, pour organiser leur vie commune et pour bénéficier de certains avantages sociaux.

Valeurs et décisions

✶ **Attention! Étudier Grammaire 13.4 et 13.5**

Ma petite-fille a vingt-sept ans et elle est encore célibataire. Moi, à son âge, j'avais abandonné mes études et j'étais mère de famille!

—C'est la tienne?
—Mais non, ce n'est pas la mienne! C'est la sienne!

J'apprécie de nombreuses œuvres d'art, mais les leurs, pas du tout!

Je suis très déçu. Quand j'ai voté pour cette candidate, elle n'avait pas annoncé son soutien pour l'énergie nucléaire.

Activité 11 Enquête: Que pense votre génération?

Est-ce que les jeunes d'aujourd'hui sont d'accord ou pas avec ceux qui ont le plus d'influence sur leur vie? Répondez à leur place. Ensuite, faites une enquête pour déterminer si la majorité de la classe pense comme vous.

1. Les valeurs de vos parents:
   a. En général, elles nous semblent raisonnables.
   b. Souvent, elles sont différentes des nôtres.
2. Les décisions du gouvernement:
   a. Elles nous paraissent très bonnes, normalement.
   b. Souvent, elles ne représentent pas nos idées.

Allons plus loin! À votre avis, quels facteurs ont probablement influencé l'accroissement des taux de divorce? En regardant le tableau, cherchez des exemples pour aider à expliquer vos raisons. Est-ce que le nombre de divorces dans ces pays a diminué depuis 2004, à votre avis? Pourquoi?

Activité 14 Discussion: Bonnes et mauvaises raisons

Julien Leroux a réalisé une émission sur la famille d'aujourd'hui. Lisez les raisons que ces personnes ont données pour justifier leurs décisions et décidez avec un(e) partenaire si celles-ci vous semblent logiques ou non.

Interviewés:

1. une femme qui s'est mariée à l'âge de 17 ans
   a. Je n'avais pas assez d'expérience puisque mes parents ne m'avaient pas permis de sortir avec des garçons auparavant.
   b. Toutes mes amies s'étaient déjà mariées.
   c. Je m'étais brouillée avec un petit ami et je voulais lui prouver qu'il n'avait plus d'importance pour moi.
2. un homme qui a insisté pour que sa femme reste à la maison
   a. Dans ma famille les femmes n'avaient jamais travaillé en dehors de la maison.
   b. J'avais toujours voulu gagner notre vie.
   c. Toutes les femmes de mes amis avaient choisi de rester à la maison.
3. un garçon qui a arrêté ses études à l'âge de 16 ans
   a. Personne dans ma famille n'était jamais allé à l'université.
   b. Mon père avait arrêté ses études à l'âge de 16 ans.
   c. Je n'avais jamais aimé étudier et je trouvais que c'était une perte de temps et d'argent de continuer mes études.
4. une mère qui a décidé de travailler et de mettre ses enfants dans une crèche
   a. J'avais reçu un diplôme universitaire et je me voyais en femme indépendante. Je m'ennuyais à la maison.
   b. Ma sœur l'avait déjà fait et sa famille était contente de sa décision.
   c. Mon mari ne gagnait pas beaucoup; d'ailleurs, je voulais un peu d'argent pour pouvoir m'acheter des trucs.

Ça fait penser

- Dans les années 60, on enregistrait 400.000 couples non-mariés en France. Aujourd'hui, il y en a plus de 2.500.000.
- Une naissance sur deux a lieu hors du mariage en France.
- Bon nombre de personnes sans domicile fixe (SDF) n'ont plus de contacts avec leur famille.

Activité 15 Associations: Les valeurs et la politique

Est-ce que ces idées représentent les vues (1) d'un candidat conservateur ou (2) d'un candidat progressiste, à votre avis? Pourquoi?

- diminuer la quantité de déchets
- arrêter et punir les criminels
- garantir le droit à l'IVG (Interruption volontaire de grossesse)
- garantir le droit au travail aux groupes minoritaires
- créer des lois contre la pornographie
- dépenser plus pour les personnes atteintes du sida
- laisser aux parents la responsabilité de l'éducation sexuelle des enfants
- élargir l'accès aux ressources naturelles

Allons plus loin!   Divisez la classe en groupes pour débattre des idées exposées dans l'Activité 15. Chaque groupe doit choisir une ou deux des idées et, dans le groupe, il faudra choisir les «progressistes» et les «conservateurs» qui vont représenter les deux côtés de chaque question. Préparez vos arguments et présentez-les à la classe.

LECTURE

Politique et séduction: Le match Ségo-Sarko

Les élections présidentielles de 2007 en France ont été historiques: c'est la première fois en effet qu'une femme, Ségolène Royal, aurait pu[1] devenir chef de l'État.[2] Dans un pays où les femmes n'ont obtenu le droit de vote qu'en 1944, la présence féminine dans la vie politique a toujours été limitée, et seuls les petits partis désignaient des candidates aux présidentielles (comme Arlette Laguillier, Christiane Taubira ou Dominique Voynet); mais elles recevaient rarement plus de 5 % des suffrages.[3] Choisie par le Parti socialiste en novembre 2006, Mme Royal—familièrement surnommée «Ségo»—avait une réelle chance d'être élue. Son adversaire principal, «Sarko» (Nicolas Sarkozy), était le chef du plus grand parti de droite, l'UMP[4]. Leur force, c'est d'avoir réussi à persuader l'opinion qu'ils parlent le langage des Français et qu'ils partagent leurs préoccupations. Modernes et séduisants, Ségolène Royal et Nicolas Sarkozy sont l'incarnation du nouveau visage de la politique française.

«Ségo» représente un parti de gauche, mais défend aussi des valeurs traditionnelles, comme la famille et la sécurité. Consciente de son charme, elle est très attentive à son image: féminine et chic. Elle suit la mode, mais avec sobriété. Elle est distante et n'aime pas le contact physique avec les étrangers. Elle déteste les grandes foules[5] et évite de prononcer de grands discours. Elle préfère parler à de petits groupes, arrangés en cercle.

● Ségolène Royal et Nicolas Sarkozy, candidats principaux aux élections présidentielles de 2007 en France

---

[1]aurait... *could have*   [2]la structure politique du pays   [3]votes exprimés   [4]Union pour un mouvement populaire   [5]groupes de personnes

1. Mes parents sont séparés.
2. Mon grand-père est à l'hôpital.
3. Je n'ai pas encore mon baccalauréat.
4. Je dois repasser mes examens le mois prochain.
5. Tous mes amis partent à l'étranger cet été.
6. Moi, je ne peux pas y aller.
7. Je me sens vraiment triste.

13.4 A past in the past: The **plus-que-parfait**

Definition: A compound tense consists of a helping verb (auxiliary) + a past participle.

★ *Review* **Grammaire 6.1.**

➤ Plus-que-parfait = imperfect of **avoir** or **être** + past participle

➤ The auxiliary required (**avoir** or **être**) is the same for all compound tenses of a given verb: **j'**ai fait, **j'**avais fait; je suis allé, j'étais allé.

A. French, like English, has several compound tenses, of which the most common is the **passé composé.** Other compound tenses are formed in the same way, but with the helping verb in a tense other than the present.

B. The **plus-que-parfait** (*pluperfect* or *past perfect*) is a compound tense with the helping verb in the imperfect. It is used to tell what *had* happened before something else in the past.

finir	aller
j' **avais** fini	j' **étais** allé(e)
tu **avais** fini	tu **étais** allé(e)
il/elle/on **avait** fini	il/elle/on **était** allé(e)
nous **avions** fini	nous **étions** allé(e)s
vous **aviez** fini	vous **étiez** allé(e)(s)
ils/elles **avaient** fini	ils/elles **étaient** allé(e)s

Reflexive verbs: je m'**étais** endormi(e); nous nous **étions** levé(e)s

Ce jour-là, ma sœur m'a dit qu'elle **avait décidé** de se marier.	*That day, my sister told me that she had decided to get married.*
On a dit que tous les invités **étaient** déjà **arrivés**.	*They said that all the guests had already arrived.*

C. In conversation, the **plus-que-parfait** is often used to explain why one did a particular action or to indicate the time sequence of events in the past.

Ils ont divorcé parce qu'elle **était devenue** trop célèbre.	*They divorced because she had become too famous.*
Quand je lui ai parlé, il **avait** déjà **décidé** de partir.	*When I talked with him, he had already decided to leave.*

Exercice 6 Un mariage désastreux

Choisissez la conclusion logique pour chaque phrase. Ensuite, soulignez le verbe au plus-que-parfait.

1. Le marié s'est mis en colère parce que (qu')...
2. La mariée portait une robe rouge parce que (qu')...
3. Le père de la mariée s'est endormi parce que (qu')...
4. Le prêtre a fait beaucoup d'erreurs parce que (qu')...
5. On n'a pas servi de gâteau parce que (qu')...

a. il avait bu trop de champagne.
b. le garçon d'honneur avait perdu l'alliance.
c. le chien du prêtre l'avait mangé.
d. il avait oublié ses lunettes.
e. elle avait oublié sa robe blanche.

Exercice 7 Une mauvaise journée

Jean-Yves a passé une journée bien frustrante. Dites pourquoi en utilisant le plus-que-parfait.

> MODÈLE: Jean-Yves a voulu se faire un café au lait pour le petit déjeuner, mais il (oublier) d'acheter du lait. →
> Jean-Yves a voulu se faire un café au lait pour le petit déjeuner, mais il *avait oublié* d'acheter du lait.

1. Il est arrivé sur le quai du métro à 8 h 32, mais son train (partir) à 8 h 30.
2. Quand il a voulu rendre sa dissertation en cours d'anglais, il a découvert qu'il l' (oublier) chez lui.
3. Il est allé chercher des petits pains à la boulangerie, mais le boulanger en (vendre) les derniers.
4. Un ami l'a invité au cinéma, mais Jean-Yves (voir) le film la semaine précédente.
5. Quand il a téléphoné à Agnès à 10 h 30 du soir, elle (se coucher déjà) et elle s'est fâchée.

13.5 More on expressing possession: Possessive pronouns

A In French, a possessive pronoun agrees in gender and number with the noun it replaces. Thus, each pronoun has three or four possible forms.

Definition: Possessive pronouns replace a noun and a possessive adjective. *Is that **your car**? Yes, it's **mine.***

★ Review **Grammaire 1.1** on possessive adjectives.

	SINGULIER		PLURIEL	
	masculin	**féminin**	**masculin**	**féminin**
mine	le mien	la mienne	les miens	les miennes
yours	le tien	la tienne	les tiens	les tiennes
his	le sien	la sienne	les siens	les siennes
hers	le sien	la sienne	les siens	les siennes
its	le sien	la sienne	les siens	les siennes
ours	le nôtre	la nôtre	les nôtres	
yours	le vôtre	la vôtre	les vôtres	
theirs	le leur	la leur	les leurs	

—Tu as les mêmes **idées** que ton père?   *Do you have the same views as your father?*

—Non, **les miennes** sont différentes.   *No, mine are different.*

—Vous avez les mêmes **goûts**?   *Do you have the same tastes?*

—Non, **les siens** sont plus conservateurs.   *No, his are more conservative.*

B. Note that the choice of pronoun gender depends on *the noun it replaces.* It does *not* reflect the gender of the possessor **(la voiture de Raoul → la sienne; les lunettes de Raoul → les siennes).**

C. Remember that **le sien** and its other forms **(la sienne, les siens, les siennes)** can all express *his, hers,* or *its.* The context usually makes the meaning clear.

—Est-ce que **ces livres** sont à ta grand-mère?   *Are these books your grandmother's?*

—Oui, ce sont **les siens.**   *Yes, they're hers.*

Exercice 8 Comparaisons

As-tu beaucoup de choses en commun avec ton meilleur ami (ta meilleure amie)?

MODÈLE: Ton travail est intéressant ou ennuyeux? →
Le mien est intéressant.
Et celui de ton meilleur ami (ta meilleure amie)? →
Le sien est ennuyeux.

1. En général, ta voiture est propre ou sale?
Et celle de ton meilleur ami (ta meilleure amie)?
2. En général, ta chambre est en ordre ou en désordre?
Et celle de ton meilleur ami (ta meilleure amie)?
3. Tes vêtements sont chic ou pratiques?
Et ceux de ton ami(e)?
4. Ton/Ta camarade de chambre est facile ou difficile à vivre?
Et celui/celle de ton ami(e)?
5. En général, tes notes sont très bonnes ou moyennes?
Et celles de ton ami(e)?

Les enjeux du présent et de l'avenir

Manifestation à Paris pour le droit au logement

Objectifs

In *Chapitre 14*, you will talk about current issues, decisions from the past, and what the future may be like. You will also learn more about expressing opinions and regrets.

⬤ ACTIVITÉS

L'intégration sociale
L'héritage du passé
Les enjeux du XXIe siècle

⬤ LECTURES

Les francophones sur le vif
Farida Abdel
La langue en mouvement
Le français en Louisiane
Info: Société   Femmes en vue d'hier et d'aujourd'hui
Lecture   Le voyageur du temps

⬤ GRAMMAIRE

14.1 *Should have*: The past conditional of **devoir**
14.2 Saying what you would have done: The past conditional
14.3 Conjunctions: More on the subjunctive
14.4 Expressing doubt and uncertainty: More on the subjunctive

L'intégration sociale

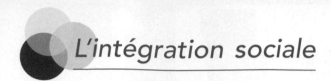

✳ **Attention! Étudier Grammaire 14.1**

Le monde idéal...

Dans le meilleur des mondes possibles, on vivrait en harmonie.

...et la réalité

On aurait dû accorder l'indépendance à la Côte-d'Ivoire avant 1960!

Les vestiges du système colonial nous laissent des problèmes à résoudre.

Parfois, je crois que je n'aurais pas dû immigrer dans ce pays.

L'exclusion et le chômage restent des problèmes pour beaucoup de personnes.

QUÉBEC BASQUE BRETON

Quel dommage! Les femmes auraient dû s'organiser en bloc.

RÉSULTATS DES ÉLECTIONS

Dites-moi! Qui a élu cet imbécile de chauvin?

Les ethnies qui vivent au sein d'une culture majoritaire risquent de perdre leur identité.

Les femmes sont en train de lutter pour obtenir l'égalité.

L'extrême droite cherche à fermer la porte aux influences étrangères.

Activité 1 Entretien: Un monde plus divers

1. Est-ce que tu vois souvent des films étrangers? De quels pays?
2. As-tu un ami (une amie) qui a immigré d'un autre pays? D'où vient cette personne? Pourquoi est-ce qu'elle a immigré?
3. Que diraient tes parents si tu voulais épouser quelqu'un d'un autre pays?
4. Si tu épousais un étranger (une étrangère), quelle langue parleriez-vous chez vous? Quelle langue voudrais-tu que tes enfants parlent?
5. Est-ce qu'il y a beaucoup d'immigrés où tu habites? D'où viennent-ils? Pourquoi ont-ils immigré dans ta région?
6. Y a-t-il des quartiers «ethniques» dans ta ville? Vous avez une foire internationale de temps en temps? Si oui, comment est-elle?

Activité 2 Discussion: Les effets de l'immigration

Choisissez la réponse qui exprime le mieux votre point de vue. Si vous n'êtes pas d'accord avec les réponses, donnez-en une autre.

1. Les lois d'immigration nous empêchent de vivre dans le pays de notre choix.
   a. C'est vrai. Les pays développés n'auraient jamais dû limiter le nombre d'immigrés qu'ils acceptent.
   b. Peut-être, mais il faut contrôler l'immigration pour éviter le chômage.
2. Il est ridicule d'insister pour que les enfants des immigrés parlent anglais à l'école aux États-Unis.
   a. C'est vrai, et les Américains auraient dû établir plus d'écoles bilingues il y a longtemps.
   b. Peut-être, mais en apprenant l'anglais, les enfants s'intègrent mieux à la vie culturelle et économique du pays.
3. On ne peut plus rester une culture monolingue. Le monde a changé.
   a. C'est vrai, et nous aurions dû apprendre une langue étrangère dès l'école primaire.
   b. C'est faux. Chaque pays devrait établir une seule langue officielle.
4. Il est triste de ne pas permettre aux immigrés d'amener toute leur famille.
   a. C'est vrai. On aurait dû permettre à la famille d'immigrer ensemble.
   b. C'est vrai, mais il faut limiter le nombre d'immigrés pour protéger l'économie du pays.

Activité 3 Échanges: Ancienne colonie française

Imaginez que vous vivez dans le Kadoga, un pays fictif. Autrefois, votre pays consistait de plusieurs tribus qui parlaient des langues différentes. Les Français sont arrivés et ils ont «créé» votre pays. Ils ont uni les tribus sous leur système d'administration. Aujourd'hui, officiellement, tout fonctionne en français: l'enseignement, le gouvernement, les services.

Maintenant, on vous pose des questions. Choisissez la réponse qui vous semble la plus logique ou proposez-en une autre.

1. Pourquoi parlez-vous français avec vos amis kadogais?
   a. Nous aimons le français et nous trouvons que c'est une belle langue.
   b. Nos tribus n'ont pas toutes la même langue maternelle, mais tout le monde parle français.
2. Pourquoi vos parents vous ont-ils donné une éducation française?
   a. Dans le reste du monde, très peu de gens parlent la langue de notre tribu.
   b. Ils ont voulu que je ressemble autant que possible aux Français.
3. Pourquoi est-ce que votre pays fait partie de l'organisation des pays francophones?
   a. Ces pays ont des liens culturels et historiques.
   b. Ces pays s'entraident dans leurs affaires commerciales.
4. Pourquoi est-ce que les écrivains kadogais choisissent d'écrire en français?
   a. C'est la langue des affaires au Kadoga.
   b. Pour que plus de gens puissent lire ce qu'ils écrivent.
5. Vous trouvez facile d'être biculturel(le)?
   a. Oui, ça me semble normal.
   b. Non, je suis toujours déchiré(e) entre la culture de ma tribu et celle de Kadoga.

Activité 4 Associations: Le chauvin

Définition: (Le chauvin est une personne) *qui a ou qui manifeste un patriotisme excessif, souvent agressif; qui admire de façon exagérée, trop exclusive sa ville ou sa région.* (Petit Larousse illustré)

Identifiez les propos du chauvin.

- Je trouve que l'immigration a enrichi notre culture.
- Je trouve la cuisine étrangère bizarre!
- Je m'intéresse aux quartiers ethniques de ma ville.
- J'habite un quartier multiculturel et multiethnique.
- Ma langue est la plus belle du monde.

- Je pense que mon pays a toujours raison.
- J'adore voir des films d'autres pays.
- Je ne m'intéresse pas à l'actualité internationale.
- Je m'impatiente si un étranger prononce mal ma langue.
- J'apprends une autre langue.

À vous la parole! En groupe, créez des sketchs qui pourraient se réaliser si le chauvin décidait de voyager à l'étranger.

Activité 5 Situation: Vous avez émigré!

Imaginez que vous avez quitté votre pays et que vous vous êtes installé(e) dans un autre pays où vous avez un cousin. Vous ne parliez pas la langue du pays et vous aviez très peu d'argent quand vous avez quitté votre pays. Répondez aux questions posées par un journaliste.

1. Est-ce que vous vivez près d'autres gens qui parlent votre langue?
2. Vous avez de la difficulté à trouver un travail? Comment vivez-vous?

3. Restez-vous en contact avec vos amis et votre famille dans votre pays?

4. Vous avez parfois le mal du pays? Pourquoi (pas)?

5. Est-ce que vous êtes souvent invité(e) chez vos nouveaux compatriotes?

6. Comment vous débrouillez-vous, puisque vous avez de la difficulté avec la langue de votre pays d'adoption?

À vous la parole! Avec un(e) camarade, créez deux sketchs dans lesquels un émigré (une émigrée) téléphone à sa famille qui est restée dans le pays d'origine. Dans le premier, l'émigré(e) s'est très bien intégré(e) dans son pays d'adoption. Dans le deuxième, il/elle a encore beaucoup de difficultés. Imaginez ce que l'émigré(e) va dire dans chacun de ces deux cas.

Ça fait penser

Selon l'ONU (Organisation des nations unies), il y avait 190 millions de migrants dans le monde en 2005, contre 78 millions en 1965. Cela représente le flux des pays pauvres vers les pays riches.

Les francophones sur le vif

Farida Abdel, 28 ans, employée de la SNCF à Bayonne (Aquitaine)

« Vous êtes une «Beurette»: qu'est-ce que cela signifie pour vous?

Objectivement, ça signifie que mes parents ont immigré du Maghreb dans les années 60, mais que moi je suis née en France et que j'ai la nationalité française. En fait, j'ai l'impression d'appartenir à une génération dont l'identité est originale: nous, les Beurs, nous nous considérons de culture française, même si nous parlons arabe ou berbère[1] avec la famille ou si nous pratiquons l'Islam. Bien que je sois parfois aussi victime du racisme, je ne peux pas me sentir étrangère ici, puisque j'y suis née, alors que je n'ai jamais mis les pieds[2] en Algérie! Je ne cherche pas non plus à faire oublier mes origines, et d'ailleurs les «Français de souche»[3] acceptent de mieux en mieux l'idée d'une diversification de la société. L'immense popularité de Zinédine Zidane montre que toute la France peut s'identifier à un Beur—même les supporters de football, qui sont plutôt chauvins!»

[1]les Berbères (ou Kabyles) sont une ethnie indigène d'Afrique du Nord
[2]je… je ne suis jamais allée
[3]Français… qui ont des ancêtres français

L'héritage du passé

★ **Attention! Étudier Grammaire 14.2**

Les gens vivraient mieux si nous avions dépensé moins pour l'armement.

Tu n'aurais pas été victime de cette agression sans la vente libre des armes à feu.

Tiens! Les femmes n'avaient pas le droit de disposer de leur salaire avant 1907.

Nous n'aurions pas pu venir ici si on n'avait pas nettoyé cette plage.

Je me demande parfois ce que le monde serait devenu si on n'avait jamais lancé la première bombe atomique.

Activité 6 Discussion: Hypothèses sur la société

Pour chaque choix, dites si vous êtes d'accord ou pas. Expliquez vos raisons.

1. Si on avait limité les échappements d'hydrocarbures dans l'atmosphère plus tôt...
   a. on aurait éliminé les pluies acides.
   b. le trou dans la couche d'ozone ne se serait pas élargi.

2. Si nous avions développé des voitures sans émissions toxiques...
    a. l'air des villes serait resté pur.
    b. la pollution n'aurait pas détérioré les gratte-ciel.
3. Si les industries avaient limité leurs déchets...
    a. les cours d'eau et les fleuves ne seraient pas si pollués.
    b. le chômage serait devenu un problème encore plus grave.
4. Si nous avions reconnu l'importance des eaux et des forêts...
    a. nous aurions pu sauver les espèces animales disparues.
    b. nous aurions construit plus de centrales nucléaires.
5. Si on avait adopté des lois limitant la vente des armes à feu...
    a. moins de gens seraient morts à cause des crimes passionnels.
    b. il y aurait eu moins de guerres.

Suggestions

Mais non! Ce n'est pas comme ça!   Oui, si tu veux, mais...
Ça, c'est un peu simpliste, non?   Oui, mais n'oublie pas que...

MODÈLE: É1: Si on n'avait pas inventé la laque à cheveux, on n'aurait pas causé le trou dans la couche d'ozone.
          É2: Tiens, c'est intéressant! Mais je pense que ce n'est pas la seule raison...

Activité 7 Échanges: Une autre Amérique

Imaginez comment la vie américaine aurait été différente si les choses suivantes s'étaient passées.

MODÈLE: Si Santa Ana avait gagné la bataille de l'Alamo, moi, je pense que le Texas ne serait pas devenu un état américain et que l'espagnol serait maintenant la langue officielle de la région.

1. Si Napoléon n'avait pas vendu la Louisiane en 1803...
2. Si Seward n'avait pas acheté l'Alaska aux Russes en 1867...
3. Si les colonies américaines ne s'étaient pas révoltées...
4. Si le Nord n'avait pas gagné la guerre de Sécession...
5. Si les Russes avaient installé des armes nucléaires à Cuba...
6. Si les États-Unis n'avaient admis que des Anglais...
7. Si les Français n'avaient pas aidé les colons américains lors de leur révolte contre le roi d'Angleterre...
8. Si les Acadiens ne s'étaient pas établis en Louisiane...
9. Si les Européens n'avaient pas pris goût au tabac...

Ça fait penser

- Le français est la langue officielle, ou une des langues officielles, dans vingt-trois pays africains.
- Le français est la première langue de 120 millions de personnes.
- Presque 200 millions de personnes dans le monde parlent français comme deuxième langue.

La langue en mouvement

Le français en Louisiane

Depuis l'arrivée des Acadiens (Français chassés du Canada par les Anglais) en Louisiane au XVIIIe siècle, la langue française est au cœur de la culture cadienne. Pourtant, au XXe siècle, le français a été très menacé par l'anglais, au point où sa survie en Louisiane a été mise en question. Les années 60 ont vu la renaissance du français. Bannie des écoles et des églises pendant les années 20 et 30, la langue française a, depuis, été réintroduite dans les écoles. Il existe des stations de radio de langue française, et les musiques traditionnelles cadienne et zydeco, avec leurs chansons en français, aident à consolider la position du français en Louisiane.

Activité 8 Dans le monde francophone:
Le deuxième sexe

Lisez ce tableau basé sur un tableau tiré de *Francoscopie* et déterminez si les phrases qui le suivent sont vraies ou non. Si une phrase est fausse, corrigez-la.

Les grandes batailles

1850 : admission des filles à l'école primaire

1880 : admission des filles au lycée

1907 : les femmes mariées peuvent disposer de leur propre salaire

1928 : capacité juridique de la femme mariée

1937 : garçons et filles suivent le même programme scolaire

1944 : les femmes obtiennent le droit de vote (96 ans après les hommes)

1965 : la femme peut travailler sans demander la permission à son époux

1967 : la loi autorise la contraception

1970 : partage de l'autorité parentale

1972 : l'égalité de rémunération entre hommes et femmes est inscrite dans la loi

1974 : la loi autorise l'interruption volontaire de la grossesse (IVG)

1982 : remboursement de l'IVG par la Sécurité sociale

1983 : loi sur l'égalité professionnelle entre hommes et femmes

1985 : possibilité d'administrer conjointement les biens familiaux

2000 : la loi exige que les partis politiques présentent un nombre relativement égal de candidats femmes et hommes

---

1. Sans la loi de 1850, le mari aurait eu le droit de contrôler les finances de la famille.
2. Sans la loi de 1974, l'avortement serait illégal aujourd'hui.
3. Sans la loi de 2000, il y aurait probablement moins de femmes parmi les candidats dans les élections, à tous les niveaux.
4. Sans la loi de 1937, les garçons auraient eu un programme d'études inférieur à celui des filles.
5. Sans la loi de 1880, les filles n'auraient pas eu le droit d'aller à l'école publique.
6. Sans la loi de 1972, les femmes recevraient aujourd'hui un salaire supérieur à celui des hommes pour le même travail.
7. Sans la loi de 1944, les femmes ne pourraient pas voter.
8. ?

Ça fait penser

«L'incroyable pique-nique» a eu lieu le 14 juillet 2000. Organisé par le gouvernement français pour célébrer l'an 2000, le pique-nique devait lancer une campagne de solidarité et de prévention contre le sida. Plus de 4 millions de personnes ont pique-niqué ensemble sur plus de 1.000 kilomètres, ce qui reliait le nord et le sud de la France.

Activité 10 Échanges: Prédictions pour l'avenir

Nous allons voir des changements au cours du XXIe siècle. Avec votre partenaire, réagissez aux prédictions en expliquant vos raisons.

> MODÈLE: Les chercheurs découvriront un médicament pour rester jeune.
> É1: C'est merveilleux! Mais je doute que ma future carrière de chirurgienne esthétique soit très lucrative!
> É2: Ça plairait à ma sœur! Elle ne veut pas vieillir!

Exprime-toi!

Ça me plairait (m'étonnnerait, me surprendrait...).
Ce serait un désastre (un miracle...)!
Quelle catastrophe! (joie!, horreur!...)
Il est temps!
C'est merveilleux! (super!, révoltant!...)
Ça m'est égal!

1. Nous pourrons choisir le sexe, le QI et l'apparence physique des bébés.
2. Tous les ordinateurs et les logiciels seront compatibles.
3. La plupart des gens pourront travailler chez eux au lieu d'aller au bureau.
4. Il y aura très peu de pauvreté et de chômage dans le monde.
5. Le soleil deviendra notre source principale d'énergie.
6. La plupart des Américains parleront français, espagnol et anglais.
7. Nous aurons des matières grasses artificielles inoffensives.
8. Grâce à Internet, on arrêtera les criminels juste après le crime.
9. La carte génétique personnelle remplacera la carte d'identité.
10. On deviendra plus conscient de l'environnement et de sa santé. Tout le monde se déplacera à pied, à vélo ou en train.

Activité 11 Échanges: Un nouveau pays

En petits groupes, créez un pays où vous voudriez vivre. Présentez votre pays à la classe.

- Comment s'appelle le pays? Où est-il situé?
- Comment est sa topographie? Y a-t-il des montagnes, des forêts... ?
- Quel type de gouvernement a-t-il?
- Quelles sont les bases de l'économie? Fonctionne-t-elle bien?

- Qui habite dans ce pays? Quelle est son histoire?
- Est-ce qu'il y a une fête nationale? Quel événement marque-t-elle?
- Comment fonctionne son système d'enseignement?
- Comment sont ses habitants? Comment est leur vie?

Activité 12 Échanges: Qu'est-ce qu'on peut faire?

En groupes, décidez ce que les personnes suivantes peuvent faire pour aider à convaincre les gens à affronter les problèmes écologiques d'aujourd'hui.

- le rédacteur en chef d'un journal
- le chef du gouvernement
- un sportif ou une sportive célèbre
- une vedette de cinéma
- le président d'une université
- le/la P.D.G. d'une entreprise internationale

> MODÈLE: É1: Les profs de français peuvent discuter de ces problèmes en cours.
>
> É2: Ils pourraient exiger que les étudiants lisent des articles et qu'ils écrivent sur ce sujet.
>
> É3: Moi, à leur place, je passerais des films en français sur l'écologie dans mes cours.

LECTURE

Le voyageur du temps

Un inventeur génial de la fin du XIXe siècle a conçu une machine à voyager dans le temps. Il s'arrête en 2010 et sort de sa machine en plein Paris. Très surpris de ce qu'il voit, il aborde une passante.

—Excusez-moi, monsieur...

La passante le regarde d'un air étonné et réplique:

—Mademoiselle.

—Mademoiselle? Ah oui, c'est vrai... Je suis confus. Mais... pourquoi portez-vous un pantalon?

—Parce que je trouve ça confortable. Quelle drôle de question!

—Excusez-moi, je suis un peu désorienté... Dites-moi: nous sommes bien à Paris, n'est-ce pas?

—Oui, bien sûr.

—Et, euh... j'ai perdu ma montre, voyez-vous... pouvez-vous me dire la date?

La passante a l'air de plus en plus étonné.

—Le 1er avril.

—De quelle année?

—Ah, je comprends: c'est une blague, hein? Un poisson d'avril[1]?

—Non, non, je vous assure. Je suis très sérieux, mais un peu distrait, voyez-vous. Alors, l'année?

—2010. Vous êtes sûr que vous vous sentez bien?

—2010!!! Mon dieu! Oui, merci, ça va. Je suis juste un peu déconcerté.

—Ah, je comprends; vous n'êtes pas d'ici...

—Oh, si, justement, c'est «ici» qui me semble avoir beaucoup changé. Regardez tous ces gens, tous ces étrangers! Toutes ces races! Est-ce qu'il y a de nouveau une Exposition Coloniale?

—Ce serait difficile: il n'y a plus de colonies, vous savez. Ces gens vivent et travaillent ici et d'ailleurs, la plupart sont sans doute français.

—C'est vrai? Mais, alors, est-ce que la France est toujours un pays souverain? Nous n'avons pas été envahis par les Allemands, au moins?

La passante réfléchit quelques instants avec un sourire amusé.

—Pas exactement. C'est de l'histoire ancienne, tout ça. Les Allemands sont nos meilleurs amis à présent; ensemble, nous avons construit l'Europe.

—Tiens! Quelle idée! Ahem... Vous savez, je suis ingénieur, je passe mes journées dans mon laboratoire et je ne suis pas l'actualité de très près. Expliquez-moi en quoi consiste cette Europe.

—Eh bien, les frontières ont été abolies et depuis huit ans, nous avons une monnaie unique, l'euro. Nous avons déjà une politique agricole commune, une force militaire multinationale...

—Vraiment? Et est-ce que cette Europe est unie politiquement aussi, avec un président?

—Non, pas encore, mais on en parle. Il y a des instances de gouvernement commun, comme la commission de Bruxelles ou le parlement de Strasbourg... Dites, vous n'avez jamais entendu parler de tout ça?

—Non, je suis très très distrait, vous savez. Mais tout ce que vous me dites m'intéresse beaucoup... J'espère seulement qu'avec tous ces changements, la France ne va pas devenir un petit pays sans importance.

—Ne vous inquiétez pas! Je crois que la France a encore un rôle à jouer, pas seulement au sein de l'Union européenne...

—Je vous remercie beaucoup, jeune homme... euh, enfin, je veux dire, chère mademoiselle. Merci et bonne journée!

«Quel vieil original!» pense la jeune femme en s'éloignant, «et quel accoutrement[2] bizarre! C'est à croire que ce monsieur vit encore au XIXe siècle!»

---

[1]poisson... une blague qu'on fait traditionnellement le 1er avril   [2]costume

Avez-vous compris? Le voyageur du temps est déconcerté par les différences entre la fin du XIXe siècle et l'an 2010. Trouvez dans le texte des éléments qui s'opposent à son expérience.

MODÈLE: À son époque, les femmes devaient porter des corsets, des robes et des jupons.
En 2010, les femmes portent ce qu'elles veulent.

À son époque,...

1. la France et l'Allemagne étaient souvent en conflit.
2. la France possédait un immense empire colonial.
3. chaque pays européen avait des institutions totalement distinctes de celles des autres.
4. Strasbourg faisait partie du territoire allemand.
5. la population française était extrêmement homogène.
6. les frontières entre pays jouaient un rôle important.
7. chaque pays avait sa propre monnaie.

À vous la parole!   Enthousiasmé par ce qu'il vient de voir, le voyageur du temps retourne dans sa machine pour rentrer dans son époque et tout raconter à ses amis. Malheureusement, il fait une erreur et se retrouve en 2098! Imaginez une scène où il rencontre un passant (une passante) de la fin du XXIe siècle.

MODÈLE: VOYAGEUR: Bonjour... monsieur? madame?

GOGI: Bonjour, je suis Gogi, robot à votre service. Vous désirez continuer en français?

VOYAGEUR: ...

À vous d'écrire

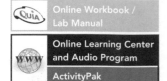
Interviewez quelqu'un qui a immigré d'un autre pays. Ensuite, écrivez un article au sujet de ses expériences.

Suggestions   son pays d'origine, sa raison pour partir, son travail et les changements que cette décision a provoqués dans sa vie (la langue, la culture, la nourriture, etc.)

MODÈLE: *La tante de mon ami Tuan Nguyen est venue aux États-Unis pendant les années 80 après la guerre du Viêt-Nam. Elle avait été séparée de sa famille pendant la guerre et...*

Vocabulaire

Le monde et ses habitants

The world and those who live there

bilingue	bilingual
chauvin(e)	chauvinistic, prejudiced
déchiré(e)	torn, conflicted
disparu(e)	gone, disappeared
monolingue	monolingual
peuplé(e)	inhabited
puni(e)	punished

Mots apparentés: **biculturel(le), ethnique, majoritaire, multiculturel(le), pur(e)**

les droits (*m.*) **de l'homme**	human rights
les enjeux (*m.*)	stakes
une ethnie	an ethnic group
une foire internationale	an international fair
un(e) immigré(e)	an immigrant
la langue maternelle	mother tongue
un lien	a connection, link
une tribu	a tribe

Mots apparentés: **l'égalité** (*f.*), **l'harmonie** (*f.*), **l'intégration** (*f.*), **le quotient intellectuel (QI)**

avoir le mal du pays	to be homesick

accorder l'indépendance (à)	to grant independence (to)
s'entraider	to help one another
faire partie de	to belong to
s'installer	to move, settle
rester en contact	to stay in touch
soutenir	to support, aid

Mots apparentés: abuser (de), consister, disposer (de), émigrer, enrichir, immigrer, s'intégrer, ressembler (à), se révolter

Les problèmes sociaux et l'opinion publique

Social problems and public opinion

les assurances (*f.*)	insurance
l'avortement (*m.*)	abortion
une bataille	a battle
le chômage	unemployment
le gaspillage	waste
la guerre	war
une loi	a law
la pauvreté	poverty
les soins (*m.*) médicaux	medical care

équilibrer le budget	to balance the budget
être conscient(e) (de)	to be aware (of)
lancer une bombe	to drop a bomb
vieillir	to grow old

Mots apparentés: l'agression (*f.*), l'armement (*m.*), une bombe atomique, une colonie, crime passionnel, la dégradation, la drogue, un(e) trafiquant(e)

L'environnement

The environment

les armes (*f.*) nucléaires	nuclear weapons
une centrale nucléaire	a nuclear power plant
un chercheur / une chercheuse	a researcher
un cours d'eau	a stream

une décharge	a (trash) dump
l'échappement (*m.*) d'hydrocarbures	hydrocarbon emissions
les espèces (*f.*) animales	animal species
l'exclusion (*f.*)	(state of) marginalization
un gratte-ciel	a skyscraper
la laque à cheveux	hairspray
la pluie acide	acid rain
la solidarité	support, help for people in distress
la surpopulation	overpopulation
le tabac	tobacco
le trou dans la couche d'ozone	the hole in the ozone layer
la vente d'armes à feu	sale of firearms
les vestiges (*m.*) du passé	remains of the past

abolir	to abolish
affronter	to confront, deal with
s'élargir	to grow, become larger
lutter	to fight
remplacer	to replace
résoudre	to resolve

Mots apparentés: appréhendé(e), détériorer, la génétique, lucratif/lucrative, révoltant(e), la révolte, simpliste

Mots et expressions utiles

à condition que	provided that
à moins que	unless
au sein de	at the heart of, within
autant que possible	as much as possible
Ça m'est égal.	It doesn't matter to me.
les colons (*m.*)	colonials, colonists
l'extrême droite	the far right
inoffensif/inoffensive	harmless
jusqu'à ce que	until
le/la P.D.G.	CEO
pire (le...)	worse (the worst)
Quel dommage!	What a shame!
le rédacteur en chef	executive editor
risible	laughable

➤ Indicative:

C'est **probable** que tu as raison.

C'est **certain** que je serai en retard.

INDICATIVE

C'est probable que la presse lui **posera** beaucoup de questions.
C'est certain que ces problèmes **vont** s'aggraver.

It's likely the press will ask him/her a lot of questions.
It's certain these problems are going to get worse.

Exercice 4 Prédictions pour l'an 2015

Complétez les phrases en utilisant l'indicatif ou le subjonctif. Ensuite, dites laquelle exprime le mieux votre opinion. Comparez vos réponses avec celles de vos camarades de classe.

MODÈLE: Tous les téléphones seront équipés d'un écran de télévision.
    a. C'est peu probable que tous les téléphones *soient* équipés d'un écran de télévision.
    b. C'est probable que tous les téléphones *seront* équipés d'un écran de télévision.

1. Les étudiants de mon université suivront tous leurs cours en ligne.
    a. C'est possible que...
    b. C'est impossible que...
2. Tous les Américains parleront anglais, français et espagnol.
    a. C'est impossible que...
    b. C'est probable que...
3. Nous éliminerons la pauvreté.
    a. J'espère que...
    b. C'est peu probable que...
4. Tout le monde travaillera à la maison.
    a. Je pense que...
    b. Ce n'est pas possible que...
5. Toutes les familles du monde auront Internet.
    a. C'est peu probable que...
    b. C'est possible que...

Appendix A

Verbs ending in -er with spelling changes

A few regular **-er** verbs have minor spelling changes in the present-tense stem. Most of these changes correspond to changes in pronunciation that occur when the verb has an ending that is not pronounced.

- Verbs like **préférer:** The **é** just before the infinitive ending becomes **è** in all but the **nous** and **vous** forms; that is, in those forms where the verb ending is *not* pronounced: **préfère, préfères, préfèrent; préfére, préférons, préférez.**
- Verbs like **acheter:** the **e** of the stem (**achet-**) is not normally pronounced in the infinitive or in the **nous** and **vous** forms. However, it becomes an **è** in the other forms, where it *is* pronounced: **achète, achètes, achètent; achéte, achétons, achétez.**
- Verbs like **appeler:** the final consonant of the stem is doubled in all but the **nous** and **vous** forms to indicate that the **e** of the stem is pronounced: **appelle, appelles, appellent; appéle, appélons, appélez.**
- Verbs like **manger:** an **e** is added after the **g** before **-ons** to preserve the correct pronunciation of the letter **g: mangéons.**
- Verbs like **commencer:** a cedilla (‚) is added to the **c** before **-ons** to preserve the **s** pronunciation: **commençons.**

A chart showing the full conjugation of these verbs, with lists of other verbs that have similar conjugation patterns, follows in Part 3 of Appendix C.

Appendix B

Verb + verb constructions

1. Some verbs directly precede an infinitive, with no intervening preposition **(J'aime danser).**

aimer	espérer	pouvoir	valoir (il vaut mieux)
aller	faire	préférer	venir*
désirer	falloir (il faut)	savoir	vouloir
détester	laisser	souhaiter	
devoir	penser		

2. Some verbs require the preposition **à** before the infinitive **(Il commence à parler).**

aider à	commencer à	hésiter à	se préparer à
s'amuser à	continuer à	s'intéresser à	réussir à
apprendre à	se décider à	inviter à	servir à
arriver à	encourager à	se mettre à	tenir à
chercher à	s'habituer à		

3. Some verbs require the preposition **de** before the infinitive **(Nous essayons de travailler).**

accepter de	demander de	interdire de	proposer de
s'arrêter de	dire de	offrir de	refuser de
avoir peur de	empêcher de	oublier de	regretter de
cesser de	essayer de	parler de	remercier de
choisir de	éviter de	permettre de	rêver de
conseiller de	s'excuser de	persuader de	risquer de
décider de	finir de	promettre de	venir de*

---

*When used as a verb of motion, **venir** has no preposition before an infinitive: **Je viens vous aider.** *I'm coming to help you.* However, the preposition **de** is used before the infinitive in the **passé récent** construction: **Je viens de l'aider.** *I've just helped him/her.*

A-2

Appendix C

Conjugations of regular and irregular verbs

1. Auxiliary verbs

VERB	INDICATIVE			CONDITIONAL	SUBJUNCTIVE	IMPERATIVE
	Present	*Imperfect*	*Future*	*Present*	*Present*	
avoir*	ai	avais	aurai	aurais	aie	
(*to have*)	as	avais	auras	aurais	aies	aie
ayant	a	avait	aura	aurait	ait	
eu	avons	avions	aurons	aurions	ayons	ayons
	avez	aviez	aurez	auriez	ayez	ayez
	ont	avaient	auront	auraient	aient	
	Passé composé	*Pluperfect*		*Past*		
	ai eu	avais eu		aurais eu		
	as eu	avais eu		aurais eu		
	a eu	avait eu		aurait eu		
	avons eu	avions eu		aurions eu		
	avez eu	aviez eu		auriez eu		
	ont eu	avaient eu		auraient eu		
	Present	*Imperfect*	*Future*	*Present*	*Present*	
être	suis	étais	serai	serais	sois	
(*to be*)	es	étais	seras	serais	sois	sois
étant	est	était	sera	serait	soit	
été	sommes	étions	serons	serions	soyons	soyons
	êtes	étiez	serez	seriez	soyez	soyez
	sont	étaient	seront	seraient	soient	
	Passé composé	*Pluperfect*		*Past*		
	ai été	avais été		aurais été		
	as été	avais été		aurais été		
	a été	avait été		aurait été		
	avons été	avions été		aurions été		
	avez été	aviez été		auriez été		
	ont été	avaient été		auraient été		

*The leftmost column of each chart contains the infinitive, the present participle, and the past participle of each verb. Conjugated verbs are shown without subject pronouns.

2. Regular verbs

VERB		INDICATIVE				CONDITIONAL	SUBJUNCTIVE	IMPERATIVE
-er Verbs	*Present*	*Imperfect*			*Future*	*Present*	*Present*	
parler	parle	parlais			parlerai	parlerais	parle	
(*to speak*)	parles	parlais			parleras	parlerais	parles	parle
parlant	parle	parlait			parlera	parlerait	parle	
parlé	parlons	parlions			parlerons	parlerions	parlions	parlons
	parlez	parliez			parlerez	parleriez	parliez	parlez
	parlent	parlaient			parleront	parleraient	parlent	
	P*assé composé**		*Pluperfect*			*Past*		
	ai parlé		avais parlé			aurais parlé		
	as parlé		avais parlé			aurais parlé		
	a parlé		avait parlé			aurait parlé		
	avons parlé		avions parlé			aurions parlé		
	avez parlé		aviez parlé			auriez parlé		
	ont parlé		avaient parlé			auraient parlé		
-ir Verbs	*Present*	*Imperfect*			*Future*	*Present*	*Present*	
finir	finis	finissais			finirai	finirais	finisse	
(*to finish*)	finis	finissais			finiras	finirais	finisses	finis
finissant	finit	finissait			finira	finirait	finisse	
fini	finissons	finissions			finirons	finirions	finissions	finissons
	finissez	finissiez			finirez	finiriez	finissiez	finissez
	finissent	finissaient			finiront	finiraient	finissent	
	Passé composé*		*Pluperfect*			*Past*		
	ai fini		avais fini			aurais fini		
	as fini		avais fini			aurais fini		
	a fini		avait fini			aurait fini		
	avons fini		avions fini			aurions fini		
	avez fini		aviez fini			auriez fini		
	ont fini		avaient fini			auraient fini		
-re Verbs	*Present*	*Imperfect*			*Future*	*Present*	*Present*	
perdre	perds	perdais			perdrai	perdrais	perde	
(*to lose*)	perds	perdais			perdras	perdrais	perdes	perds
perdant	perd	perdait			perdra	perdrait	perde	
perdu	perdons	perdions			perdrons	perdrions	perdions	perdons
	perdez	perdiez			perdrez	perdriez	perdiez	perdez
	perdent	perdaient			perdront	perdraient	perdent	
	Passé composé*		*Pluperfect*			*Past*		
	ai perdu		avais perdu			aurais perdu		
	as perdu		avais perdu			aurais perdu		
	a perdu		avait perdu			aurait perdu		
	avons perdu		avions perdu			aurions perdu		
	avez perdu		aviez perdu			auriez perdu		
	ont perdu		avaient perdu			auraient perdu		

*Certain intransitive verbs are conjugated with **être** instead of **avoir** in compound tenses. Regular verbs conjugated with **être** include **arriver, descendre, monter, passer, rentrer, rester, retourner,** and **tomber.**

3. -er Verbs with spelling changes

Certain verbs ending in **-er** require spelling changes. Models for each kind of change are listed here. Forms showing stem changes are in boldface type.

VERB	PRESENT	IMPERFECT	PASSÉ COMPOSÉ	FUTURE	CONDITIONAL	PRESENT SUBJUNCTIVE	IMPERATIVE
commencer*	commence	**commençais**	ai commencé	commencerai	commencerais	commence	
(to begin)	commences	**commençais**	as commencé	commenceras	commencerais	commences	commence
commençant	commence	**commençait**	a commencé	commencera	commencerait	commence	
commencé	**commençons**	commencions	avons commencé	commencerons	commencerions	commencions	**commençons**
	commencez	commenciez	avez commencé	commencerez	commenceriez	commenciez	commencez
	commencent	**commençaient**	ont commencé	commenceront	commenceraient	commencent	
manger**	mange	**mangeais**	ai mangé	mangerai	mangerais	mange	
(to eat)	manges	**mangeais**	as mangé	mangeras	mangerais	manges	mange
mangeant	mange	**mangeait**	a mangé	mangera	mangerait	mange	
mangé	**mangeons**	mangions	avons mangé	mangerons	mangerions	mangions	**mangeons**
	mangez	mangiez	avez mangé	mangerez	mangeriez	mangiez	mangez
	mangent	**mangeaient**	ont mangé	mangeront	mangeraient	mangent	
appeler†	**appelle**	appelais	ai appelé	**appellerai**	**appellerais**	**appelle**	
(to call)	**appelles**	appelais	as appelé	**appelleras**	**appellerais**	**appelles**	**appelle**
appelant	**appelle**	appelait	a appelé	**appellera**	**appellerait**	**appelle**	
appelé	appelons	appelions	avons appelé	**appellerons**	**appellerions**	appelions	appelons
	appelez	appeliez	avez appelé	**appellerez**	**appelleriez**	appeliez	appelez
	appellent	appelaient	ont appelé	**appelleront**	**appelleraient**	**appellent**	
essayer ††	**essaie**	essayais	ai essayé	**essaierai**	**essaierais**	**essaie**	
(to try)	**essaies**	essayais	as essayé	**essaieras**	**essaierais**	**essaies**	**essaie**
essayant	**essaie**	essayait	a essayé	**essaiera**	**essaierait**	**essaie**	
essayé	essayons	essayions	avons essayé	**essaierons**	**essaierions**	essayions	essayons
	essayez	essayiez	avez essayé	**essaierez**	**essaieriez**	essayiez	essayez
	essaient	essayaient	ont essayé	**essaieront**	**essaieraient**	**essaient**	
acheter‡	**achète**	achetais	ai acheté	**achèterai**	**achèterais**	**achète**	
(to buy)	**achètes**	achetais	as acheté	**achèteras**	**achèterais**	**achètes**	**achète**
achetant	**achète**	achetait	a acheté	**achètera**	**achèterait**	**achète**	
acheté	achetons	achetions	avons acheté	**achèterons**	**achèterions**	achetions	achetons
	achetez	achetiez	avez acheté	**achèterez**	**achèteriez**	achetiez	achetez
	achètent	achetaient	ont acheté	**achèteront**	**achèteraient**	**achètent**	
préférer§	**préfère**	préférais	ai préféré	préférerai	préférerais	**préfère**	
(to prefer)	**préfères**	préférais	as préféré	préféreras	préférerais	**préfères**	**préfère**
préférant	**préfère**	préférait	a préféré	préférera	préférerait	**préfère**	
préféré	préférons	préférions	avons préféré	préférerons	préférerions	préférions	préférons
	préférez	préfériez	avez préféré	préférerez	préféreriez	préfériez	préférez
	préfèrent	préféraient	ont préféré	préféreront	préféreraient	**préfèrent**	

*Verbs like **commencer: dénoncer, divorcer, menacer, placer, prononcer, remplacer, tracer**
Verbs like **manger: bouger, changer, dégager, engager, exiger, juger, loger, mélanger, nager, obliger, partager, voyager
†Verbs like **appeler: épeler, jeter, projeter, (se) rappeler**
††Verbs like **essayer: employer, (s')ennuyer, nettoyer, payer**
‡Verbs like **acheter: achever, amener, emmener, (se) lever, promener**
§Verbs like **préférer: célébrer, considérer, espérer, (s')inquiéter, pénétrer, posséder, répéter, révéler, suggérer**

4. Reflexive verbs

VERB	INDICATIVE			CONDITIONAL	SUBJUNCTIVE	IMPERATIVE
	Present	*Imperfect*	*Future*	*Present*	*Present*	
se laver	me lave	me lavais	me laverai	me laverais	me lave	
(*to wash*	te laves	te lavais	te laveras	te laverais	te laves	lave-toi
oneself)	se lave	se lavait	se lavera	se laverait	se lave	
se lavant	nous lavons	nous lavions	nous laverons	nous laverions	nous lavions	lavons-nous
lavé	vous lavez	vous laviez	vous laverez	vous laveriez	vous laviez	lavez-vous
	se lavent	se lavaient	se laveront	se laveraient	se lavent	

	Passé composé		*Pluperfect*		*Past*	
	me suis	lavé(e)	m'étais	lavé(e)	me serais	lavé(e)
	t'es	lavé(e)	t'étais	lavé(e)	te serais	lavé(e)
	s'est	lavé(e)	s'était	lavé(e)	se serait	lavé(e)
	nous sommes	lavé(e)s	nous étions	lavé(e)s	nous serions	lavé(e)s
	vous êtes	lavé(e)(s)	vous étiez	lavé(e)(s)	vous seriez	lavé(e)(s)
	se sont	lavé(e)s	s'étaient	lavé(e)s	se seraient	lavé(e)s

5. Irregular verbs

VERB	PRESENT	PASSÉ COMPOSÉ	IMPERFECT	FUTURE	CONDITIONAL	PRESENT SUBJUNCTIVE	IMPERATIVE
aller	vais	suis allé(e)	allais	irai	irais	aille	
(*to go*)	vas	es allé(e)	allais	iras	irais	ailles	va
allant	va	est allé(e)	allait	ira	irait	aille	
allé	allons	sommes allé(e)s	allions	irons	irions	allions	allons
	allez	êtes allé(e)(s)	alliez	irez	iriez	alliez	allez
	vont	sont allé(e)s	allaient	iront	iraient	aillent	
boire	bois	ai bu	buvais	boirai	boirais	boive	
(*to drink*)	bois	as bu	buvais	boiras	boirais	boives	bois
buvant	boit	a bu	buvait	boira	boirait	boive	
bu	buvons	avons bu	buvions	boirons	boirions	buvions	buvons
	buvez	avez bu	buviez	boirez	boiriez	buviez	buvez
	boivent	ont bu	buvaient	boiront	boiraient	boivent	
conduire*	conduis	ai conduit	conduisais	conduirai	conduirais	conduise	
(*to lead;*	conduis	as conduit	conduisais	conduiras	conduirais	conduises	conduis
to drive)	conduit	a conduit	conduisait	conduira	conduirait	conduise	
conduisant	conduisons	avons conduit	conduisions	conduirons	conduirions	conduisions	conduisons
conduit	conduisez	avez conduit	conduisiez	conduirez	conduiriez	conduisiez	conduisez
	conduisent	ont conduit	conduisaient	conduiront	conduiraient	conduisent	
connaître	connais	ai connu	connaissais	connaîtrai	connaîtrais	connaisse	
(*to be*	connais	as connu	connaissais	connaîtras	connaîtrais	connaisses	connais
acquainted	connaît	a connu	connaissait	connaîtra	connaîtrait	connaisse	
with)	connaissons	avons connu	connaissions	connaîtrons	connaîtrions	connaissions	connaissons
connaissant	connaissez	avez connu	connaissiez	connaîtrez	connaîtriez	connaissiez	connaissez
connu	connaissent	ont connu	connaissaient	connaîtront	connaîtraient	connaissent	

*Verbs like **conduire**: détruire, réduire, traduire

VERB	PRESENT	PASSÉ COMPOSÉ	IMPERFECT	FUTURE	CONDITIONAL	PRESENT SUBJUNCTIVE	IMPERATIVE
courir	cours	ai couru	courais	courrai	courrais	coure	
(*to run*)	cours	as couru	courais	courras	courrais	coures	cours
courant	court	a couru	courait	courra	courrait	coure	
couru	courons	avons couru	courions	courrons	courrions	courions	courons
	courez	avez couru	couriez	courrez	courriez	couriez	courez
	courent	ont couru	couraient	courront	courraient	courent	
craindre*	crains	ai craint	craignais	craindrai	craindrais	craigne	
(*to fear*)	crains	as craint	craignais	craindras	craindrais	craignes	crains
craignant	craint	a craint	craignait	craindra	craindrait	craigne	
craint	craignons	avons craint	craignions	craindrons	craindrions	craignions	craignons
	craignez	avez craint	craigniez	craindrez	craindriez	craigniez	craignez
	craignent	ont craint	craignaient	craindront	craindraient	craignent	
croire	crois	ai cru	croyais	croirai	croirais	croie	
(*to believe*)	crois	as cru	croyais	croiras	croirais	croies	crois
croyant	croit	a cru	croyait	croira	croirait	croie	
cru	croyons	avons cru	croyions	croirons	croirions	croyions	croyons
	croyez	avez cru	croyiez	croirez	croiriez	croyiez	croyez
	croient	ont cru	croyaient	croiront	croiraient	croient	
devoir	dois	ai dû	devais	devrai	devrais	doive	
(*to have to;*	dois	as dû	devais	devras	devrais	doives	dois
to owe)	doit	a dû	devait	devra	devrait	doive	
devant	devons	avons dû	devions	devrons	devrions	devions	devons
dû	devez	avez dû	deviez	devrez	devriez	deviez	devez
	doivent	ont dû	devaient	devront	devraient	doivent	
dire**	dis	ai dit	disais	dirai	dirais	dise	
(*to say;*	dis	as dit	disais	diras	dirais	dises	dis
to tell)	dit	a dit	disait	dira	dirait	dise	
disant	disons	avons dit	disions	dirons	dirions	disions	disons
dit	dites	avez dit	disiez	direz	diriez	disiez	dites
	disent	ont dit	disaient	diront	diraient	disent	
dormir†	dors	ai dormi	dormais	dormirai	dormirais	dorme	
(*to sleep*)	dors	as dormi	dormais	dormiras	dormirais	dormes	dors
dormant	dort	a dormi	dormait	dormira	dormirait	dorme	
dormi	dormons	avons dormi	dormions	dormirons	dormirions	dormions	dormons
	dormez	avez dormi	dormiez	dormirez	dormiriez	dormiez	dormez
	dorment	ont dormi	dormaient	dormiront	dormiraient	dorment	
écrire††	écris	ai écrit	écrivais	écrirai	écrirais	écrive	
(*to write*)	écris	as écrit	écrivais	écriras	écrirais	écrives	écris
écrivant	écrit	a écrit	écrivait	écrira	écrirait	écrive	
écrit	écrivons	avons écrit	écrivions	écrirons	écririons	écrivions	écrivons
	écrivez	avez écrit	écriviez	écrirez	écririez	écriviez	écrivez
	écrivent	ont écrit	écrivaient	écriront	écriraient	écrivent	
envoyer	envoie	ai envoyé	envoyais	enverrai	enverrais	envoie	
(*to send*)	envoies	as envoyé	envoyais	enverras	enverrais	envoies	envoie
envoyant	envoie	a envoyé	envoyait	enverra	enverrait	envoie	
envoyé	envoyons	avons envoyé	envoyions	enverrons	enverrions	envoyions	envoyons
	envoyez	avez envoyé	envoyiez	enverrez	enverriez	envoyiez	envoyez
	envoient	ont envoyé	envoyaient	enverront	enverraient	envoient	

*Verbs like **craindre: atteindre, éteindre, plaindre**
Verbs like **dire: contredire (vous contredisez), interdire (vous interdisez), prédire (vous prédisez)
†Verbs like **dormir: mentir, partir, repartir, sentir, servir, sortir. (Partir, repartir,** and **sortir** are conjugated with **être** in the passé composé.)
††Verbs like **écrire: décrire**

VERB	PRESENT	PASSÉ COMPOSÉ	IMPERFECT	FUTURE	CONDITIONAL	PRESENT SUBJUNCTIVE	IMPERATIVE
faire	fais	ai fait	faisais	ferai	ferais	fasse	
(to do;	fais	as fait	faisais	feras	ferais	fasses	fais
to make)	fait	a fait	faisait	fera	ferait	fasse	
faisant	faisons	avons fait	faisions	ferons	ferions	fassions	faisons
fait	faites	avez fait	faisiez	ferez	feriez	fassiez	faites
	font	ont fait	faisaient	feront	feraient	fassent	
falloir	il faut	il a fallu	il fallait	il faudra	il faudrait	il faille	
(to be							
necessary)							
fallu							
lire	lis	ai lu	lisais	lirai	lirais	lise	
(to read)	lis	as lu	lisais	liras	lirais	lises	lis
lisant	lit	a lu	lisait	lira	lirait	lise	
lu	lisons	avons lu	lisions	lirons	lirions	lisions	lisons
	lisez	avez lu	lisiez	lirez	liriez	lisiez	lisez
	lisent	ont lu	lisaient	liront	liraient	lisent	
mettre*	mets	ai mis	mettais	mettrai	mettrais	mette	
(to put)	mets	as mis	mettais	mettras	mettrais	mettes	mets
mettant	met	a mis	mettait	mettra	mettrait	mette	
mis	mettons	avons mis	mettions	mettrons	mettrions	mettions	mettons
	mettez	avez mis	mettiez	mettrez	mettriez	mettiez	mettez
	mettent	ont mis	mettaient	mettront	mettraient	mettent	
mourir	meurs	suis mort(e)	mourais	mourrai	mourrais	meure	
(to die)	meurs	es mort(e)	mourais	mourras	mourrais	meures	meurs
mourant	meurt	est mort(e)	mourait	mourra	mourrait	meure	
mort	mourons	sommes mort(e)s	mourions	mourrons	mourrions	mourions	mourons
	mourez	êtes mort(e)(s)	mouriez	mourrez	mourriez	mouriez	mourez
	meurent	sont mort(e)s	mouraient	mourront	mourraient	meurent	
ouvrir**	ouvre	ai ouvert	ouvrais	ouvrirai	ouvrirais	ouvre	
(to open)	ouvres	as ouvert	ouvrais	ouvriras	ouvrirais	ouvres	ouvre
ouvrant	ouvre	a ouvert	ouvrait	ouvrira	ouvrirait	ouvre	
ouvert	ouvrons	avons ouvert	ouvrions	ouvrirons	ouvririons	ouvrions	ouvrons
	ouvrez	avez ouvert	ouvriez	ouvrirez	ouvririez	ouvriez	ouvrez
	ouvrent	ont ouvert	ouvraient	ouvriront	ouvriraient	ouvrent	
plaire	plais	ai plu	plaisais	plairai	plairais	plaise	
(to please)	plais	as plu	plaisais	plairas	plairais	plaises	plais
plaisant	plaît	a plu	plaisait	plaira	plairait	plaise	
plu	plaisons	avons plu	plaisions	plairons	plairions	plaisions	plaisons
	plaisez	avez plu	plaisiez	plairez	plairiez	plaisiez	plaisez
	plaisent	ont plu	plaisaient	plairont	plairaient	plaisent	
pleuvoir	il pleut	il a plu	il pleuvait	il pleuvra	il pleuvrait	il pleuve	
(to rain)							
pleuvant							
plu							
pouvoir	peux (puis)	ai pu	pouvais	pourrai	pourrais	puisse	
(to be able)	peux	as pu	pouvais	pourras	pourrais	puisses	
pouvant	peut	a pu	pouvait	pourra	pourrait	puisse	
pu	pouvons	avons pu	pouvions	pourrons	pourrions	puissions	
	pouvez	avez pu	pouviez	pourrez	pourriez	puissiez	
	peuvent	ont pu	pouvaient	pourront	pourraient	puissent	

*Verbs like **mettre: permettre, promettre, remettre**
Verbs like **ouvrir: couvrir, découvrir, offrir, souffrir

VERB	PRESENT	PASSÉ COMPOSÉ	IMPERFECT	FUTURE	CONDITIONAL	PRESENT SUBJUNCTIVE	IMPERATIVE
prendre*	prends	ai pris	prenais	prendrai	prendrais	prenne	
(*to take*)	prends	as pris	prenais	prendras	prendrais	prennes	prends
prenant	prend	a pris	prenait	prendra	prendrait	prenne	
pris	prenons	avons pris	prenions	prendrons	prendrions	prenions	prenons
	prenez	avez pris	preniez	prendrez	prendriez	preniez	prenez
	prennent	ont pris	prenaient	prendront	prendraient	prennent	
recevoir**	reçois	ai reçu	recevais	recevrai	recevrais	reçoive	
(*to receive*)	reçois	as reçu	recevais	recevras	recevrais	reçoives	reçois
recevant	reçoit	a reçu	recevait	recevra	recevrait	reçoive	
reçu	recevons	avons reçu	recevions	recevrons	recevrions	recevions	recevons
	recevez	avez reçu	receviez	recevrez	recevriez	receviez	recevez
	reçoivent	ont reçu	recevaient	recevront	recevraient	reçoivent	
rire[†]	ris	ai ri	riais	rirai	rirais	rie	
(*to laugh*)	ris	as ri	riais	riras	rirais	ries	ris
riant	rit	a ri	riait	rira	rirait	rie	
ri	rions	avons ri	riions	rirons	ririons	riions	rions
	riez	avez ri	riiez	rirez	ririez	riiez	riez
	rient	ont ri	riaient	riront	riraient	rient	
savoir	sais	ai su	savais	saurai	saurais	sache	
(*to know*)	sais	as su	savais	sauras	saurais	saches	sache
sachant	sait	a su	savait	saura	saurait	sache	
su	savons	avons su	savions	saurons	saurions	sachions	sachons
	savez	avez su	saviez	saurez	sauriez	sachiez	sachez
	savent	ont su	savaient	sauront	sauraient	sachent	
suivre	suis	ai suivi	suivais	suivrai	suivrais	suive	
(*to follow*)	suis	as suivi	suivais	suivras	suivrais	suives	suis
suivant	suit	a suivi	suivait	suivra	suivrait	suive	
suivi	suivons	avons suivi	suivions	suivrons	suivrions	suivions	suivons
	suivez	avez suivi	suiviez	suivrez	suivriez	suiviez	suivez
	suivent	ont suivi	suivaient	suivront	suivraient	suivent	
tenir[††]	tiens	ai tenu	tenais	tiendrai	tiendrais	tienne	
(*to hold;*	tiens	as tenu	tenais	tiendras	tiendrais	tiennes	tiens
to keep)	tient	a tenu	tenait	tiendra	tiendrait	tienne	
tenant	tenons	avons tenu	tenions	tiendrons	tiendrions	tenions	tenons
tenu	tenez	avez tenu	teniez	tiendrez	tiendriez	teniez	tenez
	tiennent	ont tenu	tenaient	tiendront	tiendraient	tiennent	
venir[‡]	viens	suis venu(e)	venais	viendrai	viendrais	vienne	
(*to come*)	viens	es venu(e)	venais	viendras	viendrais	viennes	viens
venant	vient	est venu(e)	venait	viendra	viendrait	vienne	
venu	venons	sommes venu(e)s	venions	viendrons	viendrions	venions	venons
	venez	êtes venu(e)(s)	veniez	viendrez	viendriez	veniez	venez
	viennent	sont venu(e)s	venaient	viendront	viendraient	viennent	

*Verbs like **prendre: apprendre, comprendre, surprendre**
Verbs like **recevoir: apercevoir, s'apercevoir de, décevoir
[†]Verbs like **rire: sourire**
[††]Verbs like **tenir: maintenir, obtenir**
[‡]Verbs like **venir: devenir, revenir, se souvenir de**

VERB	PRESENT	PASSÉ COMPOSÉ	IMPERFECT	FUTURE	CONDITIONAL	PRESENT SUBJUNCTIVE	IMPERATIVE
vivre*	vis	ai vécu	vivais	vivrai	vivrais	vive	
(*to live*)	vis	as vécu	vivais	vivras	vivrais	vives	vis
vivant	vit	a vécu	vivait	vivra	vivrait	vive	
vécu	vivons	avons vécu	vivions	vivrons	vivrions	vivions	vivons
	vivez	avez vécu	viviez	vivrez	vivriez	viviez	vivez
	vivent	ont vécu	vivaient	vivront	vivraient	vivent	
voir**	vois	ai vu	voyais	verrai	verrais	voie	-
(*to see*)	vois	as vu	voyais	verras	verrais	voies	vois
voyant	voit	a vu	voyait	verra	verrait	voie	
vu	voyons	avons vu	voyions	verrons	verrions	voyions	voyons
	voyez	avez vu	voyiez	verrez	verriez	voyiez	voyez
	voient	ont vu	voyaient	verront	verraient	voient	
vouloir	veux	ai voulu	voulais	voudrai	voudrais	veuille	
(*to wish,*	veux	as voulu	voulais	voudras	voudrais	veuilles	veuille
want)	veut	a voulu	voulait	voudra	voudrait	veuille	
voulant	voulons	avons voulu	voulions	voudrons	voudrions	voulions	veuillons
voulu	voulez	avez voulu	vouliez	voudrez	voudriez	vouliez	veuillez
	veulent	ont voulu	voulaient	voudront	voudraient	veuillent	

*Like **vivre: survivre**
Like **voir: prévoir, revoir

Appendix D

Answers to grammar exercises

PREMIÈRE ÉTAPE

Ex. 1. 1. oui 2. non 3. non 4. oui 5. oui 6. non 7. oui 8. non **Ex. 2.** 1. c 2. a 3. b 4. d **Ex. 3.** 1. petit, petite 2. grande, grand 3. vieille 4. beau 5. noir 6. brune **Ex. 4.** 1. un, Le 2. un, L' 3. un, un, un, le 4. une, une, une 5. une, la 6. une, la **Ex. 5.** 1. Je, je 2. Il 3. Elle, Ils 4. nous 5. Elles 6. Tu **Ex. 6.** 1. suis 2. est 3. sommes 4. sont 5. es 6. êtes **Ex. 7.** 1. ne sont pas 2. n'es pas 3. n'êtes pas 4. ne suis pas 5. ne sommes pas 6. n'est pas **Ex. 8.** 1. L' 2. Les 3. Les 4. La 5. Le **Ex. 9.** 1. une, une 2. une, un, un, un 3. des, des 4. un, des, un, des 5. une, un, une, un **Ex. 10.** 1. a 2. a 3. b 4. a 5. b

DEUXIÈME ÉTAPE

Ex. 1. 1. des 2. un 3. des 4. un 5. des 6. de 7. de **Ex. 2.** 1. Oui, il y a une bicyclette. (Non, il n'y a pas de bicyclette.) 2. Oui, il y a une grande fenêtre. (Non, il n'y a pas de grande fenêtre.) 3. Oui, il y a une horloge. (Non, il n'y a pas d'horloge.) 4. Oui, il y a une plante. (Non, il n'y a pas de plante.) 5. Oui, il y a un bureau. (Non, il n'y a pas de bureau.) 6. Oui, il y a une lampe. (Non, il n'y a pas de lampe.) 7. Oui, il y a un téléphone. (Non, il n'y a pas de téléphone.) 8. Oui, il y a un tableau noir. (Non, il n'y a pas de tableau noir.) **Ex. 3.** 1. Qui est-ce 2. Qu'est-ce que c'est 3. Qui est-ce 4. Qui est-ce 5. Qu'est-ce que c'est 6. Qu'est-ce que c'est **Ex. 4.** 1. c 2. e 3. a 4. b 5. d **Ex. 5.** 1. Il est quatre heures vingt. 2. Il est six heures et quart. 3. Il est huit heures treize. 4. Il est une heure dix. 5. Il est cinq heures sept. 6. Il est cinq heures et demie. 7. Il est dix heures moins sept. 8. Il est quatre heures moins vingt. 9. Il est midi. 10. Il est onze heures moins le quart. **Ex. 6.** 1. Il est quinze heures. Il est trois heures de l'après-midi. 2. Il est sept heures quinze. Il est sept heures et quart du matin. 3. Il est treize heures trente. Il est une heure et demie de l'après-midi. 4. Il est vingt heures. Il est huit heures du soir. 5. Il est vingt-deux heures trente. Il est dix heures et demie du soir. 6. Il est dix heures quarante-cinq. Il est onze heures moins le quart du matin. 7. Il est dix-huit heures vingt. Il est six heures vingt du soir. 8. Il est dix-neuf heures. Il est sept heures du soir. 9. Il est seize heures quarante-cinq. Il est cinq heures moins le quart de l'après-midi. 10. Il est onze heures cinquante. Il est midi moins dix. **Ex. 7.** 1. avons 2. avons 3. ai 4. a 5. ont 6. avez 7. avez 8. as 9. as **Ex. 8.** 1. des, de 2. un, de 3. une, de 4. un, de 5. un, de 6. un, d' **Ex. 9.** 1. Oui, j'ai un dictionnaire français. (Non, je n'ai pas de dictionnaire français.) 2. Oui, j'ai un appartement. (Non, je n'ai pas d'appartement.) 3. Oui, j'ai une télévision dans ma chambre. (Non, je n'ai pas de télévision dans ma chambre.) 4. Oui, j'ai un ordinateur. (Non, je n'ai pas d'ordinateur.) 5. Oui, j'ai un cours de maths. (Non, je n'ai pas de cours de maths.) 6. Oui, j'ai une guitare. (Non, je n'ai pas de guitare.) **Ex. 10.** 1. une 2. un 3. une 4. un 5. une 6. un 7. une 8. une 9. une 10. un **Ex. 11.** 1. Daniel est sympathique et intelligent. 2. Barbara est sportive et généreuse. 3. Louis est beau et raisonnable. 4. Albert est grand et mince. 5. Denise est blonde et belle. 6. Jacqueline est petite et intelligente. **Ex. 12.** 1. Juliette Binoche est (n'est pas) belle. Un tigre est (n'est pas) beau. Une vieille Ford est (n'est pas) belle. Une peinture de Matisse est (n'est pas) belle. 2. Le chocolat est (n'est pas) bon. La programmation à la radio publique est (n'est pas) bonne. La télévision est (n'est pas) bonne. Le fast-food est (n'est pas) bon. 3. Une motocyclette est (n'est pas) dangereuse. Une bombe est dangereuse. Le tennis est (n'est pas) dangereux. La politique est (n'est pas) dangereuse. 4. Un livre de science-fiction est (n'est pas) amusant. La politique est (n'est pas) amusante. Un examen de physique est (n'est pas) amusant. Un film avec Catherine Deneuve est (n'est pas) amusant. 5. L'astronomie est vieille. Le Louvre est vieux. Le président américain est (n'est pas) vieux. L'université où je suis est (n'est pas) vieille. **Ex. 13.** *Answers may vary.* 1. sérieux, nerveux, intelligents, amusants 2. patient, intéressant, raisonnable, amusant 3. long, compliqué, amusant, intéressant 4. beaux, amusants, sportifs, individualistes 5. belle, compliquée, facile, mystérieuse

CHAPITRE 1

Ex. 1. 1. ta, tes, Mon, mes 2. tes, Ma, mon 3. ta, son, ses 4. Ton, son **Ex. 2.** *Answers may vary.* 1. Il y a 30 hommes dans notre classe. 2. Nos camarades de classe sont timides (extravertis). 3. Notre professeur s'appelle... 4. Notre cours est à... heures. 5. Nos devoirs sonts difficiles (faciles). **Ex. 3.** 1. Ses 2. Sa 3. Son, son 4. Leur 5. ses, Son **Ex. 4.** 1. aime 2. aiment 3. aimons 4. aime 5. aimez 6. aimes **Ex. 5.** *Answers may vary.* 1. Mes amis aiment surfer sur Internet, mais ils aiment aussi regarder la télé. (Mes amis n'aiment pas surfer sur Internet, mais ils aiment regarder la télé.) 2. Ma mère aime jouer du piano, mais elle aime aussi lire des livres. (Ma mère n'aime pas jouer du piano, mais elle aime lire des livres.) 3. Mon père aime écouter du rock, mais il aime aussi écouter de la musique classique. (Mon père n'aime pas écouter du rock, mais il aime écouter de la musique classique.) 4. Mon petit ami / Ma petite amie aime faire une promenade, mais il/elle aime aussi lire le journal. (Mon petit ami / Ma petite amie n'aime pas faire une promenade, mais il/elle aime lire le journal.) 5. Mon professeur de français aime aller au cinéma, mais il/elle aime aussi regarder la télé. (Mon professeur de français n'aime pas aller au cinéma, mais il/elle aime regarder la télé.) 6. J'aime jouer au tennis, mais j'aime aussi danser. (Je n'aime pas jouer au tennis, mais j'aime danser.) **Ex. 6.** 1. Quel âge a Francis Lasalle? Il a soixante-dix ans. 2. Quel âge a Claudine Colin? Elle a quarante-cinq ans. 3. Quel âge a Victor Colin? Il a quarante-sept ans. 4. Quel âge ont Marise et Clarisse? Elles ont dix-neuf ans. 5. Quel âge a Charles? Il a dix-sept ans. 6. Quel âge a Emmanuel? Il a quatorze ans. **Ex. 7.** 1. zéro deux, soixante-cinq, dix, quatre-vingts, trente 2. zero trois, quatre-vingt-sept, cinquante-trois, quarante, seize 3. zéro cinq, vingt, cinquante-cinq, soixante-dix, quatre-vingt-dix 4. zéro un, quatre-vingt-dix-huit, soixante-quinze, vingt et un, soixante 5. zéro deux, soixante-dix-sept, trente-huit, quatre-vingt-deux, quatre-vingt-dix-sept 6. zéro cinq, quatre-vingt-onze, dix-huit, trente-neuf, soixante-dix-huit 7. zéro quatre, quarante-cinq, soixante-deux, quatre-vingt-six, quarante-trois 8. zéro trois, quatre-vingt-trois, soixante-seize, quatre-vingt-quatre, quatre-vingt-dix 9. zéro deux, cinquante-trois, soixante-sept, zéro sept, onze **Ex. 8.** 1. quarante-quatre mille 2. soixante-sept mille 3. soixante-neuf mille neuf 4. treize mille deux 5. cinquante- neuf mille 6. soixante-quatre mille deux cents 7. soixante-quinze mille quinze 8. trente-trois mille **Ex. 9.** 1. Quand est l'anniversaire d'Elvis Presley? C'est le 8 janvier 1935 (le huit janvier mille neuf cent trente-cinq). 2. Quand est l'anniversaire de Serena Williams? C'est le 26 septembre 1981 (le vingt-six septembre mille neuf cent quatre-vingt-un). 3. Quand est l'anniversaire de Frédéric Chopin? C'est le 1er mars 1810 (le premier mars mille huit cent dix). 4. Quand est l'anniversaire de Paul McCartney? C'est le 18 juin 1942 (le dix-huit juin mille neuf cent quarante-deux). 5. Quand est l'anniversaire de Sigmund Freud? C'est le 6 mai 1856 (le six mai mille huit cent inquante-six). 6. Quand est l'anniversaire de Mickey Mouse? C'est le 18 novembre 1928 (le dix huit novembre mille neuf cent vingt-huit). 7. Quand est l'anniversaire de Magic Johnson? C'est le 14 août 1959 (le quatorze août mille neuf cent cinquante-neuf). 8. Quand est l'anniversaire d'Yves Saint-Laurent? C'est le 1er août 1936 (le premier août mille neuf cent trente-six). 9. Quand est l'anniversaire de MC Solaar? C'est le 5 mars 1969 (le cinq mars mille neuf cent soixante-neuf). 10. Quand est l'anniversaire de B.B. King? C'est le 16 septembre 1925 (le seize septembre mille neuf cent vingt-cinq). **Ex. 10.** 1. vient 2. viennent 3. vient, vient 4. viennent 5. venez, venons 6. viens, viens **Ex. 11.** 1. nage 2. parle 3. parles 4. dînons 5. travaille 6. habitent 7. chantons 8. voyage 9. jouent 10. invitent **Ex. 12.** 1. a. travailles; Oui je travaille... (Non, je ne travaille pas...) b. parles; Oui, je parle... (Non, je ne parle pas...) 2. a. regardons; Oui, nous regardons... (Non, nous ne regardons pas...) b. dînons; Oui, nous dînons... (Non, nous ne dînons pas...) 3. a. écoutent; Oui, ils écoutent... (Non, ils n'écoutent pas...) b. jouent; Oui, ils jouent... (Non, ils ne jouent pas...) 4. a. étudiez; Oui, nous étudions... (Non, nous n'étudions pas...) b. préparez; Oui, nous préparons... (Non, nous ne préparons pas...) 5. a. habite; Oui, j'habite... (Non, je n'habite pas...) b. déjeune; Oui, je déjeune... (Non, je ne déjeune pas...) 6. a. donnent; Oui, ils donnent... (Non, ils ne donnent pas...) b. parle; Oui, il parle... (Non, il ne parle pas...) **Ex. 13.** 1. de Paul 2. des petites filles 3. de la femme blonde 4. de Mme Haddad 5. du cousin de mon père 6. de Claire **Ex. 14.** 1. La grand-mère, c'est la femme du grand-père. 2. La tante, c'est la femme de l'oncle. 3. Le cousin, c'est le fils de l'oncle et de la tante. 4. La belle-sœur, c'est la femme du frère. 5. Le grand-père, c'est le père de la mère ou du père. 6. L'oncle, c'est le père du cousin (des cousins) (de la cousine) (des cousines).

CHAPITRE 2

Ex. 1. 1. font, font 2. fais, fais 3. fait 4. fait 5. faites, faites 6. faites **Ex. 2.** 1. Est-ce que tu te lèves tôt? Oui, je me lève tôt. (Non, je me lève tard.) 2. Est-ce que tu te maquilles tous les jours? Oui, je me maquille tous les jours. (Non, je ne me maquille pas tous les jours.) 3. Est-ce que tu te laves les cheveux tous les jours? Oui, je me lave les cheveux tous les jours. (Non, je ne me lave pas les cheveux tous les jours. / Non, je me lave les cheveux trois fois par semaine.) 4. Est-ce que tu te brosses les dents trois fois par jour? Oui, je me brosse les dents trois fois par jour. (Non, je ne me brosse pas les dents trois fois par jour. / Non, je me brosse les dents deux fois par jour.) 5. Tu aimes te coucher tard? Oui, j'aime me coucher tard. (Non, je n'aime pas me

coucher tard. / Non, j'aime me coucher tôt.) 6. Tu préfères te doucher le soir? Oui, je préfère me doucher le soir. (Non, je ne préfère pas me doucher le soir. / Non, je préfère me doucher le matin.) 7. Tu aimes te détendre après les cours? Oui, j'aime me détendre après les cours. (Non, je n'aime pas me détendre après les cours.) 8. Tu préfères te lever tard le week-end? Oui, je préfère me lever tard le week-end. (Non, je ne préfère pas me lever tard le week-end. / Non, je préfère me lever tôt le week-end.) **Ex. 3.** 1. Oui, en général, les étudiants s'amusent beaucoup le vendredi soir. Mes copains et moi, nous nous amusons beaucoup le vendredi soir (nous ne nous amusons pas le vendredi soir / nous nous amusons le samedi soir). 2. Oui, en général, les étudiants s'habillent toujours en jean. Mes copains et moi, nous nous habillons toujours en jean (nous ne nous habillons pas toujours en jean). 3. Oui, en général, les étudiants ne se reposent pas assez. Mes copains et moi, nous ne nous reposons pas assez (nous nous reposons assez). 4. Oui, en général, les étudiants se couchent après minuit. Mes copains et moi, nous nous couchons après minuit (nous ne nous couchons pas après minuit). 5. Oui, en général, les étudiants se lèvent tard le week-end. Mes copains et moi, nous nous levons tard le week-end (nous ne nous levons pas tard le week-end). **Ex. 4.** 1. vais 2. allons 3. allez 4. vont 5. vas 6. va **Ex. 5.** *Answers in all cases:* Oui, j'y vais souvent / quelquefois. (Non, je n'y vais pas.) 1. Tu vas à la piscine? 2. Tu vas au théâtre? 3. Tu vas au bar? 4. Tu vas à l'hôpital? 5. Tu vas au gymnase? 6. Tu vas à la banque? 7. Tu vas au café? 8. Tu vas à l'église? **Ex. 6.** *Answers may vary.* 1. Ce soir, je vais faire mes devoirs. / Je vais sortir avec des amis. (Ce soir, je vais regarder la télé. Je suis fatigué[e].) 2. Demain matin, je vais me lever à 7 h. / Je vais dormir jusqu'à 9 h. (Demain matin, je vais rester au lit. C'est le week-end.) 3. Demain soir, je vais regarder mon émission favorite à la télé. / Je vais me coucher de bonne heure. (Demain soir, je vais sortir avec des amis.) 4. Ce week-end, ils vont faire du ski. / Ils vont regarder un DVD ensemble. (Ce week-end, ils vont se promener à la campagne. Il va faire beau.) 5. Samedi soir, il/elle va rester à la maison et jouer aux cartes. / Il/Elle va aller à un concert. (Samedi soir, il/elle va dîner au restaurant. Il/Elle ne va pas faire la cuisine!) **Ex. 7.** 1. Oui, on regarde beaucoup la télévision. 2. Non, on ne mange pas toujours des hamburgers. 3. Non, on ne va pas au restaurant tous les jours. 4. Non, on ne dîne pas à huit heures du soir. 5. Oui, on aime les films français. 6. Non, on ne fait pas de promenades en famille le dimanche après-midi. 7. Oui, on aime parler de la politique. (Non, on n'aime pas parler de la politique.) 8. Oui, on étudie beaucoup la géographie. **Ex. 8.** 1. Oui, je veux aller en Europe

l'été prochain. (Non, je ne veux pas aller en Europe l'été prochain.) / Oui, je peux aller en Europe l'été prochain. (Non, je ne peux pas aller en Europe l'été prochain.) 2. Oui, mes parents veulent passer l'hiver en Floride. (Non, mes parents ne veulent pas passer l'hiver en Floride.) / Oui, mes parents peuvent passer l'hiver en Floride. (Non, mes parents ne peuvent pas passer l'hiver en Floride.) 3. Oui, le professeur veut se lever tard en semaine. (Non, le professeur ne veut pas se lever tard en semaine.) Oui, le professeur peut se lever tard en semaine. (Non, le professeur ne peut pas se lever tard en semaine.) 4. Oui, nous voulons comprendre un film en français. Oui, nous pouvons comprendre un film en français. 5. Oui, mon ami(e) _____ veut m'aider avec mes devoirs de français. (Non, mon ami[e] ne veut pas m'aider avec mes devoirs de français.) Oui, il/elle peut m'aider avec mes devoirs de français. (Non, il/elle ne peut pas m'aider avec mes devoirs de français.) **Ex. 9.** 1. Oui, je voudrais dîner dans un bon restaurant français. (Non, je ne voudrais pas dîner dans un bon restaurant français.) 2. Oui, je voudrais manger des escargots. (Non, je ne voudrais pas manger des [d']escargots.) 3. Oui, je voudrais habiter à Paris. (Non, je ne voudrais pas habiter à Paris.) 4. Oui, je voudrais faire de la plongée sous-marine. (Non, je ne voudrais pas faire de [la] plongée sous-marine.) 5. Oui, je voudrais visiter une autre planète. (Non, je ne voudrais pas visiter une autre planète.) 6. Oui, je voudrais être président(e) des États-Unis. (Non, je ne voudrais pas être président[e] des États-Unis.) **Ex. 10.** 1. savez; Oui, je sais faire de l'escalade. (Non, je ne sais pas faire de l'escalade.) 2. sait; Oui, il sait faire la cuisine. (Non, il ne sait pas faire la cuisine.) 3. sait; Oui, elle sait réparer une voiture. (Non, elle ne sait pas réparer une voiture.) 4. savez; Oui, nous savons jouer au billard. (Non, nous ne savons pas jouer au billard.) 5. savent; Oui, ils savent utiliser un ordinateur. (Non, ils ne savent pas utiliser un ordinateur.) 6. Savez; Oui, je sais / nous savons allumer un feu. (Non, je ne sais pas / nous ne savons pas allumer un feu.)

CHAPITRE 3

Ex. 1. 1. Le bureau de Mme Martin est devant le tableau noir. 2. Les livres de Mme Martin sont sur son bureau. 3. Elle est devant la classe. 4. Elle est près du tableau. 5. Les papiers de Daniel sont à côté des papiers d'Albert. 6. Il regarde un match de football dans le parc en face de la salle de classe. 7. Barbara est trop loin du tableau noir. 8. La salle 300A se trouve entre les salles 300 et 301. **Ex. 2.** 1. c 2. e 3. a 4. h 5. b 6. g 7. f 8. d **Ex. 3.** 1. Comment 2. Que 3. Où 4. Que 5. Qui 6. Comment 7. Comment 8. Comment 9. Quand 10. Pourquoi **Ex. 4.** 1. Où est-ce

qu'ils logent? (Où logent-ils?)
2. Comment est-ce qu'ils se déplacent? (Comment se déplacent-ils?) 3. Pourquoi est-ce qu'ils sont contents? (Pourquoi sont-ils contents?) 4. Quand est-ce qu'ils quittent Paris? (Quand quittent-ils Paris?) 5. Qu'est-ce qu'ils veulent visiter? (Que veulent-ils visiter?) 6. Qu'est-ce qu'ils achètent pour leurs amis? (Qu'achètent-ils pour leurs amis?) 7. Quel musée est-ce qu'ils veulent visiter? (Quel musée veulent-ils visiter?) 8. Quels restaurants est-ce qu'ils préfèrent? (Quels restaurants préfèrent-ils?) 9. Quel est le numéro de l'hôtel? **Ex. 5.** 1. je prends 2. prennent 3. J'apprends 4. ne comprends 5. prendre 6. ne comprennent 7. apprenons (comprenons) 8. Prenez **Ex. 6.** 1. Julien et son amie prennent du vin. Moi, je prends du vin de temps en temps. (Moi, je ne prends jamais de vin.) 2. Denise voudrait apprendre à faire du ski. Moi, je (ne) voudrais (pas) apprendre à faire du ski. 3. Joël prend trop de risques. Moi, je prends quelquefois trop de risques. (Moi, je ne prends jamais trop de risques.) 4. Barbara ne comprend pas la leçon. Moi, je comprends toujours la leçon. (Moi, je ne comprends pas toujours la leçon.) 5. Raoul et ses camarades prennent un café. Moi, je prends souvent un café. (Moi, je ne prends pas souvent un café.) 6. Nathalie prend un bain. Moi, je prends quelquefois un bain. (Moi, je ne prends jamais un bain.) **Ex. 7.** 1. Alors, tu dois te déplacer à bicyclette. (Alors, tu dois aller au travail à pied.) 2. Vous devez appeler un taxi. 3. Bon, vous devez étudier le plan du métro de la ville. 4. On doit arriver plus tôt. 5. Il doit aller au travail à pied. (Il doit se déplacer à bicyclette.) **Ex. 8.** 1. Ce, ces 2. Ces, ces 3. Cette 4. Ces, Cette, cet 5. Ces, cette 6. Cette 7. Ce, cet **Ex. 9.** 1. du, des 2. des 3. de l', du, du, de la 4. de 5. du, de l' 6. de l' **Ex. 10.** 1. Je prends du lait / du café / du vin / de l'eau minérale. 2. Je prends une tasse de thé / de café / de chocolat chaud / d'eau chaude. 3. Je ne prends jamais de whisky / de champagne / de coca / de café. 4. J'aime commander de la bière / du vin / du coca / du jus de fruits. 5. J'aime prendre un verre de thé glacé / de coca / d'eau froide / de jus de fruits. 6. Je prends de l'eau / du jus de fruits / du thé / du coca. **Ex. 11.** *Answers may vary.* 1. Oui, je cours régulièrement. (Non, je ne cours pas régulièrement.) a. Je cours tous les matins, en été comme en hiver, dans un parc qui se trouve près de chez moi. b. Je ne cours pas parce que j'ai des problèmes de santé. Je fais d'autres sports. 2. Oui, ma mère court deux ou trois fois par semaine dans un gymnase. Mon père et mon frère ne courent pas. Ils préfèrent regarder des émissions de sport à la télé! 3. J'ai quelques amis qui courent, mais nous ne courons pas souvent ensemble parce que nous n'avons pas les mêmes emplois du temps. 4. On court pour rester en forme et pour oublier ses problèmes.

On court aussi pour maigrir. **Ex. 12.** 1. Tu pars en vacances en été? Oui, je pars en vacances en été. (Non, je ne pars pas en vacances en été.) 2. Tu sors du cinéma si un film est mauvais? Oui, je sors du cinéma si un film est mauvais. (Non, je ne sors pas du cinéma si un film est mauvais.) 3. Tu cours dans des marathons? Oui, je cours dans des marathons. (Non, je ne cours pas dans des marathons.) 4. Tu sers du vin chez toi? Oui, je sers du vin chez moi. (Non, je ne sers pas de vin chez moi.) 5. Tu mens quand tu ne veux pas révéler un secret? Oui, je mens quand je ne veux pas révéler un secret. (Non, je ne mens pas quand je ne veux pas révéler un secret.) 6. Tu sens les fruits au supermarché? Oui, je sens les fruits au supermarché. (Non, je ne sens pas les fruits au supermarché.) 7. Tu sors souvent le samedi soir? Oui, je sors souvent le samedi soir. (Non, je ne sors pas souvent le samedi soir.) 8. Tu dors pendant la journée quelquefois? Oui, je dors pendant la journée quelquefois. (Non, je ne dors jamais pendant la journée.) *(Second part of the exercise) Answers may vary.* 1. Vous partez en vacances en été? Oui, nous partons en vacances en été. (Non, nous ne partons pas en vacances en été.) 2. Vous sortez du cinéma si un film est mauvais? Oui, nous sortons du cinéma si un film est mauvais. (Non, nous ne sortons pas du cinéma si un film est mauvais.) 3. Vous courez dans des marathons? Qui, nous courons dans des marathons. (Non, nous ne courons pas dans des marathons.) 4. Vous servez souvent du vin chez vous? Oui, nous servons parfois du vin chez nous. (Non, nous ne servons pas de vin chez nous.) 5. Vous mentez quand vous ne voulez pas révéler un secret? Oui, nous mentons quelquefois. (Non, nous ne mentons jamais.) 6. Vous sentez les fruits au supermarché? Oui, nous sentons les fruits... (Non, nous ne sentons pas les fruits...) 7. Vous sortez souvent le samedi soir? Oui, nous sortons souvent le samedi soir. (Non, nous ne sortons pas souvent le samedi soir.) 8. Vous dormez pendant la journée quelquefois? Oui, nous dormons pendant la journée quelquefois. (Non, nous ne dormons jamais pendant la journée.) **Ex. 13.** *Answers may vary.* 1. Non, ils ne sortent pas seuls la nuit. (Si, ils sortent quelquefois seuls la nuit.) Moi, je ne sors jamais seul(e). 2. Beaucoup d'étudiants américains partent en vacances en Floride, mais la majorité des étudiants ne partent pas en vacances. Moi, je pars en vacances en Californie. 3. Non, la plupart des Américains ne partent pas en Europe. Moi, je pars à la campagne. 4. Non, ils ne sortent pas tous les soirs. Moi, je sors seulement le week-end. 5. Non, ils s'endorment vers dix heures. Moi, je m'endors vers onze heures. 6. Si, ils servent souvent du vin au dîner. Moi, je sers quelquefois du vin au dîner. 7. Beaucoup

d'Américains courent pour être en forme, mais la majorité des gens ne font pas assez d'exercice. Moi, je préfère nager.

CHAPITRE 4

Ex. 1. 1. une vieille maison 2. une belle cheminée 3. un petit réfrigérateur 4. une bonne cuisinière 5. un grand sauna 6. un nouveau numéro de téléphone **Ex. 2.** 1. Tu as une petite chambre, n'est-ce pas? Mais non, j'ai une grande chambre. 2. Tu as un nouvel appartement, n'est-ce pas? Mais non, j'ai un vieil appartement. 3. Tu as un vieux jean, n'est-ce pas? Mais non, j'ai un nouveau jean. 4. Tu as des nouvelles chaussures, n'est-ce pas? Mais non, j'ai des vieilles chaussures. 5. Tu as une grande étagère, n'est-ce pas? Mais non, j'ai une petite étagère. 6. Tu as un bon dictionnaire de français, n'est-ce pas? Mais non, j'ai un mauvais dictionnaire de français. 7. Tu as un jeune professeur de français, n'est-ce pas? Mais non, j'ai un vieux professeur de français. 8. Tu as des nouveaux amis, n'est-ce pas? Mais non, j'ai des vieux amis. **Ex. 3.** *Answers may vary.* 1. Un lave-vaisselle est aussi utile qu'un réfrigérateur, mais un réfrigérateur est plus important qu'un lave-vaisselle. 2. Un appartement est moins cher qu'une maison, mais une maison est plus agréable qu'un appartement. 3. Un aspirateur est plus important qu'un four à micro-ondes, mais un four à micro-ondes est plus pratique qu'un aspirateur. 4. Un immeuble moderne est plus confortable qu'un vieil immeuble, mais un vieil immeuble est plus beau qu'un immeuble moderne. 5. Un téléphone portable est plus utile qu'un téléphone fixe, mais un téléphone fixe est moins cher qu'un téléphone portable. 6. Un répondeur téléphonique est plus utile qu'un lecteur DVD, mais un lecteur DVD est plus amusant qu'un répondeur téléphonique. **Ex. 4.** 1. plus de 2. autant d' 3. moins d' 4. plus de 5. autant de 6. plus d' **Ex. 5.** 1. bon (mauvais) 2. bonne (mauvaise) 3. bonne 4. bien (mal) 5. mauvaise 6. mal 7. bien (mal) **Ex. 6.** *Answers may vary.* 1. Oui, les étudiants d'aujourd'hui sont moins bons que les étudiants d'il y a vingt ans. (Non, les étudiants d'aujourd'hui sont meilleurs / aussi bons que les étudiants d'il y a vingt ans.) 2. Oui, les diplômés d'aujourd'hui sont moins bien préparés pour le monde du travail que leurs parents. (Non, les diplômés d'aujourd'hui sont mieux / aussi bien préparés pour le monde du travail que leurs parents.) 3. Oui, mes notes en maths sont meilleures que mes notes en français. (Non, mes notes en maths sont moins bonnes que mes notes en français.) 4. Oui, en général, les petites universités sont moins bonnes que les grandes. (Non, en général, les petites universités sont meilleures / aussi bonnes que les grandes.) 5. Oui, je travaille mieux à la bibliothèque que chez moi. (Non, je travaille moins bien à la bibliothèque que chez moi.) 6. Oui, les jeunes professeurs sont meilleurs que les professeurs plus âgés. (Non, les jeunes professeurs sont moins bons que les professeurs plus âgés.) **Ex. 7.** *The second part of the answers may vary.* 1. réfléchit; Moi aussi, je réfléchis avant de parler. 2. finit; Moi (non plus), je (ne) finis (pas) toujours mes devoirs. 3. obéit; Moi aussi, j'obéis toujours à ma conscience. 4. choisissons; Dans notre classe, nous choisissons nos partenaires pour travailler en groupes. 5. réussissons; Dans notre classe, nous réussissons à nos examens. 6. finissent; Dans notre classe, nous allons au café quand nous finissons nos cours. **Ex. 8.** 1. Chez toi, est-ce que tu mets la table pour dîner? Oui, je mets la table pour dîner. (Non, je ne mets pas la table pour dîner.) 2. Chez toi, est-ce que tu prends le petit déjeuner dans la cuisine? Oui, je prends le petit déjeuner dans la cuisine. (Non, je ne prends pas le petit déjeuner dans la cuisine.) 3. Chez toi, est-ce que tu tonds le gazon en été? Oui, je tonds le gazon en été. (Non, je ne tonds pas le gazon en été.) 4. Chez toi, est-ce que tu permets au chien de dormir sur ton lit? Oui, je permets au chien de dormir sur mon lit. (Non, je ne permets pas au chien de dormir sur mon lit.) 5. Chez toi, est-ce que tu apprends à jouer au Sudoku? Oui, j'apprends à jouer au Sudoku. (Non, je n'apprends pas à jouer au Sudoku.) 6. Chez toi, est-ce que tu mets ta chambre en ordre tous les jours? Oui, je mets ma chambre en ordre tous les jours. (Non, je ne mets pas ma chambre en ordre tous les jours.) 7. Chez toi, est-ce que tu réponds toujours au téléphone? Oui, je réponds toujours au téléphone? (Non, je ne réponds pas toujours au téléphone.) 8. Chez toi, est-ce que tu perds souvent tes clés? Oui, je perds souvent mes clés. (Non, je ne perds pas souvent mes clés.) *Maintenant.* 1. Est-ce que vous mettez la table pour dîner? (*See answers above.*) 2. Est-ce que vous prenez le petit déjeuner dans la cuisine? 3. Est-ce que vous tondez le gazon en été? 4. Est-ce que vous permettez au chien de dormir sur votre lit? 5. Est-ce que vous apprenez à jouer au Sudoku? 6. Est-ce que vous mettez votre chambre en ordre tous les jours? 7. Est-ce que vous répondez toujours au téléphone? 8. Est-ce que vous perdez souvent vos clés? **Ex. 9.** 1. vendent; a. vend (ne vend pas) ses livres... b. vendons (ne vendons pas) nos livres... 2. attendent; a. attend... b. attendons... 3. remettent; a. remet... b. remettons... 4. perdent; a. perd... b. perdons... 5. permettent; a. permet... b. permet... 6. rendent; a. rend... b. rend... **Ex. 10.** 1. La voilà! 2. Les voilà! 3. La voilà! 4. Le voilà! 5. Les voilà! 6. La voilà! **Ex. 11.** *Answers may vary.* 1. Oui, je les arrose quelquefois / souvent / une fois par semaine. (Non, moi, je ne les arrose jamais, mais ma sœur les arrose.) 2. Oui, je la fais quelquefois / souvent / une fois par semaine. (Non, moi, je ne la fais jamais,

mais mon père la fait.) 3. Oui, je le fais quelquefois / souvent / une fois par semaine. (Non, moi, je ne le fais jamais, mais mon père le fait.) 4. Oui, je les repasse quelquefois / souvent / une fois par semaine. (Non, moi, je ne les repasse jamais, mais ma sœur les repasse.) 5. Oui, je le fais quelquefois / souvent / une fois par semaine. (Non, moi, je ne le fais jamais, mais mes frères et sœurs le font.) 6. Oui, je la nettoie quelquefois / souvent / une fois par semaine. (Non, moi, je ne la nettoie jamais, mais ma mère la nettoie.) 7. Oui, je les fais quelquefois / souvent / une fois par semaine. (Non, moi, je ne les fais jamais, mais mon père les fait.) 8. Oui, je le passe quelquefois / souvent / une fois par semaine. (Non, moi, je ne le passe jamais, mais mon frère le passe.) **Ex. 12.** 1. Oui, je vais la ranger ce matin. (Non, je ne vais pas la ranger.) 2. Oui, je vais la faire aujourd'hui. (Non, je ne vais pas la faire.) 3. Oui, je vais les repasser. (Non, je ne vais pas les repasser.) 4. Oui, je vais les faire ce soir. (Non, je ne vais pas les faire ce soir.) 5. Oui, je les aime. (Non, je ne les aime pas.) 6. Oui, je les prends tous les jours. (Non, je ne les prends pas tous les jours.) 7. Oui, je vais venir vous voir demain. (Non, je ne vais pas venir vous voir demain.) 8. Je vais l'inviter à la maison la semaine prochaine. (Non, je ne vais pas l'inviter à la maison.) **Ex. 13.** 1. me; Oui, je te trouve belle! 2. m'; Oui, je t'écoute quand tu parles. 3. me; Oui, je te trouve intelligente. 4. m'; Oui, je veux t'aider à faire tes devoirs. 5. me; Oui, je te préfère à toutes les autres petites filles du monde. 6. me; Non, je ne te trouve pas difficile. 7. m'; Oui, je vais toujours t'aimer! **Ex. 14.** 1. connaissez, connaissons 2. connais, connais 3. connaît, connaît 4. connaissez, connais 5. connaissent, connaissent **Ex. 15.** 1. sait; Moi aussi, je sais faire du canoë. (Moi, je ne sais pas faire du canoë.) 2. sait; Moi aussi, je sais la date de l'anniversaire de ma mère. (Moi, je ne sais pas la date de l'anniversaire de ma mère.) 3. sait; Moi aussi, je sais faire de l'escalade. (Moi, je ne sais pas faire de l'escalade.) 4. connaît; Moi aussi, je connais bien La Nouvelle-Orléans. (Moi, je ne connais pas bien La Nouvelle-Orléans.) 5. connaît; Moi aussi, je connais l'histoire de ma famille. (Moi, je ne connais pas l'histoire de ma famille.) 6. connaît; Moi aussi, je connais bien les poèmes de Jacques Prévert. (Moi, je ne connais pas bien les poèmes de Jacques Prévert.) **Ex. 16.** 1. besoin 2. envie 3. l'air 4. honte 5. peur 6. tort **Ex. 17.** 1. il a faim 2. il a soif 3. il a sommeil 4. il a chaud 5. il a froid 6. il a envie 7. il a besoin 8. il a peur

CHAPITRE 5

Ex. 1. 1. Est-ce que tu as acheté le journal hier? Oui, j'ai acheté le journal. (Non, je n'ai pas acheté le journal.) 2. Est-ce que tu as écouté de la musique hier? Oui, j'ai

écouté de la musique. (Non, je n'ai pas écouté de [la] musique.) 3. Est-ce que tu as parlé français avec des amis hier? Oui, j'ai parlé français avec des amis hier. (Non, je n'ai pas parlé français avec des amis.) 4. Est-ce que tu as mangé un hamburger hier? Oui, j'ai mangé un hamburger hier. (Non, je n'ai pas mangé de hamburger.) 5. Est-ce que tu as préparé le dîner hier? Oui, j'ai préparé le dîner hier. (Non, je n'ai pas préparé le dîner.) 6. Est-ce que tu as promené ton chien hier? Oui, j'ai promené mon chien hier. (Non, je n'ai pas promené mon chien.) 7. Est-ce que tu as téléphoné à un ami / une amie hier? Oui, j'ai téléphoné à un ami / une amie hier. (Non, je n'ai pas téléphoné à un ami / une amie.) 8. Est-ce que tu as regardé la télé hier? Oui, j'ai regardé la télé hier. (Non, je n'ai pas regardé la télé.) 9. Est-ce que tu as travaillé à la bibliothèque hier? Oui, j'ai travaillé à la bibliothèque hier. (Non, je n'ai pas travaillé à la bibliothèque.) 10. Est-ce que tu as nettoyé ta chambre hier? Oui, j'ai nettoyé ma chambre hier. (Non, je n'ai pas nettoyé ma chambre.) **Ex. 2.** *Answers may vary.* 1. Moi, je n'ai pas rendu visite à une amie. (Moi aussi, j'ai rendu visite à une amie. J'ai rendu visite à mon amie Claire.) 2. Moi, je n'ai pas fini de devoir pour mon cours d'anglais. (Moi aussi, j'ai fini un devoir pour mon cours d'anglais.) 3. Moi, je n'ai pas choisi de nouveau CD-ROM. (Moi aussi, j'ai choisi un nouveau CD-ROM.) 4. Moi, je n'ai pas répondu à mon courriel. (Moi aussi, j'ai répondu à mon courriel.) 5. Moi, je n'ai pas perdu mon carnet d'adresses. (Moi aussi, j'ai perdu mon carnet d'adresses.) 6. Moi, je n'ai pas dormi pendant un cours ennuyeux. (Moi aussi, j'ai dormi pendant un cours ennuyeux. J'ai dormi pendant le cours de philosophie.) 7. Moi, je n'ai pas attendu le bus pendant une demi-heure. (Moi aussi, j'ai attendu le bus pendant une demi-heure.) 8. Moi, je n'ai pas réussi à un examen. (Moi aussi, j'ai réussi à un examen. J'ai réussi à l'examen de français.) 9. Moi, je n'ai pas servi de thé à mes amis. (Moi aussi, j'ai servi du thé à mes amis.) **Ex. 3.** 1. Daniel et Louis ont acheté des boissons. 2. Nous avons mangé des crêpes. 3. Barbara et Jacqueline ont apporté des CD français. 4. Tout le monde a parlé français. 5. Même Mme Martin a dansé. 6. Nous avons regardé les photos de cette année. 7. Denise a donné un album de photos à Pierre. 8. Quelques étudiants ont pleuré. **Ex. 4.** 1. Oui, j'ai dû me lever de bonne heure. (Non, je n'ai pas dû me lever de bonne heure.) 2. Oui, j'ai fait mon lit. (Non, je n'ai pas fait mon lit.) 3. Oui, j'ai pris le petit déjeuner. (Non, je n'ai pas pris le petit déjeuner.) 4. Oui, j'ai lu le journal. (Non, je n'ai pas lu le journal.) 5. Oui, j'ai bu un coca. (Non, je n'ai pas bu de coca.) 6. Oui, j'ai reçu un coup de téléphone. (Non, je n'ai pas reçu de coup de téléphone.) 7. Oui, j'ai conduit ma voiture. (Non, je n'ai pas conduit ma voiture.) 8. Oui, j'ai eu un accident. (Non, je n'ai pas eu d'accident.) 9. Oui, j'ai été en retard pour un cours. (Non, je n'ai pas été en retard pour un cours.) 10. Oui, j'ai mis un manteau pour sortir. (Non, je n'ai pas mis de manteau pour sortir.) *Maintenant.* 1. Est-ce que vous avez dû vous lever de bonne heure? 2. Est-ce que vous avez fait votre lit? 3. Est-ce que vous avez pris le petit déjeuner? 4. Est-ce que vous avez lu le journal? 5. Est-ce que vous avez bu un coca? 6. Est-ce que vous avez reçu un coup de téléphone? 7. Est-ce que vous avez conduit votre voiture? 8. Est-ce que vous avez eu un accident? 9. Est-ce que vous avez été en retard pour un cours? 10. Est-ce que vous avez mis un manteau pour sortir? **Ex. 5.** *Answers may vary.* 1. Les clients dans un bar ont pris un cocktail. 2. Les personnes devant un cinéma ont vu un film. 3. L'explorateur célèbre a découvert une ville perdue. 4. Les bons étudiants ont lu leurs leçons. 5. Le fils affectueux a offert un cadeau à sa mère. 6. Les acteurs ont appris leur rôle. 7. L'auteur connu a écrit un nouveau livre. 8. La femme élégante a mis une nouvelle robe. **Ex. 6.** 1. À 9 h, j'ai reçu... 2. À 10 h, j'ai rencontré... 3. Sarah a offert... 4. Nous avons eu... 5. ...nous avons pris... 6. Je leur ai dit... j'ai dû courir... 7. J'ai ouvert... j'ai vu... j'ai été découragé... 8. J'ai mis... j'ai fait... **Ex. 7.** *Answers may vary.* 1. Je suis sorti(e) sans prendre le petit déjeuner hier matin. (Je ne suis jamais sorti[e] sans prendre le petit déjeuner.) (Je ne me souviens pas de la dernière fois que je suis sorti[e]...) 2. Je suis allé(e) faire les courses au supermarché la semaine dernière. (Je ne suis jamais allé[e] faire les courses au supermarché.) (Je ne me souviens pas de la dernière fois que je suis allé[e]...) 3. Je suis monté(e) par un ascenseur à la bibliothèque ce matin. (Je ne suis jamais monté[e] par un ascenseur.) (Je ne me souviens pas de la dernière fois que je suis monté[e]...) 4. Je suis tombé(e) dans l'escalier l'année dernière. (Je ne suis jamais tombé[e].) (Je ne me souviens pas de la dernière fois que je suis tombé[e]...) 5. Je suis parti(e) à la campagne pour le week-end le mois dernier. (Je ne suis jamais parti[e] pour le week-end.) (Je ne me souviens pas de la dernière fois que je suis parti[e]...) 6. Je suis arrivé(e) en classe en retard hier. (Je ne suis jamais arrivé[e] en classe en retard.) (Je ne me souviens pas de la dernière fois que je suis arrivé[e]...) 7. Je suis devenu(e) furieux/furieuse contre un agent de police l'été dernier. (Je ne suis jamais devenu[e] furieux/furieuse contre un agent de police.) (Je ne me souviens pas de la dernière fois que je suis devenu[e]...) 8. Je suis entré(e) dans un bar vendredi soir. (Je ne suis jamais entré[e] dans un bar.) (Je ne me souviens pas de la dernière fois que je suis entré[e]...) 9. Je suis resté(e) au lit jusqu'à midi dimanche dernier. (Je ne suis jamais resté[e] au lit jusqu'à midi.)

(Je ne me souviens pas de la dernière fois que je suis resté[e]...) 10. Je suis rentré(e) après minuit samedi dernier. (Je ne suis jamais rentré[e] après minuit.) (Je ne me souviens pas de la dernière fois que je suis rentré[e]...) **Ex. 8.** 1. Nous sommes partis à cinq heures vendredi soir. 2. Nous sommes arrivés à Megève vers dix heures. 3. Samedi matin, les enfants sont allés sur les pistes de bonne heure. 4. Victor et moi, nous sommes restés au lit un peu plus longtemps. 5. Marise et Clarisse sont montées et descendues plusieurs fois. 6. Elles ne sont pas tombées, heureusement. 7. Samedi soir, nous sommes revenus au chalet pour dîner. 8. Dimanche matin, les enfants sont retournés sur les pistes à 9 h. 9. Nous sommes rentrés à Clermont-Ferrand dimanche soir, fatigués mais très contents de notre week-end. **Ex. 9.** 1. Moi aussi, je suis allé(e) chez le coiffeur. (Je ne suis pas allé[e] chez le coiffeur.) 2. Moi aussi, je me suis reposé(e). (Je ne me suis pas reposé[e].) 3. Moi aussi, je me suis douché(e). (Je ne me suis pas douché[e].) 4. Moi aussi, je me suis brossé les dents. (Je ne me suis pas brossé les dents.) 5. Moi aussi, je me suis maquillée, mais je ne me suis pas rasée. (Moi aussi, je me suis rasé, mais je ne me suis pas maquillé.) 6. Moi aussi, je me suis habillé(e) en vitesse. (Je ne me suis pas habillé[e] en vitesse.) 7. Moi aussi, je me suis bien amusé(e) et je suis rentré(e) après minuit. (Je ne me suis pas bien amusé[e] et je ne suis pas rentré[e] après minuit.) 8. Moi aussi, je me suis couché(e) et je me suis endormi(e) tout de suite. (Je ne me suis pas couché[e] et je ne me suis pas endormi[e] tout de suite. **Ex. 10.** 1. Caroline s'est baignée. 2. Caroline s'est séchée. 3. Caroline s'est brossé les dents. 4. Albert est arrivé chez elle. 5. Albert et Caroline sont sortis ensemble. 6. Ils sont arrivés à la fête. 7. Ils sont partis à 2 h du matin. 8. Caroline s'est déshabillée. 9. Caroline s'est couchée. 10. Caroline s'est endormie. **Ex. 11.** 1. Dans la ville où tout va mal, les enfants n'obéissent jamais à leurs parents. 2. ...rien n'est simple et calme. 3. ...personne n'est dynamique. 4. ...on ne fait jamais la fête. 5. ...on n'a pas encore éliminé la pollution de l'air. 6. ...les habitants n'aiment personne. 7. ...on n'a rien d'intéressant à faire. 8. ...la ville n'est plus prospère. **Ex. 12.** 1. Non, je n'ai qu'une chambre. 2. Non, je n'ai qu'un vélo. 3. Non, ils n'ont qu'un appartement. 4. Non, il n'y a que des autobus. 5. Non, ils n'ont que quinze jours de vacances. 6. Non, je n'ai étudié que le français. 7. Non, je n'ai visité que la côte est.

CHAPITRE 6

Ex. 1. 1. Julien 2. Agnès 3. Jean-Yves 4. Julien 5. Jean-Yves 6. Julien 7. Agnès 8. Jean-Yves 9. Agnès **Ex. 2.** 1. j'allais 2. j'adorais 3. j'aimais 4. je m'amusais 5. je rentrais 6. Je mettais la table pour dîner 7. j'attendais l'été avec impatience

8. nous allions 9. nous faisions 10. nous nous promenions 11. nous faisions 12. nous finissions **Ex. 3.** 1. Tous les matins, M. et Mme Rouet se levaient à cinq heures. 2. Mme Rouet prenait le bus pour aller au travail. 3. Quelquefois, elle devait attendre l'autobus une demi-heure. 4. M. Rouet allait au travail en voiture... 5. Il y avait toujours beaucoup de circulation. 6. M. Rouet arrivait au bureau furieux. 7. Il était obligé de déjeuner en ville et ça coûtait cher. 8. Leurs enfants allaient à l'école en bus. 9. Ils finissaient les cours à 16 h 30. 10. Ils rentraient à la maison et restaient seuls jusqu'à 19 h. **Ex. 4.** 1. lisons (ne lisons pas) 2. écrivons (n'écrivons pas de rédactions) 3. lit (ne nous lit pas de) 4. lis (ne lis pas de) 5. dis (ne dis pas) 6. disent (ne disent pas) 7. J'écris (Je n'écris jamais de phrases au tableau.) 8. écrit (n'écrit pas) **Ex. 5.** 1. était (a été) 2. J'étais 3. avais 4. j'avais 5. J'avais 6. je devais 7. Je voulais 8. était 9. Je savais 10. j'avais 11. ne voulais 12. c'était **Ex. 6.** 1. (e) qu' 2. (f) qui 3. (g) que (h) qui 5. (a) qui 6. (c) que 7. (b) qu' 8. (d) qui **Ex. 7.** 1. qui 2. que 3. où 4. où 5. que 6. qui 7. qui 8. où 9. qu' 10. que **Ex. 8.** 1. J'avais deux cousines qui nous racontaient des histoires fascinantes. 2. Près de chez nous, il y avait un parc où nous jouions souvent. 3. Je faisais aussi des promenades à bicyclette que j'aimais beaucoup. 4. Il y avait une maîtresse qui nous apprenait les noms de toutes les plantes. 5. Je jouais avec une petite fille qui avait un gros chien. 6. J'adorais la colonie de vacances où j'allais en été. 7. À l'école, j'avais une copine que j'aimais beaucoup. 8. Il y avait une piscine près de chez nous où je nageais souvent. **Ex. 9.** 1. Oui, je devais leur demander la permission. (Non, je n'avais pas besoin de leur demander la permission.) 2. Oui, je pouvais lui téléphoner tous les soirs. (Non, je ne pouvais pas lui téléphoner tous les soirs.) 3. Oui, je lui écrivais. (Non, je ne lui écrivais pas.) 4. Oui, je leur écrivais des mots pendant les cours. (Non, je ne leur écrivais pas de mots pendant les cours.) 5. Oui, je leur posais beaucoup de questions. (Non, je ne leur posais pas beaucoup de questions.) 6. Oui, je lui offrais des cadeaux. (Non, je ne lui offrais pas de cadeaux.) 7. Oui, je leur empruntais souvent des CD. (Non, je ne leur empruntais pas de CD.) 8. Oui, je leur demandais de l'argent. (Non, je ne leur demandais pas d'argent.) 9. Oui, je leur rendais souvent visite. (Non, je ne leur rendais pas souvent visite.) **Ex. 10.** 1. leur 2. nous 3. nous 4. vous 5. nous **Ex. 11.** 1. Non, maman, je ne lui ai pas écrit. 2. Non, maman, je ne leur ai pas rendu les CD. 3. Non, maman, je ne t'ai pas promis de rester à la maison. 4. Non, maman, je ne vous ai pas dit que j'avais des devoirs à faire. 5. Non, maman, tu ne m'as pas

prêté ton stylo. 6. Non, maman, je ne lui ai pas donné d'eau. 7. Non, maman, je ne vous ai pas laissé (de morceau) de gâteau. 8. Non, maman, elle ne m'a pas demandé de service. 9. Non, maman, je ne lui ai pas rendu visite. 10. Non, maman, je ne vous ai pas obéi. **Ex. 12.** 1. Et toi, tu t'entendais très bien avec tes professeurs et tes camarades de classe? Oui (Non), je m'entendais (ne m'entendais pas)... 2. Et toi, tu t'inquiétais de tes résultats aux examens? Oui (Non), je m'inquiétais (ne m'inquiétais pas)... 3. Et toi, tu ne te fâchais jamais avec tes copains? Si (Non), je me fâchais (ne me fâchais jamais)... 4. Et toi, tu te disputais de temps en temps avec tes parents? Oui (Non), je me disputais (ne me disputais pas)... 5. Et toi, tu t'occupais de la voiture de tes parents? Oui (Non), je m'occupais (ne m'occupais pas)... 6. Et toi, tu t'intéressais beaucoup aux sports d'hiver? Oui (Non), je m'intéressais (ne m'intéressais pas)... 7. Et toi, tu t'ennuyais parfois en été? Oui (Non), je m'ennuyais (ne m'ennuyais pas)... *Maintenant.* 1. Est-ce que vous vous entendiez très bien avec vos professeurs et vos camarades de classe, madame (monsieur)? (*See answers above.*) 2. Est-ce que vous vous inquiétiez de vos résultats aux examens? 3. Est-ce que vous ne vous fâchiez jamais avec vos copains? 4. Est-ce que vous vous disputiez de temps en temps avec vos parents? 5. Est-ce que vous vous occupiez de la voiture de vos parents? 6. Est-ce que vous vous intéressiez beaucoup aux sports d'hiver? 7. Est-ce que vous vous ennuyiez parfois en été? **Ex. 13.** 1. Elle croit à l'égalité des sexes. 2. Ils ne croient pas à la punition corporelle. 3. Nous croyons à la démocratie. 4. Tu crois à l'amitié. 5. Je crois aux traditions. 6. Vous croyez au mariage. **Ex. 14.** 1. voit 2. voyons 3. croyez 4. vois 5. croient 6. croit **Ex. 15.** *Answers may vary.* 1. Hier, je (ne) me suis (pas) levé(e) avant huit heures. Quand j'étais petit(e), je (ne) me levais (pas) souvent avant huit heures. 2. Hier, j'ai (je n'ai pas) porté un jean et un tee-shirt. Quand j'étais petit(e), je portais quelquefois un jean et un tee-shirt. 3. Hier, je (ne) suis (pas) allé(e) à l'université. Quand j'étais petit(e), je n'allais pas à l'université. 4. Hier, j'ai (je n'ai pas) parlé au téléphone avec des amis. Quand j'étaispetit(e), je parlais quelquefois au téléphone avec des amis. 5. Hier, j'ai (je n'ai pas) conduit une (de) voiture. Quand j'étais petit(e), je ne conduisais pas de voiture. 6. Hier, j'ai (je n'ai pas) regardé la télé. Quand j'étais petit(e), je la regardais souvent. 7. Hier, je me suis (je ne me suis pas) couché(e) à minuit et demi. Quand j'étais petit(e), je ne me couchais jamais à minuit et demi. 8. Hier, j'ai (je n'ai pas) lu les bandes dessinées dans le journal. Quand j'étais petit(e), je les lisais une fois par semaine.

CHAPITRE 7

Ex. 1. *Answers will vary.* 1. Oui, j'aime les petits pois, mais j'aime mieux les (épinards). 2. Oui, j'aime les cerises, mais j'aime mieux (les pommes). 3. Non, je n'aime pas le jambon. J'aime mieux (le poulet). 4. Non, je n'aime pas la bière. J'aime mieux (l'eau minérale). 5. Oui, j'aime les huîtres, mais j'aime mieux (les crevettes). 6. Oui, j'aime le lait, mais j'aime mieux le (thé). 7. Oui, j'aime la tarte aux pommes, mais j'aime mieux (la crème caramel). 8. Non, je n'aime pas le porc. J'aime mieux (le poulet). **Ex. 2.** 1. Oui, achète de la sauce tomate (pour la bolognaise). 2. Non, n'achète pas de riz. 3. Non, n'achète pas de bifteck. 4. Oui, achète du bœuf haché (pour la bolognaise). 5. Oui, achète de la laitue (pour la salade). 6. Non, n'achète pas de pommes de terre. 7. Oui, achète de l'huile et du vinaigre (pour la salade). 8. Oui, achète des oignons (pour la bolognaise et la salade). 9. Non, n'achète pas de glace. 10. Oui, achète du lait (pour la crème caramel). 11. Oui, achète des œufs (pour la crème caramel). 12. Oui, achète du sucre (pour la crème caramel). **Ex. 3.** *Answers may vary.* 1. deux tasses de 2. trois verres d' 3. une demi-douzaine d' 4. une livre de 5. un peu de 6. deux 7. trois portions de **Ex. 4.** 1. Est-ce que tu achètes quelquefois des bonbons au chocolat? Oui, j'achète quelquefois des... (Non, je n'achète pas de...) 2. Est-ce que tu aimes les escargots? Oui, j'aime les escargots. (Non, je n'aime pas les escargots.) 3. Est-ce que tu manges souvent de la dinde? Oui, je mange souvent de la dinde. (Non, je ne mange pas de dinde.) 4. Est-ce que tu consommes beaucoup de fromage? Oui, je consomme beaucoup de fromage. (Non, je ne consomme pas beaucoup de fromage.) 5. Est-ce que tu détestes le poisson? Oui, je déteste le poisson. (Non, je ne déteste pas le poisson.) 6. Est-ce que tu adores la glace? Oui, j'adore la glace. (Non, je n'adore pas la glace.) **Ex. 5.** *Answers will vary.* 1. Je bois du café. 2. Ils boivent de l'eau minérale. 3. Nous buvons du thé. 4. Les Anglais boivent plus de thé. 5. J'ai bu du jus d'orange. 6. Je buvais du lait. 7. Mes parents buvaient du café. 8. On a bu du champagne et de l'eau minérale. **Ex. 6.** 1. Oui, j'en voudrais. (Non, je n'en voudrais pas.) 2. Oui, j'en bois. (Non, je n'en bois pas.) 3. Oui, j'aime en prendre à tous les repas. (Non, je n'aime pas en prendre à tous les repas.) 4. Oui, j'en prends à tous les repas. (Non, je n'en prends pas à tous les repas.) 5. Oui, j'en mange de temps en temps. (Non, je n'en mange pas.) 6. Oui, j'en mange beaucoup. (Non, je n'en mange pas beaucoup.) **Ex. 7.** 1. Il y en a 1.000. 2. Oui, on en a besoin. 3. Oui, les enfants en ont souvent envie. 4. Oui, il y en a beaucoup dans le café. 5. Oui, il y en a dans le thé. (Non, il n'y en a pas. Il y a de la théine.) 6. Il y en a six.

7. Non, il n'y en a pas dans la glace. **Ex. 8.** 1. tous 2. Toutes 3. tout 4. Toutes 5. Toute 6. tout **Ex. 9.** 1. Qu'est-ce qu': g 2. quoi: d 3. Qu'est-ce qui: a 4. Qu'est-ce qu': i 5. quoi: f 6. Qui: b 7. Qu'est-ce qu': c 8. quoi: h 9. Qui: j 10. Qu'est-ce qui: e **Ex. 10.** 1. Avec qui est-ce que Louis doit venir? (Avec qui Louis doit-il venir?) 2. Qu'est-ce que tu as fait? (Qu'as-tu fait?) 3. À qui est-ce que tu as demandé d'apporter des chips? (À qui as-tu demandé d'apporter des chips?) 4. De quoi est-ce que vous avez besoin? (De quoi avez-vous besoin?) 5. Qui a apporté des CD de musique acadienne? 6. De quoi est-ce que tu voudrais parler? (De quoi voudrais-tu parler?) 7. Qu'est-ce qui sent si bon? 8. Qui est-ce que Raoul va inviter? (Qui Raoul va-t-il inviter?) **Ex. 11.** 1. Quel est ton légume favori? 2. Quel est le plat du jour? 3. Qu'est-ce que c'est qu'une boulangerie? 4. Quelle est la boisson que tu préfères? 5. Quel est le meilleur type de café? 6. Qu'est-ce que c'est qu'une mandarine? **Ex. 12.** 1. Christine est en train de réserver une table. 2. Christine est en train de se baigner. 3. Elle est en train de s'habiller. 4. Christine et Bernard sont en train d'arriver au restaurant. 5. Ils sont en train de retrouver leurs amis. 6. Christine, Bernard et leurs amis sont en train d'entrer dans le restaurant. 7. Ils sont en train de commander leur dîner. 8. Bernard est en train de goûter le vin. 9. Christine et Bernard sont en train de bavarder avec leurs amis. 10. Bernard est en train de demander l'addition. 11. Bernard est en train de régler l'addition. 12. Christine et Bernard sont en train de rentrer chez eux après avoir laissé le pourboire. **Ex. 13.** *Answers may vary.* 1. Je choisis un menu avant d'inviter des amis. (Avant d'inviter des amis, je choisis un menu.) 2. Je lis la recette avant de faire les provisions. 3. Je fais une liste avant d'aller au supermarché. 4. Je fais la cuisine avant de m'habiller pour la soirée. 5. Je prépare le repas avant de mettre la table. 6. Je débarrasse la table avant de servir le dessert. **Ex. 14.** *Answers may vary.* 1. Un étudiant typique regarde la télé après avoir fini ses devoirs. 2. Un étudiant typique étudie après être allé en cours. 3. Un étudiant typique écrit une thèse après avoir lu des articles. 4. Un étudiant typique écoute les CD après avoir regardé son manuel de laboratoire. 5. Un étudiant typique écrit une rédaction après avoir réfléchi au sujet. 6. Un étudiant typique répond après avoir écouté les questions du prof. 7. Un étudiant typique va à la bibliothèque après être allé prendre un café. 8. Un étudiant typique se couche après être rentré du cinéma.

CHAPITRE 8

Ex. 1. 1. De Reims, je vais à Strasbourg, en Alsace. 2. De Strasbourg, je vais à Dijon, en Bourgogne. 3. De Dijon, je vais à Grenoble, en Savoie. 4. De Grenoble, je vais à Arles, en Provence. 5. D'Arles, je vais à Clermont-Ferrand, en Auvergne. 6. De Clermont-Ferrand, je vais à La Rochelle, au Poitou. 7. De La Rochelle, je vais à Tours, en Touraine. **Ex. 2.** 1. Est-ce que tu vas en Europe? Oui, je vais au Portugal et en Espagne. 2. Est-ce que tu vas en Asie? Oui, je vais en Chine et en Inde. 3. Est-ce que tu vas en Afrique? Oui, je vais en Côte-d'Ivoire et au Sénégal. 4. Est-ce que tu vas en Afrique du Nord? Oui, je vais en Tunisie et au Maroc. 5. Est-ce que tu vas en Louisiane? Oui, je vais à Baton Rouge et à La Nouvelle-Orléans. 6. Est-ce que tu vas au Canada? Oui, je vais à Montréal et à Toronto. 7. Est-ce que tu vas en Amérique du Sud? Oui, je vais au Brésil et en Argentine. 8. Est-ce que tu vas en Amérique du Nord? Oui, je vais aux États-Unis: en Californie et au (dans le) Texas. **Ex. 3.** 1. D'où viennent les Volkswagen? Les Volkswagen viennent d'Allemagne. 2. D'où viennent les appareils Sony? Les appareils Sony viennent du Japon. 3. D'où vient le jambalaya? Le jambalaya vient de Louisiane. 4. D'où viennent les vins de Bourgogne? Les vins de Bourgogne viennent de France. 5. D'où viennent les enchiladas et les tacos? Les enchiladas et les tacos viennent du Mexique. 6. D'où vient le cappuccino? Le cappuccino vient d'Italie. 7. D'où viennent les Cadillac? Les Cadillac viennent des États-Unis. 8. D'où vient le sucre d'érable? Le sucre d'érable vient du Canada et des États-Unis (du Vermont). **Ex. 4.** 1. vivent 2. vit 3. vivent 4. vit 5. survivre (vivre) 6. ont vécu 7. ont survécu 8. vivait 9. vivons **Ex. 5.** 1. à / Oui, je vais lui écrire. 2. — / Non, je ne les écoute pas. 3. à / Oui, je leur téléphone toutes les semaines. 4. — / Oui, je les regarde. 5. à / Je voudrais lui dire que tout le monde doit protéger l'environnement. 6. aux associations / Oui, je leur donne de l'argent. **Ex. 6.** 1. Je la lui donne. (Je ne la lui donne pas.) 2. Je les leur envoie. (Je ne les leur envoie pas.) 3. Je la lui promets. (Je ne la lui promets pas.) 4. Je le leur accorde. (Je ne le leur accorde pas.) 5. Je le lui donne. (Je ne le lui donne pas.) **Ex. 7.** *Answers may vary.* 1. a. devrions / Oui, je suis d'accord parce que les émissions toxiques sont mauvaises pour la santé. (Non, je ne suis pas d'accord parce que les entreprises ne peuvent pas le faire sans réduire leur production.) b. devrais / Oui, je suis d'accord parce que j'habite près de mon lieu de travail. (Non, je ne suis pas d'accord parce que je préfère prendre la voiture.) 2. a. devrais / Oui, je suis d'accord parce que c'est facile à faire. (Non, je ne suis pas d'accord parce que je ne voudrais pas changer mes habitudes!) b. devraient / Oui, je suis d'accord parce que ce n'est pas nécessaire, sauf quand il fait très chaud! (Non, je ne suis pas d'accord parce que mon jardin a besoin d'être arrosé tous les jours.) 3. a.

devraient / Oui, je suis d'accord parce que je préfère manger des produits naturels. (Non, je ne suis pas d'accord parce qu'il faut tuer les insectes.) b. devrions / Oui, je suis d'accord parce que ces détergents sont bons. (Non, je ne suis pas d'accord parce qu'ils ne sont pas aussi bons que les autres.) 4. a. devrait / Oui, je suis d'accord parce que c'est bon pour la planète. (Non, je ne suis pas d'accord parce que je n'aime pas le faire.) b. devrait / Oui, je suis d'accord parce qu'il y a trop de plastique. (Non, je ne suis pas d'accord. Il faut le recycler, c'est tout.) **Ex. 8.** 1. vivaient 2. empêchaient 3. émettaient 4. grimpaient 5. pique-niquaient 6. trouvait 7. étaient 8. comprenaient **Ex. 9.** 1. faisait, s'est arrêté 2. envoyait, s'est éteint 3. écoutait, a... entendu 4. parlait, a été 5. écoutait, s'est arrêté

CHAPITRE 9

Ex. 1. 1. Oui, j'y habite. (Non, je n'y habite pas.) 2. Oui, j'y suis déjà allé(e) cette semaine. (Non, je n'y suis pas encore allé[e]...) 3. Oui, j'y participe beaucoup. (Non, je n'y participe pas beaucoup.) 4. Oui, j'y réponds souvent. (Non, je n'y...) 5. Oui, j'y assiste parfois. (Non, je n'y assiste jamais.) 6. Oui, j'y pense souvent. (Non, je n'y...) **Ex. 2.** *Answers may vary.* 1. Oui, je suis plus intelligent(e) que lui. (Non, je suis moins/aussi...) 2. Oui, je suis moins intéressant(e) qu'eux. (Non, je suis plus/aussi...) 3. Oui, je suis aussi dynamique que lui / qu'elle. (Non, je suis moins/plus...) 4. Oui, mes camarades de classe sont aussi intelligents que moi. (Non, ils sont plus/moins...) 5. Oui, mes professeurs sont aussi sympathiques qu'eux. (Non, ils sont plus/moins...) 6. Oui, je suis aussi équilibré(e) que lui / qu'elle. (Non, je suis moins/plus...) 7. Oui, ils sont plus courageux que moi. (Non, ils sont moins/aussi...) **Ex. 3.** 1. Oui, j'ai dîné avec lui. (Non, je n'ai jamais dîné avec lui.) 2. Si, je me suis disputé(e) avec eux. (Non, je ne me suis jamais disputé[e] avec eux.) 3. Oui, j'ai fait du travail supplémentaire pour lui/elle. (Non,...) 4. Oui, j'ai fait des courses pour eux/elles. (Non,...) 5. Oui, je me suis fâché(e) avec lui/elle. (Non,...) 6. Oui, j'ai joué au tennis avec eux/elles. (Non,...) **Ex. 4.** 1. Lui et elle, ils vont au cinéma. 2. Elle et lui, ils lisent le journal tous les jours. 3. Eux et nous, nous aimons Astérix. 4. Elle et lui, ils sont vedettes. 5. Toi et moi, nous paniquons avant les examens. 6. Lui et elle, ils ont du talent. 7. Elle et lui, ils sont dynamiques. **Ex. 5.** 1. Il était couturier. 2. Elle était physicienne. 3. Il était empereur. 4. Elle était femme-écrivain. 5. Il est chanteur. 6. Il était homme d'État. **Ex. 6.** *Answers may vary.* 1. C'est un professeur de lycée. C'est la femme de Victor. (C'est la sœur de Bernard) 2. C'est une infirmière. C'est la femme de Bernard. 3. C'est un ingénieur. C'est le fils de Francis Lasalle. (C'est le

frère de Claudine.) 4. C'est une étudiante en hôtellerie. C'est la sœur de Marise. 5. C'est un petit garçon. C'est le frère de Clarisse. 6. C'est un étudiant à l'Université Paris VII. C'est l'ami d'Agnès Rouet. **Ex. 7.** 1. Julien habite à la Défense depuis quatre ans. 2. Sa mère est à Paris depuis cinq ans. 3. Julien travaille pour TF1 depuis sept ans. 4. Il connaît Bernard depuis huit ans. 5. Julien fait de la voile depuis douze ans. **Ex. 8.** *Answers will vary.* 1. Je fais des études à l'université depuis (deux ans). 2. J'habite (à la cité universitaire). J'y habite depuis (un an). 3. Mes parents habitent (à la campagne). Ils y habitent depuis (vingt-cinq ans). 4. J'étudie le français depuis (six mois). 5. J'ai mon permis de conduire depuis (l'année dernière). J'ai ma propre voiture depuis (l'année dernière). **Ex. 9.** 1. Est-ce que tu te coucheras tôt ce soir? Oui, je me coucherai tôt ce soir. (Non, je ne me coucherai pas...) Et toi? 2. Est-ce que tu dormiras jusqu'à 10 h demain? Oui, je dormirai... (Non, je ne dormirai pas...) 3. Est-ce que tu finiras tous tes devoirs avant le week-end? Oui, je finirai... (Non,...) 4. Est-ce que tu réussiras à tous tes examens ce semestre? Oui, je réussirai à... (Non,...) 5. Est-ce que tu sortiras ce week-end? Oui, je sortirai... (Non,...) 6. Est-ce que tu gagneras beaucoup d'argent cet été? Oui, je gagnerai... (Non,...) 7. Est-ce que tu achèteras une voiture cette année? Oui, j'achèterai... (Non,...) 8. Est-ce que tu prendras des vacances la semaine prochaine? Oui, je prendrai... (Non,...) **Ex. 10.** 1. serons 2. ferons 3. recevrons 4. verrons 5. aurons 6. saurons, pourrons **Ex. 11.** 1. aura 2. sera 3. gagnera 4. iront 5. devra 6. pourront 7. fera 8. épatera 9. découvrira 10. ira 11. reviendra 12. ouvrira 13. irons 14. deviendra 15. écrira 16. aura 17. s'appellera **Ex. 12.** 1. Tu seras heureux quand tu réussiras à l'examen demain. 2. Tu seras très surpris quand tu recevras un A en cours de français. 3. Tu seras surpris quand tes amis t'inviteront à sortir ce week-end. 4. Tu seras étonné quand tu auras assez d'argent pour payer tes études. 5. Tu seras surpris quand tu finiras ton devoir d'histoire ce soir.

CHAPITRE 10

Ex. 1. 1. Il faut que je passe à la banque. 2. Il faut que j'écrive des instructions pour la voisine. 3. Il faut que je visite un site Web marocain. 4. Il faut que je choisisse une nouvelle valise. 5. Il faut que je lise le guide touristique sur le Maroc. 6. Il faut que je finisse ma dissertation de français. 7. Il faut que je rende des livres à la bibliothèque. 8. Il faut que j'organise mes affaires. **Ex. 2.** 1. Il faut que nous demandions si le vol va partir à l'heure. 2. Il faut que nous achetions des magazines. 3. Il ne faut pas que nous oubliions la valise en consigne. 4. Il faut que nous téléphonions aux enfants ce soir. 5. Il faut que nous écrivions une carte postale à Julien demain. 6. Il ne faut pas que nous laissions nos chèques de voyage dans la valise. 7. Il faut que nous relisions les brochures. 8. Il faut que nous nous reposions dans l'avion. 9. Il est essentiel que nous obéissions aux règles de la route. (Il n'est pas essentiel que nous obéissions aux règles de la route.) **Ex. 3.** *Answers will vary.* 1. Il est important que je connaisse des gens du pays. 2. Il faut que j'écrive à mes amis et à ma famille. 3. Il vaut mieux que je dorme bien chaque nuit. 4. Il n'est pas essentiel que je voyage dans une voiture confortable. 5. Il n'est pas indispensable que j'achète des beaux souvenirs. 6. Il faut que je rapporte beaucoup de belles photos. 7. Il n'est pas indispensable que je sorte tous les soirs. 8. Il ne faut pas que j'organise des projets à l'avance. 9. Il est essentiel que nous obéissions aux règles de la route. (Il n'est pas essentiel que nous obéissions aux règles de la route.) **Ex. 4.** 1. Il ne faut pas que tu boives beaucoup d'alcool. 2. Il ne faut pas que tu ailles dans les mauvais quartiers le soir. 3. Il ne faut pas que tu sortes seul(e). 4. Il faut que tu t'endormes à une heure raisonnable. 5. Il ne faut pas que tu fasses du bruit à l'hôtel. 6. Il faut que tu sois ponctuel(le). 7. Il faut que tu aies ton passeport sur toi à tout moment. 8. Il faut que tu nous écrives souvent. 9. Il faut que tu prennes tes vitamines. **Ex. 5.** *Answers may vary.* 1. Est-ce qu'il vaut mieux que je prenne les billets à l'aéroport ou que je les télécharge sur Internet? Il vaut mieux que vous les téléchargiez sur Internet pour éviter de longues queues à l'aéroport. (Il vaut mieux que vous preniez les billets à l'aéroport.) 2. Est-ce qu'il vaut mieux que je mette mon passeport dans ma petite valise ou dans ma poche? Il vaut mieux que vous le mettiez dans votre poche, parce qu'il faut que vous le montriez à la douane. (Il vaut mieux que vous le mettiez dans votre petite valise pour ne pas le perdre.) 3. Est-ce qu'il vaut mieux que je sois à l'aéroport trois heures avant le départ ou non? Il vaut mieux que vous arriviez trois heures avant le départ. Ainsi, vous aurez le temps de passer par le contrôle de sûreté. (Il vaut mieux que vous arriviez deux heures avant votre départ. Comme ça, vous n'aurez pas besoin d'attendre longtemps.) 4. Est-ce qu'il vaut mieux que je boive beaucoup ou non, pendant le voyage en avion? Il vaut mieux que vous buviez beaucoup pour ne pas être déshydraté(e). (Il vaut mieux que vous ne buviez pas beaucoup de liquides.) 5. Est-ce qu'il vaut mieux que j'utilise des chèques de voyage ou une carte de crédit? Il vaut mieux que vous utilisiez des chèques de voyage. Ainsi, si vous les perdez, vous pourrez les remplacer facilement. (Il vaut mieux que vous utilisiez une carte

de crédit. C'est plus pratique.) 6. Est-ce qu'il vaut mieux que j'aie du liquide (de l'argent) pour laisser des pourboires? Oui, il vaut mieux que vous en ayez pour laisser des pourboires. (Il vaut mieux que vous n'ayez pas trop de liquide. Mettez le pourboire sur votre carte de crédit.) 7. Est-ce qu'il vaut mieux que je fasse mes valises deux ou trois jours avant ou à la dernière minute? Il vaut mieux que vous les fassiez deux ou trois jours avant pour ne rien oublier. (Il vaut mieux que vous ne les fassiez pas trop tôt si vous voulez que vos vêtements soient en bon état.) 8. Est-ce qu'il vaut mieux que j'aille prendre des brochures à l'agence de voyages ou que j'imprime des pages Web? Il vaut mieux que vous alliez à l'agence de voyages. (Il vaut mieux que vous imprimiez des pages Web.) **Ex. 6.** *Answers will vary.* 1. Un jeune homme (Une jeune fille) de 18 ans conduit trop vite. Il/Elle respecte rarement le code de la route. 2. Les chauffeurs de taxi conduisent prudemment. En général, ils respectent le code de la route. 3. Mon meilleur ami (Ma meilleure amie) conduit bien. Il/Elle respecte toujours le code de la route. 4. Mes copains conduisent comme des fous. Ils respectent rarement le code de la route. 5. Les personnes âgées conduisent lentement. Elles respectent toujours le code de la route. 6. Les gens de ma ville conduisent assez bien. En général, ils respectent le code de la route. 7. Un agent de police conduit bien. Il respecte toujours le code de la route. 8. Je conduis prudemment. Je respecte toujours le code de la route. **Ex. 7.** 1. Est-ce que tu le lui donnes? Oui, je le lui donne. (Non, je ne le lui donne pas.) 2. Est-ce que tu le leur montres? Oui, je le leur montre. (Non, je ne le leur montre pas.) 3. Est-ce que tu les lui laisses? Oui, je les lui laisse. (Non, je ne les lui laisse pas.) 4. Est-ce que tu la lui prêtes? Oui, je la lui prête. (Non, je ne la lui prête pas.) 5. Est-ce que tu lui en donnes? Oui, je lui en donne. (Non, je ne lui en donne pas.) 6. Est-ce que tu lui en demandes? Oui, je lui en demande. (Non, je ne lui en demande pas.) 7. Tu lui en offres? Oui, je lui en offre. (Non, je ne lui en offre pas.) 8. Tu leur en laisses? Oui, je leur en laisse. (Non, je ne leur en laisse pas.) **Ex. 8.** 1. le plus 2. le plus, le moins 3. le plus 4. les plus, les moins 5. les plus, les plus 6. le plus **Ex. 9.** 1. Le polyester coûte le moins cher. 2. Le nylon se lave le mieux. 3. Les diamants coûtent le plus cher. 4. La porcelaine se casse le plus facilement. 5. Le cuir s'utilise le moins dans les vêtements pour enfants. **Ex. 10.** 1. Le Cameroun a le plus d'habitants francophones. La Guinée en a le moins. 2. La Belgique a le plus d'habitants francophones. Le Luxembourg en a le moins. 3. Le Québec a le plus d'habitants francophones. Le Nouveau-Brunswick en a le moins. **Ex. 11.** *Answers may vary.* 1. Laquelle de ces montres préfères-tu? d (Celle en or parce que...)

2. Laquelle de ces bagues préfères-tu? c 3. Lequel de ces portefeuilles préfères-tu? a 4. Lequel de ces foulards préfères-tu? e 5. Lequel de ces vases préfères-tu? b **Ex. 12.** *Answers may vary.* 1. ceux, ceux / Moi, je préfère ceux qui sont personnalisés (qui coûtent cher). 2. celles, celles / Moi, je préfère celles qui sont comiques. 3. celles, celles / Moi, je préfère celles qui sont plus discrètes. 4. ceux, ceux / Moi, je préfère ceux en cuir. 5. ceux, ceux / Moi, je préfère ceux qui sont confortables.

CHAPITRE 11

Ex. 1. *Answers will vary.* 1. aurait / Oui, c'est vrai, parce qu'on n'aurait pas d'exemples de crimes violents. (Non, ce n'est pas vrai...) 2. lirais / C'est vrai, parce que je ne serais pas aussi distrait(e) par la télévision. (Non,...) 3. seraient / C'est vrai, parce qu'ils passeraient plus de temps à faire de l'exercice. (Non,...) 4. saurions / Ce n'est pas vrai, parce que nous aurions encore des journaux et des ordinateurs! (C'est vrai...) 5. connaîtrait / Ce n'est pas vrai, parce qu'on pourrait lire des journaux et des livres. (C'est vrai...) 6. feraient / C'est vrai, parce qu'il n'y aurait pas de publicité. (Non,...) 7. dormirions / C'est vrai, parce que nous ne regarderions pas d'émissions à minuit. (Non,...) 8. iraient / Non, ce n'est pas vrai, parce qu'ils loueraient des DVD. (C'est vrai...) 9. achèterait / Non, ce n'est pas vrai, parce qu'on pourrait lire des journaux sur Internet. (C'est vrai...) 10. dépenseraient / Oui, c'est vrai, parce qu'elles n'auraient pas les mêmes possibilités que la télévision offre. **Ex. 2.** 1. Pourriez 2. auriez 3. voudrais 4. pourriez 5. devrais 6. pourrais 7. Sauriez **Ex. 3.** 1. Dans un monde idéal, on pourrait toujours croire ce qu'on vous dit. 2. Dans un monde idéal, nous ne serions pas influencés par des messages subtils ou subliminaux. 3. Dans un monde idéal, on ne profiterait jamais de la crédulité des gens. 4. Dans un monde idéal, les gens ne dépenseraient pas beaucoup d'argent pour des produits inutiles. 5. Dans un monde idéal, le travail occuperait une moins grande partie de notre vie. 6. Dans un monde idéal, il y aurait assez d'emplois pour tous ceux qui veulent travailler. 7. Dans un monde idéal, mentir ne serait jamais utile. **Ex. 4.** 1. C'est le magazine dont je parlais l'autre jour. 2. C'est le livre dont on discutait à la télé. 3. C'est un metteur en scène dont je connais d'autres films. 4. C'est une vedette dont j'ai vu tous les films. 5. C'est un titre dont je ne me souviens jamais. **Ex. 5.** 1. Ce qui: c 2. Ce qui: f 3. Ce que: d 4. Ce qui: e 5. Ce qu': b 6. Ce qu': a 7. Ce qui: f 8. Ce qu': e **Ex. 6.** 1. ce qu' 2. ce qui 3. Ce qui 4. ce qu' 5. ce qui 6. ce qu' 7. ce qui 8. ce dont **Ex. 7.** 1. Aie quelque chose à dire sur ta page Web. 2. Ne fais pas une liste de listes. 3. Rappelle-toi que tes visiteurs n'ont pas tous une connexion puissante.

(Et ne fournis pas trop d'informations sur la même page.) 4. Vérifie tes liens pour éliminer les mauvais liens. 5. Permets les commentaires par courriel sur ta page. 6. Améliore constamment tes connaissances en HTML. 7. Sois créatif/créative malgré toutes ces directives. **Ex. 8.** 1. Montrez-leur donc comment... 2. ...bloquez les fentes de CD/DVD, rangez le clavier et mettez la souris en cage. 3. N'apportez votre travail à la maison qu'en cas... 4. Asseyez-vous souvent avec vos enfants... 5. ...sachez où ils vont... 6. Donnez-leur une chaise confortable. Essayez aussi de placer... **Ex. 9.** 1. C'est une bonne idée. Posez-en. (Ce n'est pas nécessaire. N'en posez pas.) 2. C'est une bonne idée. Vérifiez-la. (Regardez-la.) (Ce n'est pas nécessaire. Ne la vérifiez pas. [Ne le regardez pas.]) 3. C'est une bonne idée. Appréciez-la. (Ce n'est pas nécessaire. Ne l'appréciez pas.) 4. C'est une bonne idée. Vérifiez-le. (Ce n'est pas nécessaire. Ne le vérifiez pas.) 5. C'est une bonne idée. Groupez-les. (Ce n'est pas nécessaire. Ne les groupez pas.) 6. C'est une bonne idée. Parlez-en. (Ce n'est pas nécessaire. N'en parlez pas.) **Ex. 10.** 1. Si je voulais vraiment acheter quelque chose, je serais (ne serais pas) très impatient(e). 2. Si j'étais déprimé(e), j'aurais (je n'aurais pas) envie de faire des achats. 3. Si j'avais envie de faire des achats, je laisserais (ne laisserais pas) mes cartes de crédit à la maison. 4. Si je faisais beaucoup d'achats, je serais encore plus (ne serais plus) déprimé(e). 5. Si j'achetais quelque chose de cher, j'irais (je n'irais pas) dans tous les magasins pour trouver le meilleur prix. 6. Si je n'aimais pas quelque chose, je le rendrais (ne le rendrais pas) au magasin.

CHAPITRE 12

Ex. 1. 1. Oui, il/elle voudrait que je fasse plus de sport. (Non, il/elle ne voudrait pas que... / Ça lui est égal.) 2. Oui, il/elle voudrait que je dorme moins. (Non, il/elle ne voudrait pas que... / Ça lui est égal.) 3. Oui, il/elle voudrait que je perde du poids. (Non,...) 4. Oui, il/elle voudrait que je sois plus sérieux/sérieuse dans mes études. (Non,...) 5. Oui, il/elle voudrait que je dépense moins d'argent. (Non,...) 6. Oui, il/elle voudrait que je devienne médecin. (Non,...) 7. Oui, il/elle voudrait que je puisse le/la voir plus souvent. (Non,...) **Ex. 2.** *Answers may vary.* 1. Oui, je demanderais qu'on enlève toutes...

(Non, je ne demanderais pas...) 2. Je désire qu'on serve des plats végétariens... (Non, je ne désire pas...) 3. J'aimerais qu'on installe une salle... (Non, je n'aimerais pas...) 4. Je préférerais que l'université dépense moins d'argent... (Non, je ne préférerais pas...) 5. Oui, j'aimerais que les cours ne commencent pas avant 9 h... (Non, je n'aimerais pas que...) 6. Oui, je demanderais que les examens de fin d'année soient mieux espacés. (Non, je ne demanderais pas que...) **Ex. 3.** 1. n'avais pas, n'ai rien mangé 2. avais, me suis endormie 3. me sentais, ai dû 4. devais, n'ai pas pu 5. n'avais pas, n'ai pas téléphoné 6. voulais, ai dû **Ex. 4.** 1. c / On peut soulager les yeux enflammés en mettant des gouttes. Oui, c'est vrai. (Non,...) 2. a/ On peut transmettre des microbes en toussant et en éternuant. Oui, c'est vrai. 3. b / On peut éviter les rhumes en prenant beaucoup de vitamine C. Oui, c'est vrai. (Non,...) 4. e / On peut guérir une grippe en mangeant de la soupe au poulet. Oui, c'est vrai. (Non,...) 5. d / On peut arrêter le hoquet en se mettant un sac sur la tête. Non, ce n'est pas vrai. (Oui,...) **Ex. 5.** 1. viennent d' 2. venez de 3. venons d' 4. vient d' 5. viennent d' **Ex. 6.** 1. était, faisait, avait 2. avons décidé 3. avons mis, sommes partis 4. était, glissaient 5. sommes arrivés 6. suis tombé, me suis cassé 7. n'avais 8. avons dû, étions (avons été) **Ex. 7.** 1. était 2. avais 3. j'ai pris 4. étais 5. n'ai pas trouvé 6. j'ai pris 7. était 8. avait 9. était 10. s'avançait 11. J'ai mal estimé 12. a touché 13. cherchais 14. ai entendu 15. était 16. pensait 17. j'allais

CHAPITRE 13

Ex. 1. 1. se sont rencontrés 2. se sont détestés 3. se revoir 4. se sont rencontrés 5. se sont aidés 6. se quitter 7. s'entendent **Ex. 2.** 1. nous nous disons 2. vous vous écoutez 3. se parlent 4. se téléphonent 5. nous nous invitons 6. s'écrivent **Ex. 3.** 1. patiemment 2. sérieusement 3. nerveusement 4. attentivement 5. élégamment 6. (très) calmement 7. discrètement **Ex. 4.** *Answers may vary.* 1. C'est regrettable que les jeunes et les vieux ne s'entendent pas bien. 2. C'est inévitable que les jeunes ne fassent pas attention aux conseils de leurs parents. 3. C'est regrettable que les jeunes ne puissent pas profiter de l'expérience de leurs aînés. 4. C'est regrettable que nous soyons obligés de répéter les erreurs de

nos parents. 5. C'est rare qu'un jeune Américain ait envie d'habiter longtemps chez ses parents. 6. C'est regrettable que les personnes âgées ne croient plus pouvoir contribuer à la société. 7. C'est honteux (étonnant) qu'un certain nombre de personnes âgées soient abandonnées par leurs enfants. **Ex. 5.** 1. Je suis triste que tes parents soient séparés. 2. Je suis désolée que ton grand-père soit à l'hôpital. 3. C'est dommage que tu n'aies pas encore ton baccalauréat. 4. Il est regrettable que tu doives repasser tes examens le mois prochain. 5. Je suis heureuse que tous tes amis partent à l'étranger cet été. 6. Je regrette que toi, tu ne puisses pas y aller. 7. Je suis désolée que tu te sentes vraiment triste. **Ex. 6.** 1. b / avait perdu 2. e / avait oublié 3. a / avait bu 4. d / avait oublié 5. c / avait mangé **Ex. 7.** 1. était parti 2. l'avait oubliée 3. avait vendu 4. avait vu 5. s'était déjà couchée **Ex. 8.** 1. La mienne est propre (sale). La sienne est propre (sale). 2. La mienne est en ordre (en désordre). La sienne est en ordre (en désordre). 3. Les miens sont chic (pratiques). Les siens sont chic (pratiques). 4. Le mien / La mienne est facile (difficile) à vivre. Le sien / La sienne est facile (difficile) à vivre. 5. Les miennes sont très bonnes (moyennes). Les siennes sont très bonnes (moyennes).

CHAPITRE 14

Ex. 1. 1. auraient dû 2. aurions dû 3. auriez dû 4. aurait dû 5. aurais dû 6. aurais dû **Ex. 2.** 1. n'aurais pas acheté 2. aurait été 3. n'aurait pas jeté 4. aurais pu 5. ne serais pas rentré 6. te serais rendu compte **Ex. 3.** 1. à moins que 2. à condition que 3. Bien que 4. jusqu'à ce que 5. quoique 6. pour que **Ex. 4.** *Answers may vary.* 1. a. C'est possible que les étudiants de mon université suivent... b. C'est impossible que les étudiants de mon université suivent... 2. a. C'est impossible que tous les Américains parlent... b. C'est probable que tous les Américains parleront... 3. a. J'espère que nous éliminerons... b. C'est peu probable que nous éliminions... 4. a. Je pense que tout le monde travaillera... b. Ce n'est pas possible que tout le monde travaille... 5. a. C'est peu probable que toutes les familles du monde aient... b. C'est possible que toutes les familles du monde aient...

Vocabulaire français–anglais

This vocabulary contains French words and expressions used in this book, with their contextual meanings. The gender of nouns is indicated by the abbreviations *m.* and *f.* Both masculine and feminine forms of adjectives are shown.

All words and expressions from chapter vocabulary lists are included, with the exception of exact cognates. Conjugated verb forms, present participles, and regular past participles are not included. In general, regular adverbs do not appear if the adjectives upon which they are based are included (e.g., **lent[e], lentement**); regular past participles used as adjectives do not appear if the verbs upon which they are based are included (e.g., **varier, varié[e]**). Words beginning with aspirate *h* are preceded by an asterisk (*).

Abbreviations

A.	archaic	*fig.*	figurative	*pl.*	plural
ab.	abbreviation	*gram.*	grammar term	*p.p.*	past participle
adj.	adjective	*interj.*	interjection	*prep.*	preposition
adv.	adverb	*intr.*	intransitive	*pron.*	pronoun
art.	article	*inv.*	invariable	*Q.*	Quebec usage
conj.	conjunction	*irreg.*	irregular (verb)	*s.*	singular
f.	feminine noun	*lit.*	literary	*subj.*	subjunctive
fam.	familiar, colloquial	*m.*	masculine noun	*trans.*	transitive

à *prep.* to; at; in; with

abandonner to drop (*a course of study, a class*); to give up; to abandon, desert

abattre (*like* **battre**) *irreg.* to cut down (*trees*)

abîmer to damage; to spoil

abolir to abolish, do away with

abondance *f.* abundance

abonnement *m.* subscription; service contract

s'abonner (à) to subscribe (to)

aboutir (à) to end up (in)

abréger (j'abrège, nous abrégeons) to abbreviate, shorten

abri *m.* shelter; **mettre à l'abri de** to shelter from, shield from

abricot *m.* apricot

abriter to shelter; **s'abriter** to take shelter

abrupt(e) *adj.* abrupt; steep

absence *f.* absence; lack

absolu(e) *adj.* absolute

s'abstenir (*like* **tenir**) *irreg.* to abstain

abstrait(e) *adj.* abstract

absurde *adj.* absurd

abus *m.* abuse; misuse; **abus de la drogue** drug abuse

abuser de to misuse, abuse; **abuser des règlements** to break the rules

académie *f.* academy

Acadie *f.* Acadia (Nova Scotia)

acadien(ne) *adj.* Acadian; **Acadien(ne)** *m., f.* Acadian (*person*)

acajou *m.* mahogany

accéder (j'accède) (à) to access

accélérer (j'accélère) to accelerate

accentué(e) accentuated, stressed

accentuer to increase; to emphasize

accepter (de) to accept; to agree (to)

accès *m.* access; **accès limité** limited access

accessoires *m. pl.* accessories

accompagner to accompany

accomplir to accomplish, fulfill, carry out

accord *m.* agreement; **d'accord** all right, okay; **être d'accord** to agree, be in agreement; **se mettre d'accord** to reconcile, come to an agreement

accordéon *m.* accordion

accorder to grant, bestow, confer

accouchement *m.* childbirth

accro (*m., f.*) **du Web** web addict

accroché(e) *m., f., fam.* fanatic

accroissement *m.* **(de)** increase (in)

s'accroupir to squat, stoop over

accueil *m.* greeting, welcome; **page** (*f.*) **d'accueil** home page

accueillir (*like* **cueillir**) *irreg.* to welcome, greet

accumuler to accumulate

accusé(e) *m., f.* accused, defendant; **défendre les accusés** to defend the accused

achat *m.* purchase; **faire des achats** to go shopping

acheter (j'achète) to buy; **acheter des provisions** to buy groceries

acide *adj.* acid; tart, sour; *m.* acid; **pluie** (*f.*) **acide** acid rain

acidulé(e) *adj.* slightly acid, tart

acier *m.* steel

acquérir (*p.p.* **acquis**) *irreg.* to acquire, obtain

acte *m.* act

acteur/actrice *m., f.* actor/actress

actif/active *adj.* active; working

action *f.* action, gesture; **Jour** (*m.*) **d'action de grâce** Thanksgiving Day (*U.S., Canada*)

activité *f.* activity

actualité *f.* piece of news; news; current event; **suivre les actualités** to keep up with the news

actuel(le) *adj.* present, current

actuellement *adv.* now, at the present time

adapter to adapt; **s'adapter** to adapt (oneself)

addition *f.* bill, tab (*in a restaurant*)

adieu *interj.* farewell; **soirée** (*f.*) **d'adieu** farewell party, going-away party

adjectif *m.* adjective

admettre (*like* **mettre**) *irreg.* to admit, accept

administratif/administrative *adj.* administrative

administrer to administer

admiratif/admirative *adj.* admiring

admirer to admire; **s'admirer** to admire oneself, one another

adopter to adopt

adorer to adore, worship; to admire; to be fond of

adresse *f.* address; **adresse électronique** e-mail address

adresser to address, speak to; **s'adresser à** to speak to; to appeal to; to inquire

adulte *m., f.* adult

adverbe *m.* adverb

adverse *adj.*: **joueur** (*m.*) **adverse** player on the opposing team

adversaire *m., f.* opponent, adversary

aérobic *f.* aerobics; **faire de l'aérobic** to do aerobics

aéroport *m.* airport

affaire *f.* affair; (business) matter; *pl.* belongings; business; **chiffre** (*m.*) **d'affaires** total sales; **homme** (*m.*)/ **femme** (*f.*) **d'affaires** businessman/ woman

affecter to affect

affectueux/affectueuse *adj.* affectionate

affichage *m.*: **tableau** (*m.*) **d'affichage** display board

afficher to display, post

affirmatif/affirmative *adj.* affirmative

affirmation *f.* statement

affirmer to affirm, assert

affluence *f.* crowd(s)

affronter to confront, deal with, face

afin de *prep.* to, in order to; **afin que** *conj.* so, so that

africain(e) *adj.* African; **Africain(e)** *m., f.* African (*person*)

Afrique *f.* Africa

âge *m.* age; **le Moyen Âge** Middle Ages; **personne** (*f.*) **du troisième âge** senior citizen; **quel âge avez-vous?** how old are you?

âgé(e) *adj.* aged; old; elderly

agence *f.* agency; **agence bénévole** volunteer agency, organization; **agence de voyages** travel agency;

agence matrimoniale marriage/ dating service

agenda *m.* appointment book

agent *m.* agent; **agent conservateur** (food) preservative; **agent de police** police officer; **agent de voyages** travel agent; **agent immobilier** real-estate agent

aggraver to aggravate, worsen; **s'aggraver** to grow worse

agir to act, take action; **s'agir: il s'agit de** it is a question/matter of; it is about

agité(e) *adj.* agitated; hectic; **heures** (*f.*) **agitées** troubled times

agneau *m.* lamb; **gigot** (*m.*) **d'agneau** leg of lamb

agréable *adj.* pleasant, nice, agreeable

agréer to accept; **je vous prie d'agréer l'expression de mes sentiments distingués** yours truly

agressif/agressive *adj.* aggressive

agricole *adj.* agricultural, farming

agriculteur/agricultrice *m., f.* cultivator, farmer

ah bon? (ah oui?) *interj.* really? is that right?

aide *f.* help, assistance

aider (à) to help (to); to provide aid; **aider à la maison** to help around the house; **s'aider** to help one another

aigle (*m.*) eagle; **aigle royal** golden eagle

aigre *adj.* sour

aigu(ë) *adj.* acute; **accent** (*m.*) **aigu** acute accent

ail *m.* garlic

ailleurs *adv.* elsewhere; **d'ailleurs** *adv.* moreover; furthermore

aimable *adj.* likeable, friendly

aimer to like; to love; **aimer bien** to like; **aimer mieux** to prefer

aîné(e) *adj.* older, oldest (*child*)

ainsi *conj.* thus, so, such as; **ainsi que** *conj.* as well as, in the same way as

air *m.* air; look; tune; **avoir l'air (de)** to seem, appear; **en plein air** outdoors, in the open air; **hôtesse** (*f.*) **de l'air** flight attendant, stewardess

aise *f.* ease, comfort; **être mal à l'aise** to be uncomfortable; **se sentir à l'aise** to feel at ease

aisé(e) *adj.* comfortable; well-off; easy, effortless

ajouter to add

alcool *m.* alcohol; alcoholic beverage

alcoolisé(e) *adj.* alcoholic, containing alcohol

Algérie *f.* Algeria

algérien(ne) *adj.* Algerian; **Algérien(ne)** *m., f.* Algerian (*person*)

algue *f.* seaweed

aliéner (j'aliène) to alienate

aliment *m.* food, nourishment; food item

alimentaire *adj.* alimentary, pertaining to food; **chaîne** (*f.*) **alimentaire** food chain

alimentation *f.* food, feeding, nourishment; **magasin** (*m.*) **d'alimentation** food store

allaiter to nurse, breastfeed

allécher (j'allèche) to allure; to attract

allégé(e) *adj.* light, low-fat

Allemagne *f.* Germany

allemand(e) *adj.* German; *m.* German (*language*); **Allemand(e)** *m., f.* German (*person*)

aller *irreg.* to go; **aller** + *inf.* to be going to + *inf.*; **aller-retour** *m.* round-trip (*ticket*); **allons-y!** let's go!; **comment allez-vous?** how are you?; **s'en aller** to leave

allergie *f.* allergy

allergique *adj.* allergic

alliance *f.* union; wedding ring

s'allier (à) to be/become united, allied (with)

allô *interj.* hello (*phone greeting*)

allocation *f.* allotment; pension; **allocations familiales** *pl.* family subsidy

allongé(e) *adj.* stretched out, lying (down)

allumer to light (*a cigarette, a fire*); **allumer la télé** to turn on the TV

alors *adv.* then, in that case, therefore; **alors que** *conj.* while, whereas

Alpes *f. pl.* the Alps

alpin(e) *adj.* alpine; **ski** (*m.*) **alpin** downhill skiing

alpiniste *m., f.* mountaineer, climber

Alsace *f.* Alsace (*eastern French province*)

alsacien(ne) *adj.* Alsatian, from Alsace; *m.* Alsatian (*language*); **Alsacien(ne)** *m., f.* Alsatian (*person*)

altérer (j'altère) to alter, change

alternance *f.* alternation; **des cours en alternance** cooperative education

alterner to alternate

amateur *m.* **(d'art)** (art) lover

amazonien(ne) *adj.* Amazonian

ambassade *f.* embassy

ambiance *f.* atmosphere, surroundings

ambitieux/ambitieuse *adj.* ambitious

ambulant(e) *adj.* able to walk, traveling

âme *f.* soul; spirit

améliorer to improve, better;
s'améliorer to improve (oneself),
get better
aménagé(e) *adj.* laid out; set up
aménagement *m.* planning, development; **aménagement du territoire**
national and regional development
amende *f.* fine
amener (j'amène) to bring; to take
(*a person*)
amer/amère *adj.* bitter
américain(e) *adj.* American;
Américain(e) *m., f.* American
(*person*)
Amérindien(ne) *m., f.* American
Indian
Amérique *f.* America; **Amérique
centrale** Central America; **Amérique
du Nord (du Sud)** North (South)
America
ami(e) *m., f.* friend; **petit(e) ami(e)**
boyfriend/girlfriend
amitié *f.* friendship; **amitiés** your
friend, best wishes (*in correspondance*)
amour *m.* love
amoureux/amoureuse *adj.* in love;
**tomber amoureux/amoureuse
(de)** to fall in love (with)
amphi *m., fam.* **(amphithéâtre)**
amphitheater
amusant(e) *adj.* amusing, fun
amuser to entertain, amuse; **s'amuser
(à)** to have fun, have a good time
an *m.* year; **avoir (20) ans** to be (20)
years old; **jour** (*m.*) **de l'An** New
Year's Day; **nouvel an** New Year('s);
par an per year, each year; **tous les
ans** every year
analyse *f.* analysis
ananas *m.* pineapple
anarchiste *m., f.* anarchist
ancêtre *m., f.* ancestor
ancien(ne) *adj.* old, antique; former;
ancient
andouille *f. sausage made from pork tripe*
anesthésie *f.* anesthesia
anglais(e) *adj.* English; *m.* English
(*language*); **Anglais(e)** *m., f.* English
(*person*)
Angleterre *f.* England; **Nouvelle-
Angleterre** New England
anglicisme *m.* anglicism
anglophone *adj.* English-speaking
animal (*m.*) **domestique** *m.* pet
(*animal*)
animateur/animatrice *m., f.* host/
hostess (*radio, TV*)
animation *f.:* **film** (*m.*) **d'animation**
animated film
animé(e) *adj.* animated, lively; moti-
vated; **dessins** (*m. pl.*) **animés** (*film*)
cartoons

année *f.* year; **l'année dernière** last
year; **l'année prochaine** next
year; **l'année scolaire** academic,
school year; **les années cinquante
(soixante)** the fifties (sixties)
anniversaire *m.* anniversary; birthday
annonce *f.* announcement, ad; **petite
annonce** (classified) ad
annoncer (nous annonçons) to
announce, declare
annuaire *m.* phone book; directory
annuel(le) *adj.* annual, yearly
anonyme *adj.* anonymous
anorak *m.* windbreaker; ski jacket
antarctique *adj.* antarctic
antérieur(e): futur (*m.*) **antérieur**
gram. future perfect (tense)
antibiotique *m.* antibiotic
Antilles *f. pl.* the West Indies
antique *adj.* ancient; antique
antiquité *f.* antiquity; **magasin** (*m.*)
d'antiquités antique store
août August
apercevoir (*like* **recevoir**) *irreg.* to
catch a glimpse of
apéritif *m.* before-dinner drink,
aperitif
apolitique *adj.* apolitical
apothicaire *m.* pharmacist
Appalaches *m. pl.* Appalachian
mountains
apparaître (*like* **connaître**) *irreg.* to
appear
appareil *m.* apparatus; device; appli-
ance; **appareil photo (numérique)**
m. (digital) camera
apparemment *adv.* apparently
apparence *f.* appearance
apparenté(e) *adj.* related; **mot** (*m.*)
apparenté related word, cognate
apparition *f.* appearance
appartement *m.* (*fam.* **appart**)
apartment
appartenance *f.* belonging,
membership
appartenir (*like* **tenir**) **à** *irreg.* to
belong to
appelé(e) *adj.* called; named
appeler (j'appelle) to call; to name;
s'appeler to be named, called;
comment s'appelle-t-il/elle?
what's his/her name? **comment
vous appelez-vous?** what's your
name? **je m'appelle...** my name is . . .
appendicite *f.* appendicitis
s'appliquer à to apply to
apporter to bring; to furnish
apprécier to appreciate, value
appréhender to seize, arrest
apprendre (*like* **prendre**) *irreg.* to
learn; to find out; to teach;
apprendre à to learn (how) to

apprentissage *m.* apprenticeship
apprivoisé(e) *adj.* tame(d)
s'approcher de to approach, draw
near
approfondir to deepen; to increase
approprié(e) *adj.* appropriate, proper,
suitable
approximativement *adv.* approximately
appuyer (j'appuie) sur les freins to
step on the brakes
après *prep.* after; **après avoir (être)...**
after having (being) . . .; **après tout**
after all; **d'après** *prep.* according to
après-midi *m.* afternoon
aquatique *adj.* aquatic
arabe *adj.* Arabic, Arab; *m.* Arabic
(*language*); **Arabe** *m., f.* Arab (*person*)
Arabie (*f.*) **Saoudite** Saudi Arabia
arachide *f.* peanut
Arawaks *m. pl.* Arawaks (*indigenous
people of the Caribbean*)
arbre *m.* tree
arc *m.* arch
archéologie *f.* archeology
archipel *m.* archipelago
architecte *m., f.* architect
arête *f.* fish bone; **avaler une arête** to
swallow a fish bone
argent *m.* money; silver; **argent de
poche** allowance, pocket money;
déposer de l'argent to deposit
money
Argentine *f.* Argentina
argumenter to argue
Ariège *m.* Ariège district in the
Pyrenees (*southwestern France*)
arme *f.* weapon; **armes à feu** firearms;
armes nucléaires nuclear weapons
armée *f.* army
armer to arm; to equip
armement *m.* armament, arms
arménien(ne) *adj.* Armenian
arôme *m.* aroma
arranger (nous arrangeons) to
arrange; to accommodate
arrêt *m.* stop; **arrêt d'autobus** bus
stop
arrêter to stop; to arrest; **s'arrêter de**
to stop (oneself)
arrière-grands-parents *m. pl.* great-
grand-parents
arrivée *f.* arrival
arriver to arrive; to happen; **arriver à**
(+ *inf.*) to manage to, succeed in
arrondissement *m.* ward, section,
district
arroser to water (*plants*)
art *m.* art; **art dramatique** theater;
beaux-arts *m. pl.* fine arts; **arts du
spectacle** performing arts **œuvre**
(*f.*) **d'art** work of art

l'argent (handwritten)

artère *f.* artery
arthrose *f.* osteoarthritis
articulation *f.* joint (*limb*)
artifice *m.* artifice, scheme, strategy; **feu** (*m.*) **d'artifice** fireworks
artificiel(le) *adj.* artificial; synthetic
artisanat *m.* artisans
artiste *m., f.* artist
artistique *adj.* artistic
ascenseur *m.* elevator
Ascension *f.* Ascension Day (*public and religious holiday in France*)
asiatique *adj.* Asian
Asie *f.* Asia
asperge *f.* asparagus
aspirateur *m.* vacuum cleaner; **passer l'aspirateur** to vacuum
aspirine *f.* aspirin
assaisonner to season
assemblée *f.* assembly; **Assemblée nationale** French national assembly
asseoir (*p.p.* **assis**) *irreg.* to seat; **asseyez-vous** sit down; **s'asseoir** to sit down
assez (de) *adv.* enough; rather; quite; **j'en ai assez pris** I've had enough
assiette *f.* plate
assistant(e) *m., f.* assistant; helper; teaching assistant
assister à to attend, go to; to be present at (*concert, etc.*)
associer to associate
assorti(e) *adj.* assorted
assumer to assume; to take on; to fulfill
assurance *f.* insurance; **assurance maladie** health insurance
assuré(e) *adj.* ensured, assured
assurer to insure; to assure; **s'assurer** to make sure, check
astronaute *m., f.* astronaut
astronome *m., f.* astronomer
astronomie *f.* astronomy
athée *m., f.* atheist
Athènes Athens
Atlantide *f.* Atlantis
atlantique *adj.* Atlantic; **Atlantique** *m.* Atlantic Ocean
atmosphère *f.* atmosphere
atome *m.* atom
atomique *adj.* atomic
attacher to tie; to attach; to buckle
attaquer to attack; **s'attaquer à** to attack; to tackle (*a problem*)
atteindre (*like* **craindre**) *irreg.* to attain; to reach, arrive at
atteint(e) *adj.* affected (by); stricken; **atteinte** *f.* attack
attendre to wait; to wait for; to expect
attente *f.* wait; expectation; **salle** (*f.*) **d'attente** waiting room

attentif/attentive *adj.* attentive
attention *f.* attention; **attention à** *interj.* watch out for; **attirer l'attention** to attract attention; **faire attention à** to pay attention to
attirer to attract; to draw; **attirer l'attention** (*f.*) to attract attention
attrait *m.* attraction; charm
attraper to catch; **attraper un rhume** to catch a cold
attribuer to attribute
auberge *f.* inn; **auberge de jeunesse** youth hostel
aubergine *f.* eggplant
aucun(e) (ne... aucun[e]) *adj., pron.* none; no one, not one, not any; **aucune idée!** I've no idea!
audacieux/audacieuse *adj.* daring, audacious
augmentation *f.* increase, raise
augmenter to increase, raise; to rise
aujourd'hui *adv.* today; nowadays; at present; **aujourd'hui encore** still
auparavant *adv.* previously
auprès de *prep.* with, for
aussi *adv.* too, also; so; as; **aussi... que** as . . . as; **moi aussi** me too
aussitôt *conj.* immediately, at once; **aussitôt que** as soon as
austral(e) *adj.* southern, austral
Australie *f.* Australia
australien(ne) *adj.* Australian; **Australien(ne)** *m., f.* Australian (*person*)
autant *adv.* as much, so much, as many, so many; **autant de** as many . . . as; **autant que** *conj.* as much as, as many as; **d'autant plus** all the more
auteur *m.* author
authentique *adj.* authentic, genuine
auto *f.* car, auto; **auto-école** *f.* driving school; **faire de l'auto-stop** to hitch-hike; **salon** (*m.*) **de l'auto** auto show
autobus (*fam.* **bus**) *m.* bus; **arrêt** (*m.*) **d'autobus** bus stop; **ligne** (*f.*) **d'autobus** bus line
autocar *m.* (interurban) bus
autographe *m.* autograph
automne *m.* autumn, fall; **en automne** in autumn
autonome *adj.* autonomous
autonomie *f.* autonomy
autorisation *f.* permission; authorization
autoriser to allow; to authorize
autoritaire *adj.* authoritarian
autorité *f.* authority; **faire autorité** to be authoritative, be accepted as an authority

autoroute *f.* freeway
autour (de) *prep.* around
autre *adj., pron.* other; another; **autre chose** *f.* something else; **d'autres** other(s); **l'un(e) l'autre** one another; **ni l'un(e) ni l'autre** neither one; **quelqu'un d'autre** somebody, someone else
autrefois *adv.* in the past; **d'autrefois** of the past; past
autrement *adv.* otherwise
Autriche *f.* Austria
autrichien(ne) *adj.* Austrian; **Autrichien(ne)** *m., f.* Austrian (*person*)
autrui *pron.* others (*pl. of* **autre**)
avaler to swallow
avance *f.* advance; **à l'avance** beforehand; **d'avance** in advance; **en avance** early
avancement *m.* promotion; advancement
avancer (nous avançons) to approach; *trans.* to advance, move up
avant *adv.* before (*in time*); *prep.* before, in advance of; *m.* front; **avant de** *prep.* before; **avant que** *conj.* before
avantage *m.* advantage, benefit; **avantages sociaux** benefits (*for a job*)
avantager (nous avantageons) to favor, give an advantage to
avec *prep.* with
avenir *m.* future; **à l'avenir** in the future, henceforth
aventure *f.* adventure; **film** (*m.*) **d'aventure(s)** adventure movie
avertir to warn
avilir to degrade, debase, demean
avion *m.* airplane; **en avion** by plane
avis *m.* opinion; **à son (mon, votre) avis** in his/her (my, your) opinion
avocat *m.* avocado
avocat(e) *m., f.* lawyer; **cabinet** (*m.*) **d'avocats** lawyers' practice
avoir (*p.p.* **eu**) *irreg.* to have; *m. s.* holdings, assets; **avoir à** to have to, be obliged to; **avoir (20) ans** to be (20) years old
avortement *m.* abortion
avouer to confess, admit
avril April; **poisson** (*m.*) **d'avril** April Fool's joke
azur *m.* azure, blue; **Côte** (*f.*) **d'Azur** French Riviera

babillard(e) *m., f.* chatterbox; *m.* chatroom
baccalauréat (*fam.* **bac**) *m.* French secondary school degree
bachelier/bachelière *m., f.* holder of the secondary school degree (**baccalauréat**)

bagages *m. pl.* luggage; **enregistrer les bagages** to check in luggage; **l'excédent** (*m.*) **de bagages** excess baggage

bagagiste *m.* porter

bague *f.* ring (*jewelry*)

baguette *f. long thin loaf of French bread*, baguette

baie *f.* bay

baigner to bathe; **se baigner** to take a bath; to swim

baignoire *f.* bathtub

bâiller to yawn

bain *m.* bath; **prendre un bain** to take a bath; **salle** (*f.*) **de bain(s)** bathroom

baisser to lower

bal *m.* dance, ball

se balader to stroll

baladeur *m.* portable player; **baladeur MP3** portable MP3 player

balafon *m.* balafon (*type of xylophone from West Africa*)

balai *m.* broom, brush; **balai d'essuie-glace** windshield wiper blade

balancer (nous balançons) à la poubelle *fam.* to chuck in the garbage; to abandon

balcon *m.* balcony

ballerines *f. pl.* flat shoes, slippers

ballon *m.* ball (*inflated*); balloon

banane *f.* banana

banc: au banc des accusés on trial, on the stand

bande *f.* group; gang; **bande dessinée** comic strip; *pl.* comics; **en bande** in a group

banlieue *f.* suburbs; **en banlieue** in the suburbs

banni(e) (de) *adj.* banished, banned (from)

banque *f.* bank

baptême *m.* baptism

baptiser to baptize, christen

baquet *m.* tub

barbant: c'est barbant *fam.* it's really boring

barbe *f.* beard

barde *m.* bard

barman *m.* bartender

barrière *f.*: **barrière de sécurité** firewall; **récif-barrière** (*m.*) barrier reef

bas(se) *adj.* low; *m.* stocking(s); **bas de nylon** nylon stocking(s); **en bas** at the bottom, below; **là-bas** *adv.* over there; **Pays-Bas** *m. pl.* Holland, the Netherlands; **table** (*f.*) **basse** coffee table

base *f.* basis; **à base de produits naturels** natural-based products

basilic *m.* basil

basilique *f.* basilica

basket *m., fam.* basketball; **jouer au basket** to play basketball

basque *adj.* Basque; *m.* Basque (*language*); **Basque** *m., f.* Basque (*person*); **pays** (*m.*) **Basque** the Basque country

bastide *f.* country house (*in Provence*)

bataille *f.* battle

bateau *m.* boat; **en bateau** by boat, in a boat; **faire du bateau** to go boating

bâtiment *m.* building

bâtir to build

batterie *f.* battery (*car*)

battre (*p.p.* **battu**) *irreg.* to beat; **se battre (avec)** to fight (with)

bavarder to chat; to talk

beau (bel, belle [beaux, belles]) *adj.* beautiful; handsome; **beaux-arts** *m. pl.* fine arts; **il fait beau** it's nice (weather) out

beaucoup *adv.* much, many

beau-fils *m.* son-in-law; stepson

beau-frère *m.* brother-in-law

beau-père *m.* father-in-law; stepfather

beauté *f.* beauty

beaux-arts *m. pl.* fine arts

bébé *m.* baby

bec *m.* beak; spout

belge *adj.* Belgian; **Belge** *m., f.* Belgian (*person*)

Belgique *f.* Belgium

belle-fille *f.* daughter-in-law; stepdaughter

belle-mère *f.* mother-in-law; stepmother

belle-sœur *f.* sister-in-law

bénéficier de (certains avantages) to have, enjoy (certain advantages)

bénéfique *adj.* beneficial

bénévole: agence (*f.*) **bénévole** volunteer agency, organization

Bénin *m.* Benin

béquille *f.* crutch

berbère *adj.* Berber

besoin *m.* need; **avoir besoin de** to need

bête *adj.* silly; stupid, dumb

bêtise *f.* foolishness; foolish thing; **quelle bêtise** *interj.* how silly

betterave *f.* beet

Beur/Beurette *m., f., fam. young North African born in France*

beurre *m.* butter; **beurre de cacahuètes** peanut butter

beurré(e) *adj.* buttered

biais: par le biais de by means of

bibelot *m.* trinket

biberon *m.* baby bottle

bibliothèque *f.* library

biculturel(le) *adj.* bicultural

bicyclette *f.* bicycle; **faire de la bicyclette** to ride a bike; **promenade** (*f.*) **à bicyclette** bicycle ride

bien *adv.* well, quite; comfortable; *m. pl.* goods, belongings; **bien que** *conj.* (+ *subj.*) although; **bien sûr** *interj.* of course; **eh bien!** *interj.* well!; **merci bien** thanks a lot; **ou bien** or else

bien-être *m.* well-being; welfare

bientôt *adv.* soon; **à bientôt!** *interj.* see you soon!

bienvenu(e): être le/la bienvenu(e) to be (most) welcome; **bienvenue** *f.* welcome

bière *f.* beer

bifteck *m.* steak

bijou *m.* jewel

bijouterie *f.* jewelry

bijoutier/bijoutière *m., f.* jeweler

bilingue *adj.* bilingual

bilinguisme *m.* bilingualism

billard *m. s.* billiards, pool; **jouer au billard** to play pool

billet *m.* ticket; **billet aller-retour** roundtrip ticket

bio *adj. inv.* organic (*produce*)

biodégradable *adj.* biodegradable

biodiversité *f.* biodiversity

biologie *f.* biology

biologique (*fam. inv.* **bio**) organic, natural (*foods, etc.*); biological

biscotte *f. type of cracker*

biscuit (sec) *m.* cookie

bissap *m.* bissap (*Senegalese term for hibiscus flower*)

blague *f.* joke; **sans blague!** no kidding!

blanc(he) *adj.* white; **blanc** (*m.*) **d'œuf** egg white; **blanc** (*m.*) **de poulet** breast of chicken

blessé(e) *adj.* wounded, injured; *m., f.* wounded person

blesser to injure; **se blesser** to get injured

blessure *f.* wound

bleu(e) *adj.* blue

bloc *m.* block; **en bloc** as a whole

blocage *m.* block

blond(e) *adj.* blond

bloguer to blog

bloquer to block

blotti(e) *adj.* nestled, huddled up

blouson *m.* windbreaker; jacket

blue-jean *m. s.* jeans

bœuf *m.* beef; ox; **bœuf haché** ground beef; **rôti** (*m.*) **de bœuf** roast beef

boire (*p.p.* **bu**) *irreg.* to drink

bois *m.* wood; forest; **en bois** wooden

boisé(e) *adj.* wooded, woody

boisson *f.* drink, beverage; **boisson énergisante** energy drink; **boisson gazeuse** soft drink

boîte *f.* box; can; **boîte de nuit** nightclub

bol *m.* bowl

bombe *f.* bomb

bon(ne) *adj.* good; right, correct; **bonne** *f.* maid, chambermaid; **ah bon?** is that right? really? **bon** well, okay; **bon anniversaire** happy birthday; **bon chic bon genre (BCBG)** preppy; **bon marché** *adj. inv.* cheap, inexpensive; **bon(ne) vivant(e)** pleasure-loving; **bonne chance** good luck; **bonne journée** good day; **bonne nouvelle** good news; **de bonne heure** early; **de bonne humeur** in a good mood; **en bonne forme** fit, healthy; **en bonne santé** in good health

bonbon *m.* (piece of) candy

bonheur *m.* happiness

bonhomme (*m.*) **de neige** snowman

bonjour *interj.* hello; good morning

bonnet (*m.*) **phrygien** *cap worn by revolutionaries of 1789*

bonsoir *interj.* good evening, good-bye

bonté *f.* kindness, goodness

bord *m.* edge; **au bord de la mer** at the beach (seashore); **aux bords de** on the banks of

bordé(e) *adj.* lined

bordelais(e) of Bordeaux

botte *f.* boot

bouche *f.* mouth

bouché(e) *adj.* plugged up; **nez** (*m.*) **bouché** stuffy nose

boucher: se boucher les oreilles to plug one's ears

boucherie *f.* butcher shop

boucle *f.* curl; **boucle d'oreille** earring

boue *f.* mud

bougainvillée *f.* bougainvillea

bouger (nous bougeons) to move

bougie *f.* candle

bouillabaisse *f.* bouillabaisse (*fish soup from Provence*)

bouillir (*p.p.* **bouilli**) *irreg.* to boil; **faire bouillir** to boil, bring to a boil

bouilloire *f.* kettle; **bouilloire électrique** electric kettle

boulanger/boulangère *m., f.* baker

boulangerie *f.* bakery

bouleverser to disrupt, change drastically

boulot *m., fam.* job; work; **au boulot!** (let's) get to work!

bouquin *m., fam.* book

Bourgogne *f.* Burgundy (*French province*)

bourse *f.* scholarship; **Bourse** stock exchange

bousculade *f.* jostling, crush; rush

bousculer to push, bump against; **se bousculer** to jostle each other

bout *m.* end; **au bout (de)** at the end (of)

bouteille *f.* bottle

boutique *f.* store

bouton *m.* button; *pl.* acne

bovins *m. pl.* cattle

branche *f.* branch

branché(e) *adj., fam.* cool, trendy, in fashion; connected (*technology*)

bras *m.* arm

brasserie *f.* pub, bar

bref/brève *adj.* short, brief; **(en) bref** in short

Brésil *m.* Brazil

brésilien(ne) *adj.* Brazilian; **Brésilien(ne)** *m., f.* Brazilian (*person*)

Bretagne *f.* Brittany (*region of France*)

breton(ne) *adj.* from Brittany (*French Province*); *m.* Breton (*language*); **Breton(ne)** *m., f.* Breton (*person*)

brevet *m.* diploma; certificate

bricolage *m.* do-it-yourself home projects

bricoler to putter around the house

brièvement *adv.* briefly

brillant(e) *adj.* brilliant; shining

briller to shine, gleam

brin *m.* sprig; **brin de muguet** sprig of lily-of-the-valley

brindille *f.* twig

brique *f.* brick

briser to break; to shatter; to wreck, ruin

britannique *adj.* British

bronzer to tan, sunbathe

brosse *f.* brush; chalkboard eraser; **brosse à cheveux** hairbrush; **brosse à dents** toothbrush

brosser to brush; **se brosser les cheveux** to brush one's hair; **se brosser les dents** to brush one's teeth

brouillard *m.* fog; **il y a du brouillard** it's foggy

se brouiller (avec) to quarrel, break up (with)

brousse *f.* bush, wilderness

bruit *m.* noise

brûler to burn (up); **brûler le feu rouge** to run a red light; **se brûler** to get burned

brun(e) *adj.* brown; dark-haired

brunir to tan

Bruxelles Brussels

bruyant(e) *adj.* noisy

bûcher *fam.* to cram, study hard

buffet *m.* buffet (*piece of furniture*)

buissonnière: faire l'école buissonnière to play hooky

bulletin (*m.*) **météorologique** weather forecast

bureau *m.* office; (teacher's) desk; **bureau de change** (*foreign*) currency exchange; **bureau de poste** post office

but *m.* goal

ça this, that; it; **ça fait penser** it makes one think; **ça m'est égal** it's all the same to me; **ça te va?** is that OK with you? **ça va?** *fam.* how's it going? **ça va** fine; it's going well; **comme ci, comme ça** so-so

cabane *f.* hut; cabin

cabine *f.* cabin; booth; **cabine à cartes** *phone booth accepting calling cards;* **cabine téléphonique** phone booth

cabinet *m.* practice; office; **cabinet d'avocats** lawyers' practice

câble *m.* cable (*TV*)

câblé(e) *adj.* wired up

cacahuète *f.* peanut; **beurre** (*m.*) **de cacahuètes** peanut butter

cache-cache: jouer à cache-cache to play hide-and-seek

cacher to hide

cadavre *m.* corpse, cadaver

cadeau *m.* present, gift; **offrir un cadeau** to give a present

cadien(ne) / cadjin(e) *adj.* Cajun; Acadian; **Cadien(ne) / Cadjin(e)** *m., f.* Cajun, Acadian (*person*)

cadre *m.* frame; setting; (business) executive, manager; **cadre de vie** lifestyle

café *m.* coffee; café; **café au lait** coffee with milk; **café en poudre** instant coffee; **café-tabac** *m.* café-tobacconist (*government-licensed*)

caféine *f.* caffeine

cafétéria *f.* cafeteria, dining hall, self-service

cafetière (*f.*) **expresso** expresso maker

cahier *m.* notebook, workbook

cahoter to jolt, shake, bump

caille *f.* quail

caillou *m.* (**poli**) (polished) stone

Caire (Le) *m.* Cairo

caisse *f.* cash register

caissier/caissière *m., f.* cashier

calcul *m.* calculus

calculatrice *f.* calculator

calculer to calculate, figure

calebasse *f.* calabash, gourd

caleçon *m. s.* boxer shorts

calendrier *m.* calendar

Californie *f.* California

câlin *m.* cuddle, hug

calme *adj., m.* calm
se calmer to quiet down
camarade *m., f.* friend, companion;
  camarade de chambre roommate;
  camarade de classe classmate,
  schoolmate
Cambodge *m.* Cambodia
cambriolage *m.* burglary
camera (numérique) *f.* (digital)
  movie camera
Cameroun *m.* Cameroon
camomille *f.* chamomile
campagne *f.* countryside, country;
  campaign; **à la campagne** in the
  country; **en pleine campagne** out
  in the country
campement *m.* camp; encampment
camper to camp
campeur/campeuse *m., f.* camper
camping *m.* camping; campground;
  faire du camping to go camping
canadien(ne) *adj.* Canadian;
  Canadien(ne) *m., f.* Canadian
  (*person*)
canal *m.* channel; canal
canapé *m.* sofa, couch
canard *m.* duck; **canard à l'orange**
  duck with orange sauce
candidat(e) *m., f.* candidate; applicant
candidater to apply (*for a job*)
candidature *f.* candidacy; **dossier**
  (*m.*). **de candidature** application
  poser sa candidature to apply; to
  run (*for office*)
canne *f.* cane; **canne à sucre** sugar
  cane
canoë *m.* canoe; **faire du canoë** to
  canoe, go canoeing
cantine *f.* cafeteria (*school*)
caoutchouc *m.* rubber
cap *m.* cape; point, headland
capacité *f.* ability; capacity
capitaine *m.* captain
capital(e) *adj.* capital, chief; **capitale**
  f. capital (*city*)
capitalisme *m.* capitalism
capot *m.* hood (*of car*)
captif/captive *m., f.* captive, prisoner;
  adj. captive
captivité *f.* captivity; bondage
capturer to capture
car *conj.* for, because; *m.* (interurban)
  bus
caractère *m.* character; nature
caractériser to characterize
Caraïbes *f. pl.* Caribbean (islands)
  Caribs *m. pl. indigenous people of the
  Caribbean*
caramel *m.* caramel; **crème** (*f.*)
  caramel caramel custard
caramélisé(e) *adj.* caramelized
caravane *f.* (camping) trailer

carbonique: gaz (*m.*) **carbonique**
  carbon dioxide
cardiaque *adj.* cardiac; **crise** (*f.*)
  cardiaque heart attack
Carême *m.* Lent
caricaturer to caricature
carnaval *m.* carnival
carnet *m.* booklet; **carnet d'adresses**
  address book
carotte *f.* carrot
carré *m.* square; **kilomètre** (*m.*) **carré**
  square kilometer
carreau *m.* (floor) tile
carrefour *m.* intersection, crossroad
carrelage *m.* floor
carrière *f.* career
carriole *f., Q.* sleigh
carte *f.* card; map; menu; play-
  ing card; **carte bancaire**
  bank card, credit card; **carte
  d'embarquement** boarding pass;
  carte d'identité identification
  card; **carte de crédit** credit card;
  carte de vœux greeting card; **carte
  orange** *type of bus/métro pass;* **carte
  postale** postcard; **carte routière**
  road map; **jouer aux cartes** to
  play cards; **tireuse** (*f.*) **de cartes**
  fortune teller
cas *m.* case; **cas d'urgence** emergency; **en cas de** in case of, in the
  event of
casbah *f.* casbah (*old part of an Arab city*)
casque *m.* helmet; **casque Blue
  Tooth** Blue Tooth headset
casquette *f.* cap
cassé(e) *adj.* broken
casse-croûte *m. inv.* snack
casse-pieds *m., f., inv., fam.* bore; pain
  in the neck
casse-tête *m. inv.* puzzle, brain teaser
casser *trans.* to break; **se casser le
  bras (la jambe)** to break an arm
  (a leg)
castor *m.* beaver
catalan *m.* Catalan (*language*)
catastrophé(e) *adj.* stunned
catastrophique *adj.* catastrophic,
  disastrous
catégorie *f.* category, class
catégoriser to categorize
cathédrale *f.* cathedral
catholicisme *m.* Catholicism
catholique *adj.* Catholic
cauchemar *m.* nightmare
cause *f.* cause; **à cause de** because of
causer to cause
causerie *f.* discussion
cavalier/cavalière *adj.* cavalier; *m., f.*
  horseback rider
cave *f.* cellar; wine cellar; **cave à vins**
  winery

CD *inv. m.* CD
ce (cet, cette, ces) *adj.* this, that;
  these, those; *pron.* it, this; **c'est**
  he/she/it is
ceci *pron.* this
céder (je cède) to give up; to give
  away
cédérom: lecteur (*m.*) **cédérom**
  CD-ROM player
cédille *f., gram.* cedilla
ceinture *f.* belt; **ceinture de sécurité**
  seat belt, safety belt
cela *pron.* that
célèbre *adj.* famous
célébrer (je célèbre) to celebrate
célébrité *f.* celebrity
céleri *m.* celery
célibataire *adj., m., f.* single, unmarried
celte *adj.* Celtic
celtique *adj.* celtic
celui (celle, ceux, celles) *pron.* the
  one, the ones; this one, that one;
  these, those
cendre *f.* ash
cendrier *m.* ashtray
cent one hundred
centaines *f. pl.* hundreds
centenaire *m., f.* hundred-year-old
  person
central(e) *adj.* central, main; **centrale**
  (*f.*) **nucléaire** nuclear power plant
centre *m.* center; **centre commercial**
  shopping center, mall; **centre-ville**
  m. downtown
cependant *conj.* yet, still, however,
  nevertheless
céréales *f. pl.* cereals; grains
cérémonie *f.* ceremony
cerise *f.* cherry
certain: d'un certain âge middle-
  aged
certifié(e) *adj.* certified, guaranteed
cerveau *m.* brain
cesser (de) to stop, cease, end
chacun(e) *pron.* each, each one,
  every one
chaîne *f.* TV or radio channel; chain;
  chaîne alimentaire food chain;
  chaîne de montagnes mountain
  range; **chaîne stéréo** stereo system
chaise *f.* chair
chaleur *f.* heat; warmth
chambre *f.* bedroom; room; **camarade** (*m., f.*) **de chambre** roommate; **chambre à coucher** bedroom
champignon *m.* mushroom
chance *f.* luck; possibility; opportunity; **avoir de la chance** to be
  lucky; **bonne chance** good luck;
  pas de chance! *interj.* no way! out
  of luck!

Chandeleur *f.* Candlemas (*Catholic festival on February 2*)
changement *m.* change
changer (nous changeons) (de) to change; to exchange; **changer de l'argent** to exchange currency; **changer de vitesse** to change gears
chanson *f.* song
chant *m.* song; birdsong
chanter to sing
chanteur/chanteuse *m., f.* singer
chapeau *m.* hat
chapitre *m.* chapter
chaque *adj.* each, every
charcuterie *f.* cold cuts; deli; pork butcher's shop, delicatessen
chargé(e) (de) *adj.* in charge of, responsible for
charger (nous chargeons) to load
chariot *m.* pushcart (*at airport*)
charmant(e) *adj.* charming
charme *m.* charm
chasse *f.* **(au bison)** (bison) hunting
chassé(e) *adj.* driven out, expelled
chasseur *m.* bellhop
chat(te) *m., f.* cat
châtain *adj. m.* chestnut-colored (*hair*)
château *m.* castle
chaud(e) *adj.* warm; hot; **avoir chaud** to feel warm, hot; **il fait chaud** it (the weather) is warm, hot
chauffage *m.* heat; heating system
chauffant(e) *adj.* warming, heating
chauffer to heat; **faire chauffer** to warm up, heat up; **se chauffer** to get warm
chauffeur *m.* chauffeur; driver; **chauffeur de taxi** taxi (cab) driver
chaussée *f.* pavement; **chaussée glissante** slippery pavement
chaussettes *f. pl.* socks
chaussures *f. pl.* shoes; **chaussures à talons plats** flat shoes
chauvin(e) *adj.* chauvinistic, prejudiced; *m., f.* chauvinist
chef *m., f.* leader; head; *fam.* boss; **chef d'État** head of state; **chef de cuisine** chef; **chef de gouvernement** head of government; **chef d'orchestre** conductor; **chef-lieu** county seat (*town*)
chemin *m.* way; road; path; **chemin de fer** railroad; **demander le chemin** to ask for directions; **montrer le chemin** to show the way (route)
cheminée *f.* chimney; fireplace
chemise *f.* shirt
chemisier *m.* blouse
chèque *m.* check; **chèque de voyage** traveler's check
cher/chère *adj.* dear; expensive; **coûter (se vendre) cher** to be expensive

chercher to hunt for; to go get; to look for; to pick up; **chercher à** to try to
chercheur/chercheuse *m., f.* researcher
chéri(e) *m., f.* darling
cheval *m.* horse; **monter à cheval** to ride, go horseback riding
cheveu *m.* (strand of) hair; **cheveux** *m. pl.* hair; **laque** (*f.*) **(à cheveux)** hair spray
cheville *f.* ankle; **se fouler la cheville** to sprain one's ankle
chez *prep.* at, to, in (*the house, family, business, or country of*)
chic *adj. inv.* stylish
chien(ne) *m., f.* dog
chiffre *m.* digit, number; **chiffre d'affaires** total sales
chimie *f.* chemistry
chimique *adj.* chemical
Chine *f.* China
chinois(e) *adj.* Chinese; *m.* chinese (*language*); **Chinois(e)** *m., f.* Chinese (*person*)
chirurgien(ne) *m., f.* surgeon
chlorophylle *f.* chlorophyll
chocolat *m.* chocolate
choisir (de) to choose (to)
choix *m.* choice
cholestérol *m.* cholesterol
chômage *m.* unemployment
chômeur/chômeuse *m., f.* unemployed person
choquant(e) *adj.* shocking
choquer to shock
chorale *f.* choral society; choir
chose *f.* thing; **autre chose** something else; **pas grand-chose** not much; **quelque chose** something; **quelque chose de cher (d'intéressant)** something expensive (interesting)
choucroute *f.* sauerkraut
chrétien(ne) *adj.* Christian; *m., f.* Christian (*person*)
chronologique *adj.* chronological
chute *f.* **(d'eau)** (water) fall
ciao! *interj.* ciao!, 'bye! (*Italian*)
cicatrice *f.* scar
ci-dessous *adv.* below
ci-dessus *adv.* above
cidre *m.* (apple) cider
ciel *m.* sky, heaven; **gratte-ciel** *m. inv.* skyscraper
cigogne *f.* stork
cil *m.* eyelash
ciment *m.* cement
cimetière *f.* cemetery
cinéaste *m., f.* film director, filmmaker
cinéma (*fam.* **ciné**) *m.* cinema, movies; **salle** (*f.*) **de cinéma** movie theater
cinémathèque *f.* film library; national cinema

cinématographie *f.* cinematography, filmmaking
cinématographique *adj.* film, cinema
cinquantaine *f.* about fifty
cinquante fifty
circonflexe: accent (*m.*) **circonflexe** *gram.* circumflex accent
circonstance *f.* circumstance; occurrence
circuit *m.* tour
circulation *f.* traffic
circuler to circulate; to travel
ciseaux *m. pl.* scissors
citadelle *f.* citadel
citadin(e) *m., f.* city dweller
citation *f.* quotation
cité *f.* (area in a) city; (housing) project; **cité universitaire** (*fam.* **cité-U**) university residential complex
citer to quote, cite
citerne *f.* cistern, tank
citoyen(ne) *m., f.* citizen
citron *m.* lemon; **citron pressé** lemonade
civière *f.* stretcher
civil(e) *adj.* civil; civilian; **génie** (*m.*) **civil** civil engineering; **guerre** (*f.*) **civile** civil war; **vie** (*f.*) **civile** civilian life
civilisation *f.* civilization
clair(e) *adj.* light, bright; light-colored; clear; evident
clarinette *f.* clarinet
clarté *f.* clarity
classe *f.* class; classroom; **salle** (*f.*) **de classe** classroom
classer to classify
classique *adj.* classical; classic; *m.* classic; **musique** (*f.*) **classique** classical music
clavier *m.* keyboard
clé, clef *f.* key; **moment-clé** (*m.*) key time; **mot clé** (*m.*) key word
clément(e) *adj.* mild (*weather*)
client(e) *m., f.* customer, client
clientèle *f.* clientele, customers
clignotant *m.* turn signal; blinker
climat *m.* climate
climatique *adj.* climatic
climatisation *f.* air-conditioning
climatisé(e) *adj.* air-conditioned
clinique *f.* clinic; private hospital
clip *m.* video(clip), video segment
cliquer (sur) to click (on)
coccinelle *f.* ladybug
cocher to check off (*appropriate entry in a form*)
coco: noix (*f.*) **de coco** *f.* coconut
cocotier *m.* coconut tree
code *m.* code; **code de la route** highway regulations; **code personnel**

PIN (*term used in france*); **code postal** postal code, zip code

cœur *m.* heart; **courrier** (*m.*) **du cœur** advice column; **avoir mal au cœur** to feel sick, nauseous

coffre *m.* trunk (*of car*)

coiffé(e) *adj.* (**d'un bonnet**) wearing (a bonnet, cap)

coiffer to style, do someone's hair

coiffeur/coiffeuse *m., f.* hairdresser

coin *m.* co rner; **coin de la rue** street corner

coincé(e) *adj.* stuck

coïncidence *f.* coincidence; **quelle coïncidence!** *interj.* what a coincidence!

coïncider to coincide

colère *f.* anger; **se mettre en colère (contre)** to get angry (at)

colis *m.* parcel, package; **expédition** (*f.*) **de colis** sending packages

collaborer to collaborate, work together

collectionner to collect

collectif/collective *adj.* public, group collective

collectivité *f.* group; community; organization

collège *m. junior high school in France*

collègue *m., f.* colleague

collier *m.* necklace

colline *f.* hill

colocataire *m., f.* fellow tenant

colon *m.* settler, colonist, colonial

colonial(e) *adj.* colonial

colonie *f.* colony; **colonie de vacances** (*fam.* **colo**) summer camp

colonisateur/colonisatrice *m., f.* colonizer

colonisation *f.* colonization

coloniser to colonize

colonne *f.* column

coloré(e) *adj.* colorful; colored

combattre (*like* **battre**) *irreg.* to fight

combien (de) *adv.* how much; how many; **combien de temps?** how long?

combinaison *f.* combination; woman's slip

combiné *m.* telephone receiver

combiner to combine

combustibles *m. pl.* fossil fuels

comédie *f.* comedy; theater; **comédie sentimentale** romantic comedy

comique *adj.* funny, comical, comic

commande *f.* order; **passer la commande** to place an order

commandement *m.* command; commandment

commander to order (*a meal, product, etc.*); to give orders

comme *adv.* as, like, how; **comme ci, comme ça** so-so; **comme d'habitude** as usual

commémorer to commemorate

commencement *m.* beginning

commencer (à) (**nous commençons**) to begin (to); **pour commencer** first of all

comment *adv.* how; **comment allez-vous?** how are you?; **comment ça va?** how are you? how's it going?; **comment est-il/elle?** what's he/she like?; **comment s'appelle... ?** what's . . . 's name?; **comment t'appelles-tu/vous appelez-vous?** what's your name?

commentaire *m.* commentary, remark

commerçant(e) *m., f.* merchant, storekeeper

commerce *m.* trade, business; **commerce des fourrures** fur trading

commettre (*like* **mettre**) *irreg.* to commit

commissaire *m.* commissioner; superintendent (*police*); **commissaire-priseur** *m.* auctioneer

commissariat (de police) *m.* police station

commode *f.* dresser; *adj.* convenient, comfortable

commun(e) *adj.* ordinary, common, usual; popular; shared, common; **avoir en commun** to have in common; **transports** (*m. pl.*) **en commun** public transportation

communauté *f.* community

communiquer to communicate; to adjoin

compagnie *f.* company

compagnon/compagne *m., f.* companion; spouse

comparaison *f.* comparison; **en comparaison (avec)** in comparison (with); **par comparaison (à)** compared to

comparer to compare

compatriote *m.* compatriot

compétent(e) *adj.* competent, able

compétition *f.* competition

complet/complète *adj.* complete; full; **pain** (*m.*) **complet** whole-grain bread

compléter (je complète) to complete, finish

compliqué(e) *adj.* complicated

comportement *m.* behavior

comporter to include

composé(e) *adj.* compound; **passé** (*m.*) **composé** *gram.* present perfect

composer to compose (*music, a letter, etc.*); **se composer de** to be made up of, be composed of

compréhensif/compréhensive *adj.* understanding

comprendre (*like* **prendre**) *irreg.* to understand; to comprise, include

comprimé *m.* tablet, pill

compris: service (*m.*) **compris** tip included

comptabilité *f.* accounting

comptable *m., f.* accountant

compte *m.* account; **à votre compte** in your opinion, according to you; **se rendre compte de/que** to realize (that)

compter (sur) to plan (on); to intend; to count; to count (*on someone*); to have; **ce qui compte pour moi** what counts for me

comptoir *m.* counter, bar (*in café*)

se concentrer (sur) to concentrate (on)

concentrique *adj.* concentric

concerner to concern

concevoir (*like* **recevoir**) *irreg.* to devise; to conceive

concitoyen(ne) *m., f.* fellow citizen

conclure (*p.p.* **conclu**) *irreg.* to conclude

concombre *m.* cucumber

concours *m.* competition; contest

condition *f.* condition; **à condition que** *conj.* (+ *subj.*) provided that

conditionnel *m., gram.* conditional

conducteur/conductrice *m., f.* driver

conduire (*p.p.* **conduit**) *irreg.* to drive; take; to conduct; **permis** (*m.*) **de conduire** driver's license; **se conduire** to behave

conduite *f.* behavior; conduct

conférence *f.* lecture; conference

confiance *f.* confidence

confier to confide; **se confier à** to confide in

confirmer to confirm

confiture *f.* jam, preserves

conflit *m.* conflict

se conformer à to conform to

conformiste *adj.* conformist

confort *m.* comfort; amenities

confortable *adj.* comfortable

confus(e) *adj.* embarrassed

congé *m.* vacation, leave (*from work*), time off

congelé(e) *adj.* (deep) frozen

conjointement *adv.* jointly

conjonction *f., gram.* conjunction

conjugal(e) *adj.* conjugal, married; **conseiller/conseillère** (*m., f.*) **conjugal(e)** marriage counselor

conjuguer *gram.* to conjugate

connaissance *f.* knowledge; acquaintance; consciousness; **connaissances** *f. pl.* knowledge; **faire connaissance** to get acquainted; **faire la connaissance de** to meet (*for the first time*); **sans connaissance** unconscious

connaître (*p.p.* **connu**) *irreg.* to know; to be acquainted (familiar) with; **se connaître** to get to know one another; to meet

connu(e) *adj.* known; famous

consacré(e) à *adj.* devoted to, used for

consacrer to devote, use

conscience *f.* consciousness; **prendre conscience de** to become aware of

conscient(e) *adj.* conscious

conseil *m.* (piece of) advice; council; **donner (suivre) des conseils** to give (follow) advice

conseiller (de) to advise (to); to counsel

conseiller/conseillère *m., f.* advisor; counselor; **conseiller/conseillère conjugal(e)** marriage counselor

conséquence *f.* consequence

conséquent: par conséquent *conj.* therefore, accordingly

conservateur/conservatrice *adj.* conservative; **agent** (*m.*) **conservateur** (food) preservative; **conservateur/conservatrice** (*m., f.*) **de musée** museum curator

conserver to keep; to conserve; to preserve

considérablement *adv.* considerably; significantly

considérer (je considère) to consider

consigne *f.* baggage check

consister (à, en) to consist (in, of)

console (*f.*) **à jeux** game console

consommateur/consommatrice *m., f.* consumer

consommation *f.* consumption; consumerism

consommer to consume; to spend; **consommer de l'essence** to burn gas

consonne *f.* consonant

constamment *adv.* constantly

constant(e) *adj.* constant, unceasing

constituer to constitute

constructeur *m.* builder

construire (*like* **conduire**) *irreg.* to construct, build

consulat *m.* consulate

consulter to consult

contact *m.* contact; **verres** (*m. pl.*) **de contact** contact lenses

contacter to contact

conte *m.* tale, story; **conte de fées** fairy tale

contemporain(e) *adj.* contemporary

contenir (*like* **tenir**) *irreg.* to contain

content(e) *adj.* content; happy

contenu *m. s.* contents

continu(e) *adj.* continuous, uninterrupted

continuer (à, de) to continue (to)

contraire *adj.* opposite; *m.* opposite; **au contraire** on the contrary

contrat *m.* contract

contravention *f.* speeding ticket, traffic ticket

contre *prep.* against; contrasted with

contrebandier/contrebandière *m., f.* smuggler

contredire (*like* **dire**, *but* **vous contredisez**) *irreg.* to contradict

contribuer to contribute

contrôle *m.* control; checkpoint; **contrôle des passeports** passport check; **contrôle de police** police checkpoint; **contrôle de sécurité** security check

contrôler to control

contrôleur/contrôleuse *m., f.* conductor; inspector

controverse *f.* controversy

controversé(e) *adj.* controversial

convaincre (*p.p.* **convaincu**) *irreg.* to convince

convenable *adj.* proper; appropriate

convenir (*like* **venir**) *irreg.* to be suitable, to fit

converger (nous convergeons) to converge

convive *f.* guest (*at a meal*)

coopératif/coopérative *adj.* cooperative

coopération *f.* cooperation

coordonnées *f. pl.* contact information

copain/copine *m., f., fam.* close friend, pal

copie *f.* copy

copier to copy

copieux/copieuse *adj.* copious, abundant

coq *m.* rooster; **coq au vin** *chicken prepared with* (*red*) *wine*

coquille *f.* seashell; **coquilles Saint-Jacques** *scallop dish in shells*

coran *m.* Koran

corbeau *m.* crow; raven

corde *f.* string

cordialement *adv.* cordially

cordonnier/cordonnière *m., f.* shoemaker, cobbler; shoe repairperson

corporel(le) *adj.* corporal

corps *m.* body; **parties** (*f.*) **du corps** parts of the body

correspondant(e) *m., f.* correspondent; pen pal

correspondre to correspond

corriger (nous corrigeons) to correct

Corse *f.* Corsica

costaud(e) *adj.* sturdy, strong

costume *m.* man's suit; costume

côte *f.* coast; rib; side; **Côte d'Azur** French Riviera; **Côte-d'Ivoire** Ivory Coast; **côtes de porc** pork chops

côté *m.* side; **à côté (de)** *prep.* beside, by, near, next to; at one's side; **de côté: mettre de côté** to set aside; **de l'autre côté (de)** from, on the other side (of)

côtelette *f.* cutlet, (*lamb, pork*) chop

côtier/côtière *adj.* coastal

coton *m.* cotton; **en coton** (made of) cotton

côtoyer (je cotoie) to rub shoulders with; to be close to

cou *m.* neck

couchage: sac (*m.*) **de couchage** sleeping bag

couche *f.* layer; stratum; **couche d'ozone** ozone layer; **couches** *pl.* (**jetables, lavables**) (disposable, washable) diapers

coucher to put to bed; **chambre** (*f.*) **à coucher** bedroom; **coucher** (*m.*) **du soleil** sunset; **se coucher** to go to bed; to set (*sun*)

coude *m.* elbow

coudre (*p.p.* **cousu**) *irreg.* to sew

couler to flow, run

couleur *f.* color; **de quelle couleur est... ?** what color is . . . ?

coup *m.* blow; coup; (gun) shot; influence; **coup de fil** *fam.* phone call; **coup de foudre** lightning bolt; *fig.* love at first sight; **coup de téléphone** telephone call; **du coup** thereupon; suddenly; **tout à coup, tout d'un coup** *adv.* suddenly, all at once

coupe *f.* (**du monde; Davis; Stanley**) (World; Davis; Stanley) cup

couper to cut; to divide; **se couper à la main** to cut one's hand; **se faire couper les cheveux** to have one's hair cut

coupon *m.* coupon; ticket stub

cour *f.* court, courtyard

courageux/courageuse *adj.* courageous

couramment *adv.* fluently; commonly

courant(e) *adj.* frequent; general, everyday; **se tenir au courant** to keep informed

coureur/coureuse *m., f.* runner

courgette *f.* zucchini squash

courir (*p.p.* **couru**) *irreg.* to run

courriel *m.* e-mail (message)

courrier *m.* mail; **courrier du cœur** "lonely hearts" column

cours *m.* course, class; rate; price; **cours d'eau** waterway, river, stream; **sécher un cours** (*fam.*) to cut class, play hooky; **suivre un cours** to take a course

course *f.* race; errand; **faire des courses** to do errands; **faire les courses** to go grocery shopping

court(e) *adj.* short (*not used for people*)
cousin(e) *m., f.* cousin
coussin *m.* cushion
coût *m.* cost; **coût de la vie** cost of living
couteau *m.* knife
coûter to cost; **coûter cher** to be expensive
coûteux/coûteuse *adj.* costly, expensive
coutume *f.* custom
couturier/couturière *m., f.* seamster, seamstress; **grand couturrier / grande couturière** fashion designer
couvert(e) *adj.* covered; cloudy; *m.* table setting; **couvert(e) de** covered with; **mettre le couvert** to set the table; **le ciel est couvert** it's cloudy
couvrir (*like* **ouvrir**) *irreg.* to cover
covoiturage *m.* carpooling; **faire du covoiturage** to carpool
crabe *m.* crab
craie *f.* chalk
craindre (*p.p.* **craint**) *irreg.* to fear
craquer to give (*under stress*), to break down
cravate *f.* necktie
crayon *m.* pencil
créancier/créancière *m., f.* creditor
créateur/créatrice *adj.* creative; *m., f.* creator
créatif/créative *adj.* creative
création *f.* creation
crèche *f.* day care center
crédit *m.* credit
crédule *adj.* gullible
crédulité *f.* gullibility
créer to create; **créer une page Web** to make a web page
crème *f.* cream; **crème caramel** caramel custard; **crème Chantilly** whipped cream
créole *adj.* Creole; *m.* Creole (*language*)
crêpe *f.* crepe, French pancake
crépuscule *m.* twilight, dusk
creuser to dig; to hollow out
creux/creuse *adj.* hollow; **creux** *m.* hollow
crevé(e) *adj.* punctured; *fam.* exhausted; **pneu** (*m.*) **crevé** flat tire
crevette *f.* shrimp
crier to cry out; to shout
criminel(le) *m., f.* criminal
Cris *m. pl.* Cree (*aboriginal people of Quebec*)
crise *f.* crisis; recession; depression; **crise cardiaque** heart attack; **crise économique** recession; depression
cristal *m.* crystal
critère *m.* criterion
critique *m.* critic, reviewer; *f.* critique, review
critiquer to criticize

croire (*p.p.* **cru**) *irreg.* to believe
croisé(e) *adj.* crossed; **mots** (*m. pl.*) **croisés** crossword puzzle
croisière *f.* cruise; **partir en croisière** to go on a cruise
croissance *f.* growth
croix *f.* cross
croque-monsieur *m.* grilled cheese sandwich with ham
croustillant(e) *adj.* crusty, crunchy
cru(e) *adj.* raw
crudités *f. pl.* raw vegetables served as appetizer
cruel(le) *adj.* cruel
cryptique *adj.* cryptic
cubisme *m.* cubism
cueillir *irreg.* to pick, gather
cuillère, cuiller *f.* spoon
cuir *m.* leather; **en cuir** (made of) leather
cuire (*p.p.* **cuit**) *irreg.* to cook; to bake; **cuire à feu vif** to cook on high heat; **cuire à la vapeur** to steam; **faire cuire** to cook
cuisine *f.* cooking; cuisine; kitchen; **chef** (*m.*) **de cuisine** head cook, chef; **faire la cuisine** to cook; **livre** (*m.*) **de cuisine** cookbook
cuisiner to cook
cuisinier/cuisinière *m., f.* cook; **cuisinière (à gaz)** *f.* (gas) stove, range
cuisse *f.* thigh; leg
cuisson *f.* cooking (*process*)
cuit(e) *adj.* cooked; **terre** (*f.*) **cuite** earthenware, clay pottery
cuivre *m.* copper; **en cuivre** (made of) copper
culinaire *adj.* culinary
culotte *f. s.* women's underwear
culte *m.* cult
cultiver to cultivate, grow
culture *f.* culture; cultivation, growing
culturel(le) *adj.* cultural; **manifestation** (*f.*) **culturelle** cultural event
Cupidon *m.* Cupid
curieux/curieuse *adj.* curious
curiosité *f.* curiosity
curseur *m.* cursor
cuvette *f.* basin, bowl
cyclable: piste (*f.*) **cyclable** bicycle path
cyclisme *m.* bicycle riding

d'abord *adv.* first, first of all
d'ailleurs *adv.* besides, moreover
Dahomey: royaume (*m.*) **du Dahomey** Dahomey Kingdom (*17th–19th century West Africa*)
dakhar *m.* dakhar (*Wolof term for tamarind*)
dame *f.* lady, woman
Danemark *m.* Denmark
dangereux/dangereuse *adj.* dangerous

dans *prep.* in; within
danse *f.* dance; dancing
danser to dance
danseur/danseuse *m., f.* dancer
dater de to date from
dauphin *m.* dolphin
davantage *adv.* more, a greater amount
de *prep.* from, of, about
débarrasser to clear; **débarrasser la table** to clear the table
débat *m.* debate
débattre (*like* **battre**) *irreg.* to debate
déboisement *m.* deforestation; clearing
déboiser to clear away (forests)
se déboucher (le nez) to unclog (one's nose)
débrouiller to disentangle; **se débrouiller** to manage, get along, cope
début *m.* beginning; **au début (de)** in, at the beginning (of)
décadence *f.* decadence, decline
décéder (il decède) to die
déceler (je décèle) to disclose, divulge; to discover
décembre December
décevoir (*like* **recevoir**) *irreg.* to disappoint
décharge *f.* (trash) dump
décharger (nous déchargeons) to unload
déchets *m. pl.* (industrial) waste(s); debris; garbage, trash
déchiré(e) *adj.* torn; conflicted
décidément *adv.* decidedly; definitely
décider (de) to decide (to)
décisif/décisive *adj.* decisive
décision: prendre une décision to make a decision
déclaration *f.* declaration, statement; **déclaration de douane** customs declaration
déclarer to declare
déconcerté(e) *adj.* upset, disconcerted
décor *m.* (film) set
décorer (de) to decorate (with)
découpé(e) *adj.* cut up
décourager (nous décourageons) to discourage
découvert(e) *adj.* discovered; **découverte** *f.* discovery
découvrir (*like* **ouvrir**) *irreg.* to discover, learn
décret *m.* decree
décrire (*like* **écrire**) *irreg.* to describe
décrocher to pick up (telephone receiver); (fam.) to get, land (a job)
déçu(e) *adj.* disappointed
défavorisé(e) *adj.* at a disadvantage; disadvantaged, underprivileged

défendre to defend; to forbid

défenseur *m.* defender, counsel for defense

défi *m.* challenge

défilé *m.* procession, parade

défilement *m.* continuous showing, rolling (*of film, videotape, etc.*)

défini(e) *adj.* definite; defined

définir to define

définitif/définitive *adj.* definitive, permanent

définitivement *adv.* for good, permanently

déformation *f.* misrepresentation, distortion

dégoûtant(e) *adj.* disgusting

dégradation *f.* degradation

déguisement *m.* costume, disguise

se déguiser to disguise oneself, wear a costume

dehors *adv.* out-of-doors; outside; **en dehors de** outside of, besides

déjà *adv.* already

déjeuner to have lunch; *m.* lunch; **petit déjeuner** breakfast

délicat(e) *adj.* delicate

délice *m.* delight

délicieux/délicieuse *adj.* delicious

délirer to be delirious; **on délire ou quoi?** are you crazy or what?

deltaplane *m.* hang gliding

demain *adv.* tomorrow; **à demain** see you tomorrow

demande *f.* request; application

demander to ask (for); to require; **demander le chemin** to ask for directions; **demander pardon à** to apologize to

démarche *f.* (*necessary*) step, action

démarrer to start (*a car*); to start off; to boot up

démêlant(e) *adj.*: **shampooing** (*m.*) **démêlant** conditioning shampoo

déménager (nous déménageons) to move out (*of a house, etc.*)

demeure *f.* residence

demeurer (intact[e]) to remain (intact)

demi(e) *adj.* half; **il est minuit et demi** it's twelve-thirty A.M.

demi-douzaine *f.* half-dozen

demi-frère *m.* half-brother; stepbrother

demi-heure *f.* half an hour

demi-sœur *f.* half-sister; stepsister

démocratie *f.* democracy

démocratique *adj.* democratic

démographe *m., f.* demographer

demoiselle *f.* young lady; single (unmarried) woman; **demoiselle d'honneur** bridesmaid

démolir to demolish, destroy

démonstratif/démonstrative *adj.* demonstrative

dent *f.* tooth; **brosse** (*f*). **à dents** toothbrush; **se brosser les dents** to brush one's teeth

dentifrice *m.* toothpaste

dentiste *m., f.* dentist

déodorant *m.* deodorant

départ *m.* departure

département *m.* French territorial district; **départements et territoires d'outre-mer (D.O.M.-T.O.M.)** French overseas departments and territories

dépasser to go beyond; to pass, surpass; **dépasser la limite de vitesse** to exceed the speed limit

se dépêcher (de) to hurry (to)

dépeindre (*like* **craindre**) *irreg.* to depict

dépendance *f.* dependency

dépendant(e) *adj.* dependent

dépens: aux dépens de at the expense of

dépenser to spend

dépit: en dépit de in spite of

déplacer (nous déplaçons) to displace; to shift; to remove; **se déplacer** to move from place to place; to go someplace

déplorable *adj.* deplorable, lamentable

déporté(e) *adj.* deported

déposer to deposit; **déposer de l'argent** to deposit money

déprimé(e) *adj.* depressed; **être déprimé(e)** to be depressed

depuis *prep.* since; for; **depuis combien de temps** for how long; **depuis que** *conj.* since, now that

déranger (nous dérangeons) to disturb; to bother

dérivé(e) (de) *adj.* derived (from)

dernier/dernière *adj.* last, most recent

se dérouler to take place

derrière *prep.* behind

dès *prep.* from (*then on*)

désaccord *m.* disagreement

désagréable *adj.* disagreeable, unpleasant

désastre *m.* disaster

désastreux/désastreuse *adj.* disastrous

désavouer to disavow, disclaim, deny

descendre *intr.* to go down; *trans.* to take down; **descendre de** to get out of

descente *f.* descent, going down

descriptif/descriptive *adj.* descriptive

déséquilibré(e) *adj.* unbalanced

désert(e) *adj.* deserted; **désert** *m.* desert; wilderness

désertique *adj.* desert, pertaining to the desert

se déshabiller to undress

désigner to designate; to indicate

désir *m.* desire

désirer to want, desire

désolé(e) *adj.* sorry

désordre *m.* disorder; **en désordre** disorderly, untidy

désorganisé(e) *adj.* disorganized

désorienté(e) *adj.* bewildered

désormais *adv.* henceforth, from now on

dessin *m.* drawing; **dessin animé** (*film*) cartoon; **dessin graphique** graphic arts

dessiné(e) *adj.* drawn, sketched; **bande** (*f*). **dessinée** comic strip; *pl.* comics

dessiner to draw; to design

dessous *adv.* under, underneath; **au-dessous de** *prep.* below, underneath; **ci-dessous** *adv.* below

dessus *adv.* above; over; on; **au-dessus de** *prep.* above; **ci-dessus** *adv.* above, previously; **par-dessus** *prep.* over, above

destin *m.* fate, destiny

destiné(e) à *adj.* designed for, aimed at; intended to, for

destructeur/destructrice *adj.* destructive

détail *m.* detail

se détendre to relax

détention *f.* detention, holding

détériorer to deteriorate

déterminer to determine

détester to detest; to hate

détritus *m. pl.* rubbish, refuse

détroit *m.* strait

détruire (*like* **conduire**) *irreg.* to destroy

deux two; **(tous/toutes)** *m., f.* **les deux** both (of them)

deuxième *adj.* second

devant *prep.* before, in front of

développement *m.* development

développer to spread out; to develop; **se développer** to expand; to develop

devenir (*like* **venir**) *irreg.* to become

deviner to guess

devinette *f.* riddle, conundrum

dévisager (nous dévisageons) to stare at

devoir (*p.p.* **dû**) *irreg.* to be obliged to, have to; to owe; *m.* duty; *m. pl.* homework; **faire ses devoirs** to do one's homework; **rendre un devoir** to turn in a homework assignment

d'habitude *adv.* usually

diable *interj.* goodness!

diagnostic *m.* diagnosis; **faire un diagnostic** to make a diagnosis

dialecte *m.* dialect
diamant *m.* diamond
dictée *f.* dictation
dictionnaire (*fam.* **dico**) *m.* dictionary
didacticiel *m.* teachware (*type of software*)
dieu *m.* god; **croire en Dieu** to believe in God
difficile *adj.* difficult
difficulté *f.* difficulty
diffuser to broadcast
diffusion *f.* broadcast; distribution
digérer (je digère) to digest
digne (de) *adj.* worthy (of)
dignité *f.* dignity
dilué(e) *adj.* diluted
dimanche *m.* Sunday
diminuer to lessen, diminish, go down
dinde *f.* turkey; **dinde rôtie** roast turkey
dîner to dine, have dinner; *m.* dinner
dingue (de) *adj., fam.* crazy (about)
diplomatie *f.* diplomacy
diplôme *m.* diploma
diplômé(e) *m. f.* graduate; *adj.* holding a diploma
dire (*p.p.* **dit**) *irreg.* to tell; to say; to speak; **c'est-à-dire** that is to say, namely; **vouloir dire** to mean
direct(e) *adj.* direct; through; **en direct** live (*broadcasting*)
directeur/directrice *m., f.* director
direction *f.* direction; management; leadership
diriger (nous dirigeons) to direct; to govern, control
discipliner to discipline
discographie *f.* discography
discours *m.* discourse; speech
discret/discrète *adj.* discreet
discrimination (*f.*) **positive** Affirmative Action
discuter (de) to discuss; to argue
disparaître (*like* **connaître**) *irreg.* to disappear
disparition *f.* extinction, disappearance; **disparition des espèces** extinction of species
disparu(e) *adj.* gone, extinct
disponibilité *f.* availability
disponible *adj.* available
disposer de to have (available); to dispose, make use of
dispute *f.* quarrel
se disputer (avec) to quarrel (with)
disque *m.* record, recording; **disque compact** (music) CD, compact disc
disquette *f.* diskette
disséminé(e) *adj.* spread, disseminated
dissertation *f.* essay, term paper
dissolution(*f.*) **d'un mariage** break-up of a marriage

distingué(e) *adj.* distinguished
distinguer to distinguish
distraction *f.* recreation; entertainment; distraction
se distraire *irreg.* to have fun, amuse oneself
distrait(e) *adj.* absentminded; inattentive
distribuer to distribute
distributeur/distributrice *m., f.* distributor; **distributeur** *m.* vending machine
divers(e) *adj.* changing; varied; diverse
diversifié(e) *adj.* varied
diversité *f.* diversity
diviser to divide
divorcer (nous divorçons) to divorce
dix ten
dizaine *f.* about ten, ten or so
docteur *m.* doctor
doctorat *m.* doctoral degree, Ph.D.
documentaire *m.* documentary
doigt *m.* finger
domaine *m.* domain; specialty
domestique *adj.* domestic; **animal** (*m.*) **domestique** pet (*animal*)
domicile *m.* domicile, place of residence; **sans domicile fixe (S.D.F.)** homeless
dominer to overlook, tower above
dommage: c'est dommage it's too bad; **quel dommage** what a shame
donateur/donatrice *m., f.* donor
donc *conj.* then; therefore, so
données *f. pl.* information, facts; data
donner to give; **donner des conseils** to give advice; **se donner rendez-vous** to make a date (an appointment)
dont *pron.* whose, of whom, from whom; of which, about which; including; **ce dont** that (of) which
dormir *irreg.* to sleep; **dormir tard** to sleep late
dos *m.* back; **sac** (*m.*) **à dos** backpack
dossier *m.* file (computer); **dossier de candidature** (job) application
douane *f. s.* customs; **déclaration** (*f.*) **de douane** customs declaration, duty
douanier/douanière *m., f.* customs officer
doubler to pass (*another vehicle*); to double
doucement *adv.* gently, softly; sweetly; slowly
douche *f.* shower (*bath*)
se doucher to take a shower
doué(e) *adj.* talented, gifted; bright; **être doué(e) pour** to be talented in
douleur *f.* pain
douloureux/douloureuse *adj.* painful; aching

doute *m.* doubt; **sans doute** probably, no doubt
douter (de) to doubt
douteux/douteuse *adj.* doubtful, uncertain, dubious
doux/douce *adj.* sweet; mild; **eau** (*f.*) **douce** fresh water
douzaine *f.* dozen; about twelve
douze twelve
douzième twelfth
dramatique *adj.* dramatic; **art** (*m.*) **dramatique** theater, drama
drame *m.* drama
dresser une liste to make a list
drogue *f.* drug
se droguer to take drugs
droit *m.* law; right; **avoir droit à** (+ *noun*) to have a right to; **avoir le droit de** (+ *inf.*) to be allowed to, to have the right to
droit *adv.* straight on; **tout droit** straight ahead
droite *f.* right; right-hand side; the right (*politics*); **à droite** on, to the right
drôle (de) *adj.* droll, funny, amusing; **faire une drôle de tête** to make a funny face
duc *m.* duke
dur(e) *adj.* hard; **travailler dur** to work hard
durable *adj.* lasting
durée *f.* duration
durer to last, continue; to endure
DVD *inv. m.* DVD
dynamique *adj.* dynamic
dynamiser to energize

eau *f.* water; **cours** (*m.*) **d'eau** waterway, river, stream; **eau chaude** hot water; **eau douce** fresh water; **eau minérale** mineral water; **eaux** *pl.* waters, bodies of water
ébloui(e) *adj.* dazzled
écarquiller les yeux (*m. pl.*) to stare wide-eyed
écart *m.:* **se mettre** (*irreg.*) **à l'écart** to move, to go and stand out of the way
échange *m.* exchange
échanger (nous échangeons) to exchange
échantillon *m.* sample, sampling
échappement *m.* leak; car exhaust; **échappement d'hydrocarbures** hydrocarbon emissions
échapper to escape
écharpe *f.* scarf
échecs *m. pl.* chess; **jouer aux échecs** to play chess
échelle *f.* ladder
échiquier *m.* chessboard; *fig.* **échiquier politique** political scene, field, affairs

échouer (à) to fail, flunk
éclairage *m.* lighting, illumination
éclairer to light
éclaireur/éclaireuse *m., f.* (boy/girl) scout, guide
s'éclater *fam.* to have a ball, blast
écoemballage *m.* ecopackaging
école *f.* school; **école maternelle** preschool, kindergarten; **école primaire (secondaire)** primary (secondary) school; **faire l'école buissonnière** to skip school, play hooky
écologie *f.* ecology
écologique (*fam.* **écolo**) *adj.* ecological
écologiste (*fam.* **écolo**) *m., f.* ecologist (*in politics*)
économe *adj.* thrifty, economical
économie *f.* economy; *pl.* savings; **faire des économies** to save (*money*)
économique *adj.* economic, financial; economical; **crise** (*f.*) **économique** recession, depression
économiser to save
écoproduit *m.* ecoproduct
écosystème *m.* ecosystem
écotourisme *m.* ecotourism
écotouriste *m., f.* ecotourist
écouter to listen (to)
écouteurs *m. pl.* headphones
écran *m.* screen; **grand écran** cinema; **petit écran** television
écraser to crush
écrevisse *f.* crayfish
écrire (*p.p.* **écrit**) *irreg.* to write
écrit(e) *adj.* written
écrivain *m.* writer, author
édifier to build, construct, erect
éducatif/éducative *adj.* educational
éducation *f.* upbringing; breeding; education
éduquer to bring up; to educate
effectivement *adv.* actually, in fact
effet *m.* effect; **effet de serre** greenhouse effect; **effets spéciaux** special effects; **en effet** as a matter of fact, indeed
efficace *adj.* useful, efficacious; efficient
effort *m.* effort, attempt; **faire un (des) effort(s) pour** to try, make an effort to
effrayé(e) *adj.* frightened
égal(e) *adj.* equal; **ça lui est égal** he/she doesn't care, it's all the same to him/her
également *adv.* equally; likewise, also
égalité *f.* equality
église *f.* church
égoïsme *m.* egotism, selfishness
égoïste *adj.* selfish; *m., f.* selfish person

Égypte *f.* Egypt
égyptien(ne) *adj.* Egyptian
eh! *interj.* hey!; **eh bien!** well! now then!
élaboré(e) *adj.* elaborate; complex
élargir to enlarge, broaden
électeur/électrice *m., f.* voter
électricité *f.* electricity
électrique *adj.* electric; **torche** (*f.*) **électrique** flashlight
électroménager *m.* household appliance(s)
électronique *adj.* electronic; *f. s.* electronics; **adresse** (*f.*) **électronique** e-mail address
électronucléaire *adj.* nuclear power
élégant(e) *adj.* elegant, stylish
élément *m.* element
élevage *m.* raising, breeding
élève *m., f.* pupil, student
élevé(e) *adj.* high; (*children*) raised; brought up
élever (j'élève) to bring up, raise; to lift up; **s'élever** to rise, go up
éliminer to eliminate
elle *pron.* she; her; **elle-même** herself
elles *pron. f.* they; them
élocution *f.* elocution; **cours** (*m.*) **d'élocution** speech class
éloge *m.* praise
éloignement *m.* distance; estrangement
s'éloigner to go away
élu(e) *adj.* elected
emballage *m.* packaging; **emballage ménager** common packaging materials
emballé(e) *adj.* wrapped
embarqué(e) *adj.* carted off
embarquement *m.* embarkation; **carte** (*f.*) **d'embarquement** boarding pass
embarras *m.* obstacle; embarrassment; **embarras du choix** too much to choose from
embarrassé(e) *adj.* embarrassed
embaucher to hire
embêtant(e) *adj.* annoying
embouteillage *m.* traffic jam
embrasser to kiss; to embrace; **s'embrasser** to kiss one another
s'émerveiller to wonder, be amazed
émettre (*like* **mettre**) *irreg.* to emit
émigré(e) *m., f.* expatriate, émigré
émigrer to emigrate
émission *f.* program; broadcast; emission; **émission de télé-réalité** reality television show; **émission toxique** toxic waste; **réduction** (*f.*) **d'émissions** reduction in emissions

emmener (j'emmène) to take along; to take (*someone somewhere*); **emmener quelqu'un à l'hôpital** to take someone to the hospital
émotion *f.* emotion
empêcher (de) to prevent; to preclude
empereur *m.* emperor
emploi *m.* use; job; employment; **emploi du temps** schedule; **marché** (*m.*) **de l'emploi** job market
employé(e) *m., f.* employee
employer (j'emploie) to use; to employ
employeur/employeuse *m., f.* employer
empoisonner to poison
emporter to take with one, carry (away)
emprisonner to imprison
emprunt *m.* borrowing
emprunter to borrow
en *prep.* in; to; within; into; at; like; in the form of; by; *pron.* of it, of them; some of it; any
ENA (l'École [*f.*] **Nationale d'Administration)** school of public administration in France
encadré(e) *adj.* sheltered; framed; accompanied; nurtured
enceinte *adj. f.* pregnant
enchanté(e) *adj.* delighted; enchanted; pleased
encore *adv.* still; again; yet; even; more; **ne... pas encore** not yet
encourager (nous encourageons) (à) to encourage (to)
endolori(e) *adj.* sore, painful
s'endormir (*like* **dormir**) *irreg.* to fall asleep
endroit *m.* place, spot
énergie *f.* energy
énergique *adj.* energetic
énergisant(e): boisson (*f.*) **énergisante** energy drink
énerver to irritate; **s'énerver** to get upset, annoyed, irritated
enfance *f.* childhood
enfant *m., f.* child
enfantin(e): chanson (*f.*) **enfantine** children's song
enfermé(e) *adj.* locked up
enfin *adv.* finally, at last
enflammé(e) *adj.* blazing, ablaze
s'enfuir (*p.p.* **enfui**) *irreg.* to flee, run away
engager (nous engageons) to hire; **s'engager** to commit to
engin (*m.*) **spatial** spacecraft
engouement *m.* passion; infatuation
énigme *f.* enigma, mystery

enjeu *m.* stake, ante

enlever (j'enlève) to take away; to remove, take off; **enlever de force** to remove forcibly, by force

ennemi(e) *m., f.* enemy

ennui *m.* trouble, worry; boredom; **avoir des ennuis** to have problems

ennuyer (j'ennuie) to bother; to bore; **s'ennuyer** to be bored, get bored

ennuyeux/ennuyeuse *adj.* boring; annoying

énorme *adj.* huge, enormous

énormément (de) *adv.* a great deal; a great many; enormously

enquête *f.* inquiry; investigation; opinion poll

enquêter to investigate

enregistrement *m.* recording; registration; airport check-in

enregistrer to record; to register (*luggage*)

enregistreur: baladeur (*m.*) **enregistreur** Walkman with tape recorder

enrichir to enrich; **s'enrichir** to get rich

enseignement *m.* teaching; education

enseigner to teach

ensemble *adv.* together; *m.* ensemble; whole; **ensemble multimédia** multimedia center; **tous ensemble** all together

ensuite *adv.* next; then

entendre to hear; **entendre parler de** to hear about; **s'entendre (bien, mal) avec** to get along (well, badly) with

enterrer to bury

enthousiasme *m.* enthusiasm

enthousiasmé(e) *adj.* thrilled

enthousiaste *adj.* enthusiastic

entier/entière *adj.* entire, whole, complete

entorse *f.* sprain

entourage *m.* circle of friends, set

entouré(e) de *adj.* surrounded by

entourer (de) to surround (with)

s'entraider to help one another

entraînement *m.* (*athletic*) training, coaching

s'entraîner to work out; to train

entraîneur/entraîneuse *m., f.* trainer, coach

entre *prep.* between, among

entrée *f.* entrance, entry; admission; first course (*in a meal*)

entremets *m.* sweet, dessert

entreprise *f.* enterprise, business

entrer (dans) to go into, enter

entretenir (*like* **tenir**) *irreg.* to maintain, keep up

entretien *m.* conversation; interview; maintenance

entrevue *f.* (*job*) interview

envahir to invade

enveloppe *f.* envelope

envelopper to wrap

envers *prep.* to; toward

envers: à l'envers backward, reversed

envie *f.* desire; **avoir envie de** to want; to feel like

environ *adv.* about, approximately; **environs** *m. pl.* neighborhood, surroundings; outskirts

environnement *m.* environment; milieu

environnemental(e) *adj.* environmental

envisageable *adj.* imaginable, conceivable

envoyer (j'envoie) to send

éparpillé(e) *adj.* scattered

épater to impress

épaule *f.* shoulder

éperlan *m.* smelt (*fish*)

épicé(e) *adj.* spicy

épicerie *f.* grocery store; grocery items

épices *f. pl.* spices

épidémie *f.* epidemic

épinards *m. pl.* spinach

Épiphanie *f.* Epiphany, Twelfth Night

éplucher to peel

épopée *f.* epic

époque *f.* epoch, period, era; time

épouser to wed, to get married to

épouvante *f.* terror; **film** (*m.*) **d'épouvante** horror film

époux/épouse *m., f.* spouse; husband/wife; *pl.* married couple

épreuve *f.* proof; trial; test

équateur *m.* equator

équatorial(e) *adj.* equatorial

équilibrage *m.* balancing; **faire l'équilibrage des pneus** to balance the tires

équilibre *m.* equilibrium, balance

équilibré(e) *adj.* balanced, well-balanced

équilibrer to balance

équipe *f.* team; working group; **équipe rédactionnelle** editorial team

équipé(e) *adj.* equipped

équipement *m.* equipment; gear; **équipement ménager** household furnishings

équitation *f.* horseback riding

équivalent(e) *adj.* equivalent; **équivalent** *m.* equivalent

équivoque *adj.* ambiguous; dubious, questionable

érable *m.* maple; **sirop** (*m.*) **d'érable** maple syrup; **sucre** (*m.*) **d'érable** maple sugar

éraflé(e) *adj.* scratched

érigé(e) *adj.* erected

erreur *f.* error; mistake

érudit(e) *adj.* erudite, scholarly

éruption *f.* eruption

escalade *f.* climbing; **faire de l'escalade** to do rock climbing, mountain climbing

escalier *m.* stairs, staircase; **rampe** (*f.*) **de l'escalier** stair banister

escalope *f.* (**de veau**) (veal) cutlet

escargot *m.* snail; escargot

esclavage *m.* slavery

esclave *m., f.* slave

esclaverie *f.* slave-holding warehouse

escrime *f.*: **faire de l'escrime** to do fencing

espace *m.* space

espacé(e) *adj.* spaced out, made less frequent

espadon *m.* swordfish

Espagne *f.* Spain

espagnol(e) *adj.* Spanish; *m.* Spanish (*language*); **Espagnol(e)** *m., f.* Spaniard

espèce *f.* type, kind; **espèces d'animaux** animal species; **disparition** (*f.*) **des espèces** extinction of species; **une espèce de** a kind of

espérance (*f.*) **de vie** life expectancy

espérer (j'espère) to hope

espoir *m.* hope

esprit *m.* spirit; **garder l'esprit ouvert** to keep an open mind

essayer (j'essaie) (de) to try (to)

essence *f.* gasoline, gas; essence; **consommer de l'essence** to burn gas; **faire le plein d'essence** to fill up with gas

essentiel(le) *adj.* essential

essuie-glace (*pl.* **essuie-glaces**) *m.* windshield wiper

essuyer (j'essuie) to wipe

est *m.* east

esthétique *adj.* esthetic

estimer to value; to estimate

estival(e) *adj.* summer

estomac *m.* stomach

estudiantin(e) *adj.* student

et *conj.* and

établir to establish, set up

établissement *m.* settlement; establishment

étage *m.* floor (*of building*); **premier étage** second floor (*American*)

étagère *f.* shelf, shelving

étape *f.* stage; stopping place

état *m.* state; condition; **chef** (*m.*) **d'État** head of state; **en bon (mauvais) état** in good (bad) condition; **état civil** civil status; marital status; **garder en bon état** to maintain; **homme** (*m.*) **d'État** statesman

États-Unis *m. pl.* United States (of America)

été *m.* summer; **en été** in summer

éteindre (*like* **craindre**) *irreg.* to put out; to turn off; **éteindre un incendie** to put out a fire; **éteindre la lumière** to turn out the light; **s'éteindre** to go out (*light*)

éteint(e) *adj.* extinguished; dead, extinct

s'étendre to extend; to spread; to expand; to stretch out

étendu(e) *adj.* extensive, wide, large; **étendu(e) par terre** lying down flat, stretched out; **étendue** *f.* expanse, area

éternel(le) *adj.* eternal

éternuer to sneeze

éthique *adj.* ethical

ethnie *f.* ethnic group

ethnique *adj.* ethnic

étirer, s'étirer to stretch

étoile *f.* star

étonnant(e) *adj.* astonishing, surprising

s'étonner de to be surprised, astonished at

étourdir to stun, make dizzy

étrange *adj.* strange

étranger/étrangère *adj.* foreign; *m., f.* stranger; foreigner; **à l'étranger** abroad, overseas

être (*p.p.* **été**) *irreg.* to be; *m.* being; **être à la mode** to be in style; **être en train de** to be in the process of

étude *f.* study; research; *pl.* studies; **faire des études** to study

étudiant(e) *m., f.* student

étudier to study

euh *interj.* uh, um

européen(ne) *adj.* European; **Européen(ne)** *m., f.* European (*person*); **Union** (*f.*) **européenne (UE)** European Union (EU)

euthanasie *f.* euthanasia

eux *pron., m. pl.* them; **eux-mêmes** *pron.* themselves

s'évader to escape

s'évanouir to faint

s'évaporer to evaporate

événement *m.* event

éventuellement possibly

évidemment *adv.* evidently, obviously

évident(e) *adj.* obvious, clear

évier *m.* (kitchen) sink

éviter to avoid

évoluer to evolve

évolution *f.* evolution, development

évoquer to evoke, call to mind

exagération *f.* exaggeration

exagérer (j'exagère) to exaggerate

examen *m.* test, exam; **(re)passer un examen** to (re)take an exam; **préparer un examen** to study for a test; **rater un examen** to fail a test; **réussir à un examen** to pass a test

examiner to examine

excédent *m.* excess, surplus; **excédent de bagages** excess baggage

excentricité *f.* eccentricity

excentrique *adj.* eccentric

exceptionnel(le) *adj.* exceptional

excès *m.* excess

excessif/excessive *adj.* excessive

exclu(e) *m., f.* social outcast

exclusivement *adv.* exclusively

excursion *f.* excursion, outing; **faire une excursion** to go on an outing

s'excuser (de) to excuse oneself (for); to apologize; **excusez-moi** excuse me, pardon me

exécutif/exécutive *adj.* executive

exécution *f.* carrying out; execution

exemplaire *m.* copy (*book, magazine*)

exemple *m.* example; **par exemple** for example

exercer (nous exerçons) to exercise; to practice; **exercer un métier** to work at a particular job

exercice *m.* exercise; **faire de l'exercice** to do exercise(s), to work out

exigeant(e) *adj.* demanding

exiger (nous exigeons) to require; to demand

exister to exist; **il existe** there is, there are

exotique *adj.* exotic; foreign

expéditeur/expéditrice *m., f.* sender

expédition *f.* shipping; expedition; **expédition de colis** sending packages

expérience *f.* experience

explication *f.* explanation

expliquer to explain

exploitation *f.* working, operating; exploitation; **système** (*m.*) **d'exploitation** operating system (*computer*)

exploiter to make use of, make the most of

explorateur/exploratrice *m., f.* explorer

explorer to explore

exploser to explode

exporter to export

exposé(e) *adj.* exposed; set forth

exposer to exhibit; **exposer une œuvre** to exhibit a piece of work

exposition *f.* exhibition; show

exprimer to express; **s'exprimer** to express oneself

expulser to expel

exquis(e) *adj.* exquisite

extérieur(e) *adj., m.* exterior; outside; **à l'extérieur** (on the) outside, out-of-doors

extrait(e) (de) *adj.* excerpted, extracted (from); **extrait** *m.* excerpt; extract

extraordinaire *adj.* extraordinary

extraterrestre *m., f.* alien, extraterrestrial

extraverti(e) *adj.* extroverted

extrême *adj.* extreme; intense; **extrême droite** *f.* far right (*politics*)

extrêmement *adv.* extremely, exceedingly

extrémiste *m., f.* extremist

fabrication *f.* manufacturing

fabriquer to manufacture, make

fabuleux/fabuleuse *adj.* fabulous; incredible

fac *f., fam.* **(faculté)** university department or school; **en fac** at the university

face *f.* face; façade; **en face (de)** *prep.* opposite, facing; **faire face à** to confront

fâché(e) *adj.* angry, annoyed

fâcher to anger; to annoy; **se fâcher** to get angry

facile *adj.* easy; **facile à vivre** easy to get along with

façon *f.* way, manner, fashion; **de façon (bizarre)** in a (funny) way; **de toute façon** anyhow, in any case

facteur *m.* factor; **facteur/factrice** *m., f.* mail carrier

facture *f.* bill (*to pay*)

faculté *f.* ability; (*fam.* **fac**) university department or school

faiblement *adv.* lightly; slightly

faible *adj.* weak

faim *f.* hunger; **avoir faim** to be hungry

faire (*p.p.* **fait**) *irreg.* to do; to make; to form; to be; **faire beau (il fait beau)** to be nice out, good weather (it's nice out)

fait(e) *adj.* made; *m.* fact; **en fait** in fact; **fait(e) à la main** handmade

falaise *f.* cliff

falloir (*p.p.* **fallu**) *irreg.* to be necessary; to be lacking; **il me faut** I need

fameux/fameuse *adj.* famous

familial(e) *adj.* family

familier/familière *adj.* familiar

famille *f.* family; **en famille** with one's family; **famille monoparentale** single-parent family; **famille nombreuse** large family; **famille recomposée** blended family

farine *f.* flour

fascinant(e) *adj.* fascinating

fasciner to fascinate

fast-food *m.* fast-food restaurant; fast food

fatigant(e) *adj.* tiring

fatigué(e) *adj.* tired

fatiguer to tire; **se fatiguer** to get tired

fauché(e) *adj., fam.* broke, out of money

faune *f.* fauna

faute *f.* fault, mistake

fauteuil *m.* armchair

faux/fausse *adj.* false; **faux témoignage** *m.* perjury

faveur *f.* favor; **en faveur de** supporting, backing

favori(te) *adj.* favorite

favoriser to encourage, favor

fée *f.* fairy; **conte** (*m.*) **de fées** fairy tale

féminin(e) *adj.* feminine

féministe *adj.* feminist

femme *f.* woman; wife; **femme d'affaires** businesswoman

fenêtre *f.* window

fente *f.* slot

fer *m.* iron; **chemin** (*m.*) **de fer** railroad; **fer à repasser** (*clothes*) iron

ferié(e): jour (*m.*) **ferié** public holiday

ferme *adj.* firm; *f.* farm

fermé(e) *adj.* closed

fermer to close

fermeture *f.* closing; closure; **fermeture annuelle** annual closing

féroce *adj.* ferocious

fesse *f.* buttock

fessée *f.* spanking

fête *f.* celebration, holiday; party; **faire la fête** to party; **fête des Mères (des Pères)** Mother's (Father's) Day; **fête des Rois** Feast of the Magi, Epiphany; **fête du Travail** Labor Day; **fête nationale** French national holiday, Bastille Day (July 14)

fêter to celebrate; to observe a holiday

feu *m.* fire; traffic light; **armes** (*f. pl.*) **à feu** firearms; **brûler le feu rouge** to run a red light; **cuire à feu vif** to cook on high heat; **feu d'artifice** fireworks

feuille *f.* leaf; sheet; **feuille d'érable** maple leaf; **feuille de papier** sheet of paper

feuilleton *m.* soap opera

fève *f.* bean; party (cake) favor

février February

fiançailles *f. pl.* engagement

fiancé(e) *m., f.* fiancé(e), betrothed

se fiancer (nous nous fiançons) to become engaged

fibre *f.* fiber, filament

fichier *m.* (computer) file; **fichier joint** e-mail attachment

fictif/fictive *adj.* fictional

fidèle *adj.* faithful; **fidèles** *m. pl.* faithful (*people*); congregation

fier/fière *adj.* proud; **être fier/fière de** to be proud of

fièvre *f.* fever

figue *f.* fig

figuier *m.* fig tree

figure *f.* face

figurant(e) *m., f.* extra (*in a film*)

figurer to appear

fil *m.* thread; cord; **passer un coup de fil (interurbain)** *fam.* to make a (long-distance) phone call

filet *m.* net; string bag; fillet (*beef, fish, etc.*)

filière *f.* channel, path; track, major (*in school*)

fille *f.* girl; daughter; **école** (*f.*) **de filles** girls' school; **jeune fille** girl, young woman; **petite fille** little girl; **petite-fille** granddaughter

filleul(e) *m., f.* godchild

film *m.* film; movie; **film d'animation** animated film; **film d'épouvante** horror film; **passer un film** to show a movie; **tournage du film** filmmaking, film shooting

fils *m.* son; **petit-fils** grandson

fin(e) *adj.* fine; thin; *f.* end; purpose; **à la fin de** at the end of; **au fin fond de** in the depths of; **en fin d'après-midi** in the late afternoon; **fin de siècle** end of the century

final(e) *adj.* final

finalement *adv.* finally

financé(e) *adj.* financed, backed

financier/financière *adj.* financial; *m., f.* financier

finir (de) to finish; **finir par** to end up by (doing something)

finlandais(e) *adj.* Finnish; **Finlandais(e)** *m., f.* Finnish (*person*)

Finlande *f.* Finland

firme *f.* firm, company

fiscal(e) *adj.* fiscal

fixe *adj.* fixed; **sans domicile fixe (S.D.F.)** homeless

fixer to set, lay down, determine

flageolet *m.* kidney bean

flamand *m.* Flemish (*language*); **Flamand(e)** Flemish (*person*)

flamant *m.* flamingo

flambé(e) *adj.* flambé, flaming

flamme: en flammes ablaze

Flandre *f.* Flanders (*Dutch-speaking Belgium*)

flâner to stroll

flatterie *f.* flattery

flatteur/flatteuse *adj.* flattering; **flatteur** *n.* flatterer; sycophant

fleur *f.* flower

fleuriste *m., f.* florist

fleuve *m.* river (*flowing into the sea*)

flic *m., fam.* cop

flore *f.* flora

Floride *f.* Florida

flotter to float; **île** (*f.*) **flottante** *dessert made of beaten egg whites floating on cream*

fluvial(e) *adj.* river; fluvial

foie *m.* liver; **pâté** (*m.*) **de foie gras** goose liver pâté

foire *f.* fair

fois *f.* time, occasion; **chaque fois** each time; **la dernière (première) fois** the last (first) time; **une fois par semaine** once a week; **une (seule) fois** (only) once

folie *f.* madness, folly

folklorique *adj.* traditional; folk (*music, etc.*)

foncé(e) *adj.* dark (*color*)

fonction *f.* function; use, office; **voiture** (*f.*) **de fonction** company car

fonctionnaire *m., f.* government employee, civil servant

fonctionnement *m.* working order, functioning

fonctionner to function, work

fond *m.* bottom; back, background; **au fond** basically; **au fin fond de** in the depths of

fondamental(e) *adj.* fundamental, basic

fondation *f.* foundation

fonder to found; **fonder un foyer** to start a home and family

fontaine *f.* fountain; spring

football (*fam.* **foot**) *m.* soccer

footballeur/footballeuse *m., f.* soccer player

forage (*m.*) **pétrolier** exploratory oil-drilling

force *f.* force; **enlever de force** to remove forcibly, by force

forcément *adv.* inevitably

forcer to force

forêt *f.* forest; **forêt tropicale humide** tropical rainforest

formation *f.* formation; education, training

forme *f.* form; shape; figure; **en (bonne, pleine) forme** physically fit; **en forme de** in the form (shape) of; **être (rester) en forme** to be (stay) in shape

formel(le) *adj.* formal; strict

former to form, shape; to train; **se former** to form, get organized

formidable *adj.* great

formulaire *m.* form (*to fill out*); **remplir un formulaire** to fill out a form

formule *f.* formula; form
formuler to formulate
fort *adv.* loudly, loud; hard
fort(e) *adj.* strong; heavy; plump; high (*heat*)
fortifié(e) *adj.* fortified
fossé *m.* gap, gulf
fou (fol, folle) *adj.* crazy, mad; **fou (folle)** *m., f.* crazy person
foudre *f.* lightning; **coup** (*m.*) **de foudre** thunderbolt; *fig.* love at first sight
fouiller to search; to look through (*luggage*)
fouiner to snoop, nose around
fouineur *m., fam.* hacker
foulard *m.* (head) scarf
foule *f.* crowd; **foule de gens** crowd of people
se fouler la cheville to sprain one's ankle
foulure *f.* light sprain
four *m.* oven; **four à micro-ondes** microwave oven
fourchette *f.* fork
fourmi *f.* ant
fournir to provide, supply
fournisseur/fournisseuse *m., f.* provider, supplier
fourrure *f.* fur; **commerce** (*m.*) **des fourrures** fur trading
foyer *m.* home
fracturé(e) *adj.* fractured
fraîcheur *f.* coolness; freshness
frais/fraîche *adj.* fresh; cool; *m. pl.* fees; expenses; **il fait frais** it's chilly
frais *m. pl.* expenses; **frais d'inscription (de scolarité)** school, university (tuition) fees
fraise *f.* strawberry
framboise *f.* raspberry
franc(he) *adj.* frank; truthful; honest
français(e) *adj.* French; *m.* French (*language*); **Français(e)** *m., f.* French (*person*)
Francfort Frankfurt
franchement *adv.* frankly
franco-allemand(e) *adj.* French-German
Franco-Américain(e) (*fam.* **Franco**) *m., f.* French-American (*person*)
francophone *adj.* French-speaking, of the French language
francophonie *f.* French-speaking world
frapper to strike; to knock
frein *m.* brake
freiner to brake
fréquemment *adv.* frequently
fréquence *f.* frequency
fréquent(e) *adj.* frequent
fréquenter to frequent, visit frequently

frère *m.* brother; **beau-frère** brother-in-law; **demi-frère** half-brother; stepbrother
frigo *m., fam.* fridge, refrigerator
friquet: moineau (*m.*) **friquet** *species of sparrow*
frisé(e) *adj.* curly
frisson *m.* shiver, chill
frit(e) *adj.* fried; **frites** *f. pl.* French fries
froid(e) *adj.* cold; *m.* cold; **avoir froid** to be cold; **il fait froid** it's cold (*weather*)
frôler to touch lightly, brush
fromage *m.* cheese
front *m.* forehead; front
frontière *f.* frontier; border
frotter to rub
fruit *m.* fruit; **fruits** (*pl.*) **de mer** seafood; **jus** (*m.*) **de fruits** fruit juice
frustrant(e) *adj.* frustrating
frustré(e) *adj.* frustrated
fumé(e) *adj.* smoked
fumée *f.* smoke
fumer to smoke
fureur *f.* fury; **faire fureur** to be all the rage
furieux/furieuse *adj.* furious
futur(e) *adj.* future; **futur** *m., gram.* future (*tense*); future (*time*)

gaffe *f., fam.* blunder
gagner to win; to earn; **gagner sa vie** to earn a living
galère *f.* mess, difficult situation
galerie *f.* gallery
galette *f. puff pastry cake;* **galette des Rois** *special cake for Epiphany*
Galles: pays (*m.*) **de Galles** Wales
gants *m. pl.* gloves
garanti(e) *adj.* guaranteed; **garantie** *f.* guarantee; safeguard
garantir to guarantee
garçon *m.* boy; **garçon d'honneur** best man
garde *f.* watch; *m., f.* guard; **pharmacie** (*f.*) **de garde** all-night (emergency service) pharmacy
garder to keep, retain; to take care of; to guard
gare *f.* station (*train, bus*); **gare routière** bus station, depot
garer to park; **garer la voiture** to park the car
garni(e) *adj.* garnished
gars *m., fam.* guy, fellow
gaspillage *m.* waste
gaspiller to waste
gastronomie *f.* gastronomy
gâteau *m.* cake; **morceau** (*m.*) **de gâteau** slice of cake; **petit gâteau** cookie

gâter to ruin, spoil; to have a harmful effect on
gauche *adj.* left; *f.* left; **à gauche** on the left, to the left; **de gauche** leftist; **extrême gauche** *f.* extreme left (*politically*)
gaulois(e) *adj.* Gallic
gaz *m.* gas; **gaz carbonique** carbon dioxide
gazeux/gazeuse: boisson (*f.*) **gazeuse** soft drink
gazon *m.* lawn; **tondre le gazon** to mow the lawn
géant(e) *adj.* gigantic
gelée *f.* aspic, jelly
gélule *f.* capsule
gênant(e) *adj.* disturbing, embarrassing
gêné(e) *adj.* embarrassed; annoyed, bothered
généralement *adv.* generally
généralisation *f.* generalization
généreux/généreuse *adj.* generous
génétique *adj.* genetic; **modification** (*f.*) **génétique** genetic modification
génétiquement: organisme (*m.*) **génétiquement modifié (OGM)** genetically modified organism (GMO)
Genève Geneva
génial(e) *adj.* brilliant, inspired; *fam.* nice, cool, great
génie *m.* spirit; genius; genie; engineering; **génie civil** civil engineering; **génie mécanique** mechanical engineering
genou (*pl.* **genoux**) *m.* knee
genre *m.* gender; kind, type
gens *m. pl.* people; **foule** (*f.*) **de gens** crowd of people; **jeunes gens** young men; young people
gentil(le) *adj.* nice, kind
gentillesse *f.* kindness, niceness
gentilhomme *m.* (*historical, fig.*) gentleman
géographie *f.* geography
géographique *adj.* geographic
géologie *f.* geology
Géorgie *f.* Georgia
gérant(e) *m., f.* manager, director
germanique *adj.* Germanic
germer to sprout, germinate
geste *m.* gesture
gestion *f.* management; **gestion des ressources** resource management
Ghana: empire (*m.*) **du Ghana** Ghana empire (*5th–11th century Senegal*)
gigantesque *adj.* gigantic
gigot (d'agneau) *m.* leg of lamb
gigue *f.* jig
givré(e): orange (*f.*) **givrée** *orange sorbet served in the orange peel*

glace *f.* ice cream; ice; mirror; **essuie-glace** *m.* windshield wiper
glissant(e) *adj.* slippery; **chaussée** (*f.*) **glissante** slippery pavement
glissement (*m.*) **de terrain** landslide
glisser to slide; to slip; to skid
global(e) *adj.* global
golfe *m.* gulf; **petit golfe** bay
gomme *f.* Eraser
gondole *f.* gondola
gonflement *m.* swelling
gonfler to inflate; to swell; **gonfler les pneus** to inflate the tires
gorge *f.* throat; gorge; **mal à la gorge** sore throat; **soutien-gorge** *m.* bra, brassiere
gorille *m.* gorilla
gourde *f.* gourd
gousse (*f.*) **d'ail** clove of garlic
goût *m.* taste, flavor; preference
goûter to taste; *m.* snack
goutte *f.* drop; **gouttes pour le nez** nose drops
gouvernement *m.* government; **chef** (*m.*) **de gouvernement** head of state
gouvernemental(e) *adj.* government(al)
gouverneur *m.* governor
grâce *f.* grace; pardon; **grâce à** *prep.* thanks to; **Jour** (*m.*) **d'action de grâce** Thanksgiving Day (*U.S., Canada*)
graine *f.* seed
graisse *f.* grease, fat
grammaire *f.* grammar
gramme *m.* gram
grand(e) *adj.* great; large; big; tall; **grand magasin** *m.* department store; **grand-chose (pas grand-chose)** *pron. m.* much (not much); **grande surface** *f.* mall; superstore; **grandes vacances** *f. pl.* summer vacation; **Train** (*m.*) **à grande vitesse (T.G.V.)** *French high-speed bullet train*
grandement *adv.* easily, amply; nobly
grand-mère *f.* grandmother
grand-père *m.* grandfather
grands-parents *m. pl.* grandparents
graphique *adj.* graphic; **dessin** (*m.*) **graphique** graphic arts
gras(se) *adj.* fat; oily; rich; **gras** *m.* fat; **foie** (*m.*) **gras** goose liver; **matière(s)** (*f.*) **grasse(s)** fat content (*of food*)
gratte-ciel *m. inv.* skyscraper
gratter to scratch
gratuiciel *m.* freeware (*software*)
gratuit(e) *adj.* free (*of charge*)
grave *adj.* grave, serious
graver un CD to burn a CD
gravité *f.* seriousness

grec(que) *adj.* Greek; *m.* Greek (*language*); **Grec(que)** *m., f.* Greek (*person*)
Grèce *f.* Greece
grève *f.* (labor) strike
grignoter to eat a snack (*between meals*)
grille-pain *m. inv.* toaster
griller to broil, toast, grill
grimper to climb
griot *m.* griot (*traditional singer from West Africa*)
grippe *f.* flu; **attraper la grippe** to catch the flu; **grippe intestinale** stomach flu
gris(e) *adj.* gray
grognon(ne) *m., f.* grumbler, grumpy person
gros(se) *adj.* big; great, serious
grossesse *f.* pregnancy; **interruption** (*f.*) **volontaire de grossesse (IVG)** abortion
grossier/grossière *adj.* vulgar, gross; **terme** (*m.*) **grossier** vulgar term
grossir to gain weight
groupe *m.* group; **groupe de discussion** discussion group (*computers*)
se grouper to gather
gruyère *m.* Gruyere (*Swiss cheese*)
guêpe *f.* wasp; **piqûre** (*f.*) **de guêpe** wasp sting
guérir to cure; to heal; to recover; **guérir un malade** to cure a sick person
guerre *f.* war; **Deuxième Guerre mondiale** Second World War; **guerre de Sécession** American Civil War
guichet *m.* ticket window
guide *m., f.* guide; *m.* guidebook; instructions
Guinée *f.* Guinea
guitare *f.* guitar
Guyane *f.* Guyana
gymnase *m.* gymnasium
gymnastique (*fam.* **gym**) *f.* gymnastics; exercise; **faire de la gymnastique** to do gymnastics (exercises)

habiller to dress; **s'habiller** to get dressed
habitant(e) *m., f.* inhabitant; resident
habitation *f.* lodging, housing; **Habitation à loyer modéré (H.L.M.)** *French public housing*
habiter to live, dwell
habitude *f.* habit; **comme d'habitude** as usual; **d'habitude** *adv.* usually, habitually; **prendre l'habitude de** (+ *inf.*) to get used to (*doing something*)
habitué(e) *adj.* (à) accustomed (to)
***haché(e)** *adj.* ground; chopped up (*meat*); **bœuf** (*m.*) **haché** ground beef
Haïti *m.* Haiti

***haïtien(ne)** *adj.* Haitian
halogène: lampe (*f.*) **halogène** halogen lamp
***halte** *f.* stop, break; stopping place
***hanche** *f.* hip; haunch
***Hanoukka** *f.* Hanukkah
haranguer to hold forth
***haricot** *m.* bean; ***haricots verts** green beans
harmonie *f.* harmony
harmonieux/harmonieuse *adj.* harmonious
***haut(e)** *adj.* high; **à *haute voix** out loud; **en *haut (de)** at the top (of); ***haut-parleur** *m.* (loud) speaker
hebdomadaire *adj.* weekly
hébergement *m.* lodging
héberger to lodge, house
***hein?** *interj.* eh? what?
hémisphère *m.* hemisphere
herbe *f.* grass
héritage *m.* inheritance; heritage
***héros** *m.* hero
hésitant(e) *adj.* hesitant
hésiter to hesitate
heure *f.* hour; time; **à l'heure** on time; per hour; **à la même heure** at the same time; **à quelle heure** (at) what time; **de bonne heure** early; **demi-heure** *f.* half hour; **il est... heure(s)** it's . . . o'clock; **quelle heure est-il?** what time is it?
heureusement *adv.* fortunately
heureux/heureuse *adj.* happy; fortunate
se *heurter contre to hit, bump against
hexagone *m.* hexagon; **Hexagone** France
hier *adv.* yesterday; **hier après-midi (matin)** yesterday afternoon (morning); **hier soir** yesterday evening
hippopotame *m.* hippopotamus
histoire *f.* history; story
historique *adj.* historical, historic
hiver *m.* winter; **en hiver** in the winter
***hocher: *hocher la tête** to nod
***hockey** *m.* hockey; ***hockey sur glace** ice hockey
***hollandais(e)** *adj.* Dutch; **sauce** (*f.*) ***hollandaise** Hollandaise sauce (*butter, eggs, lemon juice*)
***Hollandais(e)** *m., f.* Dutch (*person*)
***Hollande** *f.* Holland, Low Countries
***homard** *m.* lobster
homéopathie *f.* homeopathy
homme *m.* man; **homme d'affaires** businessman; **homme d'État** statesman
homogène *adj.* homogeneous
homosexualité *f.* homosexuality
honnête *adj.* honest

honnêteté *f.* honesty

honneur *m.* honor; **demoiselle** (*f.*) **d'honneur** bridesmaid; **garçon** (*m.*) **d'honneur** best man; groomsman

***honte** *f.* shame; **avoir *honte de** to be ashamed of

***honteux/honteuse** *adj.* shameful; ashamed

hôpital *m.* hospital

***hoquet** *m.* hiccup

horloge *f.* clock

horreur *f.* horror; **avoir horreur de** to hate, detest

horriblement *adv.* horribly

horrifié(e) *adj.* horrified

***hors de** *prep.* out of, outside of; ***hors saison** off-season

***hors-d'œuvre** *m. inv.* appetizer

hospitalité *f.* hospitality

hôtel *m.* hotel; public building, hall; **hôtel de ville** city hall; **maître** (*m.*) **d'hôtel** maître d'; headwaiter

hôtellerie *f.* hotel trade

hôtesse *f.* hostess; **hôtesse de l'air** flight attendant, stewardess

huile *f.* oil; **changer l'huile** to change the oil

***huit** eight

huîtres *f. pl.* oysters

humain(e) *adj.* human; **humain** *m.* human being

humanitaire *adj.* humanitarian

humanité *f.* humanity

humeur *f.* temperament, disposition; mood; **être de mauvaise (bonne) humeur** to be in a bad (good) mood

humide *adj.* humid; damp; **forêt** (*f.*) **tropicale humide** tropical rainforest

humilié(e) *adj.* humiliated

humoriste *m., f.* humorist

humoristique *adj.* humoristic

humour *m.* humor; **sens** (*m.*) **de l'humour** sense of humor

***hurler** to scream

hydrocarbure *m.* hydrocarbon; **échappement** (*m.*) **d'hydrocarbures** hydrocarbon emissions

hydro-électrique *adj.* hydroelectric

hygiène *f.* hygiene

hypermarché *m.* superstore

hypothèse *f.* hypothesis

ici *adv.* here

icône *m.* icon

idéal(e) *adj.* ideal; **idéal** *m.* ideal

idéaliste *adj.* idealistic; *m., f.* idealist

idée *f.* idea; **aucune idée** I've no idea

identifier to identify

identité *f.* identity; **carte** (*f.*) **d'identité** identification card

idéologique *adj.* ideological

idiot(e) *adj.* idiotic, foolish

idole *f.* idol

ignorer to not know; to be ignorant of; to ignore

il *pron., m.* he; it; there; **il y a** there is, there are; **il y a** (+ *time period*) ago; **il y a... que** (+ *period of time*) it's been... since

île *f.* island; **Île-de-France** Île-de-France region (*surrounding Paris*); **île flottante** *dessert made of beaten egg whites floating on cream*

illégal(e) *adj.* illegal

illustré(e) *adj.* illustrated

illustrer to illustrate

ils *pron., m.* they

image *f.* picture; image

imaginaire *adj.* imaginary; made-up

imaginer to imagine

imbécile *m., f.* idiot, imbecile

immatriculation *f.* registration; **plaque** (*f.*) **d'immatriculation** license plate

immédiat(e) *adj.* immediate

immense *adj.* huge, immense

immeuble *m.* (apartment or office) building, highrise

immigré(e) *m., f.* immigrant

immigrer to immigrate

s'immiscer (nous nous immisçons) (dans) to interfere (in, with)

immobilier *m.* real-estate (business); **agent** (*m.*) **immobilier** real-estate agent

imparfait *m., gram.* imperfect (*verb tense*)

s'impatienter to grow impatient, lose patience

impensable *adj.* unthinkable

impératif *m., gram.* imperative, command

impersonnel(le) *adj.* impersonal

implanter to implant, introduce; **implanter un cookie** to plant a cookie (*computers*)

impliquer to imply

impoli(e) *adj.* impolite, rude

important(e) *adj.* important; large, sizeable

importé(e) *adj.* imported

importer to be important; to matter; **n'importe où** anywhere; **n'importe quel(le)** no matter which; n'importe quoi **anything**

imposer to impose; to lay down

impossibilité *f.* impossibility

imposteur *m.* impostor

impôts *m. pl.* direct taxes

impressionnant(e) *adj.* impressive

impressionner to impress

imprimante *f.* printer

imprimer to print

imprudemment *adv.* imprudently, unwisely

incendie *m.* fire, house fire

inciter to incite

inclusif/inclusive *adj.* inclusive

incompétent(e) *adj.* incompetent

inconnu(e) *adj.* unknown; *m., f.* stranger

inconscient(e) *adj.* unconscious; thoughtless; unaware

inconvénient *m.* disadvantage

incroyable *adj.* unbelievable, incredible

Inde *f.* India; **Indes** *f. pl.* Indies

indécent(e) *adj.* indecent, obscene

indéfini(e) *adj.* indefinite; **article** (*m.*) **indéfini** *gram.* indefinite article

indépendance *f.* independence

indépendant(e) *adj.* independent

indéterminé(e) *adj.* unspecified; indeterminate

indicatif *m., gram.* indicative (*mood*)

indien(ne) *adj.* Indian; **Indien(ne)** *m., f.* Indian (*person*)

indifférent(e) *adj.* indifferent

indigène *adj.* indigenous, native

indiqué(e) *adj.* indicated

indiquer to indicate; to point out; to signal (*in a car*)

indirect(e) *adj.* indirect

indiscret/indiscrète *adj.* indiscreet; prying

individu *m.* individual, person

individualiste *adj.* individualistic, nonconformist

individuel(le) *adj.* private

industrie *f.* industry

industriel(le) *adj.* industrial

inévitable *adj.* unavoidable

inférieur(e) *adj.* inferior; lower

infinitif *m., gram.* infinitive

infirmier/infirmière *m., f.* nurse

influencer (nous influençons) to influence

influent(e) *adj.* influential

information *f.* information, data; *pl.* (*fam.* **infos**) news (*broadcast*)

informaticien(ne) *m., f.* computer scientist; **ingénieur(e) informaticien(ne)** computer engineer

informatique *f.* computer science; *adj.* computer; **virus** (*m.*) **informatique** computer virus

informatisé(e) *adj.* computerized

informer to inform; **s'informer** to find out information

inforoute *f.* information highway

ingénierie *f.* engineering
ingénieur(e) *m., f.* engineer; **ingénieur(e) informaticien(ne)** computer engineer; **ingénieur(e) mécanicien(ne)** mechanical engineer
ingrédient *m.* ingredient
inhumain(e) *adj.* inhuman
initial(e) *adj.* initial, first; **initiale** *f.* initial (*letter*)
initiative *f.* initiative; **syndicat** (*m.*) **d'initiative** (local) chamber of commerce, tourist office
s'initier (à) to become initiated (into)
injuste *adj.* unjust, unfair
innombrable *adj.* countless
inoffensif/inoffensive *adj.* harmless
inondation *f.* flood
inonder to flood
inoubliable *adj.* unforgettable
inquiet/inquiète *adj.* worried, anxious
inquiétant(e) *adj.* disturbing, worrying
inquiéter (j'inquiète) to worry; **s'inquiéter (de) (je m'inquiète)** to become uneasy; to be worried (about)
inquiétude *f.* anxiety, uneasiness
inscription *f.* matriculation; registration; **frais** (*m. pl.*) **d'inscription** university enrollment fees, tuition
s'inscrire (*like* **écrire**) **(à)** *irreg.* to join; to enroll; to register
inscrit(e) *adj.* registered
insecte *m.* insect
insensé(e) *adj.* insane
inséparable *adj.* inseparable
insistance *f.* insistence
insister to insist; **insister sur** to stress
insolite *adj.* unusual, strange
insomniaque *m., f.* insomniac
insomnie *f.* insomnia
inspecter to inspect
inspirer to inspire; **s'inspirer de** to be inspired by
installer to install; to set up; **s'installer (à)** to settle down, settle in
instituteur/institutrice *m., f.* elementary school teacher
insuffisant(e) *adj.* insufficient
insulter to insult
intact(e) *adj.* intact; **demeurer intact(e)** to remain intact
intégration *f.* integration
s'intégrer (je m'intègre) (à) to integrate oneself, get assimilated (into)
intellectuel(le) *adj.* intellectual
intensif/intensive *adj.* intensive
interdiction *f.* **(de)** ban (on)
interdire (*like* **dire**, *but* **vous interdisez**) **(de)** *irreg.* to forbid (to); to prohibit

interdit(e) *adj.* forbidden, prohibited; **stationnement** (*m.*) **interdit** no parking
intéressant(e) *adj.* interesting
intéresser to interest; **s'intéresser à** to be interested in
intérêt *m.* interest, concern
intérieur(e) *m.* interior; **à l'intérieur** inside
intermédiaire: par l'intermédiaire de through
internaute *m., f.* Internet user
interpréter (j'interprète) to perform, interpret
interrogatoire *m.* interrogation, examination
interroger (nous interrogeons) to interrogate; ask questions of
interrompre (*p.p.* **interrompu**) *irreg.* to interrupt
interurbain(e) *adj.* interurban
intervenir (*like* **venir**) *irreg.* to intervene
interviewer to interview
intestinal(e) *adj.* intestinal; stomach
intitulé(e) *adj.* entitled, called
intrigue *f.* plot
introduire (*like* **conduire**) *irreg.* to introduce
introverti(e) *adj.* introverted
Inuits *m. pl.* Inuit (*aboriginal people of Quebec*)
inutile *adj.* useless
inventer to invent
inventeur/inventrice *m., f.* inventor, discoverer
inversé(e) *adj.* opposite, inverted
investir to invest
investissement *m.* investment
invité(e) *adj.* invited; *m., f.* guest
inviter to invite
ironique *adj.* ironic
irrésistiblement *adv.* irresistibly
irriter to irritate
islamique *adj.* Islamic
isolé(e) *adj.* isolated
Israël *m.* Israel
Italie *f.* Italy
italien(ne) *adj.* Italian; **Italien(ne)** *m., f.* Italian (*person*)
itinéraire *m.* itinerary
ivoire: Côte-d'Ivoire (*f.*) Ivory Coast

jaloux/jalouse *adj.* jealous
jamais (ne... jamais) *adv.* never; ever
jambalaya *m. traditional Cajun rice stew*
jambe *f.* leg; **jambe cassée** broken leg
jambon *m.* ham
janvier January
Japon *m.* Japan
japonais(e) *adj.* Japanese; *m.* Japanese (*language*); **Japonais(e)** *m., f.* Japanese (*person*)

jardin *m.* garden; **jardin public** public park
jardinage *m.* gardening; **jardinage naturel** organic gardening
jardiner to garden
jaune *adj.* yellow
jaunir to turn yellow
je *pron.* I
jean *m. s.* (blue) jeans
jetable *adj.* disposable
jeter (je jette) to throw; to throw away, toss; **jeter des déchets** to toss out trash; **jeter par terre** to throw down (on the ground); **se jeter (dans)** to flow (into)
jeu *m.* game; **jeu CD-ROM** computer game; **jeu vidéo** video game; **Jeux Olympiques (JO)** Olympic games
jeudi *m.* Thursday
jeune *adj.* young; *m. pl.* young people, youth; **jeune fille** *f.* girl, young woman; **jeunes gens** *m. pl.* young men; young people
jeunesse *f.* youth
joie *f.* joy
joli(e) *adj.* pretty
Jolof: empire (*m.*) **Jolof** Jolof empire (*15th-century Senegal*)
joue *f.* cheek
jouer to play; **jouer à** to play (*a sport or game*); **jouer de** to play (*an instrument*)
jouet *m.* toy
joueur/joueuse *m., f.* player
jour *m.* day; **à jour** up to date; **de nos jours** these days, currently; **il y a deux jours** two days ago; **Jour d'action de grâce** Thanksgiving Day (*U.S., Canada*); **jour de Pâques** Easter; **jour de l'An** New Year's Day; **jour férié** public holiday; **par jour** per day, each day; **plat** (*m.*) **du jour** today's special (*restaurant*); **tous les jours** every day
journal *m.* newspaper; journal, diary
journalisme *m.* journalism
journaliste *m., f.* reporter, newscaster, journalist
journée *f.* day, duration of a day; **toute la journée** all day
judiciaire *adj.* judicial
juger (nous jugeons) to judge; to consider
juif/juive *adj.* Jewish
juillet July
juin June
jumeau/jumelle *m., f.* twin
jupe *f.* skirt
jupon *m.* slip, petticoat
jurer to swear; to vow
juridique *adj.* legal
jus *m.* juice; **jus de fruits** fruit juice

jusqu'à *prep.* until, up to; **jusqu'à ce que** *conj.* (+ *subj.*) until; **jusqu'à présent** up to now, until now
juste *adj.* just, fair; right, exact; *adv.* just, precisely; **tout juste** barely, hardly; only just
justement *interj.* exactly
justifier to justify; to give proof

Kabyle *m., f.* Kabyle (*indigenous person from mountainous region of Algeria*)
kanak *m.* Kanak (*indigenous language of New Caledonia*)
kilo(gramme) *m.* kilogram
kilomètre *m.* kilometer
kiosque *m.* newsstand
kippa *f.* kippa, yarmulka (*skullcap worn by Jewish males*)
klaxon *m.* (*car*) horn
klaxonner to blow the (*car*) horn
km *ab.* (**kilomètre**) *m.* kilometer
kora *f.* kora (*West African stringed instrument*)
Koweït *m.* Kuwait

la *art., f.* the; *pron., f.* it, her
là *adv.* there; **là-bas** *adv.* over there; **oh, là là!** *interj.* good heavens! my goodness!
laboratoire (*fam.* **labo**) *m.* laboratory
lac *m.* lake
laid(e) *adj.* ugly
laine *f.* wool; **en laine** (made of) wool
laïque *adj.* nonreligious, secular
laisser to let, allow; to leave, leave behind; **laisser tomber** to drop (*something*)
lait *m.* milk; **café** (*m.*) **au lait** coffee with hot milk
laitier/laitière *adj.* pertaining to milk; **produits** (*m. pl.*) **laitiers** dairy products
laitue *f.* lettuce
lamelle: (couper) en lamelles (to cut) in(to) thin strips
lamentable *adj.* appalling, lamentable
lampe *f.* lamp; light fixture; **lampe à huile** oil lamp; **lampe à pétrole** kerosene lamp; **lampe halogène** halogen lamp; **lampe-tempête** *f.* hurricane lamp
lancer (nous lançons) to launch; to throw; to drop **se lancer (dans)** to jump (into)
langage *m.* language; jargon; specialized vocabulary
langue *f.* language; tongue; **langue étrangère** foreign language; **langue maternelle** mother tongue; **tirer la langue** to stick out one's tongue
lapin *m.* rabbit
large *adj.* wide

lasagne *f.* lasagna
latin(e) *adj.* Latin
Laurentides *f. pl.* Laurentide mountains (*Quebec*)
lavable *adj.* washable
lavabo *m.* (*washroom, bathroom*) sink
laver to wash; **machine** (*f.*) **à laver** washing machine
lave-vaisselle *m.* (automatic) dishwasher
lavomatic *m.* laundromat
le *art., m.* the; *pron., m.* it, him
lèche-vitrines: faire du lèche-vitrines *fam.* to window-shop
leçon *f.* lesson; **leçon particulière** private lesson
lecteur/lectrice *m., f.* reader; **lecteur** *m.* disk drive; **lecteur CD/DVD** CD/DVD player; **lecteur CD-ROM** CD-ROM drive; **lecteur MP3** MP3 player
lecture *f.* reading
légal(e) *adj.* legal
légende *f.* legend
léger/légère *adj.* light; fluffy; delicate
légionnaire *m.* legionary; legionnaire
législation *f.* legislation
législature *f.* legislature
légume *m.* vegetable
lendemain *m.* next day, day after, following day
lent(e) *adj.* slow
lequel/laquelle (lesquels/lesquelles) *pron.* which, which one; who, whom
les *art., pl.* the; *pron., pl.* them
lessive *f.* laundry; **faire la lessive** to do the laundry
lettre *f.* letter; **boîte** (*f.*) **aux lettres** mailbox; **lettre de motivation** cover letter
leur *adj.* their; *pron.* to them; **le/la/les leur(s)** *pron.* theirs
lever (je lève) to raise, lift; **lever** (*m.*) **du soleil** sunrise; **levez la main** raise your hand; **se lever** to get up, stand up; to get out of bed
levier *m.* lever; **levier de vitesse** gear shift (*lever*)
lèvres *f. pl.* lips; **rouge** (*m.*) **à lèvres** lipstick
liaison *gram. m.* joining, linking (*two words together*)
libération *f.* freedom; liberation
libérer (je libère) to free, liberate
liberté *f.* freedom
librairie *f.* bookstore
libre *adj.* free; available; open; vacant; **temps** (*m.*) **libre** leisure time; **union** (*f.*) **libre** living together, common-law marriage; **vente** (*f.*) **libre** open sale
licence *f.* French university degree awarded upon completion of third

year university exams, *equivalent to* license; permission
licencié(e) *m., f.* degree holder; license holder
licorne *f.* unicorn
lié(e) *adj.* linked, tied
lien *m.* link, tie, bond; **former des liens** to form contacts, connections
lieu *m.* place; **au lieu de** *prep.* instead of, in the place of; **avoir lieu** to take place; **chef-lieu** county seat (*town*)
ligne *f.* line; bus line; figure; **en ligne** online
ligue *f.* league
limitation *f.* limit; restriction; **limitation de vitesse** speed limit
limite *f.* limit; boundary; **dépasser la limite de vitesse** to exceed the speed limit
limiter to limit
limonade *f.* sweet carbontated drink (*like 7-Up*)
limpide *adj.* limpid; clear
linguistique *adj.* language; linguistic
liquide *m.* liquid; **payer (je paie) en liquide** to pay in cash
lire (*p.p.* **lu**) *irreg.* to read
liste *f.* list
lit *m.* bed; **faire son lit** to make one's bed
litre *m.* liter
littérature *f.* literature
livraison (*f.*) **des bagages** baggage claim area
livre *m.* book; *f.* pound (*half-kilo*); **demi-livre** (*f.*) half pound; **livre** (*m.*) **de cuisine** cookbook
local(e) *adj.* local
localisation *f.* localization
locataire *m., f.* renter, tenant
logement *m.* housing, lodgings
loger (nous logeons) to house; to dwell; to lodge
logiciel *m.* program (*computer*); software
logique *adj.* logical
loi *f.* law
loin (de) *adv., prep.* far (from), at a distance (from)
lointain(e) *adj.* distant, faraway, remote
loisirs *m. pl.* leisure time activities
Londres London
long(ue) *adj.* long; slow; **de longue durée** long-term; **tout au long de** throughout
longtemps *adv.* (for) a long time; **il y a longtemps** a long time ago
longuement *adv.* for a long time
lors *adv.:* **lors de** at the time of
lorsque *conj.* when
loterie *f.* lottery
loti(e): être bien loti(e) to be well-off

louange *f.* praise
louer to rent; to reserve; **à louer** for rent
Louisiane *f.* Louisiana
loyauté *f.* loyalty
loyer *m.* rent (*payment*)
Lozère *f.* Lozère district in the Languedoc-Roussillon region (*southern France*)
lucratif/lucrative *adj.* lucrative
ludiciel *m.* gameware (*software*)
lui *pron.* he; it; to him; to her; to it; **lui-même** himself
lumière *f.* light
lumineux/lumineuse *adj.* luminous; **signal** (*m.*) **lumineux** flashing road sign
lundi *m.* Monday
lune *f.* moon; **lune de miel** honeymoon
lunettes *f. pl.* eyeglasses
luth *m.* lute
lutte *f.* struggle, battle
lutter to struggle, fight
luxe *m.* luxury
luxueux/luxueuse *adj.* luxurious
lycée *m. French secondary school (high school)*
lycéen(ne) *m., f.* secondary, high school student

ma *adj., f. s.* my
mâcher to chew
machine *f.* machine; **machine à laver** washing machine
madame (mme) (*pl.* **mesdames**) madam; lady
mademoiselle (mlle) (*pl.* **mesdemoiselles**) Miss
magasin *m.* store; **grand magasin** department store; **magasin d'alimentation** food store; **magasin d'antiquités** antique store
mages: les Rois (*m. pl.*) **mages** the Three Wise Men, Magi
Maghreb *m.* Maghreb (*French-speaking North Africa*)
maghrébin(e) *adj.* from French-speaking North Africa; *m., f.* person from the Maghreb
magie *f.* magic
magique *adj.* magic
magistral(e): cours (*m.*) **magistral** lecture course
magnétoscope *m.* videocassette recorder (VCR)
magnifique *adj.* magnificent
mai May
maigrir to grow thin, lose weight
main *f.* hand; **fait(e) à la main** handmade; **se serrer la main** to shake hands

main-d'œuvre *f.* labor
maintenant *adv.* now
maintenir (*like* **tenir**) *irreg.* to maintain; to keep up
maintien *m.* maintenance, preservation; **maintien d'une voiture** car maintenance
maire *m., f.* mayor
mairie *f.* town hall
mais *conj.* but; *interj.* why
maïs *m.* corn
maison *f.* house; company, firm; **à la maison** at home; **maison de la presse** newsstand
maître/maîtresse *m., f.* master/mistress; elementary school teacher; **maître d'hôtel** maître d'; headwaiter
maîtrise *f.* mastery
majestueux/majestueuse *adj.* majestic; stately
majoritaire *adj.* of, in the majority
majorité *f.* majority
majuscule *f.* capital letter
mal *adv.* badly; *m.* evil; pain (*pl.* **maux**); **aller mal** to not be well; **avoir du mal à** to have a hard time; **avoir le mal du pays** to be homesick; **avoir mal à la gorge** to have a sore throat; **mal de l'air** airsickness; **mal de mer** seasickness; **mal de tête** headache; **se faire (du) mal** to hurt oneself
malade *adj.* ill; *m., f.* sick person; **rendre malade** to make (*someone*) sick; **tomber malade** to get sick
maladie *f.* illness, disease; **assurance** (*f.*) **maladie** health insurance; **guérir (traiter) une maladie** to cure (treat) an illness
maladroit(e) *adj.* clumsy
mal-bouffe *f.* junk food
maléfique *adj.* evil
malfaiteur *m.* lawbreaker; burglar, thief
malgré *prep.* in spite of
malheureusement *adv.* unfortunately
malheureux/malheureuse *adj.* unhappy
Mali: empire (*m.*) **du Mali** Mali empire (*13th–15th century Senegal*)
Malinké *m. pl.* Malinke (*ethnic group of West Africa*)
malsain(e) *adj.* unhealthy
maman *f., fam.* mom, mommy
mamy (mamie) *f., fam.* grandma
Manche *f.* English Channel
mandarine *f.* tangerine; mandarin orange
mandat *m.* mandate; **mandat postal** postal money order
Mandingues *m. pl.* Mandingos (*ethnic group of West Africa*)

mandoline *f.* mandolin
manger (nous mangeons) to eat; **salle** (*f.*) **à manger** dining room
mangue *f.* mango
manière *f.* manner, way
manifestation *f.* (political) demonstration; manifestation; **manifestation culturelle (sportive)** cultural (sporting) event
manifester to show, display
manipulateur/manipulatrice *m., f.* manipulator
manque *m.* lack, shortage
manquer (de) to miss
manteau *m.* coat, overcoat
manuel(le) *adj.* manual; *m.* manual; textbook
manuscrit(e) *adj.* handwritten
se maquiller to put on makeup
marais *m.* swamp, marsh
marbre *m.* marble
marchand(e) *m., f.* merchant, shopkeeper; **marchand** (*m.*) **de vins** wine seller; liquor store
marchander to bargain, haggle
marchandise *f.* merchandise
marche *f.* walk; walking, hiking; (stair) step; **mettre en marche** to start, put into action (*device*)
marché *m.* market; **bon marché** *adj. inv.* inexpensive; **marché aux puces** flea market; **marché de l'emploi** job market
marcher to walk; to work, to run (*device*)
mardi *m.* Tuesday; **le mardi gras** Mardi Gras, Shrove Tuesday, Fat Tuesday
marécageux/marécageuse *adj.* swampy, marshy
marée (*f.*) **noire** oil spill
marginalisation *f.* marginalization
marginaux *m. pl., fig.* dropouts; fringe
marguerite *f.* daisy
mari *m.* husband
mariage *m.* marriage; wedding
marié(e) *m., f.* groom/bride; *adj.* married; **nouveaux mariés** *m. pl.* newlyweds
se marier (avec) to get married (to)
marin *m.* sailor; mariner
marinière: moules (*f. pl.*) **marinière** *mussels cooked in white wine*
maritime *adj.* coastal, maritime
Maroc *m.* Morocco
marocain(e) *adj.* Moroccan; **Marocain(e)** *m., f.* Moroccan (*person*)
marque *f.* brand
marquer to mark; to indicate, denote
marraine *f.* godmother
marre: en avoir marre (*fam.*) to be fed up (with)

marron *adj. inv.* brown; maroon
mars March
marxisme *m.* Marxism
masculin(e) *adj.* masculine
masse *f.* mass (*volume, form*)
masser to massage
massif/massive *adj.* massive
Master *m. French university degree awarded for two years of study beyond the licence*
match *m.* game; **match de football (de rugby)** soccer (rugby) game
matérialiste *adj.* materialistic
matériel *m.* apparatus, equipment; **matériel électronique** electronic equipment
maternel(le) *adj.* maternal; **l'école** (*f.*) **maternelle** preschool; **langue maternelle** mother tongue
mathématicien(ne) *m., f.* mathematician
mathématiques (*fam.* **maths**) *f. pl.* mathematics
matière *f.* academic subject; material; matter; **matière(s) grasse(s)** fat content (*of food*)
matin *m.* morning; **hier matin** yesterday morning
matinée *f.* morning (*duration*); **(faire) la grasse matinée** to sleep late
matrimonial(e): agence (*f.*) **matrimoniale** marriage/dating service
mauvais(e) *adj.* bad; wrong; **en mauvais état** in bad condition; **il fait mauvais** it's bad weather out; **la mauvaise réponse** the wrong answer
maximum *m.:* **au maximum** as much as possible; at the most, at the maximum
me (m') *pron.* me; to me
mécanicien(ne) *m., f.* mechanic; technician; **ingénieur(e) mécanicien(ne)** mechanical engineer
mécanique *adj.* mechanical, power; **génie** (*m.*) **mécanique** mechanical engineering
méchant(e) *adj.* bad, evil; naughty; *m. pl.* bad guys
médecin *m.* doctor; **femme** (*f.*) **médecin** woman doctor
médecine *f.* medicine (*study, profession*)
médias *m. pl.* media
médiathèque *f.* (multi)media library
médiatique *adj.* media-related
médical(e) *adj.* medical
médicament *m.* medication; drug
medina *f. the old Arab quarter of a North African city*
méditer to meditate
Méditerranée *f.* Mediterranean (Sea)

méditerranéen(ne) *adj.* Mediterranean
se méfier de to be wary of
meilleur(e) *adj.* better; best
mélange *m.* blend; mixture
mélanger (nous mélangeons) to mix, blend
mêlé(e) *adj.* **(à, de)** mixed (with) **se mêler de** to meddle, interfere in/ with; to get mixed up in
membre *m.* member
même *adj.* same; *adv.* even; **à même** right into; **de même** the same, likewise; **en même temps** at the same time; **même si** even if; **quand même** anyway; even though
mémoire *f.* memory; *m. pl.* memoirs
menacé(e) *adj.* threatened; **animaux** (*m. pl.*) **menacés** endangered animals
menacer (nous menaçons) (de) to threaten (to)
ménage *m.* housekeeping; household; **faire le ménage** to do the housework
ménager/ménagère *adj.* pertaining to the home; housekeeping; **équipement** (*m.*) **ménager** household furnishings; **tâches** (*f. pl.*) **ménagères** household tasks
se ménager (nous nous ménageons) to arrange, plan for oneself
mener (je mène) to take; to lead; **mener une vie équilibrée (sédentaire)** to lead a balanced (sedentary) life
mensonge *m.* lie
menthe *f.* mint
mention *f.* grade, evaluation, distinction (*school, university*)
mentir (*like* **dormir**) *irreg.* to lie
menton *m.* chin
menuiserie *f.* carpentry
menuisier *m.* carpenter
mer *f.* sea; **au bord de la mer** at the seashore; **fruits** (*m. pl.*) **de mer** seafood
merci *interj.* thanks; **merci bien** thanks a lot
mercredi *m.* Wednesday
mère *f.* mother; **belle-mère** mother-in-law; stepmother; **fête** (*f.*) **des Mères** Mother's Day; **grand-mère** *f.* grandmother
méridienne *f.* meridian line
mériter to deserve; to be worth
merveille *f.* marvel; delight; **à merveille** perfectly, marvellously
merveilleux/merveilleuse *adj.* marvelous
mes *adj. m., f., pl.* my
mésaventure *f.* misadventure
messagerie *f.* message/voicemail service; delivery service

messe *f.* (Catholic) Mass
mesure *f.* measure; **prendre des mesures** to take measures
mesurer to moderate, weigh (*one's words*)
métal *m.* metal
métallique *adj.* metallic
météorologie (*fam.* **météo**) *f.* weather forecasting
météorologique: bulletin (*m.*) **météorologique** weather forecast
méthode *f.* method
métier *m.* trade, profession, job, occupation; **exercer un métier** to work at a particular job
mètre *m.* meter
métro *m.* subway (*train, system*); **plan** (*m.*) **du métro** subway map; **prendre le métro** to take the subway
métropole *f.* metropolis; mainland France
métropolitain(e) *adj.* metropolitan; referring to mainland; **métropolitain** *m.* subway (*train, system*)
metteur/metteuse en scène *m., f.* producer; film director
mettre (*p.p.* **mis**) *irreg.* to put, place; to put on; to turn on; to take (*time*); **mettre à l'abri de** to shelter from, shield from; **mettre de côté** to set aside; **mettre des vêtements** to put on clothes; **mettre (le) feu à** to set fire to; **mettre le couvert (la table)** to set the table; **se mettre à** to begin to; **se mettre à la place de** to put oneself in the place of; **se mettre à table** to sit down at the table; **se mettre d'accord** to reach an agreement; **se mettre en colère** to get angry; **se mettre au volant** to get behind the steering wheel
meuble *m.* piece of furniture
meublé(e) *adj.* furnished
meunier/meunière: sole (*f.*) **meunière** *lightly breaded sole with lemon butter*
Mexique *m.* Mexico
mi- *prefix* half, mid-; **cheveux** (*m. pl.*) **mi-longs** medium-length hair
micro-onde *f.* microwave; **four** (*m.*) **à micro-ondes** microwave oven
midi *m.* noon; **Midi** (*m.*) south-central France; **à midi** at noon; **après-midi** (*m. or f.*) afternoon
miel *m.* honey; **lune** (*f.*) **de miel** honeymoon
mien(ne) (le/la) *pron., m., f.* mine
mieux *adv.* better; **aimer mieux** to prefer; **il vaut mieux** it's better; **le mieux** the best
mijoter to simmer; *fam.* to cook

milieu *m.* environment; background; milieu; middle; **au milieu de** in the middle of

militaire *m.* serviceman, soldier

militer to be a militant; to protest against

mille thousand

milliard *m.* billion

milliardaire *m., f.* billionaire

millier *m.* (around) a thousand

mince *adj.* thin; slender

minéral(e) *adj.* mineral; **eau** (*f.*) **minérale** mineral water; **minéral** *m.* mineral

minime *adj.* minimal

ministère *m.* ministry; department

ministériel(le) *adj.* ministerial

ministre *m.* minister; **Premier ministre** Prime Minister

Minitel *m. French personal communications terminal*

minoritaire *adj.* minority

minorité *f.* minority

minuit midnight; **à minuit** at midnight

minuscule *adj.* tiny; small (*letter*)

miraculeusement *adv.* miraculously

miraculeux/miraculeuse *adj.* miraculous; wonderful

miroir *m.* mirror

mise *f.* putting; **mise en scène** setting, production (*theater, film*)

mixeur *m.* (*food*) mixer

mixte *adj.* mixed (*marriage*)

mnémotechnique *adj.* mnemonic

mobile *adj.* mobile; *m.* cellular phone

mobylette *f.* moped, scooter

mode *f.* fashion, style; **à la mode** in style; *m.* mode; method; **mode de vie** lifestyle

modèle *m.* model; pattern

modération *f.* moderation

modéré(e) *adj.* moderate; **Habitation** (*f.*) **à loyer modéré (H.L.M.)** *French public housing*

moderne *adj.* modern

moderniser to modernize

modification *f.* modification; **modification génétique** genetic modification

modifié(e): organisme (*m.*) **génétiquement modifié (OGM)** genetically modified organism (GMO)

modifier to modify, alter

moi *pron.* I, me; **à moi** mine; **moi aussi (moi non plus)** me too (me neither); **moi non** not me

moineau *m.* sparrow

moindre *adj.* less, smaller, slighter

moins *adv.* less; **à moins que** *conj.* unless; **au moins** at least; **de moins en moins** less and less; **le**

moins the least; **moins de/que** fewer/less than

mois *m.* month

moitié *f.* half

mollet *m.* calf (*of leg*)

moment *m.* moment; **à tout moment** always; **au moment de** at the time when; **en ce moment** now, currently; **le moment où** the time when (*something occurred*); **pour le moment** for the moment; **un petit moment** just a moment

momerie *f.* masquerade; farce

monarchie *f.* monarchy

monarque *m.* monarch

monde *m.* world; people; society; **carte** (*f.*) **du monde** map of the world; **coupe** (*f.*) **du monde** World cup (*soccer*); **faire le tour du monde** to go around the world; **tout le monde** everyone

mondial(e) *adj.* world; worldwide; **Deuxième Guerre** (*f.*) **mondiale** Second World War

monnaie *f.* change; coins; currency; **petite monnaie** small change

monolingue *adj.* monolingual

monoparental(e) *adj.* single-parent

monoski *m.* snowboard(ing); **faire du monoski** to snowboard

monsieur (*m.*) (*pl.* **messieurs**) mister; gentleman; sir

montagne *f.* mountain(s); **à la montagne** in the mountains

montagneux/montagneuse *adj.* mountainous

montant(e) *adj.* rising

monter *intr.* to go up; to climb up (onto, into); *trans.* to set up, organize; to carry up; **monter à cheval** to go horseback riding; **monter dans un autobus** to get on a bus; **monter un spectacle (une émission)** to put on, perform a play; to produce a show

Montréalais(e) *m., f.* person from Montreal

montre *f.* watch; wristwatch

montrer to show; **montrer le chemin** to show the way (route)

se moquer de to make fun of; to mock

moquette *f.* wall-to-wall carpeting

moral(e) *adj.* moral; psychological; **moral** *m.* state of mind, morale, spirits; **remonter le moral** to cheer up (*someone*)

morale *f.* moral (*of a story*)

morceau *m.* piece

morcelé(e) *adj.* divided up

mordre to bite

mordu(e) *adj.* bitten

morille *f.* morel (*mushroom*)

mort(e) *adj.* dead, deceased; *m., f.* dead person; **mort** *f.* death

Moscou Moscow

mosquée *f.* mosque

mot *m.* word; note; **mot apparenté** related word, cognate; **mot clé** keyword; **mot de passe** password; **mots croisés** crossword puzzle; **petit mot** note, brief letter

moteur *m.* motor; engine; *fig.* driving force, mainspring

motivation *f.:* **lettre** (*f.*) **de motivation** cover lettre

motocyclette (moto) *f.* motorcycle, motorbike

motorisé(e) *adj.* motorized

se moucher to blow one's nose

mouillage *m.* anchoring

moules *f. pl.* mussels; **moules marinière** *mussels cooked in white wine*

moulin *m.* mill

mourir (*p.p.* **mort**) *irreg.* to die

mousse *f.* foam; **mousse au chocolat** chocolate mousse

moustache *f.* mustache

moustique *m.* mosquito

moutarde *f.* mustard

mouvement *m.* movement

moyen(ne) *adj.* average; **moyen** *m.* means; way; **de taille moyenne** of average height; **en moyenne** on average; **Moyen Âge** Middle Ages

muguet *m.* lily of the valley; **brin** (*m.*) **de muguet** sprig of lily of the valley

multiculturel(le) *adj.* multicultural

multiplier to multiply; **se multiplier** to grow in number, increase, multiply

multinational(e) *adj.* multinational

municipal(e) *adj.* municipal

municipalité *f.* municipality; town

mur *m.* wall

muscler to develop the muscle of

musculation *f.* weight training

musée *m.* museum

musicien(ne) *m., f.* musician

musique *f.* music; **musique classique** classical music

musulman(e) *adj.* Muslim; **Musulman(e)** *m., f.* Muslim (*person*)

mutiler to mutilate

mystère *m.* mystery

mystérieux/mystérieuse *adj.* mysterious

mythe *m.* myth

mythique *adj.* mythical

nager (nous nageons) to swim

naïf/naïve *adj.* naïve

naissance *f.* birth

naître (*p.p.* **né**) to be born

naïveté *f.* naïvete
nappe *f.* tablecloth
nappé(e) *adj.* (**de**) covered (with)
narrateur/narratrice *m., f.* narrator
nasal(e) *adj.* nasal
natal(e) *adj.* native
national(e) *adj.* national; **fête** (*f.*) **nationale** French national holiday, Bastille Day (July 14)
nationalisme *m.* nationalism
nationalité *f.* nationality
naturel(le) *adj.* natural
nautique *adj.* nautical; **faire du ski nautique** to go water skiing
navet *m.* turnip
navigateur/navigatrice *m., f.* navigator; *m.* search engine
naviguer to navigate
né(e) *adj.* born
nécessaire *adj.* necessary; **le nécessaire** what's necessary
nécessité *f.* necessity
néerlandophone *adj.* Dutch-speaking
néfaste *adj.* harmful
négatif/négative *adj.* negative
neige *f.* snow; **bonhomme** (*m.*) **de neige** snowman
neiger (il neigeait) to snow; **il neige** it's snowing
nerveux/nerveuse *adj.* nervous
nettoyer (je nettoie) to clean
neuf nine
neuf/neuve *adj.* new, brand-new; **quoi de neuf?** what's new?
neutralité *f.* neutrality
neutre *adj.* neutral
neuvième *adj.* ninth
neveu *m.* nephew
nez *m.* nose
ni neither; nor; **ne... ni... ni** neither . . . nor
niçois(e) *adj.* from Nice; **salade** (*f.*) **niçoise** Niçoise salad (*salad with tomatoes, tuna, and anchovies*)
nid *m.* nest
nièce *f.* niece
niveau *m.* level; level of achievement; **niveau de tension** stress level
noces *f. pl.* wedding; **voyage** (*m.*) **de noces** honeymoon trip
nocturne *adj.* nocturnal, night
Noël *m.* Christmas; **père** (*m.*) **Noël** Santa Claus
noir(e) *adj.* black; **marée** (*f.*) **noire** oil spill; **tableau** (*m.*) **noir** blackboard, chalkboard
noix *f.* nut
nom *m.* noun; name; **nom de jeune fille** maiden name
nomade *adj.* nomadic; *m., f.* nomad
nombre *m.* number; quantity

nombreux/nombreuse *adj.* numerous; **famille nombreuse** large family
nommer to name; to appoint
non *interj.* no; not; **moi non plus** me neither, nor I
nord *m.* north; **Amérique** (*f.*) **du Nord** North America; **nord-africain(e)** *adj.* North African; **nord-américain(e)** *adj.* North American, **nord-est** *m.* North east; **nord-ouest** *m.* Northwest
normal(e) *adj.* normal
Normandie *f.* Normandy
Norvège *f.* Norway
nos *adj. m., f. pl.* our; **de nos jours** these days, currently
notamment *adv.* notably; especially
note *f.* grade (*in school*); bill
noter to notice; **à noter** worth remembering
notoriété *f.* notoriety; fame
notre *adj. m., f., s.* our
nôtre (le/la) *pron.* ours; our own; **les nôtres** *pl.* ours; our people
nourrir to feed, nourish; **se nourrir (de)** to eat; to live (on)
nourrissant(e) *adj.* nutritious
nourrisson *m.* infant
nourriture *f.* food
nous *pron.* we; us
nouveau (nouvel, nouvelle) *adj.* new; different; **à nouveau** once more; **de nouveau** again; **nouveaux mariés** *m. pl.* newlyweds; **nouveaux venus** *m. pl.* newcomers; **nouvel an** New Year('s); **nouvelle cuisine** *f. French low-fat cooking*
Nouveau-Brunswick *m.* New Brunswick
nouvelle *f.* piece of news; short story; **nouvelles** *pl.* news, current events; **bonne(s) nouvelle(s)** good news
Nouvelle-Calédonie *f.* New Caledonia
Nouvelle-Orléans (La) New Orleans
novembre November
nuage *m.* cloud
nucléaire *adj.* nuclear; **centrale** (*f.*) **nucléaire** nuclear power plant
nuit *f.* night; **table** (*f.*) **de nuit** night table
nuitée *f.* overnight stay
nul: c'est nul *fam.* it's awful
numération *f.* number system
numérique *adj.* digital; numerical; **appareil** (*m.*) **photo numérique** digital camera
numéro *m.* number; **numéro de téléphone** telephone number; **numéro d'urgence/des urgences** emergency phone number(s)
nutritionnel(le) *adj.* nutritional
nylon: bas (*m. pl.*) **de nylon** (*m.*) stockings, nylons

obéir (à) to obey
obéissant(e) *adj.* obedient
objectif *m.* objective
objectivement *adv.* objectively
objet *m.* objective; object; **bureau** (*m.*) **des objets trouvés** lost and found office; **pronom** (*m.*) **d'objet direct (indirect)** *gram.* direct (indirect) object pronoun
obligatoire *adj.* obligatory; mandatory
obligé(e) *adj.* obliged, required; **être obligé(e) de** to be obliged to
observateur/observatrice *m., f.* observer
observer to observe
obtenir (*like* **tenir**) *irreg.* to obtain, get
occasion *f.* opportunity; occasion; bargain; **à l'occasion de** on the occasion of
occidental(e) *adj.* western, occidental
occitan *m. group of dialects spoken in the south of France*
occupé(e) *adj.* occupied; held; busy
occuper to occupy; **s'occuper** to keep oneself busy; **s'occuper de** to look after, be interested in, take care of
océan *m.* ocean, sea
océanographie *f.* oceanography
octobre October
odeur *f.* odor, smell
odorat *m.* (sense of) smell
œil (*pl.* **yeux**) *m.* eye; look; **coup** (*m.*) **d'œil** glance; **mon œil!** *interj.* I don't believe it!
œnologue *m., f.* oenologist, wine specialist
œuf *m.* egg; **blanc** (*m.*) **d'œuf** egg white; **œuf de Pâques** Easter egg; **œufs miroir** *eggs fried in butter*
œuvre *f.* work; artistic work; **exposer une œuvre** to exhibit a piece of work; ***hors-d'œuvre** *m. inv.* hors-d'oeuvre, appetizer; **œuvre d'art** work of art
offert(e) *adj.* offered
officialiser to make official
officiel(le) *adj.* official
officier *m.* officer
offre *f.* offer
offrir (*like* **ouvrir**) *irreg.* to offer; **offrir des cadeaux** to give presents
oignon *m.* onion
oiseau *m.* bird
oléoduc *m.* pipeline
olive *f.* olive; **huile** (*f.*) **d'olive** olive oil
olivier *m.* olive tree
olympique *adj.* Olympic; **Jeux** (*m. pl.*) **Olympiques (JO)** Olympic games
ombre *f.* shadow
omelette *f.* omelet

oncle *m.* uncle

onde *f.* wave; **four** (*m.*) **à micro-ondes** microwave oven

ongle *m.* (finger-, toe-)nail

onirique *adj.* dreamlike

ONU (Organisation [*f.*] **des nations unies)** U. N. (United Nations)

onze eleven

opéra *m.* opera

opérer (j'opère) to operate

opinion *f.* opinion; *pl.* editorials; **quelle est votre opinion sur... ?** what's your opinion of . . . ?

opposé(e) *adj.* opposing, opposite; *m.* opposite

s'opposer à to be opposed to; to clash with, conflict with

optimiste *adj.* optimistic; *m., f.* optimist

or *m.* gold

orage *m.* storm

orageux/orageuse *adj.* stormy

oral(e) *adj.* oral; **oral** *m.* oral exam

orange *adj. inv.* orange (*color*); *f.* orange (*fruit*); **canard** (*m.*) **à l'orange** duck with orange sauce; **carte** (*f.*) **orange** type of bus/métro pass; **jus** (*m.*) **d'orange** orange juice; **passer à l'orange** to turn yellow (*traffic light*)

orateur *m.* orator, speaker

oratoire *m.* small chapel; shrine

orchestre *m.* orchestra

orchidée *f.* orchid

ordinaire *adj.* ordinary

ordinateur *m.* computer

ordonnance *f.* prescription

ordonner to order, command

ordre *m.* order; command; **en ordre** orderly, neat; **le bon ordre** correct order

ordure *f.* filth; garbage; **ramassage** (*m.*) **des ordures** garbage collection; **vider/sortir les ordures** to empty / take out the garbage

oreille *f.* ear; **boucles** (*f. pl.*) **d'oreille** earrings

organe *m.* (*body*) organ; *fig.* organ, instrument

organisation *f.* organization

organisé(e) *adj.* organized; **voyage** (*m.*) **organisé** guided tour

organiser to organize

organisme *m.* organism; **organisme génétiquement modifié (OGM)** genetically modified organism (GMO)

oriental(e) *adj.* eastern; oriental

s'orienter to find one's bearings, get oriented; to turn toward

originaire de *adj.* originating from; **être originaire de** to be a native of

original(e) *adj.* eccentric; original

origine *f.* origin; **à l'origine** originally, to begin with; **d'origine française (italienne)** of French (Italian) extraction

orné(e) (de) *adj.* decorated (with)

orteil *m.* toe

orthographe *f.* spelling

os *m.* bone

ostentatoire *adj.* ostentatious

otage *m.* hostage

ou *conj.* or; either; **ou bien** or else

où *adv.* where; *pron.* where, in which; **d'où vient-il?** where does he come from?; **où est... ?** where is . . . ?

oublier (de) to forget (to)

ouest *m.* west; **nord-ouest** *m.* Northwest; **sud-ouest** *m.* Southwest

oui *interj.* yes

ouïe *f.* (sense of) hearing

ouragan *m.* hurricane

outil *m.* tool

outre *prep.* beyond, in addition to; **outre-mer** *adv.* overseas

ouvert(e) *adj.* open

ouverture *f.* opening; **heures** (*f. pl.*) **d'ouverture** business hours

ouvrier/ouvrière *m., f.* worker, factory worker

ouvrir (*p.p.* **ouvert**) *irreg.* to open

OVNI (Objet [*m.*] **volant non identifié)** UFO

oxygène *m.* oxygen

oxygéner (j'oxygène) to oxygenate; to get some fresh air into

ozone *m.* ozone; **couche** (*f.*) **d'ozone** ozone layer

Pacifique *m.* Pacific; **Pacifique Sud** South Pacific

pacte *m.* pact; **pacte civil de solidarité (PACS)** domestic partnership agreement

page *f.* page; **page d'accueil** home page; **page perso** personal web site

paie *f. s.* wages, payment; **toucher sa paie** to get paid

paiement *m.* payment

pain *m.* bread; **pain au chocolat** chocolate-filled roll; **pain complet** whole-grain bread; **petit pain** hard roll

paisible *adj.* peaceful

paix *f.* peace

palace *m.* luxury hotel

palais *m.* palace

pâlir to turn pale

palme *f.* palm

paniquer to panic

panne *f.* (*mechanical*) breakdown; **panne d'électricité** power failure; **tomber en panne** to have a (*mechanical*) breakdown

panneau *m.* road sign; billboard

pansement *m.* bandage

pantalon *m. s.* (pair of) pants

papeterie *f.* stationery store, stationer's

papi *m., fam.* grandpa

papier *m.* paper; **papier à lettres** letter paper, stationery; **papier d'emballage** paper wrapper

papillon *m.* butterfly

Pâque *f.* Passover

Pâques *f. pl.* Easter; **fête de Pâques** Easter

paquet *m.* package

par *prep.* by, through; **par ailleurs** in other respects, incidentally; **par an** per year, each year; **par jour** per day, each day; **par rapport à** with regard to, in relation to; **par semaine** per week; **par terre** on the ground; **par voie de** by means of

parachute *m.* parachute; **faire un saut en parachute** to do a parachute jump

parachutisme *m.* parachuting

paradis *m.* paradise, heaven

paragraphe *m.* paragraph

paraître (*like* **connaître**) *irreg.* to appear, seem

parapente *f.:* **faire de la parapente** to hang glide

parasitaire *adj.* parasitic

parc *m.* park; **parc d'attractions** amusement park; **parc résidentiel** residential complex

parcouru(e) *adj.* covered, travelled (*distance*)

pardon *interj.* pardon me; *m.* forgiveness, pardon

pare-brise *m. inv.* windshield

pareil(le) *adj.* similar; **pareil** *adv.* the same; **faire pareil** to do the same thing

parenthèse *f.* parenthesis

paresseux/paresseuse *adj.* lazy

parfait(e) *adj.* perfect

parfaitement *adv.* perfectly

parfois *adv.* sometimes; now and then; often

parfum *m.* perfume

parfumé(e) *adj.* fragrant

parisien(ne) *adj.* Parisian; **Parisien(ne)** *m., f.* Parisian (*person*)

parité *f.* parity

parking *m.* parking lot

parlement *m.* parliament

parler to speak; to talk; **entendre parler de** to hear about; **parler au téléphone** to talk on the phone; **parler de** to talk about; **se parler** to speak to one another; **tu parles!** you don't say!

parmi *prep.* among
parole *f.* word
parrain *m.* godfather
parsemer (je parsème) to sprinkle, strew
part *f.* share, portion; role; **part de pizza** slice of pizza; **à part** besides; **de la part de** from, on behalf of
partager (nous partageons) to share
partagiciel *m.* shareware (*software*)
partenaire *m., f.* partner
parti *m.* (*political*) party
participe *m., gram.* participle; **participe (présent) passé** past (present) participle
participer à to participate in
particularisme *m.* local character; sense of identity
particulier/particulière *adj.* particular; **en particulier** *adv.* particularly; **leçon** (*f.*) **particulière** private lesson; **signe** (*m.*) **particulier** distinctive characteristic, sign, peculiarity
particulièrement *adv.* particularly
partie *f.* part; game, match; outing; **faire partie de** to be part of, belong to; **parties de la voiture** parts of a car
partiellement *adv.* partially
partir (*like* **dormir**) *irreg.* to depart, leave; **à partir de** *prep.* starting from; **partir à l'étranger** to go abroad; **partir en vacances** to leave on vacation
partout *adv.* everywhere
parvenir (*like* **venir**) **à** *irreg.* to succeed in
pas (ne... pas) not; **ne... pas du tout** not at all; **pas grand-chose** not much
passable *adj.* passable, tolerable
passage *m.* passage; passing; **être de passage** to be passing through
passager/passagère *m., f.* passenger
passant(e) *m., f.* passerby
passe *f.* pass; **mot** (*m.*) **de passe** password
passé(e) *adj.* past, gone, last; spent; **passé** *m.* past
passeport *m.* passport; **contrôle des passeports** passport check
passer *intr.* to pass; to stop by; to pass by; *trans.* to pass; to cross; to spend (*time*); to take (*exam*); **qu'est-ce qui se passe?** what's going on?; **se passer** to happen, take place; **se passer de** to do without
passe-temps *m.* pastime, hobby
passionnant(e) *adj.* exciting, thrilling
passionné(e) *adj.* passionate; **être passionné(e) de (pour)** to be very excited by (interested in)

passionnel(le) *adj.* passionate; **crime** (*m.*) **passionnel** crime of passion
passionner to fascinate, grip; **se passionner (pour)** to be excited (about)
patate (*f.*) **douce** sweet potato
pâté *m.* liver paste, pâté; **pâté de foie gras** goose liver pâté (meat paste)
pâtes *f. pl.* pasta, noodles
patience *f.* patience; **avoir de la patience** to be patient, have patience
patient(e) *adj.* patient; *m., f.* (*hospital*) patient
patinage *m.* skating
patiner to skate
patineur/patineuse *m., f.* skater
patins (*m. pl.*) **en ligne** in-line skates
pâtisserie *f.* pastry; pastry shop
patrimoine *m.* heritage
patriote *m., f.* patriot
patriotisme *m.* patriotism
patron(ne) *m., f.* boss, employer
patrouiller to patrol
pauvre *adj.* poor, needy; wretched, unfortunate
pauvreté *f.* poverty
pavillon *m.* pavilion; small house
payant(e) *adj.* paying, requiring payment
payer (je paie) to pay, pay for
pays *m.* country; land; **avoir le mal du pays** to be homesick; **pays Basque** Basque country
paysage *m.* landscape, scenery
paysagiste *m., f.* landscaper
paysan(ne) *m., f.* peasant, farmer
Pays-Bas *m. pl.* Holland, the Netherlands
PC (*m.*) **de poche** Internet-accessing PDA
P.D.G. *m.* (**Président-directeur général**) CEO
peau *f.* skin; **peaux-rouges** *m. pl.* American Indians
pêche *f.* fishing; peach
pêcher to fish
pêcheur/pêcheuse *m., f.* fisherman, fisherwoman
pédagogique *adj.* pedagogical
pédiatre *m., f.* pediatrician
peindre (*like* **craindre**) *irreg.* to paint
peine *f.* effort, trouble; **à peine** hardly, barely; **ça vaut la peine** it's worth the effort; it's worth it
peintre *m.* painter
peinture *f.* paint; painting
pèlerinage *m.* pilgrimage
pendant *prep.* during; for; **pendant que** *conj.* while; **pendant un mois (une semaine)** for a month (a week)
pénible *adj.* painful; hard, difficult

péninsule *f.* peninsula
Pennsylvanie *f.* Pennsylvania
penser to think; to reflect; to expect, intend; **c'est ce que je pense** that's what I think; **faire penser à** to make one think of; **penser à** to think about; **penser de** to think about, have an opinion about
percevoir (*like* **recevoir**) *irreg.* to perceive
perché(e) *adj.* perched
perdre to lose; to waste; **perdre du poids** to lose weight; **perdre du temps** to waste time; **perdre intérêt dans** to lose interest in
perdu(e) *adj.* lost; wasted
père *m.* father; **beau-père** *m.* stepfather; father-in-law; **fête** (*f.*) **des Pères** Father's Day; **grand-père** *m.* grandfather; **père Noël** Santa Claus
performant(e) *adj.* high-performing, outstanding
péridurale *f.* epidural (*anesthesia*)
période *f.* period (*of time*)
périodiquement *adv.* periodically
périphérie *f.* outskirts
perle *f.* pearl; bead
permanent(e) *adj.* permanent
permettre (*like* **mettre**) **(de)** to permit; **permettre (de** + *inf.*) to allow to; (**à** + *person*) to allow someone (**de**)... (*to do something*); **se permettre** to allow oneself, indulge oneself in
permis(e) *adj.* allowed, permitted; **permis** *m.* license; **permis de conduire** driver's license
Pérou *m.* Peru
perpétuel(le) *adj.* perpetual, everlasting
se perpétuer to be carried on
persil *m.* parsley
persistant(e) *adj.* persistent
personnage *m.* (*fictional*) character; personage
personnaliser to personalize
personnalité *f.* personality; personal character
personne *f.* person; *pron. m.* **ne... personne** nobody, no one; **personne ne...** nobody, no one
personnel(le) *adj.* personal; **personnel** *m.* personnel; **rapports** (*m. pl.*) **personnels** personal relationships; **soins** (*m. pl.*) **personnels** personal care
persuader to persuade, convince
perte *f.* loss; **perte de temps** waste of time
peser (je pèse) to weigh; *fig.* to determine
pessimiste *adj.* pessimistic
pétanque *f. game of bowling* (*south of France*)

petit(e) *adj.* little; short; small; very young; **petite-fille** *f.* granddaughter; **petit-fils** *m.* grandson; **petits** *m. pl.* young ones; little ones; **petits-enfants** *m. pl.* grandchildren

pétrole *m.* crude oil, petroleum

pétrolier/pétrolière *adj.* oil, petroleum; **forage** (*m.*) **pétrolier** exploratory oil-drilling

peu *adv.* little, not much; few, not many; not very; **à peu près** roughly, approximately; **il est peu probable que** it's doubtful that; **peu à peu** little by little; **très peu** very little; **un peu (de)** a little; **un peu de tout** a little bit of everything

Peuls *m. pl.* Peuls (*ethnic group of West Africa*)

peuple *m.* nation; people (*of a country*)

peuplé(e) *adj.* populated, inhabited

peur *f.* fear; **avoir peur** to be afraid; **faire peur à** to scare

peut-être *adv.* perhaps, maybe

phare *m.* (*car*) headlight

pharmacie *f.* pharmacy, drugstore; **pharmacie de garde** all-night (emergency service) drugstore

pharmacien(ne) *m., f.* pharmacist

phénix *m.* phoenix (*mythical bird*)

phénomène *m.* phenomenon

philosophe *m., f.* philosopher

philosophie (*fam.* **philo**) *f.* philosophy

photo *f.* picture, photograph; **photo numérique** digital photo

photographe *m., f.* photographer

photographie (*fam.* **photo**) *f.* photograph; photography

photomaton *m.* self-service photo booth

phrase *f.* sentence

phrygien(ne): bonnet (*m.*) **phrygien** *cap worn by 1789 revolutionaries*

physicien(ne) *m., f.* physicist

physique *adj.* physical; *m.* physical appearance; *f.* physics

piaf *m., fam.* sparrow

pic *m.* woodpecker

pièce *f.* (theatrical) play; piece; coin; room (*of a house*); **deux-pièces** *m.* two room apartment (*in France*); **pièce de théâtre** (theatrical) play

pied *m.* foot; **à pied** on foot

piège *m.* pitfall; trap

pierre *f.* stone

piéton(ne) *adj., m., f.* pedestrian; **rue** (*f.*) **piétonne** pedestrian-only street

pile *f.* pile; battery

pilote *m., f.* pilot

piloter to pilot

pilule *f.* pill

piment *m.* chile paste

pin *m.* pine (*tree*)

pince *f.* claw (*crab*)

pingouin *m.* penguin

pionnier/pionnière *m., f.* pioneer

pique-nique *m.* picnic; **faire un pique-nique** to have a picnic

pique-niquer to have a picnic

piquer to prick; *fam.* to steal

piqûre *f.* shot, injection; **piqûre de guêpe** wasp sting

pirate (*m.*) **informatique** hacker

pire *adj.* worse

pirogue *f.* canoe

piscine *f.* swimming pool

piste *f.* path, trail; course; slope; **piste cyclable** bicycle path

pisteur-secouriste *m.* emergency ski patrol worker

pistolet *m.* pistol

pitre *m.* idiot; clown; **faire le pitre** to act silly

pittoresque *adj.* picturesque

placard *m.* cupboard, cabinet; closet

place *f.* place; position; seat (*theater, train*); public square; **à ta place** in your place, if I were you; **sur place** on the spot, scene

plafond *m.* ceiling

plage *f.* beach

se plaindre (de) (*like* **craindre**) *irreg.* to complain (about)

plaine *f.* plain

plainte *f.* complaint

plaire (*p.p.* **plu**) **à** *irreg.* to please; **s'il te (vous) plaît** *interj.* please

plaisant(e) *adj.* pleasant

plaisir *m.* pleasure; **quel plaisir** *interj.* what a pleasure

plan *m.* plan; diagram; **plan de la ville** city map

planche *f.* board; **faire de la planche à voile** to go sailboarding (windsurfing)

plancher *m.* floor

planétaire *adj.* planetary

planète *f.* planet

plante *f.* plant

planter to plant; to set

plaque *f.* plate; tablet; **plaque d'immatriculation** license plate

plastique *m.* plastic

plat(e) *adj.* flat; *m.* dish; course; **plat du jour** today's special (*restaurant*); **plat principal** main course

plateau *m.* tray, platter

platine *m.* platinum

plâtre *m.* cast

plein(e) (de) *adj.* full (of); **en plein air** (in the) open air, outdoor(s); **en pleine campagne** out in the country; **faire le plein (d'essence)** to fill up (with gasoline)

pleurer to cry, weep

pleuvoir (*p.p.* **plu**) *irreg.* to rain; **il pleut** it's raining

plombage *m.* filling (*tooth*)

plongée *f.* diving; **faire de la plongée sous-marine** to scuba-dive

plonger (nous plongeons) to plunge

pluie *f.* rain; **pluie acide** acid rain

plupart: la plupart (de) most (of); the majority (of)

pluriel *m.* plural

plus (de) *adv.* more; (-er); plus; **de plus** in addition; **de plus en plus** more and more; **en plus (de)** in addition (to); **le/la/les plus + adj. or adv.** the most; **le plus près** the closest; **moi non plus** me neither; **ne... plus** no longer, not anymore; **non plus** neither, not... either; **plus... que...** more . . . than . . .; **plus tôt** earlier

plusieurs *adj., pl. inv. pron.* several

plutôt *adv.* more; rather; sooner

pneu *m.* tire

poche *f.* pocket; **argent** (*m.*) **de poche** pocket money, allowance; **PC** (*m.*) **de poche** Internet-accessing PDA

poché(e) *adj.* poached (*in cooking*)

poêle *f.* frying pan, skillet

poème *m.* poem

poète *m.* poet

poétique *adj.* poetic

poids *m.* weight; **excédent** (*m.*) **de poids** excess weight (*luggage*); **mettre (perdre) du poids** to gain (lose) weight; **soulever des poids** to lift weights

poignet *m.* wrist

poil *m.* (body) hair; bristle

point *m.* point; period (*punctuation*); **ne... point** *neg. adv.* not; **point de vue** point of view

pointe *f.* peak; point; **heures** (*f. pl.*) **de pointe** rush hour(s)

pointu(e) *adj.* sharp, pointed

pointure *f.* shoe size

poire *f.* pear

pois *m.* pea; **petits pois** green peas

poisson *m.* fish; **poisson d'avril** April Fool's joke, hoax

poissonnerie *f.* fish market

poitrine *f.* chest; breasts

poivre *m.* pepper; **bifteck** (*m.*) **au poivre** pepper steak

poivrer to (add) pepper

poivron *m.* green pepper

polémique *adj.* controversial; **polémique** *f.* controversy, argument

poli(e) *adj.* polite; polished

police *f.* police; **agent** (*m.*) **de police** police officer; **commissariat** (*m.*) **de police** police station; **contrôle** (*m.*) **de police** police checkpoint

policier/policière *adj.* pertaining to police; **policier** *m.* police officer; **roman** (*m.*) **policier** detective novel

poliment *adv.* politely

politesse *f.* politeness; good breeding

politique *adj.* political; *f. s.* politics; policy; **homme/femme politique** *m., f.* politician

polluant(e) *adj.* polluting

polluer to pollute

Pologne *f.* Poland

polonais(e) *adj.* Polish; **Polonais(e)** Polish (*person*)

Polynésie *f.* Polynesia

pommade *f.* ointment, salve

pomme *f.* apple; **pomme de terre** potato; **pommes vapeur** *f. pl.* steamed potatoes

pompier/pompière *m., f.* firefighter

ponctuel(le) *adj.* punctual

pondre to lay (*eggs*)

pont *m.* bridge; extra day off (*taken between two public holidays or a weekend and a public holiday*)

populaire *adj.* popular; common

popularité *f.* popularity

porc *m.* pork; **côtelette** (*f.*) **de porc** pork chop

porcelaine *f.* porcelain; china

pornographe *m., f.* pornographer

pornographie *f.* pornography

port *m.* wearing

portable *adj.* portable; *m.* cell phone

porte *f.* door

portefeuille *m.* wallet

porter to carry; to wear; **se porter volontaire** to volunteer

portier (*m.*) **électronique** "electronic doorman" (*with video surveillance*)

portière *f.* car door

portugais(e) *adj.* Portuguese; **Portugais(e)** *m., f.* Portuguese (*person*)

poser to put (down); to state; to pose; to ask; **poser sa candidature** to apply; to run (*for office*); **poser une question** to ask a question

positif/positive *adj.* positive

position *f.* position; stand

posséder (je possède) to possess

possessif/possessive *adj.* possessive

possibilité *f.* possibility

postal(e) *adj.* postal, post; **carte** (*f.*) **postale** postcard; **code** (*m.*) **postal** postal code, zip code; **mandat** (*m.*) **postal** postal money order

poste *m.* position; job; post; station; television, radio set; *f.* post office, postal service; **bureau** (*m.*) **de poste** post office; **poste** (*f.*) **restante** general delivery

pot *m.* pot; jar; **prendre un pot** *fam.* to have a drink

potage *m.* soup, stew

potentiel(le) *adj.* potential, possible

poterie *f.* pottery

poubelle *f.* garbage can; **balancer à la poubelle** *fam.* to chuck in the garbage; to abandon

poudre *f.* powder

poudré(e) *adj.* powdered

poulet *m.* chicken; **blanc** (*m.*) **de poulet** chicken breast

pouls *m. s.* pulse; **prendre le pouls** to take (*someone's*) pulse

poumon *m.* lung

poupée *f.* doll

pour *prep.* for; on account of; in order; for the sake of; **pour que** *conj.* so that, in order that

pourboire *m.* tip, gratuity

pourquoi *adv., conj.* why

poursuivre (*like* **suivre**) *irreg.* to pursue

pourtant *adv.* however, yet, still, nevertheless

pourvu que *conj.* provided that

pousser *intr.* to grow

poussière *f.* dust

pouvoir (*p.p.* **pu**) *irreg.* to be able; *m.* power, strength

pratique *adj.* practical; **pratique** *f.* practice; use

pratiquer to practice, exercise

précaution *f.* precaution

précédent(e) *adj.* preceding

précéder (je précède) to precede, come before

précieux/précieuse *adj.* precious

se précipiter (dans) to hurry, rush over; to run, speed; to hurl oneself (into)

précis(e) *adj.* precise

précisément *adv.* precisely, exactly

préciser to specify

précision *f.* precision, preciseness

prédire (*like* **dire,** *but* **vous prédisez**) *irreg.* to predict, foretell

prédit(e) *adj.* predicted, foretold

préféré(e) *adj.* preferred, favorite

préférer (je préfère) to prefer; to like better

se prélasser to bask; to lounge

premier/première *adj.* first; principal; **la première fois** the first time; **le premier avril** April Fool's Day; **le premier étage** the second floor

prendre (*p.p.* **pris**) *irreg.* to take; to catch, capture; to choose; to eat, to drink; **j'en ai assez/trop pris** I've had enough/too much

préoccupation *f.* worry

se préoccuper de to concern oneself with, worry about

préparatifs *m. pl.* preparations; **préparatifs de voyage** travel preparations

préparatoire *adj.* preparatory

préparer to prepare; **préparer un examen** to study for a test; **se préparer à** to prepare oneself, get ready for (to)

près *adv.* by, near; **à peu près** roughly, approximately; **de près** closely; **le plus près** the closest; **près de** *prep.* near, close to; almost

présage *m.* omen

prescrire (*like* **écrire**) *irreg.* to prescribe; to order, command; **prescrire un traitement** to prescribe a treatment

présence *f.* presence

présent(e) *adj.* present; **présent** *m.* present; **à présent** presently, now; **jusqu'à présent** until now

présenter to present; to introduce; to put on (*a performance*); **je vous (te) présente...** I want you to meet...; **se présenter (à)** to present, introduce oneself (to); to appear; to arrive at

présidence *f.* presidency

président(e) *m., f.* president; **Président-directeur général (P.D.G.)** CEO

présidentiel(le) *adj.* presidential

presque *adv.* almost, nearly

presqu'île *f.* peninsula

presse *f.* press (media); **maison** (*f.*) **de la presse** newsstand

pressé(e) *adj.* in a hurry, rushed; squeezed; **être pressé(e)** to be in a hurry

presser: se presser à to rush to

pressing *m.* dry cleaner's

pression *f.* pressure; **vérifier la pression des pneus** to check the tire pressure

prestigieux/prestigieuse *adj.* prestigious

prêt(e) *adj.* ready

prêter to lend, loan; **se prêter** to lend to one another

prêtre *m.* priest

preuve *f.* proof; **ça fait preuve...** that shows..., proves...

prévoir (*like* **voir**) *irreg.* to foresee; to anticipate

prier to pray

primaire *adj.* primary; **école** (*f.*) **primaire** elementary school

primitif/primitive *adj.* primitive

principal(e) *adj.* principal, most important; **plat** (*m.*) **principal** main course

principe *m.* principle

printemps *m.* spring, springtime

prioritaire *adj.* (having) priority
priorité *f.* right of way; priority
pris(e) *adj.* taken; occupied; busy; caught; **prise** *f.* take (*in filmmaking*)
privation *f.* deprivation
privé(e) *adj.* private
prix *m.* price; prize
probablement *adv.* probably
problème *m.* problem; **problèmes sociaux** societal issues
procédé *m.* process
procéder (je procède) to proceed
processus *m.* process
prochain(e) *adj.* next; near; following; **semaine** (*f.*) **prochaine** next week
proche *adj.* near, close; **proches** *m. pl.* close relatives
proclamer to proclaim
producteur *m.* producer, grower
produire (*like* **conduire**) *irreg.* to produce
produit *m.* product; **produits laitiers** dairy products
professeur (*fam.* **prof**) *m.* professor; teacher
professionnel(le) *adj.* professional; *m., f.* professional
profil *m.* profile
profiter de to take advantage of
profond(e) *adj.* deep
profondeur *f.* depth
programmation *f.* programming (*TV, radio*)
programme *m.* program; course program; design, plan
programmeur/programmeuse *m., f.* programmer; program planner; **analyste-programmeur/analyste-programmeuse** *m., f.* software engineer
progrès *m.* progress; **faire des progrès** to make progress
progresser to progress
progressiste *adj.* progressive
prohiber to prohibit, forbid
proie *f.* prey
projecteur *m.* projector (*film*)
projet *m.* project; plan; **faire des projets** to make plans; **projets d'avenir** plans for the future
se prolonger (il se prolongeait) to go on, extend
promenade *f.* promenade; walk; stroll; drive; excursion, pleasure trip; **faire une promenade (en voiture)** to go on an outing (car ride); **promenade à bicyclette** bicycle ride
se promener (je me promène) to take a walk, drive, ride
promettre (*like* **mettre**) **(de)** *irreg.* to promise (to)

promoteur/promotrice *m., f.* property developer
promotion: de promotion *adj.* on sale
promotionnel(le) *adj.* promotional
pronominal(e) *adj., gram.* pronominal; **verbe** (*m.*) **pronominal** *gram.* pronominal verb, reflexive verb
prononcer (nous prononçons) to pronounce
se propager (il se propageait) to spread; to propagate
proportionnel(le) *adj.* proportional
propos *m.* talk; *pl.* words; **à propos de** *prep.* with respect to, about
proposer to propose
propre *adj.* own; proper; clean
propriétaire *m., f.* property owner; landlord
propriété *f.* property
prospectus *m.* handbill, leaflet; brochure
prospère *adj.* prosperous
prospérité *f.* prosperity
protecteur/protectrice *adj.* protective
protéger (je protège, nous protégeons) to protect; **se protéger contre** to protect oneself against
protéine *f.* protein
protestation *f.* protest; objection
prouesse *f.* feat
prouver to prove; **ça ne prouve rien** that doesn't matter, prove anything
provençal(e) *adj.* from the Provence region of France
Provence *f.* Provence region (*southeastern France*)
provenir (*like* **venir**) **de** *irreg.* to proceed, result, arise from
proviseur *m.* headmaster
provision *f.* supply; **provisions** *pl.* groceries; **faire (acheter) les provisions** to buy groceries
provocateur/provocatrice *adj.* provocative
provoquer to provoke
proximité *f.* proximity, closeness; **à proximité** near, close by
prudemment *adv.* prudently, carefully
prudent(e) *adj.* prudent, cautious, careful
psychiatre *m., f.* psychiatrist
psychologie *f.* psychology
psychologique *adj.* psychological
public/publique *adj.* public; *m.* public; audience
publicitaire *adj.* pertaining to advertising
publicité (*fam.* **pub**) *f.* publicity; advertising; ad, commercial
publier to publish
puce *f.* flea; **marché** (*m.*) **aux puces** flea market

puis *adv.* then, afterward, next; besides; **et puis** and then; and besides
puisque *conj.* since, as, seeing that
puissance *f.* power
puissant(e) *adj.* powerful, strong
puits *m. s.* well, hole
pull-over (*fam.* **pull**) *m.* pullover
pulmonaire *adj.* pulmonary, lung
punir to punish
punition *f.* punishment
pupitre *m.* (*school*) desk, desk chair
pur(e) *adj.* pure
purée *f.* purée; **purée de pommes de terre** mashed potatoes
purifié(e) *adj.* purified
pyjama *m. s.* pajamas
pyramide *f.* pyramid
Pyrénées *f. pl.* Pyrenees

quai *m.* quai; platform (*subway stop, train station*)
qualité *f.* quality; personal characteristic
quand *adv., conj.* when; **depuis quand?** since when? (for) how long?; **quand même** even though; anyway
quantité *f.* quantity
quarante forty
quart *m.* quarter; quarter of an hour; fourth (*part*)
quartier *m.* neighborhood
quatorze fourteen
quatre-quatre (4×4) *m.* all-terrain vehicle, 4-wheeler; SUV
que *conj.* that; than; *pron.* whom; that; which; what; **ne... que** *adv.* only; **qu'est-ce que c'est?** what is it?
Québec *m.* Quebec (*Canadian province, wcity*)
québécois(e) *adj.* from, of Quebec; **Québécois(e)** *m., f.* Quebecois (*person*)
quel(le)(s) *adj.* what, which; what a
quelque(s) *adj.* some, any; a few; **quelque chose** *pron.* something; **quelque chose d'important** something important
quelquefois *adv.* sometimes
quelqu'un *pron.* someone, somebody; **passer chez quelqu'un** to stop by someone's house
queue *f.* tail; line (*of people*); **faire la queue** to stand in line
qui *pron.* who, whom, that which; **qui est-ce?** who is it?
quinze fifteen
quitter to leave; to abandon, leave behind; **se quitter** to separate
quoi (à quoi, de quoi) *pron.* which; what; **de quoi vivre** something to

rivière *f.* river
riz *m.* rice
robe *f.* dress
robinet *m.* water faucet
robuste *adj.* robust, sturdy
rocher *m.* rock, crag
roi *m.* king; **fête** (*f.*) **des Rois** Feast of the Magi, Epiphany; **galette** (*f.*) **des Rois** Twelfth Night cake; **les Rois mages** the Three Wise Men, Magi
rôle *m.* role
romain(e) *adj.* Roman; **Romain(e)** *m., f.* Roman (*person*)
roman *m.* novel; **roman policier** detective novel
romancier/romancière *m., f.* novelist
rond(e) *adj.* round; **rond** (*m.*) **de fumée** smoke ring
rondelle *f.* slice; **couper en rondelles** to slice into rounds
rosbif *m.* roast beef
roseau *m.* reed
rose *f.* rose; *adj.* pink
rôti(e) *adj.* roast(ed); *m.* roast; **rôti de bœuf/porc** beef/pork roast
roue *f.* wheel
rouge *adj.* red; **brûler le feu rouge** to run a red light; **rouge** (*m.*) **à lèvres** lipstick
rougeole *f. s.* measles
rougeur *f.* rash, redness
rougir to blush, turn red
rouler to drive; to travel along; to roll (up)
Roumanie *f.* Romania
rouspéter (je rouspète) *fam.* to resist, protest, grumble
route *f.* road, highway; **code** (*m.*) **de la route** traffic code; **en route** on the way, en route
routier/routière *adj.* pertaining to the road; **signalisation** (*f.*) **routière** system of road signs
roux/rousse *adj.* red-haired; *m., f.* redhead
royal(e) *adj.* royal; **aigle** (*m.*) **royal** golden eagle
royaume *m.* kingdom
rubis *m.* ruby
rubrique *f.* headline; newspaper column
rue *f.* street; **coin** (*m.*) **de rue** street corner; **rue piétonne** pedestrian-only street
ruine *f.* ruin; decay; collapse; **en ruines** in ruins
rupture *f.* breakup; breakdown
rural(e) *adj.* rural
russe *adj.* Russian; *m.* Russian (*language*); **Russe** *m., f.* Russian (*person*)
Russie *f.* Russia
rythme *m.* rhythm

sable *m.* sand; **château** (*m.*) **de sable** sand castle
sablonneux/sablonneuse *adj.* sandy
sac *m.* sack; bag; handbag; **sac à dos** back-pack; **sac de couchage** sleeping bag; **sac (de) poubelle** garbage bag
sacré(e) *adj.* sacred, holy
sacrifier to sacrifice
saignant(e) *adj.* rare (*meat*); bleeding
sain(e) *adj.* healthy; healthful
saint(e) *adj.* holy; **Saint-Domingue** Saint Domingue (*former name of Haiti*); **Saint-Jacques: coquilles** (*f. pl.*) **Saint-Jacques** scallops (*served in their shells*); **Saint-Laurent** *m.* St. Lawrence (*river*); **Saint-Sylvestre** *f.* New Year's Eve; **Saint-Valentin** *f.* Valentine's Day
se saisir de to seize, grab
saison *f.* season; **hors saison** off-season
salade *f.* salad; lettuce; **salade niçoise** Niçoise salad (*salad with tomatoes, tuna, and anchovies*)
salaire *m.* salary; paycheck; **Salaire minimum interprofessionnel de croissance (SMIC)** minimum wage
salarié(e) *m., f.* wage earner
sale *adj.* dirty
salé(e) *adj.* salted, salty
saler to salt
saleté *f.* dirtiness; dirt; excrement (*euphemism*)
salle *f.* room; auditorium; **salle à manger** dining room; **salle d'attente** waiting room; **salle d'entraînement** workout room; **salle de bain(s)** bathroom; **salle de cinéma** movie theater; **salle de classe (de cours)** classroom; **salle de séjour** living room
salon *m.* salon; drawing room; **salon de l'auto** auto show; **salon des jeux** betting, gambling area of casino
saluer to greet
salut! *interj.* hi!; 'bye!
salutation *f.* greeting; closing (*letter*)
samedi *m.* Saturday
sanctuaire *m.* sanctuary
sandale *f.* sandal
sang *m.* blood
sans *prep.* without; **sans que** *conj.* without; **sans quoi** otherwise
santé *f.* health
sapin *m.* fir (*tree*)
sarrasin *m.* buckwheat
satisfaire (*like* **faire**) *irreg.* to satisfy
satisfait(e) *adj.* satisfied
sauce *f.* sauce; gravy; salad dressing; **sauce à la crème** cream sauce; **sauce au fromage** cheese sauce;

sauce hollandaise hollandaise sauce (*butter, eggs, lemon juice*)
saucisson *m.* hard sausage, salami
sauf *prep.* except
saumon *m.* salmon; **terrine** (*f.*) **de saumon** salmon terrine (*casserole*)
saut *m.* jump; **faire un saut en parachute** to do a parachute jump
sauter to jump; **faire sauter des crêpes** to flip crepes
sauvage *adj.* wild
sauvegarde *f.*: **faire la sauvegarde de** to save (*a computer file*)
sauvegarder to safeguard, protect
sauver to save
sauvetage *m.* saving, rescue; **sauvetage des habitats** saving habitats
savane *f.* savannah
savant(e) *adj.* learned, scholarly
saveur *f.* flavor
savoir (*p.p.* **su**) *irreg.* to know (how); to find out; **savoir-faire** *m.* ability, know-how; tact
savon *m.* soap
savoureux/savoureuse *adj.* tasty
scandale *m.* scandal
scandinave *adj.* Scandinavian
scénario *m.* scenario, script
scène *f.* stage; scenery; scene; **metteur/metteuse** (*m., f.*) **en scène** stage director; **mise** (*f.*) **en scène** setting, staging (*of a play*)
science *f.* science; **sciences humaines** social sciences; **sciences naturelles (sociales)** natural (social) sciences
scientifique *adj.* scientific; *m., f.* scientific researcher
scolaire *adj.* pertaining to schools, school, academic; **année** (*f.*) **scolaire** school year; **semaine** (*f.*) **scolaire** school week
S.D.F. (sans domicile fixe) *m. f. pl.* homeless (*people*)
se (s') *pron.* oneself; himself; herself; itself; themselves; to oneself, etc.; each other
séance *f.* meeting, session; **séance d'orientation** orientation meeting
sec/sèche *adj.* dry
sécession: guerre (*f.*) **de Sécession** American Civil War
sécher (je sèche) to dry; to avoid; **sécher un cours** to cut class, play hooky; **se sécher** to dry oneself
second(e) *adj.* second; **seconde** *f.* second (*unit of time*)
secondaire *adj.* secondary; **école** (*f.*) **secondaire** high school
secours *m.* help; **au secours!** *interj.* help!
secret/secrète *adj.* secret, private

secrétaire *m., f.* secretary
secteur *m.* sector
sécurité *f.* security; safety; **ceinture** (*f.*) **de sécurité** safety belt; **Sécurité sociale (SECU)** *French social security system*
sédentaire *adj.* sedentary
séduisant(e) *adj.* attractive, seductive, appealing
seigle: pain (*m.*) **de seigle** rye bread
sein *m.* breast, bosom; **allaiter au sein** to breastfeed, nurse; **au sein de** at the heart of
seize sixteen
séjour *m.* stay, sojourn; **salle** (*f.*) **de séjour** living room
séjourner to spend time, stay
sel *m.* salt
selon *prep.* according to
semaine *f.* week; **la semaine dernière** last week; **la semaine prochaine** next week; **la semaine scolaire** school week
semblable (à) *adj.* like, similar (to)
sembler to seem; to appear; **ça me semble** it seems to me
semestre *m.* semester
séminaire *m.* seminary
Sénégal *m.* Senegal
sénégalais(e) *adj.* Senegalese; **Sénégalais(e)** *m., f.* Senegalese (*person*)
sens *m.* meaning; sense; way, direction; **dans les deux sens** in both directions
sensiblement *adv.* appreciably, noticeably
sentiment *m.* feeling
sentimental(e) *adj.* sentimental; mawkish
sentir (*like* **partir**) *irreg.* to feel; to smell; to smell of; **se sentir à l'aise** to feel at ease; **se sentir bien (mal)** to feel good (bad)
séparer to separate; **se séparer** to separate (*couple*)
sept seven
septembre September
Sérères *m. pl.* Sereres (*ethnic group of Senegal*)
série *f.* series
sérieux/sérieuse *adj.* serious
serpent *m.* snake
serre: effet (*m.*) **de serre** greenhouse effect
serrer to tighten; to grip; **se serrer la main** to shake hands
serveur/serveuse *m., f.* waiter/waitress
service *m.* service; service charge; favor; **service compris** tip included; **station-service** *f.* service station, filling station

serviette *f.* napkin, towel; briefcase
servir (*like* **partir**) *irreg.* to serve; to wait on; to be useful; **servir à** to be of use in, be used for; **servir de** to serve as, take the place of; **se servir** to help oneself (*to food*); **se servir de** to use
ses *adj. pl.* his; her; its; one's
seul(e) *adj.* alone; single; only; **tout(e) seul(e)** all alone
seulement *adv.* only
sève *f.* sap; **sève d'érable** maple tree sap
sévère *adj.* severe, stern, harsh
sexe *m.* sex
sexiste *adj.* sexist
sexuel(le) *adj.* sexual
shampooing *m.* shampoo; **shampooing démêlant** conditioning shampoo
short *m. s.* shorts
si *adv.* so; so much; yes (*response to negative*); *conj.* if; whether; **même si** even if; **s'il vous (te) plaît** please
sida *m.* AIDS
siècle *m.* century
sien(ne) (le/la) *m., f. pron.* his/hers
sieste *f.* nap; **faire la sieste** to take a nap
sigle *m.* acronym, abbreviation
signaler to point out, draw one's attention to
signalisation *f.* system of road signs; **feu** (*m.*) **de signalisation** traffic light
signataire *m., f.* signatory, signer
signe *m.* sign, gesture; mark; **signe particulier** distinctive characteristic, sign, peculiarity
signer to sign
signet *m.* bookmark
signification *f.* meaning
signifier to mean
simplement *adv.* simply
simultanément *adv.* simultaneously
sincère *adj.* sincere
sinon *conj.* otherwise, if not
sirop *m.* syrup; **sirop d'érable** maple syrup
sitôt *adv.* as soon as
situé(e) *adj.* situated, located
se situer to be situated, located
sketch *m.* skit
ski *m.* skiing; **skis** *pl.* skis; **faire du ski** to ski; **ski alpin** downhill skiing; **ski nautique** waterskiing; **station** (*f.*) **de ski** ski resort
skier to ski
slip *m.* men's/women's briefs, underwear
Slovaquie *f.* Slovakia
SMIC (Salaire [*m.*] **minimum interprofessionnel de croissance)** minimum wage

smoking *m.* tuxedo
social(e) *adj.* social; **avantages** (*m.*) **sociaux** benefits (*job*)
société *f.* society; organization; firm
sociologie *f.* sociology
sœur *f.* sister; **belle-sœur** sister-in-law; **demi-sœur** half-sister; step-sister
soi (soi-même) *pron.* oneself
soie *f.* silk; **en soie** made of silk
soif *f.* thirst; **avoir soif** to be thirsty
se soigner to take care of oneself
soin *m.* care; **soins médicaux** medical care
soir *m.* evening; **à ce soir** farewell, until this evening; **demain (hier) soir** tomorrow (yesterday) evening; **du soir** in the evening
soirée *f.* party; evening; **soirée d'adieu** farewell party
soixante sixty
soixante-dix seventy
soja *m.* soy(a)
sol *m.* soil; ground; floor; **sous-sol** *m.* basement, cellar
solaire *adj.* solar; **système** (*m.*) **solaire** solar system
solde: en solde on sale
soleil *m.* sun; **coucher** (*m.*) **de soleil** sunset; **il fait du soleil** it's sunny; **lever** (*m.*) **du soleil** sunrise; **lunettes** (*f. pl.*) **de soleil** sunglasses
solidaire: être solidaire to show solidarity, stick together
solidarité *f.* solidarity; unity
solide *adj.* sturdy; *m.* solid
sombre *adj.* dark, somber
sommeil *m.* sleep; **avoir sommeil** to be sleepy
sommelier/sommelière *m., f.* wine steward
sommet *m.* summit, top
somnifère *m.* sleeping pill
son *adj., pron. m.* his/her, its; *m.* sound
sondage *m.* opinion poll
sonner to ring (*a bell*)
sorbet *m.* sorbet, sherbet
sorcier/sorcière *m., f.* sorcerer/witch
sorte *f.* sort, kind; manner
sortie *f.* going out; evening out; exit
sortir (*like* **dormir**) *irreg., intr.* to go out, come out; *trans.* to bring, take out
souci *m.* worry; **sans-souci** *adj.* carefree
soucieux/soucieuse *adj.* worried
soudain *adv.* suddenly
souffle *m.* breath of air
souffrir (*like* **ouvrir**) **(de)** *irreg.* to suffer (from)
souhaiter to desire, wish for

souk *m.* souk (*Arab market*)
soulager (nous soulageons) to ease, comfort, make feel better
soulever (je soulève) to lift; **soulever des poids** to lift weights
souligner to underline
soupçonneux/soupçonneuse *adj.* suspicious
soupe *f.* soup
souper *m.* supper
soupirer to sigh
source *f.* spring; spa; source
sourcil *m.* eyebrow
souriant(e) *adj.* smiling
sourire (*like* **rire**) *irreg.* to smile; *m.* smile
souris *f.* mouse
sous *prep.* under, beneath
sous-marin(e) *adj.* underwater; **sous-marin** *m.* submarine; **faire de la plongée sous-marine** to go scuba-diving; **vie** (*f.*) **sous-marine** marine life
sous-sol *m.* basement, cellar
sous-vêtements *m. pl.* underwear
soutenir (*like* **tenir**) *irreg.* to support, aid; to sustain
souterrain(e) *adj.* underground
soutien *m.* support; **soutien-gorge** *m.* bra, brassiere
sous-titré(e) *adj.* subtitled
souvenir *m.* memory, remembrance, recollection; souvenir; **je ne me souviens pas** I don't remember; **se souvenir de** (*like* **venir**) *irreg.* to remember
souvent *adv.* often; **aussi souvent que possible** as often as possible
souverain(e) *adj.* sovereign; *m., f.* sovereign, monarch
spatial(e): engin (*m.*) **spatial** spacecraft
spationaute *m., f.* astronaut (*from Europe*)
spécial(e) *adj.* special; **effets** (*m. pl.*) **spéciaux** special effects
spécialisé(e) *adj.* specialized
se spécialiser (en) to specialize (in)
spécialité *f.* speciality; major (*subject*)
spectacle *m.* show, performance; spectacle; **arts** (*m. pl.*) **du spectacle** performing arts; **monter un spectacle** to put on (perform) a program
spectateur/spectatrice *m., f.* spectator; member of the audience
splendide *adj.* splendid, magnificent
spontané(e) *adj.* spontaneous
sport *m.* sport(s); **faire du sport** to do, participate in sports; **voiture** (*f.*) **de sport** sports car
sportif/sportive *adj.* athletic; sports-minded; *m., f.* athlete; sportsman,

sportswoman; **manifestation** (*f.*) **sportive** sporting event
stabilité *f.* stability
stade *m.* stadium
stage *m.* training course; practicum, internship
station *f.* (*vacation*) resort; station; **station de métro** subway station; **station de ski** ski resort; **station-service** *f.* service station, filling station
stationnement (interdit) *m.* (no) parking
stationner to park
statistique *f. s.* statistic(s)
statut *m.* status
stéréo *adj., m., f.* stereo(phonic); **chaîne** (*f.*) **stéréo** stereo system
stéréotypé(e) *adj.* stereotyped
steward *m.* flight attendant
stimulant(e) *adj.* stimulating
stimuler to stimulate
stratégie *f.* strategy
stressé(e) *adj.* stressed
strict(e) *adj.* strict; severe
studieux/studieuse *adj.* studious
style *m.* style; **style de vie** lifestyle
stylo *m.* pen, ballpoint
subir to undergo; to be subject(ed) to
subjonctif *m., gram.* subjunctive (*mood*)
subliminal(e) *adj.* subliminal
substantif *m., gram.* noun
subtil(e) *adj.* subtle
succès *m.* success
succomber to succumb; to die
sucre *m.* sugar; **canne** (*f.*) **à sucre** sugar cane; **sucre d'érable** maple sugar
sucré(e) *adj.* sugared, sweetened
sud *m.* south; **Amérique** (*f.*) **du Sud** South America; **sud-est** *m.* Southeast; **sud-ouest** *m.* Southwest
sueur *f.* sweat, perspiration
suffire (*like* **conduire**) *irreg.* to suffice; **ça suffit** that's enough
suffisamment (de) *adv.* sufficiently, enough (of)
suffisant(e) *adj.* sufficient
suffrage *m.* vote
suggérer (je suggère) to suggest
Suisse *f.* Switzerland; *m., f.* Swiss (*person*); **suisse** *adj.* Swiss
suite *f.* continuation; series; result; **à la suite de** following; **tout de suite** immediately
suivant(e) *adj.* following
suivre (*p.p.* **suivi**) *irreg.* to follow; **suivre les actualités** to keep up with the news; **suivre un cours** to take a class
sujet *m.* subject; topic; **au sujet de** concerning

superbe *adj.* superb, magnificent
superficie *f.* (surface) area
superficiel(le) *adj.* superficial
superflu(e) *adj.* superfluous
supérieur(e) *adj.* superior; upper
superlatif *m., gram.* superlative
supermarché *m.* supermarket
supplément *m.* extra charge, fee, supplement
supplémentaire *adj.* additional, extra
supporter to tolerate, bear, stand
sur *prep.* on, on top of; upon; concerning; about
sûr(e) *adj.* sure; unerring, trustworthy; safe; **bien sûr** *interj.* yes, of course
surchargé(e) *adj.* overloaded, overworked
sûrement *adv.* certainly, surely
surf *m.* surfing
surface *f.* surface; **grande surface** shopping mall, superstore
surfer (sur Internet) to surf (the Internet)
surgelé(e) *adj.* frozen (*food*)
surmonter to surmount; overcome
surnom *m.* nickname
surnommé(e) *adj.* nicknamed
surpeuplé(e) *adj.* overpopulated
surpopulation *f.* overpopulation
surprenant(e) *adj.* surprising
surprendre (*like* **prendre**) *irreg.* to surprise
surpris(e) *adj.* surprised
surréaliste *adj.* surrealist, surrealistic
surtout *adv.* above all, chiefly, especially
surveiller to watch over
survivre (*like* **vivre**) *irreg.* to survive
syllabe *f.* syllable
symbole *m.* symbol
symbolique *adj.* symbolic
symboliser to symbolize
sympathique (*fam. inv.* **sympa**) *adj.* nice, likeable
symphonie *f.* symphony
symphonique *adj.* symphonic
symptôme *m.* symptom
syndicat (*m.*) **d'initiative** (*local*) chamber of commerce, tourist office
systématiquement *adv.* systematically
système *m.* system; **système d'exploitation** operating system (*computer*); **système solaire** solar system

ta *adj., f. s.* your
tabac *m.* tobacco; tobacco shop; **café-tabac** *m.* café-tobacconist (*government-licensed*)
table *f.* table; **débarrasser la table** to clear the table; **mettre la table** to

set the table; **se mettre à table** to sit down at the table; **table basse** coffee table; **table de nuit** bedside table

tableau *m.* picture; painting; chart; **tableau d'affichage** schedule display board; **tableau (noir)** (black)board, chalkboard

tâche *f.* task; **tâches ménagères** household tasks

taille *f.* size; waist; **de taille moyenne** average height

tailleur *m.* woman's suit

talon *m.* heel; **chaussures** (*f.*) **à talons plats** flat shoes

tamarin *m.* tamarind

tamponner to stamp

tandis que *conj.* while

tant *adv.* so much; so many; **en tant que** as, in my capacity; **tant de** so many, so much; **tant pis** too bad; **tant que** as long as; **tant... que** as much . . . as

tante *f.* aunt

taper to type

tapis *m.* rug

taquiner to tease

tard *adv.* late; **dormir tard** to sleep late; **plus tard** later

tarif *m.* tariff; fare, price

tarte *f.* tart; pie; **tarte aux pommes** apple tart

tartine *f.* slice of bread with butter and topping

tas *m.* pile, heap

tasse *f.* cup

taux *m.* level; rate, statistic

taxi *m.* taxi; **chauffeur** (*m.*) **de taxi** cab driver

te (t') *pron.* you; to you

technicien(ne) *m., f.* technician

technique *adj.* technical

technologie *f.* technology

technologique *adj.* technological

teinture *f.* dye; color, tint

tel(le) *adj.* such; **tel(le) que** such as, like

télécharger (nous téléchargeons) to download

télécommande *f.* channel changer, remote control

télégramme *m.* telegram

télégraphe *m.* telegraph

téléphone *m.* telephone; **numéro** (*m.*) **de téléphone** telephone number; **parler au téléphone** to talk on the phone; **téléphone mobile (portable)** cellular phone

téléphoner (à) to phone, telephone; **se téléphoner** to call one another

téléphonique *adj.* telephonic, by phone; **annuaire** (*m.*) **téléphonique** phone book; **cabine** (*f.*) **téléphonique** phone booth; **carte** (*f.*) **téléphonique prépayée** prepaid phone card; **répondeur** (*m.*) **téléphonique** telephone answering machine

télé-réalité *f.*: **émission** (*f.*) **télé-réalité** reality television show

téléspectateur/téléspectatrice *m., f.* television viewer

téléviseur *m.* television set

télévision (*fam.* **télé**) *f.* television

tellement *adv.* so; so much

témoignage *m.* testimony, account; evidence; **faux témoignage** perjury

témoin *m.* witness

tempe *f.* temple (*head*)

tempérament *m.* temperament; constitution

température *f.* temperature

tempéré(e) *adj.* temperate (*climate*)

tempête *f.* tempest, storm; **lampe-tempête** *f.* hurricane lamp

temporaire *adj.* temporary

temps *m.* time; weather; *gram.* tense; **depuis combien de temps** since when, how long; **de temps en temps** from time to time; **emploi** (*m.*) **du temps** schedule; **en même temps** at the same time; **gagner (perdre) du temps** to save (waste) time; **passe-temps** *m.* pastime, diversion; **perte** (*f.*) **de temps** waste of time; **quel temps fait-il?** what's the weather like?; **temps libre** leisure time; **tout le temps** always, the whole time

tendance *f.* tendency; trend; **avoir tendance à** to have a tendency to

tendinite *f.* tendinitis

tendre *adj.* tender, sensitive; soft

tendresse *f.* tenderness, affection

tenir (*p.p.* **tenu**) *irreg.* to hold; to keep; **tenir à** to care about; to be attached to; **tiens-moi au courant** keep me informed (up to date); **se tenir** to be held

tennis *f.* tennis; *pl.* tennis shoes, athletic shoes; **court** (*m.*) **de tennis** tennis court

tension *f.*: **niveau** (*m.*) **de tension** stress level

tentation *f.* temptation

tente *f.* tent

tenter (de) to tempt; to try, attempt (to)

terme *m.* term

terminaison *f.* ending (*of a word*)

terminé(e) *adj.* finished, terminated

terminer to end; to finish; **se terminer en** to end in

terminus *m.* last stop, terminus (*subway, bus, train*)

terrain *m.* ground; land; **faire du vélo** (*m.*) **tout-terrain** to go mountain-biking; **glissement** (*m.*) **de terrain** landslide

terrasse *f.* terrace, patio

terre *f.* land; earth; the planet Earth; **par terre** on the ground; **pomme** (*f.*) **de terre** potato; **terre cuite** earthenware, pottery

Terre-Neuve *f.* Newfoundland

terrestre *adj.* land

terrine *f.* terrine (*casserole*)

territoire *m.* territory; **aménagement** (*m.*) **du territoire** national and regional development

terroir *m.* soil

tes *adj., m., f., pl.* your

tester to test

tête *f.* head; mind; *fam.* face; **avoir mal à la tête** to have a headache; **faire la tête** to sulk; to make faces; **faire une drôle de tête** to make a funny (wry) face; **mal** (*m.*) **de tête** headache

texte *m.* text; passage

texto *m.* text message

Thaïlande *f.* Thailand

thé *m.* tea

théâtre *m.* theater; **pièce** (*f.*) **de théâtre** (*theatrical*) play

théboudienne *m.* théboudienne (*Senegalese stew of fish, rice, and vegetables*)

thème *m.* theme

thiof *m.* thiof (*type of fish from Senegal*)

théorie *f.* theory

thérapie *f.* therapy

tien(ne) (le/la) *m., f. pron., fam.* yours; **les tiens** *m. pl.* close friends, relatives

tiens! *interj.* well, well! (*expression of surprise*)

tiers *adj.* third; *m.* one-third

tigre *m.* tiger

timbre(-poste) *m.* (postage) stamp

timide *adj.* shy

tirer to pull

tiret *m.* hyphen; dash; blank (*line*)

tisane *f.* herb tea

tisser to weave

tissu *m.* material, fabric, cloth

titre *m.* title; degree

toast *m.* piece of toast

toi *pron.* you; **toi-même** yourself

toile *f.* cloth; web; screen; canvas

toilette *f.* lavatory; grooming

toit *m.* roof

tomate *f.* tomato; **jus** (*m.*) **de tomate** tomato juice

tomber to fall; **laisser tomber** to drop; **tomber amoureux/ amoureuse (de)** to fall in love (with); **tomber dans l'escalier** to fall down the stairs; **tomber en panne**

to have a (*mechanical*) breakdown; **tomber malade** to become ill

ton *adj., m. s.* your

tondre to mow; **tondre le gazon** to mow the lawn

tonne *f.* ton

tonnerre *m.* thunder

topographie *f.* topography

toque *f.* **(de cuisinier)** chef's hat

torche (*f.*) **électrique** flashlight

tornade *f.* tornado

tort *m.* wrong; **avoir tort** to be wrong

tortue (*f.*) **de mer** (sea) turtle

tôt *adv.* early; **plus tôt** earlier

total(e) *adj.* total

touche *f.* key (*on a keyboard*)

toucher (à) to touch; to affect; **toucher sa paie** to get paid; *m.* (sense of) touch

toujours *adv.* always; still; **pas toujours** not always

tour *f.* tower; *m.* turn; tour; trick; **à ton tour** in turn, your turn; **faire un tour du monde** to go around the world; **Tour de France** *annual bicycle race*

tourisme *m.* tourism

touriste *m., f.* tourist

touristique *adj.* tourist

tournage *m.* film shooting

tourner to turn; **tourner un film** to make, shoot a movie

tournoi *m.* tournament

Toussaint *f.* All Saints' Day (November 1)

tousser to cough

tout(e) (*pl.* **tous, toutes**) *adj., pron.* all; whole, the whole of; every; each; any; **tout** *adv.* wholly, entirely, quite, very, all; **ne... pas du tout** not at all; **tous ensemble** all together; **tous les ans** every year; **tous/toutes les deux** both (of them); **tous les jours** every day; **tous les trois mois** every three months; **tout à coup** suddenly; **tout à fait** completely, entirely; **tout au long de** throughout; **tout de suite** immediately; **tout droit** straight ahead; **tout juste** barely, hardly; only just; **tout le monde** everyone; **tout le temps** all the time; **tout près** very near; **tout(e) seul(e)** all alone; **toute la journée** all day long; **toutes les deux semaines** every other week; **un peu de tout** a little bit of everything

toutefois *adv.* however

toux *f.* cough

toxique *adj.* toxic; **déchets** (*m. pl.*) **toxiques** toxic waste; **échappements** (*m. pl.*) **toxiques** toxic exhaust; **émission** (*f.*) **toxique** toxic emission

trace *f.* trace; **garder une trace** to keep a record, trail

traditionaliste *adj.* traditionalistic

traditionnel(le) *adj.* traditional

traduire (*like* **conduire**) *irreg.* to translate

trafiquant(e) *m., f.* trafficker

tragédie *f.* tragedy

tragique *adj.* tragic

trahir to betray

train *m.* train; **en (par le) train** by train; **être en train de** to be in the process of; **Train à grande vitesse (T.G.V.)** *French high-speed train*

traîneau *m.* **(à chiens)** (dog) sled

traite *f.* trade, traffic (*commerce*)

traité *m.* treaty; treatise

traitement *m.* treatment; **prescrire un traitement** to prescribe a treatment

traiter to treat; **traiter une maladie** to treat an illness

traître/traîtresse *m., f.* traitor

tranche *f.* slice (*of fruit, etc.*); block, slab

tranquille *adj.* tranquil, quiet, calm

tranquillité *f.* quietness; tranquility

transatlantique *adj.* transatlantic

transférer (je transfère) to transfer

transformateur *m.* transformer

transformer to transform; to change

transmettre (*like* **mettre**) *irreg.* to transmit, pass on

transpiration *f.* perspiration, sweat

transport *m.* transportation; **moyen** (*m.*) **de transport** means of transportation; **transports en commun** public transportation

travail (*pl.* **travaux**) *m.* work; project; job; employment; **fête** (*f.*) **du Travail** Labor Day (*May 1*); **travaux ménagers** housework

travailler to work; **travailler dur** to work hard

travailleur/travailleuse *m., f.* worker

travers *prep.:* **à travers (le monde)** throughout (the world)

traversée *f.* crossing

traverser to cross

treize thirteen

tréma *m.* dieresis

trente thirty

très *adv.* very; most; very much; **très bien, merci** very well, thank you

trésor *m.* treasure

tribu *f.* tribe

tribunal *m.* court

tricot *m.* knit; knitting

trier to sort; **trier les déchets** to sort waste products (for recycling)

trimestre *m.* trimester; (*academic*) quarter

triomphal(e) *adj.* trumphal

triomphe *m.* triumph

triste *adj.* sad

troisième *adj.* third; **personne** (*f.*) **du troisième âge** senior citizen

se tromper to be wrong; to be mistaken

trompette *f.* trumpet

trop (de) *adv.* too much (of), too many (of)

tropical(e) *adj.* tropical; **forêt** (*f.*) **tropicale humide** tropical rainforest

trottoir *m.* sidewalk

trou *m.* hole

troubler to disturb

troupe *f.* troop

trouver to find; to deem; to like; **se trouver** to be; to be located

truc *m., fam.* thing; gadget; trick

tu *pron., fam.* you

tuer to kill

tuile (*f.*) roof tile

tulipe *f.* tulip

Tukrur: empire (*m.*) **Tukrur** Tukrur empire (*11th-century Senegal*)

Tunisie *f.* Tunisia

tunisien(ne) *adj.* Tunisian; **Tunisien(ne)** *m., f.* Tunisian (*person*)

turbot (*m.*) **à l'oseille** turbot (*type of fish*) with sorrel

type *m.* type; *fam.* guy

typique *adj.* typical

un(e) *art., num., pron.* a/an, one; **l'un(e) l'autre** one another; **un peu** a little

uni(e) *adj.* united; close; **États-Unis** *m. pl.* United States

unifié(e) *adj.* unified

uniforme *m.* uniform

union *f.* union; marriage; **Union européenne (UE)** European Union (EU); **union libre** living together, common-law marriage

unique *adj.* only, sole, single

unir to unite

unité *f.* unity

univers *m.* universe

universel(le) *adj.* universal

universitaire *adj.* of or belonging to the university; **cité** (*f.*) **universitaire** (*fam.* **cité-u**) student residence complex

urbain(e) *adj.* urban, city

urbanisation *f.* urbanization

urgence *f.* emergency; **cas** (*m.*) **d'urgence** emergency; **d'urgence** *adv.* urgently; **numéro** (*m.*) **d'urgence** emergency number

usage *m.* use

usine *f.* factory

ustensile *m.* (kitchen) utensil
utile *adj.* useful
utilisateur/utilisatrice *m., f.* user
utilisation *f.* use
utiliser to use, utilize

vacances *f. pl.* vacation; **colonie** (*f.*) **de vacances** (*fam.* **colo**) summer camp; **grandes vacances** summer vacation; **partir (aller) en vacances** to leave on vacation
vacancier/vacancière *m., f.* vacationer
vaccin *m.* vaccine
vacciner to vaccinate
vairon *m.* minnow
vaisselle *f. s.* dishes; **faire la vaisselle** to wash, do the dishes; **lave-vaisselle** *m.* (automatic) dishwasher
val *m.* valley
valable *adj.* valid, good
Valentin: Saint-Valentin *f.* Valentine's Day
valeur *f.* value; worth
valide *adj.* valid
valider to authenticate; to ratify
valise *f.* suitcase; **faire les valises** to pack (*luggage*)
vallée *f.* valley
valoir (*p.p.* **valu**) *irreg.* to be worth; **il vaut mieux** it is better
valse *f.* waltz
vanille *f.* vanilla
vaniteux/vaniteuse *adj.* vain, conceited
vapeur *f.* steam; **cuire à la vapeur** to steam (*in cooking*); **pommes** (*f.*) **vapeur** steamed potatoes
variante *f.* variant, variation
varier to vary; to change
variété *f.* variety; **variétés** variety show
vaste *adj.* vast, wide
vaudou *m.* voodoo
veau *m.* veal; calf; **escalope** (*f.*) **de veau** veal cutlet
vedette *f.* star, celebrity (*male or female*)
végétalien(ne) *m., f., adj.* vegan
végétarien(ne) *m., f., adj.* vegetarian
végétation *f.* vegetation
véhicule *m.* vehicle
véhiculer to transport
veille *f.* the day (evening) before; eve
veine *f.* vein
vélo *m.,* bike; **faire du vélo tout-terrain** to go mountain-biking
velours *m.* velvet, velours
vendeur/vendeuse *m., f.* salesperson
vendre to sell; **se vendre** to be sold
vendredi *m.* Friday
venir (*p.p.* **venu**) *irreg.* to come; **venir de** to have just (*done something*)
Venise Venice

vent *m.* wind; **faire du vent (il fait du vent)** to be windy (it's windy)
vente *f.* sale; selling; **vente en ligne** online sale
ventilateur *m.* (**électrique**) (electric) fan
ventre *m.* belly, stomach
verbe *m.* verb
verdir to turn green
verglas *m.* black ice
vérifier to verify; **vérifier le niveau d'huile** to check the oil (*motor*)
véritable *adj.* true; real
vérité *f.* truth
verlan *m. type of slang*
verre *m.* glass; **prendre un verre** to have a drink; **verre à vin** wineglass; **verres de contact** contact lenses
vers *prep.* toward(s), to; about
versant *m.* side, slope (*of mountain*)
verser to pour (in); to dispense
vert(e) *adj.* green; **vert** *m.* environmentalist, "green"; ***haricots** (*m. pl.*) **verts** green beans
vertige *m.* vertigo, dizziness; **avoir le vertige** to be dizzy
veste *f.* sport coat, suit coat
vestiges *m. pl.* remains, vestiges
vêtement *m.* garment; *pl.* clothes, clothing
vétérinaire *m., f.* veterinarian
veuf/veuve *m.* widower; *f.* widow
vexer to hurt, offend
viande *f.* meat; **viande hachée** ground meat
vibreur *m.* vibrator
vice-président(e) *m., f.* vice-president
victime *f.* victim (*male or female*)
victoire *f.* victory, win
vide *adj.* empty
vidéo *adj. inv.* video; *f.* video(cassette); **jeu** (*m.*) **vidéo** video game
vider to empty; **vider les ordures** to empty the garbage
vie *f.* life; **espérance** (*f.*) **de vie** life expectancy; **gagner sa vie** to earn one's living; **mener une vie sédentaire** to lead a sedentary life; **vie sous-marine** marine life
vieillir to grow old
vieillissement *m.* aging
vierge *f.* virgin
vieux (vieil, vieille) *adj.* old; **vieux garçon** *m.* bachelor
vif/vive *adj.* lively, bright; **cuire à feu vif** to cook on high heat; **sur le vif** from/in real life
vigne *f.* vine; vineyard; **pied** (*m.*) **de vigne** vine
vigueur *f.* vigor; strength
villa *f.* bungalow; single-family house; villa

villageois(e) *m., f.* villager
ville *f.* city; **centre-ville** *m.* downtown; **en ville** in town, downtown; **plan** (*m.*) **de la ville** city map
vin *m.* wine; **cave** (*f.*) **à vins** winery; **coq** (*m.*) **au vin** *chicken cooked in* (*red*) *wine*; **marchand** (*m.*) **de vins** wine seller; **verre** (*m.*) **à vin** wineglass
vinaigre *m.* vinegar
vingt twenty
vingtaine *f.* about twenty, twenty or so
vingtième *adj.* twentieth
viol *m.* rape
violent(e) *adj.* violent
violer to violate, break; to rape
violet(te) *adj.* purple, violet; *m.* violet (*color*)
violon *m.* violin; **jouer du violon** to play the violin
Virginie *f.* Virginia; **Virginie-Occidentale** West Virginia
virgule *f.* comma
virtuel(le) *adj.* virtual
virus *m.* virus; **virus informatique** computer virus
visage *m.* face, visage; **se laver le visage** to wash one's face
vis-à-vis (de) *prep.* opposite, facing
visite *f.* visit; tour; **rendre visite à** to visit (*people*)
visiter to visit (*a place*)
visiteur/visiteuse *m., f.* visitor
visualiser to visualize
visuel(le) *adj.* visual
vitamine *f.* vitamin
vite *adv.* quickly, fast, rapidly
vitesse *f.* speed; **changer de vitesse** to change gears; **dépasser la limite de vitesse** to exceed the speed limit; **levier** (*m.*) **de vitesse** gear shift (*lever*)
vitre *f.* pane of glass; car window
vitrine *f.* display window, store window; **faire les vitrines** *fam.* to window-shop
vivant(e) *adj.* living; alive; **bon vivant** *m.* bon vivant, who enjoys life
vivre (*p.p.* **vécu**) *irreg.* to live; **facile (difficile) à vivre** easy (difficult) to get along with
vocabulaire *m.* vocabulary
vœux *m. pl.* wishes, good wishes; **carte** (*f.*) **de vœux** greeting card
voie *f.* way, road; course; lane; railroad track; **par voie de** by means of
voilà *prep., adv.* there, there now, there is, there are, that is
voile *f.* sail; veil; **faire de la planche à voile** to go windsurfing (sailboarding); **faire de la voile** to sail

voir (*p.p.* **vu**) *irreg.* to see; **aller voir** to go visit; **se voir** to imagine oneself, see oneself (one another)

voisin(e) *m., f.* neighbor

voiture *f.* car, auto; **voiture de fonction** company car; **voiture de sport** sports car

voix *f.* voice; vote; **à haute voix** out loud, aloud

vol *m.* flight; theft; **vol d'identité** identity theft

volaille *f.* poultry

volant *m.* steering wheel

volataliser to vanish

volcan *m.* volcano

volcanique *adj.* volcanic

voler *intr.* to fly; to steal

volet *m.* (*window*) shutter

volley-ball (*fam.* **volley**) *m.* volleyball

volontaire *adj.* voluntary; *m., f.* volunteer; **interruption** (*f.*) **volontaire de grossesse (IVG)** abortion; **se porter volontaire** to volunteer

volonté *f.* wish, will

vomissement *m.* vomiting

voter to vote

votre *adj. s.* your

vôtre (le/la) *m., f. pron.* yours

vouloir (*p.p.* **voulu**) *irreg.* to wish, want; **je veux bien** I'm willing; **se vouloir** to claim to be; **vouloir dire** to mean

vous *pron.* you; yourself; to you; **chez vous** where you live; **s'il vous plaît** please; **vous-même** yourself

voyage *m.* trip; journey; **agence** (*f.*) **de voyages** travel agency; **agent** (*m.*) **de voyages** travel agent; **chèque** (*m.*) **de voyage** traveler's check; **partir en voyage** to leave on a trip; **préparatifs** (*m. pl.*) **de voyage** travel preparations; **voyage de noces** honeymoon, wedding trip

voyager (nous voyageons) to travel

voyageur/voyageuse *m., f.* traveler

voyant(e) *m., f.* fortune-teller

voyelle *f.* vowel

vrai(e) *adj.* true, real; **c'est vrai?** is that right (correct)?

vraiment *adv.* truly, really

vue *f.* view; panorama; sight; **point** (*m.*) **de vue** point of view

wagon *m.* train car

wallon(ne) *adj.* Walloon (*from French-speaking Belgium*)

Wallonie *f.* Wallonia (*French-speaking Belgium*)

webzine *m.* web magazine

wolof *m.* Wolof (*language*); **Wolof** *m. pl.* Wolof (*ethnic group of Senegal*)

y (*pron.*) there

y: il y a (*inv.*) there is, there are; ago; **il n'y a pas de** there isn't, there aren't; **j'y pense** I'm thinking about it; **qu'est-ce qu'il y a dans… ?** what's in … ?; **y a-t-il… ?** is (are) there … ?

yaourt *m.* yogurt

yeux (*m. pl.* of **œil**) eyes

Yorubas *m. pl.* Yorubas (*ethnic group of southwest Africa*)

zéro *m.* zero

zone *f.* zone; **stationner dans une zone interdite** to park in a no-parking zone

zut *interj., fam.* darn

Index

Abbreviations used in this index are identical to those used in the *Lexique*. Cultural Topics and Vocabulary are listed at the end as separate categories.

VOCABULARY

Credits

About the Authors

Tracy D. Terrell, late of the University of California, San Diego, received his Ph.D. in Spanish Linguistics from the University of Texas at Austin. His extensive research publications are in the area of Spanish dialectology, with particular focus on the sociolinguistics of Caribbean Spanish. Professor Terrell's publications on second language acquisition and on the Natural Approach are widely known in the United States.

Mary Bassett Rogers holds her undergraduate and graduate degrees in French from Vanderbilt University. She taught French at Wichita State University for many years, where she became coordinator for foreign language education and supervised teaching assistants. She served as president of the Kansas Foreign Language Association and was a certified tester for the ACTFL Oral Proficiency Interview for several years. She has given numerous presentations and workshops on second language teaching and has also taught French and second language pedagogy at Friends University (Kansas). Professor Rogers is co-author of *¡Bravo!,* a Natural Approach program for teaching Spanish in secondary and middle schools.

Betsy J. Kerr is an Associate Professor of French at the University of Minnesota, Minneapolis. She received her Ph.D. in French linguistics from Indiana University and has published in the areas of French syntax and pragmatics, specializing in the analysis of spoken French discourse. At the University of Minnesota, Professor Kerr (formerly Barnes) teaches courses in French language and linguistics. She also serves as adviser to the director of the Lower Division French Program, a position she held for many years.

Born and raised in Marseille, **Guy Spielmann** (Ph.D., Vanderbilt University) is Associate Professor of French at Georgetown University. He was also Associate Director, then Director of the French School, Middlebury College. He has done research, lectured, and published extensively on second language acquisition and performing arts in Early Modern Europe. He has also pioneered work in the scholarly and pedagogical use of information technology. Visit *La Page de Guy* at **www.georgetown.edu/spielmann.**

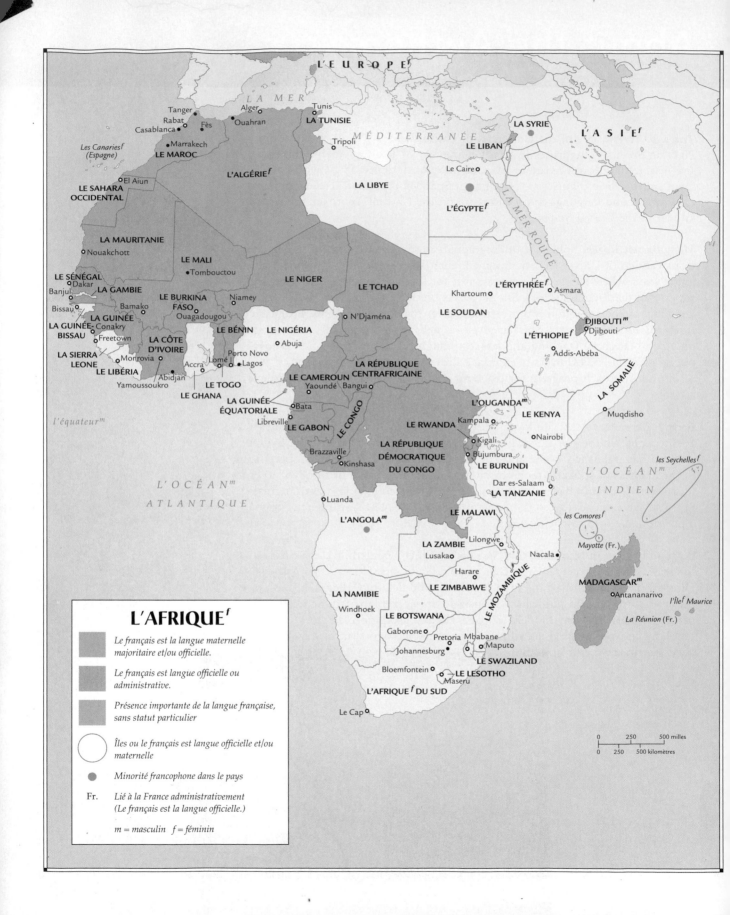

L'EUROPE[f]

LA MER MÉDITERRANÉE

LA MER ROUGE

L'ASIE[f]

Tanger
Alger
Tunis
LA TUNISIE
LA SYRIE
Rabat
Ouahran
LE LIBAN
Casablanca
Fès
Tripoli
Marrakech
LE MAROC
Les Canaries[f]
(Espagne)
El Aiun
L'ALGÉRIE[f]
LA LIBYE
Le Caire
L'ÉGYPTE[f]
LE SAHARA
OCCIDENTAL
LA MAURITANIE
Nouakchott
LE MALI
Tombouctou
LE NIGER
LE TCHAD
Khartoum
L'ÉRYTHRÉE[f]
Asmara
LE SÉNÉGAL
Dakar
LA GAMBIE
Banjul
LE BURKINA
FASO
Niamey
N'Djaména
LE SOUDAN
DJIBOUTI[m]
Djibouti
Bissau
Bamako
Ouagadougou
L'ÉTHIOPIE[f]
LA GUINÉE
Conakry
LA GUINÉE-
BISSAU
Freetown
LE BÉNIN
LE NIGÉRIA
Abuja
Addis-Abéba
LA CÔTE
D'IVOIRE
Accra
Porto Novo
Lagos
LA RÉPUBLIQUE
CENTRAFRICAINE
LA SIERRA
LEONE
Monrovia
Lomé
L'OUGANDA[m]
LA SOMALIE
LE LIBÉRIA
Yamoussoukro
Abidjan
LE TOGO
LE CAMEROUN
Yaoundé
Bangui
LE KENYA
LE GHANA
LA GUINÉE
ÉQUATORIALE
Bata
Kampala
Muqdisho
l'équateur[m]
Libreville
LE GABON
LE CONGO
LE RWANDA
Kigali
Nairobi
Brazzaville
LA RÉPUBLIQUE
DÉMOCRATIQUE
DU CONGO
Bujumbura
LE BURUNDI
les Seychelles[f]
Kinshasa
Dar es-Salaam
LA TANZANIE
L'OCÉAN[m]
INDIEN
L'OCÉAN[m]
ATLANTIQUE
Luanda
LE MALAWI
les Comores[f]
L'ANGOLA[m]
LA ZAMBIE
Lilongwe
Mayotte (Fr.)
Lusaka
Nacala
MADAGASCAR[m]
Harare
Antananarivo
l'Île[f] Maurice
LA NAMIBIE
LE ZIMBABWE
La Réunion (Fr.)
Windhoek
LE BOTSWANA
Gaborone
Pretoria
Mbabane
Maputo
Johannesburg
LE SWAZILAND
Bloemfontein
LE LESOTHO
Maseru
L'AFRIQUE[f] DU SUD
Le Cap

L'AFRIQUE[f]

Le français est la langue maternelle
majoritaire et/ou officielle.

Le français est langue officielle ou
administrative.

Présence importante de la langue française,
sans statut particulier

Îles ou le français est langue officielle et/ou
maternelle

Minorité francophone dans le pays

Fr. Lié à la France administrativement
(Le français est la langue officielle.)

m = masculin   f = féminin

0   250   500 milles

0   250   500 kilomètres

L'EUROPE^f

Le français est la langue maternelle majoritaire et/ou officielle.

Le français est langue officielle ou administrative.

Présence importante de la langue française, sans statut particulier

m = masculin   f = féminin

0   250   500 milles
0   250   500 kilomètres

LA SUÈDE

LA FINLANDE

LA NORVÈGE

Oslo   Helsinki   St-Pétersbourg

Stockholm   Tallinn

L'ÉCOSSE^f   L'ESTONIE^f

L'IRLANDE^f DU NORD   Moscou

LE ROYAUME-UNI   LA MER   Riga   LA RUSSIE
                        DU NORD
                                        LA LETTONIE

L'IRLANDE^f   LE DANEMARK   LA LITUANIE

Dublin   Copenhague   LA RUSSIE
                                      Vilnius
LE PAYS DE GALLES   LES PAYS-BAS^m   Kaliningrad   Minsk

L'ANGLETERRE^f   Berlin   LA BIÉLORUSSIE

Londres   Amsterdam

                              LA POLOGNE
LA BELGIQUE   Varsovie
Bruxelles   L'ALLEMAGNE^f   Kiev

L'OCÉAN^m   Paris   Prague   L'UKRAINE^f
ATLANTIQUE   Luxembourg   LA RÉPUBLIQUE
                    LE LUXEMBOURG   TCHÈQUE
                                          LA SLOVAQUIE
                    LE LIECHTENSTEIN   Vienne   Bratislava   LA MOLDAVIE
                    Berne   L'AUTRICHE^f   Budapest   Chisinau
LA FRANCE   Lausanne   LA SUISSE   LA HONGRIE
                   Genève   LA ROUMANIE
                                     LA SLOVÉNIE   Bucarest
                   le Val d'Aoste   Ljubljana
                                          Zagreb
                                     LA CROATIE   Belgrade
LE PORTUGAL   LA BOSNIE-   LA SERBIE   LA MER
          Andorre-la-Vieille   HERZÉGOVINE   NOIRE
Madrid   L'ANDORRE^f   Sarajevo   LE MONTÉNÉGRO
                    MONACO^m   L'ITALIE^f   Sofia
Lisbonne   Podgorica   LA BULGARIE
          La Corse   Skopje   Istanbul
L'ESPAGNE^f   Ajaccio   Rome   Tirana   LA MACÉDOINE
                                                        L'ALBANIE^f   LA TURQUIE

                    LA MER MÉDITERRANÉE   LA GRÈCE

L'AFRIQUE^f   Athènes   La Crète

LE MAROC   L'ALGÉRIE^f   LA
                              TUNISIE

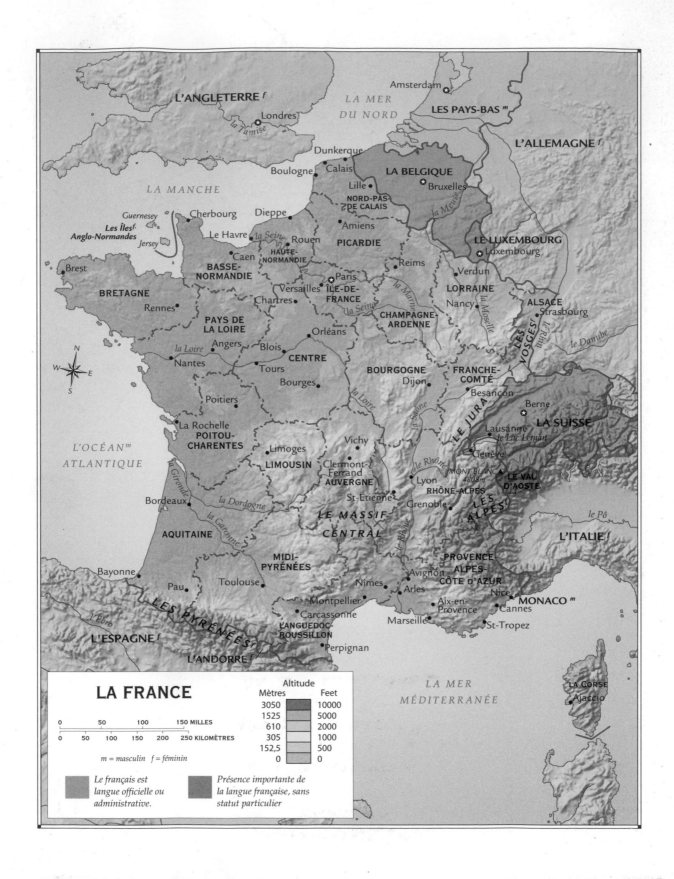

L'ANGLETERRE *f*

LA MER DU NORD

Amsterdam

LES PAYS-BAS *m*

L'ALLEMAGNE *f*

Londres

la Tamise

Dunkerque

Boulogne

Calais

Lille

LA BELGIQUE

Bruxelles

NORD-PAS-DE CALAIS

la Meuse

LE LUXEMBOURG

Luxembourg

LA MANCHE

Cherbourg

Dieppe

Amiens

PICARDIE

Reims

Verdun

Guernesey

Les Îles *f*
Anglo-Normandes

Jersey

Le Havre

la Seine

Rouen

Caen

HAUTE-NORMANDIE

LORRAINE

ALSACE

Strasbourg

Brest

BASSE-NORMANDIE

Paris

Versailles

ÎLE-DE-FRANCE

Nancy

la Moselle

LES VOSGES *f*

le Rhin

BRETAGNE

Rennes

Chartres

la Seine

la Marne

CHAMPAGNE-ARDENNE

le Danube

PAYS DE LA LOIRE

Orléans

Angers

la Loire

Blois

CENTRE

BOURGOGNE

Dijon

FRANCHE-COMTÉ

Besançon

LE JURA

Berne

LA SUISSE

Nantes

Tours

Bourges

la Loire

la Saône

Lausanne

le Lac Léman

Poitiers

Vichy

Genève

L'OCÉAN *m*
ATLANTIQUE

La Rochelle

POITOU-CHARENTES

Limoges

LIMOUSIN

Clermont-Ferrand

AUVERGNE

le Rhône

Lyon

RHÔNE-ALPES

MONT BLANC
4808m

LE VAL D'AOSTE

Bordeaux

la Dordogne

St-Étienne

Grenoble

LES ALPES *f*

la Garonne

LE MASSIF CENTRAL

le Rhône

le Pô

L'ITALIE *f*

AQUITAINE

MIDI-PYRÉNÉES

PROVENCE-ALPES-CÔTE D'AZUR

Bayonne

Pau

Toulouse

Nîmes

Avignon

Arles

Aix-en-Provence

Nice

MONACO *m*

Cannes

l'Ebro

LES PYRÉNÉES *f*

Montpellier

Carcassonne

LANGUEDOC-ROUSSILLON

Marseille

St-Tropez

L'ESPAGNE *f*

L'ANDORRE *f*

Perpignan

LA MER MÉDITERRANÉE

LA CORSE

Ajaccio

LA FRANCE

Altitude	
Mètres	Feet
3050	10000
1525	5000
610	2000
305	1000
152,5	500
0	0

0   50   100   150 MILLES

0   50   100   150   200   250 KILOMÈTRES

m = masculin   f = féminin

Le français est langue officielle ou administrative.

Présence importante de la langue française, sans statut particulier